徐州教育年鉴

（2015）

徐州市教育局编

图书在版编目（C I P）数据

徐州教育年鉴. 2015 / 徐州市教育局编. -- 北京 : 方志出版社, 2015. 8
ISBN 978-7-5144-1671-8

Ⅰ. ①徐… Ⅱ. ①徐… Ⅲ. ①教育事业—徐州市—2015—年鉴 Ⅳ. ①G527.533-54

中国版本图书馆CIP数据核字(2015)第194678号

徐州教育年鉴（2015）

编　者：徐州市教育局
责任编辑：李静

出 版 人：冀祥德
出 版 者：方志出版社
地址　北京市朝阳区潘家园东里9号(国家方志馆4层)
邮编　100021
网址　http://www.fzph.org
发　行：方志出版社发行中心
电话(010) 67110500
经　销：各地新华书店
印　刷：合肥远东印务有限责任公司

开　本：787×1092　1/16
印　张：32.125
字　数：620千字
版　次：2015年8月第1版　2015年8月第1次印刷
印　数：0001~3000册

ISBN 978-7-5144-1671-8　定价：180元

《徐州教育年鉴(2015)》编审人员名单

主　　编	张德超			
副主编	李运生	王志升	曹昭海	
审　　稿	张德超	曹孟军	葛宝堂	李运生
	杜耀东	王　亚	李　清	徐保卫
	张宝民	刘桂云		
编　　辑	曹昭海	钱立群	付　国	严国年
县(市)区组稿	宋红军	赵鸿雁	朱玉洁	高福新
	张　玲	刘会会	李　龙	乔　雷
	曹　健	李世明	李智梅	王兴博

编 辑 说 明

一、《徐州教育年鉴》是一部专业性工具书。在中共徐州市委教育工作委员会、中共徐州市教育局委员会、徐州市教育局的领导下，以邓小平理论、“三个代表”重要思想、科学发展观和习近平系列讲话精神为指导，由徐州教育志办公室主持编纂。创刊于1987年，原刊名为《徐州教育概览》，每2～3年1卷，1996年改版为《徐州教育年鉴》，每年1卷。

二、2015卷《徐州教育年鉴》记述了2014年徐州市教育改革、发展情况。

三、2015卷《徐州教育年鉴》类目设置为：特载、大事记、教育总述、教育管理、各类教育、高等教育、县市区教育、荣誉录、年度教育人物。

四、2015卷《徐州教育年鉴》收录的资料，由徐州市各级教育行政部门及各级各类学校撰写并经单位领导审核。

五、在2015卷《徐州教育年鉴》编纂出版过程中，得到中国地方志指导小组办公室、中国地方志协会、中国版协年鉴工作委员会、江苏省教育厅、江苏省地方志办公室、江苏省年鉴学会、方志出版社、《北京教育年鉴》编辑部、《江苏教育年鉴》编辑部、徐州市史志办公室等单位的关心指导，得到全市教育工作者和有关部门的支持，在此一并表示感谢。由于编辑水平有限，恳请各级领导、各位同仁和广大读者提出宝贵意见，以便进一步提高《徐州教育年鉴》的编纂质量。

5月30日，省委书记罗志军与解放路小学少先队员共度六一

摄影：乔　雷

隆重庆祝第30个教师节，市委书记曹新平等领导接见教师代表

摄影：张　琦

2014徐州教育巡礼

2014年2月10日，市政府召开全市教育工作会议

7月23日，由《中国教师报》江苏教育报刊总社主办、徐州市教育局承办的“课改中国行”在徐高师举行

市政府主任督学曹孟军一行参加国际校长论坛

市教育局副局长李清一行进行职业教育调研

“名师行——送教下县”活动现场

市教育局局长张德超(右)、省教育科学规划领导小组主任彭钢(左)为于永正语文教学研究所揭牌

中小学“德育讲堂”开播

徐州市承办2014年江苏省职业学校技能大赛徐州赛区赛事

举行全市中小学武术进校园比赛

徐州市启动小学新生入学仪式教育活动

“文明创卫 彰青春之美”
——学生志愿者参加“创卫”活动

在徐高校大学生举行“正青春·学好人”主题宣誓活动

摄影:张 琦

“学讲计划”在行动

3月31日，市教育局召开推进“学讲计划”教学现场研讨会

4月22日，市教育局举行“先行一步
——学讲课堂前沿论坛”

市教育局副局长李运生（左下图）在“学讲”论坛上讲话

丰县数学“学讲方式”展示课
——丰县外国语学校承办

学进去，讲出来——徐州七中

会学乐讲——中山外国语实验学校

摄影：张 琦 胡国强 刘 强 陈雯颖

信息化技术与教育教学深度融合

4月12日，市教育局召开信息化工作推进会

12月1日，徐州教育信息化成果在中国国际智慧教育展览会受到广泛关注

省市合作培训项目——英特尔培训

“数字化平台及微信应用”亮相江苏省电教现场会——云兴小学

利用IPAD师生同步学习——解放路小学

参加全国E学习赛课——青年路小学

摄影：张 琦 赵 莉 张 琨 杜 峰

课程游戏化　幼教还本真

徐州市学前教育现场推进会在新沂召开

我想画出七彩世界——学前教育推进会掠影

“尝一尝我的烤肉串儿”
——市第一实验幼儿园区角游戏

在游戏中学习——公园巷快哉亭校区区域游戏研讨活动

区角游戏　乐在其中
——开发区一幼

“六一”亲子时装创意大赛
——贾汪中心园一部

摄影：曹　鹏　犁　红　郑瑞刚　闫　环

徐州 师德师风 建设五项工程

12月11日，师德大讲堂开讲
——第一位主讲嘉宾，市教育局局长张德超

9月21日，市教育局举行大型师德报告会

教师节表彰优秀教师

为留守儿童过生日
——"江苏省最美乡村教师"徐翠梅

师爱与责任——大屯矿区中小学管理中心

市教育局举办名优教师研修班

摄影：徐保卫　张　琦　李　敏

书香校园

徐州市教师读书现场会暨铜山区第十届教师读书峰会——铜山教育局

精彩的教师读书交流会——少华街小学

分享读书的快乐——中山外国语实验学校

市妇联移动爱心书屋暨好书漂流乐读活动现场推进会在张集小学举行——张集小学

爱上书的味道——云兴小学

经典诗词诵读比赛——丰县杨楼小学

摄影：赵　莉　王宝敏　贺　卫
李明升　刘会会　张　红

目　录

各类教育

基础教育

民办教育

高等教育

九州职业技术学院

县市区教育

丰县

沛县

睢宁

邳州

新沂

铜山

贾汪

云龙

鼓楼

泉山

开发区

荣誉录

先进集体

先进个人

年度教育人物

附：徐州市教育局2014年重要文件目录

特　载

徐州市人民政府副市长李燕在2015年全市教育工作会议上的讲话

（2015年2月16日）

同志们：

今天，市政府召开全市教育工作会议，回顾总结去年全市教育工作，安排部署2015年重点改革发展任务。刚才，张德超局长对2014教育工作进行了全面总结，对2015年重点工作作了具体部署，沛县政府、云龙区文教体局、徐州经贸高职校、徐州一中四家单位作了交流发言，讲的很好，我都同意。下面，我再强调三点意见。

一、充分肯定全市教育工作取得的成绩

过去的一年，市委市政府认真贯彻落实党的十八大、十八届三中、四中全会精神，按照省委省政府重大决策部署要求，坚持稳中求进、改革创新，全面推进“八项工程”，全力实施“三重一大”，经济保持平稳健康发展，国计民生持续改善，各项工作都取得了新进步。随着经济社会的快速发展，教育事业也取得了显著成绩。一年来，教育系统紧紧围绕建设教育强市这一目标要求，积极进取，奋发有为，顺利完成了各项工作任务，在全市发展大局中发挥了不可替代的重要作用。一是教育质量稳步提升。素质教育全面实施，义务教育巩固率近100%，职教综合实力继续保持全省第一方阵，高考本专科录取人数、增幅稳步增加，特别是尖子生有较大突破，8人进入全省理科前50名，18人被北大、清华录取。二是教育资源加速优化。大力实施“三区同建”，省学前教育改革发展示范区、义务教育优质均衡改革发展示范区、职业教育创新发展实验区创建工作成效明显。全市三星级以上高中达到54所，总量居全省首位。高等教育综合实力不断提升，高峰学科建设成效明显。三是重点项目有序推进。全面超额完成“三重一大”、为民办实事教育项目，去年建设幼儿园102所，新（改扩）建中小学校40所，校舍安全工程加固重建72万平方米。同时教育重点改革工程深入推进，“学讲计划”、教育信息化等“五项工程”取得了新的成

绩。四是教育惠民成效显著。各项教育惠民政策得到全面落实，城乡办学条件同步改善，学校营养餐配送等实事工程稳步推进，扶困助学体系不断健全，去年累计发放各类助学金1.7亿元、助学贷款1.85亿元，资助学生29万人次。教育系统的同志们以高度的责任感、使命感和突出的工作实绩，赢得了市委市政府和社会各界的充分肯定。借此机会，我代表市人民政府，向广大教育工作者致以崇高的敬意和衷心的感谢！

在肯定成绩的同时，我们也要清醒地看到，当前全市教育工作还存在不少问题和困难。主要是：教育现代化创建工作还存在着明显薄弱环节，优质教育资源总量比较缺乏、布局不够均衡，教师队伍的活力和能力需要提升，教育债务特别是高中债务压力很大，教育服务地方发展的水平有待提升等。对这些问题必须高度重视，在今后的工作中，采取切实有效措施加以解决。

党的十八大以来，党中央作出了一系列新部署，特别是加强地方政府性债务管理、清理规范税收等优惠政策、创新重点领域投融资机制、鼓励社会投资等举措实施后，对地方政府经济运行产生重大影响，经济发展进入新常态，对教育资源配置和科学管理也提出了新要求。去年12月，习近平总书记在江苏视察时提出了“五个迈上新台阶”的重点任务，其中之一就是推动教育在内的各项民生建设迈上新台阶。总书记指出，教育是民生之基，不吃饭则饥，不读书则愚，要发扬好传统，办人民满意的教育，同时对教育的地位问题、质量问题、公平问题作了重点强调和指示。全市教育系统要准确把握党中央“新布局”的内涵和对教育工作提出的新要求，认清我市教育发展进入“三重任务叠加”的新阶段，进一步增强责任感、使命感，以教育现代化建设为引领，围绕“教育公平有效保障、教育质量全面提升、教育管理更加优化、发展活力不断增强”的目标任务，突出改革创新和依法治教，不断提升教育事业发展水平，办好人民满意的教育。

二、在新的起点上统筹推进教育现代化建设

基础教育错综复杂，社会关注，做好不易，牵一发而动全身；基础教育博大精深，群众关心，做优更难，稍有不慎而误全局。2015年，我们要以“三区同创”为抓手，推进基础建设和内涵发展共同提升，引领全市教育实现新一轮大发展。

（一）突出协调推进，提升各级各类学校办学水平。办人民满意的教育，就是办普惠的教育、公平的教育和优质的教育，要把这个要求贯穿到教育体系中。一是打造公益普惠的学前教育。一手抓扩面提质，一手抓规范管理，以学前教育五年行动计划为主线，深入开展住宅小区配建幼儿园工作，大力发展公办幼儿园，积极扶持民办幼儿园，进一步提升保教质量，坚决杜绝幼儿园小学化，让广大适龄幼儿“有园上”、“就近上”、“上好园”。二是打造优质均衡的义务教育。我市以县区为单位在苏北率先实现了基本均衡，今年要创建苏北首批“义务教育优质均衡改革发展示范区”。要进一步强化公共服务均等化的理念，不断提升素质教育实施水平，认真落实薄弱学校改善办学条件、校长教师交流、集团化办学、热点高中指标生政策等重点工作，努力做到学校建设标准化、教师交流制度化、教育管理规范化、教学手段信息化，办好家门口的学校，让所有受教育群体都能享受优质教育资源。三是打造优质特色的高中教育。狠抓高中教育质量，强化四星级高中的质量提升，加强对创新拔尖人才的培养，积极备战2015年高考，确保实现录取人数和增幅双增长。同时改革教学模式和教学方式，打造一批特色高中，满足不同潜质、不同特质学生的学习成长需求。四是打造现代融通的职业教育。围

绕我市四大主导产业、战略性新兴产业和现代服务业,改革人才培养模式,进一步强化职业教育基础能力和现代职教体系建设,构建普职融通,校企合作,中职、高职、本科有机衔接的人才培养“立交桥”。优化专业设置,加强实训基地建设,促进学训融合,提高学生人文素质、动手能力、就业和创业能力。依托广播电视大学系统,加快市县两级开放大学建设,打造全省领先的社区教育品牌。五是打造开放多样高等教育。鼓励和支持在徐高校以高峰学科建设为引领,强化优质生源、优质师资、优质科研力量建设,打造研究型和应用型高校。推动校地协同创新,支持国家示范性培养培训基地、高水平实训基地、大学科技园建设,进一步增强大学生创业创新能力,提升高校服务地方发展水平。

(二)突出全面发展,准确把握教育内涵。我们要思考“什么是教育”,教育就是在现实中创造未来,教育的使命就是最大限度地开发学生的创造潜能,教师的有效教学体现在学生学习兴趣的增强和学习效率的提高上。我们要思考“什么是学校”,学校不应该是培养考试机器和听话奴仆的地方,而是培养身心健康的人和现代公民的地方;不应该是“文明的监狱”,而是学习的乐园、创造的天堂。好学校是产生美好故事的地方,是提供外在自由的地方,是让人终身难忘的地方。要树立这些先进的教育理念,强调优育为先,强调全面成长,强调自主学习,强调身心健康。一要坚持把握本质、立德树人。坚持育人为本、德育为先,把加强社会主义核心价值体系、完善中华优秀传统文化教育作为德育工作的核心内容,在中小学校深入开展责任教育、习惯养成教育、文明礼仪教育,提升学生的社会责任感和公共道德水平。二要坚持个性发展、能力为重。深化教学改革,推广“学讲计划”等教学模式,通过强化自主、合作、探究,提升学生的学习能力。加快“三通两平台”建设,促进信息技术与教育教学的深度融合,切实转变教师教学方式和学生学习方式。更加重视中小学社会实践基地建设,进一步强化学生创新精神和实践能力。三要坚持健康快乐、全面成长。学校要开齐开足音体美课程,积极开展社会实践,让学生拥有健康的体魄、健全的人格和阳光的心理,提高审美和人文素养。教育行政部门要跟进考试评价制度改革,把好风向标,舞好指挥棒。

(三)突出改革创新,构建更具活力的体制机制。强化问题导向,加大改革创新力度,以机制体制改革破解发展难题,让一切有利于教育发展的资源释放出来、积极性调动起来。一要加快办学体制改革。坚持公办学校为主,鼓励社会力量办学,公办民办一视同仁,只要依法办学就欢迎,只要合理投资就支持,只要办好学校就奖励,促进办学主体多元化、办学形式多样化。推广义务教育名校托管弱校的办学模式,探索集团化办学新机制,快速放大优质教育资源。二要深化管理评价体制改革。支持学校依法办学,扩大办学自主权,建立现代学校制度,让学校真正成为办学主体。调整优化学科专业结构,提高学生就业创业能力,提升教育服务能力和水平。创新人才培养模式,加快课程教学改革和考试评价制度改革,促进人人成才。三要扩大教育的开放度。坚持以开放促改革、促发展,充分利用国内和国际教育资源,深化交流合作,加快引进知名教育品牌和名师、名校长等。继续推动徐州幼师幼教集团实施股份制改造,与国内知名企业合作,组建新的幼教集团,加快教育国际化进程。四要推动教师人事制度改革。目前教育、组织、人社、编制、财政等部门正研究制定关于义务教育学校教师校长交流工作的意见,进一步推动教师校长流动工作,同时研究探索深化教师编制体制改革,推进“单位人”向“系统人”转变,从根本上解决总量超编和结构性缺编的矛盾。

（四）突出项目建设，全力实施教育民生实事工程。今年的政府工作报告、为民办实事工程都安排了教育重点项目和专项工程，必须认真组织实施、按时有序推进。一要推进中小学布局优化工程。加快制定主城区初中、高中布局调整方案，进一步完善新城区教育管理体制，加快推进一中、二中、三十六中等重点迁建项目，精心实施纳入为民办实事的18所中小学校建设工程，确保全年完成35所新（改扩）建任务。二要继续实施校安工程。今年是新三年加固改造计划的最后一年，全市要确保完成53万平方米校舍加固、重建任务，力争所有校舍全部达到国家重点抗震设防标准。三要加快教育现代化建设步伐。对照《江苏教育现代化指标体系》46个项目，分解任务，强化监测，力争今年云龙、鼓楼、泉山等主城区总体达到省定要求。丰县、睢宁县、新沂市要对标找差，确保今年达到基本教育现代化水平，同时“两步并作一步走”，与其他地区一起，向更高水平的教育现代建设迈进。四要加大高中阶段债务化解工作。初步统计全市公办普通高中基本建设负债为23.7亿元，各地要全面清理审核债务，在确保学校正常教学秩序和维护社会稳定的前提下，量化分解债务，多方筹集资金，分类分期、积极稳妥地化解合法债务。

（五）突出师德师风，建设高素质专业化的师资队伍。教育大计，教师为本。去年第三十个教师节前夕，习总书记在与北师大师生代表座谈时，提出做“有理想信念、有道德情操、有扎实学识、有仁爱之心”的好老师的要求。我们要以此为标尺，大力实施人才强教战略，使教育系统成为群英荟萃的人才高地。一要加强师德师风建设。加强教师职业理想、职业道德教育，完善评价考核机制，实行师德师风一票否决制，引导教师践行职业道德规范，爱岗敬业，乐于奉献。同时持续组织有偿家教治理行动，下大力气整治体罚儿童、“课内不教课外补”等社会反响强烈的违规行为，严肃查处，决不姑息，坚决遏制这股不正之风。二要加强教师能力培养培训。深入实施名师工程、青蓝工程，大力推进“双师型”教师培育计划，进一步完善名师工作室、名师团队、交流培训等制度。加强对教师的培训，实行考试上岗等制度，不断提高教师专业化水平，培育更多的特级教师、名优教师。要加大高层次教育人才引进力度，千方百计吸纳优秀大学毕业生到一线任教，进一步优化教师队伍结构。三要加强“名校长”培养。一名校长要有政治家的定力、教育家的情结、企业家的实干。要制定完善政策，加快引进一批名校长。教育和组织部门要选拔一批名校长，形成以名校长为中心的管理团队。四要加强教育系统干部队伍建设。最近中央和省市对改进工作作风作出了重要部署，教育系统领导同志和机关干部要以身作则、当好表率，时刻牢记“廉洁、奉献、学习”六个字，不懈怠、不懒惰、不贪腐。要带着责任和感情深入基层，建立教学一线听课和调研制度，把既定的教育方针政策和目标任务具体化、精细化，努力打造一支“善操作、会落实、能创新”的教育干部队伍。

三、进一步提升教育工作组织和保障水平

教育事业是一项系统的社会工程，要广泛凝聚各方力量，提高保障水平，合力推动教育事业发展。

一要强化领导责任。各县（市、区）政府要切实担负起优先发展教育的责任，重点在政策制定、规划完善、措施保障、环境营造上下功夫。特别是根据省、市关于教育现代化建设和教育领域综合改革的总体部署，加强工作指导，组织力量认真研究制定“十三五”教育规划及各项子规划。各级教育部门要充分发挥职能部门的作用，树立大教育的理念，加强对各级各类教育的指导和服务。各相关

部门要进一步完善教育改革发展的协调机制，加大对教育改革发展的支持力度，形成工作合力。

二要加大教育投入。严格落实法定教育经费投入政策，依法征收教育费附加、地方教育费附加、土地出让收入计提教育资金等税费，确保全额用于教育事业发展。按照规定要求，全面落实公办幼儿园、义务教育学校、特教学校和普通高中生均公用经费，保障学校健康运转。

三要强化校园安全。安全是教育工作的底线和“高压线”，必须警钟长鸣，经常抓，反复抓，决不可掉以轻心。各地各有关部门要按照“属地管理、分级负责”的原则，以高度的政治责任感，切实把学校安全、师生安全作为事关群众利益的大事来抓，确保不出任何问题。要进一步落实校园安全责任体系，健全突发事故应急管理体系，经常性开展应急演练，增强安全教育的实效性。加强校园安保“三防”建设，完善校园安全管理长效机制，强化校舍安全、食品卫生、消防安全、学生上下学交通安全等管理，深入开展学校周边环境综合治理，及时排查化解影响安全稳定的因素。要落实稳定责任，及时掌握、稳妥处置和化解影响稳定的各种因素，突出做好重要节点和群体的稳定工作，为师生营造安全和谐的校园环境。

同志们，2015年各项工作已经开启，我们对新的一年充满期待。希望各地各相关部门更加主动地适应教育发展新形势，更加积极地探索教育改革新途径，以昂扬的精神状态、勤奋的工作作风，锐意进取、进位争先，努力办人民满意的教育，为打造教育强市、建设新徐州作出新的更大的贡献！

注：三区同创：创建学前教育改革发展示范区、义务教育优质均衡发展示范区、职业教育创新发展试验区

徐州市教育局局长张德超在2015年全市教育工作会议上的讲话

（2015年2月16日）

同志们：

今天，市政府召开全市教育工作会议，学习贯彻党的十八大、十八届三中、四中全会和全国、全省教育工作会议精神，总结2014年全市教育工作，部署2015年目标任务。市政府对此次会议高度重视，李市长将作重要讲话，大家要认真学习领会，抓好落实。下面，我代表市教育局和市委教育工委讲三点意见。

一、2014年全市教育改革发展取得显著成绩

过去的一年，在市委、市政府的坚强领导下，全市教育系统解放思想，开拓创新，大力推进教育现代化建设，积极探索教育综合改革，稳步提升教育教学质量，圆满完成了年初确定的各项目标任务，全面实现义务教育基本均衡目标，成为继“两基”之后教育发展又一个新的里程碑。

（一）以教育实践活动为载体，干部教师精神状态不断提振。认真学习贯彻习近平总书记系列重要讲话精神，紧扣“为民务实清廉”的主题，围绕“办人民满意教育”的宗旨，聚焦“四风”，抓实“三个环节”，深入开展党的群众路线教育实践活动。结合教育实际，深化“高效和谐零障碍”机关建设，组织“三进三访”、“农村教育百校行”等活动，走访中小学300多所，37项任务全部向社会“亮牌”整改，受到省市委巡视组的充分肯定，在全市教育实践活动推进会上作典型发言。

（二）以教育现代化为目标，各项事业实现协调发展。大力推进“三区同创”，提高教育综合发展水平。学前教育改革发展示范区建设成效明显。新增省优质园32所、市优质园72所，另有43所幼儿园接受省优质园现场评估，全市省优质园达到366所，居全省第二位。在主城区全面完成创建的基础上，贾汪区顺利接受省示范区评估验收。义务教育优质均衡示范区建设实现阶段性突破。市、县

步调一致，加快攻坚，添置计算机等网络多媒体设备1.7万台（套），增加实验室409个、图书200万册，县（市、区）全部通过“全国义务教育基本均衡县市区”国家级验收，我市在苏北率先以大市为单位完成基本均衡创建任务。职业教育创新发展实验区建设全面推进。创建省高水平现代化学校3所、省品牌特色专业10个、省高水平示范性实训地10个，实施分段培养项目29个，组建现代农林、现代装备制造等市级职教集团。财经高职校、经贸高职校、技师学院通过国家改革发展示范校验收评估，机电高职校升格为江苏安全技术职业学院（筹）。开展“五课”教研、“两课”评比，获省教学成果一等奖3项，职业学校对口单招升学率达到90%。在职业院校技能大赛中总分居全省第五，连续六年蝉联江北第一。丰县中专470亩新校区主体竣工，新沂中专建成2.8万平米实训基地承接电子商务园，邳州中专合作建设苏北最大的“云计算”服务平台。普通高中办学水平稳步提高。创建三星级高中2所，市二中、沛县二中接受四星级高中验收，全市三星级以上学校达到54所，总量居全省首位。睢宁“十二五”以来创建三星级以上高中9所，创建数量居全市首位。继续教育体系更加完善。创建省级社区培训学院1所、社区教育中心4个、农科教结合示范基地1个、居民学校28所。开展农村劳动力转移培训、农村实用技术培训、社区培训156万人次，4.8万人参加自学考试，2.8万人参加成人高考，18.7万人参加非学历考试，我市被评为省自考工作先进单位。教育现代化监测有效开展。根据省发布的监测报告，主城区三区监测分值居苏北前三名，泉山区在全省教育现代化推进会上作典型发言。各地创建省义务教育现代化学校110所、特殊教育现代化学校4所。邳州通过省教育基本现代化评估。

（三）以布局调整为抓手，学校办学条件不断改善。针对小学学龄人口激增的趋势，各地加大投入，加快建设，“三重一大”、为民办实事教育项目全部超额完成。幼儿园建设工程。计划立项80所，实际建设102所，增加幼儿学位2.96万个。学前教育五年行动计划实施以来，全市累计新（改）建幼儿园511所，增加学位10.7万个。丰县每年投入1000万元专项资金，用于幼儿园建设奖补，2014年新（改）建幼儿园26所。中小学布局优化工程。全年新（改扩）建学校40所。工程实施三年来，全市新（改扩）建中小学223所，缓解了教育资源紧张的问题。校舍安全工程。全市加固、重建校舍72万平方米。直属学校完成三十四中校园文化、侯集中学艺术中心、十三中教学综合楼等建设，徐高中艺体中心和运高师综合楼即将完工，进一步提升了学校的办学条件。学生营养餐计划接受配餐人数接近3万人，配餐学校由主城区向铜山、贾汪、丰县拓展。

（四）以内涵建设为重点，教育教学质量稳步提高。“学讲计划”强力推行。召开现场研讨会、组织前沿论坛、开展各级专题培训1200余次，推广“学讲”理念，牢牢把握住课改的方向。实行中小学巡课制度，市级巡查117所学校，巡课近2万节，提升了教学常态管理和课堂教学监控水平。开设研讨课、观摩课1600节次，培育典型学校121所、典型教师856人，将“学讲”渗透到基层。开展了新沂、铜山、鼓楼、云龙、开发区“县县行”活动。各地、各学校积极探索有自身特色的“学讲”方式，徐高中“深度教研”、三十七中“开放课堂”、撷秀初中“自分教学”等丰富了“学讲”内涵；开发区“新生态课堂”成效明显，第二届全国现代课堂博览会在开发区召开。《中国教师报》“课改中国行——发现苏派好课堂”调研组来我市专访。“学讲计划”激发了学校课改的热情，强化了教师“以学生为本”的理念，教学方式发生根本转变，教学质量得到明显提高，高考成绩取得新突破。教育信息化建设步伐进一步加快。探索"政府政策支持、企业投资建设、学校持续使用"的模式，推进"三通两平台"建设，中小学校全部实现宽带进校，镇及以上学校实现校园网站全覆盖。组织网络集体备课、彭城公开课活动，制作微课6000余节，在省首届微课大赛中我市获特等奖3项、一等奖12项，居全省前列。云龙区、沛县推进"云教研"，十三中、东苑中学、西苑中学创新"微课社团"，促进管理方式、教学方式和学习方式转变。云龙区在"首届全国教育信息化区域应用典范推送活动"中获优秀实践奖。我市教育信息化成果在中国国际智慧教育展览会上受到广泛关注。课程项目建设水平不断提高。在第二届全国基础教育教学成果评奖中，我市获一等奖1项、二等奖2项。7所幼儿园建成省首批课程游戏化项目，在评审中包揽全省前五名。3所小学获省级"小学特色文化课程"项目，3所特教学校获省特殊教育发展项目，4所初中获"薄弱初中课程提升"项目，5所高中获省级课程基地建设项目，普通高中课程基地达到23个，居全省第一。责任教育广泛开展。积极探索"六个负责"的经验，在中小学深化社会主义核心价值观教育，组织第八届"德育论坛"、"家风助我成长"主题教育、公祭日纪念等活动，强化学生的民族精神和责任意识。《中国教育报》、《中国德育》杂志、《新华日报》、江苏教育电视台对我市"责任教育"开展情况进行专题报道。在大学生中开展"青春、情感、成才"主题教育，培养青年正确的人生观和价值观。体教结合深入推进。举办全市中小学首届"武术进校园"比赛。我市代表队在2014年全国青少年校园足球冠军杯决赛中获第四名，在十八届省运会上获足球青少年组总成绩第一。在全省大学新生身体素质检测中，徐州生源身体素质综合成绩实现"七连冠"。

（五）以改革创新为动力，教育发展活力进一步增强。2014年是教育综合改革启动之年，市教育局组织开展高中发展、中小学校布局、教育信息化和教师队伍建设四项调研，积极探索机制体制创新，取得初步成效。深化管理体制改革。推广托管模式，打破区域、校际界限，实行跨区联盟、结对办学，市三中托管二十九中、三十中，成立三中云龙实验学校，云龙区组建了5个小学教育集团，全市27所学校承担托管任务。幼师幼教集团实施股份制改造，集团化办园达到36所。《中国教育报》在头版头条刊发了曹新平书记署名文章，并以《一个教育大市的"托管"突围》为题报道了我市托管办学的经验做法。推进初高中分离，九里中学顺利移交。引进外地优质资源来徐办学，江苏师大附属实验学校、爱登堡国际学校、华顿国际学校顺利招生。深化招生制度改革。市区热点小学电脑派位试点数量由2013年3所增加到6所，徐州一中、三中、徐高中、三十六中和侯集中学开展自主招生试点，探索特色人才培养路径。

（六）以师德"五项工程"为主线，教师队伍建设不断强化。实施师德规范、师爱传播、师能提升、师心温暖、师风弘扬"五项工程"，搭建培养、管理、考核一体的教师综合发展平台。师德建设全面提升。编写《教师职业道德建设文件汇编》，召开"今天可以这样做教师"大型师德报告会，举办师德大讲堂，评选感动徐州教育人物。2014年教师节，全系统有77个集体、622人获市级以上表彰，其中23人获国家表彰、47人获省级表彰。于永正小学语文研究所获国家教学成果奖；徐翠梅老师被评为"江苏最美乡村教师"，《中国教育报》整版介绍了她的先进事迹；郁雪群老师当选"江苏省十大杰出青年"，作为全国教师代表受到党和国家领导人的接见。教师培训规模不断扩大。组织2.7万名校长教师参加国家、省级培训，4万人次参加网络远程培训。实施"千校万师支援农村教育"工程，400余名城乡教师对口交流。围绕改革重点，举办校长教育信息化培训班和直属学校中层以上干部研修班。市、县招聘新师资740人，认定教师资格5746人，完成7万名教师职称过渡和1043人职称评审，新增高级以上教师601人，我市被评为省师资队伍建设工作先进单位。骨干教师队伍进一步壮大。实施名师工程、青蓝工程，评选名校长9人、名优教师259人，新增省特级教师33人，培养特级教师后备人才90人，特级教师总数达到166人，比“十二五”初增加98人。在全省青年教师基本功大赛中获一等奖7个、二等奖8个，在全省评优课大赛中获一等奖13个，获奖数量较往年有大幅提升。

（七）以从严治教为保障，教育管理服务能力明显提升。党建和党风廉政建设不断深化。严格执行中央“八项规定”，落实“两个责任”，开展“两个习惯”主题教育。完善财务、审计等管理制度，组织教育收费专项检查，1700多所学校校校过关，教育乱收费投诉进一步压降。出台《中小学在职教师有偿补课处理办法》，加大对违规教师的处理力度。实施简化行政审批流程、开放学校体育设施等惠民措施，在“两参一改”评议中受到充分肯定。工会充分发挥桥梁纽带作用，市教育局团委被评为省“五四”红旗团委。督政督学力度进一步加大。推行责任督学挂牌督导制度，建立责任区236个，全市1193所中小学校全部完成挂牌工作。开展义务教育基本均衡专项督导、直属学校综合督导、教育信息化、农村中小学办学条件、教育财政投入、规范办学等专项督导。组织参加全国义务教育学生学业质量检测，邳州获全国质量检测工作先进单位。安全稳定工作进一步加强。推进“平安校园”建设，学校安全形势趋稳向好，在全省十三个大市学校安全维稳评估中，进入全省较好城市行列。强化校园周边环境综合整治，被评为市综治工作先进单位。扶困助学体系不断健全。为26万人次发放助学金1.7亿元，为4.7万名中职学生免除学费8600万元，为2.89万名大学生发放生源地助学贷款1.85亿元。各级教育关工委为1.27万名贫困生筹集助学金1306万元。教育宣传成绩斐然。紧贴教育改革发展大局强化宣传，《中国教育报》、《中国德育》杂志、《中国青年报》、《新华日报》等省级以上刊物报道达156篇，与《江苏教育报》建立战略合作关系，我市教育改革实践探索、经验做法在全省乃至全国产生积极影响。

在肯定成绩的同时，我们必须正视教育发展面临的突出问题：优质教育资源尚不能完全满足群众的迫切需求；随着生源高峰期来临，教育资源配置和学校布局面临新的挑战；教育综合改革系统性、协调性不强，教师编制等制约发展的机制体制性障碍没有实质性突破；教育资源向发展资源转化的力度还不大，服务老工业基地振兴和产业转型升级的水平有待提高。

二、以法治思维和改革精神推动教育加快发展

2015年是全面完成“十二五”规划的收官之年、深化教育综合改革的关键之年、推进依法治教的开局之年。从国家层面看，教育现代化建设战略地位日趋凸显。党的十八大提出了“到2020年教育现代化基本实现”的奋斗目标，十八届三中全会明确了教育领域综合改革的攻坚方向和重点举措，十八届四中全会对教育等各领域运用法治思维和法治方式深化改革、推动发展作出全面部署。前不久，习总书记视察江苏时发表重要讲话，将教育摆在民生之首，着重突出教育的地位、质量、公平三大问题。关于教育的地位问题，总书记用“教育是民生之基；不吃饭则饥，不读书则愚；一个人只要受到良好教育，一辈子生计不成问题”这简洁明了、朴实无华的三句话，充分阐明了发展教育的战略意义。关于

教育的质量问题。总书记强调立德树人，强调素质教育，强调社会责任感、创新精神和实践能力，强调全面发展，深刻揭示了提高教育质量的目标内涵。关于教育的公平问题。总书记强调资源配置，强调均衡发展，强调“让每个孩子都能成为有用之才”，进一步明确了促进教育公平的切入点和着力点。可以说，总书记对江苏教育改革发展的指示导向特别鲜明、要求十分明确，对于做好当前教育工作、谋划“十三五”和未来更长时期的教育发展具有重大指导意义。今年，省委、省政府将召开全省教育工作会议，出台《关于深入推进教育现代化建设努力办好人民满意教育的意见》，教育将迎来新一轮的发展机遇。从徐州市情出发，全市教育发展进入三重任务叠加的新时期。区域教育由基本现代化向更高水平现代化迈进，义务教育由基本均衡向优质均衡迈进，随着小学适龄儿童激增，“有学上”和“上好学”的压力并存。对照省《教育现代化监测指标》，2015年，云龙、鼓楼、泉山综合得分90分以上，总体实现省定指标体系要求；铜山、贾汪、沛县、开发区综合得分75分以上；丰县、睢宁、邳州、新沂综合得分60分以上。这些都对教育工作提出新任务新要求，必须认真分析研判，与时俱进做好教育工作。一方面，要用改革的举措破解发展中的难题，加强顶层设计和总体规划，坚持问题导向，强化责任担当，抓好改革举措落地，有效破除不利于教育发展的体制机制障碍，切实解决人民群众最关心、最直接、最现实的利益问题。坚持以开放促改革、促发展，充分利用国内外教育资源，深化教育交流与合作。另一方面，要树立法治思维，加强与法律法规相衔接的制度设计和政策配套，固化好做法、好经验，完善教育建设、管理和质量各类标准，推动教育在法制轨道上更好、更快发展。

2015年全市教育工作总体要求是：深入贯彻党的十八大、十八届三中、四中全会精神，认真落实市委、市政府对教育发展的决策部署，以教育现代化为引领，以机制体制改革为重点，以依法治教为保障，围绕促进公平和提高质量两大任务，提升教育事业发展水平，办好人民满意的教育。

（一）持续开展“三区同创”。一要加快学前教育优质普惠发展。新（改）建幼儿园80所，创建省、市优质园60所，确保全市学前三年入园率98%以上，省优质园占比70%，幼儿教师专科以上学历80%以上，主要指标达到省学前教育改革发展示范区要求。强化学前教育内涵建设，创建省级游戏化课程项目3个、市级游戏化课程项目6个。研究编制第二期学前教育五年行动计划。二要促进义务教育优质均衡发展。在实现基本均衡的基础上，对照省优质均衡示范区标准，进一步解决好“有学上”和“上好学”问题。加快实施中小学布局优化工程，全市新（改扩）建中小学35所，加固重建校舍53万平方米，其中市区新（改扩）建学校20所。提高学校装备和课程建设水平，创建省义务教育现代化学校100所，争取省级小学特色文化建设项目3个、薄弱初中提升项目4个、特殊教育发展项目3个。推广学校托管和集团化办学，进一步扩大优质教育资源。三要完成职业教育创新发展实验区建设。创建省高水平现代化职业学校3所、省品牌特色专业8个、省高水平示范性实训基地3个。实施“红心金边”工程，以职教集团为平台，组织高职院校与县区中专组团发展。加快现代职教体系建设，搭建人才成长“立交桥”：与江苏师大、徐州工程学院等高校共建“3+4”、“3+3”分段培养试点项目；开展普职融通试点，在初高中开设实用技术和职业生涯规划课程；启动现代学徒制改革试点，探索招生即招工、学生即学徒、实习即就业的“校企一体化”育人模式；实施“百千万”创业行动计划，组织万名学生学习创业课程，鼓励千名学生参加创业实践，扶持百名学生校内自主创业。四要推动普通高中优质特色发展。创建三星级以上普通高中2所，做好22所星级高中复审迎检。强化课程建设，创建省级课程基地3个，健全校本课程研发机制，开展精品校本课程评选；修订普通高中综合素质评价方案和学分认定办法，促进学生全面发展；探索建立高中与大学联合培养拔尖创新人才的机制，为具有创造性潜质的学生搭建发展平台；加强学生发展指导中心建设，开展学生生涯规划指导，鼓励学校通过与国外品牌学校合作办学、举办国际名校直通班等形式，突破单一的高考升学途径，为学生提供多元的升学选择。五要建设更加完善的终身教育体系。创建省级社区培训学院1个、乡镇(街道)社区教育中心4个、乡镇农科教结合示范基地1所、居民学校10所。完成农村劳动力转移培训、农村实用技术培训、社区培训等196万人次。建立社区数字化学习网站，开发100种以上课程资源，打造适应当地居民需求的培训项目。

(二)提高人才培养水平。一要坚持立德树人。加强社会主义核心价值体系、中华优秀传统文化教育，强化学生基础文明养成教育。持续推进“责任教育”，组织“责任教育”示范校和先进个人评比。在教师中开展“责任教育”，引导广大教师以身作则，用自身的人格魅力教育学生践行和巩固责任行为。举办第九届中小学德育论坛、第三届中小学班主任基本功大赛，启动“名班主任工作室”建设，提高班主任队伍专业化水平，增强德育工作实效性。二要推动“学讲计划”规范化、制度化。强化引领，开展“县县行、校校行”、“教师达标、学校过关”和“一师一优课、一课一名师”等活动。加强“学讲”学科教研基地建设，研究制定各学科“学讲范式”，出台学校课改评价体系，建立课堂教学评课、巡课和反馈指导平台，加大对学校推进“学讲”的指导和考核力度，把握“学讲”实施方向，提高课改质量。三要提高教育信息化应用水平。完成宽带接入千兆到校、百兆到班，基本实现“优质资源班班通”。完善“彭城课堂”数字化资源库建设，建立“微课”、“彭城公开课”学科课程体系；建设可视化网络教研中心，推进网络教研常态化；建立教育信息化综合管理数据中心，实现基础教育管理系统整合与数据共享；开展微课大赛、校园网站测评等活动，提升教师信息技术应用能力。四要进一步加强体育艺术教育。今年，我省将实施中小学生艺术素质评价制度，推进音乐、美术考核进入中考。这是推进素质教育、加快课程改革的重要举措。各地特别是农村学校要抓住机遇，开展中小学音、体、美教学和教师配备调研摸底，对照国家课程标准，争取当地党委政府支持，开齐开足课程，配齐音、体、美专业教师。要推动足球进校园，完善三级联赛体系，办好第五届徐州市中小学生艺术展演、首届全市中小学生书法绘画摄影展评等活动，为深入实施素质教育、提高体育艺术教育水平打造平台。

(三)切实加强教师队伍建设。一要深入实施师德“五项工程”。组织学习《教师职业道德规范文件汇编》，定期举办师德大讲堂。严格落实市《中小学在职教师有偿补课处理办法》，加大对体罚学生、违规收受家长礼金、课内不上课外补等社会反映突出问题的查处力度，维护教育系统良好形象。二要扩大师资培训规模。组织2.7万名教师参加国家、省、市级培训。鼓励支持教师攻读高层次学历，提高小学教师专科率、初中教师本科率、高中阶段教师研究生率。沛县、新沂、贾汪通过省级示范性教师发展中心创建评审。三要加强名优教师队伍建设。开展第九批“名师工程”和第十一批“青蓝工程”评选，评选名校长10人、名教师30人、青年名教师和学科带头人等230人。开展名师名校长培训、特级教师后备研修和中职学校领军人才研修，建立47个名师工作室,发挥名师示范作用。

(四)提高教育发展保障水平。一要加强党建和党风廉政建设。巩固群众路线教育实践活动成果,持续开展整改工作。研究制定《关于进一步加强中小学党建工作的意见》和《中小学党建工作实施办法》,提高党建工作水平。进一步强化党风廉政建设责任制,落实党委主体责任和纪委监督责任,严格落实中央"八项规定",开展"守纪律讲规矩,拓展'两个习惯'"主题实践活动,营造风清气正的教育环境。二要加强教育督导。完善责任督学挂牌督导制度,开展"中小学责任督学挂牌督导示范县市区"创建活动。建立义务教育发展基本均衡监测体系,强化均衡监控。开展县级政府教育督导评估、直属学校综合督导评估,以及规范办学、教育装备、教育财政投入等专项督导。做好义务教育学生学业质量检测。三要完善扶困助学体系。落实各级各类教育资助政策,认真做好助学贷款工作。开展学生资助工作调研。充分发挥各级教育关工委、群团组织的作用,健全农村留守儿童关爱服务体系。四要着力维护安全稳定。加强校园及周边环境综合治理,组织省"'平安校园'建设示范县市区"创建活动。做好信访接待工作,妥善处置各类维稳和历史遗留问题。五要进一步加强教育宣传。办好《江苏教育报》"徐州专刊",加大对教育亮点工作和改革成果的推介。充分利用"徐州发布"、"政务微博"等新媒体平台,积极回应群众关切,妥善引导社会舆情。

三、突出抓好2015年教育改革发展重点工作

(一)全面启动义务教育"改薄"工程。按照"补短板、标准化、破难题、上水平"的原则,锁定薄弱地区、聚焦薄弱学校、突出薄弱环节,扎扎实实地推进"改薄"工程。要守住国家"改薄"20条底线要求,对照《江苏省义务教育学校办学标准》,推进薄弱学校和薄弱项目建设,着重解决农村办学点条件薄弱、县镇学校大班额、城区学校生均资源不足、农村寄宿制学校食宿条件差等突出问题。开展义务教育学校标准化评估,2015年以县市区为单位,40%以上的学校达到省定标准化要求。贯彻教育部《义务教育学校管理标准》,开展"义务教育学校管理标准化"达标活动,提高学校科学化、规范化管理水平。通过实施"改薄"工程,为教育现代化建设和义务教育优质均衡发展打下坚实的基础。

(二)全面推进学校教师校长交流。出台《关于推进义务教育学校教师校长交流工作的意见》,采取对口支援、跨校竞聘、学区一体化管理等形式,在秋季学期全面推开教师流动。县市区每年教师和城镇学校骨干教师交流比例不低于符合交流条件教师总数的15%,校长在同一所学校连任原则上不超过两届。结合校长交流工作,开展校长轮训,通过举办研修班、校长论坛等方式,提高校长队伍整体素质和专业化水平。探索教师编制体制改革,变"单位人"为"系统人",形成与教师流动相适应的动态管理体系,从根本上破解教师总量超编和结构性缺编的矛盾。

(三)积极引进社会力量办学。今年,国家将召开第一次全国民办教育工作会议,出台鼓励社会力量兴办教育、促进民办教育健康发展的政策意见。要贯彻落实好会议精神,抢抓政策机遇,引导民间资金以多种方式进入教育领域。探索混合所有制办学体制改革,鼓励行业企业等社会力量以租赁、托管、股份制等多种形式参与公办学校办学。积极引进国内外教育知名品牌,进一步放大优质教育资源。推进幼师幼教集团股权改造,成立新幼教集团,实行专业标准化管理,打造学前教育品牌。

(四)深化教育评价机制改革。以政府购买服务的方式,引进第三方评价机构,开展办学水平和教育质量监测评估,建立教育部门

立项、专业机构提供服务、社会组织多方参与的专业化教育质量评估监测体系。筹建评估委员会，聘请省内外专家对各级各类教育进行科学、系统、权威的评估监测。今年，将重点开展县域义务教育均衡发展状况监测、义务教育阶段学习质量监测、四星级高中素质教育评估、幼儿园办学质量评估、学生体质监测等12项评价工作。

（五）拓宽高层次人才引进渠道。把基础教育人才引进纳入全市高层次人才引进计划，探索设立特殊津贴等办法，开辟人才引进“绿色通道”。完善柔性引才机制，采取兼职教授、客座教授、合作教研、建立名师工作室等柔性流动的方式，吸纳外地教育专家、特级教师、名师名校长来徐兼职、咨询、讲学、教研交流。

（六）科学编制“十三五”规划。“十三五”时期是实施国家、省《中长期教育改革和规划纲要（2010-2020）》的攻坚阶段。要准确把握规划定位，全面总结和评估“十二五”规划实施情况，有针对性地提出“十三五”时期的工作思路。对关系到教育改革发展全局和群众切身利益的重大问题要进行深入调研，科学预测分析当地“十三五”期间人口结构变化、产业结构变化和新型城镇化发展趋势，做好各级各类教育需求预测，优化学校布局结构和教育资源配置，提出一批对教育改革发展全局带动性强的重大项目、工程和政策，提升教育发展水平。

（七）做好高中阶段学校基本建设债务化解工作。多年来，各地为应对高中生源高峰，不断加大基础设施建设投入，积累了沉重的债务，严重制约了学校健康发展，影响了学校和社会稳定。各地要充分认识做好高中阶段学校基本建设债务化解工作的极端重要性，落实各级政府化债主体责任，进一步明确债务基数和性质，归类制定化解时间、顺序和还款目标，原则上2016年前完成化解任务。要进一步完善高中阶段教育经费保障机制，严格审批学校建设标准和建设项目，控制新增债务产生，防止出现“举新债、化旧债”现象。

（八）完成直属学校布局调整规划。通过优化布局、新建学校等途径，让教育资源配置更加合理。加快实施一中、二中、三十六中迁建工程，推动三十五中、三十七中、王杰中学初高中分设。同时，以一中为试点组建普通高中教育集团，在总结经验的基础上扩大试点范围，逐步组建多个高中教育集团，形成竞相发展的办学格局。

同志们，加快教育事业改革发展，推进教育现代化建设，我们的任务相当艰巨，责任十分重大，使命无比崇高。让我们在市委、市政府的正确领导下，上下同心，团结协作，奋发有为，永不懈怠，不断提高教育质量，提升教育事业发展水平，办好让人民满意的教育，为迈上新台阶、建设新徐州作出更大的贡献！

新春佳节即将来临，在此，我谨代表市教育局向在座各位、并通过你们向全市广大教职工致以崇高的敬意和亲切的慰问，祝大家新年愉快、身体健康、工作顺利、家庭幸福！

关于实施《"学进去 讲出来教学方式"行动计划》的意见

徐州市教育局

各县(市)、区教育(文教体)局,局直属各学校、有关民办学校:

为了进一步提高教育教学质量,办好让人民满意的教育,我市中小学课堂正在推进教学改革的探索中悄然发生变化。"学进去讲出来教学方式"(简称"学讲方式")就是近年来徐州课堂教学改革的初步成果。"学讲方式"确立了学生学习主体地位,促进了教师教学观念和教学行为的变化,给课堂教学带来了前所未有的活力与效益。为推进"学讲方式"的广泛应用,进一步深化教学改革,提高课堂教学质量,特制订《"学进去讲出来教学方式"行动计划》(简称《学讲计划》),现就实施该计划提出如下意见。

一、提高认识,增强实施《学讲计划》的自觉性

1.充分认识实施《学讲计划》的必要性,着力改变在一定范围、一定程度上存在的教师"满堂灌"、学生被动学、课堂气氛沉闷、教学效益不高的局面。

2.充分认识实施《学讲计划》的针对性,着力落实学生学习主体地位,激发学习动力,深化学习层次,巩固学习成果,提高教学有效性。

3.充分认识实施《学讲计划》的根本性,着力提高教师教育理论水平和教学素养,深化校本研究,自觉遵循教育规律,理性回归教育本真。

4.充分认识实施《学讲计划》的自觉性,着力激发师生中蕴藏的改革发展动力,用教学方式转变的实际行动激发师生共同改变课堂教学生态,提高课堂教学有效性的教学改革动力;用教师教和学生学的实际成效激发教师在教学中获得专业成长和职业尊严、学生在教学中获得自主学习能力和综合素质提升的教学发展动力。

5.充分认识实施《学讲计划》的可行性,着力深化和推广"教学五认真"、"讲练工程"等行之有效的教改举措,借鉴国内外教改新经验,以解决当前课堂教学中存在的问题为导向,学习、运用教育理论技术,促进信息技术与教学深度融合,求真务实,循序渐进,分类推进。

6.充分认识实施《学讲计划》的策略性,着力发挥行政推动力,凝聚改革共识,形成改革合力,克服改革阻力,推进改革不断取得新进展。

二、把握核心,准确理解《学讲计划》的内涵要点

7.《学讲计划》是一个推动教学方式转变

的行动计划，它以推行“学讲方式”为导向，以改变学与教的方式、改善课堂教学生态为主旨，以落实学生学习主体地位为核心，以“行政推动，全面推进，科学推广”为行动策略，在全市范围内推进“学讲方式”运用，推进课堂教学有效性提高，实现课堂教学质量新突破。

8.“学讲方式”是以学生自主学习作为主要学习方式，以合作学习作为主要教学组织形式，以“学进去”、“讲出来”作为学生学习方式的导向和学习目标达成的基本要求的课堂教学方式。

“学讲方式”主要是通过教师指导下的全程自主学习，落实学生学习的主体地位，以自主学、合作学、质疑学、“讲出来”、“教别人”的学习方式，边学边讲，调动学生主动、自主学习的积极性，提高学生课堂教学的参与度、问题探讨的深度，着力培训学习方法，养成学习习惯，提高学生的自学能力，从而提高教学的有效性和质量。

作为教学方式，“学进去”是指通过自主学、合作学、质疑学等学习方式，调动学的积极性，强调的是达成“学进去”的结果；“讲出来”是指通过同伴互助的“做、讲、练、教”方式，用所学的知识帮助同伴解疑释难、解决问题，强调的是在“讲出来”、“教别人”的过程中，达成复习、强化所学知识，发展自身综合素质的结果。

从教学过程看，“学进去”是“讲出来”的基础，“讲出来”是“学进去”的动机和结果。

9.“学讲方式”主要理论依据是罗杰斯“学生中心”的教育思想、马斯洛需要层次理论、当代建构主义理论、维果斯基的认知发展理论、陶行知“教学做合一”的教学思想等。

10.“学讲方式”的教学基本环节一般包括：“自主先学、小组讨论、交流展示、质疑拓展、检测反馈、小结反思”等。基本环节不是固定不变的流程、模式，教师可以根据不同学段、学科、课型自主变通、组合形成教学流程。

11.“学讲方式”运用要求遵循六个主要原则：掌握学情原则、自主学习原则、合作学习原则、学生“教”学原则、当堂巩固原则、指导学法原则。

三、科学推进，有序推动《学讲计划》的实施

12.重视学习、培训。各地各校应重视教师教育理论学习，组织观摩研讨优秀教师示范课，立足校本研修，探索解决课堂教学中存在的突出问题，在学习和实践中，不断提高教师《学讲计划》实施的水平和能力，努力造就一支“谙原理、善改革、有成就、能示范”的教改专家队伍。

13.开展学情调研。通过座谈会、问卷调查和访谈等形式，搜集、分析课堂教学中存在的突出问题，了解学生学习中存在的困惑、需求，了解学生学习的知识基础、学习态度、学习方法和学习能力，把掌握学情作为推进教改的基本依据。

14.树立典型示范。各地要重视发现和培养教师中实施《学讲计划》的典型，充分发挥典型的引领示范作用。各级各类名优学校要率先实施，摸索经验，发挥示范和辐射作用。

15.赛课推进“入轨”。各学校要以评课、赛课为抓手推广“学讲方式”。一是要通过三轮赛课，基本入轨。第一轮赛课主要去除“满堂灌”现象；第二轮赛课主要矫治“形式主义”现象；第三轮赛课努力提高教师课堂设计、组织、引导、调控能力。二是要坚持经常性评课、赛课、持之以恒，摒弃“做表面文章”、“突击一阵子”的形式主义，力求不断深化改革，提高《学讲计划》实施水平。

16.评估促进达标。各级教研部门应根据《学讲计划》的要求，广泛开展市、县级公开课、观摩课、示范课，提供充分的学习、交流的平台。市基教、教研、督导等部门要研制评价验收标准和验收方案，采取自评、过程评价和

综合评价相结合的方式,实施达标验收。各地应根据《学讲计划》目标要求,按照分层指导、分步推进的步骤,组织达标课、达标学校评估验收活动。教师的达标课由学校组织验收,"教改达标学校"由各县(市)、区组织验收,市教育局组织抽查复审;"教改示范学校"由各地推荐,市教育局组织评审。

17.深化课题研究。各级教研室、教科所等业务指导部门,各级群众性教育教学学术团体,应将实施《学讲计划》作为教研、科研的重点课题,深入研究实施过程中所遇到的理论和实践问题,不断总结广大教师在实践中所创造的鲜活经验,使之上升为理论,用来指导实践,不断优化《学讲计划》的实施效果。

四、加强领导,落实实施《学讲计划》的各项保障措施

18.加强领导。各地教育行政部门和学校要切实加强对《学讲计划》实施的领导,成立课堂教学改革领导小组,各职能部门要共同参与,做到分工明确,齐抓共管,形成合力。各地要成立实施《学讲计划》的学科指导委员会,进行理论研究、标准研制,开展操作培训、技术指导。各地各学校要组织全体教师结合当地和学校实际,制定具体的、可操作的实施方案。

19.完善机制。在全市范围内按学段每年评选10个教改先进单位;在全市范围内按学段、学科,每年评选10名年度学科教学改革首席教师,10名年度教改专家校长;对教改先进单位和个人进行表彰奖励。各地各校也要组织相应评选活动,表彰奖励教改先进单位和个人。要将教改推进工作纳入学校考核,与教师绩效工资挂钩,作为评价学校、校长和教师工作绩效的重要依据。根据教改组织推进情况,组织对教改先进县(市)、区评估督导。对推进《学讲计划》工作不力,工作成效不佳的部门和学校,要对相关领导实行问责。

20.加大投入。市教育局和各地都要积极申请设立教改专项经费,用于推进《学讲计划》的教改专项经费可从教师培训经费中列支,比例不少于教师培训经费总数的6%。各校也要设立相应教改专项基金,教改专项基金总数不少于学校生均经费总数的5%。

附件:《"学进去讲出来教学方式"行动计划》

"学进去 讲出来教学方式"行动计划

随着教育现代化的推进和课程改革的深入开展,全市中小学教育理念不断更新,教学方式有了新的改进,教学质量逐步提升。但在充分肯定成绩的同时也应该看到,我市部分学校课堂教学中,教师"满堂灌",学生被动学,教学气氛沉闷,教学效率不高的现象依然不同程度的存在。大力推进课堂教学改革,改变学与教的方式,仍然是教学改革面临的十分重要而迫切的任务。因此,我市拟本着"行政推动,全面推进,科学推广"的行动策略,在全市中小学课堂教学中实施"学进去讲出来教学方式"(简称"学讲方式")。现制定《"学进去讲出来教学方式"行动计划》(简称《学讲计划》),推进"学讲方式"应用,改善课堂教学生态,使学生学习变得更加主动、有趣、活泼,使教学活动更有目的性、针对性、实效性,使老师的教和学生的学变得更有成效、更具教育和生活的意义,实现教育本质的回归。

一、实施"学讲方式"主要目标

1.树立四个理念,回归教育规律。一是树立"天赋"潜能的理念,教学要十分注重激发学生业已具备的好奇心，挖掘和发展学生的学习潜力；二是树立自主学习的理念，教学过程要提供学生自主感知、领悟、实践的学习机会；三是树立机会公平的理念，给不同学习速度、思维优势的学生提供不同的学习时间和空间；四是树立教学民主的理念，尊重和理解学生，发展师生教学相长关系。

2.改变教学行为，教师“人人达标”。一年内，1/3教师达到“学讲方式”要求的教学标准；两年内，2/3教师达到“学讲方式”要求的教学标准；三年内，教师全员达到“学讲方式”要求的教学标准。

3.改变课堂生态，学校“校校过关”。一年内，1/3学校达到“教改达标学校”标准；二年内，2/3学校达到“教改达标学校”标准；三年内，所有学校达到“教改达标学校”标准。

4.转变教学方式，提升教学质量。经过三年的努力使我市学校课堂教学方式和学生学习方式发生大的转变，促进信息技术与教学深度融合，教学管理进一步完善，教学效益明显提升，教学质量实现新的突破。

二、“学讲方式”主要内容

1.基本概念：

“学讲方式”是以学生自主学习作为主要学习方式，以合作学习作为主要教学组织形式，以“学进去”、“讲出来”作为学生学习方式的导向和学习目标达成的基本要求的课堂教学方式。

“学讲方式”主要是通过教师指导下的全程自主学习，落实学生学习的主体地位，以自主学、合作学、质疑学、“讲出来”、“教别人”的学习方式，边学边讲，调动学生主动、自主学习的积极性，提高学生课堂教学的参与度、问题探讨的深度，着力培训学习方法，养成学习习惯，提高学生的自学能力，从而提高教学的有效性和质量。

作为教学方式，“学进去”是指通过自主学、合作学、质疑学等学习方式，调动学的积极性，强调的是达成“学进去”的结果；“讲出来”是指通过同伴互助的“做、讲、练、教”方式，用所学的知识帮助同伴解疑释难、解决问题，强调的是在“讲出来”、“教别人”的过程中，达成复习、强化所学知识，发展自身综合素质的结果。

从教学过程看，“学进去”是“讲出来”的基础，“讲出来”是“学进去”的动机和结果。

2.理论依据：

（1）罗杰斯“学生中心”教育思想。人本主义心理学家罗杰斯主张教学应该以学生为中心，教师的任务是促进学习者学习和成长，为学习者提供适当的环境，激发学习的动机，从而使学生的创造力得到充分发挥。他认为培养课堂心理气氛的三个最基本的原则是真诚、尊重和移情性理解。据此，“学讲方式”充分落实学生的主体地位，以遵循学生认知和发展规律的“学进去”、“讲出来”作为学生的学习要求和学习方式，用尊重、理解学生的学习方式来调动学生主动学习的积极性。

（2）马斯洛的需要层次理论。马斯洛认为需要只有被人所意识并且试图采取措施来满足时，才有可能转变为动机。学习和求知是人类的基本需要，它是推动学生学习的内部动力。据此，“学讲方式”强调以学生的好奇心和求知欲得到满足来维持学生学习的持久动力；以学生“学进去”的成就感和“教别人”的表现欲，满足学生认知及自我实现的需要。

（3）建构主义理论。当代建构主义理论认为，学习不是由教师把知识简单地传递给学生，而是由学生自己主动建构知识的过程，这种建构是无法由他人来代替的。据此，“学讲方式”强调落实学生学习主体地位，以自主学习贯穿学习的整个过程，给学生提供自主建构的时间和空间。

（4）维果斯基的认知发展理论。维果斯基认为，儿童的全部心理过程是在交往过程中发展的,而表现为合作的教学正是最具有计划性与系统性的交往形式。据此,“学讲方式”强调小组合作学习,让学生心智情感在同伴交往合作过程中得到充分发展。

(5)有意义的学习理论。奥苏伯尔认为,学习者必须积极主动地使新旧知识不断分化重新组织,才能转化为自己的认知结构,学生的有意义学习是一个主动的过程。据此,“学讲方式”强调关注学情,主张教师教学要以学定教,从学生原有知识结构出发设计教学,让学生自主同化、顺应、接纳新知识,反对“照本宣科”、“满堂灌”的盲目教学。

(6)知识分类理论。综合加涅、安德森和梅耶关于知识分类的理论,广义的知识可概括为三大类:陈述性知识,程序性知识,策略性知识。技能、思维的培养是陈述性知识向程序性知识和策略性知识的转化过程。“讲出来”是陈述性知识转化为程序性知识和策略性知识的重要途径。据此,“学讲方式”强调把“讲出来”“教别人”作为课堂教学的重要方式和环节,使程序性、策略性知识的学习成为一种课堂教学的自觉。

(7)“教学做合一”教育思想。陶行知先生依据杜威“从做中学”的理论提出“教学做合一”思想,认为对事说是做,对己说是学,对人说是教;“教学做”是一件事,不是三件事,而“做”是根本、是中心。陶行知先生推行“小先生制”,他认为:为教而学必须设身处地,努力使人明白;既要努力使人明白,自己便自然而然的格外明白了。据此,“学讲方式”强调以帮助同伴“做、讲、练、教”为主要内容的“讲出来”、“教别人”,使学生在教别人的过程中不断反刍内化自己所学的知识,真正达成学生自己的“教学相长”。

(8)关于遗忘规律的理论。德国心理学家艾宾浩斯研究发现,遗忘在学习之后立即开始,“先快后慢”。而且凡是理解了的知识,就能记得迅速、全面而牢固。经过学生自己的理解、讲述、演示后,短时记忆就内化为学生的知识和能力,经久难忘。据此,“学讲方式”强调的课堂教学中及时的自主复习、小组合作中的互讲强化、当堂的生生互相检测巩固都是极为有效而必要的教学手段。

(9)学习金字塔理论。戴尔初次提出、后经美国缅因州的国家训练实验室研究之后把学习方式分为七种,其中学生被动听讲的学习方式,学习效果最差;而“教授给他人”的学习方式,学习效果最好。据此,“学讲方式”强调以学生准确、生动地“讲出来”的要求,激励学生经过独立思考,对知识进行加工、重组,实现对知识的巩固和深化。

(10)学习兴趣激发的理论。大量研究表明,兴趣是推动人们求知的一种内在力量。乌申斯基曾指出:“没有丝毫兴趣的强制性学习,将会扼杀学生探求真理的欲望。”据此,“学讲方式”强调通过学习方式的多样、学习过程的竞争与合作、学习成就的不断达成,激发学生的学习兴趣,调动自主学习的积极性,形成积极深刻的思维状态,改变课堂教学中被动沉闷、学习效益低下的状况。

3.操作要点:

(1)教学设计:“以学定教”,在充分掌握学情的基础上设计课堂上讨论的问题、学习程序、环节,以及生生互动、师生互动的教学活动;要设计符合学生知识基础的学习任务,提供有难度、有梯度、有情境的学习资源;要对自主学习目标、内容、程序、方法及评价提出明确的指导意见,根据学习基础,对学生分类提出不同层次的学习要求;教师要依据课程目标和学情,深加工教材,创造性地使用教材。

(2)教学环节:课堂教学的基本环节一般为:“自主先学、小组讨论、交流展示、质疑拓展、检测反馈、小结反思”。基本环节不是固定不变的流程、模式,教师可以根据不同学段、学科、课型自主变通、组合形成教学流程。

“自主先学”：是后续学习的基础。由学生在课前或刚开始上课的时间段内自主学习，发现疑难，提出问题，经由教师和学生共同梳理后提取出课堂学习的主要问题(即知识点、重难点)。学生带着思考和质疑进入讨论，达到提高课堂教学针对性的目的；同时，给予一定限度的学习时间和进度安排的自主性，保证不同学习速度学生“异步”学习的公平机会。

“小组讨论”：是贯穿课堂教学过程的教学组织形式。通过“兵教兵”实现“一对一”的教学。在自学的基础上，通过小组合作讨论解决生生交互可以解决的问题。

“交流展示”：是固化学习成果的重要环节。可以借助黑板、投影等诸媒体，由学生报告学习成果，引导其他学生整理学习内容，理清问题解决思路，培养学生观点概括、问题表述和问题解决以及表达、交流等综合能力。

“质疑拓展”：是深化学习的环节。在小组研讨的基础上，把共性的问题、组内尚未解决的问题、需要拓展探究的问题，通过、互教互议教师指导、组际竞赛等方式，进一步加以解决，发展学生推理性、批判性思维。

“检测反馈”：是评价、反馈、矫正的环节。通过提问、观察、测试等手段，评估学生的学习进展和学习成就，给学生提供明确的反馈，指导学生查漏补缺，提高当堂目标达成度。

“小结反思”：是建立知识联系，领悟学习成果的环节。引导学生概括、小结学习内容，绘制知识结构图、思维导图，领悟学习方法、思维模式，增强学习习惯养成的自觉。

(3)教学行为：“五学”与“五步”。

①学生行为的“五学”。学生要变被动学习者为主动学习者，变知识的接受者为知识的探索者，不仅学会，还要会学、乐学，真正能够“学进去”、“讲出来”。对应上述各个教学环节，学生全程自主学习体现在“五学”的学习要求上，即“自学、互学、问学、‘教’学、悟学”。

自学：在教师指导下的课前预习、课中的自主学习。

互学：以“小组讨论”、“交流展示”为学习形式，通过生生互助解决学习中的问题。

问学：以提问、质疑的方式，探讨学习问题，拓展学习内容，达成举一反三。

“教”学：以“讲出来”、“教别人”的方式，深化和巩固学习成果。

悟学：以自主总结、交流体会的形式，感悟学习成果。

②教师行为的“五步”。教师要变课堂教学的“主宰者”为学习活动的指导者、组织者、协助者。教师对教学的主导作用主要体现在对学情的掌握、对教学的设计、对学习活动的组织和对深化学习问题适当点拨、有针对性地指导上。

教师要做“站在学生后面的”参与者，要有目的、有计划地逐渐从讲台上“走下来”，要更多地“参与”到小组学习中，驻足在学生的课桌旁。要强调教学方式转变中“生进师退”、“学进教退”的理念，具体体现在“五步”的要求上。

“让一步”：在指导学习预习时，不要“嚼烂再喂”，要“让一步”空间，由学生自主发现、感知，提出问题；

“慢一步”：在解决学生预习中的问题、学习中的基本问题时，不要忙于指出问题、给出答案，要“慢一步”挑明，给小组合作、交流展示留下“讲出来”的“话题”；

“退一步”：在交流展示、质疑拓展中，不要变成“教师秀”，要“退一步”，把黑板和讲台还给学生，让学生自己“讲出来”；

“停一步”：在组织课堂教学的过程中，不要在教室中盲目走动，要“停一步”，在需要帮助和指导的学生课桌旁驻足观察，发现问题，“一对一”教学；

"缓一步":在教学任务即将完成时,不要急于总结、概括,要"缓一步",给学生想一想、悟一悟的时间,让学生自己"讲出来"学习成果。

4.实施原则:

(1)掌握学情原则。着力创新学情调研方式,增强教学的针对性、预见性,加强课堂师生活动的策划和设计。

(2)自主学习原则。着力促进信息技术与教学的深度融合,通过开发微课、学案等"学习资源包",借助"翻转课堂"等教学方式,为学生创设泛在学习的条件,激发学生"学进去"的积极性,促进学生自主学习,实现课内外学习的有机整合。

(3)合作学习原则。着力在课堂教学中落实个别辅导和小组合作学习。在分组方式、组内分工、研讨程序和方式、研讨成果汇报展示,组内激励和组际竞赛等问题上开展深度研究,形成富有本校特色的小组合作教学方式。

(4)学生"教"学原则。着力学习实践"教学做合一"的教育思想以及"学习金字塔"理论,课堂教学中加强对学生学习积极性的调动,鼓励和支持学生在课堂中、小组内、黑板前、白板上"讲出来"、"教别人",促进学生深度学习。

(5)当堂巩固原则。运用"遗忘曲线"和"记忆规律",在课堂上加强记忆方法的训练,适时复习,不断强化,并通过当堂检测诊断学习效果。

(6)指导学法原则。注重学习策略和学习方法的指导,根据不同学段、不同学科特点,系统地指导学生掌握科学的学习方法,注重学习习惯培养,形成学生个性化的较为稳定的行为模式和学习风格。

5.评价要点:

(1)学情调研和"以学定教"的情况。指对学生知识基础、学习方法、情感态度准备情况的了解程度,以及能否根据学情提供合适的学习资源、学习任务和适当的难度、梯度、程序。

(2)学生学习情绪状态。指学生能否感兴趣地、兴奋地、主动地投入学习,是否表现出学习成就感。

(3)学生学习的参与度。指小组合作学习是否有目的、有序、有成效地开展,学生是否都参与到学习活动中,学生的学习问题、困难是否得到了解决。

(4)教学目标达成度。指课堂教学目标达成度如何,是否关注学习方法指导、学习习惯养成,是否关注学习情感体验和态度形成。

三、"学讲方式"的实施办法

1.理论学习。组织多层次的理论学习和培训,使广大教师深刻领会"学讲方式"的意义和内涵,规范教学行为,使教与学的方式发生大的转变。

2.教研引领。各级教研部门要深入研究"学讲方式",在理论、方法、路径、评价等方面,为基层学校提供智力支持。学校要加强校本教研,形成教改合力,推动"学讲方式"的实施。

3.赛课推动。从研究学情、提高教学设计水平着手,着力规范教师课堂教学行为。以常规性的听课、评课、教学检查,促进教师课堂教学行为转变。以"赛课"的形式,发挥专家引领、行政推动的作用,促进教学方式转变。

4.典型示范。通过实施"学讲方式",使教学观念新、改革意识强、转变教学方式卓有成效的教师脱颖而出,作为示范、榜样,带动课堂教学改革。

5.交流研讨。定期召开不同层次的研讨会,通过开展公开课、示范课等活动,反思、总结、借鉴、推广"学讲方式"的经验做法,推动"学讲方式"的有效实施。

6.评价激励。要将学校、教师实施"学讲

方式”的表现作为考核评价学校和教师工作成效的重要指标,对在实施“学讲计划”中涌现出来的学校及教师进行表彰。

四、“学讲方式”的实施要求

1.统一思想,大力推进。各地、校要充分认识实施“学讲方式”的必要性、针对性、根本性、自觉性、可行性和策略性。认真制订实施“学讲方式”方案,明确教改目标,细化内容,落实措施,有统筹、有计划地推进。

2.领会精神,灵活运用。要充分认识推进“学讲方式”实施的重要意义,开展广泛、深入的教学思想大讨论,认真学习领会“学讲方式”的精神实质,凝聚改革共识,增强改革自觉。要广泛开展学情调研,从目前教学中存在的问题出发,充分调动一线教师的积极性,不设框框,不囿于固定的模式,着力研究解决教育教学中的实际问题,提高教育教学技能水平,事半功倍地提高教学质量,

3.务实创新,讲究实效。各地、校要以务实创新的工作态度,全面科学地推进教改,取得实实在在的成效。要以校本研究为重要载体,将实施“学讲方式”融入学校教科研、集体备课、教学研讨之中,将日常教学与行动研究结合起来,增强教学研究的针对性和实效性。

4.坚定不移,持之以恒。各地、校要求真务实地将“学讲方式”落到实处。避免“突击一阵子”,“做表面文章”等现象。各地、校要将“评课”、“赛课”作为常态性工作,加强视导督查,通过调研性视导、达标性督察活动,推进各地、校“学讲方式”实施尽快行动,尽快到位,尽快达标,并持之以恒。

徐州市率先完成全国义务教育发展基本均衡创建任务

市政府教育督导团办公室

通过两年的努力，徐州市所有县(市、区)均已达到全国义务教育发展基本均衡县(市、区)创建标准，并于2013年11月、2014年4月，分两批通过教育部认定，在苏北率先完成全国义务教育发展基本均衡县(市、区)创建任务。

一、国家对义务教育发展基本均衡县(市、区)的创建要求

全国义务教育发展基本均衡县(市、区)督导评估和认定工作，是继“两基”以后国家对各地义务教育发展情况的新一轮“国检”，也是对全市教育工作的一次“大考”。《国家中长期教育改革和发展规划纲要(2010—2020年)》提出，到2020年基本实现义务教育区域内均衡发展。《县域义务教育均衡发展督导评估暂行办法》规定了全国义务教育发展基本均衡县(市、区)四项评估标准：一是县域内每所公办义务教育学校都必须达到省定合格学校的标准。二是办学条件8项核心指标差异系数小学不高于0.65，初中不高于0.55。三是县(市、区)政府促进义务教育均衡发展工作评估得分不低于85分。四是群众满意率不低于85%。达到上述标准的县(市、区)通过县级自查、市级复核、省级督导和国家认定后，可授予“全国义务教育发展基本均衡县(市、区)”称号。

二、徐州市创建工作情况

市政府高度重视义务教育均衡创建工作，两次召开各县(市、区)政府分管领导、教育(文教体)局局长、督导室主任会议，要求各地严格遵守国家教育法律法规的“红线”，积极回应群众关注的教育“热点”，努力补齐农村薄弱学校“短板”，以创建为契机，整体提升全市义务教育办学水平，让每一所学校都成为人民群众满意的学校。市教育局把现代化和均衡化作为全市教育发展的主旋律，不断改革体制，创新机制，建立健全各项保障措施，全力推进义务教育均衡发展，取得明显的成效。

(一)落实政府责任，全面改善中小学办学条件。市政府出台推进县域义务教育均衡发展的实施意见，把义务教育发展列入县(市、区)科学发展目标考核和每年为民办实事项目，与经济指标同步部署、同步考核。建立县级政府教育工作年度督导评估机制，重点督导教育经费“三增长一提高”、教育费附加管理使用情况，促进各县(市、区)政府依法增加教育投入，落实义务教育经费保障机

制。为切实改善中小学办学条件，我们强力推进四项工程。一是中小学标准化建设工程。制定徐州市义务教育学校办学标准，每年开展评估验收。二是中小学校舍安全工程。全市三年投入35.7亿元，加固、重建校舍373.8万平方米，全市安全校舍比例比工程实施前提高了37.8个百分点。三是义务教育布局优化工程。2012年以来，全市新(改、扩)建中小学181所，基本解决了家校距离5公里以上学生就近入学问题。四是教育信息化资源共享工程。义务教育学校全部接入教育城域网，农村偏远学校实现校园网建设和宽带接入全覆盖。公共服务平台开发“名师讲堂”“名师在线”，汇聚各类资源73万条，课程资源向农村薄弱地区免费开放，点击累计1.5亿次。

各地积极改善办学条件，提升义务教育办学水平。邳州市2011年以来投入7.26亿元，新建校舍249个、58.5万平方米，新建塑胶运动场20片，2013年荣获省校安工程先进集体称号。泉山区加快在区划调整中新划入该区的西部学校建设，完成城北中学等4所学校的校舍改造、加固任务，通过添置更新教学设备、加强教师队伍建设等举措，有效消除校际差距。铜山区在全省率先实施中小学塑胶操场建设工程，为143所学校建设面积约70万平方米的143片塑胶操场。近三年投入教育现代化设施设备经费7242万元，126所学校达到省义务教育现代化学校标准，占义务教育阶段学校总数的85%。云龙区不断提升教育现代化水平，实现光纤到校、多媒体到班、大屏幕红外触摸液晶电视和视频自动录播系统全面普及，84%的学校教育装备水平达到省一类标准，与上海市16所学校结成“学校发展共同体”，在提升硬件的同时不断加强学校内涵建设。

(二)加强交流培训，提高农村薄弱学校师资水平。针对我市义务教育存在的农村薄弱学校教师年龄结构老化，英语、音体美、计算机等学科教师紧缺等问题，采取“三管齐下”的应对策略：一是补充。按编制配足配齐学科教师，新增教师优先满足农村中小学的需求，重点解决农村小学英语、信息技术及音体美教师短缺的问题。二是培训，全市每年有近2万名教师参加各级培训，其中80%是农村一线教师。全市小学教师专科率、初中教师本科率分别比“十一五”初提高38.62个百分点。三是交流。逐步建立义务教育学校教师和校干定期交流机制，制定了凡获得名优称号的校长和教师必须交流的规定以及县域内教师年流动比例不低于10%的目标。2011年以来，全市投入2.14亿元，在40个偏远乡镇建设教师公租房2455套，并在评优评先、职称评聘等方面向农村、薄弱学校教师倾斜。睢宁县4年招聘教师536人，其中488人分配到农村任教；加快推进区域内教师交流，2013年，公办义务教育学校通过调动、支教、转岗等形式交流校长、教师共910人；通过建设教师安居房，发放“教师健康体检卡”，办理“乘车优惠卡”，为地处偏远、条件艰苦的农村义务教育学校教师增设补贴。新沂市2013年调配292名城区教师到农村任教，奖励性绩效工资向农村教师倾斜，每三年评选一批名校长、名教师、学科带头人等，每年分别发放6000元、4800元、2400元的政府津贴。鼓楼区建立完善“教师自我规划、学校分层培养、全区定向打造”三级培养模式，以“名师工程”“青蓝工程”评选为抓手，通过建立区教师发展中心、名师工作室，完善教师专业成长培养和奖励机制，激发教师发展的主动性，提升队伍整体素质。全区15名特级教师中，“十一五”以来培养7人，2011年被授予“江苏省师资队伍建设先进区”。

(三)创新管理机制，均衡义务教育学校生源配置。一是放大“品牌”。以优质学校为依托，采取兼并、托管、举办分校、结对帮扶等模式，组建城乡办学共同体或区域教育集团，实行捆绑考核、共同发展。目前，所有城区优质学校均与农村学校结成帮扶对子，新城区所有义务教育学校均由主城区名校举办分校，优质学校品牌效应得到较好发挥。二是调整“标尺”。建立直属学校发展性综合督导机制，改革过去用一把“尺子”衡量所有学校的做法，以学校自定的发展目标为依据，看起点、比进步，一校一策，努力调动不同类型学校工作的积极性。一批薄弱学校通过强化管理、科研创新脱颖而出，逐渐成为人们心目中新的“品牌”。三是调节“杠杆”。落实省定中考招生指标生政策，将热点高中60%的招生计划作为指标生分配到初中学校，为普通初中学生打开升入优质高中的特殊通道。同时规定初中学校施教区外的择校生中考时不享受指标生待遇，并在升入初中时即向社会公示指标生政策范围内学生名单。通过招生“杠杆”的调控作用，促进义务教育学校生源均衡配置。

在均衡生源配置的同时，特别关注弱势群体子女受教育权利。沛县开展“千名干部爱心牵手孤贫学子”帮扶活动。全县1155名副科级以上干部对312名孤儿、843名低保及单亲特困学子进行一对一牵手帮扶，每名干部对每个孤贫学子每年资助不低于1500元的学习、生活费用，确保全县无一名学生因家庭贫困而失学。贾汪区积极构建留守儿童关爱体系，建立健全亲子联系制、镇村管护制、代理家长制、成长伙伴制四项工作机制，实施留守少年儿童食宿项目改善工程，建立留守儿童活动中心、留守儿童辅导站等，为留守儿童的成长成才创造良好环境，荣获“全国农村留守儿童工作示范区”称号。

（四）强化教育督导，整体提升城乡学校办学水平。市政府教育督导团把义务教育均衡发展作为对县级政府教育工作年度督导的重点，将各项督导数据与国家标准对照，制作成演示图表，现场向县区反馈，督促各地不断完善义务教育经费保障机制，落实教育投入法定增长要求，实施薄弱学校改造计划，推动校干教师在校际合理流动。为确保完成创建任务，市政府教育督导团对每县（市、区）进行多轮次、拉网式督导，与党委、政府领导会商，现场召开创建人员培训会，对中小学校长进行专题培训。督导团专职督学包干到县，对督导中发现的问题进行跟踪督导，迎检筹备阶段每周调度，国检之前每天调度，直到派员到现场看到问题得到彻底解决，各项指标符合国家要求为止。国检之前，市政府教育督导团、市教育局结合党的群众路线教育，开展“农村学校百校行”活动，按照国检标准，对全市义务教育学校进行拉网式仿真督导。市政府教育督导团专职督学、市教育局领导班子全体成员和机关处室负责人包挂到县，以扎实、务实、求实的作风开展拉网式督察，共督察乡镇96个、学校588所。现场对中小学校长进行培训，确保每一位校长都能对义务教育均衡的标准耳熟能详，对学校的各项数据做到“一口清”。现场指导改进薄弱环节，努力使县域内义务教育学校校园环境一样美、教育设施一样齐、公用经费一样多、管理水平一样高、教师素质一样好、学生个性一样得到张扬、人民群众一样满意。督导结束后及时召开督导反馈大会，向当地政府、教育行政部门领导和全体义务教育学校校长，逐校逐项反馈问题，各县（市、区）教育行政部门实行分片负责制、专人蹲点制和动态日报制，强化专人负责、过程指导和组织协调，借创建之机促进学校发展。各义务教育学校校长都把自己作为迎检一线责任人，精心设计路线，熟记相关数据，全体师生员工积极行动，形成人人参与的良好氛围。丰县倒排目标，挂牌整改，每周一个抓手，对学校进行多轮次的拉网式督察，边督导边培训，教师全员培训，校长人人过关，校园面貌焕然一新，师生员工精神振奋。通过督导，校长的办学理念、学校的管理水平提高到一个新的水平。

通过努力，徐州市义务教育均衡发展取得明显成效，城乡、校际办学水平的差距进一步缩小，人民群众对教育的满意度不断提高。2013年11月、2014年4月，教育部组织督导组分两批对徐州市各县（市、区）义务教育均衡发展情况进行为期一周的督导检查，随机抽查学校72所，召开座谈会40个，发放满意度问卷6000余份，并采取随机访谈等形式，征求公众意见。督导组对各县（市、区）义务教育均衡发展情况予以高度评价，认定所有抽检学校均达到合格学校标准，群众满意度都在95%以上，政府推进义务教育均衡发展综合督导得分均达到国家要求，其中云龙区以98分名列全省第二。在教育部督导反馈会上，专家组对云龙区的教育装备现代化、泉山区一校一品特色学校建设、铜山区政府加大投入实施薄弱学校改造工程、贾汪区构筑贫困学生爱心教育网络、鼓楼区促进教师流动、睢宁县儿童画特色教育、丰县留守儿童教育工程、新沂困难学生资助工程、邳州乡村学校建设提出特别表扬。至此，徐州市所有县（市、区）均顺利通过国家验收，首批通过验收的云龙、鼓楼、泉山、铜山、贾汪、沛县五区一县已获教育部授牌，另外四县（市）将于近期授牌，徐州市的义务教育均衡发展迈入一个新的阶段。

附件：各县（市、区）政府推进义务教育均衡国检得分情况

国检时间	县（市、区）	得分
2013年11月	云龙区	98
	鼓楼区	96
	泉山区	97
	铜山区	92
	贾汪区	97
	沛县	93
2014年4月	丰县	93
	睢宁县	89
	邳州市	90
	新沂市	89

（责任编辑 曹昭海）

大 事 记

徐州市2014年教育大事记

1月

10日　徐州市教育系统关工委召开2014年度工作会议，各县(市、区)教育(文教体)局分管关工委工作的领导、关工委常务副主任参加会议，市教育局副局长李运生参加会议并讲话，市教育局关工委主任张建勋对2013年工作进行了回顾，部署2014年主要工作，大会为获得省市教育系统先进集体和家庭教育工作创新奖的单位颁发奖牌和证书。

10—16日　市教育局分县(市、区)教研室、直属初中学校、直属高中学校三个层面分别召开"学讲计划"推进工作调度会，各县(市、区)教研室主任，直属初、高中学校业务校长参加会议。会议由市教研室主任何振国主持，市教育局副局长李运生出席会议并讲话。

16日　市教育局召开全市教育信访工作会议，各县(市、区)分管局长、信访办主任及局直属学校分管校长参加会议，市教育局副局长李清到会并讲话。云龙区文教体局副书记张绪营、丰县教育局纪委书记王鹏作典型发言，局安稳处通报2013年各县(市、区)以及直属学校群众来信来访情况。

21日　市教育局在新沂召开全市学生资助工作现场会。全国学生资助管理中心副主任马建斌、省学生资助中心主任陈虎、徐州市教育局副局长葛宝堂、各县(市、区)教育(文教体)局分管局长及学生资助管理中心主任参加会议。

2月

10日　市教育局副局长李运生主持召开推进"学讲计划"工作协调会。市教育局基教处、教育教学研究室等部门人员参加会议。会议围绕2014年的工作重点——推进"学讲计划"进行研讨，参会者对"推进"事宜发表看法。

13日　2014年度全市教育工作会议在新城区会议中心召开。会议总结2013年全市教育工作，深入分析教育改革发展形势，研究部署2014年全市教育改革发展重点任务。市教育局局长、党委书记、市委教工委书记张德超作工作报告，市政府主任督学曹孟军部署教育督导工作，市教育局副局长李运生主持会议。市教育局其他领导出席会议。各县(市、区)教育(文教体)局、局直属学校、市区职业学校、局机关处室负责人等参加会议。

28日　2014年度徐州市职业教育教科研工作会议在徐州市教育局召开。徐州市各中等职业学校(含五年制高职院校)分管校长、教科室主任和教务处长60余人参加会议。市教育局副局长李清出席会议并讲话。

28日　市教育局举办全市2014年中小学教师队伍建设研修班。各县(市、区)教育(文教体)局负责师资工作的副局长、师资(人事)科长、教师进修学校校长、市直属学校副校长、教务处长(教科室主任)及各地各校具体负责教师培训、教职工信息系统管理、网络培训工作的同志156人参加会议。市政府主任督学曹孟军回顾总结2013年全市教育系统师资队伍建设取得的成绩，部署2014年全市师资队伍建设工作任务。

3月

4日 市教育局召开党的群众路线教育实践活动动员大会，认真学习贯彻中央精神和省市委要求，对局机关和直属学校教育实践活动进行动员部署。市教育局局长、党委书记、市委教育工委书记、市教育局党的群众路线教育实践活动领导小组组长张德超作动员部署，市委第十五督导组组长崔晓琴等市督导组领导，市教育局领导班子成员及局副处级领导干部、原局正处级老领导、局机关行政处室全体干部、事业处室正副主任，局直属学校党政正职参加会议。

11日 市教育局召开全市教育安全稳定工作会议，部署国家中小学幼儿园省际交叉检查迎检工作，明确自查互查重点，提出相关要求。市教育局副局长李清在会上分析全市学校治安形势，明确应对措施，进一步理清做好安全稳定的工作思路。各县(市、区)教育(文教体)局分管局长、安保科长，局直属学校分管校长、安保主任参加会议。

20日 徐州市小学英语推进“学讲计划”中年级研讨会在第三中学礼堂举行，研讨会由徐州市教育局和泉山区文教体局主办，徐州市风化街中心小学承办。省教育厅教研室书记何锋副、市教育局副局长李运生、市教研室主任何振国、徐州市泉山区文教体局局长王建、凤凰传媒集团副主任陈志红出席研讨会，徐州市各县(市、区)英语教研员、英语教师近千人参加研讨。

22日 徐州市教育局学前教育免费送培活动在贾汪区教育局拉开序幕，贾汪区各幼儿园园长、中层校干、骨干教师500余人参加培训。市教育局基教处计划在2014年3—8月，面向各个县(市、区)开展免费送培下乡活动。

26日 市教育局召开2014年全市教育系统党风廉政建设工作会议，市教育局党委书记、局长张德超，市委教工委副书记杜耀东、纪工委书记王亚和各县(市、区)教育(文教体)局纪委书记、监察室主任，局直属学校校长、书记、纪检委员，局机关各处室负责人出席会议。王亚总结2013年全市教育系统党风廉政建设和反腐败工作，部署2014年任务。张德超讲话，会议邀请市纪委常委马涛作题为《国内反腐形势分析和“两个习惯”解读》报告。

31日 徐州市中小学推进“学讲计划”教学现场研讨会在开元名都酒店举行。会议由市教育局主办，泉山区文教体局、泉山区火花学校承办，省教研室、市教育局、各县(市、区)教育部门相关领导、全市中小学校长600余人参加会议。会议由市教育教学研究室主任何振国主持，泉山区教育局局长王建、火花学校校长吴学政、省教研室主任鞠文灿、市教育局副局长李运生先后发言。

4月

12日 2014年度省市合作特级教师后备人才高级研修班开班典礼在江苏师范大学云龙报告厅举行。徐州市人民政府主任督学曹孟军，江苏师范大学副校长方忠，市教育局师资处处长崔瑛，江苏师范大学文学院、教师教育学院负责人出席会议，五县(市)六区及直属学校的80名特级教师后备人才参加开班典礼。

15日 市教育局在鼓楼区民主路小学召

开学校安全教育推进会议,并举行《中小学安全读本》首发仪式。《读本》作者代表、编委代表、学生代表、出版社领导分别发言,民主路小学将安全教育课堂搬进会场,给与会者演示小学生安全教育课。市教育局副局长李清出席会议并讲话,各区教育行政主管部门分管领导、安保科长,局直属学校分管校长、安保主任,鼓楼区各学校安全工作负责人、民主路小学部分师生参加会议。

18日　省教育厅副厅长杨湘宁到徐州市调研基础教育信息化工作,省电教馆馆长尤学贵,市教育局局长张德超,市教育局副局长李运生、李清陪同调研。

19日　徐州市召开教育信息化工作推进会。省电教馆馆长尤学贵、市教育局局长张德超、市教育局副局长李运生、云龙区副区长康宁出席会议,各县(市、区)教育(文教体)局局长、分管局长、教研室主任、电教馆长,局直属学校及有关民办学校校长、分管校长、教务主任、教科室主任、电教主任等200余人参加会议。

20日　2014年江苏省电化教育馆馆长会议暨教育卡应用现场会在徐州市解放路小学召开。会议由省电化教育馆馆长、省教育管理信息中心主任尤学贵主持,各省辖市,昆山市、泰兴市、沭阳县教育局分管局长、电化教育馆(现代教育技术中心)馆长与会,徐州市副市长李燕、云龙区区长方正华在会上致辞,徐州市教育局局长张德超出席会议。省教育厅副厅长杨湘宁出席会议并讲话。

22日　市教育局邀请全市开展教学改革起步较早、取得一定成效的部分中小学校和教师代表,举办“先行一步——学讲课堂前沿论坛”活动。市教育局副局长李运生、市委教工委副书记杜耀东、市教育局有关处室的负责人、各县(市、区)教育(文教体)局负责人、全市中小学骨干教师及市教育教学研究室教研员共300余人参加活动。

5月

9日　市教育局召开“省首届青年教师教学基本功大赛总结表彰会暨省第二届大赛启动仪式”大会。各县(市、区)教育(文教体)局分管局长、教研室主任,市直属学校校长、获奖教师及教研员100余人参加会议。基教处处长李进强、师资处处长崔瑛、教师发展中心主任王静、市教研室主任何振国到会。市教育局市教育局副局长李运生出席会议并讲话。

14日　市教育局“服务教育改革发展实现百姓教育期盼”党的群众路线教育实践活动学习论坛在江苏模特艺术学校演播厅开讲。该论坛分为专题发言、互动交流、嘉宾点评3个环节。8位主题发言人围绕责任教育、师德建设、机关干部队伍建设、百姓办事“零障碍”工程、学讲计划、托管办学6个专题进行阐述。市委第十五督导组副组长、市机关事务管理局副局长孟庆元作论坛发言,市教育局局长、党委书记张德超作为点评嘉宾进行点评。

15日　市教育局召开2014年省职业学校技能大赛总结分析会。各县（市、区）教育（文教体）局分管局长、职成科长，各三星级以上职业学校校长、分管副校长等80人参加会议。市教育局副局长李清出席会议并讲话。

16日　市教育局、市体育局在铜山区郑集高中城区分校举办2014年徐州市中小学首届“武术进校园”比赛。经过各县（市、区）及直属学校分赛场层层选拔，全市共选出33支代表队参加比赛。开发区实验学校、大马路小学、兴北小学、侯集实验小学、青年路小学、西朱中学、丰县创新外国语学校、徐州高级中学、徐州高等师范学校分别获得小学组、初中组、高中组一等奖。市教育局局长张德超出席颁奖仪式并讲话。

21—22日　徐州市职业学校信息化教学大赛在徐州市教育局举办。大赛分信息化教学设计比赛、信息化课堂教学比赛和信息化实训教学比赛3个项目。经过县、校初选，全市共有77件作品参加比赛。

22—23日　市教育局师资处、教师教育中心组织徐州市部分教育专家赴新沂举办2014年“名师行--送教到县（新沂）”活动。市政府教育督导团主任督学曹孟军出席活动，并对活动方案与实施工作做出科学、周密布置。市教育局师资处、教师教育中心负责人，新沂市教育局部分领导及相关学科教师千余人参加活动。

25日　全市幼儿迎六一庆典暨幼儿园艺术节展演活动在徐州电视台演播大厅举行。徐州市教育局局长、党委书记张德超出席会议并发表热情洋溢的讲话。出席活动的领导还有徐州广播电视传媒集团党委书记、台长李爱彬，徐州市教育局副局长李运生，徐州广播电视传媒集团党委委员、副台长姜晓翔。县区幼教干部，市区幼儿园园长、教师、家长及小朋友代表400余人参加活动。

22—29日　“省市合作”小学数学教师（新沂班）培训活动在新沂举办。22日下午，开班典礼在新沂市钟吾中学报告厅举行，新沂教育局局长柳松主持，新沂市副市长周树兵致欢迎辞，徐州市政府教育督导团主任督学曹孟军出席并讲话。新沂200名小学数学教师参加培训活动。

28—29日　市教育局在三十七中举行徐州市第二届班主任基本功大赛，各县（市）、区和局直属学校的124名班主任参加比赛。

30日　省教育厅“名师送培”项目2014年徐州市中小学教科研管理者“教科研能力提升”培训班在徐高中举行开班典礼。培训由徐州市教育局主办，徐州工程学院教科院承办。开班典礼由徐州工程学院教科院院长马衔主持，江苏省教育科学研究院基础教育研究所副所长王一军、副研究员孙向阳，徐州市政府教育督导团主任督学曹孟军，市教育局师资处处长崔瑛出席会议。全市五县六区的309位中小学教科研管理者与会。曹孟军在开班典礼上讲话。

30日　省委书记罗志军到解放路小学与少先队员共度六一儿童节，团省委书记万闻华，徐州市委书记曹新平，副市长李燕等陪同活动。

6月

13日 省“名师送培”徐州市中小学校干、骨干教师师德专题培训班开班。南京师范大学教育科学学院副院长邵泽斌、南京师范大学教育科学学院教育管理与政策系党支部书记陈红燕、徐州市政府教育督导团主任督学曹孟军、徐州高等师范学校校长洪韩、市教育局师资处处长崔瑛等出席开班典礼。开班典礼由徐州高等师范学校培训处处长李雁主持。全市五县六区及直属学校的校干和骨干教师350人参会。

13日 市教育局学前教育免费送培活动送陪至邳州李口幼儿园。邳州市各公办、民办幼儿园园长、中层校干、骨干教师近300余人参加培训。活动由徐州市教育局主办，徐州市公园巷幼儿园承办。

16日 省教育厅主办的2014年江苏省高中理科优秀实验教学设计大赛在南京落幕，徐州市代表队在比赛中获一等奖2项，二等奖10项，三等奖2项，一、二等奖获奖人数位居全省第三。

23日 省教育厅副厅长丁晓昌带领专家组一行5人专程到徐州调研丰县、睢宁县、新沂市区域教育基本现代化创建工作，市政府副市长李燕，市教育局局长张德超、副局长李运生陪同调研。张德超汇报徐州市区域教育基本现代化建设情况，丰县、睢宁、新沂三地政府领导也分别做专题汇报。在4天的实地调研中，专家组察看区域内17个镇56所学校创建的具体情况。

27日 徐州市先进制造职业教育集团成立大会在徐州机电高职校隆重召开。大会审议通过集团章程，推选徐州市教育局副局长李清为集团名誉理事长，徐州机电高职校为理事长单位，校长贾涛为理事长，副校长任国兴为秘书长。

7月

7日 由徐州市职业教育与成人教育研究室主办、江苏模特艺术学校承办的“2014年徐州市职业学校班主任暑期培训班”在江苏模特艺术学校艺术中心演播大厅开班。全市20多所职业学校的200多名班主任参加培训。8日下午，培训圆满结束。

7—9日 省教育厅举行第二届高中物理学科研究性学习成果汇报展评（江苏省青年物理学家辩论赛JSYPT2014），全省近40支代表队参赛，徐州市选派的徐州一中开拓者代表队取得第十名的好成绩。

17日 市财政局、市教育局召开县（市、区）财政局、教育（文教体）局分管局长座谈会，传达贯彻省教育厅会议精神，通报财政部驻江苏专员办对徐州市教育经费使用管理情况专项检查发现的问题，部署今后一阶段加强教育财务管理工作的重点。市教育局局长张德超、市财政局副调研员陆新洋出席会议并讲话。市教育局副调研员张宝民主持会议并通报财政部驻江苏专员办检查发现的问题。

23日 由《中国教师报》、江苏教育报刊总社举办，徐州市教育局承办的“课改中国行——发现苏派好课堂”活动在徐州高等师范学校举行。上午，全市各县（市、区）教育（文教体）局局长、教研室主任、教研员，部分中小学校长、业务副校长、教师800余人聆听《中国教师报》总编助理、编辑部主任李炳亭的课改专题报告。大会由市教育局副局长李运生主持，市教育局局长张德超出席并讲话。下午，48名校长、教师代表参加现场体验式培训。

24日 李炳亭与徐州部分课改工作开展较好的校长、老师进行面对面座谈交流,现场听取他们在课改方面的工作经验介绍,解答大家存在的困惑和问题。

8月

7月20日—8月5日 省、市合作培训项目“英特尔®未来教育”核心课程学科教师培训授课。该项目由徐州市教育局主办,徐州高等师范学校、新沂市教师进修学校、沛县教师资源中心及铜山教师进修学校承办,全市五县六区及直属学校的400名中小学一线骨干教师参加集中培训。

5日 市教育局党委书记、局长张德超和副局长李清带领相关处室人员,对市教育局直属学校建设工地进行安全检查。

6—15日 市教育局职社处社会力量办学管理办公室联合安稳处、法规与行政许可处组成联合检查组,对全市民办教育培训机构进行安全大检查。

是月 经评审委员会综合评定,第二届“感动徐州教育人物”评选结果揭晓:徐州市第一中学教师徐敏、邳州市八路中学教师李海年、新沂市阿湖中学教师王莹、丰县大沙河镇二坝小学教师王春梅、沛县体育中学教师杨思军、睢宁县实验小学教师金路、贾汪区新集中学教师杨雪松、丰县顺河初级中学教师杜海峰、徐州市青年路小学教师沈军、铜山区教育局教研室体育组。

9月

2日 市教育局、市文明办联合在经济开发区实验学校启动“小学新生入学仪式”,在全市推开寓意深刻、庄重热烈的小学入学仪式教育活动。

10日 市委市政府在行政中心礼堂隆重举行庆祝第30个教师节活动。市委书记曹新平、市长朱民、市委宣传部部长冯其谱、副市长李燕,市政府秘书长吴新福、副秘书长周广春,市教育局局长张德超、市人社局局长孟铁林等出席庆祝活动。

11日 市教育局召开全市中小学、幼儿园开学安全暨平安校园创建工作会议。会议表彰2013年省平安校园、市优秀平安校园、安全工作先进单位和先进个人。市委教工委副书记杜耀东代表市教育局宣读《徐州市安全生产“党政同责、一岗双责”暂行规定》并讲话,市教育局副局长李清总结2013年学校安全工作及平安创建工作取得的主要成绩,部署2014年主要工作任务。各县(市、区)教育行政主管部门分管领导、安保科长,局直属学校分管校长、安保主任及获奖单位代表参加会议。

11日 2014年光华创业精神大奖赛徐州地区复赛暨全市职业学校学生商业计划书

大赛在江苏模特艺术学校艺术中心举行。江苏省铜山中等专业学校郑淑瑶获特等奖，将代表徐州市直接参加全国总决赛；江苏模特艺术学校黄丹蕾和徐州经贸高等职业学校刘欣玮获一等奖，将代表徐州市参加全省决赛。

17日　丰县教学质量分析会在市教研室召开。市教育局副局长李运生，市教研室主任何振国、副主任李秋颖、教管组成员、“学讲”办全体成员和丰县教育局分管领导、教研室主任、基础教育科科长、督导室主任参加会议。市教育局2014年对中、高考质量分析采用分县（市、区）进行的方式，这是教学质量管理工作的一次创新。李运生主持会议并讲话。

18日　市教育局举办2014年全市学生资助工作培训班。各县（市、区）教育局分管领导、学生资助管理中心负责人，市直各高中学校、义务教育阶段学校和市区有关中职学校的资助工作分管领导和业务人员共110多人参加培训。省学生资助中心主任陈虎、博士陈忠斌，市委教工委副书记杜耀东，市财政局、市民政局有关处室负责人出席培训会。

21—22日　徐州市“今天可以这样做教师”大型师德报告会在新沂市华夏国际影城举行，徐州各县（市、区）及直属学校的900余名中小学校管理者、班主任和骨干教师参加报告会。新沂市教育局局长柳松主持会议，新沂市副市长周树兵致词，徐州市人民政府教育督导团主任督学曹孟军讲话。徐州市教育局师资处处长崔瑛等出席开幕式。报告会邀请全国优秀教师、全国十佳班主任、北京市房山中学隗金枝，全国优秀教师高金英，全国优秀教师魏书生作专题讲座。报告会由徐州市教育局主办，新沂市教育局和新沂市教师进修学校承办。

28日　徐州市首届职业学校班主任基本功大赛落下帷幕。大赛由市教育局主办，市职教协会和江苏省徐州经贸高等职业学校承办。全市各职业学校的90名优秀班主任参赛。市教育局副局长李清、职社处处长徐新文等到比赛现场观摩指导。大赛遴选出王玮等6名优秀选手，代表徐州市参加江苏省职业学校班主任基本功大赛。

29日　市教育局邀请全国劳动模范、彭城五交化职工戴银霞，徐州市劳动模范、中国矿业大学教授匡亚莉，徐州市劳动模范、徐州市第一中学教师倪科技在局机关会议室举办劳模事迹报告会，局直属学校工会主席、德育处主任、团委书记及青年教师代表150余人参加报告会。

国庆节前，市教育局分别召开邳州、沛县、睢宁3个县（市）的教学质量分析会。市教育局副局长李运生，市教研室主任何振国、副主任李秋颖、教管组成员、“学讲”办全体成员，邳州市、沛县、睢宁县教育局局长、分管局长、教研室主任、基础教育科科长、督导室主任参加会议。会议由李运生主持，各县（市）教研室分别对本县（市）的中、高考情况做认真剖析。李秋颖和初中部负责人分别代表市教育局对2014年中、高考情况以及邳州、沛县、睢宁的教学质量发展状况进行分析并提出建议。

10月

14—15日　省教育厅副厅长朱卫国带领省教育厅基教处、省教研室负责人在徐州市调研课程改革和基础教育工作情况，对徐州市深化课程改革、促进基础教育优质科学发展提出具体要求。调研期间，朱卫国参加了徐州市“学讲计划县县行”活动启动仪式并讲话，对徐州市全面推进“学讲计划”给予充分肯定和鼓励。

19日 由徐州市教育局主办，徐州工程学院教科院承办的省、市合作项目农村中小学“行动研究与微课题研究”培训班开班典礼在徐州工程学院举行，开班典礼由工程学院教科院院长马衍主持，徐州工程学院副院长宋农村、徐州市政府教育督导团主任督学曹孟军、江苏省教师培训中心主任柏杨等领导出席会议并讲话。该培训班培训对象为各县（市）及铜山区、贾汪区农村中小学业务校长、教科室主任及骨干教师学员200人。

24日 徐州市学前教育现场推进会在新沂市圆满落下帷幕，各县（市、区）教育（文教体）局分管局长、教育科科长、幼教专职干部以及中心校校长、园长代表共200余人参加活动。上午，与会人员观摩新沂市新安镇三幼、北沟镇二幼和北沟镇一幼3所幼儿园的游戏活动，交流课程游戏化建设的初步成果。下午，召开全市学前教育专题会议，新沂市人民政府副市长周树兵致欢迎辞，新沂市教育局局长柳松及各县（市、区）分管局长进行大会交流，市教育局副局长李运生出席会议并讲话。

24日 省“名师送培”徐州市初中数学骨干教师培训班开班。苏州大学教育学院党委书记蒋晓红、徐州市政府主任督学曹孟军、徐州高等师范学校校长洪韩、苏州大学教师培训学院培训部主任陈京、徐州市教育局师资处处长崔瑛等出席开班典礼。开班典礼由徐州高等师范学校副校长张茂杰主持。全市五县六区及直属学校的320名教师参会。

28日 省教育厅副厅长杨湘宁赴邳州调研职业教育，视察邳州市中等专业学校和邳州市车辐中等专业学校的农机具维修、服装、烹饪、现代农艺、美容美发等专业实训基地，现场观摩烹饪专业师生技能教学场景，详细了解学校实训教学、专业设置、教育教学改革以及招生就业等情况。

29日 新沂市电子商务产业园在江苏省新沂中等专业学校举行开园仪式。省教育厅副厅长杨湘宁出席活动并讲话。

是月，市教育局组织全市31所课程基地示范幼儿园对外开展幼儿园游戏现场观摩，每地区课程示范基地幼儿园向本地区的所有幼儿园开放半日活动；同时，公园巷幼儿园、幼师一附幼、二附幼、丰县实验幼儿园、泉山区星光第二实验幼儿园、徐州市第一实验幼儿园、徐州市第二实验幼儿园、八一幼儿园等7个幼儿园对全市开放，总计观摩人次数千人。各县（市、区）幼儿园的园长和教师参观示范幼儿园的游戏化环境布置，观摩课程、游戏，听取园长经验介绍。

11月

3—5日 市政府教育督导团主任督学曹孟军率领徐州市第一中学、第三中学、侯集中学、青年路小学、解放路小学等学校校长，赴镇江参加由省教育厅和镇江市人民政府共同主办的第十届江苏中小学校长国际论坛。江苏省副省长曹卫星、国务院参事许琳、教育部国际司副司长方军、中国日报社副总编辑高岸明、省教育厅厅长沈健等出席论坛开幕式并致辞。论坛期间，美国、英国、澳大利亚、加拿大、新西兰等国家的校长代表赴徐州市对以上几所学校进行考察交流，并签署友好学校合作协议。

7日 江苏省教育厅2014“送培到市”中小学校长信息化领导力培训班在徐州市举行。徐州市人民政府教育督导团主任督学曹孟军、省电教馆馆长尤学贵、徐州市教育局副局长李运生、江苏教育行政干部培训中心副主任季春梅等参加开班典礼。李运生主持培训活动，曹孟军讲话。学员代表、徐州市三十四中学副校长张世栋作学习交流发言。全市中小学200多名中小学校长和电教馆长参加培训。

11日 由徐州市教育局主办，徐州工程学院教科院承办的2014年江苏省农村小学校长助力工程培训班开班。开班仪式由徐州工程学院教科院院长马衍主持，徐州工程学院副院长宋农村、市政府教育督导团主任督学曹孟军讲话,邳州岔河镇中心小学校长邹圆圆代表学员发言。市教育局局长张德超为参训校长作题为《徐州地区农村基础教育的现状与未来发展》的报告。

14日 市教育局在江苏模特艺术学校报告厅举办江苏省人民教育家培养工程首批培养对象终期考核教育思想报告会。王志勇、秦晓华、袁保金3位江苏人民教育家培养对象分别作题为《放飞教育理想、担当育人责任》《办走进生命的学校、做走进生命的教育》《以人为本，优化方略；关注差异，激发潜能》的报告。市政府教育督导团主任督学曹孟军，省教育科学研究院宗锦莲，各县(市、区)教育(文教体)局分管副局长、师资科长、学校校长代表，直属学校校长、分管校长、教科室主任，徐州市名师成长培训班学员代表参加报告会。报告会由曹孟军主持。

18日 徐州市“学陶师陶”养成教育现场会在邳州市官湖镇中心小学召开。市陶行知研究会各县(市、区)小学会员单位代表300余人参加会议。市陶研会会长张广焕、副会长兼秘书长周洪芝，邳州市教育局副局长李新永等出席会议。

19日 市教育局以“落实责任教育，创新德育实践”为主题召开全市中小学第八届德育论坛。徐州市教育局党委委员徐保卫、江苏教育报李大林等出席，各县(市、区)教育(文教体)局分管副局长、德育办主任，直属学校分管副校长、德育主任计200余人参加论坛。

20日 由江苏省政协教文委员会副主任郭进城、常州刘国钧学校校长王亮伟、南京市教育局职社处副处长黄子亮3人组成的省教育厅专家组，对徐州市省职业教育创新发展实验区创建情况进行视导。市教育局副局长李清，市发改委、市财政局、市人保局等部门负责人，各县(市、区)教育(文教体)局分管局长参加视导活动。

25日 2014年徐州市名优教师研修班落下帷幕。该培训为省市合作项目，由徐州市教育局主办，徐州高等师范学校承办。200名学员来自市直属学校和各县(市)、区选派的优秀骨干教师、学科带头人和青年名教师。

12月

1日 徐州市组织各县(市、区)及直属学校116人，参加2014国际智慧教育展览会在北京国家会议中心举行的开幕式。该展览会由中国教育学会主办、《中国教育学刊》杂志社承办。展会期间，徐州市邀请刘雍潜、李坚、陈琳等全国教育信息化知名专家，为徐州参会人员作精彩的报告。市教育局副局长李运生在“大数据背景下促进教育均衡和个性化发展”论坛上，作题为《信息技术如何深刻改变我们的教育》的报告。徐州市独立制作72平方米展台，共接待2000余人次，发放宣传册1600余册，详细讲解徐州市信息技术支撑下的“学讲计划”，得到专家的高度评价和参观者的广泛赞誉。

2—5日 市教育局组织由各县(市、区)教育(文教体)局分管副局长、县域职业学校校长组成的调研组一行20余人，先后到徐州

市张集中等专业学校、铜山中等专业学校、丰县中等专业学校、沛县中等专业学校、徐州保安职业技术学校、睢宁中等专业学校、新沂中等专业学校、徐州钟吾卫生学校、车辐中等专业学校和邳州中等专业学校，深入调研县域职业教育创新发展情况。市教育局 副局长李清参加调研。

12日　市教育局组织筹办的“师德大讲堂”正式开讲。全市教育系统各教育行政部门负责人、中小学校长、工会主席、德育主任和班主任代表共300余人聆听第一讲。师德大讲堂的第一位主讲嘉宾是徐州市教育局局长、党委书记张德超。

25—26日　市教育局师资处、教师教育中心组织徐州市24位名师、专家赴沛县举办2014年徐州市“名师行——送教下县”活动。市政府教育督导团主任督学曹孟军、沛县人民政府副县长贺伟参加活动，并对活动作出安排与布置。市教育局师资处、教师教育中心、沛县教育局的部分领导同志及相关学科教师2000余人参加活动。

26日　徐州市学校及周边治安综合治理领导小组召开综治联席会议。市教育局为牵头单位，市委宣传部、市经信委、公安局、司法局、建设局、城管局、食品药品监督管理局、文广新局、工商局、人社局、团市委、电信局12个成员单位分管领导及联络员参会。会上，市教育局指出2014年开展学校及周边治安综合治理工作存在的问题和需要进一步协调解决的问题，各成员单位领导作交流发言。

市教育局副局长李清代表领导小组总结2014年工作，部署2015年工作任务。各县（市、区）教育行政部门分管领导列席会议。

30日　全市学生资助工作现场会在铜山区教育局学生资助中心召开。江苏省学生资助中心主任陈虎，市委教育工委副书记杜耀东，各县（市、区）分管学生资助工作的领导、学生资助中心主任，市教育局学生资助中心有关人员参加会议。会议对全市学生资助工作先进集体、先进个人，“教育梦—资助情”主题征文获奖学生和优秀组织奖进行表彰。

30日　市教育局在江苏模特艺术学校召开2014年全市职业学校技能大赛总结与2015年省赛集训工作会议。全市职业学校校长、分管副校长、负责省赛集训的主任及市职教协会领导参加会议。市教育局副局长李清出席会议并讲话，

是月，在第十一届全国校园影视评选中，徐州市6件作品获得金奖，15件作品获得银奖，7件作品获得铜奖，徐州市校园影视协会获得优秀组织奖，1人被评为全国校园电视先进工作者。

是月，由市教育局师资处牵头，市电教馆组织实施徐州市中小学教师信息技术应用能力提升培训乡镇行活动，先后对新沂市高流镇、草桥镇、马陵山镇、新安镇中小学教师和睢宁县二中、二小等7所中小学的全体教师进行了信息技术应用能力的提升培训，参培教师达到2580人次。

（责任编辑　曹昭海）

教育总述

徐州市2014年教育事业发展概况

2014年，全市有各级各类学校1855所，在校生178.1万人。其中，幼儿园581所，在园幼儿39.2万人；小学906所，在校生75.4万人；初中242所，在校生21.7万人；普通高中77所，在校生14.2万人；特殊教育学校12所，在校生4591人；中等职业技术学校28所（含2所师范学校），在校生9.3万人；在徐高校9所（不含军事院校），在校生18万人。全市教育系统教职工12.4万人，其中，学前教育26374人、小学37754人、中学42231人、职业技术学校5588人、高等院校11427人、特殊教育559人。全市学前教育毛入园率达97.1%，义务教育覆盖率达到99.6%，高中阶段毛入学率达到99.1%。

2014年，全市教育系统解放思想，开拓创新，大力推进教育现代化建设，积极探索教育综合改革，稳步提升教育教学质量，取得显著成绩。一是党的群众路线教育实践活动深入实施。聚焦“四风”，深化“高效和谐零障碍”机关建设，组织“三进三访”“农村教育百校行”等活动，走访中小学300多所，37项任务全部向社会“亮牌”整改，受到省、市委巡视组的充分肯定，在全市教育实践活动推进会上作典型发言。二是教育事业实现协调发展。学前教育新增省优质园32所、市优质园72所，全市省优质园达到366所，居全省第二位。义务教育创建省现代化学校110所，县（市、区）全部通过“全国义务教育基本均衡县（市、区）”国家级验收。职业教育创建国家改革发展示范校3所、省高水平现代化学校3所，实施分段培养项目29个，在职业院校技能大赛中总分居全省第五，连续6年蝉联苏北第一。普通高中创建三星级高中2所，有2所学校接受四星级高中验收，全市三星级以上学校达到54所，总量居全省首位。组织农村劳动力转移培训、农村实用技术培训、社区培训156万人次，4.8万人参加自学考试，2.8万人参加成人高考，18.7万人参加非学历考试。三是学校办学条件不断改善。幼儿园建设工程开工106所，增加幼儿学位2.96万个。中小学布局优化工程新（改扩）建学校40所。校舍安全工程加固、重建校舍72万平方米。四是教育教学质量稳步提高。广泛开展责任教育，强化学生的民族精神和责任意识。强力推行“学讲计划”，开展各级专题培训1200余次，开设研讨课、观摩课1600节次，学校教学方式根本转变，教学质量明显提高，高考取得优异成绩。探索“政府政策支持、企业投资建设、学校持续使用”的模式，推进教育信息化建设，全市中小学校全部实现宽带进校。深入推进体教结合，在全省大学新生身体素质检测中，徐州生源身体素质综合成绩实现“七连冠”。五是教育改革不断深化。组织开展高中发展、中小学校布局、教育信息化和教师队伍建设四项调研，深化办学体制改革，推广托管模式，全市27所学校承担托管任务。《中国教育报》在头版头条刊发了曹新平书记署名文章，并以《一个教育大市的“托管”突围》为题，报道徐州市托管办学的经验做法。六是教师队伍建设不断强化。实施师德建设“五项工程”，2.7万名校长、教师参加国家、省级培训，新增名校长9人、名优教师259人、省特级教师33人。编写《教师职业道德建设文件汇编》。2014年教师节，全系统有77个集体、622人获市级以上表彰。七是教育保障能力明显提升。严格执行中央“八项规定”，开展“两个习惯”主题教育。推行责任督学挂牌督导制度，建立236个责任区，全市1193所中小学校全部完成挂牌工作。强化校园周边环境综合整治，学校安全形势趋稳向好。完善扶困助学体系，为26万人次发放助学金1.7亿元，为4.7万名中职学生免除学费8600万元，为2.89万名大学生发放生源地助学贷款1.85亿元。大力开展教育宣传，《中国教育报》等省级以上刊物报道达156篇，在全省乃至全国产生积极影响。

2015年是全面完成“十二五”规划的收官之年、深化教育综合改革的关键之年、推进依法治教的开局之年。全市教育系统将认真贯彻党的十八大、十八届三中、四中全会和习近平总书记视察江苏重要讲话精神，坚持以教育现代化为引领，以机制体制改革为重点，以依法治教为保障，围绕促进公平和提高质量两大任务，提升教育事业发展水平，办好人民满意的教育。

（张　涛）

2014年全市各级各类教育事业概况

表1

类别	学校数（所）	教学点数（个）	班级数（个）	毕业生数（人）	招生数（人）	在校生数（人）	毕业班学生数（人）	教职工数（人）	
								总数	其中：专任教师数
基础教育合计	1818	119	38838	356043	420436	1510512	357502	106918	88448
学前教育	581		12201	148198	140121	392213	151633	26374	15771
小学	906	119	18126	73547	164786	754450	79685	37754	38210
普通中学	319		8328	133786	114795	359258	126184	42231	34039
其中：初中	242		5238	79004	71333	217294	74815	24639	21620
高中	77		3090	54782	43462	141964	51369	17592	12419
特殊教育	12		183	512	734	4591		559	428
其中：特殊教育学校				211	315	2030		559	428
小学随班就读				155	283	2107			
初中随班就读				146	136	454			
成人基础教育									
其中：成人小学									
成人中学									

2014年全市各级各类教育事业概况（续）

续表1-1

类别	学校数（所）	教学点数（个）	班级数（个）	毕业生数（人）	招生数（人）	在校生数（人）	毕业班学生数（人）	教职工数（人）	
								总数	其中：专任教师数
中等职业教育	28			29451	31399	93352	31092	5287	4229
其中：中职全日制				29451	28917	90870	31092	5588	4437
中职非全日制					2482	2482			
（1）调整后中职学校	4			7769	4877	18295	7112	1305	993
（2）普通中专学校	6			3491	7770	24094	7623	841	655
（3）成人中专学校	4			2463	2833	4736	1705	299	186
（4）职业高中学校	14			15728	15919	46227	14652	2842	2395
中等技工学校（市劳动局提供）	8			6268	8105	22221	6893	1594	1187
地方高等教育学校（省教育厅提供）	9			51820	55213	179634	56353	11427	7734
职业技术培训机构	652		2676	165639	173676			7041	5645

（钱　彬）

徐州市教育局党政领导成员及处室负责人名单

中共徐州市委教工委领导成员一览表

表 2

职　　务	姓　　名	任职时间
书　记	张德超	2013.11 —
副书记	杜耀东	2013.04 —
纪工委书记	王　亚	2008.10 —

中共徐州市教育局委员会成员一览表

表 3

职　　务	姓　　名	任职时间
书　记	张德超	2012.08 —
委　员	李运生	2008.12 —
委　员	杜耀东	2013.04 —
委员、纪委书记	王　亚	2013.04 —
委　员	李　清	2012.07 —
委　员	徐保卫	2002.09 —

徐州市教育局领导成员一览表

表 4

职　　务	姓　　名	任职时间
局　长	张德超	2012.08 —
副局长	葛宝堂	2007.01 —
副局长	李运生	2008.12 —
副局长	李　清	2012.08 —
工会主席	徐保卫	2013.04 —
副调研员	徐保卫	2002.09 — 2013.04

徐州市人民政府教育督导团领导成员一览表

表 5

职　　务	姓　　名	任职时间
市政府教育督导团主任督学	曹孟军(女)	2003.03 —
市政府教育督导团办公室主任	姚　杰	2007.04 —
市政府教育督导团办公室副调研员	苏建刚	2012.12 —

徐州市教育局其他处级干部名单

表6

职　　务	姓　　名	任职时间
调研员	强　国	2012.09 —
	张同礼	— 2014.09

徐州市教育局其他副处级干部名单

表 7

职　　务	姓　　名	任职时间
市教育局副调研员	张宝民	2012.08 —
市教育局副调研员	刘桂云(女)	2013.12 —
市教育局副调研员	史先进	2012.11 —
市教育局副调研员	吴德苏	2013.04 — 2014.12
市教育局副调研员	蔡陵军	2014.04 —

徐州市委教工委、市教育局处室负责人一览表

表8

部　门	职　　务	姓　　名	任职时间
纪工委	副书记	戴世荣	2005.01 — 2014.01
	副书记	潘　杰	2014.01 —
监察室	主　任	戴世荣	2005.01 — 2014.01
	主　任	潘　杰	2014.01 —

续表 8-1

监察室	副主任	蔡春生	2006.01 — 2014.01
	副主任	王思军	2014.01 —
机关党委	书　记	徐保卫	2012.04 —
	副书记	王培彦(女)	2005.09 —
办公室	主　任	王志升	2013.12 —
组织处	处　长	杜　涛(女)	2013.12 —
	副处长	高　昊	2011.12 —
宣传处	处　长	李保军	2013.12 —
团委	书　记	张　焰(女)	2006.10 — 2014.05
工会	副主席	葛友杰	2011.12 —
督导团办公室	副主任	李　乐(正科)	2008.09 —
人事处	处　长	刘桂云(女)	2008.09 —
	副处长	张甫彬	2008.09 —
	副处长	付桂忠	2013.12 —
师资教育处	处　长	崔　瑛(女)	2011.12 —
政策法规处	处　长	朱　云(女)	2013.12 —
(行政许可服务处)	副处长	朱德庆	2013.12 —
基础教育处	处　长	李进强	2013.12 —
高等教育处	处　长	姚新文	2013.12 —
职业教育与社会教育处	副处长	徐新文(女)	2008.09 —
体育卫生与艺术教育处	处　长	王胜勇	2011.12 —
财务与审计处	处　长	徐目新	2011.05 —
	副处长	魏建春	2011.05 —
	副处长	李庚申	2011.05 —
发展规划处	处　长	钱　彬	2013.12 —
	副处长	孟　玮	2011.12 —
信息化建设处	处　长	徐　志	2013.12 —
安全保卫与维护稳定处	处　长	刘　峻	2013.12 —
	副处长	张　波	2013.12 —
职业教育与 成人教育研究室	主　任	丁　蕾(女)	2011.02 —
	副主任	徐永峰	2011.02 —

续表 8-2

德育研究室	主　任	王　芳(女)	2009.10—
	副主任	徐新颖(女)	2009.10—
高等学校招生委员会办公室	主　任	宋广良	2004.08—
	副主任	顾　君	2011.02—
	副主任	张　涛	2013.12—
自学考试指导委员会办公室	主　任	郭凤清	2004.08—
	书　记	张　焰(女)	2014.05—
	副主任	申瑞杰	2011.02—
中小学卫生保健所	所　长	张兆成	2009.10—
教育教学研究室	主　任	何振国	2006.03—
	副主任	李秋颖(女)	2011.02—
教育技术装备中心	主　任	陈　戈	2004.08—
	副主任	宋浩宇	2013.12—
电化教育馆	馆　长	周　岩	2004.08—
教师教育中心	主　任	王　静(女)	2009.10—

（杜　涛）

（责任编辑　曹昭海）

教育管理

政策法规

【推进教育现代化建设】 2014年，局政策法规(行政许可)处积极推进全市教育现代化建设工作。年内，组织专家组对丰县、睢宁县、新沂市3地教育基本现代化建设情况进行督察和预验收。顺利完成省域更高水平教育现代化2014年监测数据采集、审核和报告撰写。徐州市监测综合得分60.87分，在全省排名第12位。八项一级指标中，除“教育满意度”完全达标外，其他指标均未达到目标值的80%，其中“教育公平度”“教育开放度”和“教育统筹度”3项指标分值较低。各县(市、区)监测结果不平衡，泉山区、云龙区、鼓楼区综合得分在80分以上；铜山区、开发区综合得分在75分以上；沛县、贾汪区综合得分在65分以上；丰县、邳州市、新沂市、睢宁县综合得分在55分以上，基本符合省市政府规划要求。主城区的分值在苏北前3名位次，泉山区为苏北最高分，泉山区政府在省政府推进教育现代化会上作先进典型发言。对照省、市规划，认真谋划2015年主城区教育现代化监测评估认定工作，分析各县(市、区)未达标原因和存在问题，指导各县(市、区)明确工作方向，并组织督察。

【编写《教师职业道德规范文件汇编》】 2014年，局政策法规(行政许可)处和机关其他处室共同编写《教师职业道德规范文件汇编》一书。编写工作历时9个月，共收录涉及教师职业道德建设的各项法律、法规和文件41份，其中，教育法律法规6份，国家、省、市关于加强教师职业道德建设的意见及各类师德建设规范、学校管理规范25份，教师考核、职称评聘、名特优教师评选文件10份，内容涵盖教师职业道德建设的各个方面。寒假之前分发到位，在编中小学教师人手一册，促进各地各校不断提升师德师风建设水平，努力提高教师的教育教学能力，使师德师风建设工作样样有依据、事事有说法、件件能落实。

【加强教育执法队伍建设】 2014年，局政策法规(行政许可)处采取多种措施加强教育执法队伍建设。落实行政执法人员的资格认证制度和持证上岗、亮证执法制度，组织行政执法人员和法治干部参加法律知识学习培训和业务考核，组织执法人员参加教育部和省教育厅组织的业务知识和专业法律知识学习培训。

【做好规范性文件备案工作】 2014年，局政策法规(行政许可)处对4份规范性文件合法性、必要性、适当性进行审核。广泛征求意见和建议，确保所制发的规范性文件实体和程序的合法、适当。

【做好依法行政工作】 2014年，局政策法规(行政许可)处以法律和政策为依据，认真做好依法行政工作。梳理省、市政府下放行政审批项目，对市级行政权力事项摸底调查、审核和校勘。梳理行政执法职能，编制权力运行内部流程图和外部流程图。梳理2012—2013年教育体制改革文件，对事业收费项目摸底核实。做好直属学校章程修订备案工作。与无线电管理局、保密局联合规范移动通讯干扰器管理。做好省、市行政执法案卷评查，建设两法衔接信息平台，做好“六五”普法、平安法治、依法行政工作检查。

【承办行政诉讼和调解工作】 2014年，政策法规处为学校提供法律咨询、法律援助等法律服务和法律支持，承办行政诉讼和调解工作。全年协调处理8起诉讼结案、10起调解结案事件。

【做好教育热点难点调研工作】 2014年，政策法规处开展多项教育热点难点调研工作。对教育综合改革、民生幸福工程、部分民办校（撷秀、树人）招生方式改变、县（市、区）科学发展考核、现代化学校制度改革、《徐州市学前教育管理条例》修订等教育热点、难点问题开展调研，在法治环境下，为教育谋取更多利益。

【推进教育行政执法体制改革】 2014年，市教育局为泉山区争取到教育部试点项目，推进泉山教育按照改革时间表和线路图取得阶段性改革成果。

【做好行政许可工作】 2014年，局政策法规（行政许可）处对进驻行政许可窗口工作进行调研协调，梳理窗口业务，对窗口人员进行业务指导和培训，促进窗口工作顺利开展。全市共认定各类教师资格5746人，其中，市局认定2077人（高中1763人，中等职业学校310人，中等职业学校实习指导教师4人），县区认定3669人（初中544人，小学1481人，幼儿园1644人）。在市便民服务中心教育窗口受理各类咨询2000多人次。

（朱　云）

教育督导

【全面完成中小学责任督学挂牌工作】 年内，市政府教育督导团及时组织学习国家、省责任督学挂牌督导文件，认真抓好落实。向政府汇报责任督学挂牌工作要求，争取财政和教育行政部门支持，市财政在预算中安排市级责任督学工作专项经费17万元。为扎实推进工作，督导团在直属学校进行试点，选聘郑飞、范安生、苏开育、刘永生、李洁、徐明、汤永建、王保林、仲新元、夏友洲10位退居二线的校长和教育行政部门负责人担任责任督学，着手编印《责任督学文件汇编》和《工作手册》，设计制作多种量表，积极开展工作，先期试点工作为县（市、区）提供了样本。督导团主任督学曹孟军在全市教育工作会议上专题布置责任督学挂牌督导工作，要求各县（市、区）政府和教育行政部门高度重视，尽快建立责任督学挂牌督导制度。市县两级教育督导部门共选聘督学400人，建立责任区236个，所有督学挂牌上岗，全市1225所中小学校全部完成责任督学挂牌工作。宣传媒体对徐州市责任督学挂牌督导工作进行报道，在《徐州日报》上公示责任督学和对应学校名单。徐州市责任督学挂牌督导工作受到教育部领导的好评。

【建立责任督学工作平台】 2014年，市政府教育督导团建立全市责任督学工作平台。督导实施备案制度。各县（市、区）将责任督学姓名、学科专长、工作电话、责任学校登记造册，报市备案。市政府教育督导团将全市责任督学信息列表汇总。建立例会制度，每学期召开两次督导室主任会议，每月召开一次直属学校责任督学例会，汇总反馈信息，各地也逐步建立督学月例会制度。建立移动工作平台。教育督导团和移动公司联合开发责任督学移动外勤系统，督学和督导部门及时掌握全市督学工作情况。年内，市政府教育督导团进行三轮责任督学专项督导，重点落实各地挂牌情况。结合义务教育均衡督导，重点督导责任督学工作情况和督导责任督学专项经费及通讯、交通、办公条件等保障机制的落实，逐县形成督导报告并向各县（市、区）政府反馈。

【开展交流培训　提高责任督学工作水平】2014年，市政府教育督导团开展各项交流培训活动，探索责任督学工作的方法和途径。在县（市、区）全员培训的基础上，市政府教育督导团组织人员分批赴各地开展市级培训，解决督导过程中的实际问题，至年底，已举办5期培训班，培训督学100余人。暑期，对全市督学进行集中培训，切实提高责任督学工作水平。利用义务教育均衡督导、县级政府教育工作督导契机，召开督学座谈会11次，总结各地经验做法，梳理解决工作中遇到的问题和困难。各地积极探索符合区域实际的督导方式，围绕“学讲计划”“教育信息化”和师德建设“五项工程”等全市教育改革的重点开展督导活动，有效促进学校发展。

【参加教育部义务教育质量监测】　11月，徐州市组织参加全国义务教育阶段学生数学和体育与健康状况监测。检测工作以邳州市为样本，共涉及8所中学、12所小学。为确保监测工作顺利进行，邳州市成立质量监测工作领导小组，专门制订《义务教育质量监测实施细则》，并与各样本学校校长签订《质量监测工作目标责任书》。市县两级密切配合，监测工作顺利完成，邳州市获全国义务教育质量检测工作优秀组织奖。

【开展农村义务教育学校基本办学条件专项督导】　2014年，徐州市政府教育督导团采取会议布置、电话了解、现场督察等方式，对沛县、丰县、睢宁县、邳州市、新沂市、贾汪区、铜山区7个县（市、区）农村义务教育学校基本办学条件进行专项督导。对照江苏省确定的11项督导内容，教育督导团逐校逐项检查摸底，制定整改方案，并利用暑假认真整改存在问题。各县（市、区）政府、教育部门及相关学校，均制定整改方案，明确责任单位、责任人以及完成时限。经市级督察审核，至暑期开学前，各项问题基本整改到位。

【做好直属学校综合督导】　10月中下旬，市教育局、市政府教育督导团组织局机关22个处室89人对局直属31所学校进行综合督导。各督导组共听课582节，对2590名教师、5202名学生、2407名家长进行问卷和访谈。现场督导后，汇总各校教育教学成绩、行风评议和教育投诉情况以及平时检查和监测数据等台账材料，形成督导结果。

（李　乐）

宣传思想

【开展党的群众路线教育实践活动】　2014年，市教育局党委以中心组学习为抓手，深入开展党的群众路线教育实践活动。局党委先后制定《徐州市教育局机关党的群众路线教育实践活动学习计划》《徐州市教育局直属学校党的群众路线教育实践活动学习计划（指导意见）》，做好宣传发动工作，印发《徐州市教育局党的群众路线教育实践活动宣传方案》和《关于做好“党的群众路线教育实践活动”信息报送工作的通知》，在全市教育系统营造党的群众路线教育实践活动学习氛围，进一步明确教育面临的形势和任务，增强教育发展改革的紧迫感、责任感。

【开展教育宣传 扩大徐州教育影响力】　年内，局宣传处全面开展教育宣传，扩大徐州教育的影响力。加强徐州教育网建设，全年发布徐州市全局性教育新闻160条，基层动态新闻1947条。充分利用合作平台开展教育宣传，与徐州广播电台合作，每周定期播出优秀教师“师德感言”和“师德小故事”，通过电波向社会及时传达教育声音。积极与教育主流媒体联系与沟通，提升徐州教育的影响力，9月15日《中国教育报》头版头条刊发《一个教育大市的“托管”突围》，详细介绍徐州市推进义务教育优质均衡发展的创新做法，同时，有数十篇稿件在《江苏教育报》发表，省教育电视台、江苏教育网等各类媒体也扩大对徐州教育的报道。2014年，两次召开徐州教育新闻发布会，对教育重大事件、重要政策通过媒体及时发布。

【开展第二届感动徐州教育人物评选活动】 6—9月，市教育局在全市教育系统开展第二届感动徐州教育人物评选活动。通过初选推荐、事迹公示、群众投票、评委会票决等程序，最终选出感动徐州教育人物10名，提名人物10名，并通过媒体广泛宣传这些人物的感人事迹，使贾汪区徐翠梅等教师成为省内外有一定知名度的师德模范人物。年内，举办“我心目中的好教师”和“做党和人民满意的好教师”征文活动，发动广大学生、家长和教师积极参与师德师风建设。

【应对舆情　认真办理咨询投诉】 年内，市教育局积极回应社会关切，认真办理答复广大网民提出的意见建议、咨询投诉。至年底，共处理市委书记、市长信箱转办单207件，“中国徐州网”徐州论坛网络发言人回复处理市民咨询投诉117项，办理12345政府服务热线综合转办单210件，受理省政风热线综合转办单30件。在新浪、腾讯政务微博发布信息300余条(每日更新)。一至三季度向市政府信息平台报送信息45条，省教育厅报送信息237条。加强对平面媒体、重点网站论坛等信息载体的监控，妥善处理重大教育舆情事件3起。

【开展文明创建】 年内，市教育局组织开展文明创建活动。完成全国文明城市测评28项档案材料的整理和上报工作。参与4个创建工作组、专项督导组的每周一次实地考察工作，完成7项实地考察任务。组织徐州一中等5所直属学校参加第四届徐州市文明礼仪大赛，取得好成绩。组织推荐徐州市特殊教育中心等9所直属学校申报2013—2014年度江苏省文明单位，指导学校完成“文明单位在线”上线材料的整理和上报。指导学校把社会主义核心价值观融入课堂教学和校园文化，在学校营造社会主义核心价值观的浓厚氛围。

（李保军）

纪检监察

【召开全市教育系统党风廉政建设工作会议】 3月26日，市教育纪工委召开全市教育系统党风廉政建设工作会议。印发《2014年度全市教育系统纪检监察工作要点》，对党风廉政建设工作做出全面部署。与基层单位签订年度党风廉政建设工作责任状，明确党组织反腐倡廉主体责任、纪检监察部门的监督责任，将党风廉政建设和反腐败工作与学校改革发展一起部署、一起落实，把责任履行与责任追究捆绑起来，纳入学校综合督导考核。为贯彻落实年初工作部署，局党委制定《关于落实党风廉政建设主体责任和监督责任的实施意见》，市教育纪工委分别召开县(市、区)教育局、直属学校纪检监察工作座谈会及暑期党风廉政建设培训会，调研、听取基层工作意见和建议。健全学校纪检工作机构设置，在每所学校落实一名副校级领导担任学校纪检监察员，形成分工协作、齐抓共管、强化权力运行监督、共同做好党风廉政建设的工作局面。市教育局在年底市委组织的党风廉政建设专项考核中获得好评。

【落实八项规定 扎实推进机关学校作风建设】 2014年，市教育局严格贯彻执行中央八项规定精神，开展"养成两个习惯，践行群众路线"主题教育活动。加强党员干部的廉洁从政和自我约束，在元旦、春节、五一、中秋等节假日，进行廉政短信提醒，并对部分学校党风廉政建设和公款消费情况进行督察。加大对干部任用、评优评先、招生考试、招标采购、后勤服务等领域的监督，加强对农村义务教育经费保障机制、学生资助等涉及教育民生资金落实情况的监督检查，推动作风建设常态化、长效化。

【推进校园廉政文化建设】 2014年，市教育局积极实施"清风润德"工程，推进校园廉政文化建设。在师生中开展"廉洁从政""廉洁从教"为内容的主题教育活动。通过召开主题班会、演讲比赛、书法绘画作品展等丰富多彩的活动，把廉洁从教融入到师德师风建设的各个环节，组织广大师生开展学习《中小学廉政文化读本》活动。市教育局向各县（市、区）和直属学校送发廉政读本，各单位通过第二课堂、家长学校开展廉政意识教育活动，让廉洁教育工作渗透到课堂教学中。组织各县（市、区）及直属各学校积极参与省第八届"校园廉洁文化活动周"活动，3人获省二等奖，10人获省三等奖。

【专项治理教育乱收费】 2014年，市教育局进一步完善教育乱收费专项治理领导体制和工作机制，开展教育乱收费专项治理。制订下发《关于贯彻教育部等五部门2014年规范教育收费治理教育乱收费工作实施意见的实施办法》，积极开展制度完善、政策宣传、督察检查工作，通过座谈、问卷、走访等方式抓好春、秋学期开学收费专项检查、飞行检查和平时的明察暗访。在春、秋两季收费检查中，市纪委、市物价局、市文广新局、市审计局、市教育局联合行动，抽查11个县（市、区）及局直属共60余所学校，现场确定问卷调查、电话访谈的班级和学生家长，检查结果通报到各县（市、区）党政负责人、"治联办"成员单位一把手及所有学校，收到较好的教育警示效果。

【治理服务性收费、代收费和教师有偿家教】 2014年，市教育局重点开展服务性收费和代收费、教师有偿家教的治理。配合市物价局对部分学校的社会实践活动经费等代收费管理使用情况进行飞行检查，对超范围代收费、节余款项不退还学生等现象进行查处，纠正部分学校在服务性收费和代收费上不规范行为，清退节余款项24万多元。针对教师有偿家教投诉问题，根据教育部《中小学教师违反职业道德行为处理办法》及有关政策规定，结合徐州市教师队伍实际，制定《中小学在职教师有偿补课行为处理办法》，开展抵制有偿补课的专项活动，组织教师学习有关政策规定，学校与每位教师签订抵制有偿补课责任状，召开校会，教育学生不参加本校教师组织的补习班，并积极举报本校教师的有偿补课行为，在学校营造立足岗位、潜心教学的良好氛围。

【严肃责任追究制】 2014年，市教育局根据《江苏省教育乱收费党纪政纪处分暂行规定》《徐州市教育乱收费责任追究制度》的规定，清退全市违规收费约314万元，党纪政纪处分48人，通报批评7人，诫勉谈话30人。与2013年相比，实现部、省转办投诉件数量下降目标。

（潘　杰）

组织建设

【开展党的群众路线教育实践活动】 2014年，市教育局党委扎实开展党的群众路线教育实践活动。局机关和直属学校29个党委(总支、支部)、2962名党员认真贯彻落实“照镜子、正衣冠、洗洗澡、治治病”总要求，紧扣“为民务实清廉”主题，围绕3个环节，狠抓落实。在“学习教育、听取意见”环节，局党委中心组突出四个专题集中学习。组织开展“答三问强五心”大讨论、观看教育影片、重温入党誓词、参观廉政教育展、举办“服务教育改革发展，实现百姓教育期盼”学习论坛，开展进学校访教师、进班级访学生、进社区访家长“三进三访”和“农村教育百校行”活动。在“查摆问题、开展批评”环节，局党委以整风精神开展批评与自我批评。班子成员深入开展谈心活动，认真撰写个人对照检查材料，召开专题民主生活会。各直属学校党员干部按照上级统一要求，开好民主生活会和组织生活会。在“整改落实、建章立制”环节，局机关和直属学校共确立各级班子整改项目281项、为民办实事215项、专项整治132项、制度建设548项，积极开展整改工作。局党委派出7个督导组，全面督导28所直属学校。

【开展七一表彰活动】 七一前夕，市委教育工委、市教育局党委在全市教育系统组织开展七一表彰活动。表彰40个先进基层党组织、100名优秀共产党员、41名优秀党务工作者。经徐州市推荐，1人获省优秀共产党员标兵称号，4人获省优秀共产党员称号，3个党组织获省优秀基层党组织称号，3人获省优秀党务工作者称号。

【党员发展培养工作】 11月，市教育局党委举办局直属学校入党积极分子培训班，培训入党积极分子90人。年内，组织处按照市委组织部确定的发展计划，对照标准，从严把关，开展党员发展工作，全年新接收预备党员88人。

【开展省级党建课题研究】 10月，市教育局党委申报省学校党建研究会课题“打造电子化党建平台，提升学习型党组织建设水平”，被确定为省重点立项资助课题。课题组多次召开研讨会，细化课题研究大纲及内容，设计制作电子化党建平台，开展党建平台使用培训会，党建课题研究取得阶段性成果。

【教育援藏工作】 按照省委组织部要求，为支援西藏教育事业发展，经过广泛宣传和组织选拔，市委组织部、市教育局综合评定，市教育局从部分县(市、区)和直属学校选派10名优秀教师赴拉萨江苏实验中学开展为期一年的对口援藏工作。其中，有8名中学一级教师，2名中学高级教师。他们将徐州市先进的教育理念和教育教学改革经验带到拉萨。在教学之余，通过帮扶当地贫困学生、走访贫困家庭、培训当地教师，向西藏人民传达徐州人民的爱心，促进民族团结。

【教育援疆工作】 2014年，全市接待新疆奎屯市教育局四批160余名教师到徐州培训，安排10名奎屯市教干到徐州挂职锻炼半年，1名新疆伊犁州青年科技骨干人才到徐州挂职锻炼一年。选派两批24名徐州市名师、名班主任、名校长赴奎屯开展送教活动，200多名奎屯市教育工作者受誉。

【开展新一轮扶贫帮扶工作】 年内，市教育局选派王建赴新沂市时集镇西洪村开展扶贫帮扶工作。帮扶队员经过1个月的深入调查，详细了解村情村貌，撰写调研报告，制定帮扶方案。每周抽出2~3天下村调研，走访贫困户，帮助村委会制定规划，向扶贫村拨付12万元扶贫资金。

【开展扶贫慰问活动】 春节期间，市教育局领导曹孟军、葛宝堂、杜耀东、张宝民分别带队到市教育局挂钩帮扶单位开展扶贫慰问活动。他们先后到新沂市高流镇程徐村、“三解三促”联系点、新沂市时集镇7个联系村、云龙区骆驼山街道阳光社区和丰县梁寨镇，深入困难群众家庭，开展春节扶贫济困走访慰问，为44户贫困家庭送去1.76万元慰问金和食用油、大米等价值近2万元的生活物品。

（撰稿：周兵兵　审稿：杜　涛）

发展规划

【积极实施校安工程】 2014年，市教育局在圆满完成校安工程三年规划的基础上，积极推进校安工程新三年规划的实施。校安工程实施前，全市纳入校舍安全工程排查鉴定的学校共1264所，鉴定校舍7141幢，建筑面积789.1万平方米，其中，安全的校舍102.8万平方米，需加固或拆除重建的校舍686.3万平方米。校安工程实施5年，全市累计投入54.3亿元，开工建设465.8万平方米，其中，消险校舍261.6万平方米，新增校舍204.2万平方米，极大地改善学校校舍条件，促进义务教育均衡发展。年内，全市校安工程计划重建、加固改造校舍60万平方米，截至年底，已开工72万平方米。

【推进一中、二中迁建工程】 市教育局、建设局、代建公司、徐州一中全力推进一中新城校区建设，相关前期手续已委托徐州市工程咨询中心办理。一中新城校区已拆迁地块施工围墙、桩基施工已完成。一中九里校区土地使用权上交手续已办理完毕并提交市国土资源局，土地使用权已由国土部门收回。徐州二中迁建属“交钥匙工程”，至年底，项目正在进行初步设计，前期环境评估、地质灾害评估、规划选址意见书等手续已办理完毕。市国土资源局已先行移交收储地块，市代建中心二中迁建项目部已进地搭建临时围墙，开展场地清理、迁移高压电路、垃圾外运等工作。施工图设计单位已招标确定，正在与方案设计单位衔接。

【认真落实为民办实事项目】 2014年，发展规划处认真落实为民办实事项目。市区校安工程计划重建、加固改造校舍25万平方米，截至年底，已开工41.3万平方米，超额完成年度计划。开展农村学校布局调研，应对“单独二孩”政策，结合城镇化推进和流动人口增加等因素，进一步完善中小学布局规划。年初，全市计划新、改、扩建学校38所，截至年底，已开工建设学校40所。

【进一步改善局直属学校办学条件】 2014年，市教育局加大投资力度，进一步改善局直属学校办学条件。完成徐州三中、徐州高级中学、三十六中、侯集中学校园文化提升规划方案设计和三十四中校园文化建设工程，徐州高级中学艺体中心年内完成外幕墙工程，侯集中学艺术中心、侯集中学食堂、十三中教学综合楼已建成投入使用，运河高等师范学校综合楼拆除新建工程已进入内外墙粉刷阶段，模特艺术学校教学实训楼前期手续基本完成。更新徐州市第三十七中学塑胶运动场面层，加固徐州高级中学北校区翔宇楼、徐州市第三中学办公实验综合楼、徐州市第十三中学永安校区南院教学楼、徐州春晖中学教学楼、徐州市第三十一中2号实验楼，维修改造运河高等师范学校体育馆、徐州西苑中学学生配餐场所，大大改善了局直属学校的办学条件。

【参与生态园林城市创建工作】 2014年，发展规划处积极参与生态园林城市创建工作。对城区直属25所学校（28个校区）绿地达标情况进行全面调查统计并做好台账资料准备，为市生态园林城市创建办公室提供详细的报告和数据。在学校校园文化建设中，进一步提高学校的绿地占有率。

（钱　彬）

教育人事

【实施事业单位岗位设置】 2014年，市教育局以事业单位岗位设置管理为契机，全面推进全员聘用制和岗位管理制度改革。建立健全按需设岗、竞聘上岗、按岗聘用、合同管理的用人机制。利用晋级政策，让“因事设岗，岗薪相符，人尽其才，人尽其用”成为人事制度改革、学校人事管理、人员聘用新的机制，全局机关和事业单位全部实行岗位聘任并完成岗位晋级工作。

【组织实施绩效考核及奖励性绩效工资考核分配】 2014年，局人事处认真组织实施绩效考核和奖励性绩效工资分配工作。指导局属事业单位不断完善绩效考核方案，加大考核奖励力度，完成局直属22所义务教育学校和20家非义务教育事业单位奖励性绩效工资顺利发放。

【编制核查和局行政机构编制审批事项评估】 2014年，局人事处积极做好全局机构和人员编制核查，深化机构编制实名制管理。全年完成31家直属学校和9家事业处室实名制信息采集和上报工作，达到机构清、编制清、领导职数清、实有人员清。实现具体机构设置与按规定审批的机构相对应，实际配备人员和财政供养人员与批准的编制和职数相对应，为全面推行机构编制实名制管理奠定基础。经市编办批准，局设立教育信息化建设处，政策法规处增挂“行政许可服务处”牌子。按照《市教育局行政机构编制审批事项执行情况评估实施方案》要求，通过专项评估验收。

【完成相关学校合并及人员移交工作】 年内，市教育局完成徐州文化艺术学校与徐州模特艺术学校合并及九里中学人员移交市管相关工作。徐州文化艺术学校与徐州模特艺术学校合并设立江苏模特艺术学校（徐州文化艺术学校），单位性质为艺术类普通中等专业学校，隶属市教育局，相当于副处级全额财政拨款事业单位。内设机构核定12个，编制核定228名。办学宗旨：培养中专学历艺术人才，促进艺术事业发展。根据《市政府关于九里中学移交市管有关问题的会议纪要》精神，九里中学移交市教育局直属管理。经过实地调研、资料审核和人员核对，核定移交126名教师、19名教辅人员、60名退休人员、9名遗属。

【做好教师资格认定工作】 年内，局人事处认真做好2014年教师资格认定工作。全年认定各类教师资格5746人,其中,市教育局认定2077人,县区认定3669人。积极做好江苏省首次国考的笔试和面试工作,下半年,全市有5544人报名参加13066个笔试科目的考试,全部合格1807人,通过率32.6%,占全省总通过人数的1/7。面试报名人数1714人,居全省第三。

【严格执行教师准入制和新任教师公开招聘制】 年内,经过报名、资格审查、笔试、面试、体检和考察,局直属学校共招聘40名新教师,完成12名徐州籍国家免费师范生就业安排(其中8人在本市就业,4人在外省就业)。县(市、区)中小学补充新师资740人。

【推进教师队伍信息化管理】 2014年,市教育局全面推进教师队伍信息化管理工作。建立《徐州市基础教育教职工基本信息库》,组织开展教师队伍建设调研,形成师资队伍分析报告。初步建成集教师基础信息、教师薪级晋级、教师专业发展档案一体化的中小学教师发展信息化管理和人事工作保障服务平台。

【做好表彰推荐评选工作】 2014年,市教育局积极做好各级各类表彰推荐评选工作。经各地、各单位民主推荐,各级评审单位评选,沛县体育中学被评为全国教育系统先进集体,王春梅、王小倩、陈为强、刘杰、王刚5位教师获全国模范教师称号,宋倩、张运桥、李寒凝、刘中宝、宋飞、宋晓楼、杜厚娴、郁雪群、丁震9位教师获全国优秀教师称号,其中,刘杰、王刚被评为全国中小学优秀班主任,王小倩被评为全国中小学优秀德育课教师。刘素梅等40人被评为江苏省优秀教育工作者,江远忠等331人被评为徐州市优秀教育工作者。江苏省丰县华山中学等26家单位被评为市教育系统先进集体。单增义等33人被评为江苏省第十三批特级教师。

【开展"吃空饷"专项治理】 2014年,积极开展机关事业单位"吃空饷"等问题整治工作。通过自查、市专题组调查,局直属单位有4人属于清理整治对象。其中2人解聘,1人办理调出手续,1人返校上班。

【国有企业职教幼教退休教师待遇兑现工作】 年内,市教育局人事处认真做好国有企业职教、幼教退休教师待遇兑现工作。共审核上报942人材料,通过复审有523人公示,未通过419人。年内,接待来访500余人次,回复该信访件10余件。做好徐州铁路分局中小学教职工补移交资格审核工作。全年共接待来访2000余人次,答复来访信件20余件。

【认真办理各项人事劳资业务】 2014年,市教育局人事处认真办理多项人事劳资业务。审核办理37名新师资转正定级手续,审批调整310余名教师教龄津贴变动,审批4800余人薪级工资调整晋升,审批局属事业单位教职工退休手续105人,办理51名死亡人员抚恤金、丧葬费审批手续,完成局属事业单位4844人年度考核审批上报手续。7月,完成局机关和所属事业单位在职人员5000余人调整津补贴和绩效工资标准,离退休人员相应调整生活补贴标准。完成2014年工资统计年报和人事统计年报。2014年度考核应参加4754人，实际参加4634人，其中，优秀722人（含援藏4人，优秀率15.58%），合格3870人，基本合格1人，未定等次41人。

（张甫彬）

教师教育

【做好新招聘教师岗初培训】 2014年，市教育局对2013年暑期直属学校招聘的31名新教师实施专项培训。培训工作由徐州工程学院教育科学学院具体承担，教师教育中心参与包括通知发放、方案制订、过程管理、考试考核在内的各个环节，加强培训工作的引导、管理和监督，保证培训工作的质量。

【完成市中等专业学校骨干教师转岗培训】 2—7月，教师教育中心组织徐州市中等专业学校9名骨干教师在直属学校进行为期5个月的跟岗实践活动。跟岗实践安排在5所学校，每位教师均有一位名特优教师作为学科指导教师，另有一位优秀班主任作为指导班主任，助力参训教师由职业教育到基础教育的平稳过渡。跟岗培训结束，由跟岗学校、学科教研员进行全面考核，形成规范的培训考核意见。

【组织实施3次名师送教下县活动】 2014年，教师教育中心3次组织名师送教下县活动。送教名师在新沂、睢宁、沛县3个县（市），共开设公开课近50节，讲座30场，现场互动沙龙18场，惠及学校近百所，教师4000余人，学生2000余人。送教活动质辩一体，双向互动，将“学讲计划”的理念、课堂带到县区、带进基层学校，为一线教师答疑解惑，推动县区教学改革，受到县区教育局、一线师生的一致好评。

（王　静）

师资队伍建设

【开展师德师风建设】 2014年，市教育局出台《关于进一步加强师德师风建设的意见》，制定《徐州市师德师风建设五项工程活动方案》，编印出版《教师职业道德规范文件汇编》，开展师德师风大讨论系列活动。开通“师德大讲堂”网络直播平台，在主流媒体开辟“徐州市名优教师感言”专栏，评选和表彰徐州市十佳师德模范、师德先进个人和集体，在全市庆祝第30个教师节大会上，重点宣传全国和省优秀教师、优秀教育工作者、乡村最美教师的先进事迹。实施“师德规范”“师能提升”“师爱传播”“师心温暖”“师风弘扬”五项工程，建立融教师行为规范、师德教育途径、激励培养措施、考核奖惩手段为一体的师德师风建设体系，严格规范教师的职业行为准则，将师德教育列入教师继续教育的必修课，实施评优评先、职称评审师德一票否决制。

【构建和完善继续教育体系】 2014年，市教育局积极构建和完善继续教育体系。召开2014年教育培训工作会议，出台实施徐州市《中小学教师学时认定管理细则》，进一步明确教师培训任务和省、市、县、校分层管理、分级培训的培训体系。充分发挥江苏师大、工程学院教科院、徐州幼儿师范高等专科学校、徐州高等师范学校等培训基地的作用，建立统筹协调、资源整合、管理规范、富有特色的教师继续教育体系，提高教师继续教育的覆盖率。师资处获2014年省教育厅师资培训工作先进集体称号。

【完成国培、省培、省市合作培训任务】 2014年，师资处积极争取国家、省级培训项目和名额，完成国培、省培、省市合作培训任务。全年完成省“名师送培"项目6个，省市合作项目9个。组织全市2.7万名校长、教师参加国家级、省级高端研修培训项目22个，4万余人次参加远程网络培训学习和教师心理健康知识竞赛，培训参与率达100%，优秀率均达95%。校本培训覆盖面达100%。

【与高校合作 提高培训质量和内涵】 2014年，市教育局加强教育行政与高校合作，提高培训质量和内涵。局师资处参与培训方案的制定，与江苏师大、南京师大、江苏大学等高校合作调研、研讨。制定特级教师后备人才培训方案，初中语文、数学、物理骨干教师培训方案，农村中小学校长、幼儿园园长培训实施方案。优化培训内容，突出培训的针对性和实效性。

【与县校等合作，提高市本级培训效益】 2014年，局师资处加强与县、校及局机关各部门、处室合作，提高市本级教师和管理者培训效益。市教育局将“英特尔未来教育项目”、省市名师送培活动、薄弱学科培训、学前教育培训等下放到县区，西片在沛县、中片在铜山、东片在新沂，分片推进，连县合作。加强与各部门、处室合作，合理安排市本级管理者培训项目，以项目计划书的形式统筹编制年度培训计划，管理培训项目，协调培训时间安排和进度，加强过程监控和管理，全年共安排管理者培训15大项，参训管理者达1500人次。充分利用教师培训网络管理系统，加强培训系统使用的指导和过程性管理工作。

【建立骨干教师培养梯队】 2014年，市教育局突出抓好骨干教师队伍建设，建立骨干教师培养梯队。通过评选和推荐，全市5人获得省第三批人民教育家培养对象称号。继续实施“名师名校长工程”和“青蓝工程”，完善名校长、名教师、学科带头人、优秀骨干教师等的遴选、培养和考核管理制度，评选市级第八批名校长、名教师和第十批学科带头人、青年优秀骨干教师、青年教学能手等370人。实施特级教师后备班培养和青年教师提优工程，确定名优教师培养对象200人。举办省特级教师后备人才研修班，努力培养研究型、专家型教师，省特级教师多数来自后备班学员。评选、建立市名师工作室47个，充分发挥名特优教师的示范、引领和辐射作用。年内，通过专家指导、研修培训、实践提高、课题研究、学术交流和著书立说等方式，19人晋升正高级职称。开展青年教师基本功大赛，组织教师微课评选，徐州市参加省微课比赛选送作品数量和获奖人数、等次都在全省前列，市教育局获得省教育厅微课比赛优秀组织奖。

【实施教学改革专项培训】 暑假，局师资处与教研室、电教馆联合组织1200人“学讲计划”培训，3000人“微课制作”培训。借助“彭城课堂”数字化信息资源，推进信息技术与学科教学融合，按计划录播精品课程，开设“名师课堂”，开讲12节次。组织实施职教转岗教师培训，制定理论学习与跟岗实践相结合的培训方案，由高校硕士生导师、中小学正高级专业课教师、特级教师、名教师组成专业团队，采取专项辅导、随班上课与一对一面授相结合的形式，全方位提升转岗教师的综合素质水平。

【实施“千校万师支援农村教育”工程】 2014年，市教育局实施“千校万师支援农村教育”工程。选派城镇骨干教师到农村学校支教，农村教师到城镇学校跟岗学习。丰县、沛县、睢宁县26个乡镇学校与无锡、扬州等兄弟教育部门结成共建单位，12名优秀中小学教师赴新疆奎屯及青海海南州支教、送教，获得省教育厅好评。

（崔　瑛）

教师职称评审

【规范职称评审】 年内，市教育局制定中小学、幼儿园教师职称过渡工作意见和实施办法，完成全市中小学、幼儿园7万多人的教师职称过渡以及对县（市、区）职称过渡的指导工作。组织市属高校、中等职业学校和全市中小学教师职务参评人员的说课和论文鉴定，严格按照教师职务结构比例与岗位职数，择优推荐申报，坚持评审原则。加大对教师师德、业务及教学实绩的考核，发挥职称评审在教师队伍建设中的杠杆及导向作用。

【完成全市各系列教师职称评审】 2014年，教育局完成全市4个系列、9个级别的教师职称评审及推荐评审工作。共组织3次教学能力测试，全市2682名教师分属不同系列和等级参加测试。对全市2000余名教师的4996篇论文进行鉴定，接收、审查1000余份个人申报材料，组织5次不同系列和级别的评审委员会的评审及推荐评审工作。全市共通过各类教师职称评审、初定人数1043人，其中，高校教授1人，副教授10人，讲师63人，助教23人，研究实习员1人。中小学正高级教师13人，高级教师517人，一级教师71人，二级教师30人。中职校高级讲师57人，讲师249人，助理讲师5人。幼儿园高级教师3人。

（崔　瑛　王　静）

教育国际合作与交流

【聘请外籍教师组织引智培训】 2014年，市教育局通过省国际交流中心，聘请26名外籍教师暑假到徐州市组织引智培训。全市1780名英语教师受益。

【选派骨干教师（校长）出国培训】 年内，徐州市选派176名各学科、各领域骨干教师（校长）赴英国、加拿大、澳大利亚、美国等国家参加培训学习。

【邀请国外中小学校长考察并签署合作协议】 2014年，市教育局先后邀请美国、英国、加拿大、澳大利亚、新西兰等国家的中小学校长代表考察徐州市优秀中小学并签署合作协议。

【做好学生对外交换项目】 2014年，市教育国际交流协会协助省协会积极做好学生对外交换项目（学生使者ISE）的宣传发动、组织报名和考试选拔等工作。有6名学生顺利通过美方的考试选拔，被ISE项目正式录取，赴美进行为期一年的交流学习。

【组织学生赴国外文化交流、修学旅行】 2014年，市教育国际交流协会协助省协会及省服务中心安全顺利的组织204名中学生分期分批赴美国、加拿大、英国、澳大利亚等国进行短期文化交流学习及修学旅行等活动。

（崔　瑛　李世强）

财务与审计

【全市教育经费及财政投入情况】 2014年，全市地方教育经费总投入为169.79亿元，其中国家财政性教育经费153.07亿元，占总投入的90.15%;社会团体和公民个人办学经费0.41亿元,占总投入的0.24%;社会捐集资办学经费0.49亿元,占总投入的0.29%;事业收入14.23亿元,占总投入的8.38%;其他收入1.59亿元,占总投入的0.94%。2014年,全市地方教育经费为1697509.6万元,比2013年1507567.80万元增加189941.8万元,增长12.60%。全市财政性教育经费为1478535.5万元,比2013年1359074.40万元(同口径)增加119461.1万元,增长8.79%。市委市政府不断加大对民生、尤其是教育的投入力度,有力推进教育资源均衡化、现代化发展的目标。

【加强预算管理　推进预决算公开】 2014年,市教育局进一步加强预算管理,推进依法理财、依法行政。坚持科学编制部门预算,严格预算编制"二上二下"的程序,强化系统预算文件培训、学习,认真核定、科学测算单位收入,细化编制基本支出和项目支出,重视项目库申报,严格监督审核,确保系统预算及时报送。在保证各单位正常业务支出的前提下,加强项目经费管理和预算支出进度,充分发挥资金使用效益。年度中会同财政部门对系统各单位预算、决算进行审核,在审核通过的基础上进行公开,接受社会监督。

全市多渠道筹集教育经费情况表

表9　　单位:万元

项　目	2014	2013	增长%
教育费附加等税费	154718.70	138681.10	11.56
捐资集资	4892.00	4259.20	14.86
学杂费	132223.60	124519.20	6.19
其他	15880.00	8000.40	98.49
合　计	275459.90	275459.90	2.46

【制定各类生均公用经费标准　推动相关法规文件出台】 2014年,学前教育生均预算拨款标准不低于300元,原拨款标准高于此标准的不得降低,义务教育阶段学校生均预算内公用经费每生每年小学从610元提高到700元,初中从850元提高到1000元,高中阶段学校预算内公用经费每生每年600元。为巩固"教育经费管理年"取得的各项成果,徐州市各级教育行政部门积极行动,推动相关法规文件出台,执行教育经费投入月报制度,从完善制度入手切实加强教育财务管理,确保教育经费安全、高效,提高资金的使用效益,进一步提升基础教育财务管理的规范化、制度化。

【加强内部审计制度建设】 2014年,市教育局进一步加强对全市基础教育系统建设工程项目的审计监督,提高审计工作质量。修订出台《徐州市基础教育系统建设工程项目审计实施办法》,依据有关法律法规和制度规范,对全市基础教育系统以财政拨款、自筹资金和其他资金投资新建、扩建、改建的基本建设工程和修缮工程项目各阶段业务管理活动的合法性、适当性、有效性进行确认和评价,对单项工程投资50万元以上(含50万元)的建设项目开展全过程跟踪审计,以有效控制工程造价和改善工程管理，促进建设工程目标的实现。

【深化经济责任审计】 年内，市委组织部委托市教育局，首次对2所副处级学校的一把手进行任期经济责任审计。审计工作严格按照市审计局的工作规范和程序，由分管领导任审计组长，召开审计进点会并作动员讲话，通报审计工作方案，现场组织民主测评。召开不同层次人员参加的座谈会，多方面了解被审计领导的财务工作管理、个人勤政廉政、民主决策等情况，出具审计报告后由分管领导带队到被审计单位，在学校现任班子成员中进行审计通报，对审计发现的问题下达审计整改通知，要求学校限期整改并进行整改情况的落实检查。

【完成直属学校3年一轮的全面审计】 2014年，市教育局按照审计工作计划，开展直属学校的财务收支审计，全面监督资金使用情况。全年进行了9所学校的财务收支审计工作，完成了3年时间对局直属30余所学校的一轮全面审计，实现了教育审计的全覆盖。

【继续做好工程跟踪和结算审计】 2014年，市教育局对4个达到跟踪审计标准的项目进行跟踪，工程造价5126万元。派驻专业人员坚守工程施工现场，对施工过程中发生的设计变更予以现场签证，对隐蔽工程和重点部位记录把关，对工程进度款的支付严格掌控，有效控制了工程造价。全年安排直属学校维修项目结算审计77项，审计金额1405万元，审减额239万元，审减率17.01%。

【加强对县区审计业务指导】 4月11日，市教育局召开全市基础教育审计工作会议，交流各地2013年教育内审工作开展情况，促进全市教育审计工作协同发展。会议传达全省基础教育审计工作会议精神，并就学习、贯彻《省教育厅关于进一步加强全省教育系统内部审计工作的意见》作出部署，要求各地要改进和加强教育内部审计工作，建立健全内部审计机构，配备与本单位审计工作需要相适应的审计人员。对2014年全市基础教育内部审计工作安排、要点提出建议。会议还公布全市基础教育系统2012—2013年度内部审计项目质量评审结果，对获得优秀和表扬的项目进行表彰。

【完成2014年绩效目标申报工作】 年内，市教育局2014年部门预算项目15个，资金合计7145万元；其他公共项目（教科文处）2个，资金合计1500万元，总计8645万元，资金性质为非税资金。市财政局组织专家对申报项目进行逐项评审，8个项目获评优秀。

（撰稿：魏建春 李庚申 程慧娟 审稿：徐目新）

教育信息化建设

【推进“宽带网络校校通”工程建设】 2014年，市教育局启动教育信息化建设提升年工程，推进中小学“宽带网络校校通”工程建设。至年底，教育信息化专项投入累计达到1.7亿元，添置计算机2.9万台，交互式电子白板等多媒体设备6600套。全市100%中小学实现“宽带网络校校通”，拥有网络教学环境，有力推进全市教育信息化建设。

【参加中国国际智慧教育展览会】 12月1—3日，市教育局组织各县（市、区）教育（文教体）局局长及直属学校校长116人参加由中国教育学会在北京国家会议中心主办的“2014中国国际智慧教育展览会”。在中国教育学会第二十七次学术年会分会“大数据背景下促进教育均衡和个性化发展”论坛上，市教育局副局长李运生作题为《信息技术如何深刻改变我们的教育》的报告，从信息技术条件下的新课改、新流程，新思维、新课程，新哲学、新生活3个方面诠释教育信息化让教育更智慧。徐州市独立制作72平方米展台，分为“以人为本、自主学习，启迪人生智慧”“创新教研、网络协同，促进专业成长”“资源共享、智能诊断，支持泛在学习”和“技术支撑、科学评价，完善管理体系”4个主题，展示徐州市在信息技术与教育教学深度融合的改革实践。云龙区、鼓楼区、泉山区、十三中、西苑中学5家单位展示智慧教育在校园中的实际应用成果。

【信息技术与教育教学深度融合】 2014年，市教育局积极推进区域和学校网络教研，鼓励学校利用宽带网络条件下的教学环境和优质资源开展课堂教学实践，总结、提炼、形成信息技术与课堂教学融合的模式。各校在微课基础上创新“微课社团”应用形式，组织学生在线学习微课，完成任务单作业。至年底，已经建立各类社团近22个，社团微课与微视频6700余件，学生点播次数10万余次。在实施徐州市《“学进去 讲出来”教学方式转变行动计划》过程中，信息技术起到支撑发展与引领促进作用。

【加大应用信息技术能力培训力度】 年内，市教育局通过举办培训班、参加研讨会等方式，加大对校长、管理干部和教师应用信息技术能力的培训力度。8月9—10日，举办直属学校（含部分县区学校）校长、分管副校长领导力、课程领导力、规划能力网络专题培训班，采用专家讲座、案例分析研讨、经验交流、操作实践等方式。组织各县（市、区）教育（文教体）局局长、分管副局长、电教馆长和教研室主任，局直属初、高中学校校长80人，参加在杭州、上海举办的中小学信息技术与教育教学创新应用研讨会。组织直属学校和部分县（市、区）学校从事校园网站管理和数字化校园创建工作的126名教师参加业务知识培训，增强网站管理员的实际操作能力和“后台”管理能力。

【召开教育信息化工作推进会】 4月19日，徐州市教育信息化工作推进会在解放路小学举行。省电教馆馆长尤学贵出席会议，各县（市、区）教育（文教体）局局长、分管副局长、教研室主任、电教馆长，局直属各学校及有关民办学校校长、分管副校长、教务主任、教科室主任、电教主任等200余人参加会议。与会人员参观市基础教育信息化发展成果展，展出分为“信息技术支持的学讲计划”“信息技术支持的教师专业发展”“信息技术支持的个性化学习”“信息技术支持的管理应用”“教育卡应用”6个专题，详细介绍徐州市开展的网络备课、数字化学习、教师培训平台、网络视频教研、微信平台的教育应用、E学习课堂、微课团等多项信息化研究成果。

【组织申报“信息技术与教育教学深度融合研究”课题】 2014年，局教育信息化建设处组织全市中小学参加教育部“信息技术与教育教学深度融合典型案例研究”课题申报，开展信息技术与教育教学深度融合研究。17所学校申报的20个课题通过教育部教育管理信息中心立项批复，有近1万名教师参与20个课题的实验研究，教育部教育管理信息中心指定专家对20个课题跟踪指导。

【做好顶层设计，形成有效的教育信息化推进机制】 4月，市教育局出台《关于调整徐州市教育信息化工作领导小组成员的通知》，明确各职能处室工作职责，教育信息化推进机制开始形成。经个人申报和各单位推荐，市教育信息化工作领导小组办公室审核，成立教育信息化专家库，确认122人为徐州市教育信息化专家库专家。其参与教育信息化的调研、咨询、指导、评估、服务等工作。同时，市教育局制定考核评价机制和信息化成果评估办法，将教育信息化工作开展情况作为对各类学校督导评估的重要指标。

【探索教育信息化建设新途径】 2014年，局教育信息化建设处组织对全市中小学教育信息化现状调研，探索教育信息化建设新途径。调研内容主要有教育信息化基础设施建设、教育信息化资源建设、教育信息化应用系统建设、教育信息化应用、教育信息化管理、信息化队伍建设等项目，基本摸清教育信息化工作的底数。调研组针对局信息化发展的现状和存在的问题，提出对策和建议，为教育信息化工作的推进提供了依据。

【开展全市中小学校园网站测评】 2014年，市教育局制定《徐州教育网内容保障与任务责任分解表》，明确栏目责任，组织开展校园网站测评活动。测评内容包括网站建设与网络覆盖、教育管理信息库与教育资源库建设、网站信息化应用能力建设、网站信息化管理和运行机制4个方面。经专家测评，26所学校获得一等奖，30所学校获得二等奖，36所学校获得三等奖，26人获得校园网站建设先进个人。

（徐　志）

德育研究

【推进责任教育，加强核心价值观教育】 2014年，市教育局在全市中小学持续深入推进责任教育，落实社会主义核心价值观教育。1—2月，开设“好家训、好家风”家庭教育公益大讲堂，组织专家走进校园、社区开设讲座10余次。3—4月，开展“家风助我成长”活动，举办“家风助孩子成长”专题公益讲座，1000余名家长参加活动。6月，开展“责任教育”案例征集评选，指导各地以主题活动为载体，落实责任教育，收到案例500余篇。9—11月，启动小学新生入学仪式、成长仪式教育活动，开展“向国旗敬礼”签名寄语活动。组织国家公祭日纪念活动，引导学生不忘历史，树立正确的价值观和民族责任意识，132551人次参与。印发《关于开展“责任教育示范学校”创建评选活动的通知》，以评促建，营造浓厚的责任教育氛围。4月28—29日，青岛市李沧区教育体育局一行10人在副局长宋丽华带领下，到徐州市访问交流责任教育主题活动；5—12月，《中国德育》《江苏教育报》《新华日报》《徐州日报》、江苏教育电视台等媒体分别报道徐州市“责任教育”开展情况。

【中美青少年书画艺术作品交流】 年内，市教育局组织开展“2014年中美青少年书画艺术作品交流”活动。活动共评选出一等奖15

名，二等奖30名，三等奖50名，并优选出50幅儿童画、剪纸、国画、书法作品赴美参展。

【全面开展文明礼仪教育】 年内，市教育局在全市中小学、幼儿园开展文明礼仪教育。4月，在各学段选拔78所文明礼仪教育示范学校，邀请80名学生教育校外监督员，对学校文明礼仪教育进行测评。6—11月，开展“文明，让生活更美好”微视频比赛，评选出一等奖10个，二等奖20个，三等奖50个。7月13—16日，根据《关于组织参加江苏省中小学幼儿园未成年人文明礼仪养成教育教师培训班的通知》，选派80名教师赴南京学习。11月，组织相关学校参加省文明礼仪数据库建设。

【举行第八届德育论坛】 11月19日，市教育局举行全市中小学第八届德育论坛。论坛主题为“落实责任教育，创新德育实践”。市教育局工会主席、党委委员徐保卫，江苏教育报社李大林等领导出席，各县（市、区）教育（文教体）局分管副局长、德育办主任，各直属学校分管副校长、德育主任200余人参加论坛。新沂市教育局等5家单位大会发言，分别从各个方面阐述在开展责任教育工作中的经验和体会，进一步研讨如何通过德育实践，以活动为载体，让“责任教育”更接地气，真正收到教育的效果。

【加强德育队伍建设】 2014年，市教育局全面加强德育队伍建设。5月28—29日，在三十七中学举行第二届班主任基本功大赛。124名班主任参加比赛，选拔出6名优胜者参加省级比赛，获得省二等奖。9月，印发《关于表彰第五届“学生最喜爱的教师”的决定》，经过严格审核，授予李娟等100名教师“学生最喜爱的教师”称号。10月17—19日，与中国德育报联合举办“中小学德育工作创新与师生交往艺术”研修班，全市800余名德育工作者参加培训。

【加强德育网络化建设】 3—12月，市教育局组织开展徐州市中小学“德育精品课程”征集评选活动。利用“德育大讲堂”网络平台，发挥课堂教学的育人功能，推动建设一批中小学德育精品课程，从学科渗透德育、主题班队会、心理健康教育课等方面选拔优秀教师授课，共展示30节“德育精品课程”。

【深化心理健康教育】 年内，市教育局不断深化心理健康教育工作。3月，组织2万余名教师参加省心理健康知识网络竞赛。4月，以“提升学习心理品质”为主题开展第二届“心理健康教育月”活动。5月，转发《教育部办公厅关于实施中小学心理健康教育特色学校争创计划的通知》，开展中小学心理健康教育特色学校创建。5月27日，举行徐州市区中小学心理健康教育教学研究活动，开设8节示范课，云龙、鼓楼、泉山区属学校，局直属学校的专兼职心理健康教育教师160余人参加活动。9月29—30日，在光荣巷小学、市第八中学举办徐州市中小学心理健康教育示范观摩研讨课活动，各县（市、区）、局直属学校的专兼职教师300余人参加活动。

【加强德育课程建设】 3—10月，市教育局举行首届全市中小学优秀德育校本教材（读物）评选活动。全市共142册读本参评，新沂市黑埠中学的《快乐礼仪》、徐师一附小《童雅教育读本》、徐州五中的《中学生国学经典诵读》等35部作品分别获一、二、三奖。

【参与“创卫”与全国文明城市创建工作】 5月9日，市教育局召开市区中小学“创卫”工作动员大会，各区教育（文教体）局德育办主任，直属学校、民办学校德育（学工）处主任以及云龙区、鼓楼区、泉山区学校德育处主任（大队辅导员）共100余人参加会议。5—6月，组织编写《养成——徐州市中小学生创卫简明读本》，联合电视台举办“我为创卫添光彩”手绘比赛，开展“创卫温馨提示短信”评选，1000多名家长参与，得到市领导的肯定。10—11月，按照《全国文明城市创建测评体系》以及《未成年人思想道德建设工作测评体系》，完成2011—2014年间30余项指标有关档案材料的归集报送，指导学校加强校园文化建设，做好现场迎检准备，受到检查组好评。

【深入开展国防教育】 1—2月，市教育局组织参加国防教育知识竞赛，徐州市参与人数居全省前列。4月，徐州高级中学、徐州鼓楼小学等获得首批省国防示范校称号。10月，做好2012—2013年度省级学生军训工作先进单位和先进个人组织申报工作，丰县欢口中学等20所学校、尹洪敏等13名教师被评为省学生军训工作先进单位和先进个人。

【加强校外活动场所建设】 2014年，市教育局采取多种措施加强校外活动场所建设。组织各校外活动中心参加“蒲公英之花——校外教育成果巡礼”展示活动，安排美术、舞蹈、音乐等专业教师和活动场所负责人参加省业务培训，指导各校外活动场所做好2014年能力提升申报工作，共获得资助资金185万元。

（王　芳）

教育教学研究

【推进“学讲计划”】 2014年，市教育教学研究室通过全面发动、行政推动、培训带动、活动引领，认真实施“学讲计划”。先后召开全市“学讲计划”推进现场研讨会，组织“先行一步——学讲课堂前沿论坛”，举办“学讲计划”推进工作校长研训班、暑期校干培训班和骨干教师研修班，统一思想，转变观念，答疑解惑，不断提升实施水平。制定下发《徐州市中小学巡课制度》，创立“巡课观察要点”和“统计分析指标”，指导全市中小学校建立系统的巡课制度体系。组织“学讲计划”推进“县县（市、区）行”系列活动，通过开展巡课检查教学常规管理、常态课听课评估、展示课观摩研讨等，将“学讲计划”渗透到基层。《江苏教育报》和《中国教育报》对徐州市“学讲计划”推进工作和课改实施情况进行报道，全国小学课改新思路、新特色、新方法研讨会推介徐州市“学讲计划”，《中国教师报》“课改中国行—发现苏派好课堂”宣讲活动，调研采访徐州市“学讲计划”实施情况。据不完全统计，全市教育系统全年开展“学讲计划”培训1200余次，各类推进活动800余次，参加活动人员15万余人次，广大教师撰写与“学讲计划”相关论文4000余篇。涌现出典型学校121所，典型个人856人。

【开展网络教研】 年内，市教育教学研究室以徐州教研网为阵地，开展网络教研。以“彭城课堂”为平台，组织网络集体备课，将备课研讨、教学实施、备课检查、教研活动等常规教学环节有机结合起来。发挥名师作用，组织彭城公开课活动，整合教育资源，制作微课6000多节。举行徐州市首届微课制作大赛，并组织参加江苏省首届微课大赛，3人获特等奖、12人获一等奖，名列全省前列。徐州市“基于信息技术支持的学讲计划”成果在江苏省信息化工作会议上展出。

【开展课题研究】 2014年，市教育教学研究室针对“学讲计划”实施，设立“学讲计划专项课题”和“教育信息化发展专项课题”研究，指导教学改革。全年有94个课题立项，150多个省、市级课题结题。在全省青年教师基本功大赛中，获一等奖7人次、二等奖8人次、三等奖12人次。参加全省生物、地理等4科优质课评比，获5个一等奖、3个二等奖，居全省前列。获2014年基础教育国家级教学成果一等奖1名。

【加强高考研究，做好备考工作】 2014年，市教研室针对江苏高考考试说明及考试动态，深入研究高考，全力做好备考工作。进一步明确“三个突出”“四种关系”的指导方针，以此为依据拟定摸底考试、3次质检、1次打靶练习的试卷。上半年，组织2次质量检测分析，分别召开各校教务主任、校长、县(市、区)教研员会议，分解备考工作。下半年，与苏北4市联合命题，将各市在一个平台上评价比较，使质量检测所反映的问题更全面。年内，教研室定期召开四星级学校校长会议，将高考目标分解至各学校，及时发现问题，共同探讨解决方案。

【开展各项培训活动】 2014年，市教研室组织开展多项培训活动。组织市教研员、县(市、区)教研室主任、业务副校长和教务主任高端培训，开展四星级校长高端论坛，40个学科暑期组织“学讲”骨干教师培训，组织部分学科教师参加基本功大赛赛前强化培训。组织开展基本功大赛及优质课、优秀论文、优秀教研组、优秀备课组评比活动，各学科开展丰富的区域性集体备课，引领教师专业化发展。

【做好《徐州教育科研》等编辑出版】 2014年全年出刊《徐州教育科研》6期。围绕“学讲计划”这一重点工作，刊发关于“学讲计划”文件，介绍“学讲计划”支撑性理论和相关经验，提供各校实施“学讲计划”做法、体会、课例等。在首届江苏省优秀教育内部期刊评比活动中，《徐州教育科研》获“十佳期刊奖”。出版、发行《师道逶迤》。该书介绍了10余位徐州市老一辈特级教师、著名教师，展示其高尚的师德、丰厚的底蕴和娴熟的教学艺术，为新时期青年教师提供了榜样，也为当代徐州教育史留下一份有益的资料。

（王　波）

职成教研

【巩固"五课"教研和"两课"评比成果】 2014年，职成教研室通过举行公共基础课市级比赛、专业技能课市级比赛和优质课评选活动，巩固"五课"教研和"两课"评比成果。上半年，举行公共基础课市级比赛，177名选手参赛，评出38个市级示范课，107个市级研究课。聘请专家，对推选的20位省参赛选手的教案、现场说课和答辩反复打磨，最终取得3个省级示范课、14个省级研究课的好成绩。下半年，举行专业技能课市级比赛，12个大类共151名选手参赛，评出33个市级示范课，82个市级研究课。推选出36名选手参加省赛，最终获得5个省级示范课、25个省级研究课的好成绩。举办2014年徐州市中等职业学校优质课评选活动，全市98人参加公共基础和专业课的评比，分12个专业组进行，28人获一等奖，44人获2等奖，8人获三等奖。

【抓好职教师资培训】 年内，职成教研室积极落实国培、省培计划，认真组织市级培训。全年安排国家级骨干教师培训41人、国家级专业带头人培训5人、国家级青年企业实践30人，共涉及55个项目。落实4人参加2014年度职业院校校长专题研修班，推选2人参加教育部组织的出国培训。暑假期间，市职成教研室通过需求调研，组织409名教师参加51个项目的省级培训，组织626人次参加市级班主任及五大公共基础学科的业务能力培训。加强教师信息化教学能力培训，聘请连云港市2位获国赛一等奖的专家为178名专业教师开设专题讲座，组织560人参加9个专业类学科的专业课教师数字化教学资源应用能力提升培训。

【获多项文明风采大赛、教学信息化大赛奖】 2014年，市职成教研室组织各中等职业学校开展配合"文明风采"竞赛主题的多项德育实践活动。文明风采大赛获一等奖56件，二等奖73件，三等奖91件，四等奖118件。信息化大赛荣获5个省级二等奖，4个省级三等奖。

【继续落实"推门听课"制度】 2014年，市职成教研室继续组织专家不打招呼到各中等专业学校推门听课。全年组织学科专家听课248人次(含2节连上课)，每次听课均做到现场反馈，及时组织专家与教师交流、消化。通过2年的对比，专家们看到年轻教师迅速成长。

【推动教师教育科研工作】 2014年，市职成教研室通过开展课题研究、组织"职教杯"教育教学论文评选等活动，推动教师做好教育科研工作。年内，对22个二期江苏省职业教育教学改革研究课题进行中期检查。组织开展第一期徐州市职业教育教学改革研究课题申报工作，77个申报课题，经过评审，42个获得立项，并如期完成开题任务。组织徐州市职业教育第八届"职教杯"教育教学论文评选活动，收到参赛论文224篇，评出获奖论文142篇，一等奖30篇、二等奖59篇、三等奖53篇。

【做好中职校学业水平测试工作】 10月，省教育厅从江苏省中等职业教育综合管理系统中随机抽取学生进行专业技能抽查测试。市职成教研室召开2次准备会议，出台《徐州市专业技能抽查测试工作实施方案》，确定11个测试基地，向省级部门推荐17位省级测评员，历时1个星期完成省中等职业学校专业技能抽查测试工作，提交《徐州市中等专业学校学生专业技能抽测工作总结报告》。年内，市职成教研室统一中等职业学校公共基础课教学进度，组织全市中职就业班和升学班的文化基础课质量检测，及时进行成绩分析与反馈。

【加强对口单招教研】 年内，市职成教研室定期召开对口单招班语、数、英三科教学研讨会，组织相关学校进行摸底测试。2014年全市中职校对口单招成绩稳步上升，本科平均上线率达到3.7%，最高的学校达到28%，专科平均上线率达到94.4%。

【创新大赛成果丰硕】 2014年度，徐州市职业学校创新大赛成果丰硕。大赛共收到作品106件，评选出一等奖14件、二等奖21件、三等奖25件，27人被评为创新大赛指导教师"伯乐奖"，7所学校被评为创新大赛优秀组织学校。徐州市推荐60个项目参加第六届江苏省职业教育创新大赛，6个项目获省二等奖，11个项目获省三等奖。

（丁 蕾）

课程改革

【推行"学讲工程"】 2014年，市教育局全面推进《"学进去、讲出来"三年行动计划》，深度推进课堂教学改革。3月，在泉山区火花学校组织召开"徐州市推进学讲计划现场研讨会"。4月，在徐州市第二职业中专礼堂组织召开"徐州市中小学首届'先行一步'学讲论坛"活动。5月，组织2期徐州市中小学校长培训班。6月中旬和9月中旬分别组织直属学校学讲课堂巡课活动。10月，开展徐州市学讲计划"县县行"活动启动仪式。

【开展省市级各类课程项目建设】 年内，市教育局基教处在全市组织开展省市级各类课程项目建设工作。加强对小学、初中、高中课程建设项目学校专项培训，组织课程项目市级评审申报学校进行模拟答辩。有3所小学获得省级"小学特色文化课程"建设项目、4所初中获得"薄弱初中课程提升"建设项目、5所高中获得"课程基地"建设项目，课程项目总量居全省第一。为促进全市各项课程项目建设，年内，组织开展课程项目建设学校"校校行"活动。

【组织"教学成果奖"推荐申报工作】 年内，局基教处积极组织开展徐州市有关学校申报国家级教学成果奖工作。通过申报培训、申报指导、申报审核修订等活动，取得较好的申报成果，全市获得国家教学成果奖一等奖1个，二等奖2个。

（李进强）

科技教育

【推动教育系统生态文明工程建设】 2014年，市教育局积极推动生态文明工程建设，广泛开展"绿色学校""节水型学校"创建活动。全年创建市级"绿色学校"36所，省级"绿色学校"5所。创建市级"节水型学校"40所，省级"节水型学校"5所。

【科技教育集体和个人获省市表彰】 2014年，徐州市广泛开展科技教育活动，多个集体和个人获省市表彰。徐州市星光小学等9所学校被评为江苏省科学教育特色学校，徐州市奎园小学等12所学校被评为徐州市科学教育特色学校，赵锋等7名教师被评为江苏省优秀科技辅导员，25名教师被评为徐州市优秀科技辅导员，15名学生被评为徐州市青少年科技创新标兵。

【开展省科技教育创新大赛活动】 2014年，徐州市积极组织青少年参加江苏省科技教育创新大赛活动，获多项奖励。在第25届江苏省青少年科技创新大赛中，徐州市获得青少年科技成果竞赛项目小学组一等奖3项，均为徐州市鼓楼小学获得。获科技成果小学组二等奖27项，辅导员科技创新成果竞赛项目三等奖2项，优秀科技实践活动一等奖1项、二等奖2项，优秀少年儿童科学幻想绘画一等奖1项、二等奖3项、三等奖13项。

【3名学生获得科技创新“市长奖”】 2014年，在首届“市长奖”评选活动中，西苑二小夏语兮、鼓楼小学石秋晨、铜山中等专业学校刘凯获徐州市科技创新“市长奖”，鼓楼小学、中国矿业大学附小等校的7名学生获得科技创新“市长提名奖”。

（赵锡安）

语言文字工作

【组织全市首届“汉字听写大会”】 3月，市语委办组织徐州市首届“汉字听写大赛”暨第二届“中国汉字听写大赛”徐州赛区的选拔。比赛分初中组和小学组进行。3月16日，11个县（市、区）及直管学校的24支初中组代表队通过初赛和复决赛，江苏师范大学附属实验学校、邳州市运河中学、徐州高级中学、撷秀中学、中国矿业大学附属中学5支代表队获徐州市一等奖。由马龙浩担任领队，王维维、王志娟担任指导教师的徐州市代表队于3月28日赴省参赛，夏欣雨、曹启迪、张鼎志、朱芷箬、厉宇凡、张廷梅6位队员奋力拼搏，获得江苏省第二名的好成绩。4月19日，在参赛的14支小学生组代表队中，民主路小学、徐师一附小、三十六中附小、星光小学获大赛一等奖，邳州运师附小、永安街小学、经济技术开发区荆山小学、大马路小学、新沂市新安小学、沛县曙光小学、青年路小学获大赛二等奖，铜山实验小学、睢宁实验小学、丰县人民路小学获大赛三等奖。

【举办“汉字英雄”争霸活动】 6—9月，徐州广播电视传媒集团、徐州市电视台与徐州市教育局、徐州市语委办共同举办徐州市“汉字争霸赛”系列活动。通过海选、初赛、复赛、决赛4个环节，在全市市区的小学中选拔出20支学校代表队共120名4～6年级的学生。经过学校选拔推荐、个人比拼、团队竞技、现场千字文填写、暑期家庭专场等活动，各位选手完成一系列汉字听说读写考核，角逐“汉字小英雄”光荣头衔。最终，潘奕霖夺得总决赛冠军并获得1万元状元助学基金，刘能夺得总决赛亚军并获得6000元榜眼助学基金，程铄博夺得总决赛季军并获得3000元探花助学基金。董子俊、李昊轩、李欣楠、李子杰、张曦文、赵天奇、罗志鹏7人获总决赛优秀奖。少华街小学、民主路小学等20所学校获中华传统文化弘扬奖。

【启动“诵读讲堂”活动】 2014年，市语委办启动徐州市“诵读讲堂”活动。鼓楼区祥和小学、泉山区淮西小学、经济技术开发区大黄山实验小学3所学校为徐州市首批“诵读讲堂”试点学校，市语委办聘请省市级专家学者担任“诵读讲堂”的授课（培训）教师，采用每月一课（培训）进学校的方式，为学校搭建诵读、书写交流平台，帮助试点学校培训提升师资、编制校本课程和教材，有效提升学校语言文字工作水平。

【举办徐州市首届经典诵读比赛】 12月17日，徐州市全民阅读活动领导小组办公室、徐州市文广新局、徐州市语委办、徐州市群艺馆共同举办徐州市首届经典诵读比赛活动。经各县（市、区）文化局选拔，中小学校及高校、社会团体21组节目进入全市决赛，曹阳的《岁月》，陈希、肖雅等10人的《游子吟》集体朗诵，王然的《为祖国而歌》分获大赛前三名。该大赛前，市语委办会同铜山区语委办在房村镇房村、邳州市语委办在陈楼镇愿许村2处“书香江苏”建设试点地区各组织2场“中华经典诵写讲展演”主题活动，省委宣传部、省教育厅、省新闻出版局、省广电集团公司、中国移动江苏分公司负责人到会观看演出并向农家书屋捐赠电脑、空调、图书，赠送阅读惠民书包、举办结对共建和志愿服务等活动。

【组织“国培计划(2014)”读写交流现场活动】 10月30日，徐州市语委办、泉山区语委办与江苏师范大学语委办共同组织教育部“国培计划(2014)”——一线优秀教师培训的诵读、书写交流现场活动。全国30多个省(市、自治区)的100多位中小学经典诵读教育骨干教师在奎山中心小学进行诵读、书写观摩活动。通过课例赏析、作品展示、学生活动、诵读评价、专家评点等现场交流，向全国的教师展示徐州市在经典诵读书写宣讲方面的突出成绩。

【举办第六届彭城书法大赛暨规范汉字书写大赛】 4—6月，徐州市教育局、文化广电新闻出版局、语言文字工作委员会办公室、彭城视窗教育频道、市书法家协会共同组织了主题为“楚韵汉风阅华章”2014年彭城书法大赛暨第六届规范汉字书写大赛。比赛分软、硬笔书法2种，包括小学一组(一、二、三年级)、小学二组(四、五、六年级)、中学(含中职、中技)组、师范组、教师组5个组别，五县六区近300所中小学及职业学校近20万名师生参加活动。大赛于6月14日在徐州市图书馆举行全市现场书写决赛。经组委会评定，邳州市邢楼中学的李亚(教师)、丰县东关小学的臧磊(教师)获得大赛特等奖，李乐等119名师生获得一等奖，高传虎等193名师生获得二等奖，唐强等223名师生获得三等奖，杨展屹等182人获得优秀奖，杨青雨等5人获人气奖。祥和小学等55所学校获得优秀组织奖，朱卫红等56人获得先进个人奖，王萍等79人获优秀指导教师奖。

【举行第17届推广普通话宣传周启动仪式】 9月，徐州市语委办、邳州市语委办在邳州市举行第17届全国推广普通话宣传周徐州市系列活动启动仪式。邳州市副市长张祥荣致开幕词，市语委领导李运生到会讲话，各县(市、区)语委办及邳州市语委成员单位负责人参加活动并观看邳州市语言文字工作的汇报演出。

【普通话水平测试工作】 2014年，徐州市普通话水平测试点共受理社会及学校5820人报名参加普通话水平测试。全年安排28批测试任务，实际参测5459人。其中，学生4079人，其他人员1380人。

(马龙浩)

高校招生与中考招生

【实现工作目标　获得多项荣誉】 2014年，徐州市招办圆满完成约33万人次的教育招生考试各项工作，顺利实现“平安招考、和谐招考”的工作目标。完成全市8个指挥中心、46个考点、3056个考场标准化考点改造任务。年内，市招办被评为普通高考考务工作考核优秀单位、成人高考考务工作考核优秀单位、空军招收飞行学员工作先进单位。

【普通高校招生】 2014年，全市报名参加普通高考考生59984人，51974人参加普通高考。全市录取47801人，其中，本科15519人，专科19335人，注册入学5793人，高职单招等提前录取7154人。

【空军招飞】 2014年，徐州市向空军航空大学输送11名飞行学员，其中徐州一中的朱一鑫被北京大学（国防生）录取。

【成人高校招生】 2014年，全市报名参加成人高考考生27574人，其中，专升本15225人，高起本841人，高起专11508人。全市参加全国统一考试20621人，符合免试政策874人（其中退役士兵97人），校企合作3248人，艰苦行业推荐考核2831人。全市共录取22080人，其中，专升本12299人，高中起点本科524人，高中起点专科9257人。

【中考招生】 2014年，全市（包括五县（市）两区）中考考生7.2万人，普通高中招生3.6万人，职业类学校招生3.5万人，高中阶段入学率98%。中考考试和管理采用网上报名、缴费、志愿填报、评卷等先进的信息化手段，提高中考的考务组织和管理效率，目标管理实现“零差错”。徐州市在全省率先实行初二地理、生物考查采用计算机考查的方式，顺利完成7.1万考生的考查。

【面向职业学校对口单招】 2014年，职业学校对口单招报名人数3872人，实际录取3212人。其中，本科116人，专科2346人，注册入学750人。

（撰稿：宋广良 顾 君）

高等教育自学考试

【23.48万人参加考试】 2014年，徐州市参加高等教育自学考试47208人，非学历证书考试18.76万人，合计23.48万人。

【4.72万人参加自学考试】 2014年，市自考办组织4次高等教育自学考试，2次增考，2次助学专业考试，2次专接本考试。上半年考生27420人，下半年考生19788人，合计47208人。其中新生约占43%。年内，2771名考生获得专科或本科毕业证书。

【18.71万人参加非学历证书考试】 2014年，全国计算机等级考试（NCRE）6.16万人，书法水平等级考试10.6万人，教师资格证书教育学、心理学考试1.75万人，其他各类证书考试2079人，合计18.71万人。考试期间，省教育考试院、市教育局领导分别对各考点的考试组织工作进行巡视、监督、指导。

【11.8万学生参加大学英语四、六级考试】 2014年，市自考办组织2次高校大学英语四级、六级考试。全市11.8万名高校大学生，分别在中国矿业大学、江苏师范大学、徐州医学院、徐州工程学院、徐州空军勤务学院、徐州高等师范学校等17个考点考试。考前，各考点对监考教师进行严格培训。考试期间，市教育局领导分别到各考点巡视。市自考办派遣以各处室负责人为主的巡视组全程参与试卷的接送、巡视、安全保密等工作，保证考试顺利进行。

【10.6万人次参加省书法水平等级考试】 2014年，徐州市10.6万人次参加江苏省书法水平等级证书考试。其中，上半年考生51869人，下半年考生54101人，合格率86.3%。

【5544人参加江苏省首次全国中小学教师资格考试】 2014年，徐州市5544人参加江苏省首次全国中小学教师资格考试，合格率达32.59%。报名规模、通过率均居全省第二。

【获多项奖励】 2014年，徐州市自学考试指导委员会办公室获多项集体和个人奖励。获江苏省自学考试工作先进集体荣誉称号，江苏省书法水平等级考试先进集体荣誉称号，并获一等奖。申瑞杰、陈晓歌、许志民、张峻被评为江苏省自学考试先进工作者。办公室主任郭凤清、副主任申瑞杰2篇论文分获省第四届教育考试科研论文评比二、三等奖。

【张嘉乐获剑桥少儿英语大奖赛全国总决赛一等奖】

1月，徐州市选派5名（全省7名）选手代表江苏省参加第三届“剑桥少儿英语大奖赛”全国总决赛，张嘉乐获全省唯一的全国一等奖。

（撰稿：濮阳莉　审　稿：郭凤清　申瑞杰）

安全保卫与维护稳定

【开展学校安全突击检查】　1月5—6日，市教育局抽调基层的安保主任分成2个小组对所属学校进行全面安全突击检查。检查中发现各类安全隐患56处，对发现的问题当场下发安全隐患整改通知书，限期整改。市教育局印发紧急通知，要求各地各校迅速对所属学校进行一次全面安全检查，突出消防安全和防踩踏事故重点，认真组织紧急疏散演练，提高学生自我防范与自我救护的意识和本领。要求各地各校把安全教育实验区部署的安全教育内容落实到位，运用现有的学校通信手段，通知每个学生家长切实负起监管责任，确保假期内学生生命和财产安全。要求进一步完善门卫值守、领导带班巡查、安全隐患排查、校车安全管理等各项制度，确保校园安全。

【开展学校及周边治安综合治理工作】　12月26日，徐州市学校及周边治安综合治理领导小组召开全市综治联席会议，研究学校及周边治安综合治理工作。市教育局作为领导小组牵头单位，在会上提出学校及周边治安综合治理工作存在的问题，明确指出需要进一步协调解决的问题。各成员单位领导作交流发言，市教育局副局长李清代表领导小组总结2014年工作，部署2015年工作任务。市委宣传部、市经信委、公安局、司法局、建设局、城管局、食品药品监督管理局、文广新局、工商局、人社局、团市委、电信局12个成员单位分管领导及联络员参会，各县（市、区）教育行政部门分管领导列席会议。会后，与会人员到徐州中等专业学校参观学生营养配餐基地。

【召开学校安全教育推进会暨《中小学安全读本》首发式】　4月15日，市教育局在鼓楼区民主路小学召开学校安全教育推进会议，并举行《中小学安全读本》首发仪式。年内，市教育局组织编写《中小学安全读本》，对全市各中小学校近年发生的具体安全问题进行深入剖析，提出解决问题的方法和途径，内容贴近中小学生学习生活实际，有很强的针对性和实用性。《读本》作者代表、编委代表、学生代表、出版社领导分别发言，民主路小学将安全教育课堂搬进会场，给与会者演示一堂小学生安全教育课。市教育局副局长李清就近期国内校园安全工作形势作了分析，提出具体要求。各区教育行政主管部门分管领导、安保科长，局直属各学校分管校长、安保主任，鼓楼区各学校安全工作负责人、民主路小学部分师生参加会议。

【获市禁毒工作先进集体】　2013—2014年，市教育局连续2年被市禁毒委评为禁毒工作先进集体。市教育局认真开展禁毒宣传警示教育活动，校园没有发生吸毒及与毒品相关的违纪违规事件。

【信访工作完成任务情况】　2014年，市教育局共接待群众来访126批次、1252人次，其中，集体访68批次、1158人次，主要是原农村临时代课人员上访。信访电话的办理情况：直接答复261件，全部办结。人民来信办理情况：受理国家信访局及教育部转办单6件，省长信箱4件，省委书记信箱2件，厅长信箱转办单62件，市政府信访复查复核16件，其他来信219件，全部办理完毕。局领导接访情况：局长、分管副局长共接待来访68批次，1158人次。各处室处长协同接访，化解矛盾22件，化解率96%。

【召开全市教育信访工作会议】 1月16日，市教育局召开全市教育信访工作会议。各县（市、区）教育（文教体）局分管局长、信访办主任及市教育局各直属学校分管校长参加会议，市教育局副局长李清到会并讲话。李清充分肯定全市教育信访工作的成绩，分析教育信访工作面临的形势，对抓好2014年信访工作提出具体要求。云龙区文教体局副书记张绪营、丰县教育局纪委书记王鹏作典型发言，交流2013年信访工作经验，局安稳处通报2013年各县（市、区）及各直属学校来信来访情况。

【信访情况分析】 2014年信访工作情况：一是数量增多；二是情况复杂，历史遗留矛盾、现实矛盾及潜在矛盾交织叠加；三是问题集中；四是重访加剧。信访的热点问题：一是原农村临时代课人员等群体要求按苏教人〔2013〕11号文件政策享受生活补贴待遇，二是国有企业职教幼教退休教师待遇落实问题，三是有偿家教和学校乱收费情况上升明显，四是学生在校意外伤害产生的纠纷时有发生，五是学校建设负债引发的劳资纠纷多发，六是热点小学施教区调整带来部分居民不满。

（刘　峻）

教育技术装备

【完成第二批“三通两平台”建设】 2014年，教育技术装备中心完成第二批学校“三通两平台”建设。全年装备教育信息化设备1158套（件、台、间），投资880万元，建成13所学校。实行一校一案，注重体现教育均衡，注重学校特色建设。规范装备采购程序，合理安排序时进度，满足学校即时需求。抓好装备使用培训，严格装备资产管理，规范装备调拨手续。积极配合教研、电教部门加强学习资源建设、应用机制建设，充分发挥装备效益。

【支持二中完成四星级学校创建】 年内，教育技术装备中心在教学设备上支持二中完成四星级学校创建任务。为学校配电子白板34块、投影机24台、学生计算机34台、教师机25台、服务器3台、微录播15套。配备理、化、生数字化通用技术实验室各1间。添置图书9000余册，完成2间音乐教室、2间美术教室及1间舞蹈教室所需相关艺术器材及体育器材添置，总投资130万元。

【支持托管学校建设】 年内，教育技术装备中心继续支持徐州一中、徐州三中对二十二中、十中的托管。提前到学校调研，了解学校在托管后生源增加情况下的装备新需求，投入110万元添置教学设备，2所学校的装备水平显著改善。

【实验教学各项活动取得新成绩】 2014年，市教育技术装备中心组织实验教学各项活动取得新成绩。组织参加江苏省高中理科优秀实验教学设计大赛，选送的14件作品，12件入围省复赛，入围比例达85.7%，远高于全省50%的平均水平。共获得2个一等奖，10个二等奖，2个三等奖，一、二等奖的获奖人数位居全省第三。在江苏省第二届高中物理学科研究性学习成果汇报展评中，选派的徐州一中开拓者代表队以第10名的好成绩获奖。组织参加江苏省初中物理综合实践活动评选比赛，有18件作品获得省级奖项，占全省获奖作品总数的19%，获奖总数位列全省之首。组织参加全国幼儿园自制玩教具比赛，选拔推荐的作品获得参加第三届全国幼儿园自制玩教具比赛资格，实现徐州市参加该项赛事的新突破。

【开展中学装备管理人员培训】 10月，市教育技术装备中心分2批开展中学装备管理人员培训。为全市各中学累计培训装备管理人员600余名，进一步推动中学装备建设与管理。

【开展图书管理人员论文评比】 年内，市教育技术装备中心开展第一届图书馆管理人员市级论文评比。全市评出获奖作品45篇。

【开展“图书进班级”活动】 年内，市教育技术装备中心在王杰中学、东苑中学、三十四中开展“图书进班级，书香满校园活动”。3所试点学校认真制定活动实施方案和管理制度，积极开展各项读书活动。该项活动正在全市推广。

（陈　戈）

电化教育

【徐州教育城域网基础设施建设】 2014年，市电教馆完成多项徐州教育城域网基础设施建设。完成徐州教育城域网架构优化技术方案设计并实施专家论证，完成徐州教育城域网万兆升级改造。徐州教育局办公专网开通运行。建设徐州市教育城域网网络中心第一个虚拟集群，构建起第一朵徐州教育云，并且将“徐州市教育OA系统”“徐州市网络备课系统”“网络教研系统”等应用逐步移植到云中心。完成IPS及网站防护设备上线调试运行。完成机关处室网站的分离工作，并协助建站。完成教育城域网网络课程平台采购及安装。探讨教育信息化公共服务应用新模式，制定网络备课系统SAAS服务和徐州教育博客SAAS服务考核标准，实施教育城域网技术服务外包采购。

【开展教育技术推广应用工作】 4月19日，市电教馆召开徐州市教育信息化工作推进会，组织教育信息化应用成果展，并在徐州教育网和徐州教育公共服务平台进行网络巡展活动，开展教育技术推广应用工作。4月20日，2014年江苏省电化教育馆长会暨教育卡应用现场会在徐州市召开，市电教馆在前期试点发放教育卡14万张的基础上，根据省电教馆部署，积极推进全市基础教育阶段教育卡电子卡发放，全年共发放1083754张。

【开展教育信息化专项课题研究】 2014年，市电教馆组织全市各级各类教育信息化专项课题的立项和结题。组织中央电教馆“十二五”规划课题批复立项3个，省教育学会“十二五”课题结题10个。2014年徐州市教育信息化专项研究课题申报183个，经两轮评审，最终市级立项68项，其中11项为重点课题。

组织2014年徐州市基础教育信息化建设特色项目申报76个,21个项目批准立项。

【组织参加省"领航杯"比赛】 年内,市电教馆组织师生参加省"领航杯"比赛,获多项奖励。收集教育教学软件比赛作品395件,74件作品获一等奖,119件作品获二等奖,183件作品获三等奖。"领航杯"教师网络团队教研比赛,小学英语、数学,初中历史、信息技术4个学科共46个团队、138名教师参赛,评选出一等奖团队18个,二等奖团队28个。"领航杯"徐州市第十三届中学生(高中组)英语口语比赛,全市3000余名选手参加9个赛区的复赛,选出291名选手参加大市比赛。上传演讲视频230个,网站浏览次数49万次。10月25日在徐州市第二中学演播室举行现场决赛,最终,李伶魏等25人获市一等奖,高思倩等36人获市二等奖,何津辉等60人获市三等奖。李伶魏(一中)、卢雪(二中)、朱之悦(树人)、吕欣然(三中)、李辰冬(撷秀)、金钊(郑集中学城区校区)6名学生代表徐州市参加11月29—30日在南京举行的江苏省比赛。"领航杯"信息化教学能手比赛,小学音乐、科学,初中语文、数学,幼教综合5个学科共86名教师报名参赛,经两轮比赛,评选出一等奖26人,二等奖41人,市区一等奖7人,市区二等奖10人。组织2014年"领航杯"中小学生电脑制作比赛,300多件作品参赛,推荐130余件作品参加省评比,34件作品获奖,市电教馆获省优秀组织奖。

【开展长三角网络结对活动】 年内,市电教馆积极组织徐州市中小学开展长三角网络结对活动。丰县人民路小学2013年工作总结入选《同网同梦共建共赢——长三角千校网络结对2013年成果集》。铜山实验小学、徐州求是小学、徐州八中的长三角工作报告在《江苏教育技术》发表。组织推荐"教学点数字教育资源全覆盖"项目示范应用典型,沛县为示范应用典型县,沛县栖山镇李集小学、沛县杨屯镇孔庄小学、邳州市邳城镇汤家小学、邳州市赵墩镇中刘小学4个教学点为示范典型教学点。

【深化彭城课堂资源建设】 2014年,市电教馆根据教育需求不断研发完善"彭城课堂"平台系统。为徐州市首届中小学微课制作大赛提供网络、硬件、软件支持,保障4000余参赛作品顺利上传、汇聚、分类、评比、展示与点播。为各级各类学校、教师提供微课应用技术与理念支持,利用"微课社团"带动微课在课前、课上、课后的应用。为"学讲计划"提供支持,平台上传、汇聚、播放各类课堂回放、专家讲座、学讲论坛等视频485节。拍摄"学讲计划"专题研讨课30节、中小学教师培训课程30余节、"送培到市"专家讲座20小时,承办全市"学讲计划"现场会、党的群众路线教育实践活动转播和现场录制活动等录制视频60小时。

【推进教师教育技术能力培训】 年内,市电教馆完成徐州市中小学教师信息技术应用能力网络课程开发,积极推进教师教育技术能力培训。启动实施徐州市网络课程铜山、丰县教师信息技术应用能力培训试点,培训学科骨干教师1800人。开展校园网络管理安全培训,培训直属学校和县(市、区)骨干网络管理员76人。开展省网站评比专题培训,培训骨干网站管理人员30名。配合市教研室开展省微课送培工作,参培教师400人。举办幼儿园专题摄影培训,培训学员30余名。完成信息化领导力省送培到市,培训校长220人。启动徐州市教师教育信息技术应用能力送培到乡镇,完成首批新沂、睢宁10个乡镇共2540人培训。实施"教育部—中国移动"学科教师信息技术应用能力培训项目,培训泉山区、丰县、邳州市、新沂市、睢宁县1300人。开展网络备课常态化培训1240人。《江苏教育技术》2014年第六期刊发“徐州教育信息化专版”，介绍徐州市教育信息化工作。

（周　岩）

体育卫生艺术

【武术进校园】 2014年，全市中小学校园内外开展百万师生学武术、练武术、讲武术活动。5月16日，市教育局在铜山区郑集高中新区分校成功举办“徐州市中小学首届武术进校园比赛”，全市33支中小学武术代表队参赛并获奖。11月25日，在教育部体卫艺司和国家体育总局武管中心举办的“全国中小学武术进校园高峰论坛”上，局体卫艺处处长王胜勇代表徐州市介绍武术进校园工作经验。

【被列为全国学生体质健康调研城市】 2014年，徐州市被列为五年一次的全国学生体质健康监测调研城市。徐州高级中学、西苑中学、解放路小学、铜山区棠张小学、棠张初中、棠张高中被列为监测学校，全市2500名学生参加监测。市教育局按照工作规程规范严格操作，顺利完成监测点校的监测和数据上报工作。

【首次发布学生体质状况报告】 3月，市教育局首次发布《徐州市中小学生体质健康监测报告书》。向社会公告2013年10月市教育局首次对30所直属学校、60所县（市、区）中小学校2.1万余名学生12项体质健康状况的监测结果。

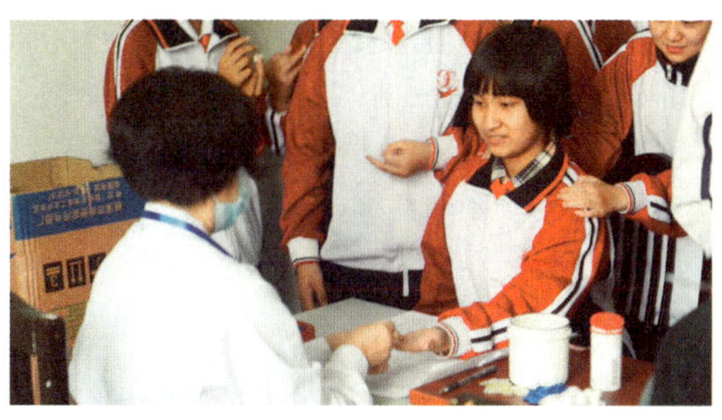

【参加全省学生阳光体育节】 10月，徐州市参加省教育厅、省体育局在镇江扬中市举办的江苏省第四届学生阳光体育节。局体卫艺处选拔参赛人员，集中训练。开发区中学、侯集中学分别代表徐州市参加初中组和高中组的比赛。比赛内容有跳绳、踢毽、掷实心球、接力跑、大课间体育活动展评、广播操展评。

【校园体育设施向社会开放】 5月，市教育局对全市主城区中小学体育设施对外开放可能情况进行摸底调查，下半年，对徐州市中小学校特别是直属学校体育场地开放情况多次调研和筹备。12月26日，正式确定徐州三中等10所直属学校为第一批体育设施对外开放单位。市教育局要求各开放学校应于2015年1月1日起正式开放，开放时间确定为双休日、国家法定节假日和学校寒暑假期间，开放日每日开放时间不低于8小时。

【参加省第十八届运动会】 9月19日，江苏省第十八届运动会在徐州市举行。徐州市选派120名中小学体育教师骨干力量参与省十八届运动会裁判工作，2000余名学生参加开幕式表演。市东苑中学获足球初中女子组第一名，侯集中学获橄榄球女子甲组第一、丙组第二名。市教育局获中共徐州市委、徐州市人民政府颁发的先进单位奖。

【创建国家卫生城】 1月,体卫艺处代表市教育局与直属学校签订国家卫生城创建工作责任状。年内,主城区中小学校大力开展爱国卫生运动和环保健康教育,提高环境卫生、个人卫生、健康知识知晓率、健康行为形成率,加强创建国家卫生城市资料建档工作。组织30.5万名学生参加全省中小学生健康教育网络知识竞赛,参与人数居全省第一。

【中小学校园足球蓬勃开展】 2014年,徐州市中小学校园足球运动蓬勃开展。1月,局体卫艺处组织开展校园足球教练员、裁判员培训,参加培训的近60人均通过考试。12月,在徐州高级中学举办"全国校园足球初级教练员培训班",徐州市138名教练员参加培训活动。暑期,举行县、市两级校园足球联赛。云龙区津浦西路小学获得全国青少年校园足球"冠军杯"赛青岛分区赛小学组一等奖、北京总决赛全国第四名。在暑期举办的全省校园足球联赛中,津浦西路小学、徐州高级中学、东苑中学分别取得小学男子甲组第一名、初中男子组第六名、初中女子组第六名。在江苏省第十八届运动会上,津浦西路小学、徐州高级中学、东苑中学、徐州市第二十九中学分别取得男子丙组第一名、男子乙组第六名、女子乙组第一名、女子丙组第二名,徐州市青少年组总成绩全省第一。

(王胜勇)

机关党建

【推进党的群众路线教育实践活动】 2014年,局机关党委以多种方式扎实推进党的群众路线教育实践活动。组织观看《周恩来的四个昼夜》《黄土情》等教育影片,在淮海战役烈士纪念塔组织全体在职党员重温入党誓词,参观廉政教育馆体验活动。邀请市级机关工委书记唐健作题为《党的群众路线教育与百姓办事零障碍》的主题讲座,深刻阐述"零障碍"工程与为民服务、改进机关作风的深层次理论。通过网上moodle平台,围绕局领导班子及校领导班子"四风"问题设计调查问卷,开展市教育局党的群众路线教育实践活动问卷调查活动,收到有效调查结果1122份。

【举办学习论坛】 10月10日,市教育局举办"服务教育改革发展,实现百姓教育期盼"学习论坛,对党的群众路线教育实践活动学习效果进行"大考"。选题从群众反映的问题中提炼,破题从群众建议的"金点子"中梳理,针对纠正"四风"、加强师德师风建设、推进百姓办事"零障碍"等6个方面作出剖析,基层学校和服务对象代表现场提问,处长当场作答,局长、嘉宾即席点评,台上台下交流互动。同时制作视频上传到徐州教育网和"网上学习共同体",方便大家进一步浏览、学习。

【扎实推进机关作风建设】 2014年,机关党委以实施百姓办事"零障碍"工程为载体,扎实推进机关作风建设。印发《2014年局"零障碍"服务全程协办值班通知》,进一步明确细化全程协办工作流程,制订《关于更改值班协办员受理投诉单接收渠道的通知》,确保网络接收工作无障碍。推行"起立迎送"制度,对前来办事的人员,做到起立接待,主动倒茶让座,耐心倾听,认真答复,切实帮助解决问题。在"网上学习共同体"添加百姓办事"零障碍"工程《十条禁令》,印发《强化百姓办事"零障碍"工程媒体监督处理机制》,完善"零障碍"服务全程视频监控体系。发挥教育系统225名徐州市作风建设评议员的作用,全方位参与市作风办相关活动。严格落实“三点一线”短信平台运行及全程服务协办员值班制度,截至年底,新、老城区协办岗受理投诉单19件,接受回复短信投诉、咨询电话等87件次,回复率达到100%。开展服务态度、工作效率、办事环境、单位形象“四评”满意度回访工作,满意率达到100%。积极迎接市作风办、市级机关工委年中督察、“零障碍”工作巡查及绩效考核督察,受到督察组“工作认真、细致,有创新”的好评。在市级机关年度考核中,市教育局首次进入优秀行列。

【开展“两参一改”评议工作】 12月22日,市教育局组织市党代表、人大代表、政协委员、作风评议员、服务对象代表、市作风办相关领导、市教育局领导班子成员及机关工作人员代表92人,在江苏模特艺术学校演播厅举行“两参一改”现场评议。评议会分为听取汇报、现场质询、公开评议和表态发言四个环节。市教育局局长、党委书记、市委教育工委书记张德超汇报2014年市教育局教育工作完成情况、百姓办事“零障碍”工程实施情况和党的群众路线教育实践活动整改落实情况。在互动提问环节,社会代表、服务对象代表及作风建设评议员围绕老百姓关心的施教区划分、学校托管、外地人员就读、高考政策、学生中午在校就餐、农村教育质量不高等问题进行现场问询,局领导及相关处室负责人耐心、细致、诚恳答复参会人员的提问,所有参评代表对教育局的答复情况都表示非常满意,同时也对教育局所做的工作给予高度评价。

【夯实机关党务工作基础】 2014年,局机关党委下发《2014年机关党建工作要点》,规范党员日常教育管理工作,夯实机关党务工作基础。认真执行党务公开,规范党费收缴、使用及公示。在老城区设立党员活动室。严格党员发展工作,上半年,发展2人为预备党员,1人及时转正。评选市级机关先进基层党组织2个,优秀共产党员、优秀党务工作者9名,教育系统优秀共产党员2名,在“网上学习共同体”及光荣榜公示。开展订阅“共产党员微信”“共产党员易信”活动,69名党员注册订阅。

【建立“零障碍”工程服务“一网通”平台】 年内,市教育局建立“零障碍”工程服务“一网通”平台。该平台涉及公共服务项目13项,编制服务项目办事指南和工作流程,各类服务项目均有专人负责咨询和投诉事项。主要包括中小学生休学、复学、转学,人身伤害事故责任保险理赔,教师资格认定、专业技术职务评审,信访接待、教育乱收费投诉、民办学校审批,中、高考报名及自学考试等事项。该平台建成后将与市“一网通”平台相联。

【组织开展志愿服务群众活动】 9—10月,机关党委组织机关在职党员到社区,开展志愿服务群众活动。活动以“参加一次社区党组织活动、参加一次社区属地学校教研活动(或听一节课)、走访一户社区学生家庭、为社区发展提出一条合理化建议”为内容,“千家万户行”志愿服务群众,136名在职党员分别到海郑里等10个社区开展志愿活动。

【完善机关干部学习、调研制度】 2014年,机关党委进一步完善机关干部学习、调研制度。印发《2014年作风建设实施意见》和《“庸懒散、不作为、乱作为”专项治理实施方案》,集中整治庸懒散、不作为、乱作为现象。开展“月月谈”读书活动,并在老城区(原九中)设立阅览室,为职工读书提供方便。截至年底,局机关累计推荐阅读书目278篇。

【依托工会 营造爱心机关】 年内,机关党委和机关工会及时对机关干部职工及其家庭中的重大变故进行慰问，发放各类慰问金4300元，慰问品价值3700元，并将慰问辐射到对口扶贫的阳光社区和丰县梁寨镇，送去扶贫款和慰问金1.3万元。组织机关367名干部职工进行健康体检，开展在职职工互助保障计划网上调查活动，收到有效调查表145份，由工会经费补助近万元为会员办理在职职工住院医疗互助保障。组织机关人员集中办理社保卡，并及时发放到个人。

（王培彦）

工会工作

【开展送温暖活动】 春节期间，局工会积极开展为教职工送温暖活动。慰问直属学校34位患重大疾病教职工，为5位教职工申领由市总工会负责帮扶的“特困职工证”，帮助他们排忧解难。3月6日，在徐州高级中学南校区报告厅，局工会邀请市妇幼保健院专家为直属学校近800名女教职工举办健康知识讲座。年内，为缓解教职工患病住院后个人自付部分医疗费的经济负担，在自愿基础上，局工会为15所学校的2500名教职工办理住院医疗互助保障。

【开展捐款活动】 4月，根据市委宣传部等4部门联合制定的2014年度“博爱在彭城 人道万人捐”活动实施方案，局工会组织直属学校师生捐赠现金近7万元。11月，根据市委办公室、市政府办公室印发的《关于开展扶贫济困“一日捐”活动的通知》要求，局工会组织直属学校师生捐赠现金近11万元。

【开展劳模精神进校园活动】 9月29日，局工会邀请全国劳动模范、彭城五交化职工戴银霞，徐州市劳动模范、中国矿业大学教授匡亚莉，徐州市劳动模范、徐州市第一中学教师倪科技在局机关会议室举办劳模事迹报告会。局直属各学校工会主席、德育处主任、团委书记及青年教师代表150余人参加报告会。

【举办市教育局第十六届教职工运动会】 11月9日，局工会在徐高中南校区举办市教育局第十六届教职工运动会。运动会分老年、中年、青年3个年龄组，共设31个比赛项目，1100余名教职工参加比赛。运高师、侯集高中、徐高师、三中、三十七中、徐州高级中学、五中、特教中心、模特艺术学校、东苑中学、一中、局机关12个单位获团体优胜奖。

【举办2014徐州教育好声音K歌大赛】 9—10月，市教育局与市教育工会在全市基础教育系统举办2014徐州教育好声音“紫金·奥玲花园杯”K歌大赛。大赛分初赛、复赛、决赛三个阶段，分专业组和非专业组两大组别。历时2个月，全市近千名中小学、幼儿园教师报名参加，评出一等奖3人、二等奖6人、三等奖13人、优秀奖95人。

【评选教职工书画摄影作品】 2月，局工会公布首届教职工书画摄影作品展评选结果。书法获奖作品35幅，其中，一等奖作品5幅，二等奖作品12幅，三等奖作品18幅。美术获奖作品24幅，其中，一等奖作品3幅，二等奖作品6幅，三等奖作品15幅。摄影获奖作品42

幅，其中，一等奖作品7幅，二等奖作品10幅，三等奖作品25幅。征集评选活动共收到书法作品100余幅、美术作品50余幅、摄影作品400余幅。

【局工会受市总工会表彰】 3月，市教育局工会被市总工会授予2013年度职工互助保障计划先进单位特等奖。

（葛友杰）

共青团工作

【开展“我的青春故事”表彰活动】 1月，局团委与团市委联合开展“我的青春故事”主题教育活动暨徐州市十佳学生会、十佳学生社团、十佳校园青年先锋评选活动。徐州一中生命医学社、徐州市中等专业学校紫韵茶艺社被评为十佳学生社团，徐州市中等专业学校学生会被评为十佳学生会，徐州三中孙逸扬、徐州五中岳琦等9名学生被评为十佳校园青年先锋。

【开展五四表彰活动】 五四青年节前夕，共青团组织开展五四表彰活动。徐州市第一实验幼儿园团支部被评选为江苏省五四红旗团支部，徐州市教育局团委申报为江苏省五四红旗团委创建单位。徐州市第三十七中团委、运河高等师范学校团委被评为徐州市五四红旗团委，3家学校团组织被评为徐州市五四红旗团总支、五四红旗团支部，6人获徐州市优秀团干和徐州市优秀团员称号。5家单位被局团委命名为五四红旗团委，并评选出96个局五四红旗团支部。表彰局级优秀团干140人，优秀团员312人。7月，4名教师获团市委与市人保局联合授予的徐州市青年岗位能手称号。12月，徐州八中、徐州十三中顺利通过省级验收考评，被正式命名为2013—2014年度江苏省“青少年维权岗”单位。

【开展少先队表彰活动】 年内，局团委开展中学少先队表彰活动。39名学生被推荐为江苏省“四好少年”候选人。安孝琨等100名学生获徐州市“三爱”红孩子称号。1所学校中队获徐州市优秀大中队集体称号，14名教师和学生获市级表彰。徐州市第三十七中环境小记者团获省级优秀红领巾环保小社团称号，孟姝含获环保小课题三等奖。与徐州电视台联合组织开展“青少年英语节”活动，各直属单位认真组织选拔，推荐千余名中小学生参赛，取得好成绩。

【开展志愿者实践活动】 年内，局团委扎实开展志愿者实践活动。3月，局团委开展“日行一善”活动和“同在一片蓝天下——手拉手关爱行动”等捐助活动。举办第二届爱心助残活动，为徐州市特教中心捐助多台爱心空调。五一节期间，组织千名志愿者在徐州各大景区开展“创卫志愿者”服务活动。暑期，局团委组织开展社会实践活动。1个社会实践组织获省级先进团队称号，2名教师获省级先进工作者、优秀个人称号，4家社会实践组织和11名教师获市级表彰。

【24名师生当选市学联青联代表委员】 10月10日，徐州市学生联合会第十次代表大会和徐州市青年联合会第十三届委员会成功换届，局直属单位19名学生和5名教师代表当选为新一届市学联青联代表委员。

【开展团干部读书学习系列活动】 9月，市教育局团委在基层团队干部中组织开展读书学习活动，读书笔记征文评选。评选出一等奖3篇，二等奖5篇，三等奖9篇。为进一步促进社团工作开展，分别在徐州第二中等专业学校等基层单位组织社团工作现场观摩及研讨会，剖析社团面临的机遇和挑战，为社团的发展提供宝贵意见。

【举行团队工作培训】 12月，市教育局举行直属单位团队工作培训。从青年志愿者服务、教师专业化发展、安全消防意识、青少年科技创新指导、法治教育、心理干预和光影魅力6个方面对各校团队干部和优秀青年代表进行为期两天的半封闭式培训。

（李　颖）

关心下一代工作

【深入开展"三爱"主题教育】 2014年，市教育关工委深入开展"爱学习、爱劳动、爱祖国，老少共筑中国梦"主题教育活动。活动围绕"二个融入"：融入理想信念、社会主义核心价值体系教育，融入中华传统文化教育、爱家乡教育、文明道德教育、责任教育开展。组织开展"六个"主题教育系列活动，即开展学习雷锋精神，参加道德实践和志愿者服务活动；开展热爱劳动教育，增强青少年热爱劳动的观念，养成爱劳动的行为习惯；开展身边好少年评选活动，引导青少年见贤思齐，争做新时代好少年；开展纪念抗战69周年专题教育活动，培养青少年不忘国耻，牢记使命，努力学习，报效国家情怀；开展寻找本地英雄、烈士和爱国志士，坚定青少年为实现中华民族伟大复兴的强国梦；围绕"国家公祭日"，开展"万名师生虚拟城墙捐砖活动"，激发青少年众志成城的爱国之情。市教育关工委和3个县区教育关工委获全省教育系统主题教育优秀组织奖。

【开展关工委常态化建设巩固提高工作】 年初，市教育关工委重新修订并下发《关于开展关工委工作常态化建设合格学校考核的通知》，在全市开展教育关工委工作常态化建设巩固提高工作。文件要求到2016年完成基层学校关工委工作常态化建设任务。至年底，全市验收合格的已达197家单位。市教育局关工委和铜山区教育局关工委获得省关工委常态化建设巩固提高奖。市教育局关工委对领导机制、运行机制、保障机制进行大胆创新，领导机制上做到"三双配"（双配分管局领导、双配常务副主任、双配秘书长），运行机制上做到"三融入"（融入年初全年教育工作大盘子、融入年中机关各处室相关工作、融入年终年度综合考核），保障机制上做到"三保障"（保障工作人员、保障活动经费、保障办公条件）。

【打造教育关工委扶困助学工作平台】 2014年，局关工委努力打造扶困助学10个工作平台。全市各级关工委通过民间运作的形式筹措扶困助学资金1305.9万元，募集衣物7240件、学习用品18700个，救助贫困学生12659名。为480名贫困家庭大学新生每人救助2000元~3000元。继续为1870名家庭困难的留守子女提供免费午餐，为720名孤儿、残疾学生给予每月300元的生活资助。市教育局关工委和候集中学一起联系中国劲牌酒业有限公司，为贫困学生提供300万元，建立资助基金。全市各级教育关工委发动广大教育系统的老职工，争取社会各界的支持，积极开展扶困助学工作，为贫困家庭学生解决实际困难，形成徐州教育关工委一大工作特色，受得省教育关工委和各级教育部门的充分肯定。

【成立青少年校外环境教育指导中心】 2014年，局关工委成立徐州市青少年校外环境教育指导中心。环境教育指导中心活动主旨是：组织引领全市广大青少年学生，以丰富多彩的形式开展环境教育，宣传新的环保法，树立生态文明理念，努力培养青少年的创新精神和实践能力，提高综合素质，为促进青少年健康成长，发挥示范引领作用。指导中心拥有120平方米的活动场所，环境教育展厅有丰富的图片及文字资料，有大量环境教育方面的教材、书刊、报纸。拥有多媒体教室，播放有关环保活动历史资料和即时动态视频，同时作为环境教育培训课堂，于暑期开始接待学生参观学习。

【教育系统五老关爱团工作】 2014年，市教育关工委成立“五老”关爱团，给基层学校起到示范作用。局关工委进行队伍扩容，由原来的几个分团扩大到20个分团，人数由原来几十个人发展到640人。积极开展关心关爱青少年的各项活动，给青少年传递正能量，送快乐、送温暖，坚持不懈、形式多样地对青少年进行社会主义核心价值体系教育。先后开展庆五一颂劳模主题教育活动，邀请全国劳模与学生进行交流互动。举行“庆六一相约中国梦”主题教育活动，邀请6位十佳好少年到场与大家互动交流。传统佳节，走访慰问家庭困难的学生，给他们送去节日礼物，送去社会的一片爱心。

【办好家长学校，提高家庭教育水平】 2014年，市教育关工委努力办好家长学校，提高家庭教育水平。主要做4件事：召开一次家长学校建设推进会，交流经验，表彰先进；开展全市优秀家长学校教案评选活动，以提高家长学校教学质量；设立“家庭教育创新奖”，对县（市、区）教育关工委给予奖励；下发省家长学校《家长必读》教材，抓好市级、县区（学校）级培训。

【关工委多篇论文获奖】 2014年，市教育关工委加强关工委工作研究，多篇论文获奖。在江苏省教育系统关工委组织的关工委自身建设优秀论文评选中，市教育局关工委撰写的《做好三个创新，助推关工委自身建设》和徐州市泉山区文教体局报送的《主动作为，引领创新，促进关工委自身建设取得新实效》论文获省一等奖，丰县、新沂市、铜山区教育局报送的论文均获得二等奖，徐州市论文获奖数居全省前列。

（赵平贵）

学生资助工作

【全面落实各项资助政策】 2014年，市教育局全面完成各项资助任务。学前教育阶段资助4.8万人次，资助金额2409万元；义务教育阶段资助15.5万人次，资助金额8746.9万元；普通高中阶段发放国家助学金3354.3万元，资助4.5万人次；发放中职国家助学金824.4万元，资助中职学生1.1万人次；为4.7万名中职学生免除学费8612.9万元；为2636名赴苏北就业大学毕业生办理学费补偿1672.3万元；为2.89万名大学生办理生源地信用助学贷款1.85亿元。

【绩效评价再创佳绩】 年内，市教育局 完成市财政关于2014年中职资助的相关绩效评价工作。其中中职免学费财政预算绩效获得“优秀”。完成省资助中心2013年度市县学生资助绩效评价工作，连续3年获得“优秀”。

【加强学生资助机构建设】 2014年，市教育局督促有关县（市、区）加强机构建设，配备专职工作人员，保证资助工作的顺利进行。睢宁县、贾汪区分别成立经编制机构核准的、具备独立法人资格的学生资助中心，明确分管领导，配备专职人员。邳州市成立相对独立的学生资助中心。至年底，全市有7个县（市、区）学生资助中心设置独立的办公场所。

【加强学生资助工作督导】 年内，局学生资助中心联合市财政对徐州市中职学校学生资助信息开展专题核查。督促中职资助工作健康规范进行，参加对局直属学校综合督导，促进直属各学校资助工作规范开展，组织睢宁县、邳州市接受省资助中心、国家开发银行生源地信用助学贷款专项督察，指导睢宁县学生资助中心接受省关于苏北就业学费补偿专项督察，8月，组织人员对各县(市、区)生源地助学贷款工作进行专项检查，并就下一步工作提出明确要求。

【积极评选励志典型】 年内，市教育局积极参加教育部全国学生资助中心开展的“国家资助 助我飞翔”全国励志成长成才优秀学生典型评选活动。在基层单位认真评选的基础上，向省资助中心推荐6名学生励志典型。其中，沛县二中谢长玉被教育部评为普通高中阶段励志典型，他是江苏省普通高中阶段的唯一典型。

【资助征文、资助典型评选活动】 10月，局资助中心在全市范围开展“教育梦·资助情”主题征文活动。搜集宣传通过资助政策励志成长成才的事迹，加强对学生感恩社会、励志成才的教育。经过认真评选，义务教育阶段、普通高中、中职3个类别90篇征文获奖，铜山区学生资助中心等13家单位获优秀组织奖。12月，组织开展市级学生资助先进典型评选活动，对全市教育系统学生资助40家先进集体、50名先进个人进行表彰奖励。

【开展资助工作培训交流】 9月，局资助中心举办全市学生资助工作培训班，邀请省教育厅资助中心领导、市财政、市民政以及有关资助工作专家进行授课，对徐州市各县(市、区)和直属学校学生资助工作负责人进行业务培训。年内，定期召开县(市、区)学生资助工作负责人座谈会，交流工作经验，分析和梳理各项资助工作存在的困难和问题，研究解决对策，提高各项资助政策的执行力。12月，在铜山区召开全市资助工作现场会，与会人员观摩铜山区学生资助工作档案、听取铜山区实验幼儿园资助工作介绍，交流各地学生资助工作经验。

（撰稿：张 静 审稿：姚新文）

志鉴编纂

【2014卷《徐州教育年鉴》出版发行】 9月10日，2014卷《徐州教育年鉴》由方志出版社出版发行。全卷617千字，1654个条目，96页彩页，比2013卷增加97个条目、21页彩页。2014卷《徐州教育年鉴》经过北京方志出版社专家的初审、复审、终审，给予较高评价，评审意见认为：《徐州教育年鉴》2014卷全面系统记载2013年徐州市教育事业重大发展，对于人们了解与研究徐州的教育事业具有重要史料价值。全书结构完整，内容全面，叙述平实，资料丰富，有大量图片和表格，体例较为规范，是一部编纂水平较高的年鉴，已达到出版要求。发行工作于9月底结束，《徐州教育年鉴》2014卷发行工作好于往年，再次突破3000册，达3100册。

【参加第十四期全国年鉴编纂高级研讨班】 8月19—23日，徐州教育志办公室派员参加第十四期全国年鉴编纂高级研讨班。研讨班在广西桂林举行，由中国出版协会年鉴工作委员会主办、广西师范大学协办，全国年鉴界近300人参加研讨。研讨班共安排4个讲座，第一讲《年鉴总体设计》，由安徽省地方志办公室年鉴社社长王守亚主讲；第二讲《年鉴条目编写》，由广东年鉴社社长莫秀吉主讲；第三讲《年鉴编辑加工》，由中国出版协会年鉴工作委员会主任许家康主讲；第四讲《年鉴发展的数字化与国际化》，由中国出版协会年鉴工作委员会常务副主任、秘书长李国新主讲。

【2014卷《徐州教育年鉴》成功改版】 2014卷《徐州教育年鉴》成功改版，年鉴编纂质量整体上了一个新水平。教志办对2014卷年鉴作了改版和套彩的尝试，收到较好的效果。彩页由原来全部放在卷首改为放在各类目之首，起到对该类目的引领作用。插入随文照片，使版面活泼，增强重要条目的可读性。封面、封底设计以儒学“六艺”（礼、乐、射、御、书、数）篆书为基本内容，配以古朴典雅的图案，蕴含素质教育和学生全面发展的教育理念。

【召开2014年徐州教育年鉴工作会议】 12月18、19日，2014年徐州教育年鉴县区工作会议、市区工作会议分别在教育志办公室和模特艺术学校召开。会议印发2015卷《徐州教育年鉴》编纂方案，总结2014卷教育年鉴编纂发行工作，表彰在2014年年鉴工作中涌现出的19个先进集体和20名先进个人，部署2015卷《徐州教育年鉴》编纂工作。市区会议首次表彰8个先进集体和8名先进个人。以会代培，编辑钱立群利用多媒体在2个会议上分别作了题为《年鉴条目规范化的几点思考》和《如何把好年鉴质量关》的辅导发言，对年鉴撰稿人进行辅导。

（曹昭海）

教育学会工作

【助推“学讲计划”教学模式】 2014年，徐州市全面推进“学讲计划”教学模式，学会在举办的展示课活动中向全市教师推出优秀的“学讲计划”课，有力助推“学讲计划”的实施。

【举办小学、幼教“课程改革”培训班】 2014年，市教育学会2次邀请20多位全国优秀小学语文、数学教师到徐州市现场上课，课后讲学。活动特别注意推出徐州市优秀教师上示范课，为培养徐州市名教师搭建平台。年内，学会邀请全省10多位优秀幼儿教师和3位专家到徐州市上公开课和讲学，受到广大幼儿教师的欢迎和好评。

【办好《徐州幼教》杂志和学会网站】 年内，学会和驻徐部队幼儿教育协作组合办的、以面向徐州市广大幼儿教师和家长为主的杂志《徐州幼教》图文并茂，贴近幼儿教师和家长，获得广泛的好评。学会网站与市教研中心网站联网，及时上传优秀论文、课题研究成果和学会工作信息，充分利用网站信息为广大教师服务，不断扩大学会影响。

【开展教育、教学论文评选活动】 2014年，市教育学会举办教育、教学论文评选活动。参评论文1800篇。学会邀请相关专家认真评审，坚持评审标准，保证评审质量，评出19.6%一等奖、47.6%二等奖、32.8%三等奖。

【组织省、市学会“十二五”课题研究】 2014年，市教育学会认真组织省、市学会“十二五”课题研究，取得丰硕成果。市教育学会在省社科联立项课题《“儿童为本”的教学设计和实践》，年内初步完成并结题。推广沛县《民间工艺在美术教育中的作用研究——以布老虎为例》的课题研究成果，在调查研究的基础上启动徐州市“校本课程”的课题研究。安排专人对徐州市承担的近10项省教育学会“十二五”规划课题和60多项市教育学会“十二五”规划课题的学校、幼儿园及相关教师进行辅导，深入到学校、课堂对教师进行面对面的帮助。

【参加全国读写大赛和全省诗歌竞赛】 2014年，市教育学会组织全市中小学生参加全国读写大赛和全省诗歌竞赛。参赛人数约2万人次。

【加强学会自身建设】 2014年，市教育学会加强对各专业委员会的指导与管理，做好专业委员会的换届准备工作。定期召开会长办公会和县（市）、区秘书长会议，规范秘书处的工作。市教育学会被徐州市社科联评为先进学会，同时向市民政局递交学术类社会团体评估申报书。

（蔡 葵）

离退休老干部工作

【关心老干部生活】 2014年各大节日期间，离退休教育工作者协会协同局组织处走访慰问部分离退休老干部，并发短信表示祝福，送去领导关怀和组织的温暖。

【做好老干部工作】 年内，离退休教育工作者协会配合市教育局组织处为离退休老干部举办2014年教育情况通报会，聘请专家开设党的群众路线教育实践活动专题讲座，组织全体离退休党员开展读书活动和党的群众路线教育实践活动知识竞赛，组织老干部观看教育影片《周总理的四个昼夜》。

【组织活动活跃老干部生活】 5月、10月，离退休教育工作者协会分别组织离退休老干部扑克牌比赛和书画、摄影、诗词才艺展。扑克牌比赛进行多轮淘汰，徐州六中组合金洪启、焦迎之获取第一名。书画、摄影、诗词才艺展通过专家评审，分别评出书法第一名，绘画第一名，摄影第一名，诗词第一名。

【参与局关工委主题教育活动】 2014年，离退休教育工作者协会积极参与局关工委开展的各项主题教育活动。全程参与“中国梦.我的梦”征文比赛的阅文、登分、评选。参与“庆五一，颂劳模，坚持光荣传统，做好接班人”系列活动。参与庆六一中国好少年评选活动。

（任淑琴）

陶行知教育思想研究

【陶研工作获多项荣誉】 2014年，徐州市陶行知教育思想研究工作获多项荣誉。2月，市陶研会被徐州市哲学社会科学联合会评为先进研究会，副秘书长姚焕书被评为徐州市优秀学会工作者。10月，市陶研会被全国大中城市社科联工作会议主席团授予全国先进社科组织，副会长、秘书长周洪芝获全国社科工作先进个人称号。

【发挥先进典型示范辐射作用】 2014年，各县（市、区）陶研组织、各专业委员会和学术专业委员会，协同市陶研会安排学陶标兵、先进集体代表、先进个人和学陶专家举行报告会、座谈会、交流会等达50余场。市陶研会发挥“学陶师陶宣讲团”的作用，进一步确立“学陶师陶是加强师德师风建设主教材”的理念，组织驻会人员、学陶标兵、特级教师、模范教师等到基层单位，特别是到偏远乡村学校举行形式多样的报告会、座谈会30多场，宣讲陶行知的光辉人生、高尚品质、伟大精神、生活教育理论和创新教育理论，努力营造“学习陶行知，做一名好教师”奋发向上的良好氛围。

【开展优秀教师展示课活动】 3月29日，市陶研会在徐州高级中学举办“中小学‘学进去、讲出来’研讨暨优秀教师展示课”活动。活动安排2名教师开设2节展示课，各县(市、区)陶研负责人，各中小学分管教学副校长、教导主任、教科室主任及骨干教师1000余人参加活动。徐州市教育局副局长李运生到会并作题为《让学与教变得更有意义》的辅导报告。

【开展“城乡大课堂”交流活动】 9月中、下旬，市陶研会分别在丰县民族中学、丰县实验中学和邳州市福州路小学、明珠幼儿园举办徐州市“城乡大课堂”现场交流展示活动。105名特级教师、高级教师、名优教师和多次在省、市优质课比赛获得一等奖的青年骨干教师在课堂上展示的教学改革成果，受到广大教师的一致好评。同时，对参加“城乡大课堂”执教教师的教案、课件等进行评选，评出一等奖60名，二等奖45名。

【3人当选省陶研会常务理事，6人当选理事】 10月22日，市陶研会15位代表参加江苏省陶行知研究会第六次会员代表大会，张广焕、周洪芝、丁彦华3人当选为省陶研会常务理事，姚焕书、左兆军、尹建林、徐剑媚、王修刚、胡伟6人当选为理事。会议听取中国陶行知研究会副会长、湖北省人大常委会副主任、博士生导师周洪宇《百年陶研的回顾与展望》的学术报告。

【召开学陶师陶养成教育现场会】 11月18日，徐州市“学陶师陶”养成教育现场会在邳州市官湖镇中心小学召开。各县(市)、区小学单位会员代表300余人参加会议，市陶研会会长、秘书长和邳州市教育局领导出席会议并讲话。参会人员观看该校学陶师陶研陶成果展板和4000多名学生表演的武术操、韵律操，观摩查晓红、翟运胜、王小倩3位省特级教师执教的语文、数学、品德展示课。官湖镇中心小学坚持“小、细、实、严”方针，实施全方位良好行为习惯养成教育，形成鲜明的办学特色。

【学陶师陶科研成果丰硕】 11月，市陶研会组织第13届“行知杯”优秀论文评选，展现出丰硕的学陶师陶科研成果。评委会共收到论文1086篇，经过专家认真评审，有769篇论文获奖，其中，一等奖163名，二等奖212名，三等奖394名，18个单位获优秀组织奖。在江苏省陶研会第六届“行知杯”科研成果评选中，徐州市选送的401篇参评论文全部获奖，其中，一等奖27名，二等奖114名，三等奖260名。丰县陶研会、铜山区陶研会获省优秀组织奖。在“长三角”地区“行知伴我成长”论坛的征文评选中，徐州市选送的10篇论文全部获奖，其中，一等奖2名，二等奖5名，三等奖3名。

【参加全国地理科技大赛】 8月，市陶研会组织中小学生参加全国地理科技大赛，获多项荣誉。全市5989名学生参赛，其中658人分别获得一、二、三等奖。丰县师寨镇中心校、丰县顺河初级中学和丰县常店镇中心校被全国地理学会命名为全国地理科普教育基地，丰县民族中学、铜山区黄集中心中学、新沂市高流镇中心校、沛县正阳小学、市第三十一中学等17个单位被评为全国地理教学先进集体，丰县凤城镇中心校、柳新中心中学新沂市第三中学、沛县实验小学等28所学校荣获优秀组织奖，孙俊臣、王庆平、孙竟酋、姚恺、金建明等29名校长被评为全国科教先进校长，仇培敬、许东梅、苗朵等97名教师获优秀辅导员称号。

【评选行知式优秀校长、优秀教师】 2014年，市陶研会开展“行知式优秀校长、行知式优秀教师”的评选活动。经过严格认真评选，决定对腾义举等74名行知式优秀校长、尹建林等116名行知式优秀教师进行表彰。

【完成“十二五”陶研课题研究计划】 2014年，市陶研会“十二五”规划课题基本完成研究任务。从5月20日—12月20日，市陶研会分别组织开展省、市级立项课题结题和优秀成果评选工作。经过课题鉴定小组和优秀成果评选小组认真评审鉴定，70个课题顺利结题，其中32个课题被评为优秀课题。

【办好会刊——《行知论坛》】 2014年，《行知论坛》编辑部千方百计办好刊物。《行知论坛》全年发刊4期，共发表90余篇优秀文章，内容涵盖徐州市全年学陶师陶研陶的成果，包括教育教学理论实践的探索、学校管理经验与办学特色、校园文化建设等。

（周洪芝）

（责任编辑　曹昭海）

各类教育

徐州市第二中学

第二中学始于明朝洪武二年(公元1369年)的徐州府学宫(徐州文庙),是徐州文脉传承的重要基地。院内保留中共徐州地下党组织活动旧址,是中共徐州地下党组织为建立新中国英勇斗争的见证。学校1997年创办为江苏省重点中学,2004年转评为省三星级高中,2014年完成省四星级高中创建。为进一步提升办学层次,占地8公顷的二中新校区正在市区北部建设中。

教授级中学高级教师、省特级教师
校长 李桂强

市教育局党委书记张德超(中)出席创建誓师大会

丰富多彩的社团活动

省四星级高中现场评估组听取创建工作汇报

新西兰友好学校师生到访

朝气蓬勃的大课间

摄影:徐伟强　吴光仪

徐州市第五中学

第五中学为江苏省三星级普通高中，始创于1905年，原为美国基督教会学校。百年办学，筚路蓝缕，课改创新，展露新颜，学校先后被评为江苏省园林式单位、军训工作先进单位，徐州市先进基层党组织、五四红旗团委、关心下一代工作先进集体、课程改革先进单位、青少年科技先进单位、禁毒示范学校、武术运动先进单位、节水型学校。

4月，市教育局在五中举行首次“学讲方式”教学现场会

“学讲方式”之“学进去”

学生在全国日语演讲大赛中获优秀奖

“学讲方式”之“讲出来”

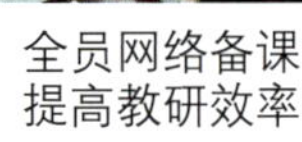
全员网络备课
提高教研效率

学校团体太极扇表演将在市运会开幕式上亮相

摄影：马军营

徐州市西苑中学

西苑中学有一支优秀的教师团队，包含3名特级教师，35名高级教师，1名学科带头人，4名青年骨干教师，7名市名优教师，教育硕士及在读教师19名，20人次获市级以上奖励。学校17年创业，硕果累累，中考成绩连续多年名列局直属中学前茅，先后荣获全国教育系统先进集体、省实施教育现代化工程示范初中、省德育先进学校、省文明单位、市模范学校、市文明单位等称号，赢得社会广泛赞誉。

校长　赵苑

团结奋进的领导班子

诚信考试宣誓

市教育局副局长李运生参加学校“学讲计划”研讨

苏州9校校长到学校考察

校园文化艺术节

“学讲计划”研讨课

摄影：纵　冉

徐州市第一实验幼儿园

第一实验幼儿园（原徐州市机关第一幼儿园）创建于1957年，是首批江苏省示范性实验幼儿园。幼儿园秉承“和孩子一起成长”核心理念，积极打造文化底蕴深厚、教育理念先进、组织管理科学、师资结构优化、幼儿发展和谐、教育特色鲜明的徐州“老字号”幼教品牌。

原址重建工程落成典礼暨开园仪式

教育局局长张德超（中）到校指导工作

无限乐趣的区角游戏

园长犁红和孩子们在一起

“妈妈看我跑得多快”——亲子活动花絮

“全家福”——幼教职工团队

摄影：犁　红

江苏省徐州技师学院

技师学院前身为高级技工学校，2005年组建徐州技师学院，2007年被省政府命名为江苏省徐州技师学院，2008年开始全日制大专学历教育。学院设有七系一部，开设50多个专业，开展五年制高职、技师、高级工、中级工等多层次教育。与60多家国内500强企业签订专业人才培养协议，实现教学与生产的“无缝对接”和毕业生“零距离”就业，就业率保持100%。学院成为省内办学规模较大、办学层次较高的职业院校之一。

学院主楼

国家级示范项目省级验收

第二届教学评优赛

轨道交通实训中心揭牌仪式

未来的技师，国家的栋梁

五四表彰晚会

徐州市首届学生职业体验日

摄影：陈佳彤

XCMG 徐州工程机械技师学院
XUZHOU CONSTRUCTION MACHINERY TECHNICIAN COLLEGE

徐工技师学院由徐工集团投资兴建，是徐州地区唯一一家被人社部授予“国家技能人才培育突出贡献奖”的学校，是全国青工技能鉴定示范单位，江苏省高技能人才培养示范基地、高技能人才专项公共实训基地。学校坚持走“精品、精致、精深”发展之路，开展中级工、高级工、技师、高级技师等多层次培训及工程机械操作工、质检员、售后服务人员、海外储备人才、徐工经销商及供应商产品技能维修等专项培训，致力于培养与国际化徐工相适应的“到企业就能用，一用就能成功”的技能型、复合型、信息化、多样化高技能人才。毕业生就业率98%。

精进协作的教育管理团队

校企合作实施学生定制培养工作

校企合作一体化教学工作站

四季游泳课健体益心促智

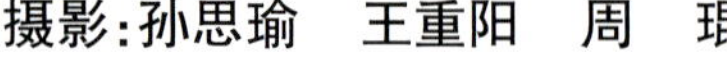
摄影：孙思瑜　王重阳　周　琨

徐州市委书记曹新平一行视察学校新校区建设项目

徐工集团董事长、党委书记王民和荣获“徐工集团董事长奖学金”毕业生亲切交谈并为同学们签名留念。

省技师学院评估专家组进行技师学院评估验收

搭建多彩舞台让学生个性自由绽放

徐州华顿国际学校

华顿国际学校由上海中锐教育集团主办，上海市复旦中学委托管理，是中小学12年一贯制寄宿学校。学校坚持“为学生的终身发展奠基”的办学理念，结合国内外优质资源，培养具有阳光、文明、合作、能干、智慧、优秀等品质的、受到中华传统文化浸润的、具有国际意识和国际交往能力的学生。

市委书记曹新平(左二)到学校指导工作

以音乐涵养性情——钢琴课

美国梅纳德公立高中校长到校考察

快乐语文课

校园手风琴队成立啦

和外教老师聊一聊——英语角活动

摄影：陈　昆

基础教育

【综述】 2014年,徐州市基础教育突出以教育现代化建设为引领、以促进公平均衡为目标、以提高教育教学质量为核心,全面贯彻国家、省、市教育发展规划纲要要求,落实全市教育工作会议精神,在《关于推进教育现代化建设的实施意见》《中小学校舍加固重建工程三年规划》和《教育信息化三年行动计划》3个纲领性文件指导下,推进基础设施建设、改善办学条件,加强内涵建设、提升教育教学水平,全市基础教育事业取得新的发展。积极推进学前教育增量提质,加大新建幼儿园建设力度,持续推进省、市优质幼儿园创建活动和学前教育改革发展示范区建设,开展幼儿园课程游戏化建设。以优质均衡为目标,推动义务教育基本均衡县(市、区)和义务教育优质均衡改革发展示范区建设,在苏北率先以大市通过义务教育基本均衡国家验收。以优质特色为方向,加强星级创建和普通高中课程基地建设,高考成绩取得"两提高、一突破"。进一步强化质量意识,深入推进课程改革,大力实施"学讲工程",优化教育教学管理,教育教学质量稳步提升。

2014年,全市有幼儿园581所,在园幼儿39.2万人;小学906所,在校生75.4万人;初中242所,在校生21.7万人;普通高中77所,在校生14.2万人;特殊教育学校12所,在校生2016人。全年学前教育毛入园率达97.1%,义务教育覆盖率100%,高中阶段毛入学率98.6%。全年新(改、扩)建幼儿园128所,创建省优质幼儿园75所。贾汪区通过省学前教育改革发展示范区验收,创建省幼儿园课程游戏化项目7个。创建省小学特色文化建设学校3所,省薄弱初中课程建设项目4个,以大市为单位全面通过"全国义务教育基本均衡县市区"国家级验收。5所普通高中通过星级复审,创建三星级高中2所、四星级高中2所,创建省级普通高中课程基地5个、市级普通高中课程基地10个。2014年高考实现"两提高、一突破":二本以上上线人数达到11647人,比2013年提高3.65%;上线率达到22.41%,比2013年提高2.73个百分点;尖子生有较大突破,有8人进入全省理科前50名,18人被北京大学、清华大学录取,其中"裸考"录取人数占2所学校投放江苏计划数的1/4。

(李进强)

·学前教育·

【召开学前教育推进会】 10月24日,市教育局在新沂市召开全市学前教育现场推进会。市教育局副局长李运生出席会议并讲话。他指出,近年来,各地各有关部门贯彻省、市的决策部署,坚持以示范区创建为总领,以实施"五年行动"计划为抓手,以体制机制建设为突破,以加大投入为保障,大力推进学前教育改革发展,取得突出成绩。2011—2014年,全市共新(改)建幼儿园405所,新增班额3113个,新增幼儿学位94648个,新增占地面积196.66公顷,新增建筑面积86.5万平方米。创建省优质幼儿园239所、市优质幼儿园234所,主城区省优质园占比超过75%,全市省优质园占比上浮近30个百分点。全市市优质幼儿园总数为225所,省优质幼儿园总数为334所,省优质园占比达60%,加上2014年创建的75所省优质幼儿园,徐州市省优质幼儿园总数将达409所,省优质园占比将达73.4%。省优质幼儿园创建总数位居全省第二,全市提前完成省"到2015年省优质园占比达70%"的目标。李运生要求:要进一步增强责任感、紧迫感,大力发展公办幼儿园,大力扶持民办幼儿园;加快省优质幼儿园创建步伐，按时完成江苏省学前教育改革发展示范区创建任务；着力提高财政投入水平，着力加强师资队伍建设；深入开展幼儿园课程游戏化建设，加强幼儿园质量监督、安全监管，抓住关键环节，采取有力措施，让学前教育改革发展成果更多更公平的惠及全体人民，确保高质量完成“五年行动计划”各项任务。

【健全学前教育管理体制】 2014年，市教育局按照“县级统筹、两级共建”的管理体制要求，进一步明确县（市、区）和镇（街道）学前教育的责任范围，层层分解任务，逐级落实责任。各县（市、区）政府与镇、办事处签订目标责任状，明确各级政府发展学前教育的年度目标任务。年内，市教育局制定并印发《关于进一步规范幼儿园保教工作的意见》，加强项目管理，提高保教质量。

【增加学前教育资源供给】 2014年，市委市政府高度重视学前教育，学前教育资源供给进一步增加。年内，计划新（改）建幼儿园100所，全市立项新（改）建幼儿园128所，其中，81所公办，47所民办。新增幼儿班级978个，新增幼儿学位29594个，新增用地面积55.9公顷，新增园舍建筑面积26.7万平方米，建设资金预计4.87亿元。全年，全市投入学前教育建设资金3.08亿。主城区全面落实幼儿园生均公用经费由本级财政在预算内足额安排。

【推进幼儿园课程游戏化建设】 2014年，市教育局推进幼儿园课程游戏化建设，提高幼儿园游戏水平。组织100多名幼教干部、园长赴安吉学习观摩幼儿园游戏的组织管理。认真落实《3～6岁儿童学习与发展指南》，有力推进幼儿园课程游戏化建设。年内，全市评选出2批共31所徐州市幼儿园游戏化课程示范基地，创建7所全省首批幼儿园课程游戏化建设项目。10月，市教育局组织全市31所课程基地示范幼儿园对外开展游戏现场观摩，各地区课程示范基地幼儿园向本地区所有幼儿园开放半日活动。公园巷幼儿园等7所幼儿园对全市开放，观摩人次达数千人。徐州市学前教育内涵提升一个新台阶。

（韩　莹）

·义务教育·

【推动教育现代化创建】 2014年，市教育局积极推动教育现代化创建。局基教处采取周期调度、多轮督察、结对帮扶等举措，推进邳州市、丰县、睢宁县、新沂市4县（市）教育基本现代化创建工作。上半年，邳州市通过省评估组验收。丰县、睢宁县、新沂市3县（市）加强创建攻坚工作，综合办学水平得到提升。积极推进义务教育现代化学校创建工作，全年创建省义务教育现代化学校100所，总量达到210所。

【提升义务教育均衡发展水平】 年内，市教育局坚持以县域作为推进义务教育均衡发展的重点，提升义务教育均衡发展水平。上半年，全市各县（市、区）通过义务教育基本均衡国家验收，在苏北率先以大市为单位全面通过国家义务教育基本均衡验收。在全市实现义务教育基本均衡的基础上，积极启动义务教育优质均衡发展示范区创建工作。铜山区、云龙区、鼓楼区、泉山区及经济开发区开展省义务教育优质均衡发展示范区达标创建工作并取得进展。

【推进办学体制改革】 2014年，市教育局进一步推进办学体制改革，提高办学效益。扩大“托管办学”试点，以优质教育资源带动薄弱学校发展，协调徐州三中托管云龙区第二十九中学、第三十中学，成立徐州三中云龙实验学校。云龙区开展“以强带弱”创建均衡工作，成立5个小学教育集团。引进外地教育资源到徐州办学，贾汪区和江苏师范大学合作共建江苏师范大学附属实验学校，并引进南方管理团队进行管理。引进资源，新建爱登堡国际学校、华顿国际学校，顺利开办招生。

【完善义务教育阶段招生工作】 年内，市教育局进一步完善市区热点小学电脑派位工作。开展电脑派位招生工作的学校由2013年的3所增加到6所，整合学校资源，进一步降低择校热，更好的解决外来务工人员子女入学等难题。重视流动儿童入学，坚持以流入地为主、以公办学校为主的“两为主”政策，落实进城务工人员随迁子女在流入地就学的同城同等待遇，进城务工人员随迁子女入学率达到100%、在公办学校就读率达到90%以上。

【加强义务教育学校管理】 年内，市教育局进一步加强义务教育学校管理。组织学习落实教育部颁发的《义务教育学校管理标准》。在落实《江苏省中小学管理规范》的基础上，组织全市义务教育学校学习《义务教育学校管理标准》，开展对标自查、整改提升活动，积极推进义务教育学校规范办学。组织开展“减负万里行第2季”活动，实现“减负”工作常态化。

【参加江苏省课程规划研讨活动】 12月18—19日，市教育局参加在南京市玄武区举办的江苏省小学课程规划与实施现场观摩研讨活动。徐州市提交20篇论文参加研讨，其中，云兴小学的论文在大会上作专题发言，民主路小学等学校4篇论文收入论文集，星源小学等学校4篇论文在网上交流。

【4名学生获宋庆龄奖学金】 2014年，徐州市有4名学生获得宋庆龄奖学金。获奖学生为大屯矿区第二中学胡长馨、黄山外国语学校郑昊冉、鼓楼生态园小学樊思秒、星光小学郭峻奇。

（刘　勇）

·普通高中教育·

【推进星级高中创建】 2014年，全市持续推进星级创建，不断扩大优质资源。全年创建三星级普通高中1所，四星级普通高中2所，全市三、四星级高中数量达到55所，总量居全省第一。全市三、四星级高中比例提高到72.3%，在三、四星级高中就读的学生提高到86%以上。

【做好星级高中复审工作】 2014年，徐州七中、鼓楼区九里中学、贾汪区建平中学、邳州市明德实验学校接受星级高中评估组复审。4所学校全部顺利通过验收。

【开展普通高中专项调研】 年内，局基教处认真开展普通高中专项调研工作。撰写了调研报告《关于促进我市普通高中优质特色发展的意见》，提交领导参考。

【推进主城区完全中学初高中分离】 年内，市教育局贯彻执行《江苏省人民政府关于深入推进义务教育均衡发展的意见》要求，推进完全中学初高中分离。九里中学实现初高中分离，九里中学成为独立高中，并移交市直属管理。

【加强配套高中课程基地建设】 年内，市教育局组织开展课程基地项目学校“校校行”活动。新创建省配套高中课程基地5个，省级高中课程基地总量达到18个。

【学籍管理系统实现全国对接】 年内，市教育局认真贯彻执行新修订的《江苏省普通高中学籍管理规定》，实现学籍管理系统与全国学籍管理系统对接。

（李进强）

·特殊教育·

【概况】 徐州市特殊教育工作贯彻落实全国特殊教育工作会议精神，落实特殊教育提升计划，保障残疾儿童受教育的权力，按要求完成全年工作任务。全市形成以特殊教育学校为骨干，以大量随班就读为主体，以送教上门为补充的特殊教育格局，残障儿童入学率达到97%。

【实施特殊教育发展工程项目】 2014年，徐州市继续做好特殊教育发展工程项目。沛县特殊教育中心、邳州市特殊教育中心、徐州市牌楼培智学校、徐州市云龙培智学校4所学校，特殊教育发展工程项目申请资金成功，按要求完成了省答辩时许诺的要求。年内，泉山区特殊教育中心增加教学楼设计方案完成，进入筹备建设阶段。睢宁特殊教育中心康复大楼完成批复及图纸设计。丰县特殊教育中心完成学校迁建，学生进入新校上课，塑胶跑道工程完成。沛县、邳州2所特殊教育中心康复项目完成。泉山区特殊教育中心开展送教上门活动，受到家长和社区的好评。徐州市机关第一幼儿园、徐州市风化街中心小学、开发区李庄小学的资源教室采购完成，开始接纳特殊儿童进行训练。

【特殊教育现代化学校创建】 2014年，徐州市积极组织特殊教育现代化学校创建工作。年内，组织对泉山区、贾汪区、睢宁县、丰县4所特殊教育中心教育现代化评估工作。结合全市义务教育现代化学校创建和省特殊教育发展工程，市教育局督促做好各项验收前准备工作，并根据省市有关标准进行评估验收。

【开展特殊教育教师培训】 2014年，市教育局积极开展特殊教育教师培训活动。6月，全市特殊教育基本功比赛在牌楼学校举行，按照省比赛要求，徐州市选出从事听障、智力残疾、视障教学教师7人参加省级比赛，其中，获得一等奖1人，二等奖1人，三等奖1人。年内，结合随班就读工作，开展残疾儿童智商测查方面的培训。至年底，完成市区及丰县、沛县、邳州、新沂、开发区的培训工作，共培训350人，使教师初步懂得智商测查的意义及方法。

【特殊教育先进集体和个人表彰】 6月，徐州市启动特殊教育先进集体及先进工作者评选活动。基层单位和个人申报并进行公示，在各地主管部门初步审核的基础上，市教育局组织专家进行评审。云龙区文教体局等6单位被评为徐州市特殊教育先进集体，王强等35人被评为徐州市特殊教育先进个人。

【学前康复教育】 年内，市教育局积极开展特殊教育学前康复工作。配合残联完成徐州市特殊教育学校以及沛县、泉山、邳州、睢宁的学前康复教育机构建设，并推进其他县（市、区）残疾儿童学前教育康复工作的开展。年内，全市特殊教育学校普遍建立学前教育康复部，指导学校及社区的康复教育工作。

（赵锡安）

徐州市公园巷幼儿园

园　长　李艺然
副园长　秦菊芬　耿佟文　金　文
　　　　　樊秋梅　李　妍
分园园长　侯淑慧　方红娣　李红蕾
　　　　　　李　红　王　玲　彭秀琴

【概况】　2014年，徐州市公园巷幼儿园以快哉亭校区为中心，建设3个分园：民富园校区、西苑校区、山水华美校区。云龙华府校区正在建设中。快哉亭校区占地面积1.8公顷，建筑面积6500平方米。有游泳馆、迷你游戏大厅、幼儿活动多功能室、幼儿活动室、资料室、微格教室、乐高教室。开设12个班，其中，大班4个、中班4个、小班3个、托班1个。毕业幼儿436人，其中，快哉亭校区165人，民富园校区77人，西苑校区71人，山水华美校区123人。招生414人，其中，快哉亭校区106人，民富园校区95人，西苑校区92人，山水华美校区121人，在园幼儿共有1178人。教职工248人，其中，在编教师52人，本科学历48人，大专学历60人，省人民教育家培养对象1人，特级教师2人，中学高级教师4人，市名校长1人，市名教师1人，市青年名教师3人，市学科带头人4人，市青年优秀骨干教师2人。幼儿园被评为省幼教科研基地、市教育系统先进集体、市幼儿园课程示范基地。

【举办60年园庆活动】　5月31日—6月底，幼儿园在市艺术馆、人民舞台举办60年园庆活动。5月31日—6月5日，幼儿园在市艺术馆举办“走进公园巷幼儿园的斑斓四季”幼儿艺术作品展。展出的所有作品均为6岁以下幼儿创作。市教育局副局长李运生、学前教育主任韩莹一行领导观展并给予较高评价。幼儿艺术作品展共接待公园巷幼儿园师生、幼儿家长及亲友7000余人次，校友、市民观展2000人次，幼教同行观展2000余人次。6月28—29日，幼儿园在人民舞台举办“爱心谱华章”60年园庆文艺演出。

【承办送教下乡活动】　3—7月，幼儿园承办市教育局主办的送教下乡活动。活动在丰县、沛县、睢宁县、新沂市、邳州市、铜山区、贾汪区7个县（市、区）开展，共有县级幼教干部、园长和骨干教师近4000人次参加，共送课7节、课后讲座7个、专题讲座14个。

【承办“名师送培”、举办对外观摩开放活动】　年内，幼儿园承办“名师送培”、举办对外观摩开放活动。11月20—22日，幼儿园培训部在徐州饭店承办省幼教特教研究所主办的“2014‘名师送培’幼儿园课程建设研修指导”活动，接待全市学员近400人。10月，幼儿园举办对外观摩开放活动，接待全国各地的“2014国培计划班”学员350人次，接待6个县（市、区）的徐州市游戏课程基地幼儿园教师700余人次，接待徐州高等师范学校、徐州幼儿师范高等专科学校实习生100余人次。

（撰稿：刘　一　审稿：李　妍）

徐州市第一实验幼儿园

园长兼党支部书记　犁　红
副园长　袁冰楠　王　莉

【概况】　2014年，徐州市第一实验幼儿园占地面积0.67公顷。有儿童涂鸦室、科学发现室、手工坊、淘气堡、音体室、儿童计算机室、图书阅览室、直录播教室、多功能活动室等现代化功能室。开设大、中、小13个班级，在园幼儿402人。教职工52人，其中，专任教师47

人，省幼教特级教师1人，市名校（园）长1人，市学科带头人2人。被评为省“五四”团支部、市学前教育先进集体、市文明礼仪示范校、市依法治校示范校、市绿色学校创建活动先进集体，获市学前教育环境创设评比一等奖。

【新园投入使用】 4月11日，幼儿园举行原址重建工程落成典礼暨开园仪式，并挂牌更名为徐州市第一实验幼儿园。工程于2012年8月开工，市教育局投入3000万元。新园分为5层（局部6层），框架结构，建筑面积6746平方米，有22个活动室，可容纳500名幼儿学习。

【参加省文明礼仪教育经验交流会】 7月14—16日，园长犁红赴南京参加省文明礼仪教育经验交流会。作为市文明礼仪示范校，幼儿园受省教育厅、省文明办邀请，参加“2014年江苏省中小学、幼儿园未成年人文明礼仪养成教育”经验交流活动，犁红作3场汇报，并与全省各校代表进行经验交流，该园为省内唯一一所受邀幼儿园。

【协办省名师观摩课暨研讨会】 11月29—30日，幼儿园在市淮海堂协办江苏省幼教名师观摩课暨教学专题研讨会。观摩研讨活动推出12节精品幼教示范课，邀请省著名幼教专家现场点评课堂教学，对幼儿园科学、语言及艺术教学进行专题观摩研讨。昝梦代表幼儿园展示公开教学。

【获省节能示范单位称号】 12月3日，幼儿园被省机关事务管理局、省经济和信息化委员会命名为节能示范单位。幼儿园通过幼儿—家庭—社区—全民参与到节能降耗的行动中。

（撰稿：朱玉茜　审稿：犁　红）

徐州市第二实验幼儿园

园　长　颜　艳
副园长　孔乃玉

【概况】 2014年，徐州市第二实验幼儿园有22个班级，700名幼儿。教职工87人，其中，在编教职工43人，专任教师48人，本科学历22人，占比46%，本科在读7人，聘用教师全部具有学前教育教师资格证书，学历达标率为100%。幼儿园所有员工（园长、教师、保育员、保健医生、财务人员、厨房工作人员、保安、保洁工）均持证上岗。幼儿园获省级优秀网站评比一等奖、健康主题活动区级一等奖、环创PPT市级一等奖，获艺术节巡演一等奖，微课市级特等奖、省级二等奖，区角游戏活动《米奇照相馆》获第十一届中国中小学校园影视校园专题评比金奖。获泉山区爱国卫生先进单位、共青团市教育局委员会 五四红旗团总支称号，获第十四届成长的足迹·全国幼儿创意美术教育成果特等奖、市少儿庆六一书画大赛团体特等奖。何晓彤获市“领航杯”信息化教学能手比赛一等奖。

【被评为先进基层党组织】 2014年，幼儿园党支部被评为徐州市教育系统先进基层党组织。党支部有正式党员27人（含退休教职工党员9人）。其中，省“三八”红旗手1人，市“三八”红旗手2人、优秀教育工作者1人、优秀学前教育工作者3人，市名校长1人、学科带头人2人、青年教学能手1人，区名教师1人、学科带头人3人，幼儿园骨干教师9人。

【信息化建设推动内涵发展】 年内，幼儿园配备先进的现代化信息设备，运用到管理、教育、教学中。幼儿园制定教育信息化规划，以资源开发为中心，以信息网络为载体，以幼儿发展为宗旨，加快教师现代化素养建设。网络备课、白板教学、“教育新时空”教学直播、家园微信平台等的运用，使教育方式更灵活有效，教师更有创造力，幼儿更有活力。

（撰稿：卢　雅　审稿：颜　艳）

73061部队幼儿园（徐州八一中心幼儿园）

园　长　孙惠敏
副园长　丁　红
行政助理　陈　丽

【概况】　2014年，73061部队幼儿园（徐州八一中心幼儿园）开设大、中、小12个班级，在园幼儿400名。教职工53人，其中专任教师26名，50岁以下在岗教师本科学历达100%。年内，被评为南京军区优质幼儿园，获徐州市环境创设评比一等奖。

【研究、推广园本课程】　2014年，幼儿园在研究推广园本课程上获得新进展。省立项课题《民间文学应用于主题游戏的指导策略的研究》结题，军队立项课题《游戏化园本课程的再构建》进入结题阶段，新增加园本培训体系和评价体系，3次向军地有关专家汇报推广。1月，军队课题中期汇报。8月，高级教师轮训班汇报，军区幼教办领导在现场评议时给予肯定。在省学前教育学术年会上，副园长丁红将幼儿园游戏化园本课程再构建的研究经验在大会上汇报，获得与会专家和同行的好评。

【参加军地活动成果丰硕】　年内，幼儿园组织参加军地各级各类竞赛活动成果丰硕。5人在江苏省教育资源大赛中获奖：1个一等奖，2个二等奖，2个三等奖。1篇论文在省级刊物发表，11篇论文获省级奖项：1个一等奖，2个二等奖，8个三等奖。12篇论文在市级刊物发表或获奖。3人在南京军区骨干教师案例评比中获奖。1项教学活动在省级观摩研讨会上展示，1项教学活动在市级观摩研讨会上展示，全园主题游戏活动在市级学前教育课程基地开放活动中展示。4人在南京军区徐州幼教协作组数学优质课评比中获奖，8人在南京军区徐州幼教协作组主题墙评比中获奖，4人在南京军区徐州幼教协作组钢琴比赛中获奖。1人被评为全国优秀教师，2人被评为南京军区优秀教师，4人被集团军通报嘉奖，1人被评为徐州市教学能手。

【加大硬件设施建设】　2014年，幼儿园加大硬件设施建设。投资近15万元设置幼儿公共游戏区，装修改造幼儿图书室、科学发现室，修建户外体育器械室。军区投入近10万元配备大型户外活动器械。

（撰稿：陈　丽　审稿：孙惠敏　丁　红）

徐州市妇联幼儿园

园　长　安　媛
副园长　朱秀梅

【概况】　2014年，徐州市妇联幼儿园开设托、小、中、大20个班级，在园幼儿710人。教职工99人，其中专任教师57人。

【改造校园　提升办园条件】　6—9月，幼儿园实施校园改造工程，提升办园条件。艺校楼教室、舞蹈房、多功能活动大厅安装LED彩屏，操场铺设塑胶场地，改造、升级幼儿园监控设备。购置幼儿用桌椅、衣帽柜、玩具柜、图书柜。添置17台触屏电视机、3台大屏数码电视机、4台卡片式数码照相机、1台单反数码照相机等教学设备。

【开展家园共育活动】 年内，幼儿园多次开展家园共育活动。9—11月，幼儿园举办多场教师、家长《指南》学习专题研讨会，提高教师的理论水平，帮助家长提高育儿水平。4月，徐州华顿国际学校校长到幼儿园作幼小衔接顺利过渡的家长讲座。11月，市中医院儿科主任杨医生，为家长们作儿童反复呼吸道感染的防治讲座。12月，幼儿园召开家长委员会伙食会议。

【育儿活动丰富多彩】 2014年，幼儿园幼儿教育教学活动丰富多彩。春天，组织孩子去户外踏青“寻找春天”。六一儿童节，组织游园活动。秋天，搭建“云龙公园”“给过冬的小鸟安个家”。11月，全园举行消防演习活动。

【教科研工作取得好成绩】 年内，幼儿园教科研工作取得好成绩。学期初，幼儿园举行教师基本功比赛，开展自评—互评相结合的示范课活动。第一学期，教师获奖论文38篇，在各级各类刊物上发表文章10篇，其中孙喜喜的文章在省级刊物《早期教育》上发表。第二学期，教师论文获奖42篇。张琳、孙喜喜自制教玩具在省级参评中获一等奖，在国家级参评中获三等奖。孙文的微课“龙舟”在全市大赛中获一等奖。

【教师专业化水平提升】 年内，幼儿园教师专业化水平再上新台阶。全体教师均参加大学本科的进修学习，孙喜喜通过教育硕士全国统考。

（撰稿：孙喜喜　审稿：朱秀梅）

徐州市文化艺术幼儿园

园　长　程艳华
副园长　卢爱民

【概况】 2014年，徐州市文化艺术幼儿园占地面积0.22公顷，全年教育经费投入120万元。设9个班级，共289名幼儿。毕业110人，招生91人。教职工41人，其中，专任教师19人，小教高级教师8人，本科学历9人，大专学历15人。年内，11名教师的论文在省级刊物发表。28人次获国家、省、市级优秀论文奖，19人次获国家级辅导奖，20人次获市级奖项，1人获市教育局幼教先进工作者称号。幼儿园被定为市游戏课程示范基地，获市环境创设一等奖，被评为市教育年鉴先进单位。市“十二五”规划课题《徐州民间工艺与幼儿园课程整合的实践研究》结题，市教育科学规划学前教育专项课题“在区角游戏中培养幼儿自主意识实践研究”，云龙区课题“构建创意美术园本课程实践研究”“游戏化音乐教学实践研究”立项。

【进行课题指导】 10月30日，市教研室刘春老师到幼儿园进行课题指导。刘春老师对幼儿园立项的市第十期教学研究课题“多元化幼儿美术教学实践研究”进行指导，教师们针对教科研方面的问题进行请教，25人参加培训。

【游戏活动开放观摩】 11月20日，幼儿园向兄弟园举行开放游戏课程观摩活动。活动为幼儿园被定为市游戏课程示范基地的首次对外开放。区文教体局领导、兄弟园近70位幼教同行到园观摩。活动分为3个环节：幼儿园介绍及视频分享、创意美术活动、游戏观摩（区域活动、户外活动）。

【开展“帮扶”活动】 12月16日，幼儿园对邳州智慧树幼儿园全面开放，开展“帮扶”活动。邳州智慧树幼儿园的22名教师参观室内外环境，观摩幼儿一日教育管理流程，幼儿园有9名教师展示美术、音乐等特色教学活动。

【青年教师基本功比赛】 12月26日，幼儿园举行青年教师基本功比赛。全园13名年龄在40岁以下的教师参加比赛。比赛分为故事讲述、弹唱、写字、舞蹈、美术5个项目，评出全能和单项一、二、三等奖。

（撰稿：卢爱民　审稿：程艳华）

徐州市育苗幼儿园

园　长　周晓安　鲍　丹
副园长　陈化云　任明侠

【概况】 2014年，徐州市育苗幼儿园占地面积0.22公顷，开设托、小、中、大9个班级，在园幼儿300人。教职工37人，其中，专任教师18人，保育教师9人，保健教师1人。教师本科学历3人，大专学历100%。年内，投入资金10万元，添置幼儿园安保、办公等设备，购置幼儿图书、玩具器械等。

【教科研获奖情况】 2014年，幼儿园教科研工作成果显著。幼儿园设立教科研奖励制度，鼓励教师参与各类竞赛评比活动。省级论文评比获奖2人，市级论文评比获奖10人。园长鲍丹的园本课题在市教育学会立项。

【“每月一主题”社会实践活动】 年内，幼儿园开展“每月一主题”社会实践教育活动。1月，带领幼儿与家长走进消防队。2月，开展“写春联 送祝福”社区活动。3月，开展”赏花灯 猜灯谜”亲子民俗活动。4月，开展“走进春天”亲子半日游。5月，开展“小跳蚤市场”义卖活动。6月，带领幼儿慰问酷暑下工作的派出所干警及社区工作人员。9月，开展“第一届美食嘉年华”活动，徐州电视台主持人王英俊应邀参加。10月，组织全园幼儿到绿健乳品厂参观。12月，成立”育苗木偶剧团”并首演成功。社会实践活动均载入“幼儿园大事”，并在《徐州广播电视新周刊》报道。

【家庭教育讲堂】 2014年，幼儿园定期开展“家庭教育讲堂”活动。3月6日，园长周晓安在多功能教室主持召开“学《指南》促教育”家长讲座。5月24日，邀请原云龙区文教体局局长丁建华到幼儿园作幼儿园与小学衔接讲座，全园幼儿家长参会。9月6日，幼儿园分班级召开新学期家长会，向家长讲解幼儿科学教育理念，家长间进行教育交流。

（撰稿：任明侠　审稿：鲍　丹）

徐州市房管局幼儿园

党支部书记兼园长　田慧平
教学园长　孙继芳
后勤园长　冯秀春

【概况】 徐州市房管局幼儿园隶属徐州市房管局，为全日制幼儿园。2014年，幼儿园有10个班级，337名幼儿，教职工42人，其中，专任教师20人，保育员10人，保健教师1人。

【实施校园改造工程】 年内，幼儿园实施校园改造工程。投资100多万元，完成幼儿园教学楼及辅助用房的维修、改造，翻建教职工卫生间，升级改造幼儿园监控设备。

【组织亲子互动　形成教育合力】 年内，幼儿园组织多种形式亲子互动活动，形成家长和幼儿园的教育合力。开展“践行《指南》精神，优化半日活动”家长观摩，举办“喜庆三八，亲子共乐”“幼小衔接”专题讲座和《指南》宣传月活动，组织“让家长走进课堂”“我快乐、我做主”、六一文艺汇演，举办“爱的奉献”亲子义卖活动和“我健康、我快乐”亲子运动会，引导家长关心幼儿园的教育工作。

【提升教师专业技能水平】 年内，幼儿园组织多种形式的业务活动，促进教师专业技能提升。2—3月，开展“学习《指南》，了解孩子”专题系列研讨。4月23日，开展“游戏化课程”专题培训。5月上旬，举行教师优质课评比。8月24日，举行教师基本功大赛。9—12月，开展“同课异构”、自制教玩具比赛等活动。

【教育教学科研成果】 年内，幼儿园在教育教学科研方面获得多项成果。孙继芳、徐海清、于明珠参加市第十五届中小学“科研杯”优秀教育教学论文评比获二等奖。在徐州市教育学会优秀论文评比中，6名教师获一等奖，11名教师获二等奖，10名教师获三等奖。于晓红编排的音乐剧《亲爱的小鱼》在市庆六一幼儿园艺术节活动中获特等奖。在市少儿迎六一书画大赛中，幼儿园101名幼儿的作品获奖，其中，特等奖27人，一等奖47人，二等奖27人，3名教师获优秀辅导奖。1名教师被评为市教育系统先进工作者、市三八红旗手。

（撰稿：孙继芳　审稿：田慧平）

徐州铁路地区幼儿园

园　长　陶　青

【概况】 2014年，徐州铁路地区幼儿园为全日制现代化省级示范幼儿园。占地面积0.33公顷，绿地占有率31%。有7个教学班，在编教职工30人，其中，专任教师20人，保育员6人。教师中具有大专及以上学历的占98%，高级教师占35%。

【美化校园更新设施】 2014年，幼儿园加大投资，美化校园，更新设施。投资3万元对幼儿园围墙进行美化，后围墙采用喷绘、手绘相结合的喷涂方法，操场南墙用各种彩色轮胎拼成泡泡墙，在轮胎内放置各种花卉。投资6万元更换塑胶地面，幼儿活动场地美观安全。

【区角创设贴近幼儿生活】 2014年，幼儿园在班级区角创设活动中注意贴近幼儿生活。幼儿园利用家长资源，本着环保节约的原则，在区角中创设“老同昌茶庄”“两来风辣汤”“小田田甜品店”等孩子们了解的“名吃”活动场景，幼儿活动起来得心应手。

【教科研获奖情况】 2014年，幼儿园教科研优质课、评优论文的获奖数量有所增加。1名教师获市级优质课二等奖，6名教师分别获省、市级论文一、二、三等奖，1名教师的论文在国家级教育刊物上发表。

【幼儿活动精彩纷呈】 2014年，幼儿园开展丰富多彩的活动。3月，举行庆“三八”亲子同乐会，师生和家长共同参加红旗飘飘、报纸搬家公司、小小毛毛虫、报纸小火车、大象做运动等亲子游戏，家长参与的开场热身和最后的放松活动，使活动气氛达到高潮。6月，大班小朋友举行创新毕业典礼及学期汇报，老师们用VCR的形式向家长系统展示幼儿在园内的学习生活情况。8月，幼儿园对新生进行为期2天的适应体验活动，请新生家长带孩子进班，体验幼儿在园的活动。11月，幼儿园举行家长参与创设自然角评比活动，提高幼儿观察兴趣，增强家长参与意识。12月，举办“我运动、我健康、我快乐”冬季亲子运动会，传统的竞技项目拍球、运球跑、跳绳等受到小朋友的欢迎。

（撰稿：范叶莉　审稿：陶　青）

徐州幼儿师范高等专科学校幼教集团

董事长　王鹤义

【概况】　徐州幼儿师范高等专科学校幼教集团创建于2003年12月。集团总部设立在徐州市解放南路戏马台写字楼6楼，下设党政办公室、人力资源部、教育科研部、市场开发部、综合管理部、财务监理部、采供中心等部门。2014年，集团办园覆盖徐州市6区2县，下属幼儿园36所，其中，已开办幼儿园、亲子园20所，已签约待开办幼儿园10所，加盟幼儿园6所。有教学班196个，在园幼儿5463人。教职工762人，其中专任教师348人，均有幼儿教师资格证，99%的教师为大专及以上学历。

【2所新创办幼儿园开园】　9月1日，幼师幼教集团2所新创办幼儿园开园。新幼儿园分别为苏商御景湾幼儿园和国基城邦幼儿园。

【省市级优质园验收】　2014年，幼师幼教集团有4所幼儿园接受省市级优质园验收。4月24日，开发区东贺幼儿园、上山幼儿园通过省优质园验收。6月24日，贾汪区新华路幼儿园接受市优质园验收，10月27日，接受省优质园验收。11月17日，沛县格林春天幼儿园接受省优质园验收。

【与6所幼儿园签约】　2014年，幼教集团与6所幼儿园签约。4月27日，与美好汇邻湾幼儿园签约。5月15日，与万科城幼儿园签约。7月30日，与新城区美的翰城幼儿园签约。12月8日，与万科城国际早教中心签约。12月11日，与睢宁县双沟镇幸福里幼儿园签约。12月28日，与沛县安泰幼儿园签约。

【6所幼儿园加盟】　2014年，6所幼儿园加盟幼师幼教集团。7月31日，泉山区玉潭佳苑幼儿园加盟。9月2日，云龙区润金城幼儿园加盟。9月10日，泉山区金阳幼儿园加盟。10月27日，泉山区翡翠城幼儿园加盟。10月27日，泉山区新泉佳苑幼儿园加盟。12月28日，鼓楼区生态园幼儿园加盟。

【接待各级培训人员】　2014年，集团下属各幼儿园多次接待国培、省培、市培交流学习的同行。接待全国各地的园长、骨干教师、学员代表观摩学习24次，接待学习培训3011人。

【援教云南、青海幼儿园】　年内，幼教集团援教扶助云南、青海幼儿园。集团与青海海南州5所幼儿园、云南滇西景洪市2所幼儿园签订“手拉手”合同，捐款10万元，网络培训12次，云南幼儿教师到幼教集团跟岗学习7天。

【首届“才艺宝宝”比赛】　11月8日，徐州幼师幼教集团首届“才艺宝宝”比赛在国基城邦售楼处进行。3655名幼儿参加海选，108名幼儿参加复赛，30名幼儿进入决赛，分别获得

“才艺宝宝”“人气宝宝”“漂亮宝宝”“智慧宝宝”奖项。

（徐剑媚）

徐州市慧朵儿幼教集团

园　长　张　蕾
副园长　闫虹文　周红艳　杨　莉

【概况】　徐州市慧朵儿幼教集团前身为鼓楼区华康幼教中心。2014年，慧朵儿幼教集团有3个分园，均配备多功能教室、专业美术活动室、整体塑胶软地。毕业幼儿349人，招收幼儿383人，在园幼儿1134人。教职工154人，其中专任教师77人。春之光分园被市电视台、市教育局评为十佳民办幼儿园，园长被评为十佳园长。

【举办创意手工花灯节】　2月15—16日，慧朵儿幼教集团与香港恒基兆业地产公司联合举办第九届创意手工花灯节。花灯节在万达广场举办，500余盏纯手工制作的创意花灯在万达广场1号厅展出。花灯为幼儿园学生家长利用废旧纸箱、纸袋、包装纸、玻璃杯、旧衣服等物品制作。市民在观赏创意手工花灯时，给自己喜爱的花灯投票、领取奖品。

【与香港恒基兆业地产公司签约】　3月29日，慧朵儿幼教集团与香港恒基兆业地产公司签约。签约仪式在新城区雍景新城售楼处举行。慧朵儿幼教集团将入驻雍景新城二期，建立一所高端精品幼儿园。

【面点师经验交流】　5月10日，慧朵儿幼教集团各分园面点师到幼儿园参加工作经验交流会。3位面点师经验交流的面点品种有海绵蛋糕、葱油酥、曲奇饼干、桃酥、花生酥、香芋酥、香蕉酥、肉松蛋糕卷、牛油蛋糕杯、五香葱油大饼等十几种。

【保育教师普通话比赛】　6月14日，慧朵儿幼教集团全体保育教师在春之光分园举行普通话比赛。比赛以讲故事的形式进行。

【园本课程获省奖】　8月，春之光分园园本课程获省级奖项。春之光分园向省里报送的《创意美术课程》课题，获得省教学成果（基础教育类）二等奖。《创意美术课程》是集团各分园教师用4年时间共同完成的集团内园本教材。

（撰稿：孙永涛　审稿：张　蕾）

徐州市第一中学

校长、党委书记　王志勇
副校长　卞东华　叶弘媚　陈　雷　张安义

【概况】　徐州一中肇始于1903年，其前身为康熙年间云龙书院改办的徐州中学堂。2004年被确定为省首批四星级普通高中。2014年，学校占地面积25.4公顷，建筑面积9.7万平方米。图书馆藏书17.1万册。全年教育经费投入4353万元。有教职工280人，其中，专任教师265人，教授级高级教师3人，特级教师9人，高级教师108人，中级教师112人，中高级教师占专兼教师比例83%。具有研究生学历或硕士学位78人，占专兼职教师比例29.4%。校本部有教学班48个、撷秀中学高中班18个，在校学生3446人。

【高考成绩稳步提升】　2014年，学校公办和撷秀高中学生高考一本、二本达线率较去年进一步提升。公办文化类达二本录取线上

724人，达线率94%，达一本录取线上547人，一本占有率超过75%。撷秀高中文化类达二本线上220人，达线率82%，一本占有率50%（不包括借读生）。省理科前60名学校有6人，文科前20名学校有1人。谢恬怡（414分）获大市理科第一，赵子煜（396分）获大市文科第一。大市理科前5名、文科前10名均为该校学生，理科前10名、20名、50名、100名分别有9人、17人、39人、62人，文科前20名、50名、100名分别占19人、36人、57人。有14名学生被北京大学和清华大学录取。

【市长朱民慰问教职工】 9月4日，第三十个教师节前夕，市长朱民、副市长李燕，市教育局局长张德超、副局长李运生等市、局领导到学校慰问全体教职员工。校长王志勇陪同朱民一行参观校园，朱民对校园环境与文化建设给予肯定。希望学校办出更高水平、更强特色，做出更大贡献，更好为徐州地方经济社会发展服务。朱民还就学校加强校校合作，搞好素质教育，推进均衡教育，支持教育创新等方面提出希望和要求。王志勇汇报学校一年的主要工作情况，特别汇报学校在高考成绩、课堂教学改革、现代学校制度建设、辐射带动兄弟学校发展等方面取得的成绩。

【教师专业发展成果】 2014年，学校教师在省市级基本功大赛、评优课比赛、名优教师评比中取得优异成绩。胡晓红被评为特级教师，卞东华晋升为正高级教师。张颖震、丁永刚获 名教师称号，徐敏、倪科技、林岩、赵鹏获 青年名教师称号，仲春来、赵娟、王昉、王雪获 学科带头人称号。施鹏、薛辉获省体育与健康评优课一等奖，李晓彦获省基础教育高中体育与健康学科青年教师教学基本功大赛高中组一等奖第一名，宋冬冬、钟云获大市青年教师基本功大赛一等奖，吴孟涛、梁帼、朱凌萱获市高中组班主任基本功大赛一等奖，张雪松、张艳、梁帼、朱鹏、朱凌萱、魏洁、周全、冯杨、周晓梅获市区评优课一等奖。学校参加市首届四星级高中数学青年教师解题能力竞赛，获团体特等奖，李浩、荆亮、单以勋、王慧获个人一等奖。

【王志勇获“2014年中国长三角最具影响力校长”称号】 9月27—28日，2014年中国长三角校长高峰论坛在浙江省衢州市举行，校长王志勇获“2014年中国长三角最具影响力校长”称号。江苏、浙江、上海和安徽四地200余名校长及专家，聚焦课程改革背景下文化内涵的重新建构，探讨学校文化的创新做法，交流教育文化传承的经验和智慧。王志勇发表“徐州一中和文化建设的思考和探索”的演讲。他着重从确立“和谐发展”的共同愿景，制定“以和兴校”的发展战略，建设“和文化”的物质环境，开展体现“和文化”活动四个方面阐述学校“和文化”建设的实践。

【拔尖创新人才早期培养实验工程】 年内，学校“拔尖创新人才早期培养实验工程”取得进展。在进一步优化巩固与北京大学、清华大学、南京大学等著名高校合作机制的同时，5月，与复旦大学签订合作协议，共同研究、探索理科拔尖创新人才早期培养的途径和方法。9月，学校“复旦班”开班。共同建立中学理科探究、创新实验室和开展实验活动，为促进学生高层次培养、高层次发展提供平台。

【新老校区建设改造工程】 9月9日，学校新城区迁建工程开工。桩基工程完成1600根桩基施工任务，项目建议书、可研报告、环评委托市工程咨询中心编制，各项前期手续正在陆续办理，项目建设委托市建设工程代建有限公司承担。截至年底，完成施工场地部分围墙搭建、场地平整，招标确定工程监理、桩基施工单位，监理人员进驻工地现场履职，土建部分工程量清单编制基本完成。11月5日，矿大徐海学院与学校签署的九里校区置换协议生效，第一笔置换款2500万元划拨到学校建设专用账户，学校与矿大办理土地、房产等过户手续。

（撰稿：梁继程　审稿：王志勇）

徐州市第三中学

校长、党委书记　赵　伟

副校长　郑友君（兼工会主席）　王传喜　袁向萍

校长助理　周　强

【概况】　徐州市第三中学，为国民政府时期江苏学院所在地，顾祝同任院长，新中国成立后，由"树德""建国""子扬""鼎铭""正德"五所私立小学合并组成山东省徐州市第三中学，后更名江苏省徐州市第三中学。2014年，徐州市第三中学由本部（民主北路47号）和西校区（民主北路61号）组成，共占地6.04公顷，建筑面积4万余平方米。在校学生2858人。教职工201人，其中，专任教师184人，教授级教师2人，特级教师4人，高级教师79人，一级教师79人。2014年，学校文化类本科上线率同比增长6.5%，再创历史新高。

【举行65周年校庆活动】　2014年，学校举行建校65周年校庆活动。校友杨晓堂、喻继高、胡卫东等相继回访母校，喻继高、程大利、张立辰、潘传贤等为母校"六楼一景"题字。5月29日，南京青奥组委会主办"水墨行走·感动青奥"第一站宣传活动在学校举行，喻继高、徐培晨、杨小民、高建胜等多位艺术家与会。12月27日上午，学校在淮海堂举办"心系三中·共享成长"建校65周年庆典暨第23届校园文化节文艺汇演。

【教师获奖层次高、人数多】　2014年，学校多名教师获省市级教育教学奖项。赵晓丹、王春玲分获省思想政治优质课评比高中组一等奖、初中组一等奖，付曼、吴亚男分获省青年教师基本功大赛语文、化学二等奖，段晓莺、牛含冰、刘颖、陈娜分获市区语文、数学、政治、美术学科优质课评比一等奖，徐崇伟获徐州市学科带头人称号，李忠良、柏松获徐州市青年教学能手称号，陈启景被评为市师德先进个人，吴亚男、孙永庆被评为市第五届"学生最喜爱的教师"。

【素质教育取得好成绩】　2014年，学校素质教育取得好成绩。孟凡最、彭冰获徐州教育好声音K歌大赛冠军，王怡然在金钥匙科技竞赛中获市第一名、省二等奖，张路明、王宇霄获第28届中国化学奥林匹克竞赛全国（初赛）一等奖，张路明入选省队参加化学奥林匹克全国总决赛获银奖，吴海宁、章洪才被选为中国青少年艺术节形象大使，王萧畅、王丽娜分别获全国中学射箭比赛金牌银牌各1枚，校武术操队获市"武术进校园"比赛二等奖。

【校园实现全面信息化】　2014年，校园实现全面信息化。学校教育信息化规划方案获市一等奖。校园网全面升级改版，资源丰富，版面新颖，影响力大增。开通"徐州三中""徐州三中教科研"公众微信平台。建设校园无线局域网，实行重点区域全覆盖。成立首届"e学习"特色班。

【托管工作显示成效】　2014年，学校合并托管第二十九中、第三十中，成立徐州市第三中学云龙实验学校。9月15日，《中国教育报》头版报道学校"托管"经验。12月18日，由徐州三中主办、徐州三中实验学校承办的"自主·共享·成长"教育论坛，在徐州三中实验学校举行，主题为"育人为本 创新发展"，校长赵伟主持，市教育局局长张德超出席论坛并讲话。云龙区教育局、市第三中学、三中实验学校、市树人初级中学、市三中云龙实验学校、市树德中学、三中附属中学(东苑中学)、爱登堡国际学校、沛县张庄镇崔寨中学等单位领导出席论坛。

【群众路线教育实践活动扎实推进】 年内,学校党的群众路线教育实践活动扎实推进。3月16日,学校召开会议制订党的群众路线教育实践活动学习教育、听取意见环节实施办法,细化群众路线活动实施方案。各支部召开专题会,校长赵伟多次发表讲话,校党委中心组多次组织学习。10月28日,学校召开活动总结大会,第三督导组组长张志清、周岩与会。

(撰稿:赵爱武　审稿:王传喜　周　强　钱益民)

徐州市第三十六中学
(江苏师范大学附属中学)

校长、党委副书记　吴启龙
党委书记、副校长　陈　强
副校长　武　梅
党委副书记　孙　莹

【概况】 2014年,徐州市第三十六中学占地面积6.9公顷,建筑面积3.1万平方米。有足球场、篮球场、排球场和400米塑胶跑道,图书馆藏书6.4万册。全年教育经费投入2637.9万元。毕业学生670人,招生973人,在校生3506人。教职工191人,其中,专任教师175人,高级教师67人,市青年名教师3人,市级青年骨干教师11人。2月,小学部被市妇联评为"三八"红旗集体。8月,教育信息化发展规划在市教育局评比中获一等奖。12月,被市教育局推荐参加全国文明单位评比,被授予徐州市绿色学校、徐州市普通高中信息技术优秀教研基地称号。在省中学生信息学奥赛中,汪大森、王聪霖获国家二等奖,汪大森获省一等奖,王聪霖等3名学生获省二等奖,王德瀚等14名学生获省三等奖,另有十几名学生获得市级奖项,初中组获得市普及组团体一等奖,高中组获提高组团体二等奖。5名学生参加中央电视台"希望之星"英语风大赛徐州赛区比赛获金奖,小学部获最佳组织奖。

【加盟"新教育实验学校"】 5月19日,学校加盟"新教育实验学校"。年初,学校与中国民主促进会中央委员会副主席、新教育实验创始人朱永新教授接洽,拟加盟新教育实验学校。经过组织申办,5月19日加盟,7月13日接受授牌。

【组织"学讲计划"教研活动】 5—12月,学校相继组织全校范围的多种教研赛事,推进"学讲计划"的实施。5月,组织全校范围的"微课比赛",22人参赛并获奖。7—9月,组织"学讲计划"论文比赛,30人获奖,论文编印成集。12月,组织"学讲计划"优质课评比,74人获奖。学校对获得一、二等奖的教师颁发"学讲过关"相关证书。

【附小"好"系列活动】 10—12月,附小相继举办"好"系列活动。10月,"附小好起点",为一年级新班主任打造,邀请市教研室左兆军和学校一线优秀班主任与新班主任座谈,拓展德育工作新思路。11月,"附小好声音",通过学生不同风格的演唱,展示学校素质教育的成果。"附小好色彩",由美术教师主办美术作品大赛,全校学生积极参与,作品创意大胆,个性鲜明。12月,"附小好运动",举办每年传统体育项目——全校性跳绳比赛。

【校报《松筠》创刊】 10月18日，校报《松筠》创刊。校报为月刊，面向全校师生、学生家长及关心教育的社会人士征稿。设有“短波台”“点兵”“馨园”“痒痒树”等版面，刊发校园新闻大事、教育教学心得、校园生活、师生文艺作品等。全年出版四期。

【高中部组建学生社团】 4月1日，高中部组建多个学生社团并开展活动。高中部组建橡皮章剪纸社、方舟地理社、合唱团、心理社、延时摄影社、春秋学社、英语社、鲁班技能社、篮球社、舞蹈社、生物社、爱影先声社等十几个社团，开展丰富多彩的社团活动。一些兄弟学校到校参观学习。

【教职工文体中心落成】 5月7日，学校教职工文体活动中心落成使用。学校拨资金装修、配备教职工文体活动中心，包括综合活动室、乒乓球活动室、舞蹈室、健身室、宣泄室，丰富职工生活。同时成立乒乓球协会、合唱团、书法摄影协会、羽毛球协会、舞蹈社团等若干协会，依托教工之家开展活动。

【教师队伍建设成果显著】 年内，学校教师及团队获奖丰硕，队伍建设成果显著。殷成亮获省优秀教育工作者称号，吕理慧、王永臻、丁玲杰分别获市青年名教师、市学科带头人、市教学能手称号，张晓庆获市“最受学生喜爱的教师”称号，严乾、郭奕获市中小学优质课评比一等奖，刘云峰微课比赛获市特等奖、省二等奖，武梅获市教育系统优秀共产党员称号，袁玉香获市优秀班集体辅导老师称号，张汝慧获爱心支持奖，刘兵被评为市学校安全维稳工作先进个人，王淑琴被评为徐州市创绿先进个人，张兴涛辅导省高中化学奥林匹克竞赛3人获省二等奖、5人获省三等奖，李娜辅导省高中生物奥林匹克竞赛2人获省三等奖，杨洋参加市“领航杯”信息技术应用技能大赛获小学音乐组一等奖，徐建、耿露、徐芳获网络团队小学数学组二等奖。

（撰稿：罗　娅　审稿：吴启龙）

徐州市侯集高级中学

校长、党委书记　支乾锋

副校长　张广义　王孝军　周广钦　彭金虎

【概况】 2014年，徐州市侯集高级中学占地18.6公顷，建筑面积14.1万平方米，有篮球场、乒乓球场、体育馆、形体健身房、400米塑胶跑道等基础教育设施，图书馆藏书纸质图书18.3万册，电子图书380吉字节。全年教育经费投入3050万元。毕业871人，招生710人，新疆部学生226人，在校生2759人。教职工397人，其中，专任教师362人，特级教师1人，高级教师124人，市级青年骨干教师9人、学科带头人8人、名教师11人。年内，学校获得16项省市荣誉称号。

【市委书记曹新平慰问新疆部师生】 9月9日，市委书记曹新平及市教育局局长张德超一行到校视察并慰问新疆部全体师生。校长支乾峰陪同曹新平考察教室、办公室、学生宿舍和民族餐厅。曹新平对侯集高级中学在民族教育上所做的工作及2014年第一届新疆班毕业生取得的成绩给予肯定，对预科班83名学生思想稳定工作提出具体要求，对新疆内派教师表示欢迎并询问他们的教学及生活状况，要求教师要关爱新疆班的每一位学生，教学中严格要求，培养出祖国和新疆需要的优秀人才，新疆部的教师要学好维语，提高沟通能力。曹新平在与学生的交谈中指出，无论有什么困难和要求都可以提出，学校和市委全力给予解决，希望同学们在徐州度过愉快充实的四年高中生活，以优异成绩回报新疆的父母。

【承办市征文演讲比赛表彰会】 11月26日，市“两个建设”征文演讲活动总结表彰会议在学校举行。市委统战部副部长陈冠华、市教育局副局长李运生、共青团市委徐子宇、民族宗教事务局副局长程绍传等市领导到会。李运生公布获奖单位和个人名单。侯集高级中学新疆部学生布尔兰的《绿叶对根的情意》、阿曼古丽的《感恩祖国，奋斗吧90后》两篇文章获得市一等奖，另有7名学生的作品获二、三等奖。侯集高级中学获优秀组织奖，被市民族宗教事务局、市教育局授予“民族团结进步宣传教育基地”称号。

【首个国家公祭日活动】 12月13日，校德育处、团委、学生会联合开展“牢记历史、勿忘国耻、凝聚力量、奋斗拼搏”的签名励志活动。校长支乾锋对全体学生寄语：当代青年学生，担负着国家未来发展的使命，只有记住昨天的痛，才能更好地鞭策自己不断前行。学生们向死难同胞献花，踊跃在签名板上签下名字。

【新疆部获“五一文明岗”称号】 9月，学校新疆部获市“五一文明岗”称号。学校承办内地新疆班5年，共有四个年级226名学生，各项工作开展得扎实有序。获省“感恩伟大祖国”演讲比赛教师二等奖、学生三等奖，获市“两个建设”征文演讲一等奖、优秀组织奖，获市先进班集体奖。2014年高考，27名学生考取二本以上院校，其中，一本17人，二本10人。

【与美国欧文高中缔结友好学校】 10月31日，学校与美国欧文高中缔结友好学校。美国欧文高中校长助理萨拉·卡顿尔一行到学校友好访问，他们参观校园、餐厅及新疆部，进入课堂与学生们交流。校长支乾锋与萨拉·卡顿尔就教师培训和交流、学生交流等合作项目进行商谈，并签订缔结友好学校协议。

【举办“学讲计划”校校行展示课】 10月24日，学校在阶梯教室举行市“学讲计划”校校行活动公开展示课。高三数学组教师陈小祥执教高三小专题复习“直线方程与一类条件最值问题”展示课，采用导学案和多媒体相结合的教学手段，强调小组合作，展示交流和质疑拓展，教学目标明确，教学设计针对性强，课堂气氛热烈，学生活动充分，得到校内外专家老师们的好评。

（撰稿：曹桂久　审稿：支乾锋）

徐州高级中学

校长、党委书记　秦晓华
副校长　姚　斌　杜宪刚　文　青

【概况】 徐州高级中学占地面积6.3公顷，建筑面积5.9万平方米。有篮球场10片，标准足球场1片，400米塑胶跑道1个，乒乓球台30副。图书馆藏书近20万册。有自动录播教室、数字实验室、电子阅览室、校园数字影院。全年教育经费投入5526万元。毕业学生1007人，招生899人，在校生2762人。教职工338人，其中，专任教师324人，教授级中学高级教师3人，特级教师6人，高级教师143人，全国优秀教师1人，省有突出贡献中青年专家1人，省人民教育家培养对象1人，市劳动模范3人，市名教师8人，市学科带头人4人，市青年骨干教师21人，市教学能手1人。学校获年度督导考核优秀等次，被评为省教育系统先进基层党组织、省体育工作先进单位、首批省国防教育示范学校、区人口和计划生育工作先进单位。

【晋升为省四星级普通高中】 3月6日，学校晋升为省四星级普通高中。经省教育评估院组织评估、省普通高中星级评估专家评审委员会审定，学校被评为省四星级普通高中。

【设立“永嘉—徐高中校友基金”】 3月25日，江苏永嘉投资控股集团发起设立“永嘉-徐高中校友基金”。首批注入启动资金10万元。所募集的基金，主要用于资助学校贫困学子，添置教学设备，奖励品学兼优学生和为学校作出突出贡献的优秀教师以及其他社会公益事业。市慈善总会副会长张步耳、社会募集部主任闫莉出席协议签字仪式。

【“做学教—自主学习”教学模式展示】 4月10—11日，学校举行“做学教—自主学习”教学模式展示活动。省教研室组织的第10批课题培训会在学校举行，应省教研室要求，学校举行“做、学、教—自主学习”课堂教学模式展示课活动。参加培训会的全体代表及新疆奎屯市教育代表团、江苏师范大学师生400余人观摩13节公开课。

【举办中外青少年暑假文化交流活动】 7月7—30日，徐州高级中学与北京越扬文化咨询有限责任公司、西班牙Best Course教育咨询公司联合举办中外青少年暑期文化交流活动。校长秦晓华、北京越扬文化公司代表王维婷教授、西班牙Best Course代表Richard以及市旅游局副局长侯玉忠出席开营仪式。参加活动的外籍学生大多来自西班牙、美国，住进该校学生家中，通过共同学习进一步了解中国文化，该校学生在活动中也提高了英语交流能力。

【与加拿大肯特学校签约】 10月21日，徐州高级中学与加拿大肯特学校举行深化合作签约仪式。加方校长Ruth Milne由加拿大爱思德教育集团董事长陈乔峰等人陪同到该校，就两校深化合作进行协商并签约。校长秦晓华介绍徐高中国际交流方面的发展状况，陈乔峰就中加国际班近期的教学目标、活动目标作了说明，Ruth Milne介绍加拿大肯特学校的师资情况、课程安排、社团活动、义工活动及中加班学生申请国外大学的方法，并与中加班学生进行互动，向优秀学生赠送礼品。

【“奥运健儿服务大行动”进校园】 11月18日，中国奥委会“奥运健儿服务大行动”足球进校园活动在学校举行。奥运冠军韩晓鹏、孙玉洁、许安琪、李娜等运动员和学生代表谈体育带来的人生乐趣，市政协副主席张爱军、中国奥委会市场开发部秘书处主任王明晏、教育局副局长葛宝堂参加活动，学生们演奏古筝曲《十面埋伏》，并表演太极拳、武术操等。

（撰稿：邓　红　审稿：秦晓华）

徐州市第二中学

校长兼党委副书记 李桂强
党委书记 刘巨达(8月—)
副校长 李卫国 张德志 霍伟东

【概况】 2014年,徐州市第二中学全年教育经费投入2308万元。毕业学生605人,其中,初中69人(学校最后一届初中毕业生,按市政府要求,2011年秋季始,学校由完全中学改办为高级中学),高中536人,高中招生481人,在校学生1476人。教职工155人,其中,教授级中学高级教师1人,中学高级教师61人,省特级教师、市名教师、市级骨干教师17人。年内,学校接受省四星级普通高中专家评估组的现场考察,被省教育厅批准为省围棋文化课程基地,获市师德建设先进集体、市法治创建先进集体称号、市元旦健身长跑优秀组织奖,获省第九届中学生围棋赛高中组团体总分第一名。2014年高考,文化类二本及以上上线人数完成市教育局下达指标的208.8%。占地8公顷的新校区建设,被列为2014年徐州市重点建设工程项目。

【学校应邀访问中国棋院】 2月21日,校长李桂强、副校长张德志应邀访问中国棋院。与国家体育总局棋牌中心主任刘思明、中国棋院国家队领队华学明七段、总教练俞斌九段和男队教练邵炜刚九段等就进一步加强体教结合工作进行交流,李桂强代表学校感谢中国棋院对徐州二中学生——省首个围棋世界冠军芈昱廷及国家队后起之秀马逸超的培养。

【新西兰旺格努伊高中代表团到校访问】 9月29日,新西兰旺格努伊高中(Wanganui High School)代表团一行17人到访学校。学校德鑫社和大成棋院的学生为客人表演琴棋书画及茶艺。举行交流会,介绍各自学校的基本情况,双方就缔结友好学校、增进交流达成共识。

【承办省“教学新时空·名师课堂”活动】 10月10日,学校承办的省中小学教研室组织的“教学新时空·名师课堂(高中数学)”活动,在演播厅现场直播。省教研室网站和凤凰数学网全程直播,最高在线人数达5186人。网络直播过程中,主持人、授课人和3位专家,围绕“自主探究在课堂中的体现”主题展开研讨。省教研室数学教研员、教授李善良,教授级中学高级教师、省特级教师李桂强等专家全程参加直播活动。

【接受省四星级高中现场考察评估】 11月27—29日,江苏省教育评估院专家组对学校进行省四星级普通高中现场考察评估。专家组通过听取汇报、察看校园、查阅资料、随堂听课、观看升旗仪式和课间操、问卷调查、查看学生自主发展展示、观摩教师教育论坛等形式对学校进行全方位的考察与评估。市教育局局长张德超、副局长李运生、基教处处长李进强陪同现场考察。专家组认为,学校践行“守正 出新”的办学理念,朝着“办人民满意的教育”目标迈进。学校工作主要呈现以下五个特点:第一,强师兴校,着力锻造优秀教师团队。教师广泛而深入地参与课题研究,教师队伍形成良好的梯队。第二,立德树人,增强德育实效。学校根据时代发展和青少年成长规律,构建仁爱教育、雅行教育、诚信教育、责任教育等德育系列。第三,深化课改,打造活力高效课堂。“小组合作、学案导学”和“学讲计划”的有机融合,深化课堂教学改革,提高课堂教学效益。第四,弘扬传统,营造儒雅教育特色。学校利用传统文化优势，逐步形成儒雅教育的办学特色。第五，示范辐射，展示兼济天下的风范。学校实行德育学分制评价的经验在徐州、无锡等地德育工作经验交流会上作典型介绍，课堂教学改革吸引兄弟学校的观摩交流。

【芈昱廷获世界围棋混双冠军】 12月17日，在北京举办的2014年世界智力精英运动会围棋混双赛决赛中，芈昱廷获世界围棋混双冠军。决赛在中国、韩国之间进行，高三(1)班芈昱廷和队友於之莹组合代表中国队参赛，中盘获胜夺得冠军，帮助中国队包揽智英会围棋项目全部3枚金牌。

（撰稿：李益群　审稿：李桂强）

徐州市第五中学

校长兼党委书记　赵良斤
副校长　章　春　王运思　陆金寿
工会主席　魏　勇

【概况】 2014年，徐州市第五中学占地面积2.89公顷，建筑面积3.3万平方米。教育经费投入2438万元。学生1527人，教学班37个。高中招生493人，初中停止招生，毕业588人，其中，初中130人，高中458人。教职工148人，其中专任教师141人，市名优教师8人。

【举办市"学讲方式"研讨现场会】 4月14日，学校举办徐州市"学讲方式"课堂教学研讨现场会。学校就推进"学讲方式"课改的探索经验作专题汇报，徐州大市136名教师就推进课改进程中的成效与困惑展开讨论。刘梦甜、孔玉海、刘晓雨、梁薇、秦璐5名教师开设展示课，受到局领导及兄弟学校的好评。

【高考高分段取得突破】 8月，学校高考在高分段取得突破。文化二本以上上线103人。丁驰总分396分，物理A+，化学A，名列全省684名，被南京大学录取。胡子尧数学单科189分，名列全市第18名，被西安交通大学录取。艺术双过线24人。日语班刘家达中考成绩571分，高考日语成绩换算成外语成绩为96分，总分318分，超二本线。韩语班21名学生全部考入韩国知名大学。

【与无锡梅村高中德育交流研讨】 10月31日，学校举办"传承文明、培育品格、滋养灵魂——无锡梅村高中、徐州五中德育研讨交流活动"。梅村高中校长朱益民、书记华继承带领53名教师到学校交流，市委教工委副书记杜耀东到会并讲话，局组织处处长杜涛、基教处处长李进强参加论坛。副校长陆金寿主持论坛，副校长章春作学校介绍，李雪梅老师作校园文化建设汇报，学校11名教师展示德育社团、信息化课堂教学等活动。梅村高中校长朱益民作学校介绍，华继承作《梅中校园文化巡礼》报告，8名梅村高中教师展示德育课程。

【市微课评比取得好成绩】 11月，学校在市微课评比中取得好成绩。学校选拔61节微课作品参加市微课评比，10节微课获一等奖，获一等奖数列直属中学第一，其中5节微课被推荐参加省微课评比。

【信息化教学设备升级】 8月，学校完成所有教室信息化教学设备升级。40间教室全部配备电子白板多媒体教学设备，接入校园网络，引入"班班通"教学平台、"101网校"、联通公司无线网络，500兆字节带宽全校无死角无线覆盖，课堂教学多媒体设施提升到全市领先水平。

【校园改造工程竣工】 12月，学校书院式校园改造三期工程竣工并投入使用。东校门及东围墙仿古改建完工，办公楼加层改建工程竣工，操场风雨主席台、看台和顶棚的网架工程竣工。

（撰稿：王　敏　审稿：赵良厅）

徐州市第八中学

校　长、党支部书记　郭兆峰
副校长　李颖华　晁　虹（2月—）

【概况】 2014年，徐州市第八中学占地面积1.13公顷，建筑面积1.54万平方米，拥有实验楼、乒乓球馆、200米塑胶跑道。图书馆藏书约3.6万册。全年教育经费投入1425.55万元。2014年毕业138人，招生216人，有16个初中班，在校生554人。教职工74人，其中，专任教师66人，特级教师2人，中学正高级教师1人，中、高级教师63人。省“333工程”培养对象1人，市拔尖人才1人，市名校长1人，市名教师2人，市学科带头人2人，市级青年骨干教师3人。3月，获市“五有五好”基层关工委先进集体铜牌。12月，被确认为第十五批市绿色校园。

【举行原九中离退休教职工团拜会】 1月27日，原九中离退休教职工团拜会在学校举行。市教育局副局长李运生，局组织处处长杜涛、副处长高昊，局人事处副处长张甫彬等出席。根据市教育局安排，原九中离退休教职工交由八中管理。

【责任督学常规督导】 2月17日，局直属学校第五督学责任区责任督学仲新元、夏友洲到校进行常规督导。2名责任督学参与学校“学讲计划”大讲堂活动，对“学讲计划”的落实和推进提出指导意见。

【举办“学讲计划”大讲堂活动】 年内，学校举办“学讲计划”大讲堂系列活动。2月26日，责任督学仲新元作“对‘小组合作学习’和‘导学案’设计的思考”专题讲座。3月12日，基教处刘勇作“实施‘学讲计划’需借助两大利器”讲座。3月26日，副校长徐明主讲“对实施‘学讲计划’的常见问题的探讨”，副校长李颖华宣读《徐州八中“学讲计划大讲堂”实施意见》。4月15日，赵红蕊、翁雪梅、殷锐分别开设英语、物理、数学“学讲计划”展示课。4月16日，郭志军开设语文展示课。11月6日，召开”学讲方式“课题研讨会。

【与多所学校开展教学研讨活动】 年内，学校与省内外多所学校开展教学研讨活动。3月14日，睢宁县庆安、苏塘、龙集、下邳中学和新城实验学校80余人到校听课交流。4月10日，新疆奎屯八中4人到校听课交流。4月15日，少华街小学60余人到学校观摩指导。5月20日，青海省校长考察团到校观摩研讨。10月16日，山东枣庄滕州木石中学、睢宁李集初级中学到校听课交流。12月19日，青海省海南州初高中双语教师到学校听课观摩，交流研讨。

【与长三角结对学校举行研讨活动】 12月29日，学校受邀到长三角结对学校扬州市竹西中学参加“e课堂”教学展示暨多元合作教学研讨活动。与扬州、苏州、高邮、镇江、上海、常州、宜兴等地教师进行“同课异构”展示研讨，靳慧娴执教生物学科“食物链”参加展示，课后各学科教师分组进行研讨。南京师范大学教育学博士李如密作题为《课堂教学艺术及其修炼》报告，从课堂教学艺术的认识、构成、新理念、修炼以及解放教师的教学创造力等方面，结合大量具体生动案例进行讲解。

（撰稿：袁敬冉　审稿：郭兆峰）

徐州市第十中学
（徐州市第三中学实验学校）

党支部书记　王建伟
副校长　倪绍刚（主持工作）　孙　华
戴申卫

【概况】　2014年，徐州市第三中学实验学校初三毕业学生90人，招生261人，在校学生559人。教职工64人，其中，专任教师55人，专科及以上学历55人，高级职称28人，中级职称23人，初级职称4人。公办学校支教教师9人，树人中学支教教师4人。市教育局为学校更新广播设备1套，增添白板、投影仪、paid等电教设备，添置教师办公用电脑40台、办公桌椅70套，装备一间录播教室。市第三中学为实验学校安装价值10万元的LED显示屏等硬件设施，资助18万元为各个教室配备格力柜式空调。实验学校在教学管理过程中与树人中学实现“统一管理、统一教学、统一活动、统一考查、统一评价”。初一新生入学教育、暑期军训、运动会、校园文化艺术节等活动均与树人中学学生统一在市第三中学举行，实现优质资源共享。

【实施“托管”见成效】　2014年，学校实施徐州三中“托管”，教育教学工作取得成效。初三中考成绩从2013年市区排名43位上升到27位，进步16个位次。校长倪绍刚在全市初中教学工作会议上作《砥砺奋进求突破　负重前行创佳绩》的经验交流。《中国教育报》9月15日头版头条《一个教育大市的“托管”突围》，介绍学校取得的托管成效。学校重视学生综合素质的培养并取得成绩。初一（2）班章洪才被评为省中学生形象大使。初一（4）班李明浩在省第十八届运动会游泳项目比赛中获少年组第六名。参加市中学生研究性学习课题大赛，取得3个一等奖、10个二等奖。参加全国中学生英语能力竞赛，有7名学生获七年级组市一等奖。参加“领航杯”市第十二届中学生英语口语电视比赛，有5人次分别获初中组一、二、三等奖，学校获优秀组织奖。参加“七彩语文杯”省第十二届“中学生与社会”作文比赛，3人分别获徐州赛区二、三等奖。在省实验教学系列活动之——初中物理综合实践活动评选（初三组）的比赛中，徐州市有18件作品获得省级奖项，其中有学校的7件作品。

【开展“学讲计划”公开课系列活动】　年内，学校开展“学讲计划”公开课系列活动。上半年，共开设3轮校内公开课，对外开设6节大型展示课。学校领导深入课堂听课评课，帮助和指导教师改进教法。开展“学讲计划”公开课研讨交流活动，1月，对支教学校栖山中学开设10节“学讲计划”公开课。3—4月，孙峥嵘、蒋丽芳、陆荣、周均福受市教研室邀请，面向全市在校内外开设“学讲计划”大型公开课。在人人上过关课后，19名教师参与优质课评选。下半年，45岁以下教师全部开设录像课。

【承办徐州三中教育论坛】　12月18日，徐州三中“自主·共享·成长”教育论坛在徐州三中实验学校举行。论坛由徐州三中校长赵伟主持，市教育局局长张德超出席并指导工作。活动分为两个议程：第一个议程为优质课展评，张敏开设英语学科网络实验课，马民开设物理学科“学讲计划”展示课。第二个议程为与会学校围绕“育人为本、创新发展”的主题作交流发言。校长倪绍刚在《创新办学机制 促进优质均衡》的报告中介绍徐州三中实验学校托管一年多的奋斗历程及取得的成果。

（撰稿：马　民　审稿：李文淑）

徐州市第十三中学

校长、党支部书记　刘尚锦
副校长　舒　惠　蔡晓梅

【概况】　2014年，徐州市第十三中学教育经费投入3187.81万元，其中基础建设项目投入487.8万元。馆藏图书17万册，电子图书总量2万册。校园占地面积3.1公顷，校舍总面积2.1万平方米，其中，永安校区为1.4万平方米，和平校区为7742平方米。毕业学生883人，招生929人，在校生2850人。教职工233人，其中，专任教师218人，高级教师74人。5月，学校获市五一劳动奖状。9月，学校被评为市教育系统先进集体。

【教学质量提升】　2014年，学校教育教学质量提升。中考总均分位列市区第7名，高分段考生人数、平均分、高中上线人数全面超越市教育局设定的目标，三项指标均有新突破。

【完成校庆年建设任务】　年内，学校完成校庆年献礼工程的建设任务。8月，办公图书综合楼竣工并投入使用，拆除永安校区行政楼，完成和平校区报告厅改造和机房改建工程。12月，完成永安校区2栋教学楼加固、学生餐厅改建、南院传达室改造及永安校区南院800平方米大理石地面铺设工程，改建3间“教工之家”，为60间教室配备电子白板和多媒体教学设备，更新2个年级的课桌凳，建设无线校园网。年内累计投入约1500万元。

【落实校庆活动方案】　年内，学校落实校庆活动方案。完成校志编撰及修订工作，收集整理实物、文集、图片、视频，编辑制作成电子文献。5月，邀请菏泽市牡丹区第二十一中学领导及“芝兰语文工作室”魏凤英到校开展同课异构活动。11月，邀请省语文特级教师、洋思中学副校长刘金玉和省语文特级教师、泰兴中学教科室专家到校开设观摩课。11月中旬，组织全体学科组长到淮安市清河区开明中学学习课改经验。12月底，举办徐州市第十三中学50年校庆暨2015年元旦迎新晚会。实施校园文化提升工程，逐步制定落实学校文化识别系统。

【创建“智慧大课堂”】　年内，学校依托上海创宏三维一体网络学习平台，建构“十三中家校一体智慧大课堂”。全体师生通过注册登录，建立个人资源空间和学习空间，各学科组上传试题、文本和微课视频，为学生网上学习提供丰富的学习资源，形成课内课外、校内校外、线上线下相结合学习方式。12月1—3日，学校代表徐州市赴北京参加“中国国际智慧教育展览会”布展。

【信息技术应用获佳绩】　2014年，学校信息技术应用获佳绩。4月，在市教育信息化工作推进会上作《在教育信息化平台上再次起航》经验交流。5月，信息、历史两个教研团队在市“领航杯”信息技术应用技能大赛中分获大市第一名，代表徐州市参加省网络团队教研比赛分获省一等奖、二等奖。8月10日，学校信息化团队在“徐州教育信息化在线研讨活动”中获市初中组一等奖，在“首届全国教育信息化区域应用典范推选活动”中获全国教育信息化创新应用先锋学校称号。市教育局奖励110万元用于学校信息化建设。

（撰稿：李　燕　审稿：刘尚锦）

徐州市王杰中学

党委书记、副校长 许庆华（女）
副校长 袁 剑 万 众 闫洪振（9月—）

【概况】 2014年，徐州市王杰中学占地3.9公顷，建筑面积2.2万平方米，图书馆藏书6万余册，全年教育经费投入1990万元。毕业学生584人，其中，初中202人，高中382人。招生539人，其中，初中172人，高中367人，在校生1748人。教职工151人，其中，专任教师146人，省特级教师1人，中学高级教师48人，市级青年骨干教师3人。学校被评为省平安校园、省高等教育自学考试先进集体、市教育系统先进集体、市青年教师培养先进单位、市节水型学校、市五四红旗团委。

【开展群众路线教育实践活动】 3月11日，学校党委召开党的群众路线教育实践活动动员大会。学校党委组织党员干部、普通党员进行不同层次的学习，分层次、分阶段召开教师、学生、家长及社会各界人士座谈会征求意见，召开专题民主生活会。10月29日，召开党的群众路线教育实践活动总结大会。

【与邳州市王杰中学缔结友好学校】 4月22日，学校与邳州市王杰中学缔结友好学校。以“踏寻英雄足迹，践行群众路线”为主题，开展系列活动。5月7日，两校进行异地同课“学讲计划”交流活动。6月20日，两校进行对口处室学习交流活动。

【获江苏省平安校园称号】 4月，学校获江苏省平安校园称号。学校举行安全法治报告会，开展疏散演练活动，制作安全展板84块，在各楼层醒目位置张贴疏散路线图及安全疏导员名单，切实加强安全防范工作。

【获省中学生健美操啦啦操二等奖】 11月21—23日，学校参加省中学生健美操、啦啦操锦标赛获二等奖。学校作为徐州地区唯一一支代表队，在“踏着青春的旋律，舞出生命的风采”为主题的省第十四届“无锡三高中杯”中学生健美操、啦啦操锦标赛中获单项第五名、团体二等奖、体育道德风尚奖和体育道德风尚运动员奖。

【全面实施“学讲计划”】 2014年，学校进行3轮赛课，全面实施“学讲计划”。1月23日，举行“学讲计划”启动仪式。2月15日，进行“学讲计划”教师业务考试。3月6日，启动“学讲方式”一轮赛课，105位教师参与。5月8日，进行二轮赛课，34位教师参加，对“学讲计划”执行效果较好的常丽雅等22名教师予以表彰。5月，在全校学生中开展“学进去，讲出来，考出彩”系列活动。12月16—18日，举行“学讲计划”三轮赛课，各学科教研组精心选拔13名教师参加。

【外籍教师走进英语课堂】 11月18日，学校特邀外籍教师走进英语课堂。美籍教师Dean为师生带来别开生面的英语课。学校将把请外籍教师上课作为校本课程的一个特色科目，持续开展下去，为提高学生英语素养提供学习实践机会。

（撰稿：吴 瑾 审稿：许庆华）

徐州市第二十二中学（徐州市第一中学实验学校）

校　长　朱思超
副校长　朱卫华　程廷伟　闫　励（—1月）
李　辉（10月—）　周　宁（10月—）
校长助理（一中党委任命）　张立明

【概况】　2014年，徐州市第二十二中学占地面积2公顷，建筑面积5805平方米。图书馆藏书3.2万册。全年教育经费投入649万元。初中毕业生55人，招生151人，在校生332人。教职工46人，其中，专任教师42人，高级教师18人，中级教师23人，青年名教师2人。5月，被评为市教育局五四红旗团委，8月，获市级学校教育信息化规划二等奖。

【承办市区教学研讨会】　3月5日、11日，市区初中物理、政治学科"学讲方式"教学研讨会在二十二中召开。市区260多名教师参加活动。吕理慧、欧颖分别开设物理和政治学科观摩课。市教研室程廷伟、邱益民组织研讨活动。

【学生赴撷秀中学学习】　3月23日，校长朱思超、主任张锋带队，九年级55名学生前往撷秀中学学习。《彭城晚报》《徐州日报》、徐州电视台以《二十二中初三学生"转入"撷秀中学》《55名二十二中学生免费赴撷秀初中学习》《徐州教育实施优质教育资源带动战略》为题进行报道。一中校长王志勇认为，二十二中学生赴撷秀初中学习，是"名校带动战略"的体现，旨在推动教育公平。

【"夕拾"课堂开讲】　5月22日，学校"夕拾"课堂开讲。校长朱思超以《教师阅读力：优秀教师应该是个读书人》为题开讲第一课。他建议全校教师要多读书多学习，要让阅读成为自己的生活方式和团队合作的纽带，要用阅读迎接新时代的挑战。"夕拾"课堂为全校教职工提供展示自我的平台。

【魏竹君获局征文奖第一名】　12月5日，八（4）班学生魏竹君的《梦想的路上，有你相随》在市教育局主办的"教育梦 资助情"主题征文活动中获义务教育学校第一名。魏竹君是一名品学兼优的受助学生，她的成长体现学校"树人先树德，成才先成人"的德育理念。

（撰稿：柏发瑞　审稿：朱思超）

徐州市科技中学

校长、党支部书记　刘巨达（—9月）
吴小凡（9月—）
副书记　雷修英
副校长　姚元芝

【概况】　2014年，徐州市科技中学占地面积2.81公顷，建筑面积1.1万平方米。毕业学生417人，招生444人，在校生1348人。教职工101人，其中，专任教师83人，具有硕士学位的教师5人，高级教师31人，特级教师1人，市名教师1人，市学科带头人1人，市青年名教师1人，市青年优秀骨干教师2人，市教学能手2人。学校被评为市教育系统先进集体，获徐州市学校教育信息化规划一等奖。9月，吴小凡获批江苏省第十三批特级教师。

【德育校本教材编撰完成】　2014年，学校德育校本系列教材编撰完成。5月，首套教材《中华传统美德故事》编撰完成。该读本在徐州市德育校本教材评选中获二等奖，编撰工作取得阶段性成果。12月，第二套教材《走进学生心灵》完成编撰工作。

【“助式教学”助力教师】 年内,学校推行“助式教学”模式助力教师成长。10月,学校课改指导手册《“助式教学”解读》编撰完成。11月,学校组织教师运用“助式教学”模式进行市评优课校内预选,选拔9人参加市评优课比赛,其中8人获奖,3人获市一等奖。

【新建教学综合楼】 11月,学校新教学综合楼开工建设。综合楼采用5层框架结构,建成后贯通北综合楼与南教学楼。预计建设规模1699.4平方米,造价306.126万元。

【名优教师增加多人】 2014年,学校名优教师增加多人。吴小凡获批江苏省第十三批特级教师,徐瑾被评为市学科带头人,徐丹丹、丁雪燕被评为市青年优秀骨干教师,邵梦晨、王薇被评为市教学能手。

(撰稿:王 薇 审稿:吴小凡)

徐州市第三十一中学

校长、党支部书记 金建明
副校长 于 欣 张晋良

【概况】 2014年,徐州市第三十一中学东、西两校区占地面积4.12公顷,建筑面积2.64万平方米,图书馆藏书10万余册,报纸杂志140余种,音像资料781件。全年教育经费投入2936万元。毕业学生874人,招生852人,在校生2675人。有教职工204人,其中,专任教师174人,市名校长1人,名教师2人,学科带头人1人,优秀青年骨干教师3人,教学能手1人,市优秀专家、拔尖人才各1人。学校获省青少年航空模型锦标赛综合团体奖第一名、市节水型学校、市三八红旗集体、市教育系统先进基层党组织、市学校教育信息化规划一等奖等14项荣誉称号或奖项。

【为社区青少年提供公益服务】 5月10日,市首家依托公办学校体育设施,专为社区青少年提供公益服务的“滨湖青少年体育俱乐部”揭牌。7月初,“滨湖青少年体育俱乐部”对周边社区适龄青少年发放报名表,从中选出100名青少年,自七月中旬起开展为期15天、每天一个半小时的篮球和乒乓球公益培训,引导青少年远离游戏厅、网吧,培养健康的生活情趣。

【体育设施对外开放】 5月10日,三十一中的体育设施于节假日对周边社区居民开放。社区居民、学生家长到学校运动场,开展形式多样的体育运动。学校通过努力,探索出一条学校体育、群众体育协调发展的创新之路,《徐州日报》、徐州电视台多次进行专题报道。

【编印“学讲预案”】 暑假,学校自主设计编印的“学讲方式课时活页预案”全部投入使用。“学讲预案”分为自主先学—合作助学—拓展导学—检测促学—反思悟学5个环节,合作学习小组科学建制,推进“学讲计划”实施。在听课、评课的基础上,学校从10个维度对“学讲课堂”制订校本评价标准,教师发展中心牵头开展达标验收工作。下半年,教师发展中心完成全部任课教师的听课验收工作,达标率100%。部分教师经过两轮、三轮的磨课,最终达标。

【出台《班主任聘任制度》】 8月30日,学校六届六次教代会审议通过《徐州市第三十一中学班主任聘任制度》。该聘任制度分聘任条件、解聘条件、选聘过程、班主任待遇4个部分。创新性实行“资深班主任制度”,对长期从事班主任工作的教师,根据班主任工作累计年限,发放金额不同的特殊津贴,且在年度考核中给予更为明确的政策倾斜。《徐州市第三十一中学班主任聘任制度》自9月1日开始实行。

(撰稿:沈　瑜　审稿:金建明)

徐州市西苑中学

校　长　赵　苑
书　记　马　毅
副校长　杨江波　李志坚　王海燕

【概况】　2014年,徐州市西苑中学占地面积1.8公顷,建筑面积1.54万平方米,有250米塑胶跑道,图书馆藏书6.8万册。全年教育经费投入1648.5万元。毕业学生633人,招生722人,在校生1927人。教职工139人,其中,特级教师2人,高级教师35人,学科带头人1人,青年骨干教师4人,市名优教师6人,市名教师1人,教育硕士及在读教育硕士19人,20人次获市级以上奖励。4月,获徐州市校园文化活动明星学校称号。6月,获徐州市教育系统先进基层党组织、徐州市第二批创建绿色学校称号。

【“学讲计划”研讨课】　2月24日—3月7日,学校举行语文、数学、英语、物理、化学等9个学科为期2周的“学讲计划”研讨课活动。通过磨课、观课、评课,让教师们了解如何在课堂上落实“学讲计划”,如何使用ABCD卡。12名教师开设研讨课,发挥课改典型示范引领作用。

【组织参观培训　推进“学讲计划”】　2014年,学校组织校长、教师参加各种类型、不同层次的参观培训,推进“学讲计划”落实。组织教师到广州、山东昌乐二中、淮安徐杨中学参观学习高效课堂课改模式,参加徐州市初中信息技术“学讲方式”研讨会、“学讲”课堂评价培训会、第二届全国现代课堂徐州开发区博览会,进行“学讲方式”专家培训4次,校本培训30次,参训人数达到2650人次。

【展出教育信息化展板】　12月1—3日,学校教育信息化展板在中国教育学会主办的“中国国际智慧教育展览会(SmartShow)”展出。学校以“打造基于数据分析的诊断型教学模式”“微课社团”为切入点,通过数字故事、网络、展板、宣传手册等载体展示教育信息化对学校教育教学、科研管理方面的影响。展会现场吸引众多参观者。

【举行爱心义卖活动】　12月31日,学校团委举行以“热心公益,情暖社区”为主题的第四届爱心义卖活动。学生做老板,设摊义卖,总计得到善款6867.5元。义卖善款用于帮助社区孤寡老人和学校的贫困学生,让他们感受到社区大家庭的温暖。举行义卖是学校将“责任教育”作为社会主义核心价值体系融入德育教育系列的活动之一,培养学生的社会责任感。

(撰稿:陈春晓　审稿:赵　苑)

徐州市第三十二中学

校长　郭洪踉
党总支书记　练晓涛
副校长　周　毅　张　强

【概况】　2014年,徐州市第三十二中学占地面积1.8公顷,建筑面积1.3万平方米,新增多功能报告厅、硅PU篮球场和塑胶跑道等功能设施,图书馆藏书2.4万余册。初中毕业202人,招生162人。有教职工55人,其中,专任教师53人,高级职称12人,中级职称33人。

【二期工程项目建设实施】 2014年,学校加快实施二期工程建设。投入350万元,新建2片硅PU篮球场,装修500平方米408座的多功能报告厅,加固1500平方米原实验楼。投入60万元装修教师书吧、大小会议室、学生心理咨询室、录播教室,配齐各种设施设备,提升功能用房品位。投入100多万元,采购会议室报告厅座椅、LED屏、空调、办公桌椅。

【多措并举推进"学讲计划"】 2014年,学校多措并举推进"学讲计划"落实。学校以《教科研简报》为主阵地,刊发相关教学理念、教学案例。请"学讲"办公室负责人为教师开设讲座。举办"学讲计划"公开课、名师示范课、校际交流课,组织教师观摩研讨。通过教研组活动,分析学情、课例,引发研讨,全面铺开"学讲计划"。落实"五课"(巡课、听课、备课、上课、议课)具体要求,建立长效机制。

【提高学生综合素质】 2014年,学校组织各项活动着力提高学生综合素质。组织全校学生军训、"阳光体育"大课间活动。组织学生"走出校园、走进社区、走向社会",进行全员家访,帮助困难学生家庭。开展社会实践、班级文化评比、经典诗文诵读等活动。朱洪宇获第十八届省运会少年组击剑冠军,尹鹏飞获省乒乓球少年组男子单打冠军。学校以"健康身体、健全人格"为目标,以"教学相长、严爱结合、文体并重"为引领,努力塑造"明理懂道、乐善好学"的青少年群体。

(撰稿:胡美英 审稿:郭洪踉)

徐州市第三十三中学

校 长 姚 灿
副校长 董向伟 高昌华 项冬松

【概况】 2014年,徐州市第三十三中学占地面积1.54公顷,建筑面积7451平方米,拥有200米塑胶跑道。图书馆藏书5.4万册。全年教育经费投入1153.91万元。毕业学生442人,招生418人,在校生1255人。教职工92人,其中,专任教师85人,特级教师1人,高级教师23人,市级青年骨干教师1人。5月,学校被评为鼓楼区法治创建工作先进集体。10月,获徐州市"八礼四仪"教育示范校称号。

【接待新疆奎屯市中学教师】 7月5日,学校接待新疆奎屯市第十中学交流考察团,进行教育教学交流研讨活动。校长姚灿介绍学校的办学沿革、学校现状,教科室汇报学校在"学讲计划"工作方面的进展与成绩,电教中心展示学校各主要学科骨干教师制作的微课教学录像,德育处介绍学校德育工作方面的做法与成绩,赵志冉与考察团交流班级工作管理方面的经验。

【教育信息化技术培训】 5月27日,学校邀请市电化教育馆专家张跞、朱强对40岁以下的青年教师及全体管理人员进行课件制作培训。朱强以《为什么—有什么—做什么》为题,介绍学校教育信息化的发展方向。从"学习新的政策导向,把握新的发展形式""建立新的工作、学习思路""做好信息化实际操作工作的准备"3个方面跟教师们进行交流探讨。张跞以《PPT可视化创作》为题,从实际应用操作方面对教师们进行技术培训。

【举行国家公祭日晨会】 12月12日上午，学校全体师生举行国家公祭日特殊晨会。全校师生在《国歌》声中向在日军侵华战争中死难的同胞默哀。校长姚灿以“牢记历史，勿忘国耻”为主题，向全体学生介绍国家公祭日的由来，讲述南京大屠杀的历史。学生代表金彩向全体师生发出倡议，号召共筑“新的中华长城”。

【举行十四岁青春仪式】 6月11日下午，学校团委为八年级全体学生举行“迈入青春门，走好人生路”十四岁青春仪式。450余名学生面向国旗进行青春宣誓，家长们现场阅读孩子给家长的一封信。仪式包括青春誓言、家长寄语、老师祝福、领导导航环节。市教育局团委书记李颖到会。

（撰稿：杨海龙　审稿：姚　灿）

徐州市第三十四中学

校　长　王飞鸣
书　记　刘　洪
副校长　张世栋　徐成林　张黎明

【概况】 2014年，徐州市第三十四中学占地面积3.3公顷，建筑面积2.7万平方米。图书馆藏书4.9万册。全年教育经费投入2463.5万元。毕业学生350人，其中，初中189人，小学161人。招生609人，其中，初中271人，小学338人。在校生2086人。教职工106人，其中专任教师94人。中学部专任教师44人，中学高级教师19人；小学部专任教师50人，小学高级教师20人，中学一级教师4人，中学高级教师3人。市名教师1人，市学科带头人1人，市青年骨干教师1人，市教学能手1人。在江苏省第十八届运动会上，学生罗郑恒毅作为主力队员取得男子佩剑青少年组团体冠军。

【开办新城区经十路小学】 6月底，市教育局决定将新建成的新城区经十路小学交给三十四中开办。9月1日，经十路小学如期高标准开学。市委书记曹新平分别在9月15日和9月29日2次到学校检查工作。

【附小举办庆六一活动】 5月30日上午，学校附小1300多名学生在操场举办庆六一活动。学生们表演串烧“文明礼仪伴我行”、集体舞“放飞梦想”、爵士舞、合唱等节目。学校小百灵管乐团、合唱团、吉他社团和跆拳道等社团展示训练成果 。

【开展理论学习 助推“学讲计划”】 7月1—2日，学校举行第九届教学研讨会暨暑期理论学习活动，就“学讲计划”的理论和操作办法展开学习研讨。

（撰稿：董　升　审稿：王飞鸣）

徐州市第三十五中学

校长、党委书记　王冀宁（女）
副校长　汪建军　尚家勇　李　明

【概况】 2014年，徐州市第三十五中学占地面积1.6公顷，建筑面积2.27万平方米。有200米塑胶跑道的运动场地。图书馆藏书9.7万册。毕业学生606人，其中，初中234人，高中372人。招生529人，其中，初中236人，高中293人，在校生共1706人。教职工172人，其中，专任教师152人，高级教师58人，省“333高层次人才培养工程”中青年科学技术带头人1人，市级青年骨干教师2人，市青年名教师6人，市名教师2人，市学科带头人2人。11月，获徐州市节水型学校称号。王冀宁获江苏省科技校长称号。张尊浩获江苏省科技先进个人称号。

【基建工程取得进展】　年内，学校实施多项基建工程均取得进展。9月10日，学校新综合楼报告厅建成并投入使用。该工程于2013年10月20日动工，工程造价约100万元，设有座椅420个，安装舞台灯光、音响等设施，具备召开大型会议、举办各类演出等多项功能。5—6月，相继建设教师建身房、乒乓球活动室、瑜伽舞蹈多功能训练室。10月，学校完成节水设施改造，全年用水量下降30%。

【学生竞赛成绩突出】　年内，学校多名学生获得各级各类竞赛奖项。4月，张益源获全国中学生生物奥林匹克竞赛国家二等奖，江苏省一等奖。9月19日，在第十八届江苏省运动会中，耿铭泽获得100公斤级柔道比赛铜牌。10月，欧阳李路参加第六届世界传统武术锦标赛，取得女子少年组拳术第一名和女子少年组器械第二名。乔佳俊、胡帅参加2014年“金钥匙”科技竞赛，分别获省特等奖、一等奖。

【教科研工作获多项奖】　年内，学校多名教师获得各级各类教学科研奖项，教育科研工作成果显著。9月，王澍、刘菊分别在省基础教育青年教师高中化学、初中历史学科基本功大赛中获一等奖。9—11月，杨威、郑冬梅等11名教师参加市区优质课比赛，分获一、二等奖。11—12月，高亚东、乔祥敏等5名教师参加省中小学“师陶杯”教育科研论文评比，获一、二等奖。

【教育信息化水平提升】　2014年，学校加大软硬件投入，提升教育信息化水平。9月，新装配2间计算机教室，每位教师配备新型计算机，更新教室内多媒体设备。10月，重新设计校园网站，增加校园网的信息量，完善学校网络安全设备，“三通两平台”建设进入全面应用阶段，教育信息化水平大幅度提高。

【落实“学讲计划”改革课堂教学】　3—12月，学校落实“学讲计划”，推进课堂教学改革。按照“示范引领、一轮研讨，典型推广、二轮观摩，深度推进、三轮实践”的工作计划，各教研组共开设263节次“学讲方式”研讨课，150多名教师参与上课，听评课1000多人次。

（撰稿：陈　卓　审稿：王冀宁）

徐州市第三十七中学

校　长　程友平
书　记　戴世荣
副校长　邱志宏　杨　倩

【概况】　2014年，徐州市第三十七中学占地面积2公顷，建筑面积1.9万平方米，有塑胶跑道运动场、篮球场等，图书馆藏书8.9万册。有42个班级，在校学生1556人，其中，高中1067人，初中489人。高三毕业382人，高一招生344人；初三毕业181人，初一招生144人。教职工176人，其中，专任教师156人，教授级高级教师1人，中学高级教师69人，中级教师74人。学校为省三星级高中，被评为省平安校园、省学生军事训练先进单位、市田径传统项目学校、市艺术教育先进单位。

【推出“开放课堂”】　2月24日，学校推出第一批贯彻实施“学讲计划”的“开放课堂”。学校制定《三十七中关于实施“开放课堂”的意见》，培育典型，抓好示范引领。徐静、高原、张宏颖、于爱琴、徐峰5位教师经过个人申报、部门推荐、领导小组考核后，被确认为首批“开放课堂”的执教者。学校要求每人听“开放课”至少10节，每周开展一次研讨活动，活动情况在校园网上公布。

【创建“青少年绿色联盟”】 6月1日，学校环境小记者团与曾分别获联合国环境保护“全球500佳”的鄂湘两校，组建“青少年绿色联盟”。第三十七中学环境小记者团、武汉大兴路小学红领巾监测站、长沙望月湖二小“红领巾爱我家园”环保小组，在武汉成立鄂、苏、湘三地“青少年绿色联盟”，并联名倡议为全国青少年儿童设立“青少年环保节”，倡议书通过环保部转交全国人大常委会。环保部为“青少年绿色联盟”的成立发贺电，希望该联盟推动环境教育进学校、进课堂。

【推行“学生行为积分卡”】 9月1日，学校推行“学生行为积分卡”，开展“赏识教育”。学校统一制作“学生行为积分卡”，全校教师根据学生表现随时发放。学生成绩显著、竞赛获奖、表现优异可以获得积分卡，助人为乐、遵章守纪、文明礼貌、孝敬长辈、知错就改、作业认真等也可以获得积分卡。学校还同步建立学生赏识卡档案，学生积分被记录在档，每月向全校公布一次，总积分与学校每学期颁发的“行知奖学金”挂钩。学校遵循“包容、赏识、超越”的教育理念和春风化雨、润物无声的施教原则，实施人性化、规范化、精细化管理，发现学生的每一个闪光点，激励每一个学生进步。

【省运会立功】 10月31日，徐州市委、市政府召开省第十八届运动会总结表彰大会，第三十七中学被授予竞赛工作集体三等功。在省第十八届运会上，三十七中学生参加田径、篮球、射击、举重等项目比赛，获得2枚金牌、1枚银牌、3枚铜牌。学校承办省运会青少年体育文化交流“射击体育文化交流活动”，校友王正等3名射击世界冠军与同学交流互动，传播体育文化，弘扬体育精神，教授体育技能。

【承办局“学讲计划”推进研讨会】 12月23日，市教育局在三十七中举行直属学校“学讲计划”推进研讨会。各校分管领导和教师150余人观摩三十七中高原、吴秋叶、徐静的“学讲计划”公开课，听取校领导就贯彻落实“学讲计划”的经验介绍，现场互动交流。市教育局副局长李运生，教研室主任何振国、副主任李秋颖和部分教研员出席会议。李运生对三十七中推进“学讲计划”取得的成绩给予肯定。

（撰稿：王志强　审校：程友平）

徐州市东苑中学
（徐州市第三中学初中部）

校长、书记　吴国方
副校长　赵　晖（女）

【概况】 2014年，徐州市东苑中学占地面积2.18公顷，建筑面积1.88万平方米。有实验室5个、硅PU篮球场4片、300米塑胶跑道。图书馆藏书2.1万册。在校学生1900多人。教职工123人，其中专任教师117人。学校被评为省体育工作先进学校、省体育传统项目学校、市教育系统先进集体、市依法治校示范校。学校网站在省优秀校园网站评比中获一等奖，女子足球队在省第十八届运动会上获女子丙组亚军。2014年中考，市区位次提升4个位次，优分率超过30%，升学均分超过市区均分，四星级高中上线率创新高。

【被评为依法治校示范校】 年初，学校被评为徐州市依法治校示范校。学校重视依法治校工作，实行校长负责制，成立依法治校领导小组。组织教师学习《义务教育法》《未成年人保护法》，增强法律意识。依法制订《学生申诉制度》，健全对学生处分的程序方法和步骤。设立校长信箱，公开监督电话，接受群众和社会的监督。成立家长委员会，听取家长意见。

【"学讲计划"竞赛取得好成绩】 年内，学校推进课堂教学改革，19人次在各类"学讲计划"竞赛中获一等奖。2人在省评优课和基本功大赛中获奖，5人获市区评优课一等奖，多篇论文发表并获奖。学校信息化建设助力"学讲计划"落实，创建各类教学资源23252件，人均创建资源221件，位居市直管初中第一位。开发微课资源167件，点击量上万次，微课作品获全国三等奖1次、省一等奖1次、市一等奖4次。

【学生社团建设】 2014年，学校为给学生搭建自我展示的平台，推进学生社团建设，创建品牌社团。有心翼诗社、韵动舞社、书画社、跆拳道社、航模社、广播社、创意手工社、微课社等15个社团。学校投入大量人力物力，创设社团活动条件，扩大活动范围，提升活动水平。定期对指导教师进行专项培训，明确活动要求。学生社团成为校园文化生活的重要组成部分，得到社会各界的赞誉。

（撰稿：张琳琳　审稿：吴国方）

中国矿业大学附属中学

党总支书记、校长　王健鹏
副校长　宣　炜　张　诚　罗永奇

【概况】 2014年，中国矿业大学附属中学初中毕业235人，高中毕业212人，初中招生322人，高中招生222人，在校学生1578人，有30个班级。教职工109人，其中，专任教师85人，正高级教师1人，高级教师53人，一级教师17人。

【教科研成果显著】 2014年，学校教科研工作成果显著。2项省级课题1项结题，1项完成开题论证。3人在市网络团队教研比赛中获一等奖，1人在市区优质课评选中获一等奖，2人在市信息化教学能手比赛中获市区一等奖，3人在市"科研杯"论文评选中获一等奖。7项物理优秀综合实践活动获省教育厅表彰，语文教研组指导学生在全国语文规范化知识大赛中获佳绩，英语教研组指导学生在市英语口语比赛中获市区高中组一等奖。2人分别被评为市青年名教师、市学科带头人，1人被评为省特级教师和正高级教师。

【"学讲计划"系列教研活动】 2014年，学校举办"学讲计划"系列教研活动。邀请专家开设专题讲座，到歌风中学、海头中学学习，举办优质课评选、青年教师汇报课展示研讨等活动。

【举行十四岁青春仪式】 5月3日，学校为初二学生举行十四岁青春仪式。300余名学生和家长参加主题为"成长、感恩、责任"的十四岁青春仪式。徐州电视台、《都市晨报》《徐州日报》等多家新闻媒体报道活动内容。

【开展系列校际交流活动】 2014年，学校与国内外多所学校展开系列交流活动。2月21日，高中教师赴歌风中学观摩学习。3月20日，与澳大利亚科若娃女子学校访问团进行会谈，双方签署合作备忘录。5月13日，青海省海南州第一民族高级中学校长、教师访问学校，双方就开展手拉手帮扶活动、师资培训工作达成初步协议。5月25日，北京大学附中党委书记一行访问学校，双方就教育部直属高校附属中小学办学特色、办学优势、发展瓶颈、发展思路及双方合作进行交流。6月12日，美国爱荷华大学孔子学院院长一行访问学校，双方共同探讨高中生交换合作项目。6月19日，初三、高三教师到海头高级中学学习交流。7月6日，江苏师范大学附属实验学校领导到学校座谈交流。9月2日，学校与澳大利亚蒙特克里尔中学就两校合作方式、师资引进与培训、办学目标等方面进行初步磋商。9月26日，由国家汉办主办、中国矿业大学承办的2014“汉语桥—澳大利亚中学生秋令营”到学校，18名澳大利亚高中生与学校学生一起学习汉语、中国书法等传统课程，参加武术操操练。

（撰稿：杜　茜　审稿：王健鹏）

徐州市撷秀初级中学

学校负责人 陈　雷
教学校长 姜竹梅
德育校长 王友强

【概况】 2014年，徐州市撷秀初级中学占地面积6.5公顷，建筑面积3.6万平方米。在校学生2929人。教职工180人，其中，专任教师158人，高级教师8人。年内，有4人中考总分位居大市前四名、6人位居全市前十名，近70%毕业生考入四星级以上高中。学校获全国家庭教育实验研究基地、江苏省第二十五届金钥匙科技竞赛徐州赛区先进单位、江苏教育民间国际合作与交流先进集体、国家级全国语文教师专业化发展工程基地校、全国自分教学示范学校等称号。

【“自分教学”培训】 3月29日起，学校举办全市小学生“自分教学”培训体验活动。学校利用双休日，面向全市六年级小学生开展公益性质的“自分教学”培训与体验活动。活动分为专题学习、实践体验、素质拓展3个部分。全市2460余名小学生参加体验活动。

【理科拔尖班创新人才试点班签约】 4月15日，学校与徐州市第一中学理科拔尖班创新人才试点班签约。签约学生由学校推荐和徐州一中教学处招生升学办公室成绩测试与考查，签约后可享受多项权利。

【开设社团活动课】 10月18日起，学校每周五下午开设学生社团活动课。学生根据自己的兴趣爱好选择课程。共开社团课48节次，初一初二年级共1854名学生通过网上选课参加社团活动。

【全国机器人大赛获奖】 11月6—10日，学校3名学生参加在北京市石景山体育馆举行的全国机器人大赛获奖。参加第十六届国际机器人奥林匹克竞赛（16th IRO）暨国际机器人世界杯（WRO）比赛的代表队来自世界20多个国家和地区，选手1300余人，在中学组搜救赛中，赵怡然在获得金牌，杜尚骞、邵子强获得铜牌。

【参加“自分教学与当代课堂教学多样化”研讨会】 12月6—7日，学校18名各学科教学骨干教师参加“自分教学与当代课堂教学多样化”研讨会。校长姜竹梅作交流发言，宋勤岭开设历史示范课。学校共选送5节录像课，王振、宋勤岭、许海英获一等奖，魏兵役、韩霄获二等奖。

（撰稿：许遵宝　审稿：陈　雷）

徐州市树人初级中学

校长、书记　都晓明
副校长　陈玉明　赵银鹤
副书记　倪绍刚

【概况】　2014年，徐州市树人初级中学占地面积约0.65公顷，建筑面积9600平方米。有36个初中班，在校生2286人。教职工123人，其中，专任教师110人，中学一级教师47人，高级教师9人，研究生学历教师5人，共产党员38人。4月，学校首间录播教室完成验收并投入使用。9月20日，初三(4)班学生江玉栋捡到人民币27900元，上交派出所。

【中考优分率提升】　2014年，学校毕业班学生中考总均分位列全市第二名，优分率提升。全市前10名3人，前100名24人，过一中录取分数线102人，过三中录取分数线235人。优分人数151人(文化科594分以上)，教研室公布的优分率比去年提升6个百分点，低分率为零。均分位次由2013年的第5名升至第2名。邓钦文、李子中被南大少年班录取。

【教师职业道德建设】　2014年，学校加大力度抓教师职业道德建设。学校集中学习《教师职业道德条例》，邀请市教育局督学苏开育到校作“师德——教师的第一标准”讲座，设立违反师德举报信箱，制订违反师德惩罚措施，接受社会监督。

【赵伟作教改专题讲座】　4月20日，徐州三中校长赵伟应邀到校作“落实‘学讲计划’，完善‘共享成长’的教学模式”讲座。赵伟从课堂教学现状、有效教学的概念、有效教学的构建3个方面进行讲解，推进“学讲计划”进程。

【“文武双全”特色办学】　2014年，学校“文武双全”特色办学收获成果。“文”指书法，“武”指射箭。学校被授予江苏省书法水平等级证书考试优秀学校称号。初二(10)班学生王潇畅在江苏省第十八届运动会射箭比赛中获男子乙组团体亚军，在30米距离以347环打破省运会纪录。学校射箭队参加全国重点中小学射箭比赛获得男子丙组团体冠军。

【“感恩教师”活动】　9月10日，学校团委、少先队、红领巾广播站联合举办第二届“说出你的爱”教师节特别活动。学生精心制作卡片，写下教师节祝福语，通过校园广播送到每位老师心中。

（撰稿：宗培红　审稿：都晓明）

徐州树德中学

校长、书记　刘怀德
副校长　任义侠　王建民

【概况】　徐州树德中学创办于2012年，为民办学历教育初级中学，校址位于祥和路7号。2014年，学校占地面积1公顷，3个年级，18个班，在校学生880余人。教职工58人，其中，专任教师50人(全部为中青年)，本科学历44人，硕士研究生学历6人，中共党员24人，行政人员8人。学校实行董事会领导下的校长负责制。董事长孟超是热心教育事业、有奉献精神的民营企业家、共产党员，鼓楼区人大代表。校领导班子成员均为资深教育工作者，享有市首批名校长、全国优秀教师、江苏省先进教育工作者、江苏省特级教师等称号。办学宗旨：办人民满意学校，育国家栋梁之才。办学思路：小规模，中班额，高质量，有特色，办精品，铸品牌。目标远景：三年办成热点，六年铸就品牌。在4次期末统考中，学校人均总分均名列全市第一。参加省无线电科普知识征文、初中数学竞赛和全国奥林匹克英语能力大赛，均取得好成绩。3个年级组队参加市元旦健身长跑，均获得优秀组织奖。2014年，学校获徐州市五一劳动奖状。

【学校管理抓“三管”】 2014年，学校领导班子在学校管理上抓“三管”。管方向：加强党的领导，坚持社会主义办学方向不变，全面贯彻教育方针不变，实施素质教育不变。管队伍：突出“以德治校”特色，加强师德建设，广大教师爱岗如痴，爱校如家，爱生如子。管质量：秉持“育人至上、质量第一”理念，抓好课堂教学，提高学生学业成绩，重视思想品德和社会主义核心价值观教育、基础文明养成教育，培养学生高雅的行为习惯、科学的学习习惯、健康的生活习惯，在校做好学生，在家做好孩子，在社会上做好公民。

【课堂教学改革】 年内，学校课堂教学改革实施“三步曲”，构建课堂教学基本模式。“三步曲”即抓好集体备课、上课听课、集体评课，人人打磨“功夫课”“智慧课”，努力提高常态教学质量。学校推进教学改革，研究构建“1自学、2互学、3问学、4讲解、5小结、6反馈”的课堂教学基本模式，不断提升课改水平。

【校园文化建设】 年内，学校致力于“书香校园、快乐校园”文化建设。开展第二课堂活动：每周“时政学习”“每周一歌”，语文阅读课开展课外阅读、普通话演讲比赛、诗歌朗诵，举办信息技术辅导、保健知识讲座、学科知识竞赛、各项体育比赛，举办校园文化艺术节、“红五月”校园歌曲合唱比赛等。

（撰稿：徐德顺　审稿：刘怀德）

徐州市特殊教育学校

校长、书记　裴洪光

副校长　李之刚　张吉峰　张文豹　鲍红安

【概况】 2014年，徐州市特殊教育学校占地面积3.1公顷，建筑面积2.93万平方米，有200米塑胶跑道，图书馆藏书1.7万册。全年教育经费投入2490万元。毕业学生70人，其中，小学32人，初中16人，高中22人。招生92人，其中，小学58人，初中9人，高中25人，在校生586人。教职工139人，其中，专任教师106人，高级教师15人，市名校长1人。3月，获省教育国际交流合作工作先进学校、省健康促进学校称号，5月，获省节水学校称号。

【“学讲方式”达标过关课】 12月，学校举行“学讲方式”达标过关课活动。第一轮赛课，学校有1/3的教师“学讲方式”课达标过关。

【听障生剪纸作品赴美参展获奖】 12月11日，学校听障学生杨明天的剪纸作品赴美国参加展出并获奖。杨明天的剪纸作品《神镜》参加2014年中美青少年艺术作品交流展出评比，获一等奖。

【口腔修复课程获立项】 4月，学校《口腔修复工艺职业技术课程》获市教育局立项。该课程符合听障生的学习特点，学成后可拓宽残疾人的就业渠道。

【参加省残疾人运动会获奖】 9月，学校听障学生参加省第九届残疾人运动会获得多块奖牌。参赛学生获得金牌5块、银牌4块、铜牌3块。

【被命名"国家级残疾人职业培训基地"】 3月13日，学校被中国残疾人联合会命名为"国家级残疾人职业培训基地"。学校开设计算机应用、字画装裱、剪纸、中西面点、口腔修复、按摩、钢琴调律、器乐等专业，为学生就业和培训社会各类残疾人提供职业培训平台。

【获全国环境教育示范学校称号】 12月，学校被全国环境教育示范学校推选委员会、《环境教育》杂志社评为2014年全国环境教育示范学校。裴洪光、朱树林获2014年全国环境教育示范学校突出贡献人物称号。学校开展多种环境教育活动，营造热爱自然、保护环境的氛围和风气，培养残疾学生树立环境道德观念和行为规范，促进残疾学生树立对地球、人类、资源的积极态度和可持续发展观念。

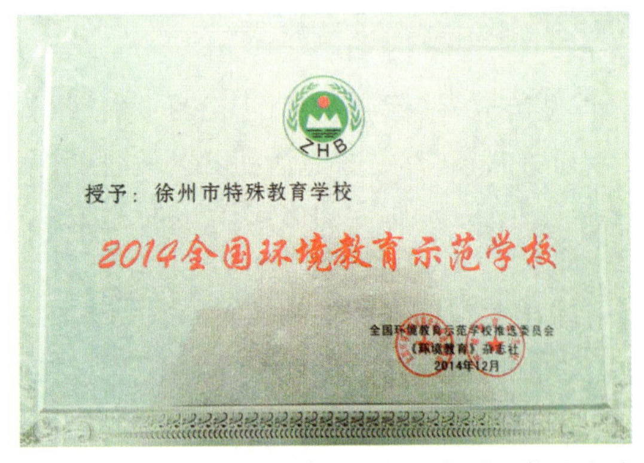

（撰稿：朱树林　审稿：裴洪光）

徐州市彭城培智学校

校　长　韩汝芬
副校长　洪小云
工会主席　王　娟

【概况】 2014年，徐州市彭城培智学校占地0.14公顷，建筑面积1440平方米，有校办工厂、学生餐厅各一个，图书馆藏书4700册。学生就业6人，在校生135人，其中男生97人。教职工32人，其中，专任教师22人，辅教教师6人，高级教师3人，市名教师1人。

【骨干教师省级培训】 4—11月，学校派多名骨干教师到南京参加省级各种业务培训。4月，姚晓允参加省特殊教育师资培训中心开办的"感觉统合培训班"学习，张成侠、袁静参加江苏省培智学校课程建设骨干教师培训。5月，李影参加省"心理治疗在特校课程教学中的应用培训班"学习。9月，洪小云参加省特殊教育学校校长培训班学习。10月，洪小云、王清兰参加爱德基金会"自闭症国际研讨会"。11月，王璇参加省特殊教育师资培训中心"多重重度障碍培训班"学习。培训方式有听讲座，实际操作，互动交流，业务考核等。

【民营企业资助粉刷校舍】 9月1日，陶氏公司、立邦公司出资帮助学校粉刷的校舍投入使用。工程包括粉刷外墙并设计墙面图案，工期在暑假开工并竣工。

【市慈善总会捐赠多媒体设备】 5月16日，市慈善总会向学校捐赠多媒体设备。市慈善总会捐赠善款，学校作出报告计划，上报购买配备设施，市慈善总会派人检查指导工作，给每个班级配备电脑、投影仪等多媒体设备。

【加拿大“蓝丝带”代表团访问学校】 8月4—6日，加拿大庞燕女士率“蓝丝带”代表团访问学校。代表团与学生互动，作访问交流。捐赠外文图书200册，资助学校2名贫困学生一学年的助学金，每人3000元人民币。随行广东记者在《侨时代》发表《飘扬的蓝丝带——我在徐州见过的人和事》对学校做出的成绩作系列报道。

【建校25周年庆典活动】 9月19日，陶氏和立邦公司策划主办学校创办25周年暨新校舍建成10周年庆典活动。中外嘉宾、有关市领导，《中国日报》、徐州电视台等媒体参加庆典活动，徐州电视台综合频道报道庆典活动，《中国日报》报道学校取得的成绩。

（撰稿：郭苏瑶　审稿：韩汝芬）

职业教育和社会教育

·职业教育·

【概况】 2014年，徐州市职业教育创新发展实验区建设全面推进，取得新成绩。全市统筹推进现代职教体系建设，加快职教集团建设，加强现代化职业学校创建，提升品牌特色专业、示范性实训基地内涵建设水平，开展普职融通调研等重点工作，举办职业教育技能、创业、班主任系列大赛，完成各项工作任务，为振兴徐州老工业基地、建设区域性教育中心做出新贡献。

【现代职教体系建设有新进展】 2014年，徐州市现代职教体系建设有新进展。全市成功申报中职与高职（“3+3”）、中职与本科（“3+4”）和高职与本科（“3+2”）分段培养项目29个，牵头院校与合作院校签订合作协议书，明确各方责、权、利，优质教学资源向试点项目倾斜，加快建设以学制衔接为根本，以课程衔接为核心，以招生考试制度改革为支撑的中职—高职—本科贯通衔接、协调发展的现代职业教育体系。

【职业教育基础能力建设跃上新台阶】 2014年，全市职业学校克服困难筹措资金，加大基础能力建设投入。铜山中专新体育场和体育馆落成，邳州中专新校区占地17.3公顷、建筑面积7万平方米的改造工程完成，新沂中专建成2.8万平方米的6栋实训楼，丰县中专新校区占地31.3公顷的主体工程竣工，机电高职校贾汪校区改造工程、云龙校区教学综合楼基本完工。市中等专业学校校企共建的润东汽车学院、财经高职校电子商务实训基地、经贸高职校现代物流实训基地、医药高职校护理综合实训楼、机电工程学校6000万元校区改扩建工程、江苏模特艺术学校艺术中心、沛县中专实训楼、保安学校武术馆、邳州车辐中专综合实训楼等竣工使用。年内，全市职业院校创建省品牌特色专业10个，创建省高水平示范性实训地10个。至年底，建成省品牌专业、特色专业44个，省级高水平示范性实训基地33个，建成数量全省领先，江北第一。

【市级职业教育集团建设有新突破】 2014年，完成徐州现代农林、先进制造、现代商贸3大职教集团筹备工作。召开徐州先进制造职业教育集团成立大会。年内，创建省高水平现代化职业学校3所，徐州财经高职校、徐州经贸高职校、市技师学院通过国家改革发展示范职业学校验收评估，促进全市职业教育提档升级，跨越发展。

【职教招生规模保持相对稳定】 2014年，由于生源锐减、县区普高死档线偏低等因素制约，徐州市职业教育招生遇到前所未有的困难，各级教育行政部门和职业院校克服困难，职教招生规模保持相对稳定。市教育局主动开拓宣传渠道、丰富宣传形式，在徐州教育网上开辟职教之窗，刊登写给家长及班主任的一封信，并将各校的网址及招生计划向社会公布，加大职教招生宣传的力度。同时召开县区、市区分管职教的局长、中高职校校长座谈会，严禁有偿招生行为，规范中职招生秩序，确保职业学校招生工作“公开、公平、公正”，维护广大初中毕业生合法权益。面向往届初中毕业生、退役士兵、普高毕业生、返乡农民工招生，拓宽招生对象与范围，2014年全市职业学校招生4.23万人，超额完成省下达的招生任务，在校生保持在11.6万人以上。

【职业技能大赛成绩优异】 3月，徐州市组队参加全省职业院校技能大赛，取得优异成绩。全市417名选手参加在13个大市举办的14大类69个项目的全省职业院校技能大赛，徐州市代表队夺得金牌36块、银牌72块、铜牌112块，总成绩364分，位列全省第五，连续6年蝉联江北第一。6月，江苏省徐州机电高职校承办全国职业院校技能大赛煤炭安全项目的比赛，获得中高职6块金牌，总分位列全国第一。徐州市各职业院校按照抓好校赛普及的精神，鼓励教师参赛，促进赛教结合，切实做到学校、专业、教师、学生“四覆盖”，引领大赛向更高水平发展。

【首届班主任基本功大赛】 9月，徐州市举办首届职业学校班主任基本功大赛。全市各职业学校90名优秀班主任参加比赛，为进一步探索新形势下班主任队伍建设的新途径、新方法和班主任专业成长搭建了平台。

【创业教育大赛】 2014年，市教育局与北京光华基金会合作，共同培养创业教育师资42人，在10所职业学校推广创业教育课程，全年受益学生2000余人。90名在校生开展创业实践，30名优秀学员参加2014年光华创业精神大奖赛徐州地区复赛暨全市职业学校学生商业计划书大赛。铜山中等专业学校学生郑淑瑶代表徐州参加全国总决赛，获光华精神大奖。

·技工教育·

【概况】 2014年，徐州市技工院校招生8105人，其中，技师、预备技师180人，高级工2875人。毕业6268人，当年就业6108人，就业率97.4%。在校生22221人。教职工1594人，其中，文化技术理论教师875人，生产实习指导教师312人，一体化教师399人。全年培训社会人员20733人。徐州市技工院校的招生培训工作受到省人力资源和社会保障厅的表彰。

【评选表彰优秀教师、教育工作者】 9月10日，经过院校推荐、市级评审，徐州市人力资源和社会保障局出台《关于表彰2013—2014学年徐州市技工院校优秀教师、优秀教育工作者的通知》，评选出20名优秀教师、10名优秀教育工作者。

【评选表彰优秀学生】 7月4日，经学校推荐，市级评选，徐州市人力资源和社会保障局出台《关于表彰2013—2014学年徐州市技工院校优秀学生的通知》，授予100名学生“2013—2014学年徐州市技工院校优秀学生”称号。

【举行校园体验日活动】 7月5—6日，徐州市人力资源和社会保障局在全市技工院校举办“徐州市首届学生职业体验日”活动。活动主题为“体验职业、搭建兴趣、明确方向”，徐州市各技工院校选择高技能人才培养示范专业、办学重点专业和特色专业，开放实训中心，开展职业项目体验，部分技工院校与校企合作单位联合组织职业体验活动。活动期间，有上万名中小学生、求职青年以及学生家长、教师到技工院校实地参观体验。

【加强师资队伍培训】 2014年，人力资源和社会保障局组织全市技工院校教师参加各类师资培训，加强师资队伍建设。全年共安排30名教师参加省组织的师资培训，4名教师赴德国研修。

【示范专业、精品课程、教学名师、重点专业和专业带头人评选】 2014年，市人力资源和社会保障局组织开展示范专业、精品课程、教学名师、重点专业和专业带头人评选创建活动。经过院校申报、专家评审、实地考察和网上公示，确定徐州市技工院校示范专业4个、精品课程12门、教学名师8名、重点专业2个、专业带头人13名。经江苏省人力资源和社会保障厅评审，确定江苏省技工院校示范专业1个、特色专业1个、精品课程4门、教学名师2名、重点专业5个、专业带头人10名。

【教师专业技术资格评审工作】 2014年，徐州市技工院校有8名教师通过技工院校教师高级专业技术资格评审，23名教师通过中级专业技术资格评审，11名教师通过初级专业技术资格评审。

【创建2所技师学院】 12月10日，省政府批准在徐州工程机械高级技工学校基础上建立徐州工程机械技师学院、在徐州机电高级技工学校基础上建立徐州机电技师学院。

【承办第六届数控技能大赛】 8月22—23日，江苏省徐州技师学院和江苏工贸技师学院承办了第六届数控技能大赛徐州选拔赛，并承担徐州代表队集训工作。

【创建省高技能人才专项公共实训基地】 2014年，江苏省徐州技师学院建筑工程专业被评为江苏省高技能人才专项公共实训基地建设项目。

（撰稿：王兴博　审稿：路保军）

·成人教育·

【概况】 2014年，市教育局推进社区教育和农村成人教育工作，对全市各地社区教育中心建设情况进行督导检查，推动全市社区教育和农村成人教育工作的开展。实施“现代农民教育工程”“中青年农民培训工程”和“教育富民五项行动”。市教育局以社区教育为抓手，构建终身教育体系。至年底，全市有省级社区教育中心40个，市级社区教育中心80个。省级农科教结合示范基地13个，市级农科教结合示范基地25个。

【推进社区教育和农村成人教育工作】 2014年，市教育局继续推进城乡社区教育中心建设。依托职教中心在县（市）、区创建省级标准化社区培训学院1所，创建省级乡镇（街道）社区教育中心4个，高水平省级农科教结合示范基地1个，省级居民学校28所。

【督察社区教育建设情况】 4月、7月，市教育局组织有关人员对部分县（市、区）乡镇和云龙区、鼓楼区、泉山区社区教育中心建设情况进行督导检查。通过对各社区教育中心设施设备情况、农民学历技能双提升开展情况、财政社区教育经费预算拨款情况、社区教育网站建设开展情况、老年教育开展情况的督察，推动全市社区教育和农村成人教育工作。

【实施社会教育 培训工程】 2014年，徐州市继续实施“现代农民教育工程”“中青年农民培训工程”和“教育富民五项行动”。截至年底，全市农村劳动力转移培训6万人（含“两后双百”培训2万人），农村实用技术培训30万人次，中青年农民技能学历双提升4050人，社区教育培训120万人次。全员培训率达33.14%，年培训率达54%。全市老年大学（学校）和各类社区教育机构共开展各类老年教育培训近63万人次，全市五县（市）六区老年教育网络基本形成。

【构建终身教育体系】 2014年，市教育局以社区教育为抓手，构建终身教育体系。至年底，省、市级乡镇（街道）社区教育中心占乡镇（街道）总数的比例分别达到30%和75%，依托乡镇成人教育中心校创建的省、市级农科教结合示范基地占乡镇总数的比例分别达到18%和50%。市—县（市）区—乡镇（街道）—行政村（居委会）社区教育、成人教育和老年教育的三级教育培训网络正在逐步形成，以社区教育为抓手，构建终身教育体系的工作正在推进。

（马国桥）

徐州市中等专业学校

校　长 吕建春

副校长 张晓元（兼党委副书记）　李普春
杜培恩　闫　励（1月—）

【概况】 徐州市中等专业学校占地13.5公顷，建筑面积6万平方米，有400米塑胶跑道，图书馆藏书10万余册。教育经费投入3202.8万元。招生381人，毕业学生275人。有教职工212人，其中，专任教师174人，研究生学历（学位）20人，高级教师78人，“双师型”教师83人。开设汽车维修、机电一体化、计算机及应用、财会4大类16个专业，有省级示范专业3个，市级示范专业3个，省级实训基地2个。学校为省四星级中等职业学校，省高水平现代化职业学校培育单位。

【实训基地建设取得进展】 2014年，学校实训基地建设取得进展。省级汽车高水平示范性实训基地、机电楼宇智能实训基地完成600余万元设备采购、建设任务。

【技能大赛创佳绩】 10月，学校在“2014年徐州市职业学校技能大赛”中创佳绩。学校在技能大赛中获得3枚金牌、8枚银牌、10枚铜牌，总成绩排名上升3位，创学校近年技能大赛最好成绩。石勇老师及杜宏伟等9名学生代表徐州市参加2015年省级技能大赛。

【师资培训工作】 2014年，学校重视培养骨干教师。选派7名教师参加省级骨干教师培训，5人参加“英特尔未来教育专题课程—21世纪教育信息化领导力”培训，取得相关结业证书。

【教师专业素质提升】 2014年，教师专业素质和教学能力提升显著。获得市级示范课2个、研究课2个，2人代表徐州市参加江苏省“两课”比赛均获得省研究课奖项。学校被评为全市职业学校“五课”教研、“两课”评比活动优秀组织单位。

【抓好学生日常行为规范】 2014年，学校从严抓好学生日常行为规范的实施。推行《德育学分实施办法》，重新修订《违纪学生处理办法》。学生会、宿管会发挥学生自治作用，在教师的指导下独立开展活动，15名学生获省、市级表彰。

【学生社团活动成绩突出】 2014年，学校学生社团活动成绩突出。学校成立学生社团活动中心，给予经费、场地，配备指导教师。1月，金芝鲜老师指导校茶艺社团获"徐州市十佳社团"称号，街舞社社长胡佩剑同学获"徐州市青年先锋"称号。9月，夏媛圆老师指导顾天宝同学参加徐州市职业学校创业计划书大赛获三等奖。

【文化育人成果显著】 2014年，学校注重文化育人，成果显著。开展传统主题教育活动，相继组织体育运动会、文明风采大赛、国庆汇演，主办多场青春期心理健康讲座等活动。7月，5件学生作品获第六届省文明风采大赛二、三等奖。11月，校本教材《经典诵读》获市中小学优秀德育校本教材评选活动优秀奖。

【班主任队伍建设】 9月，学校制订实施班主任系列管理方案，有效提高班主任管理的科学化程度。孟扬、周萍、吴岫3名班主任获得徐州市职业学校首届班主任基本功大赛一等奖。

【教科研竞赛取得好成绩】 年内，学校教师参加教科研竞赛取得好成绩。参加市优质课大赛，3人获市一等奖，2人获市二等奖。参加省市信息化大赛，获省级一等奖1人次，市级一等奖6人次，二等奖2人次，三等奖1人次。参加多媒体软件制作大赛，获省一等奖1人次。教师公开发表及获奖论文30余篇。6人个人市级课题获得立项和结题。

（撰稿：吕甜甜　审稿：吕建春）

江苏模特艺术学校（徐州文化艺术学校）

校长　陈荣海（10月—）
党委书记　李尚亚
党委副书记、副校长　邱　海
副校长　王明志　赵学志　许　书　李　康
工会主席　王奇志

【概况】 江苏模特艺术学校为市教育局直属中等职业学校。根据市政府调整、整合意见，原徐州文化艺术学校与原江苏模特艺术学校（徐州市第二中等专业学校）合并为江苏模特艺术学校（徐州文化艺术学校）。学校分南（王陵路）、北（复兴路）两个校区。2014年，学校占地面积4公顷，建筑面积2.9万平方米。图书馆藏书5.2万册。全年教育经费投入2495.2万元。在校生1247人，招生294人，毕业生334人。教职工240人，其中，专任教师216人，高级教师52人（8名正高级教师），国家级职教名师1人，市级名教师1人，市青年优秀骨干教师1人。学校开设旅游服务、服装表演、音乐、舞蹈、美术等专业，涉及15个专业方向。其中，服装表演与礼仪、美发与形象设计、旅游服务与管理、舞蹈表演为省级特色专业。2014年，学校承办省技能大赛服装表演类比赛。3月，被省美发美容协会授予江苏职业教育形象设计专业委员会主任单位称号。4月，被市文物管理委员会评为2012—2013年度徐州市依法保护文物先进集体。12月，获市职业学校省市"两课"评比优秀组织奖。

【省技能大赛获金牌】 3月30日，学校在省职业技能大赛中获5块金牌，位居市中职校前列。5块金牌有4块为模特专业，得奖者徐娜、孟思彤、周鑫宸、赵芮琪；1块为艺术设计专业，得奖者仲天慈。

【杨湘宁视导教育信息化建设】 4月19日，省教育厅副厅长杨湘宁到学校视导教育信息化建设并观看模特汇报表演。杨湘宁察看实训基地，实地检验实训基地的现代化和信息化水平，给出今后发展的指导性建议。在艺术中心表演大厅观看模特学生的汇报表演。市教育局局长张德超，副局长李运生、李清陪同视导。

【孟思彤获"龙腾国际大赛"亚军】 9月17日，学生孟思彤获"2014龙腾精英超级模特大赛"亚军。

【举行国家级教师培训汇报会】 11月26日，南校区举行国家级骨干教师培训汇报会。汇报会由教科室主任刘云主持，全体教师参会。参加国家级骨干教师培训的吕卓华、胡燕、钱姣姣作汇报，他们高度浓缩对苏州工艺美院、天津中德职业技术学院以及南京旅游职业学院3所职业院校的认识和了解，重点介绍3所学院特色，结合多媒体课件展示其先进的教学理念、优秀的教风学风和独特的技能教学方法。

【举行"春蕾班"开班仪式】 11月19日，学校举行2014级职教"春蕾班"开班暨"春蕾志愿者服务队"授旗仪式。市妇联副主席王宗彩，市教育局领导徐保卫出席活动并讲话。开班仪式由副校长许书主持，校长陈荣海介绍"春蕾班"开办情况、取得的成果及"春蕾班"180余名受助学生就业、表现情况。徐保卫提出指导性意见，勉励"春蕾班"学生珍惜机会，努力学习，以优异的成绩回报社会。王宗彩强调"春蕾计划"的意义，肯定取得的成绩，对新一届"春蕾班"学生寄予厚望。"春蕾班"毕业生代表"全国优秀经理人""优秀店长"吕冯，2014级"春蕾班"学生代表在会上发言。大会举行"春蕾班志愿者服务队"授旗仪式。

【举办迎新联欢会】 12月31日，学校在艺术中心举办全体教职工参加的"江苏模特艺术学校迎新年元旦联欢会"。联欢会为徐州市第二中等专业学校与徐州文化艺术学校合并后第一次全体教职工的活动。学校党政工联合，发挥部门优势，精心准备27个节目。原创诗朗诵《和谐校园我的家》把联欢会推向高潮，两校区行政组合作奉献的《同一首歌》为联欢会压轴节目。

（撰稿：李　慧　审稿：李尚亚）

江苏省徐州经贸高等职业学校 江苏联合职业技术学院 徐州经贸分院

校长、党委副书记　黄学勇

副校长、党委委员　吴兆刚　陈春秋　霍久真

【概况】 2014年，江苏省徐州经贸高等职业学校占地面积13.5公顷，建筑面积12万平方米，有完善的教学、生活和体育设施，有近百个校内外实训基地。毕业学生1516人，招生1533人，在校生5028人。教职工300余人，其中，专任教师223人，全部达到本科以上学历，研究生学历80人，教授2人，副教授等副高级职称81人。"双师型"教师比例为85%，省"333工程"中青年科技带头人4人，省职业教育领军人才1人，省教科研中心组成员5人，江苏联合职业技术学院专业带头人7人，市优秀专家和拔尖人才7人，市技术能手4人，市教科研中心组成员8人，学院优秀教学团队2个。学校设置商贸、管理、信息技术、

机电工程、艺术设计5个系16个专业，其中，省市级中职示范专业10个，省级高职示范专业4个、高职优秀专业4个、高职品牌专业2个、高职特色专业2个、课改实验点2个，联合学院重点专业2个，市级品牌专业3个，市级特色专业3个。5月，学校获徐州市五一劳动奖状。12月，学校获江苏省德育特色学校称号。

【完成国家示范校建设任务】 2014年，学校全面完成国家示范校建设任务。学校将国家示范校建设列入各项重点工作之首，在省检查验收的基础上对验收材料进一步精细化。围绕4个重点建设专业和2个特色项目，完成108个建设项目和986个任务点，完成率为102.82%。提炼12个典型案例，其中4个案例被《中国职业技术教育》杂志收录。

【举办实习就业“双选会”】 3月29日，学校举行2015届毕业生(2014年实习生)实习就业校园“双选会”。金鹰国际集团、徐州润东集团、苏宁集团、潍重集团、南京雨润集团、卡特彼勒徐州有限公司、中国移动徐州分公司、徐州软件园、北京人家装饰徐州公司等108家校企合作单位参会，提供实习就业岗位2000余个。近1600名实习生参加“双选会”，被招聘企业预订，与用人单位签订实习就业协议。“双选会”期间，徐州电视台等多家媒体到学校采访报道，学校良好的就业态势受到社会好评。

【品牌特色专业建设】 5月，学校品牌特色专业建设有新收获。应用电子技术和装潢艺术设计2个实训基地被认定为徐州市职业学校高水平示范性实训基地。汽车技术服务与营销专业经省教育厅专家组现场视导，被评定为省级特色专业。学校省级品牌特色专业达到4个。

【邀请专家作专题培训】 2014年，学校邀请省内外著名专家为全校教师作专题培训。6月20日，特邀省著名职业教育专家、江苏理工学院副院长、省职业教育研究院院长崔景贵，为全校教师作题为《做专业卓越的职校教师》的专题报告。12月20—21日，邀请深圳职业技术学院高级工程师、系统分析师李春林教授作“微课设计、开发与教学应用”专题培训，提高教师的信息化素养，增强教师数字化资源开发及信息化教学能力。

【物流实训中心建成投入使用】 6月，学校物流实训中心通过竣工验收，交付使用。物流实训中心工程投资800余万元，建筑面积3700多平方米。为融教学、培训、竞赛、展示、职业技能鉴定和技术研发于一体的多功能、现代化实训基地。

【市班主任基本功大赛获佳绩】 9月28日，学校班主任选手在市首届职业学校班主任基本功大赛中获佳绩。大赛由教育故事演讲、模拟情景答辩、随机问答3个环节构成，全市各职业学校的90名优秀班主任参加比赛，学校选手3人获一等奖，3人获二等奖，1人获三等奖。

【开展文明礼仪养成教育活动】 11月13日，学校举行“学‘八礼四仪’，做‘尚礼谦君’文明经贸人”主题教育活动启动仪式。学校结合日常行为习惯养成教育，举办系列活动，引导学生对照“八礼四仪”要求，学礼仪、知礼仪、行礼仪，促进良好品格和行为习惯的养成，做有道德的文明人。

【开展“树形象、促发展”大讨论活动】 12月24日，学校召开“树形象、促发展”大讨论活动总结大会，历时3个多月的大讨论活动基本结束。大讨论活动为广大师生树立起行为规范，践行标准：品德优良、举止文明、体魄强健、技能过硬的学生形象；明德笃志、博学强技、敬业厚生、求真至善的教师形象；公道正派、务实担当、团结合作、进取奉献的干部形象；干部清正、教师清明、学生清扬、校园清香的学校形象。

【技能大赛获佳绩】 2014年，学校在省市各类技能大赛中取得好成绩。在省职业学校技能大赛中，师生参加4大类8个项目竞赛，获1枚金牌、4枚银牌、18枚铜牌。在第二届江苏省技能状元大赛中，由学校教师指导的徐工集团选手和学校选手分获电子商务项目职工组和学生组铜牌。在2014年徐州市职业学校技能大赛中，有169名师生参加26个项目比赛，取得28枚金牌、26枚银牌、36枚铜牌。在全市职业学校商业计划书大赛中，学校选送的2个创业项目分获一等奖、二等奖。学校被市教育局授予2014年职业学校技能大赛（国赛、省赛）先进单位称号。

【扩大现代职教体系试点项目】 2014年，学校现代职教体系试点项目扩大至3个专业。学校与江苏师范大学开展深度合作，扩大现代职教体系试点，“3+4”项目由2013年物流管理1个专业增加到物流管理、会计、软件工程3个专业，拓宽办学渠道。

【教科研成果丰硕】 2014年，学校教科研成果丰硕。学校组织参加省市“两课”评比，1人获省级示范课，2人获省级研究课，4人获市级示范课，3人获市级研究课。组织申报1项国家哲学社会科学基金“十二五”规划课题，1项全国供销合作总社研究课题和2项省社会科学科研课题及市社会科学应用课题。推荐申报2项省哲学社会科学成果奖。组织国家哲学社会科学基金“十二五”规划课题开题报告会。有1项省教育科学“十二五”规划立项课题、1项省职教学会立项课题通过结题鉴定。在省职业教育学会优秀论文评选中，学校推荐13篇论文参加评选，5人获一等奖，3人获二等奖，2人获三等奖。

（撰稿：吴建新　审稿：黄学勇）

江苏省徐州医药高等职业学校

校长　崔福军
党委书记　高　侠
副校长　王质明　袁　龙　陈志东
党委副书记　刘小强

【概况】 2014年，江苏省徐州医药高等职业学校占地面积10.3公顷，建筑面积15万平方米，教学行政用房面积近10万平方米，实验实训设备总值5465.8万，图书馆藏书20.29万册。毕业学生1366人，其中，高职980人，中职386人。招生1112人，其中，高职868人，中专244人。教职工342人，其中，专任教师292人，副教授以上高级职称75人，“双师型”教师184人。开设11个高职专业，5个中专专业，1个中外合作办学项目。学校获评省五四红旗团委创建单位、省级机关五四红旗团委、市级五四红旗团委、第四届徐州市文明礼仪大赛优秀奖、2014年徐州市优秀志愿服务先进团队、2014年徐州市优秀志愿服务项目称号。

【学校领导班子建设】 年内，省局党组研究决定加强学校领导班子建设。根据《崔福军等同志职务任免的通知》（苏食药监党〔2014〕30号），任命崔福军为江苏省徐州医药高等职业学校校长，高侠为党委书记，陈志东为副校长，刘小强为党委副书记、省食品药品监督管理局人事教育处副调研员。免去王吉东校长、党委书记职务，另有任用。

【推进课程和专业建设】 年内，学校推进精品课程和特色专业建设。完成11个高职专业课程标准编制工作。药物合成技术、中药鉴定技术精品课程通过联合学院验收。微生物与菌种选育技术、常见病用药指导精品课程被联合学院立项建设。高职中药制药技术被直接认定为省五年制高职特色专业。

【校院合作协同育人】 年内，学校与8家医院合作，提高人才培养质量。与市第一人民医院、市第三人民医院、徐州医学院附属医院、苏州大学附属第一医院、南京市第一人民医院、市东方人民医院、沭阳县人民医院、昆山市康复医院签约合作。

【承办技能大赛】 年内，学校承办省市技能大赛。学校相继承办江苏省职业学校药物制剂压片技术技能大赛，徐州市职业学校化学检验技术、药物制剂压片技术、临床护理基础技能、中药传统技能、职业英语技能5项技能大赛。

【师资队伍建设】 年内，学校不断强化教师素质能力，优化师资结构。安排教师127人次参加各类培训，其中，国家级培训11人次，省级培训48人次，市级专业课程培训33人次，市级文化基础课程培训25人次，市级班主任培训10人次。39名专业教师利用暑期到企业顶岗实践。与2个重点高校国家级师资培训基地签订骨干教师培训协议。新增副教授3名、讲师10名、"双师型"教师9名、学院专业带头人1名，引进新教师8名。

【教学科研成果】 年内，学校在课题研究，教学竞赛、技能大赛方面取得好成绩。有5个省级第二期教改课题立项，3个省卫生厅课题立项。有3项省级课题结题，1项联合学院课题结题，4项校级自然科学课题结题。有1项教学竞赛成果获全国卫生职业教育教学成果评选一等奖，1人获省专业技能"两课"评比示范课奖，3人获省医药卫生"微课"评比二等奖、8人获三等奖，5人获市"两课"评比示范课、5人获研究课。学校师生选手参加国家、省级技能大赛，获得6块金牌、12块银牌、7块铜牌。

【承办大学生篮球联赛】 4月21—28日，第十六届CUBA中国大学生篮球联赛（东南赛区）女子篮球比赛在徐州医药高等职业学校体育馆举行。南京大学、中国矿业大学、南京航空航天大学、华东师范大学等高校的12支女篮队参加，共计7天41场比赛。学校做好场馆维护和志愿服务工作，被大赛组委会授予突出贡献奖。

【承办省运会青少部篮球比赛】 9月18—25日，在徐州医药高等职业学校体育馆举行省第十八届运动会青少部篮球比赛。南京、苏州等地的9个地级市代表队参赛，学校做好观众组织、志愿服务、贵宾接待、场馆维护等后勤保障工作。

【志愿服务省运会】 9月19—26日，在省第十八届运动会举办期间，学校统一调度，志愿提供服务。学校选拔组织志愿者为多项赛事提供志愿服务和礼仪服务。完成1030名合唱演员的组织、排练、表演等工作。被十八届省运会组委会和市委市政府授予徐州赛区志愿者优秀组织奖、承办组织工作先进单位称号。

（撰稿：滕学良　审稿：崔福军）

江苏省徐州财经高等职业技术学校

校　长　曹华祝
副校长　庄国华　陆美娟　李　利
副书记　曹华祝

【概况】　2014年，学校占地面积13.5公顷，建筑面积10余万平方米。有高性能教学用计算机3065台，馆藏纸质图书20.3万册、电子图书3485吉字节。在校生5207人，其中高职生4064人。教职工230人，其中，教授、副教授职称80人，硕士以上学历86人，“双师型”教师101人，全国职教名师1人，江苏省职教领军人才2人，江苏省“333工程”培养对象2人，徐州市优秀专家1人、拔尖人才5人。设有12个五年制高职专业、10个普通中专专业。会计、电子商务、计算机网络技术专业为江苏省五年制高等职业教育品牌专业，证券投资与管理专业为省五年制高职特色专业，会计、会计电算化、会计与审计、计算机应用技术、电子商务专业为省五年制高职示范专业，学校为省首批职业教育技能教学研究基地。财会类、信息技术类2个实训基地被确认为省职业教育高水平示范性实训基地建设项目。学校获全国职业教育先进单位称号。

【“示范校”项目建设通过验收】　年内，学校中等职业“示范学校”项目建设通过验收。完成4个重点专业、2个特色项目的874个验收要点建设任务，完成率达102.7%，通过省教育厅的验收。“示范校”建设经验的专题报道和典型案例在《中国教育报》《中国职业技术教育》等报刊发表，5个案例入围省优秀案例。牵头省内外“示范校”专业协作组的各类项目建设，先后10余家省内外兄弟学校到学校学习交流。

【技能大赛取得好成绩】　年内，学校代表队参加国家、省级技能大赛取得好成绩。网络综合布线项目代表队在全国职业院校技能大赛中，获得1枚金牌。财经商贸类、信息技术类代表队在省职业学校技能大赛中，获得10枚金牌、10枚银牌、16枚铜牌。

【专业建设取得新成绩】　2014年，学校多个专业建设取得新成绩。计算机网络技术专业被认定为省级品牌专业，会计电算化专业被认定为市级品牌专业。会计、物流管理、软件与信息服务专业与江苏师范大学联合开展现代职业教育体系建设试点工作，构建中职与本科“3+4”分段培养的新模式。

【教科研工作成果】　2014年，学校教科研工作成果突出。在省级及以上刊物上发表论文165篇，8个省级课题、7个市级课题结题。1个省级课题、16个市级课题获得立项。在市级以上论文评审中获得奖项4个，主编出版教材9本，获专利2项。在省、市“两课”评比中，4名教师获省级示范课、研究课奖项。

【“京东校园实训中心”建成】　2014年，学校与京东商城的全面合作取得突破性进展。“京东校园实训中心”建成并投入使用。新增实习（就业）基地33个。

【办学条件改善】　年内，学校在实训基地、校园规划建设、校园信息化建设等方面的办学条件得到改善。实践教学环境得到进一步优化，财会、信息技术2个专业高水平实训基地通过省级验收，商贸类专业高水平实训基地通过市级验收。完成校园整体规划调整，建成具有学校特色的校史馆和校园文化墙。完成商贸教学楼改造、信息技术实训楼局部装饰等工作。新建综合楼B项目进入施工图审查阶段。全面推进数字化校园建设，数字化校园基础数据平台正常运行。

（撰稿：胡 婷 审稿：曹华祝）

徐州市体育运动学校

校 长 吴南宁

副校长 丁 力 刘加强 刘思汝

【概况】 2014年，徐州市体育运动学校新校建成投入使用。新校区按照省四星级职业学校标准规划建设校舍4万余平方米，拥有标准规范的现代化校园。学校有标准田径场1片、标准足球训练场2片、可容纳10个训练项目的综合训练馆1座和"四星级"学习生活设施。2014年，招生248人，毕业生207人，其中50余人考入各类高校，在校学生838人。教职工131人，专任教师30人，其中高级职称10人；专任教练员45人，其中高级教练8人。

【省第十八届运动会创佳绩】 2014年，学校运动员参加省第十八届运动会比赛创佳绩。学校483名运动员代表徐州市参加举重、摔跤、柔道、击剑、篮球、足球、乒乓球7个运动项目比赛，共获得68块金牌，28块银牌，38.5块铜牌，计133.5枚奖牌，取得总分1345分，为徐州代表团完成市委市政府下达的参赛任务作出贡献。10月31日，市委市政府召开省运会表彰大会，市体校荣立集体二等功。

【参加全国篮球高水平后备人才基地比赛】 8月，学校参加全国篮球高水平后备人才基地U13比赛获得好成绩。女子队在河北承德举行的U13女子总决赛上获得第二名，男子队在广东东莞举行的U13男子总决赛上获得第三名。

【教学基本技能比赛】 2月22日，学校组织教学基本技能比赛。比赛分为教师和教工两个组别，有113人次参加粉笔字、硬笔书法、办公自动化、广播操、演讲5个项目的比赛。校领导和部分科室负责人任评委，确保比赛过程和结果的公平、公正、公开。

【组织学生参加省计算机考试】 3月22日，学校组织中专学生参加省计算机应用能力考试，92名学生完成考试。学校与徐州市教育局外语和计算机培训考核中心联系，升级改造计算机房，安排培训教师，申请成为第0921号考点，具备了计算机应用能力考核的培训、考试资格。

【举办学生技能比赛】 12月6日，体校学生专业技能比赛在湖北路篮球训练房举行。学校小学部、初中部、中专部600多名学生参加比赛。设有立定跳远、定点投篮、单人跳绳、往返跑和乒乓球投远5个项目，分男女6个组别。比赛历时1个月。

【运动员义务打扫辖区卫生】 5月30日，学生科组织摔跤队40多名运动员义务打扫辖区卫生。学校按照市创建全国文明、卫生城市指挥部要求，开展义务打扫卫生活动，打扫街道辖区内小巷、路边杂草、墙面清洁等环境卫生。学生们积极参与，完成清洁任务。为创建全国文明、卫生城市作出应有的努力。

（撰稿：王姝姝 审稿：丁 力）

江苏省徐州技师学院

院党委书记 刘 涛
院长 孙秀华
院党委副书记、纪委书记 江 浩
副院长 唐自强 胡恒庆 刘希泉

【概况】 2014年，江苏省徐州技师学院占地面积34.7公顷，建筑面积24万平方米。有教学楼8幢，综合实训楼2幢，标准化运动场3个，学生公寓5幢，图书馆藏书15万册。全年教育经费投入7592万元。毕业学生2096人，毕业生就业推荐率99%。招生2880人，在校生10082人，年社会培训1万余人。教职工468人，其中，文化技术理论教师178人，生产实习指导教师52人，一体化教师52人，兼职教师86人。3月，启动轨道交通专业实训场建设工作。4月，市长朱民、副市长周宝纯一行视察学院，市饮食文化研究会成立大会在学院召开，“国家中职示范校”项目基本通过省级预评估。6月，省人力资源和社会保障厅职业能力建设处主任袁石英率省高技能人才培养重点建设项目评审组，对学院高技能人才培养示范基地建设、建筑公共实训基地及建筑施工示范专业建设现场考察。省人力资源和社会保障厅副厅长刘小群一行由市人力资源和社会保障局局长孟铁林等陪同到学院调研。7月，与市人力资源和社会保障局、徐州广播电视台联合举办“徐州市首届学生职业体验日暨江苏省徐州技师学院第四届校园开放日”。

【培养地铁专业技能人才】 2014年，学校发挥原有铁路技工学校专业建设优势，招收地铁专业学生近1000人。学校紧跟徐州地铁发展需求，开发地铁特色专业5个，建成轨道交通实训中心、铁道信号微机联锁实训室、6502电气集中实训室及铁道供电接触网实训场等实训场所6处，建筑面积604平方米、设备投入约800万的运营管理实训中心完成设计，成为徐州市唯一地铁实训教学场所，在全省具有精品示范作用。

【国家中职示范校建设】 年内，学院“国家中职示范校”建设通过省级专家评估验收。学院以数控加工、焊接加工、机电一体化、汽车维修、中式烹饪5个重点建设专业为主体，以数字化校园和校企文化5S管理2个特色项目为平台，通过校企合作构建“校企合作、工学交替、顶岗实习、双赢共进”的人才培养模式和“功能模块化、教学一体化”的课程体系，实现重点建设专业的发展，促进专业群的优化，打造出集“教师、师傅”于一体的“双师型”教师队伍。资金投入足额到位，各项建设任务全面完成。

【提升“彭祖养生宴”的社会影响力】 年内，学校打造精品，提升“彭祖养生宴”的社会影响力。经“朱诚心教授工作室”研究开发，“彭祖养生宴”系列菜品造型新颖别致、制作考究精良、文化底蕴深厚，体现徐州特色彭祖文化，兼具突出的养生功效。学校建成“彭祖饮食文化校外推广实训基地”，宣传和展示技师学院品牌特色。徐州电视台“大卓说事”到校采访，《江苏工人报》、中国淮海网、《现代画报》、微信“徐州发布”等新闻媒体作专题报道，市知名餐饮企业与学院联系进行社会推广和经营开发。

【举行彭祖饮食文化论坛】 8月，“2014(汉盛园)中国徐州彭祖伏羊节·彭祖饮食文化论坛”在学院举行。徐州市烹饪协会会长、徐州市饮食文化研究会名誉会长赵彭城，徐州市饮食文化研究会名誉会长朱浩熙，徐州市文广新局副局长朱世平，徐州烹饪协会常务副会长秦国柱，江苏师范大学博物馆馆长赵明奇等近20位专家学者参加论坛。专家学者们从彭祖文化与徐州民俗的形成发展，彭祖养生文化的产业化与产品开发等诸多领域作交流讨论，从理论角度对徐州地方饮食文化进行探讨，弘扬徐州传统饮食文化。

【举办教学评优赛】 10月，学校举办第二届教师教学评优赛。教学评优赛历时2个月，教师们积极参与，经过系部海选、团队打造，有14名优秀青年教师参加教案、钢笔字、说课和随机听课4个项目的评比，学校成立评审组进行三轮打分。

【多举措提升师资水平】 年内，学院加强师资队伍建设，多举措提升师资队伍水平。学期末，面向社会公开招聘专任教师，在人保局相关部门的监督指导下开展招考工作，经过笔试、面试、技能操作等环节选拔，5位教学水平过硬、技能操作过关的优秀教师加入学院教师团队。学校出台培养正高级职称的专业领军人物和学术带头人方案，为一批骨干教师快速成长搭建平台。

【开展“和谐校园 日行一善”活动】 年内，学校开展“和谐校园、日行一善”主题教育活动。学校强化学生养成教育，引导学生从平时点滴小事做起，弘扬善举，在全院形成习善、行善、扬善的氛围，引导学生修身、修心，树立起正确的世界观、人生观、价值观，养成文明、知礼、向善、自律的生活习惯。

【推进二期工程建设】 年内，学院推进二期工程建设。3幢教学楼和1幢宿舍楼进行竣工验收、善后扫尾工作和绿化、亮化、美化工程。对原有建筑进行改造，完成电力增容改造工程。

【完善实训设施建设】 2014年，学校完善校内实训设施建设。建设数控专业和建筑专业的2个钢结构实训车间，改善数控机加工实训教学的环境和条件，改变建筑专业校内无实训场地的状况。对全院实训设备进行统计清理，制订3—5年实训设备配置和更新方案，统筹资源，保证急需，有序更新，逐步到位。

（撰稿：樊　凡　审稿：韩春卉）

江苏省徐州机电工程高等职业学校

校长　贾　涛
党委书记　孙健身
副校长　吴如根　任国兴　薛　莲　邓守林
纪委书记　成伯君

【概况】 2014年，江苏省徐州机电工程高等职业学校（江苏工贸技师学院）建有徐州云龙校区和贾汪校区，占地33公顷，总建筑面积18.8万平方米。全日制在籍学生9961人，完成各类培训11592人次。教职工516人，其中，专任教师322人，副高及以上职称88人。被市职业技能大赛组委会授予江苏技能状元大赛徐州市集训基地。被评为省煤矿安全培训先进集体，获第三届全国煤炭职业院校技能大赛特别贡献奖，被评为全国青少年普法教育先进单位，获第六届省中等职业学校文明风采竞赛优秀组织奖，被省教育厅授予职业教育先进单位称号、技能大赛团体优胜奖，获第十一届全国中等职业学校“文明风采”竞赛优秀组织奖。

【学校专科升格发展】 年内，学校推进专科升格发展。3月27日，省教育厅发函，同意学校筹建专科层次的“江苏安全技术职业学院”。6月14日，省安全生产监督管理局局长王向明、省教育厅副巡视员步锦昆为学校授牌。11月2日，国家安监总局致函省人民政府，要求进一步推动江苏安全技术职业学院的筹建工作。筹建工作得到副省长张雷、省教育厅厅长沈健的关心支持。

【承办各级技能大赛】 2014年，学校承办全国、省、市级技能大赛。3月28—30日，承办省职业学校技能大赛焊工项目比赛。6月13—15日承办全国职业院校技能大赛暨“江苏煤安杯”第三届全国煤炭职业院校技能大赛，中国煤炭工业协会副会长刘峰、省煤矿安全监察局局长王向明、省教育厅副巡视员步锦昆、中国煤炭教育协会理事长邱江、煤炭工业职业技能鉴定指导中心主任张宏干、副市长李燕等参加大会开幕式，大赛接待19个省44所院校约700名参赛人员。11月15日，承办市职业学校技能大赛现代制造、电工电子、资源环境、信息技术和汽车类5大类12个项目的比赛，全市345名选手参赛。

【国赛、省赛创佳绩】 2014年，学校师生参加国赛、省赛创佳绩。国赛中获9枚金牌、6枚银牌，总分全市第一、全省第七。全省职业学校大赛中获12枚金牌、21枚银牌和29枚铜牌。教师张星参加第六届全国数控技能大赛，取得数控车工教师组第五名，获“全国技术能手”称号。学生魏林取得数控车工高职组第二名。

【承办省创业教育座谈会】 4月24—25日，学校承办江苏省职业学校创业教育工作座谈会。省职教学会秘书处周向峰，徐州、无锡、盐城等9市教育局职社处相关负责人出席会议，市职教协会会长张建勋出席会议并讲话，全省30余所职业学校40余名专家教师参加座谈会。大会讨论通过《江苏省职业学校创业能力大赛章程（讨论稿）》。周向峰论述职业学校实施创业教育的重要意义。

【市现代制造业职教集团成立】 6月27日，学校主持召开市先进制造职业教育集团成立大会。大会审议通过集团章程，推选市教育局副局长李清为集团名誉理事长，学校为集团秘书长单位，校长贾涛为理事长，副校长任国兴为秘书长。学校受市教育局委托，牵头组建市先进制造职业教育集团，有8家企业、9所学校加盟。

【职教界知名专家授课】 7月6—9日，国内职教界知名专家到学校授课。教育部职业技术教育中心研究所学术委员会秘书长、教授姜大源，北京师范大学职业教育与成人教育研究所所长、博士生导师赵志群，全国职业教育教学改革创新指导委员会委员杨克教授，就创新职业教育理念，加强专业建设和深化课程改革等方面为教师作辅导。

【校企合作新成果】 年内，学校与企业合作再现新成果。上海三菱电梯有限公司投资4部电梯约100万元与学校共建电梯实训基地。上海大金空调投资30万元与学校共建空调维修实训基地。南京奥特佳科技有限公司提供资金15万元与学校共建汽车空调实训室。企业提供奖助学金合计7.9万元、服装144套。

【党员与内地新疆班学生结对】 10月22日，学校举行党员与内地新疆班学生结对活动仪式。全体学校领导、内地新疆班2013、2014级全体学生与结对活动的全体党员参加结对仪式。

【数字化校园建设】 2014年，学校加大数字化校园建设。投入50余万元，从广州工程技术职业学院引进教育部推广的CRP（校园资源计划）系统。中国电信徐州公司投资600万元对校园网进行全面改造。

【校园基础设施改善】 年内，学校加大投资力度改善校园基础设施。投资2670万元，购得土地2.34公顷，地面建筑在规划建设之中。共投资1800余万元，改造学校大门，主干道铺设柏油路，换铺花岗岩地砖，文化中心、教学楼增加玻璃幕墙，图书馆升级改造，建设安全体验馆、校史馆。

（撰稿：郝允龙　审稿：贾　涛）

中煤职业技术学院
江苏煤电技师学院

院长　靖大同
书记　黄启廷
副院长　王忠宁　王平炎　徐树君
纪委书记、工会主席　刘建平

【概况】 2014年，中煤职业技术学院占地面积5.08公顷，建筑面积9万平方米，新建创伤急救考核室、安全监测监控工考核室、采煤机司机仿真模拟训练室及考试室等24个功能室。全年教育经费投入4418.61万元。教职工191人，其中，专兼职教师136人，高级职称72人。技工教育在校生1148人，成人教育在校生1639人。学校被评为省职业教育先进单位、江苏煤矿安全培训先进集体、中国矿业大学优秀函授站、中煤集团A级鉴定机构。

【开设"乌金蓝领精英培养班"】 1—12月，学院开设中煤集团"乌金蓝领精英培养班"，创新培训模式。培训班开设煤矿机电、通风安全、煤矿开采、地质工程4个专业，中煤集团各企业的116名学员参加培训，发挥企业—职业院校—大学三方优势，采取"技能+学历"的双证培养模式，在学习时间、培养方式、实训教材等方面进行创新。在18个月内按照1:1比例，边学理论边实践，完成大专学历教育所规定的全部课程学习和国家高级职业技能资格所必需的专业技能训练，保证学员理论、技能双过硬。该培养模式得到教育部的认可，正申报第五届煤炭行业教育教学成果奖。

【省煤矿安全生产培训考试中心大屯考点建成】 3—7月，学院完成江苏煤矿安全生产培训考试中心大屯考点建设并投入使用。考点占地面积7600平方米，拥有198台现代化设备，共设理论考试区、实操考核区、仿真模拟考核区和待考区4大功能区域，与省安全生产培训考试中心系统平台对接。同期考试最大规模人数达168人，可满足丰沛地区10所煤矿特殊工种人员的测试、考核及相关岗位技能鉴定等需求。

【全国职业院校技能大赛获佳绩】 6月，学院8名选手参加在学院举办的"江苏煤安杯"全国职业院校技能大赛获佳绩。大赛由中国煤炭教育协会、煤炭工业职业技能鉴定指导中心和江苏煤矿安全监察局联合主办，为期3天，全国各地36所院校323名选手参加比赛。学院8名选手获一等奖2个、二等奖3个、三等奖2个及团体第5名，取得参赛史上最好成绩。

【杨古荣获评行业技能大师】 11月，学院教师杨古荣被评为煤炭行业工业协会“技能大师”，其采掘电钳工作室被命名为“煤炭行业技能大师”工作室。杨古荣凭借丰富的采掘电钳教学指导经验及在工作室创建、技术攻关、技术创新等方面的突出作用被评为第三批煤炭行业技能大师。杨古荣采掘电钳工作室发挥学院高技能人才优势，开展科研攻关、技术革新、传承技艺等活动，解决企业生产中的技术难题，为研发生产工艺、提升工作效率做出贡献，被命名为第三批“煤炭行业技能大师”工作室。

（撰稿：张晓菲　审稿：姚　丽）

徐州机电工程学校
徐州机电技师学院

校长　章结来
党委书记　钟　诚
纪委书记　苍中洪
副校长　刘运举　倪罗平

【概况】 2014年，徐州机电工程学校暨徐州机电技师学院在校学生5366人，教职工153人，研究生学历(学位)30人，高级及以上职称37人，“双师型”教师71人。学校重点建设加工制造、信息技术、交通运输、资源环境、财经5大类专业，常年开设机电一体化、电子电器应用与维修、计算机及应用(图像处理、网络、动漫)、采矿技术、数控车工、模具设计与制造、汽车维修、财会、公关礼仪等20多个专业。有省级特色专业1个、省级重点专业9个、省级示范专业2个、省级精品课程4个、省级实训基地5个，市级示范专业6个，市级品牌专业3个、特色专业2个，市级重点专业、高水平示范性实训基地各1个。学校为省四星级中等职业学校、省高水平示范性职业学校、省文明单位、市优秀人才培养单位、省煤矿安全培训先进单位，被省教育厅等六部门表彰为全省职业教育先进单位。

【创建技师学院】 12月10日，省政府批准建立徐州机电技师学院。10月底，学校通过技师学院评估组现场评估，实现办学层次从“高技”到“技师”、从“学校”到“学院”的实质性跨越，学校发展迈入全新阶段。

【新校区建设】 2014年，学校新校区建设全面竣工。新建功能齐全的田径运动场、球场、校园文化中心、图书馆，教学综合楼、机电实训中心全面投入使用，整合五大实训板块，优化校区功能布局,绿化、美化、亮化校园,生态校园初具规模。

【校园文化彰显特色】 2014年,学校开展“一节三月两会”校园文化活动。举办以“弘扬社会主义核心价值观,建设幸福美好机电”为主题的读书月、学雷锋活动月、技能竞赛月活动,举办“青春印象,驿路流年”学生就业欢送会、“弘扬优秀校园文化,建设美好机电家园”第八届校园文化艺术节及第30届田径运动会活动。建立校园文化展室,出版“一节三月两会”特色文化画册和专题片,营造和谐向上的校园文化氛围。

【实施人才强校战略】 2014年,学校实施人才强校战略,搭建“五类骨干人才”成长平台。评选第三批“星级”教师,2名教师获首批“三星级”教师荣誉称号。举办第二届班主任技能竞赛,实行班主任分级管理,8人在市级班主任基本功大赛中获奖。25人在省市“两课”“优质课”评比中获奖。技能大赛国赛获得3块银牌、2块铜牌,省赛获得1块金牌,1块铜牌。市赛获31个奖项,12名师生代表市参加省赛,8人在市信息化教学大赛中获奖。“文明风采”大赛省赛获35个奖项、国赛获5个奖项,学校被教育部等部委授予全国文明风采竞赛优秀组织奖。

(撰稿:姜盛如 审稿:章结来)

徐州工程机械技师学院

校长、党总支书记 冯跃虹
副校长 牛 杰 张振宇

【概况】 徐州工程机械技师学院是徐州工程机械集团有限公司投资兴建的一所现代化职业技术学校。2014年,徐工集团投资1.88亿元兴建新校区,占地面积13.5公顷。学校建有校园网站和校园网络、信息化管理中心,有图书阅览室、数字图书馆,有现代化焊接加工、装配钳工、数控加工、机电一体化、涂装5大类一体化实训车间,内含焊接机器人一体化实训区、压路机一体化实训区、发动机一体化实训区、数控车工一体化实训区、喷烤漆实训区等45个实训区。有焊接检测实验室、液压与气动系统安装实验室、精密测量实训室、工程机械电气控制实验室、电泳实验室等25个开放式实验室,并在徐工集团企业设有13个校外实训基地。学校师资队伍职业素养优、业务水平高,其中,包括加工中心国赛冠军赵荣幸,全国技术能手、机械设备安装工国赛冠军指导教师蒋炜,享受国务院特殊津贴焊接专家张强勇,全国青年岗位能手、车工高级技师王成领,焊工高级技师范宁,省级专业学科带头人、装配钳工高级技师李雪平等。另有30余名企业专家担任学校“教学咨询师”。9月,学校申报的2014年国家级高技能人才培训基地建设项目获批,获得国家补助资金500万元。

【获批建立徐州工程机械技师学院】 12月10日,江苏省人民政府下发苏政复〔2014〕129号文,批准在徐州工程机械高级技工学校基础上建立徐州工程机械技师学院。10月28—29日,省技师学院评估专家组在省人社厅职建处处长杨志霞带领下,由市人社局副局长李冬梅、职建处处长路保军陪同,通过实地察看、随堂听课、教师座谈和学生问卷调查,对学校进行为期2天的评估,专家组综合评议认为学校申报“徐州工程机械技师学院”条件成熟,符合《技师学院设置标准》。校长、党总支书记冯跃虹作创建工作汇报,集团公司党委副书记李格出席评估验收会。

【首次单招高中生源】 2014年，学校首次单招高中生源。1月，启动首次面向高中生源的春季单独招生工作，徐州县（市）、区及安徽、山东、河北等省的583名高中生参加单招考试。4月，录取第一批高中生源春季招生计划内名额，148名考生被提前录取。在招生对象上，首次将机电类专业对口单招的应届考生列入招生范围。在专业设置上，技师专业由3个调整为4个，增加装配调试技师专业。在学历层次上，技师专业由专科提升为本科。在办学格局上，高级工及以上取证比例达到94%，具备大专、本科学历的毕业生比例达到94%。

【与多家企业合作实施学生"定制培养"】 2014年，学校与徐工起重机械事业部、徐工铲运机械事业部和徐工南汽等企业签订校企合作"定制培养"协议。根据计划培养企业需求的人才，实现企业岗位需求与学校技能人才培养的无缝对接。该培养模式在教学课程、教学场景、师资匹配、专业教材、学习时间上实现"双元"：校企双方共同研讨，确定与企业岗位对接的一体化课程；校企互为学生学习场所，共同提供贴合企业生产的教学实景；校企双方组建"定制培养"教学团队，共同设计教学过程、实施培训考核；校企双方基于企业实际共同开发专业性教材与职业素养培训讲义；学生理论学习和企业岗位实践交叉实施进行。

【设立校企合作一体化教学工作站】 2014年，校企合作一体化教学工作站在新校区设立。学校与徐工起重机械事业部合作建立汽车起重机发动机系统工作站，联合开发汽车起重机发动机系统安装调试维修实训设备。与徐州郝思曼工程机械有限公司合作建立工程机械电气控制系统工作站，联合开发工程机械电气控制系统安装调试维修实训设备。与徐工铲运机械事业部合作建立整车操作调试工作站和变速箱-变矩器、驱动桥总成工作站，联合开发变速箱-变矩器、驱动桥总成实训设备。所有设备均按一定比例缩小制造，让学生综合运用理论知识及相关专业技能，培养学生自主学习的能力。

【国家高技能人才培训基地建设项目获批】 9月，学校申报的2014年国家级高技能人才培训基地建设项目获批。项目获得国家补助资金500万元。标志着学校提前实现2014—2018五年发展规划高技能人才培养战略目标，徐工集团成为"十二五"期间江苏省首个获批的企业集团。

【各类技能竞赛参赛获奖】 2014年，学校多名师生获国家、省、市级技能竞赛奖项。赵荣幸以理论、软件、实操三项第一的成绩获第六届全国数控技能大赛数控加工中心（四轴）教师组冠军，成为徐州市全国数控技能大赛获得冠军的第一人。范宁在第十届"振兴杯"全国青年职业技能大赛中取得焊工总决赛第五名。学生李慧轩在2014年中国技能大赛暨第43届世界技能大赛全国选拔赛中取得综合机械/自动化项目全国第六名，入选世赛国家队，并在国家队集训选拔中取得第五名。学校教师指导的优秀毕业生、徐工起重机械事业部员工闫振获第二届"江苏技能状元"大赛电焊工职工组决赛"状元"。学校全年共组队参加四大类九项各级技能竞赛，累计70人次获奖，其中，国家级6人、省级26人、市级12人。

【出台《学生综合素质评价办法》《学生体质达标方案》】 11月，《学生综合素质评价办法》《学生体质达标方案》通过专家评审并在学校全面实施。《学生综合素质评价办法》核心为培养学生的综合职业能力，引导学生实现5个方面的能力提升：自我管理、自我学习、沟通表达、社会实践和体育能力。《学生体质达标方案》的核心为促进学生强健的体魄和提高自信心。要求学生身体素质达标才能到企业实习。

【构建课程知识与技能图谱】 3月，学校启动数控、工程机械装配2个一体化试点专业知识点、技能点图谱构建工作。有16名专业课骨干教师参与，完成42门专业理论课和一体化课程的400多张理论知识点和操作技能点学习任务图谱，完成38门课程的课程标准、任务描述表和活动实施纲要，形成对学校课堂教学具有的指导性纲领文本，加强教育教学核心竞争力。

（撰稿：孙思瑜　审稿：冯跃虹）

徐州电力高级技工学校
徐州电力工业学校

校　长　陶　林
书　记　刘瑞华
副校长　刘瑞华（兼）

【概况】 2014年，学校占地面积15公顷，建筑面积5万多平方米。有专业实训室12个，配有基本的实验实训设施。建有仿真中心，拥有137.5兆瓦、220兆瓦、300兆瓦仿真机组，100兆瓦循环流化床仿真机，600兆瓦超临界、1000兆瓦超（超）临界仿真机组。有教职工78人，其中，专任教师62人，高级职称33人，中级职称29人，“双师型”教师30人。根据主管单位神华国华电力公司要求，学校主要任务是为企业提供职工培训服务。年内，完成2633人次培训任务，1915人次高级工及以下等级技能鉴定任务，899人次技师、高级技师技能鉴定任务，全年共完成5447人次培训鉴定任务。

【评为全国职工教育培训示范点】 9月，学校被全国总工会评为全国职工教育培训示范点。评审按照推荐标准、培训规模、培训场地设备、资金保障、培训质量等条件，由市总工会、江苏省总工会逐级推荐，审核选拔认定。

【仿真培训基地通过年检】 3月20日，学校仿真中心通过中国电力企业联合会火电类仿真培训基地年检。学校仿真中心是神华国华电力公司唯一通过中电联年检的仿真基地。仿真中心于2005年通过中电联组织的全国火电类首批仿真培训基地审核验收，挂牌“电力行业仿真培训基地”，取得开展火电类机组运行人员培训、考核、发证的资质。

【组织教学培训技能竞赛】 4—5月，学校组织开展教学培训技能竞赛。竞赛的主题为“比培训服务，赛管理提升；比教学技能，赛业务水平；比工作质量，赛部门绩效”。竞赛设置 讲课比赛、课件制作比赛、培训班开班仪式设计比赛、培训班结业仪式设计比赛、培训服务保障比赛5个项目，包括培训教学技能、班级管理技能、培训服务技能3大类，参赛人员45人。竞赛评选出一等奖6名，二等奖9名。

【承办神华集团高级技师鉴定评审】 2014年，学校承办神华集团高级技师、技师鉴定评审工作。6月26日，学校召开神华集团电力板块高级技师、技师鉴定评审会，启动鉴定评审工作。神华集团职业技能鉴定指导中心、委托鉴定单位领导及专家40余人参加评审会，对鉴定评审工作进行全面部署。7—10月，学校分4个批次完成鉴定考评工作。集团公司10

家二级单位的899名考生参加鉴定，其中高级技师159人、技师740人。学校精心组织、严格流程、规范操作，集团技能鉴定中心全程督导，确保鉴定评审工作公开、公平、公正。

【承办大学生村官员工专业培训】 6月5日—8月5日，学校首次承办国华电力公司大学生村官员工发电厂专业知识培训。国华10家发电公司的48名村官员工参加培训。培训内容包括基础管理、安全知识、现场参观、专业理论、技能实训、座谈交流6个模块34门课程。培训根据神华集团和国华电力公司对村官员工培养的要求方案，学校负责实施培训项目，为村官员工胜任岗位需求和职业发展奠定专业基础。

（撰稿：刘庆云　审稿：陶　林）

徐州高等师范学校

校长、党委副书记　洪　韩
党委书记、副校长　曾宪安
党委副书记、副校长　倪正华
副校长　张茂杰　张逢成
校长助理、工会主席　蒋　铭

【概况】 2014年，徐州高等师范学校占地面积9.3公顷，建筑面积6.6万多平方米。在校学生2568人，64个教学班。设置初中起点五年制师范类小学教育（文、理）、英语、美术、音乐、学前专业及五年制高职类计算机网络与应用、动漫、日语、韩语10个专业。设有计算机房、多媒体语音实验室、心理实验室、音乐实验室、微格教室、多媒体教室等十几个专用教室以及校园微机管理网络，建有音乐美术综合艺术楼、标准化田径场、功能齐全的体育馆、能容纳800人的现代化大礼堂。学校馆藏图书10余万册，报纸杂志400余种。学校宿舍实行公寓化管理，配套设施齐全。教职工215人，其中，正教授3人，副教授55人，高级讲师25人，具有博士研究生学位1人，硕士研究生学位74人。学校坚持“做精师范、做强培训”的办学方针，锐意进取，开拓创新，在困境中思变，在改革中发展。

【挂靠江苏联合职业技术学院】 5月，学校挂靠江苏联合职业技术学院。按照省教育厅的统筹部署，学校挂靠江苏联合职业技术学院，融入更广阔的办学实体，拥有更多的交流合作的机遇。

【开展群众路线教育实践活动】 2—10月，学校党委开展党的群众路线教育实践活动。党委落实“三个环节”的工作，所属6个党支部170名党员参加“重温入党誓词”宣誓、观看廉政教育展、“答三问、强五心”大讨论、专题组织生活会、党员评议等活动。党委班子成员召开专题座谈会，征求意见建议，开展谈心活动，逐一对照检查，逐项实施整改。在专题民主生活会上，班子成员开展批评和自我批评。师生反映强烈的102条意见均整改到位。

【名优教师队伍建设】 2014年，学校多人被评为省市名优教师。有2人被评为徐州市第六批优秀专家，1人被评为江苏省高校“青蓝工程”优秀青年骨干教师培养对象，5人被评为市第十批青年名教师、青年优秀骨干教师，7人被评为江苏第二师范学院第三批学科带头人。

【课题研究成绩突出】 2014年，学校坚持课题引领，加强过程指导，课题研究成绩突出，共完成市级以上课题结题16项。学校出台《徐高师课题指南》，将课题立项研究与学校发展、教师发展结合起来。

【主办、承办多种培训】 2014年，学校多次主办承办各种培训、研讨活动。主办承办省市合作徐州市名优教师研修、省小学体育骨干教师培训、省名师团送培等5个省级培训项目，“引智”“英特尔”2个专项培训，“全国小学课改新思路、新方法、新特色研讨活动”“徐州市‘学讲计划’推进工作校长研训班”2个专题活动，全年培训人数计11105人。

【“实践取向的人才培养模式”见实效】 2014年，学校“实践取向的人才培养模式”见实效。学校组队参加省市各级各类活动和比赛，获奖达500余人次。11月，在江苏省师范生第三届专业基本功大赛中，学校参赛选手11人，7人获奖，其中，3人获二等奖，4人获三等奖，获奖人数和比例在同类学校中领先。5月，参加省大学生艺术展演，学校选派的3个节目全部获奖，其中2个节目获特等奖。6月，参加省高师第三届音乐舞蹈节，学校合唱、舞蹈、民乐3个代表队均获得一等奖，在全部参赛的12所高师中总排名第一。

【承担第十八届省运会开幕式演出】 9月19日，在第十八届省运会开幕式上，学校完成第三篇章《风壮中华》的演出任务。4月，学校开始《风壮中华》的排练，经过5个月的艰苦训练，在开幕式上圆满完成演出任务，获集体二等功。

（撰稿：陈以民　审稿：洪　韩）

运河高等师范学校

党委书记、校长　户振球

副校长　毛国良　丁彦华

【概况】 2014年，运河高等师范学校占地面积12.07公顷，建筑面积7.2万平方米。全年教育经费投入3488万元，图书馆藏书22.1万册，报纸杂志600多种。有中文与社会系、数理信息技术系、外语系、艺体系，设置五年制师范类小学教育综合文科、综合理科、英语教育、信息技术教育、音乐教育、美术教育、学前教育7个专业。有55个教学班，在校生2600多人。有教职工181人，其中，专（兼）任教师142人，正教授1人，副教授41人，高级讲师18人，特级教师、省青蓝工程培养对象、省“333工程”培养对象、徐州市优秀专家和拔尖人才、徐州市名特优教师30人，硕士（含在读）70人。50多人次出国学习或进修。与江苏师范大学和晓庄学院联办高等教育函授专业，在籍本专科函授学员430多人，学校附属幼儿园在校生800多人。

【党建工作扎实有效】 自2月起，学校党委按照群众路线教育实践活动3个环节序时进度，扎实开展各项活动。学校党委和党员领导干部针对存在的“四风”问题开展批评和自我批评活动，建章立制工作落实到位，41条意见和建议都有对应整改措施。学校领导班子和班子成员的群众测评满意率为100%。完善党委理论中心组学习活动制度，规范“三会一课”制度，在全体党员中深入开展“五个一”活动，有效实施“党员进社区”活动，党建工作取得新进展。

【师德建设成效显著】 年内，学校师德建设成效显著。抓好师德师风建设，强化“师爱传播工程”，评选和表彰校园十佳师德先进个人，开展“做党和人民满意的教师”征文活动。学校被评为2014年徐州市师德建设先进集体。

【落实“学讲计划”】 2014年，学校贯彻落实市教育局《关于实施〈“学进去讲出来”教学方式行动计划〉的意见》,推进学校课堂教学改革。通过校级示范课狠抓"每月一课"的示范效应。探索和构建"学讲"模式,全年累计开设近80节公开课,大面积改善课堂教学生态。编印《"学讲计划"学习手册》,在深入组织学习的基础上,举行书面测试。开展教学比武活动,以赛促练,累计10人次获得校、市级优质课一等奖。

【信息化建设助力课改】 2014年,学校信息化建设助力课程改革。升级校园网服务器,添置校园网络行为跟踪设备,更换4间网络机房200多套电脑桌。教务数字化管理系统全面运行,抓好网络自主学习精品资源建设,加强电子教案、课件管理和网上优秀课程建设,丰富教案、学案、精品课程等教学资源库。开展教师信息技术应用培训,提升教师信息技术应用水平。在市教育局举办的"领航杯"信息技术应用技能大赛中,9名教师的多媒体课件获一等奖,2件作品获精品资源一等奖,2件作品获工具软件一等奖,另有21件作品获二等奖,获奖人次、作品数量和等级在参赛单位中均居前列。

【开展德育系列主题教育】 2014年,学校开展德育系列主题教育活动。实施《学校学生个人发展规划》,采取分段目标达成制,帮助学生正确定位目标。开展"责任教育"活动,渗透责任意识、担当意识。开展"中国梦·我的梦""我成人、我担当""家风助我成长"活动。开展扶困助学活动,组织班主任家访,对81个家庭经济特别困难的学生给予救助,为59名贫困生提供勤工助学岗位,为150多名学生开设生活绿色通道。开展"寻找身边最美学生"评选活动。

【校园文化丰富多彩】 年内,学校组织开展各种文体活动,校园文化生活丰富多彩。举办"舞炫中国梦·乐涌青春情"校园第三届艺术节,9大项比赛创意无限。开展"阳光体育"活动,举办秋季田径运动会、春季趣味运动会、冬季长跑活动。举办第二届校园读书节,邀请省作协副主席储福金出席开幕式并作报告,推动读书活动的开展。各系组织开展各具特色活动,英语节活动、十佳歌手比赛、钢琴弹唱比赛、武术操比赛、教学技能大赛等,促进学生专业技能和综合素质的提高。继续开办"运河讲堂",传递正能量,开展学陶师陶活动,"说真话,做真人"的陶行知思想深入人心。

【人才培养成绩突出】 2014年,学校有序、有效、抓实学生教学基本功训练,在第三届全省师范生教学基本功大赛中,有7名学生获奖,其中1人获小学数学学科一等奖,2人分获英语学科、美术学科二等奖,4人分获小学语文、数学、英语学科三等奖。强化目标管理,精心做好"5+2"专转本考试辅导工作,182人参加考试,录取147人,升学率达80.8%。

(撰稿:汤　秋　审稿:户振球)

徐州老年大学

校长　王希龙
常务副校长　唐朝双
副校长　杜文生　袁法训　江恒进　朱广卫

【概况】 2014年,徐州老年大学有工作人员41人,教师81人。学校设5个教学部,40个专业,70门课程,168个教学班,在校学员8504人次。学校办学规模继续扩大,教学质量稳步提高,被省老年大学协会评选为江苏省示范老年大学。

【加强规范化建设】 2014年为学校规范化建设年。学校制定实施规范化建设活动计划，按照办学条件、行政工作、教学管理、校园文化、教育科研、办学效果6类、20项、70条责任目标，逐项分解落实，全面完成年度规范化建设任务。学校于6月底进行年中检查，9月中旬向师生员工作问卷调查，12月底召开总结会议。

【发展校外活动站】 年内，学校拓展办学渠道，建设发展各类校外辅导站、教学点。新批准25个校外站点为徐州老年大学校外活动站。10月27日，在校外活动站工作会议上，为新站举行授旗仪式。11月，学校对各校外站进行统一检查，重新登记和布局调整。至年底，纳入学校管理的校外活动站总数达到99个，活动站成员3311人。活动内容涉及10多个专业，方式多种多样，范围遍及整个市区。

【举办“文化养生校园行”活动】 9月23日，学校与徐州邮政公司联合举办“书香文化与养生保健校园行”活动开启仪式。江苏省《祝你健康》杂志社、徐州邮政公司、学校负责人和200多名师生出席，国家自然科学基金评审专家、医学博士喻春钊教授作首场报告。其后，开展交流、讲座宣传及诗歌、散文、书画、摄影展赛系列活动，举办音乐、舞蹈、戏剧、健身艺术专场表演，6500名学员获赠文化养生期刊及优惠订阅。

【教育部调研组到学校考察】 8月14—15日，教育部调研组到学校考察。教育部职成司黄辉、蔡妍等一行7人到徐州专题调研老年教育工作，征求对教育部制定老年教育发展规划的意见。调研组召开座谈会，市教育局和省教育厅社教处负责同志作汇报介绍，王希龙、唐朝双、杜文生等发言。调研组参观教学现场和教学成果展览，听取学校负责同志汇报，与师生员工座谈交流，对学校加强法制化、规范化、制度化建设，办出“精、美、特、强”的全国先进老年大学，给予高度评价。

【承担全国优秀教材评审任务】 年内，学校承担全国优秀老年大学教材评审任务。年初开始，中国老年大学协会教学工作委员会在全国开展老年大学教材推优工作。经过申报、展示、推荐环节，8月下旬，中国老年大学协会教学工作委员会，在南京召开全国老年大学教材推优工作项目组会议，确定在全国设立6个评审点。徐州老年大学作为其中的一个评审点，负责诗词教材评审。学校组织专家组，对各地推荐的9本诗词教材进行审读评估，提出鉴定意见。经中国老年大学协会审定，12月底公布评审结果，共评选出全国老年大学优秀教材52本，包括徐州评审组推荐的5本诗词教材。徐州老年大学诗词教师黄新铭的《中华诗词教学》被列入其中。

（撰稿：董安营　审稿：唐朝双）

徐州第二老年大学

副校长　王　铭（主持工作）
副校长　杨素贞
副校长　唐晋元（—8月）

【概况】 2014年，徐州第二老年大学有教师36人，管理人员16人，设有9个专业门类，35个学科课程，66个教学班（队）。在册学员3410人次。上半年毕业14个班，学员869人次，评选优秀学员28人。下半年新招21个班，学员1499人。

【开展15周年校庆活动】 9月8日，为建校第15周年校庆日，学校开展多项校庆活动。书画专业学员举办教学成果展12期，展出作品1543幅。摄影专业举办摄影展3期，展出作品580幅。声乐、戏曲、舞蹈等专业举办5场演出，演出98个节目。诗词研究班出版诗集《宣武诗征》，收录历届学员98人1000多首诗词曲联。召开有历届学校老领导、老教师和学员代表40多人参加的校庆座谈会。召开庆祝大会。出版一期校庆专刊报。

【创建省示范学校】 12月28日，学校被省老年大学协会确认为省示范老年大学。学校围绕创建目标，制订创建规划、实施方案，进行全面的宣传活动和组织安排，强化教学管理工作，实施规范化建设，建立健全5大类28项规章制度，调整充实教学大纲，发展校园文化，学校管理工作及教育教学水平上新台阶。

【紫薇艺术团服务社会获佳绩】 2014年，学校紫薇艺术团参加多项社会服务活动和省市老年艺术大赛活动，取得好成绩。暑假期间，组织34人舞蹈队，参加省第十八届运动会开幕式暖场盘鼓舞表演，受到领导好评。参加省"人寿杯"老年春晚专场汇演，参加徐州市民团拜会。在市第三届老年艺术节、市第七届广场舞蹈大赛中，获金奖1项、银奖2项，学校获优秀组织奖。

【教科研成果获多项奖】 2014年，学校坚持"质量立校，科研强校"的办学理念，教科研成果获多项奖。书法、国画、摄影等专业学员参加《老年教育》杂志创刊30周年书画大赛、中国老年大学协会第四届"名城佳苑杯"大赛、市第三届老年艺术节大赛，获特别荣誉奖、金奖、银奖各1项，铜奖2项，优秀奖12项，入选奖63项，学校获2项优秀组织奖。在《老年教育》等全国性刊物上发表论文12篇，其中，2篇荣获高峰论坛优秀论文奖，1篇获全国理论研讨会二等奖，1篇获省研讨会二等奖。

（撰稿：王传良　审稿：王 铭）

徐州市彭城家长网校

董事长　朱晓荣
校　长　吴　刚
副校长　王宗彩　李雪松

【概况】 2014年，彭城家长网校对网校首页平台进行改版升级，对网站功能重新布局进行优化，主要内容更易快速查找使用，方便家长和教师的浏览阅读。网站全年发布各类教育信息和文章1840篇。"校讯通"覆盖全市750所中小学和幼儿园，全年下行信息量4.6亿条，教师参与42万人次。每位家长月平均接收短信83条，全市家长月平均回复教师信息12万条。

【参与"困境儿童结对帮扶"活动】 2014年，网校参与市"爱心妈妈、成长伙伴与困境儿童实行2+1结对帮扶'牵手困境儿童——向日葵培养行动'"。网校协调有关部门，通过"校讯通"短信平台，面向全市优秀妇女群体、优秀少年儿童、爱心企业等发布招募爱心妈妈和成长伙伴信息，覆盖面达到30万人，社会各界热烈响应，报名担任爱心妈妈的有3.2万人，成长伙伴4.5万人，爱心妈妈集体356家，有2.2万名困境儿童成功结对。该项目被市政府列入2015年全市"为民办实事工程"。

【承办中小学教师论文大赛】 3月18日，彭城家长网校承办的第五届"校讯通杯"全国中小学教师论文大赛徐州赛区启动。大赛由中央电化教育馆和中国移动通信集团公司主办，主题为“应用整合与协调创新·教育信息化之路”，历时6个月。全市中小学教师及教育信息化部门的工作者上报论文407篇。市第五中学刘莹，丰县中学汪智、刘露，铜山区徐庄镇中心中学陈春，潘塘中心小学董现力获全国论文二等奖，邳州市议堂镇柳园小学刘敏获三等奖。

【开通“校讯通”手机客户端】 3月，“校讯通”手机客户端正式开通。客户端集家校互动、作业通知、校园安全、学习辅导、心理咨询、家庭教育、社区等应用服务功能为一体，家长和教师随时随地进行沟通，实现教师、家长、学生的信息互通，满足家庭成员之间互动和对信息的需求，学校教育和家庭教育得到进一步融合。

【开展优秀短信评选】 1—4月，网校在镇、村136所中小学和幼儿园开展“家校互动优秀短信”评选活动。参与教师3556名，获一、二、三等奖的教师共646名。活动提高镇、乡家校互动短信的质量，促进家校合作互动工作的持续发展。

（撰稿：朱晓玉　审稿：吴　刚）

徐州华顿国际学校

校　长　陈建国
副校长　冯泽松

【概况】 徐州华顿国际学校位于徐州市新城区。2014年，学校占地面积约4公顷，总建筑面积3.15万平方米。有室内外篮球场、300米塑胶跑道、各学科实验室、舞蹈房、音乐电钢琴教室。图书馆藏书3000多套。招收小学一年级新生103人，初中一年级新生150人。有教职工57人，其中专任教师27人。学校由上海中锐教育集团公司主办，上海市复旦中学委托管理，为基础教育性质的民办全日制中小学寄宿制学校。学校分设小学部、中学部、国际部，实施“十二年一贯制”人才培养模式。学校重视常规基础教育，高质量完成学业教育，并为学生设计针对性、适切性、延伸性的课程，教育理念精品化、优质化、特长化、国际化。

【组织社会实践活动】 11月7日，学校组织学生到台儿庄进行秋季社会实践活动。活动对学生进行爱国主义教育，得到家长的支持。活动结束，七年级学生作文抒发爱国主义情怀，年级组选出一部分具有代表性作品在校园橱窗展示。

【市委书记视察学校】 11月17日，徐州市委书记曹新平等一行数10人到学校参观视察。曹新平听取校长陈建国学校教育教学工作开展情况的汇报，对学校的发展给予肯定。《徐州日报》、徐州电视台新闻栏目对市领导到学校视察进行报道。

【美国梅纳德公立高中校长参观学校】 11月18日，美国马萨诸塞州梅纳德公立高中校长Charles James和夫人Paulette Marie到学校参观。James对学生礼貌、活泼、刻苦等良好表现给予高度评价，期待学校尽快与他们开展交换生合作。两校校长就高中国际教育相关事宜达成合作意向，并互赠礼物。

【上海教育专家到学校指导】 12月1日，上海教育专家应邀到学校进行教学指导。上海市长宁区政府教育督导室副主任黄红，教育局教研室主任、上海市特级教师沈子兴等一行4人到学校进行教学指导。他们对青年教师进行听课评课，并对青年教师教学水平作出评价。

【包玉刚实验学校校长到学校参观】 12月24日，上海包玉刚实验学校校长吴子健到学校参观交流。吴子健接受学校小记者采访，对学生的阳光、礼貌给予高度评价，对教师认真刻苦钻研教学、真心热情对待学生的工作态度很感动，与教师们分享包玉刚实验学校的经验。

【举办一场特殊的圣诞晚会】 12月24日，小学一年级学生与工程学院土木工程系的学生志愿者们联办一场特别的圣诞晚会。学校的小主持、小演员们都以最好的表现，展示出华顿学子阳光、文明、合作、智慧的品质，给大学生们留下深刻印象。

（撰稿：李　宁　审稿：陈建国）

徐州爱登堡国际学校

法人代表　李绥
校长　张永刚

【概况】 徐州爱登堡国际学校，创办于2014年。由上海爱登堡电梯股份有限公司出资兴办。法人代表李绥，首任校长张永刚。教职工24人，在校学生60人，2个教学班。学校崇尚“爱的教育”，奉行“宽松”“多元”“自由”的办学理念，致力于培养学习优长、发展全面、心智健康的优秀学生，立志创办中国最好的精英学校。

【体育锻炼课程化】 年内，学校将体育锻炼课程化。每天安排1节体育课，每周开设2节跆拳道课程，并开设定向越野、“啦啦操”等特色体育课程。学校啦啦操表演队获2014年全国“啦啦操”城市挑战赛（徐州站）中学组第一名。

【有序开设选修课】 年内，学校重视学生素质培养，全面、有序开设选修课程。初一第一学期开设园艺、英语电影配音、跆拳道、写作、阅读、心理班会、奥数、奥英、假期游学9门选修课。尝试将学生社团活动作日常化管理，课程化评价。

（张永刚）

徐州市青少年宫

主　任　徐　军
副主任　钟　玲　史　胜　于桂芬

【概况】 2014年，徐州市青少年宫活动场所面积6954平方米。有教职工46人，高级教师3人，中级教师19人。青少年宫加大未成年人思想道德建设工作的创新力度，开拓主题教育活动内容，提升青少年服务平台，发挥阵地育人作用。

【开展教科研评比活动】 3月15日，青少年宫开展教科研评比活动。教研室加强对教师的教科研能力培养，发挥老教师的传、帮、带作用，指导青年教师进行论文撰写、课程规划和教师职业生涯规划，语言组、科技组、美术组、器乐组、艺术社团组等30多名教师参与活动，共评选出一等奖5名，二等奖7名，三等奖20名。

【举办“小小烘焙师”公益活动】 4月5日，青少年宫活动部举办“共享阳光·让爱飞翔”小小烘焙师公益活动。设有“DIY玛格丽特饼干”“我爱画蛋糕”“水果大战”等游戏环节，吸引全市200余名青少年参与,《都市晨报》等多家媒体对活动进行报道。

【为民工子女组织公益活动】 7—8月,青少年宫与市公安局团委联合举办2014“多彩假日·快乐成长”公益夏令营活动。夏令营组织200余名9~18岁的民工子女分赴北京和上海,感悟传统与现代,学习知识、锻炼能力、开阔眼界,丰富暑期生活。组织数十名民工子女公益学校学生参与“体验传统文化·面具创意彩绘”活动,美术专业的师生带领民工子女,通过画笔展示童真和想象力。

【开展“给民工·特困家庭送讲座”活动】 9—10月,青少年宫开展“给民工·特困家庭送讲座”活动。青少年宫家长俱乐部以“呵护心灵·关爱成长”为主题,面向全市特困家庭开办“走进白雪公主踢踏秀”“菁英学生的培养”“幼小衔接你准备好了吗?”等十多场讲座,同时持续开展教育专家面对面、好书推荐、家长礼仪培训等多种活动,服务民工子女家长数百人次。

【承办第五届淮海经济区机器人大赛】 11月29日—12月2日,青少年宫承办第五届淮海经济区机器人大赛。大赛由徐州市教育局、共青团徐州市委、徐州市少工委、徐州市科协联合主办,共有600多名学生参加,为参赛人数最多的一次,评出一等奖8名,二等奖12名。

(撰稿:汪 湜 审稿:徐 军)

徐州市少先队工作委员会

【概况】 2014年,徐州市有少先队员73万余名,有少先队大队754个,少先队中队14430个,少先队大队辅导员766名,少先队中队辅导员14430名。全市少先队以自身建设为基础,围绕少先队组织的定位和根本任务,探索“三爱教育”(爱学习、爱劳动、爱祖国)路径和载体,加强“中国梦”教育和社会主义核心价值观教育,推进少先队辅导员专业化、职业化和少先队组织自身建设,推动徐州市少先队工作的创新发展。

【市少工委四届二次全委会召开】 3月20日,徐州市少工委四届二次全委(扩大)会议在徐州市大马路小学召开。团市委书记陈婕,市教育局领导徐保卫,团市委副书记徐子宇等出席会议并讲话。大会审议通过《徐州市少工委四届二次全委会关于委员卸职递补确认案(草案)》,对2013年度徐州市少先队优秀工作项目、论文、辅导员风采大赛优秀组织奖等进行颁奖表彰。徐子宇代表少工委作工作报告,总结2013年工作,部署2014年工作任务。

【加强中小学少工委组织建设】 年内,徐州市少工委加强全市各中小学少工委组织机构建设。5月,下发《关于在徐州市中小学成立少工委的通知》。10月13日建队日前,各少先大队按照文件要求,全部成立校级少工委,召开少代会,并完成换届工作。

【罗志军视察市解放路小学】 5月30日,省委书记罗志军视察徐州市解放路小学。罗志军在解放路小学参加少先队主题队会活动,代表省委、省政府向全省少年儿童致以节日的祝贺,向全省少儿工作者致以敬意。市委书记曹新平等领导陪同视察。

【举办“红领巾民族团结手拉手”夏令营】 7月5—15日，徐州市少工委举行有新疆奎屯市少先队员和徐州少先队员参加为期10天的“红领巾民族团结手拉手”夏令营活动。活动内容有“我在徐州有个汉族妈妈”亲子趣味游戏，“民族团结手拉手”主题队会，“我教你民族歌舞、你教我诗词歌赋”篝火晚会，参观汉文化景区、爱国主义教育基地等。中央电视台进行专题报道。

【开展“争当‘三爱’红孩子”活动】 10月13日上午，团市委、市少工委在淮海战役烈士纪念塔五前委塑像前，举行“争当‘三爱’红孩子”主题教育活动，纪念中国少年先锋队建队65周年。市政协副主席冯正刚、市关工委副主任司云胜、团市委书记陈婕、市文明办副主任刘志林、市教育局领导徐保卫、团市委副书记徐子宇、省少儿研究会会员李世明出席活动。全市少先队辅导员代表和少先队员代表400余人参加活动。

【开展辅导员培训活动】 12月9—12日，市少工委组织徐州各县(市、区)150余名总辅导员、大队辅导员优秀代表参加为期4天的培训活动。培训期间，举行辅导员少先队知识竞赛，观摩学习兄弟学校少先队活动室和少先队工作开展情况，听取全国少先队教育专家的讲座。

（张　璟）

徐州市关心下一代工作委员会

【概况】 2014年，徐州市有各级关工委组织5791个。7月，在全省关工委宣传工作会议上，徐州市关工委被评为先进集体。8月，在全国关工委宣传工作会议上，铜山区关工委被评为标兵单位，市关工委、睢宁县关工委被评为先进集体。

【组织“三爱一践行”活动】 3—12月，市关工委组织“三爱一践行”主题教育活动。3月，活动启动仪式在全市逐级展开。丰县、沛县、邳州、新沂、铜山等地联合文明办、教育部门，在一所或多所学校举行启动仪式。沛县4所中小学和陈庄辅导站在启动仪式上向全县中小学生发出倡议书，宣读誓词，争做“爱学习、爱劳动、爱祖国”的好少年。市关工委、市文明办和市教育局联合印发《关于在全市中小学生中广泛开展“践行核心价值观，老少共筑中国梦”征文比赛的通知》，全市共有47万青少年参加征文活动。12月9日，召开表彰大会，140名优秀作者、55名优秀指导教师和22个优秀组织受到表彰。组织开展“三爱”书签制作活动，有54.7万青少年参与，其中新沂市关工委共发放“三爱”书签制作卡10.7万份，评选出150件优秀作品上报。在主题活动中，全市各级关工委共组织宣讲员3880多人，编写宣讲材料2461篇，组织图片展、文艺演出等2690场，受教育青少年达209万人次。

【推进电子阅览室建设】 4月，市关工委推进电子阅览室建设。召开全市校外辅导站电子阅览室建设推进会。争取财政等资金共计140余万元，购买472台电脑，全部下发到基层校外辅导站。丰县关工委将电子阅览室建设纳入政府为民办实事工程。铜山区、睢宁县、泉山区、贾汪区、云龙区等地分别争取财政资金购置电脑。新沂市关工委先后召开电子阅览室建设专题会、推进会、座谈会等，争取相关部门单位支持，采取自建、共建、联建、援建等形式，电子阅览室覆盖面达到50%以上。

【开展“关爱明天　普法先行”活动】 2014年，市关工委开展“关爱明天　普法先行”活动。组织“五老”普法教育宣讲团、报告团，开展以《中华人民共和国宪法》《中华人民共和国未成年人保护法》《中华人民共和国预防未成年人犯罪法》《江苏省未成年人保护条例》为重点的青少年法制宣传教育活动。8月4日，在中央关工委、司法部、中央综治办联合召开的全国第二届“关爱明天 普法先行”——青少年普法教育总结表彰会上，徐州市关工委、邳州市关工委获全国青少年普法教育先进集体称号。云龙区“五老关爱团”抓住六一儿童节、7月放假前夕、9月入学第一月等时机，开展“送法进校园”“我和妈妈同学法”青少年法制宣传月等活动。鼓楼区关工委举办“七彩阳光青少年法制夏令营”活动，带领未成年人通过参观青少年维权展厅，体验法制游戏，阅读法制图书，观看法制宣传展板等形式，提升未成年人的法律意识。

【开展“结对帮教 引领人生”活动】 年内，市关工委开展“结对帮教 引领人生”活动。邳州市关工委召开“结对帮教 引领人生”现场会，要求各地采取“一对一”结对帮教方式，着力从“思想上引导，心理上疏导，生活上关心，行为上关注”，预防和减少青少年违法犯罪。泉山区各街道关工委成立“五老”帮教小组，会同综治、司法、派出所等部门对辖区失足青少年进行统计，登记建档，结对帮教。铜山区关工委会同有关部门，以村(社区)为重点，对有问题、有不良行为、失学、闲散、刑满释放、判缓刑的青少年进行摸底排查，组织“五老”结对，会同家长、学校进行教育疏导，感化帮教。全区结对帮教对象276人，转化253人，转化率92%，刑释人员和缓刑人员无一人重新犯罪。

【开展“爱心救助乡镇行”活动】 年内，徐州市关工委开展“爱心救助乡镇行”活动。六一儿童节前夕，会同市红十字会到丰县欢口镇和新沂市棋盘镇，向200名家庭贫困的留守儿童、孤残弃儿童实施救助，共发放救助金12万元。暑期，会同市慈善总会举行暑期特别救助仪式，向刚考入大学家境困难的50名大学新生实施救助，共发放救助金15万元，徐州市副市长李燕出席并讲话。协助省关心下一代基金会和爱德基金会救助徐州市学生282人，发救助款20.29万元。全市关工委系统配合教育部门共扶贫助学1.6万多人，发放救助资金达824万元。

【开展“大宣传”工作】 2014年，徐州市关工委按照中央关工委提出的“大宣传”观念，开展宣传工作，出现新局面。7月15日，《人民日报》报道郁雪群创办家庭读书点探索出“基地+团队+活动”三位一体的关爱留守儿童的新模式。9月，《银潮》杂志记者采访市关工委，以“人物专访”形式刊登市关工委主任李为健的事迹，全面介绍全市关工委的工作情况和主要经验，在全省引起反响。10月，省新闻出版局组织10多家主流媒体采访市“小海燕农家(社区)书屋”、邳州市郁雪群“向日葵读书点”、云龙区翟继法“家庭式校外辅导站”、泉山区纺西社区“七色花课堂”。《中国火炬》发行超2000份，《周报》《小海燕》发行均超10万份。

(詹三文)

民办教育

【综述】 2014年，徐州市有各类民办教育机构402个。市教育局贯彻《中华人民共和国民办教育促进法》和《中华人民共和国民办教育促进法实施条例》，对全市民办教育机构坚持依法审批、依法年检，加大对违规办学、无证办学查处力度，在全市民办教育机构中开展诚信办学系列活动。引进外地资金在徐州兴办民办教育机构，提升徐州市民办教育的整体档次和办学水平。

【组织开展年检和换证工作】 年初起，市教育局通过印发通知、申报年检材料、书面材料初审、办学现场考察、综合意见反馈、公布年检结果等环节，重点检查培训机构的安全工作、财务状况和社会信誉。对存在安全隐患、财务管理混乱、社会信誉不好的培训机构，提出书面整改意见，限期整改，逾期未整改或经整改仍未到达要求的，年检不予通过。年检合格单位，通过徐州教育网向全市公布。

【坚持检查制度，确保校园平安】 年内，市教育局加强与劳动、民政、工商、税务、公安及新闻媒体等部门的沟通和协调，加大联合执法力度，形成部门合作、齐抓共管的管理机制。加大对违规办学、无证办学查处力度，坚持日常检查和年度检查相结合，及时发现和处理问题。开展安全专项检查，安全检查的重点是学校校舍、用电用气、消防、锅炉、食品卫生以及学校在治安、消防、食品卫生等方面制定的应急预案，消除安全隐患，确保校园平安。

【坚持标准，依法审批民办教育培训机构】 年内，市教育局坚持依法行政，按照《中华人民共和国民办教育促进法》和《中华人民共和国民办教育促进法实施条例》所规定的材料要求和审批程序，审批民办教育培训机构。履行行政服务处职能，指导县（市、区）教育行政部门依法做好民办学校审批工作，依照标准，严格审批程序，严把民办学校准入关，做到达标一个，批准一个。2014年，引进外地资金在徐州市新建2所国际学校：徐州华顿国际学校、徐州爱登堡国际学校，2所学校的建立基本解决在徐外籍人士和不同层次子女的入学问题，提升徐州市民办教育的整体档次和办学水平。

【开展“诚信办学”活动】 年内，局职社处开展“诚信办学”系列活动。对民办教育培训机构集中宣传，通过《都市晨报》向社会公布经市教育局审批的民办教育培训机构名单。

【查处违规办学】 2014年，局职社处针对群众反映的违规办学问题，尤其书记市长信箱、行风热线、政府服务热线“12345”、“零障碍”反映和媒体曝光的突出问题，及时予以查处。截至年底，共查处38家违规办学单位，分别给予责令整改、停止办学、依法取缔的处理，规范民办教育培训市场。

（马国桥）

2014年徐州市部分民办教育机构

表10

序号	地区	学校名称	办学内容	联系电话
1	徐州市区	徐州市彭城家长网校	家长培训	83822388；615109808；13813469642
2	徐州市区	徐州市环球雅思培训学校	英语	85609318；82111765
3	徐州市区	徐州市科大专修学校	成人教育	83804848；83814848
4	徐州市区	徐州市智发教育培训中心	成人教育	85797908；85661615
5	徐州市区	徐州市中大专修学院	成人教育	83822033；83216216
6	徐州市区	徐州市淮海教育培训中心	成人教育	83855278；13905202099
7	徐州市区	徐州市蓝成艺术培训中心	艺术培训	85605805；13605218091
8	徐州市区	徐州市星光舞蹈培训中心	舞蹈培训	83732968；13952199623
9	徐州市区	徐州市科信计算机培训中心	计算机	83552066；13056200180；83552099
10	徐州市区	徐州市星苑培训中心	少儿艺术	83885460；13395228023
11	徐州市区	徐州市东方培训中心	成人教育	83858202；82272202
12	徐州市区	徐州市神墨心算教育培训中心	计算机	83709968；13685139949
13	徐州市区	徐州市新丝路外语培训中心	英语	83812887；82652683；83929333
14	徐州市区	徐州市立本进修学院	成人教育	83711567；13003524186
15	徐州市区	徐州市务本进修学院	成人教育	83723098；
16	徐州市区	徐州市华宇专修学校	成人教育	83537706；13615136828
17	徐州市区	徐州市东华专修学校	成人教育	82367820；13905212429
18	徐州市区	徐州市卓越外语培训中心	英语	83592379；13912005279

续表10-1

序号	地区	学校名称	办学内容	联系电话
19	徐州市区	徐州市教育外语和计算机教育培训中心	英语、计算机	83816936
20	徐州市区	徐州市神舟计算机培训学校	计算机	85831688;85938148;85938148
21	徐州市区	徐州市彭城古筝艺术学校	艺术培训	83723681;13003526492
22	徐州市区	徐州市慕园艺术培训中心	艺术培训	82686889;13852156858
23	徐州市区	徐州市金阳光外语培训中心	英语培训	83719292;13852430720
24	徐州市区	徐州市淮海专修学院	成人教育	85794338;15952185682;85604158
25	徐州市区	徐州市小百灵艺术培训中心	艺术教育	83452004;13813452616
26	徐州市区	徐州市英才教育培训中心	英语培训	85696588;82277120;85696588
27	徐州市区	徐州市威尔士英语培训中心	英语培训	83733168;13013980509
28	徐州市区	徐州市科苑专修学院	成人教育	83420958;83420558;13685102118
29	徐州市区	徐州市鹏程培训学校	成人教育	83849418;13196811338
30	徐州市区	徐州市嘉华教育培训中心	少儿 艺术	85558266;85219262
31	徐州市区	徐州市成才教育培训中心	成人教育	85704449;82701089
32	徐州市区	徐州市靓点舞蹈学校	舞蹈培训	83708599;13813460843
33	徐州市区	徐州市大卫营教育培训中心	英语	83508921;852395660;13505215071
34	徐州市区	徐州市大鹏教育培训中心	成人教育	83738033;13905209010
35	徐州市区	徐州市李思衡艺术培训学校	书法培训	83709888;13505208788
36	徐州市区	徐州市远大教育培训中心	成人 教育	82310017;13805212021
37	徐州市区	徐州市方园教育培训中心	英语 培训	83862255;82126799
38	徐州市区	徐州师大现代人教育培训中心	成人教育	83865328;13852143089

续表10-2

序号	地区	学校名称	办学内容	联系电话
39	徐州市区	徐州市中锐国际语言交流中心	英语培训	83718851； 83758498； 83857818
40	徐州市区	徐州市星亚教育中心	英语培训	82329966； 13395251868
41	徐州市区	徐州市译苑外国语培训中心	英语培训	82680630； 82680830
42	徐州市区	徐州市中博教育培训中心	计算机	85629999； 13914871212
43	徐州市区	徐州市师苑外国语培训中心	英语培训	83800178； 82888440
44	徐州市区	徐州市现代教育培训中心	会计培训	83700187； 13685128189
45	徐州市区	徐州市新概念教育培训中心	英语	83702699； 83702698； 13952208070
46	徐州市区	徐州市未来教育培训中心	成人培训	83846756； 15852150772； 83888783
47	徐州市区	徐州市中山进修学院	成人培训	83753986； 83738575
48	徐州市区	徐州市东方专修学院	成人培训	85610500； 85610506； 13705215935
49	徐州市区	徐州市九三进修学院	成人培训	83812068； 83812309； 82738768
50	徐州市区	徐州市天使自学考试辅导中心	成人培训	85728867； 82866508
51	徐州市区	徐州市古彭书画艺术进修学院	艺术培训	85322009；
52	徐州市区	徐州市科技进修学院	成人培训	85692680；
53	徐州市区	徐州市海联培训中心	计算机	87867663； 13805204935； 15950686818
54	徐州市区	徐州市大蒋少儿篮球培训中心	艺术培训	82816987； 13239425986
55	徐州市区	徐州市新华电脑专修学校	计算机	82160999； 83879698； 82550088
56	徐州市区	徐州市新天地语言培训中心	英语培训	83755461； 83733338
57	徐州市区	徐州市华夏文化培训学校	艺术培训	83200775/4； 13685128737；
58	徐州市区	徐州市职工文化艺术学校	成人培训	83725268； 13775845532

续表10-3

序号	地区	学校名称	办学内容	联系电话
59	徐州市区	徐州市新世纪儿童培训中心	少儿教育	82084986；82683056；82882378
60	徐州市区	徐州市导航科技文化培训中心	成人培训	83885047；13912034028
61	徐州市区	徐州市新宇经贸研修学院	成人培训	82256128；13813464493
62	徐州市区	徐州市关心下一代培训中心	少儿艺术	83735273；83755911
63	徐州市区	徐州市冯维箫小提琴培训中心	艺术培训	85602155；13951353322
64	徐州市区	徐州市三原色专业培训中心	艺术培训	83861890；82922836；13776796848
65	徐州市区	徐州市蓝海计算机培训中心	计算机	83805600；13705211303
66	徐州市区	徐州市金钟教育培训中心	成人培训	13952177665
67	徐州市区	徐州市拔萃教育培训中心	少儿培训	13705215189
68	徐州市区	徐州市特明早期教育培训中心	少儿培训	83857099；13685128128；83851040
69	徐州市区	徐州市天元幼儿早期教育中心	幼儿培训	85693515；13003516869
70	徐州市区	徐州市阳光教育培训中心	行为养成培训	13905200138；83161818
71	徐州市区	徐州市小梅花舞蹈培训中心	舞蹈培训	13952199855
72	徐州市区	徐州市阿斯顿英语培训中心	英语培训	83106885；13605205233
73	徐州市区	徐州市启聪聋儿语言康复中心	少儿特教培训	82515066；82890386
74	徐州市区	徐州市馥旦培训中心	成人培训	83758470；82188287；13905202088
75	徐州市区	徐州市彭城培智学校	特教培训	85693349；13952209215
76	徐州市区	徐州市育才财经进修学院	成人培训	85709433；82689958
77	徐州市区	徐州市安德教育培训中心	英语培训	85950903；13776587011
78	徐州市区	徐州市彭城老年大学北区分校	老年培训	85890108；83577808

续表 10-4

序号	地区	学校名称	办学内容	联系电话
79	徐州市区	徐州市博文教育培训中心	计算机	13003513088; 13305216063
80	徐州市区	徐州市英华教育培训中心	英语培训	85592789; 82882359
81	徐州市区	徐州市昂立外语培训中心	英语培训	83715822; 13505219169
82	徐州市区	徐州市嘉年华网络教育学校	少儿培训	82118506; 13952196111
83	徐州市区	徐州市文达计算机专修学校	计算机	82666602;
84	徐州市区	徐州市四达教育培训中心	成人培训	83627133; 13395263599
85	徐州市区	徐州市博园培训中心	英语培训	82970093; 13805208088
86	徐州市区	徐州市天大教育培训中心	成人培训	85607018; 13905215939
87	徐州市区	徐州市英之辅英语培训中心	英语培训	85588200; 13013966393
88	徐州市区	徐州市兴航教育培训中心	成人培训	15895212558
89	徐州市区	徐州市徐师少儿艺校	少儿艺术	83818669; 13952205668
90	徐州市区	徐州市翰耕艺术培训中心	艺术培训	83816779; 13852107582
91	徐州市区	徐州市馨苑教育培训中心	少儿艺术	13852007888
92	徐州市区	徐州市孚思教育培训中心	英语培训	13905200100; 13852155322
93	徐州市区	徐州市通晓外语培训中心	英语培训	13685138590; 83300920
94	徐州市区	徐州市宏博教育培训中心	英语培训	82315170;
95	徐州市区	徐州市点睛教育培训中心	英语培训	82125199; 85768235
96	徐州市区	徐州市思毓教育培训中心	成人教育	13775886998
97	徐州市区	徐州市澳美英语培训中心	英语培训	87998880;82580666; 82115008
98	徐州市区	徐州市韦博英语培训中心	英语培训	85701557; 13952173288

续表10-5

序号	地区	学校名称	办学内容	联系电话
99	徐州市区	徐州市建成教育培训中心	成人培训	82267301；83868930
100	徐州市区	徐州市常青藤外语教育中心	英语培训	13056201838；87636717
101	徐州市区	徐州市成长快乐教育培训中心	少儿英语	83809196；13013936865
102	徐州市区	徐州市恒升教育培训中心	成人培训	83867801；3395228288
103	徐州市区	徐州市视情教育培训中心	英语培训	83750448；82092920；
104	徐州市区	徐州市博大科技专修学校	成人培训	13270488888
105	徐州市区	徐州市星光科苑教育培训中心	少儿培训	13852139158
106	徐州市区	徐州市玉兰舞蹈培训中心	舞蹈培训	82680126
107	徐州市区	徐州市文昌外国语培训中心	英语培训	13852047861
108	徐州市区	徐州市吴涛架子鼓培训学校	艺术培训	13056228177
109	徐州市区	徐州市弘德儿童培训中心	幼儿培智教育	83869919；13382657919
110	徐州市区	徐州市禾润儿童康复幼教中心	幼儿培智教育	13685109718
111	徐州市区	徐州市书人教育培训中心	少儿培训	15150031671；83869219
112	徐州市区	徐州市新东方进修学校	英语培训	83909000；15162108886
113	徐州市区	徐州市乐舞国际文化艺术培训学校	艺术培训	85607320；13615109808
114	徐州市区	徐州市翰林教育培训中心	艺术培训	83731515；15905206626
115	徐州市区	徐州市财苑教育培训中心	成人培训	85798626；15005212518
116	徐州市区	徐州市美地教育培训中心	成人培训	83813536
117	徐州市区	徐州市韦肯国际教育中心	英语培训	13852039576；83569385
118	徐州市区	徐州市幸星国际影视动画培训中心	成人培训	85858901；18952112528

续表10-6

序号	地区	学校名称	办学内容	联系电话
119	徐州市区	徐州市春芽艺术培训中心	幼儿教育	87210153；66666888
120	徐州市区	徐州市嘤鸣教育培训中心	少儿培训	83420558；13685102118
121	徐州市区	徐州市公园巷教育培训中心	幼儿培训	83732957；13776588518
122	徐州市区	徐州市墨鹤教育培训中心	书法培训	13905215088；83720555
123	徐州市区	徐州市新宇早期教育培训学校	幼儿培训	13776779968；83700021
124	徐州市区	徐州市巴迪外语培训中心	英语培训	13852047861；83880101
125	徐州市区	徐州市中昂教育培训中心	英语培训	66659999
126	徐州市区	徐州市一名舞蹈培训中心	舞蹈培训	83736600；15162264877
127	徐州市区	徐州市智汇教育培训中心	成人培训	83909081；13775987909
128	徐州市丰县	丰县财会培训中心	成人培训	13852110012
129	徐州市丰县	丰县靓点舞蹈培训中心	舞蹈	15895237087
130	徐州市沛县	沛县红舞鞋艺术培训中心	艺术培训	13805226397
131	徐州市铜山区	铜山区东南教育培训中心	成人培训	13952206326
132	徐州市铜山区	铜山区育人少儿艺术培训中心	艺术培训	15852300651
133	徐州市铜山区	新概念教育学校	英语培训	83509001
134	徐州市铜山区	博雅教育培训中心	少儿培训	13605201089
135	徐州市铜山区	铜山区蓝天计算机认证培训中心	计算机	13775976793
136	徐州市铜山区	铜山昂立培训中心	英语培训	13395280887
137	徐州市铜山区	铜山区现代教育培训中心	成人教育	13626168339
138	徐州市铜山区	铜山区文艺美术学校	艺术培训	13775880238

续表10–7

序号	地区	学校名称	办学内容	联系电话
139	徐州市铜山区	铜山区睿思教育培训中心	少儿培训	15852238840
140	徐州市铜山区	铜山区万博教育培训中心	少儿培训	15952116811
141	徐州市铜山区	铜山区铜北菁华教育培训中心	少儿培训	13952113721
142	徐州市铜山区	铜山区单集雅润计算机培训中心	计算机	15152180001
143	徐州市铜山区	铜山区英华教育培训中心	英语培训	83030026
144	徐州市铜山区	铜山区文华教育培训中心	成人培训	80270766
145	徐州市铜山区	铜山区科技进修学校	成人培训	13685149763
146	徐州市睢宁县	睢宁小新星英语业余培训学校	英语培训	13776760966
147	徐州市睢宁县	睢宁县黉学教育潜能开发培训中心	少儿培训	15312661122
148	徐州市睢宁县	睢宁东方高考文化补习中心	成人培训	13921781922
149	徐州市睢宁县	环球英语培训中心	英语培训	13652101108
150	徐州市睢宁县	睢宁县春晖英语教育培训中心	英语培训	13775921375
151	徐州市睢宁县	睢宁县红光青少年幼儿特色教育中心	艺术培训	18952131728
152	徐州市睢宁县	睢宁县儿童智库潜能培训中心	少儿培训	13776761487
153	徐州市睢宁县	睢宁县达睿英语教育中心	英语培训	18912021773
154	徐州市睢宁县	睢宁县星光灿烂少儿舞校培训中心	舞蹈培训	15852051515
155	徐州·新沂市	新沂市新安镇台北谢氏心算培训中心	计算机	88939327
156	徐州·新沂市	新沂市新安镇文新书法美术培训中心	书法	88859220
157	徐州·新沂市	新沂市新安镇明智心算训练培训中心	少儿培训	88927723

续表 10-8

序号	地区	学校名称	办学内容	联系电话
158	徐州·新沂市	新沂市新安镇一惟舞蹈艺术培训中心	舞蹈培训	88922902
159	徐州·新沂市	新沂市益民聋儿听力声训学校	幼儿特教	88939198
160	徐州·新沂市	新沂市新安镇星苑艺术培训中心	艺术培训	13805225290
161	徐州·新沂市	新沂市新安镇中科计算机培训中心	计算机	88997787
162	徐州·新沂市	新沂市新安镇美加英语培训中心	英语培训	13952100579
163	徐州·新沂市	新沂市新安镇中艺书画培训中心	英语培训	15862299557
164	徐州·新沂市	新沂市新安镇五音艺术培训中心	艺术培训	13305224001
165	徐州·新沂市	新沂市新安镇七色花音乐培训中心	艺术培训	88800189
166	徐州·新沂市	新沂市新安镇亚洲体育舞蹈培训中心	舞蹈培训	81681929
167	徐州·新沂市	新沂市汇文高考复习培训中心	成人培训	15862135689
168	徐州·新沂市	新沂市新起点教育培训中心	英语培训	88952345
169	徐州·新沂市	新沂市新安镇太阳花外语培训中心	英语培训	81612321
170	徐州·新沂市	新沂市马陵山弘禅武术培训学校	艺术培训	15952193332
171	徐州·新沂市	新沂市启聪教育培训中心	少儿特教	13013950378
172	徐州·新沂市	新沂市新安镇晓雯音乐培训中心	艺术培训	88871776
173	徐州·新沂市	新沂市新安镇新思路教育培训中心	英语培训	88990169
174	徐州·新沂市	新沂市新安镇立达教育培训中心	成人培训	15852296229
175	徐州·新沂市	新沂市新安镇天音音乐培训中心	艺术培训	13655225863
176	徐州市贾汪区	贾汪区关玉舞蹈培训中心	舞蹈培训	82736202

续表 10-9

序号	地区	学校名称	办学内容	联系电话
177	徐州市贾汪区	贾汪区凌志教育培训中心	少儿培训	87619800
178	徐州市贾汪区	贾汪区 EF 外语培训中心	英语培训	87612323
179	徐州市贾汪区	贾汪区新东方电脑外语培训中心	计算机	18912039968
180	徐州市贾汪区	贾汪区新浪语言培训中心	英语培训	15852209060

（马国桥）

（责任编辑　严国年）

高等教育

【综述】 2014年，在徐高等教育院校有普通高校9所，独立学院2所，成人高校1所，军事院校2所。普通高校（含独立学院，不含军校）总占地面积875公顷，建筑面积426万平方米，固定资产总值91亿元。在职教职工（不含军校）11427人，其中专任教师7734人。各类在校生179634人（不含军校），其中，全日制本、专科生125946人，博士研究生1312人，硕士研究生9981人，成人在校生42395人。

【开展“青春·情感·成才”主题教育活动】 5—6月，教育局会同市文明办、团市委、徐州广播电视传媒集团、徐州日报传媒集团，组织在徐高校、高职校开展大学生“青春·情感·成才”主题教育系列活动。各高校精心组织，广大大学生踊跃参与，活动取得明显实效。

【举行“正青春·学好人”主题宣誓活动】 5月9日，市委教育工委组织大学生在徐州“好人园”举行“正青春·学好人”主题宣誓活动。市委教工委书记张德超主持活动，市委常委、宣传部长冯其谱出席宣誓仪式并讲话。市文明办、团市委、徐州日报传媒集团、徐州广播电视传媒集团主要领导，在徐高校、高职校党委分管领导、有关部门负责人及大学生代表350余人参加活动。

【开展“我的青春故事汇”征文暨访谈活动】 2014年，教育局与在徐各高校联合开展“思青春·忆情感”为主题的“我的青春故事汇”征文暨访谈活动。各校共收到征文1200多篇，经各校评选上报200余篇，经专家评审30篇征文获奖。各校还积极邀请知名专家、学者为大学生作青春励志报告。累计邀请专家作报告26场，大学生听众4万余人。

【开展“致青春·话交往”主题团日活动】 5月，各高校以“五四”青年节、“5·25”心理健康月活动为契机，开展“致青春·话交往”主题团日活动。同时开展大学校园情景剧大赛和展演，以大学生身边的人和事为素材，自编自演自导校园情景剧，演出情景剧近200个，推荐上报参评24个。中国矿业大学等获得优秀组织奖。

【促进校地、校际交流】 2014年，高教处积极促进各高校校际、校地交流。做好在徐高校基本情况的调研和统计，掌握在徐高校的基本情况。支持江苏师范大学、徐州工程学院、徐州工业职业技术学院大学科技园建设。继续建立和完善高校有关部门联席会议制度，通过高校办公室主任联谊会、教务处长联谊会和成教院长联谊会，定期通报徐州高等教育有关情况。

【做好高校校外教学点申报审核】 2014年，高教处严格按照省高校成人教育校外教学点管理办法，对学校新申报校外教学点严格审核。组织在徐高校成人高等教育专家对申报的教学点逐一进行现场审核，查看办学条件和教学设施，查阅制度文件及有关档案，并对教学点申报材料进行第二轮审核。经由专家组评议，确定上报南京化工职业技术学院徐州矿务局函授站等4家单位，经省教育厅审核同意举办。

【规范高校校外教学点管理】 2014年，教育局定期不定期抽查校外教学点教学工作。要求各校外教学点根据教学计划，认真组织教育教学。严格考试管理，加强对考生进行诚信考试和纪律教育，抓好考风建设。9月6日，召开校外教学点工作交流会，观摩中国矿大徐州矿务局函授站教学管理，新沂教师进修学校、丰县电大、中国矿大徐州矿务局函授站3家单位作交流发言。

【严格开展校外教学点年审】 2014年，高教处制定详细的年检方案，认真组织教学点年检。召开高校在徐校外教学点年检工作会议，对年检工作做全面部署，明确年检要求。制定下发《关于做好高等学校成人教育校外教学点年审工作的通知》，要求各校外教学点认真进行自查，撰写自查报告。11月底，组织在徐高校有关专家对全市36个成人教育校外教学点进行抽查，重点抽查中大专修学院等民办学校以及医学类校外教学点，并形成检查通报上报省教育厅及设点高校。

（撰稿 姚新文）

中国矿业大学

党委书记 邹放鸣
校长 葛世荣
党委副书记 张爱淑（女）（—9月） 王建平 曹德欣 蔡世华（9月—） 才庆祥（9月—）
副校长 赵跃民 宋学锋 缪协兴 秦勇 赵建岭 李强
纪委书记 张爱淑（女）（兼，—9月） 才庆祥（兼，9月—）
副校级干部 才庆祥（援疆，—9月） 卞正富（援疆，9月—）

【概况】 中国矿业大学是教育部直属全国重点大学，是国家“211工程”和“985优势学科创新平台项目”重点建设高校，教育部与江苏省人民政府、国家安全生产监督管理总局共建高校。学校占地面积294.2公顷（文昌校区103.7公顷，南湖校区190.5公顷），校舍建筑面积138万平方米，图书馆藏书230万册。2014年学校行政业总收入18.81亿元，设备资产总值10.09亿元。

学校以工科为主，以矿业为特色，理、工、文、管、法、经、教育多学科协调发展。2014年，学校设有研究生院和22个学院，另有2个独立学院，59个本科专业。有16个一级学科博士点，35个一级学科硕士点，10个专业学位授权点（类），1个一级学科国家重点学科，8个国家重点学科，1个国家重点（培育）学科，4个省一级学科重点学科，7个“江苏省高校优势学科建设工程”，14个博士后科研流动站。有2个国家重点实验室，2个国家工程（技术）研究中心，1个国家工程实验室，1个国家大学科技园，4个教育部重点实验室，2个教育部工程研究中心，16个其他省部级重点实验室和工程研究中心（含基地）。另有3个国家实验教学示范中心和1个国家仿真模拟实验教学中心。

2014年，有各类在校学生50000余人。其中，全日制普通本科生24500余人，各类硕士、博士研究生10000余人，留学生180余人，成人教育学生和培训生18200余人。招收学生9552人，毕业学生9441人，就业率达98%。学校获江苏省“毕业生就业工作先进集体”称号。

学校有教职工3129人。专任教师中有正高级职称332人，副高级职称644人，博士生导师326人，硕士生导师883人。其中，中国工程院和中国科学院院士15人（含外聘7人），170人享受国务院颁发的政府特殊津贴。2014年，有1人受聘学校长江学者讲座教授，1人获光华工程科技青年奖，2人入选科技部“创新人才推进计划”中青年领军人才，2人入选江苏省“双创”人才，2个团队入选江苏省“双创”团队，1人入选江苏特聘教授。1个团队获批国家自然科学基金创新研究群体，1个教育部创新团队获得滚动支持，1个江苏省优秀科技创新团队通过验收。3人被评为全国优秀科技工作者，1人获江苏省自然科学杰出青年基金资助，1人获江苏省十大杰出专利发明人称号，1人获中国专利优秀奖。3名教师分别入选全国模范教师、全国教育系统先进工作者、全国高校优秀思想政治教育工作者。

2014年，学校获国家教学成果二等奖等多项奖励。获批国家级虚拟仿真实验教学中心1个。新增国家精品资源共享课7门、国家精品视频公开课3门。省级本科优秀毕业论文(设计)和团队数量位居全省高校第一。

2014年，学校获国家科技进步一等奖1项、二等奖2项，国家技术发明二等奖1项，获奖数量位列全国高校第10位。新增科研纵向项目391项，其中，“973计划”项目1项，国家科技基础性工作专项重点项目1项，国家公益性行业科研专项2项，其他国家级项目(课题)170项。全年实到科研经费4.87亿元，其中纵向1.96亿元。SCI收录论文突破700篇。获得国内发明专利214件、国外发明专利3件。学校获“中国产学研合作促进奖”。

【核准与落实《大学章程》】 4月24日，《中国矿业大学章程》(以下简称《章程》)经教育部2014年第13次部务会议审议原则通过。6月4日，教育部网站发布教育部高等学校章程第14号核准书及《章程》全文，《章程》正式生效。学校制定实施工作方案及任务分工，依据《大学章程》修订完善《学术委员会章程》《教代会制度实施办法》等学校相关文件。

【落实教育实践活动整改工作】 2014年，针对党的群众路线教育实践活动中师生员工关心关注的突出问题，学校确定“两方案一计划”整改任务。全校56项整改重点项目完成53项，完成率94.6%。32项制度建设项目完成30项，完成率93.8%。16项专项整治任务全部完成。29个二级单位承担的783项整改任务完成750项，完成率95.8%。一些长期存在的突出问题、难点问题得到较好解决。同时开展作风、服务质量专项评议。

【5名学生被聘为校务参事】 5月，学校首次聘用5名学生为学校校务参事。学校给予学生校务参事多项工作“优先权”，如可以随时约见校领导，直接向校领导反映意见建议，并有权及时获得主要校领导的批阅、回复，拥有登录学校办公系统调阅相关文件的权限，以及可以随时向有关职能部门就相关事务进行咨询、质询等。

【4项科研成果获国家奖励】 2014年，学校4项科研成果获国家奖励。参与完成的“特厚煤层大采高综放开采关键技术及装备”项目获国家科技进步一等奖，作为第一单位完成的“高性能大型振动筛关键技术及其应用”项目获国家技术发明二等奖、项目作为第二单位完成的“宁东特大型整装煤田高效开发利用及深加工关键技术”项目、作为第三单位完成的“大型铁矿山露天井下协同开采及风险防控关键技术与应用”项目获国家科技进步二等奖。在教育部公布的高校获2014年度国家3大科技奖励通用项目统计排序中，学校排名全国第十、江苏省第二。

【省优势学科建设成绩显著】 2014年，学校顺利完成江苏省优势学科建设工程一期项目建设任务。5个立项学科考核验收全部为A级。7个学科进入二期建设项目，获批专项资金1亿元。1个一级学科硕士点通过省级评估获“优秀”等级。

【专业内涵建设见成效】 9月，学校的采矿工程、测绘工程2个专业通过中国工程教育认证协会认证。完成建筑环境与能源应用工程、化学工程与工艺2专业的评估认证。完成江苏省重点专业中期检查工作，24个省重点专业均通过中期检查，其中，矿业类(采矿工程、矿物加工工程2个专业)为优秀，其余22个专业为良好。

【引进优秀人才】 2014年,学校大力引进优秀人才。引进具有博士学位的新教师93人,其中,海外博士或者具有一年以上海外经历的博士31人,有12人在海外名校取得博士学位,近70%达到学校优秀博士标准。全年引进副高级以上教师13人,其中,全职引进教授5人,副教授3人。1人受聘长江学者讲座教授。

【充实科研平台】 2014年,学校不断充实科研平台。新增1个省级协同中心——“江苏省老工业基地资源利用与生态修复协同创新中心”,“矿山机电装备”获批江省重点实验室立项建设,“江苏省煤加工与洁净化研究中心”通过验收,“江苏省煤基CO_2捕集与封存重点实验室”绩效评估良好。推进“煤炭安全绿色开采协同中心”和7个校级协同中心的内涵建设。

【科研团队建设】 2014年,科研团队建设取得新进展。“充填采煤的基础理论与应用研究”团队获国家自然科学基金创新研究群体资助。“深井煤与瓦斯共采理论与实践”创新团队(2011年立项)通过教育部科技司组织的专家验收,并入选2014年度教育部“创新团队发展计划”滚动支持团队。“物联网感知矿山”江苏省高等学校优秀科技创新团队(2011年立项)通过省教育厅结题验收。

【提升国际交流水平】 2014年,国际交流水平得到提升。与海外高校新签合作协议11个、续签2个。新增3个优秀本科生国际交流项目。教职工215人次赴海外交流考察,学生187人次出国留学。接待国外来访70余人次,来华留学生394人次。各二级学院均与海外高校建立合作关系。旅游孔子学院受到国家汉语国际推广领导小组办公室表彰。

【承办海峡两岸气候变迁与能源永续发展论坛年会】 9月9—14日,“2014海峡两岸气候变迁与能源永续发展论坛第十届年会”在学校举行。包括14名中国工程院院士、27名台湾地区嘉宾在内的110多名专家学者参加年会。年会主题为“高碳能源低碳化利用与绿色能源技术”,由中国工程院能源与矿业工程学部、台湾永续能源研究基金会共同主办,中国矿业大学承办。

【推进董事会校友会工作】 2014年,董事会、校友会工作得到推进。建立董事单位征询意见常态机制和实施董事会工作的学院联系人制度。与政府部门和大型企业新签战略合作协议5家,续签1家。新增3个地方校友联谊会。教育发展基金会初评为5A级。接受社会捐赠1604万元,获得财政配比资金1566万元。

【加快教学设施建设】 2014年,学校不断加快教学设施建设。启动南湖综合体育中心和附属中学新校园建设,大学生创新训练中心完成前期规划。数字化校园建设二期项目顺利完成。新增图书19万余册,数据库118个。完成南湖校区双电源改造工程。

【改善师生生活条件】 2014年,师生生活条件得到改善。规范岗位津贴结构和发放方式,大幅上调教职工住房公积金缴存基数。“文昌青教公寓”项目顺利完成,“南湖尚苑”正式开工建设。设立教职工爱心扶助金、退休教职工医疗互助济困金。发放本科生、研究生各类奖助学金7500余万元,办理国家助学贷款1933万元,减免学费182万元。安排勤工助学岗位2600个、2.8万人次。加强校内餐饮价格与质量监管,保证学生食堂伙食平稳供应。启动学生事务综合服务中心建设。学校获江苏省高等学校和谐校园称号。

(撰稿:朱正中 审稿:方跃平)

江苏师范大学

党委书记 徐放鸣
党委副书记、校长 任 平(—12月)
华桂宏(12月—)
党委副书记 岑 红(女)
副校长 周汝光 钱 进 郑元林
方 忠 刘广登 黄军伟
蔡国春
纪委书记 王 峰

【概况】 江苏师范大学是江苏省人民政府和教育部共建高校，是区域引领性示范高校。学校有泉山、云龙、奎园、贾汪4个校区，占地136.5公顷，校舍建筑面积81.2万平方米。固定资产总额12.23亿元，其中，教学科研仪器设备总值3.36亿元。图书馆建筑面积2.2万平方米，藏书279万册。

学校设有教育学部、城建与环境学部、法律与公共事务学部3个试点学部，文学院、语言科学学院、历史文化与旅游学院、法律政治学院、马克思主义学院、外国语学院、教育科学学院、数学与统计学院、物理与电子工程学院、化学化工学院、生命科学学院、城市与环境学院、测绘学院、体育学院、音乐学院、美术学院、传媒与影视学院、商学院、中俄学院、计算机科学与技术学院、机电工程学院、电气工程及自动化学院22个专业学院，以及教师教育学院、继续教育学院、国际学院和独立学院科文学院。开设本科专业82个，覆盖11个学科门类。有一级学科博士点1个，一级学科硕士点26个，博士后科研流动站1个，教育硕士、体育硕士、汉语国际教育硕士、艺术硕士、翻译硕士、工程硕士、法律硕士、公共管理硕士8个专业硕士学位授权点，并具有以同等学力申请硕士学位授予权和硕士研究生推免权。

2014年，招收硕士、博士研究生1140人，本科生6844人(含科文学院)。毕业研究生923人，本科生6275人(含科文学院)。在校专任教师1425人，其中，教授215人，副教授456人，具有博士学位者538人。柔性引进院士量级人才3人、“长江学者”量级人才12人，引进和培养优秀博士38人。入选江苏特聘教授2人、“长江学者”讲座教授1人，入选江苏省高校“青蓝工程”科技创新团队1个、中青年学术带头人7人、优秀青年骨干教师7人、“六大人才高峰”1人。

2014年，获国家级教学成果奖一等奖1项、二等奖1项，首届中国研究生教育成果二等奖1项，首届中国青年志愿服务项目大赛金奖。获教育部卓越教师培养计划改革项目1项，国家级大学生创新创业训练计划项目65项，省研究生培养创新工程项目77项。获“创青春”全国大学生创业大赛银奖1项、铜奖1项，获2014年度江苏省高校毕业生就业工作先进集体称号，女子足球队获全国大学生女子足球锦标赛亚军。获国家社科基金重大项目2项、重点项目3项，国家自然科学基金项目41项，实现优秀青年科学基金项目零的突破。获省优势学科二期项目5个、省重点序列学科1个，获教师职务教授和副教授学科评议权，获批省高校重点实验室2个(其中国家重点实验室培育建设点1个)。获批省协同创新中心1个。世界语言大会组织工作获教育部嘉奖。承担江苏省第十八届运动会相关工作，承办江苏省实践教学年会、省师范生教学基本功大赛。编撰完成《徐州史纲》《徐州通史》，规划出版《汉学大系》。“实施舞动汉风工程，打造校园文化品牌”获全国第七届高校校园文化建设优秀成果二等奖。《光明日报》专题报道经典诵读骨干教师培训活动。

【召开中国共产党江苏师范大学第一次代表大会】 5月28—30日，学校召开中国共产党江苏师范大学第一次代表大会。中共江苏省委组织部副部长胡金波，省教育工委副书记潘漫，徐州市委常委、组织部长杨时云，省委组织部干部五处处长梅仕城，省教育工委组织处处长眭平，市委组织部副部长、非公企业工委书记吴昊，市政协副主席孙红旗等省市领导和全体校领导出席会议。大会审议通过徐放鸣代表校党委所作的题为《全面深化改革加快转型发展，奋力开启高水平大学建设新征程》的工作报告和王峰代表校纪委所作的题为《创新党风廉政建设体制机制 为全面开启高水平大学建设新征程保驾护航》的工作报告，选举产生中共江苏师范大学第一届委员会和新的纪律检查委员会。

【成为江苏省人民政府、教育部共建高校】 9月12日，教育部部长袁贵仁、江苏省省长李学勇共同签署的《江苏省人民政府 教育部关于共建江苏师范大学的意见》文件正式下发，学校成为省部共建高校。教育部将加强对江苏师范大学的宏观指导，帮助学校制定完善战略规划，科学定位，办出特色，在区域高等教育事业发展中发挥示范引领作用。江苏省继续把江苏师范大学列为重点建设高校，并在政策、资金、项目等方面加大支持力度。学校将以加强内涵建设、提高教育质量为主线，进一步强化教师教育特色，提升人才培养、科学研究、社会服务和文化传承创新水平，建设特色鲜明的高水平师范大学。

【李卫红到校考察调研】 11月5日，教育部副部长、国家语委主任李卫红一行到校考察调研。李卫红与"国培计划(2014)——中小学经典诵读教育(骨干教师)班"师生座谈，出席国家语委重大课题"语言文字能力建设与文化强国的关系研究"开题报告会，调研江苏省语言能力协同创新中心和语言文字及世界语言大会成果推广研究工作情况。

【获国家级教学成果奖】 9月4日，《教育部关于批准2014年国家级教学成果奖获奖项目的决定》公布，由杨亦鸣教授牵头申报的《基于协同创新机制的语言能力培养体系的构建与实施》、方忠教授牵头申报的《"三方协同"培养卓越教师的探索与实践》分别获高教类2014年国家级教学成果一、二等奖。

【获批首个博士后科研流动站】 2014年，江苏师范大学生物学一级学科获批博士后科研流动站。人力资源和社会保障部、全国博士后管理委员会《关于批准新设辽宁大学哲学等291个博士后科研流动站的通知》发布该消息。

【科技园被认定为国家级科技企业孵化器】 12月10日，根据科技部《关于认定北京厚德科创科技孵化器有限公司等104家单位为国家级科技企业孵化器的通知》，江苏师范大学科技园有限公司被科技部认定为"国家级科技企业孵化器"。

【承担省第十八届运动会相关工作】 9月19—26日，学校在江苏省第十八届运动会上，成功承办排球、蹦床、跆拳道等比赛项目，出色完成开幕式参演、志愿服务等工作。荣获江苏省第十八届运动会承办组织工作集体二等功、徐州赛区志愿服务优秀组织奖、高校部甲组"校长杯"奖。

【获批全国首个中俄合作办学硕士项目】 1月26日，学校获批全国首个中俄合作办学硕士项目。学校与俄罗斯莫斯科国立经济统计信息大学合作举办的国际贸易学硕士学位教育项目获教育部批准，2014年9月开始招生。项目实行"1+1"教学模式，毕业生由俄方授予科学硕士学位。

（撰稿：谭建东　审核：王作权）

徐州医学院

书　记　吴永平
校　长　郑葵阳

【概况】　徐州医学院是江苏省独立设置的两所医学类院校之一，名列全国医学教育(含综合性大学)排名50强。学校设有4个校区，总占地93.3公顷。设有19个院系(部)，13所附属医院。有22个本科专业，麻醉学、临床医学、医学影像学、药学专业为国家级特色专业建设点。有6个硕士学位授权一级学科和2个博士学位授权一级学科，具有硕士生推免资格，设有博士后科研工作站。临床医学专业招收外国留学生。有国家特色专业及建设点2个，省级重点专业(类)4个，省特色、品牌专业及建设点5个。新建附属徐州传染病医院，附属医院增至14所。药学实践教育中心被遴选为省级实验教学与实践教育中心建设点。

2014年，学校各类在校生20000余人。招收本科生2526人、硕士研究生520人、博士研究生6人。独立招收博士后16名，联合招收博士后8名，出站博士后5名。招收留学生68人，新增生源国6个。成人教育录取新生3159人。学校有教师2000余人，其中，专任教师1102人，教授122人，副教授356人。

【推进本科教学质量提升工程】　2014年，学校以"本科教学质量提升工程"为抓手，围绕人才培养模式、学生实践创新能力、教学手段与方法等内容积极开展探索研究。开展"卓越医生教育培养计划"试点项目，完成首届"卓越医师班"考核选拔工作。修订完善《徐州医学院教学基地建设与管理办法》，制订《徐州医学院附属医院及教学医院审核评估指标体系与标准》。《新世纪麻醉学人才培养模式的创新与实践》获得国家级教学成果二等奖，基础医学实验教学中心被评为国家级实验教学示范中心，省级实验教学与实践教育中心建设点通过验收。圆满完成卫生部-徐州医学院命题基地2013—2014年度命题审题工作。学生在全国大学生数学建模竞赛、"挑战杯"全国大学生课外学术科技作品竞赛以及各类专业技能竞赛中屡获佳绩。

【提升研究生教学质量】　2014年，学校修订《研究生手册》及《导师手册》，对专业学位研究生的培养方案进行修订完善，并在部分专业试点运行双接轨规范培训工作。组织开展研究生科研实验的溯源工作。在2014年江苏省研究生科研创新课题申报中，有6个课题获省教育厅资助，24个课题获得立项。硕士学位论文抽检结果全部合格，抽检论文优秀率高于全省平均水平。加强教学督导，完善教育质量监控。建成省级留学生精品课程1门。加强留学生安全教育、心理健康教育和德育教育。留学生教育教学质量不断提升。

【加强师资队伍建设】　2014年，校领导班子坚持"人才强校"战略理念，加强师资培养和引进。选送优秀青年教师到国内外知名大学、科研院所学习、培训，促进青年教师业务素质提高。制定《徐州医学院教师专业技术职务资格条件(试行)》《徐州医学院教职工在职进修学习暂行规定》等制度措施，从教育管理、培训进修、职称评聘等方面，健全完善人才引进培养、选拔任用、激励保障机制。年内，有26位青年教师考取博士研究生。入选江苏省高层次创新创业人才引进计划"双创团队"1个，"双创博士"2人，新增江苏省"青蓝工程"科技创新团队1个，中青年学术带头人6人，优秀青年骨干教师6人。18人获得江苏省“六大人才高峰”第11批高层次人才项目资助，资助金额83万元。曹君利教授入选“教育部长江学者特聘教授”，实现学校在国家级高层次人才项目上零的突破。

【增强学科和科研核心竞争力】 2014年，学校不断优化科技资源配置，提高科技资源效益增强学科和科研核心竞争力。生物学一级学科成功获批博士后科研流动站，江苏省肿瘤生物治疗协同创新中心、江苏省糖尿病药物工程技术研究中心获批立项建设，麻醉学重点实验室被推荐为国家重点实验室培育建设点，新增骨髓干细胞实验室和新药研究与临床药学实验室2个省级重点实验室。获批国家自然科学基金51项，资助金额达2087万元，在全国独立设置的以医学院命名的院校中连续三年排名第一。获批中国博士后基金一等资助1项，二等资助6项，博士后特别资助1项，江苏省博士后基金资助8项。科研成果首次发表于美国科学院院刊(PNAS)。生理学科研团队中标中英“在干细胞领域共同资助”国际合作项目，获研究经费近500万元。学校先后与泉山区政府共建江苏省生物技术与新医药产业园、省级大学科技园。学校大学科技园被认定为2014年徐州市现代服务业重点集聚区，在市大学科技园孵化器考核中获得第一名。

【推进校园基础建设】 2014年，学校不断推进校园基础建设。新增建筑面积约1.85万平方米。建成3栋学生宿舍楼并交付使用，二期图书馆内外装修及工程收尾基本完工，完成学生生活区配电室及电力增容工作。启动大学生活动中心、快递服务综合楼等工程的设计与申报工作。配合有关部门治理“三八河”。有序推进西校区“净化、亮化、绿化、美化”工作，完成教学科研用房、学生宿舍及有关生活服务设施的维修与改造，健全安全管理、餐饮管理、车辆停放管理等制度。

【加强对外合作与交流】 2014年，学校进一步拓展国际合作与交流渠道，推动实质性合作。与美国北卡罗来纳大学教堂山分校签订青年教师培养合作协议，与韩国乙支大学、延世大学等签订校际合作备忘录。全年共50余人次出国(境)参加学术会议、考察交流和培训，接待40余名外宾和海外校友到校访问交流。成立校友联谊办公室，筹备成立校友总会和校友发展基金会。

【附属医院建设】 2014年，学校各附属医院的医、教、研水平得到进一步提高。徐医附院圆满完成等级医院评审工作，再次成功被评定为综合性三级甲等医院。医院的门诊工作量、出院病人次、手术人次和业务收入等指标均有较大幅度增长，其中出院病人15.6万人次，较2013年同比增长31.6%，居全省第一。连续3年获评中国地级城市医院竞争力排名前十强，连续14年荣获省卫计委直属单位综合目标管理责任制考核一等奖。在省级医学重点学科、省医学领军人才与创新团队考核中获得优秀。博士后科研工作站被评为优秀博士后科研工作站。省肿瘤生物治疗转化医学基地成为省卫生厅第一批转化医学基地。徐医附院东院建设稳步推进，2015年将开放部分门诊。针对附三院经营困难的实际情况，调整加强附三院领导班子，争取省、市有关方面支持附三院创建中西医结合医院。配合教育厅积极稳妥做好原铁路医院离退休人员的二次移交工作。

【加强党的建设工作】 2014年，学校切实加强党的思想建设、组织建设和作风建设。认真贯彻落实中央和省委精神，对照党章、“中央八项规定”等关于加强和改进工作作风的规定要求，自查自纠，开展“回头看”，确保教育实践活动取得实效。加强党政管理干部队伍建设，召开十届二次全委会，专题讨论加强干部队伍建设。制定《徐州医学院党政管理干部选拔任用工作的若干规定》《徐州医学院2014年处级领导干部选拔任用工作方案》。选派干部参加学习培训，组织2期全校科级以上干部培训班，开展廉政教育专题教育活动。全年发展377名党员，2个党日活动获评省级“最佳党日活动”，2个基层党组织被评为省级先进基层党组织。

【召开中共徐州医学院第十次代表大会】 5月29日，学校召开中共徐州医学院第十次代表大会。会议回顾和总结学校第九次党代会以来所取得的主要成绩，分析学校发展面临的形势和任务，研究和确定未来五年发展的指导思想、发展目标、主要任务，选举产生中国共产党徐州医学院第十届委员会和纪律检查委员会。

【完善学生资助体系】 2014年，学校完善“奖、助、贷、勤、补”为一体的家庭经济困难学生资助体系。学校连续4年被评为全省学生资助工作绩效评价优秀单位。

【做好毕业生就业工作】 2014年，学校认真做好毕业生就业工作。不断提高毕业生就业创业指导服务水平，举办多种形式的就业招聘洽谈会，进一步密切与用人单位的交流和联络。截至年底，就业率达到96.28%，高于全省平均水平。

（孙 钰）

工程兵学院

院长、党委副书记 秦伯凯
政委、党委书记 马玉虎
副院长 张祥田 徐志民
副政委、纪委书记 许红照

【概况】 2014年，工程兵学院在上级党委正确领导下，坚持以党的十八大和十八届三中、四中全会精神为指导，深入学习贯彻国家主席习近平系列重要讲话和全军政治工作会议精神，以实现强军目标为总揽，以教育实践活动为抓手，以教学评价综合试点工作为契机，坚持抓根本保方向、抓改革促中心、抓基层打基础、抓作风扬正气、抓安全保稳定，圆满完成年度各项工作任务。

【思想政治建设有效加强】 2014年，学院有效加强思想政治建设。学习贯彻国家主席习近平系列重要讲话精神，扎实开展“牢记强军目标、献身强军实践”主题教育。广泛开展战斗力标准大讨论，创新举办“先锋大讲堂之谈兵论战”访谈交流大会。学院“运用兵种精神铸魂育人”的做法，在全军加强和改进军队院校学员思想政治工作座谈会上作介绍。淮海艺术团选送作品《挑脚泡》在全军野战文艺创演中荣获一等奖。

【深入开展双拥共建】 2014年，学院深入开展军地双拥共建。积极支持江苏省第十八届运动会安全保障和全国公安系统心理骨干心理危机干预培训，参加徐州市全国文明卫生城市创建，支援大黄山钻井工程项目建设等。

【深化教学训练改革】 2014年，学院突出抓好教学改革宏观筹划。围绕实战化教学训练、学位授权点评估、信息化教学条件建设等学院建设发展的重大现实问题，及时组织专题议教，深入探讨研究对策。聚焦任职教育实战化教学和信息主导的任职教育教学新体系建设等问题，以“一网、一报、一集”为平台，广泛开展实战化教学研讨，积极推动“两个面向”要求的具体落实。

【外援外训稳步推进】 2014年，学院稳步推进外援外训工作。承办首期规划内地爆军官等6期外国军事人员培训班，派出首批援建缅甸国防军特种兵综合训练场和第二批援助马拉维军事专家组。圆满完成援助阿富汗国际人道主义扫雷技术交流与培训任务，受到外交部和总参外办的充分肯定，在阿富汗问题“伊斯坦布尔进程”第四次外长会议上，活动主办方对学院进行集中宣传推介，取得良好的政治外交影响。

【不断提升学术科研水平】 2014年，学院学术科研水平和规模不断提升。聚焦破解制约工程兵任职教育教学和作战训练的重难点问题，组织开展“工程兵实战化训练和战法”重难点问题研讨活动。重点资助的25项实战化训练和战法课题受到部队好评。集中抓好国家社科基金课题、全军军事科研规划课题和全军军事学研究生资助课题研究，《数字化工兵分队指挥研究》等25项理论研究成果顺利通过鉴定，3项成果入选《全军军事学研究生资助课题优秀成果精编》。积极开展工程装备需求论证与作战运用、装备技术基础和伪装防护运用研究，圆满完成24项装备军内科研课题、11项装备维修改革课题、4项军用标准课题、2项防护工程科研课题和3项军控履约研究任务。年内，学院出版专著23部，向各类学术会议和期刊投稿600余篇，参加学术研讨论证、课题评审鉴定等学术科研活动达100余人次。

【扎实抓好安全稳定工作】 2014年，学院扎实抓好安稳教育，严格履行维稳职责。广泛开展预防犯罪工作评估达标，认真组织“警示性法制教育旬”活动。坚持把做好重要节日活动、重大军事行动、重点敏感时期的安全稳定工作作为重中之重，在十八届四中全会、APEC会议、南京青奥会、江苏省运会期间，及时成立维稳应急值班室，实行全天候值班和“零报告”制度，加强昼夜巡逻和应急分队演练，确保营院安全稳定。扎实推进安全管理常态化，严格落实《军训部安全风险评估实施细则》，定期开展拉网式安全隐患排查整治，明确责任时限，实行挂账销号，及时消除隐患。加强重大教学活动安全管控，制定《综合演练战场管理手册》，严密组织涉弹涉爆作业，专题开展安全风险评估，确保综合演练等教学活动安全无事故。学院连续4年被军训部评为安全工作红旗单位。

（撰稿：白　蕾　审稿：郭　杰）

空军勤务学院

院　长　张晓钟
政　委　刘绍东
副院长　朱焕勤　陈运军
副政委　王苏辉

【概况】 2014年，空军勤务学院教育训练工作坚持以强军目标重要战略思想为指导，以提高人才培养质量为核心，全面推进“55433”战略，教育训练实战化水平和人才培养质量不断提升。

【军事教育理论研究成果丰硕】 2014年，学院军事教育理论研究成果丰硕。《常态化机制建设研究》列为全军“十二五”立项课题，8项课题列为总部、空军教学成果立项培育项目。2项全国教育科学“十二五”规划课题和5项空军院校军事教育立项课题通过结题鉴定，61项院级军事教育理论研究课题完成结题验收，为学院教育训练转型提供有力理论支撑。

【优化学科专业体系】 2014年，学院构建适应体系作战保障要求，涵盖勤务理论、组织指挥、技术装备的航空勤务学科专业体系。聚焦新武器装备发展，抓好新兴学科建设。出版《空军勤务学》等专著。开展6个非军事学硕士学位授权点梳理工作，新增会计硕士和军事装备领域军事硕士专业学位授权领域(点)。制定《2020年前学科建设发展规划》和学科发展工程及建设实施方案，进一步加强学科建设统筹管理。

【更新课程教学内容】 2014年，学院构建以航空兵作战保障组织指挥类课程为龙头，专业勤务与新装备保障类课程为骨干，军政基础与组训管理类课程为基础的新型课程体系。开展“增强学员发展后劲”调研活动，系统修订36种人才培养方案，拟制664种课程标准，制定《课程建设与管理办法》，编制课程教材目录，健全课程建设质量监控机制。下发4期《教学内容更新指南》，编写55部教材，新立项教材128部、军事案例38个，确保新型作战力量和新质保障力建设研究成果及时进入教学。

【加快教员队伍转型步伐】 2014年，学院不断促进教员专业理论和实践能力对接，引领教员队伍教学能力提升。严格教员岗位资格认证和试讲制度，制定《任职教育教员岗位资格认证办法》，7名转岗教员和17名新教员通过教学审定。安排90名教员赴部队实践锻炼，选派47名教员参与重大战训行动。开展“优质一堂课”、优秀教案观摩评比活动，推出17门优质示范课程和19份优秀教案。大力推进教学创新团队建设，开展“航空勤务”学术交流等活动，加强勤务教学骨干培育，有效发挥团队培育人才和服务教学功能。教员获军队(省部)级教学竞赛奖5项。

【提升实战化教学水平】 2014年，学院扎实推进作战指挥教学模式改革，不断提升实战化教学水平。开展战例教学、勤务教学研讨交流活动，探索实施“小班化理论教学、实案化战例教学、系统化想定作业、集成化综合演练”作战指挥教学模式。持续开展全程化实践训练，组织新学员赴海训基地开展野外综合训练，大二学员赴19个单位开展认识实习，大三学员开展军事体能技能暑期强化训练，毕业学员赴49个单位开展毕业实习。组织31个学历教育和任职培训班次，组织学员赴部队实践教学基地进行观摩见学、联合教学。按照场站编成，开展以“实战、实兵、实装、全员、信息化”为特点的毕业学员综合演练，有效提升学员实战化条件下综合保障能力。搭建学员综合素质培养平台，开展“过三关”、“武状元”比武竞赛活动，强化日常军事体能技能训练的针对性和有效性。新聘77名基础(专业)教学辅导员，开展第二课堂、“研究生学术活动日”、教学辅导等活动800余次，为学员综合素质培养提供平台。

【健全教学质量保障体系】 2014年，学院教学质量保障体系不断健全。制定《课堂教学质量评价办法》、《教学督导制度》和《管理教育工作督导细则》等，完善“督教、督学、督管”三位一体教学督导模式。深化考核评价模式改革，推行“1+X”考核模式，促进知识型考核向能力型考核转变。狠抓本科毕业设计(论文)过程性管理，修订《毕业设计(论文)工作细则》，严格学院盲审和集中答辩标准，有6名学员毕业设计（论文）不合格。建立学员管理量化考评机制，制定《各大队一线教学管理质量量化评估标准》，规范一线教学管理，对1名违纪学员给予开除学籍处分，2名学员给予留校察看处分。学员获全国、全军各类学科竞赛奖169项，获全军优秀硕士学位论文2篇，优秀硕士论文产出率全军院校排名第一。

【推进教学基础条件建设】 2014年，学院不断推进教学基础条件建设，增强教学保障能力。启动“2110工程”三期建设工作，制定《“2110工程”建设管理实施细则》，开展187个项目的建设工作。扎实推进空军实验室建设，完成实验环境建设和数据中心建设。新改建14个实验室，“全军重点实验室创新特色发展研究”等5项课题列为军队院校实验室重点研究项目。开展11项院级训练模拟器材建设。加强信息资源建设，完成图书馆射频识别管理系统建设，采购中外文图书1.2万册，期刊1100种，更新升级数据库25个，新增数字资源16TB。获全国教育教学信息化大奖赛二等奖1项、全军优秀军事训练数字媒体资源三等奖1项。

【增强科研创新能力】 2014年，学院科研创新能力持续增强。围绕航空勤务理论与装备技术开展研究攻关，开展总参“全军统计评估”、总后“后勤数据中心”等重大专项研究任务。强化军民融合发展，与浪潮集团、中航集团等知名企业合作建立“后勤信息化建设研究与应用”等6个军民融合科研基地。加强科研质量管理，制定《关于进一步加强科研管理工作的意见》，高标准通过质量管理体系监督审查。展开6支科研创新团队建设，设立青年科研基金，搭建科研人才培养创新平台。召开“第二届航空勤务论坛”，浓厚科研学术氛围。新增国家级立项项目5项，空军级以上立项项目43项，实现国家社科基金重点项目、国家自然科学基金项目零的突破。获军队科技进步奖16项，空军军事理论研究优秀成果奖15项。

【存在的问题与不足】 2014年，学院教育训练工作取得一定成绩，但还有许多不足。主要表现在：一是教学聚焦实战水平还不够高，还存在教员教学观念老旧、缺乏部队实践经验、传统灌输式教学方法普遍等问题；二是教学评价工作推进不够深入，还存在“短期突击”的错误认识，对评价规划计划不充分、抓教学管理机制末端落实不到位等问题比较突出；三是教学条件整体建设相对滞后，信息化程度还不够高。

（闫克明）

徐州工程学院

党委书记 王 超
院长、党委副书记 张新科
党委副书记、副院长 沈 超
党委副书记、纪委书记 姚宜新
副院长、党委常委 宋农村 殷惠光 王冬冬 刘 洋 李苏北

【概况】 2014年，学校占地132.7公顷，校舍面积57.39万平方米，固定资产14.78亿元，教学仪器设备总值1.50亿元。设有14个二级学院、1个思想政治理论课教研部和1个成人教育学院，开设49个本科专业。全日制在校生23000人。招生5757人，毕业4862人，就业率98.64%。教职工1279人，其中，具有正高职称98人，副高职称335人。具有博士学

位140人,硕士学位664人。

学校有2个国家级特色专业,3个教育部"卓越工程师计划"实施专业,1个国家级"专业综合改革试点"项目,3个国家级工程实践教育中心,1个国家级大学生校外实践教育基地,2个国家级国际合作办学项目,6个省级特色专业,5个省级重点专业(类),3个省级一级重点建设学科。获批省级精品课程10门,省级精品教材13部,省级重点教材3部。拥有2个省级重点建设实验室,2个省级工程实验室,9个省级工程技术研究中心,8个省级实验教学示范中心。获批省级工业设计中心、省级校外人文社科研究基地、省级人才培养模式创新实验基地、省级优秀教学团队各1个,省级科技创新团队2个。获省级优秀教学成果奖13项。

学校与美国、法国、俄罗斯等12个国家的17所高校和机构建立稳定的合作关系,入选"茉莉花留学江苏政府奖学金"资助高校。3位受聘外籍教师荣获江苏省五一劳动荣誉奖章。

2014年,学校有8人获评正高级职称,39人获评副高级职称。1人获评全国教育系统先进个人,8人入选省"青蓝工程"培养对象,6人获得省"333工程""六大人才高峰"项目资助,34人入选市"双百高层次人才培养工程"。获批教学改革国家级课题1项、省级课题10项,省级重点教材2项。获批科研项目365项,其中,国家级19项,省部级34项。获评省级教学竞赛二等奖2项。获得各级各类成果奖114项,其中省部级17项。申报专利223项,专利授权与受理207项,发表三大检索论文183篇,发表核心论文400篇。获批省级工程实验室、市级工程中心各1个,入选省科普教育基地、省统计科学研究基地、省防震减灾志愿者站,与北京理工大学共建联合技术转移中心。大学科技园获批省级大学科技园(筹),淮海地区非物质文化遗产研究中心通过省教育厅组织的省校外社科研究基地建设中期检查。学报(社会科学版)进入"高等院校主办人文社科学报全文转载排名"前100强。连续4次获得徐州市委市政府"振兴徐州老工业基地创新创意优秀奖"。

2014年,学校承办第五届江苏省青年科学家年会徐州分论坛、省体育科学学会体育产业专委会议、省概率统计学会2014年常务理事会等会议。当选中国大学生体育协会舞龙舞狮分会副主席单位。获省平安校园、省高校毕业生就业工作先进集体、省高等学校信息化建设优秀单位、市安全生产优秀单位等称号。

【"四个定位"引领人才培养模式改革】 2014年,学校以"四个定位"引领人才培养模式改革。"四个定位"即用"大应用观"定位人才培养,用"大工程观"定位专业建设,用"大生活观"定位学生成才,用"大文化观"定位大学文化。以"应用型"办学理念修订人才培养方案,办学特色得到强化。

【培育服务地方重点项目】 2014年,学校围绕地方经济社会发展需要,选取突破点,培育服务地方重点项目。首批遴选10个产学研合作项目,并建立"学校—学院—项目组"三级组织体系,提升服务的针对性和实效性。学校先后赴丰县、沛县、南通市海安县及新疆奎屯市等地开展对接活动,与地方政府签订产学研合作协议。

【实施师资队伍建设"卓越计划"】 2014年,学校实施师资队伍建设"卓越计划"。即"高层次人才培养计划""中青年骨干教师国内外研修计划""教师博士化计划""双师型队伍培养计划"。

【启动素养提升“五个一”工程】 2014年，学校启动大学生素养提升“五个一”工程。学校倡导“小人物”要有“大生活”，实施“读讲一本书、学会音乐欣赏知识或掌握一种乐器、爱上一项运动、参与一次社会实践活动、参加一个科技创新团队”的“五个一”工程，推进“五个一”工程与个性化教育有机结合，促进学生成长成才。

【圆满完成省运会志愿服务和开幕式工作】 第十八届江苏省运动会期间，学校4600名开幕式翻板演员、近1300名志愿者，圆满完成志愿服务和开幕式工作，荣获徐州市集体二等功。9月19日，省委书记、省人大常委会主任罗志军，省长李学勇，省政协主席张连珍等领导看望慰问正在服务的志愿者，志愿者代表受到省市领导的接见。

【人才培养质量进一步提升】 2014年，人才培养质量进一步提升。学生获批国家级创新项目39项、省级项目84项，获评省级优秀毕业设计（论文）三等奖7项、团队优秀奖1项，有多项成果获评省大学生创新创业优秀成果。在全国大学生数学建模竞赛、软件和信息技术专业人才大赛、大学生广告艺术大赛及全国大学生电子商务“三创赛”江苏赛区竞赛、省高校大学生物理及实验科技作品创新竞赛中均获得一等奖。2014届毕业生就业率98.64%。

【拓展对外校际交流与合作】 2014年，学校不断拓展对外交流与合作。与法国里昂社会经济发展高等学校、韩国又石大学等高校建立友好关系，深化与俄罗斯合作高校的交流合作，办好2个国家级国际合作办学项目。与江苏大学等高校联合培养硕士研究生工作进展顺利。在职研究生教育取得突破，与南京理工大学建立合作关系。与江南大学开展对口交流，落实支持合作具体项目。

【召开第二次党代会】 8月25—26日，学校成功召开第二次党代会。大会总结学校第一次党代会以来取得的主要成绩和基本经验，在分析学校所处形势、机遇和挑战的基础上，科学谋划未来五年的发展思路和战略任务，提出建设“在国内同类高校有广泛影响、特色鲜明的高水平应用型大学”的奋斗目标。

【全面加强党的建设】 2014年，学校全面加强党的建设。实施二级学院党政联席会议制度，完善学院党政领导班子工作机制。坚持正确的用人导向，健全科学的选人用人机制。加强廉政教育，召开全校领导干部警示教育大会，开展处级干部任职廉政集体谈话。推进廉洁文化进校园，制作的微电影《幡然》获全省校园廉洁文化活动周一等奖。

【《远东来信》获省第五届紫金山文学奖】 12月初，张新科教授创作的39万字长篇小说《远东来信》获省第五届紫金山文学奖长篇小说奖，排名第一。《远东来信》描写抗战期间中国人拯救犹太难民的真实历史，实现文学领域此类题材零的突破，被誉为中国版的《辛德勒的名单》。张新科教授应邀在颁奖座谈会上发表获奖感言。

（撰稿：韩　天　杨　森　审稿：徐　辉）

徐州开放大学

党委书记 杜吉林
校长 韩超英(女)
副校长 陈玉金 袁 惠(女) 魏红光

【概况】 2014年,徐州开放大学占地6.25公顷,校舍建筑面积5万多平方米。固定资产7194万元,其中教学仪器和实验设备总值3200万元。图书馆建筑面积1750平方米,藏书9.37万余册。

学校设有机电工程学院、电子信息工程学院、经贸学院、建筑工程与艺术设计学院、公共教学部、远程开放教育学院、继续教育学院7个院(部)和62个本、专科专业。

2014年,在校生总数7432人,其中,全日制专科生1191人,远程开放教育本、专科6241人。招收各类学生2460人,毕业1259人。高职就业率为95.57%。

学校有教职工200人。其中,专任教师116人,教授2人,副高级52人。江苏省"333高层次人才"1人,市第六期"双百高层次人才培养工程"拔尖人才1人。

2014年,学校被江苏开放大学(江苏城市职业学院)评为招生和就业工作先进集体、2014年读书节活动先进集体,被市总工会授予"徐州市工人先锋号"荣誉称号。

【学校更名】 4月22日,根据徐州市机构编制委员会《关于徐州市广播电视大学(徐州社区大学、徐州城市职业技术学校)更名为徐州开放大学(徐州城市职业技术学校)的批复》文件精神,徐州市广播电视大学更名为徐州开放大学。

【完善顶层设计】 2014年,学校不断深化教育教学管理体制改革,完善学校发展顶层设计。经过反复论证和多次修改,制定并通过二级学院教学、科研、师资队伍建设、学生管理、党支部工作等目标量化考核办法。调研和起草"健康与养老教育学院建设方案"及相关专业设置。与江苏开放大学初步达成共建意向。

【加强专业课程建设】 2014年,学校积极参与江苏开放大学课程建设。由赵岩老师主持的"社交礼仪"、王书满老师主持的"制图员实训"课程被江苏开放大学确定为立项建设课程。为期2年的5项校级精品课程建设工作进展顺利。黄斌、马军2位老师制作的微课程《钓鱼岛主权属于中国》,在江苏城市职业学院微课比赛中荣获二等奖。

【成功申报立项多个国家、省、市级课题】 2014年,学校成功申报立项多个国家、省、市级课题。申报并立项国家开放大学科研课题1项,省教科所科研课题1项,江苏开放大学科研课题、教改课题6项,徐州市委书记、市长圈题、市社科联及市科技局科研课题4项。对22项校级立项课题开展中期检查和结题鉴定,17项顺利结题。

【认真实施"三大工程"】 2014年,学校认真实施"教授培育工程""'双师型'教师培养和认定工程""青年教师教育教学能力培养提升工程"。成立"双师型"教师认定委员会,调整专业建设指导委员会。确定符合副教授培育条件教师5人,双师型(素质)教师42人。开展结对指导、专家讲座、示范课和教学技能竞赛等活动,使青年教师得到教育教学能力全方位的培训和提高。

【开展党的群众路线教育实践活动】 2014年,学校按照"照镜子、正衣冠、洗洗澡、治治病"的总体要求,开展党的群众路线教育实践活动。突出“为民务实清廉”主题，抓住“三个环节”，聚焦干部“四风”，制订整改工作方案，确定整治公款送礼、公款吃喝、奢侈浪费等方面的17条具体工作任务。认真梳理群众反映强烈的突出问题，做好制度“废立改”工作，制定14项相关规章制度。活动经历学习教育、听取意见、查摆问题、开展批评、整改落实、建章立制等环节。

【加大学校宣传力度】 2014年，学校在《徐州日报》《都市晨报》《彭城晚报》和中国徐州网、彭客网、快哉网等各大主流媒体上加大对学校的宣传力度。用《彭城晚报》8个整版展示从全国各地征集到的校徽设计样本98件、宣传语800多条，在《彭城周末》上用5个整版详细介绍学校概况、历史沿革、办学定位、发展思路等。提高学校知名度，创造良好社会形象。

【被批准为首批国家开放大学社区教育实验中心（基地）】 5月9日，学校被国家开放大学批准为首批国家开放大学社区教育实验中心（基地）。学校稳步推进社区教育工作，继续做好“徐州学习在线”市民学习网络平台的开发与维护，上传课程资源5000学时，至年底，课程资源已达1万余门次，平台访问量已达18万余人次。

【顺利通过省校期中教学检查】 11月24—25日，学校顺利通过省校教学检查组的期中教学检查。检查组通过听取汇报，查阅相关教学资料，检查课堂及网上教学情况，召开学生、教师及教学管理人员座谈会等形式，对学校开放教育和高职教育的情况进行全面检查。检查组对学校健全的教学制度、严谨的教学管理、良好的教学秩序、全程的教学监控及具有特色的青年教师培养等给予较高评价。

【获得多项国家级、省级技能大赛奖】 2014年，在校学生获得多项国家级、省级技能大赛奖。第四届全国国际贸易职业能力竞赛，6名学生获三等奖。第四届CAXA 3D大赛，1名学生获三等奖。全国三维数字化创新设计大赛（江苏赛区），2名学生获三等奖。第五届“蓝桥杯”全国软件和信息技术专业人才大赛（江苏赛区），7名学生分获一、二、三等奖和优胜奖，其中，2名获一等奖学生代表江苏赛区参加全国总决赛。第八届全国大学生会计信息化技能大赛（江苏赛区），4名学生获二等奖。第五届“外研社”杯全国高职高专英语写作大赛（江苏赛区），1名学生获三等奖。江苏省高等职业院校技能大赛“中教畅享”杯市场营销技能比赛，4名学生获三等奖。“外研社”杯江苏省高职高专院校英语演讲大赛，2名学生分获二、三等奖。苏北高校大学生汉英翻译大赛，11名学生分获一、二、三等奖。江苏城市职业学院办学系统学生技能竞赛，21名学生分获一、二、三等奖。

（撰稿：雒大川　审核：韩超英）

江苏建筑职业技术学院

党委书记　袁洪志（—5月）
吴光林（5月—）
院长、党委副书记　吴光林（—5月）
孙　进（5月—）
党委副书记、纪委书记　张登宏
副院长　季　翔　任留钦　沈士德
梁　惠（女）

【概况】 2014年，江苏建筑职业技术学院占地面积72公顷，校舍建筑面积36万平方米。固定资产6.35亿元，教学设备总产值1.5亿元。图书馆建筑面积3.6万平方米，藏书58.9万册。

学校下设8个二级学院，12个教学单位，52个专业及专业方向。建成15个专业群，其中，建筑工程技术、建筑装饰工程技术、供热通风与空调工程技术、矿井建设4个专业为国家示范重点专业，机电一体化技术、道路桥梁工程技术2个专业为中央财政支持重点专业。建有3个省级工程研发中心、11个市级工程研发中心和5个高新技术重点实验室。

2014年，在校生19500人，其中，全日制专科生13000人，成人专科生6500人。毕业4124人，专科就业率97.99%。全年招收全日制学生4227人。面向全国招生。

学校有教职工730人，其中专任教师541人。有教授45人，副教授225人，1名享受国务院颁发的政府特殊津贴。1个国家级教学团队，3个省级教学团队，2名省级科技创新团队，2个省“六大人才高峰”学术团队。1名国家级教学名师，2名省级教学名师，2名省突出贡献中青年专家，1名“十大建筑科技之星”，6名省“青蓝工程”中青年学术带头人，23名省“青蓝工程”优秀青年骨干教师，4名“333工程”人才培养对象。

2014年，学校获国家级教学成果二等奖2项。获全国毕业生就业典型经验高校、全国职业教育先进单位、江苏省高校毕业生就业工作先进集体、江苏省公共艺术课程考核优秀高校称号和淮海科学技术奖优秀组织奖、江苏省就业创业知识竞赛组织奖。学生参加全国性职业技能竞赛获省级及以上一等奖、二等奖奖项15个。在江苏省第十八届运动会中获得高职类团体总分第2名。

【深化管理体制改革】 2014年，学校推进大学章程建设，完善内部治理结构。完善绩效评价体系，继续推行年度考核、任期目标考核，加强过程把控、指标调校和绩效监测。调整校内组织机构，成立大学科技园发展有限公司，撤销校企合作办公室、信息化管理服务中心建制。制定完善二级督学办法，通过二级学院领导听课、督学督导听课、学生评教等环节对教学质量进行全方位监控。全面启动基于CRP的内部工作流程设计，为建立层次清晰、科学规范的管理体制和运行机制打下坚实基础。继续强化目标管理，组织开展“十二五”规划完成情况检查，推动后期规划目标的如期完成。改进完善机关工作作风测评体系，加大测评结果应用力度，提高机关服务质量。

【人才培养模式改革】 2014年，学校积极探索现代学徒制，创新开展“2+1”人才培养模式。教务处牵头组织“榜样与对话”教授公开示范课和青年教师课堂教学竞赛，搭建教师教学交流平台。举行第一届四年制毕业典礼，矿井建设专业首届20名毕业生顺利毕业，其中有18人获得管理学学士学位。

【加强专业群建设】 2014年，学校专业群建设进一步加强。“以学生个性化发展需求为导向，分层次培养人才的探索与实践”“高职高专教育建筑装饰工程技术专业教学内容与实践教学体系研究”2个项目获2014年国家级教学成果奖二等奖，建筑设计与装饰学院申报的“建筑装饰工程技术专业教学资源库”获教育部立项建设，4个省级重点专业群通过省级中期检查验收，完成江苏省软件服务外包类专业嵌入式人才培养项目立项工作。

【提高课程建设水平】 年内，学校修订《深化项目化课程改革实施方案》，不断提高课程建设水平。中高职教育衔接课程体系建设课题获批2014年省教育厅立项，新增江苏省现代职教体系建设试点项目7项，6项教育教学改革创新成果入选《江苏省高等职业教育改革发展创新案例集》，新增2个专业与本科院校“3+2”合作项目，完成BIM技术培训与开发中心、结构检测中心等区域开放共享型实训基地2014年立项建设任务。

【提升科技创新能力】 2014年，科技创新能力稳步提升。召开第四次科技工作大会，完善科技工作顶层设计，成立学校科协。完成市厅级纵向课题和横向课题103项，省部级课题立项6项。科技服务到账经费比2013年增加50万元。获得省市级科学技术奖、科技进步奖、科技成果奖8项，1项专利获发明金奖。省级重点实验室实现零的突破。增加3个市级工程技术研究中心。累计2013年部分申报和2014年申报的授权专利共244项，其中发明专利14项。协同创新中心已启动建设。

【拓展合作交流】 年内，学校积极推进境内外合作交流。与沛县、新沂市人民政府签订战略合作协议，与泉山区签订共建“江苏建院大学科技园”。学校牵头召开“中国建设教育协会高职与成人教育专业委员会数字化校园建设协作”会议，担任中国职业教育国际合作联盟常务理事。与韩国永进专门大学签署“机械制造与自动化合作”协议，推动专业建设主动对接国际标准。选派32名学生赴韩国交通大学、台湾建国科技大学友好交流，有8名学生通过海外本科直通车项目顺利出国深造。

【认真落实教育实践活动整改措施】 2014年，校党委坚持“领导带头、狠抓落实、务求实效”的原则，认真落实党的群众路线教育实践活动整改措施。按期完成15个项目和41条整改措施，出台《关于进一步加强学校领导班子自身建设的意见》。组织二级单位教育实践“回头看”活动，检查督促各二级单位落实领导责任，落实整改事项。

（撰稿：袁　祯　审稿：黄宝玲）

徐州工业职业技术学院

党委书记 周立雪
院长、党委副书记 祝木伟
党委副书记、纪委书记 李　红（女）
副院长 金万祥　魏　勇　鲍桂楠　张芳儒

【概况】 2014年，徐州工业职业技术学院占地73.3公顷，校舍建筑面积33.2万平方米。固定资产9.8亿元，其中，教学科研仪器设备总值0.95亿元。图书馆建筑面积2.4万平方米，藏书70余万册。

学院设有化学工程技术学院、机电工程技术学院、信息管理技术学院、材料工程技术学院、思想政治教育与研究部、体育与艺术教学部、继续教育学院7个教学单位，11个专业群，44个专业。其中，省级重点专业群4个，中央财政支持的重点建设专业4个，省级特色品牌专业9个。有国家精品资源共享课、教学资源库4门，国家级、省级精品课程7门，国家“十一五”“十二五”规划教材17部，省级精品、重点教材6部。有国家级实训基地2个、省级实训基地6个，省级大学科技园1个，省、市级研发中心（实验室）28个。获省级教学成果奖5项。

2014年，在校生总数11137人，其中，普通专科生10551人，成人教育专科生586人。毕业3527人，就业率为98.36%。招收各类学生4637人，其中，普通专科生4350人，成人教育专科生287人。

学院有教职工657人，专任教师520人，其中，教授21人，博士11人，“双师型”专业教师占85%。有全国优秀教师1人，江苏省高校名师2人，全国化工职业教育教学名师3人，黄炎培职业教育杰出教师1人，江苏省“青蓝工程”中青年学术带头人和优秀青年骨干教师培养对象16人，江苏省“333”工程第三层次培养对象4人，江苏省“青蓝工程”科技创新团队1个。

2014年，学院获江苏省职业教育先进单位、省高等学校和谐校园、省高校毕业生就业工作先进集体、省教育信息工作先进单位、省高校节能工作先进院校、徐州市安全生产优秀单位、江苏省重点培育小企业创业基地、江苏省社会实践先进单位、江苏省“挑战杯”大学生课外学术科技作品竞赛优秀组织奖、江苏省群众体育先进单位、江苏省第十八届运动会高校部乙组“校长杯”奖及承办组织工作先进单位、徐州市“内部审计先进集体”等荣誉与称号。

【通过省级示范校建设验收】 6月3—4日，学院接受省级示范性高职院校验收组验收。专家组一致认为，学院完成各项建设任务，尤其在创新体制机制推进大学科技园、大学生创业园和淮海文化科技产业园建设方面成效显著，创新实践“双能并重、三元融入、四层递进、工学结合”的人才培养模式，成为省级示范建设的突出亮点。

【校企合作办学得到教育部认可】 2014年，学院与徐工集团“校企一体化办学”经验及“现代学徒制”试点工作，得到教育部认可。学院成为全国高职“校企一体化办学”创新联盟首批成员单位，在全国高等职业教育“校企一体化办学”经验交流暨创新联盟成立大会、全国职业教育“现代学徒制试点”工作推进会上作专题介绍。

【多项省职教试点建设项目获批】 2014年，学院多个职教体系试点项目获省厅批准。包括中高等职业教育“3+3”分段培养项目2项，三年制高等职业教育与普通本科“3+2”分段培养2项，省级现代职教体系研究课题1项。

【获批省高职院校单独招生资格】 2014年，学院获批江苏省高职院校单独招生资格。单独招生专业为机电一体化、会计与审计，招生计划100人，录取112人。

【推进“产教融合”】 2014年，学院稳步推进大学科技园“产教融合”工作。成立大学科技园与人才培养工作对接领导小组，出台“2012级电子商务专业0.5+0.5产教对接工作方案”，明确二级学院、企业、园区的工作职责，建立“实训批内轮岗‘重叠期’和分批之间‘交接期’实施‘师傅带徒弟、老生带新生’”的运行机制，保证生产连续性，提高实训效率，实现学校、企业、学生共赢发展。

【艾德1.5WMp光电建筑一体化示范项目通过验收】 年初，学院与江苏艾德太阳能科技有限公司合作建设的“徐州工业职业技术学院艾德1.5MWp光电建筑一体化示范项目”顺利通过江苏省住房与城乡建设厅验收。该项目是省内高职院校最大的新能源项目，促进学院科学研究、教学实习和相关专业发展。

【质量工程建设取得新成绩】 2014年，学院质量工程建设取得新成绩。获国家级教学成果二等奖1项，省优秀毕业设计（论文）二等奖3项、三等奖2项、团队奖1项，“十二五”职业教育国家规划教材10部，校企合作教材14部，省大学生实践创新训练计划16项（验收16项），3个案例入选2014江苏省高等职业教育质量年度报告。

【创新学生入学教育方式】 2014年，学院通过“给2014级新生的一封信”“赠送新生两个

'一辈子用不坏'的脸盆",上好新生入学"质量意识"第一课。新华社、人民网、《新华日报》等媒体相继报道该创新教育方式。

【助学工作力度不断加强】 2014年,学院发放奖、勤、助、贷、困、补、免金额1864.99万元。有7人获国家奖学金,372人获国家励志奖学金,1959人获校内奖学金,2448人申请国家助学金,1095人申请生源地贷款,163人减免学费。

【师资建设水平不断提升】 2014年,学院新增正高级职称6人,副高级职称18人。新增"青蓝工程"优秀骨干教师、学术带头人4人,省科技创新团队1个。引进人才11人,其中博士(后)4名。66人参加国家、省级培训,2人参加境外研修,15人下企业锻炼。1名教师被授予全国优秀教师称号,1名教师获第四届黄炎培杰出教师奖。

【社会服务能力显著增强】 2014年,学院立项省、市级项目40项,横向课题42项。新增4个徐州市工程技术研究中心,获批"江苏省三网融合创新基地"。专利授权85项,其中,发明专利15项,学生专利10项,向企业转让专利技术2项,软件著作权登记39项,在全市3000余家大专院校、企业单位中获2013年度发明专利十强单位(列第五)。

【获47项技能大赛奖】 2014年,学院获得47项省级及以上技能大赛奖项。在第五届江苏省机器人大赛暨第一届全国机器人运动大会选拔赛中,9支队伍全部获奖,囊括冠、亚、季军。在江苏省第四届大学生艺术展演活动中,获一等奖3项、二等奖4项。在第五届江苏省大学生机械创新设计大赛中,获得二等奖3项及最佳组织奖。在2014年全国职业院校技能大赛"三网融合与网络优化"赛项中获二等奖。在第四届全国职业院校在校生西点创意大赛中获铜牌。在江苏省第十八届运动会中获得高职类团体总分第3名。

【境内外交流与合作办学】 2014年,学院作为徐州市中德中心理事单位参加中德能源与矿区生态环境研究中心第二届理事会第二次会议,与奥尔登堡技术与设计教育中心签订合作协议。接待台湾东南科技大学15名师生为期8天的交流学习。与韩国交通大学签订合作办学协议,双方即将实现学生的互访。年内有6批13名教师到境外院校或机构进行中长期学习,美国、波兰、日本等6个国家和地区院校9批约30人次到院访问交流。

【举行50周年校庆活动】 10月18日,学院建校50周年庆祝大会隆重举行。行业协会、兄弟院校、合作企业的领导和专家,学院老领导、离退休教职工,各校友会的会长、秘书长,历届校友代表、紧密合作企业代表,全体院领导及在校师生代表参加大会。会议总结50年办学经验,展示50年建设与发展成就。

(撰稿:阮　浩　陈令霞　审稿:蒋兆峰)

徐州幼儿师范高等专科学校

党委书记　王晓三
校　长　张祥华(女)
副校长　马　玲(女)　滕建志　李克军

【概况】 2014年,徐州幼儿师范高等专科学校占地28.5公顷,建筑面积17.2万平方米。有实验实训室344个,计算机1515台,钢琴、数码钢琴815台,纸质图书39.3万册,电子图书260吉字节。学校设有学前教育、特殊教育、教育管理、英语教育、旅游英语、应用英语、音乐教育、音乐表演、美术教育、舞蹈教育、舞蹈表演、装饰设计、动漫设计与制作、旅游英语、商务英语、体育教育专业，2014年，增设老年服务与管理、早期教育、儿童康复专业，包含8个师范类专业、11个高职类专业，下设学前与特殊教育学院、继续教育学院、思政部、体育部、人文社科系。

2014年，在校学生4950人，教职工431人，专任教师251人。其中，博士研究生5人，硕士研究生99人，教授5人，副教授81人。2014年，教师参加国培、省培30余人次，选派1名教师为高级访问学者，7位教师出国学习交流。

全年成功申报省级课题11项，市级课题11项，有22项课题顺利结题。承担省级教改课题9项，市级8项。全校公开出版12部教材、著作，发表科研论文210篇。

承担国培项目15项、省培4项，参培1204人次，国家职业资格培训1000余人次，通过成人教育学历提升学生数约1200人次，在教育部教师司举办的培训项目绩效评估中，学校荣获幼儿园骨干教师培训项目第一名。

2014年，学校获江苏省高等学校和谐校园、江苏省教育信息工作先进单位、江苏省五四红旗团委称号，被授予“中国教育发展战略学会教育管理信息化专业委员会理事单位”称号。教育部、财政部支持的“高等职业学校提升专业服务产业发展能力项目”重点建设专业顺利通过省级验收。学生在江苏省第三届师范生教学基本功大赛中获一等奖第一名，学校获优秀组织奖。荣获“外教社杯”英语教学大赛省级一等奖。11月，“卓越男幼儿园教师培养模式改革与实践”项目获得教育部“卓越教师培养计划”改革项目立项。

【召开教育实践活动动员大会】 3月17日，学校召开党的群众路线教育实践活动动员大会。校党委书记王晓三主持会议并作动员部署，市委教育实践活动第一督导组组长田质林讲话。督导组成员及学校领导班子、中层干部、教师代表、民主党派代表、离退休教师代表参加大会。

【幼教集团改革】 3月24日，市委全面深化改革领导小组组长曹新平主持召开领导小组第一次会议，在第二项议题中研究幼教集团改革方案。曹新平要求新集团公司成立后，要加快“标准+品牌+资本”的融合，采用直营与加盟的模式运营，实行“五个统一”（统一品牌、统一收费、统一配餐、统一标准、统一课程）的标准化管理，在徐州市和全国开办一批高中端和普惠性幼儿园，重点解决徐州市幼教资源短缺、办学模式落后的现状，奠定区域性中心城市幼儿教育中心的地位。徐州市将成立一个幼教集团发展支持小组，由市教育局牵头，多部门协同支持，共同推进幼教集团的发展。

【媒体集中采访大学生就业工作】 5月6日，由省教育厅组织的“推进教育综合改革，办人民满意教育”媒体集中采访活动在徐州幼儿示范高等专科学校举行。中央和省市20余家媒体集中采访学校大学生就业创业工作的具体做法和成果经验。

【承办省免费幼儿师范男生培养工作汇报会】 5月23日，2014年江苏省师范生免费教育工作研讨会暨江苏省免费幼儿师范男生培养工作汇报会在学校举行。该汇报展演活动由江苏省教育厅主办，徐州幼儿师范高等专科学校、南京幼儿高等师范学校、苏州高等幼儿师范学校等承担免费幼儿师范男生培养任务的6所学校携500余名学生参加汇报展演。汇演包含体育类、美术类、互动实践课、文艺类、现场命题说课、现场授课6个部分，充分展示首届男幼师生精湛的专业技能和免费师范男生培养取得的阶段性成果。

【举行农村校(园)长助力工程推进会】 7月1日,2014年江苏省农村校(园)长助力工程推进会在学校召开。参加会议的有江苏省农村校(园)长助力工程培训项目各承训院校代表。4所承训院校代表交流培训经验,副校长马玲发言。

【援青幼儿园"手拉手"签字仪式】 7月28日,由江苏省教育厅牵头,徐州幼儿师范高等专科学校与青海省海南州教育局合作开展的援青幼儿园"手拉手"签字仪式在海南州贵德县教育局举行。海南州教工委书记梁希君、海南州教育局副局长董胜、贵德县教育局局长程士峻与幼儿师专校长张祥华、副校长马玲、培训处处长张文枚、附属幼儿园园长葛青、幼教集团新华路幼儿园园长徐剑媚出席签字仪式。

【签署"共同推进滇西边境山区学前教育改革发展合作备忘录"】 8月7日,徐州幼儿专科学校与云南省教育厅就"共同推进滇西边境山区学前教育改革发展合作备忘录"举行签署仪式。云南省教育厅副厅长王建颖、人事处处长赵德荣、基教处处长杨春城、师范教育处处长雷韬与幼儿师专校长张祥华、副校长马玲、校长助理兼党政办主任邓宪亮、培训处处长张文枚、幼教集团董事长王鹤义、附属幼儿园园长刘洋参加签字仪式。学校在深入调研云南省滇西边境山区之后,与景洪市幼儿园和勐龙镇幼儿园分别签订"手拉手"合作协议。

【1200名学生参加省第十八届运动会开幕式】 9月19日,学校1200名学生参加江苏省第十八届运动会开幕式序曲《相约这方》和尾声《美丽家园》2个节目的演出。开幕式在徐州市奥体中心隆重举行。经过3个月紧张排练,参演学生出色完成该演出任务,荣获优秀组织奖。

【承办中国学前教育研究会教师发展专业委员会高中专分委会理事长会议】 11月21—22日,中国学前教育研究会教师发展专业委员会高中专分委会2014年理事长会议在学校举行。全国31所理事长单位的62名代表参加会议。党委书记王晓三致欢迎辞。11月22日上午的会议由校长张祥华主持,副校长李克军及其他3所院校代表在会上分别介绍办学经验。

(撰稿:王　佩　审稿:邓宪亮)

徐州生物工程职业技术学院

党委书记　谢建林
院长　蒋留生
副校长　秦越华　刘明生

【概况】 2014年,徐州生物工程职业技术学院占地41公顷,建筑面积18.74万平方米。图书馆图书27万册。建有29个校内实训中心,实验实训设备总值4600万元。

2014年,招生1101人,毕业生1120人,全日制在校生4717人。教职工339人,专任教师258人,其中,正教授4人,副高级82人,博士7人,硕士120人,"双师型"教师149人。

学校设有生物技术应用、生物制药、会计与审计、药物制剂、园林技术、园艺技术、畜牧兽医、计算机应用技术、机电一体化、会计电算化等31个三年制专科专业及五年制高职专业。

学校荣获江苏省职业教育先进单位、江苏省挂县强农富民工程挂县突出单位、徐州市扶贫开发工作后方挂钩帮扶先进单位等称号。

【省委调整学院党政领导】 5月12日,学院召开干部大会，省委组织部宣布学院党政主要负责人的任命决定。谢建林任学院党委书记，蒋留生任学院院长。市委副书记李荣启出席大会并讲话，会议由市委组织部常务副部长王立权主持。

【开展群众路线教育实践活动】 自2月份起，学院党委开展为期9个月的党的群众路线教育实践活动。院级领导班子、22个系部处室、7个基层党支部、161名党员参加活动。院党委结合学院工作实际，围绕"照镜子、正衣冠、洗洗澡、治治病"总要求，以为民务实清廉为主题，以领导班子和领导干部为重点，聚焦"四风"问题，认真抓好学习教育、听取意见，查摆问题、开展批评，整改落实、建章立制等各个环节，精心组织，扎实推进，活动达到预期目标。

【代管市农业干部中等专业学校】 9月10日，副市长漆冠山召开专题会议，部署徐州市农业干部中等专业学校交由生物工程学院代管有关工作。会后下发《市政府关于将徐州市农业干部中等专业学校交由徐州生物工程职业技术学院代管有关问题的会议纪要》。

【一批重点建设工程竣工】 年内，学院一批重点建设工程相继竣工。22600平方米的新图文信息大楼完成内外装修和内部设施设备配置，完成搬迁并正式向全院师生开放。新增读秀、维普、EBSCO、超星学术视频等学术服务系统，采购纸质图书5.2万册，订购期刊417种、报纸84种。8056平方米的汽车实训楼竣工并投入使用，完成财会实训大楼整体改造，1393米校园环路工程全线竣工，校园中心广场建成，对原体校50 KVA、农机校80KVA、机械中专180KVA三台老式耗能变压器进行整合，完成老校区所有变压器的切换。

【新增6个专科专业】 年内，学院新增药物分析技术、药物制剂技术、环境艺术设计、财务管理、物联网应用技术、汽车运用技术6个三年制专科专业。学院开设专业数达到31个，其中，三年制专科17个，五年制高职专业（含方向）14个，初步形成种植类、养殖类、财经类、信息类、汽车类、机电类专业群构架。

【邀请教育厅专家作专题报告】 8月27—28日，学院先后邀请省教育厅高教处副处长经贵宝、省教育评估院副院长杨权海到校作专题报告。经贵宝的报告题为《深化产教融合，创新发展高等职业教育》，杨权海的题为《高职院校人才培养工作评估的回顾与展望》。学院领导、全体中层干部和专兼职教师听取报告。

【11名教师赴美研修】 年内，学院提供80万元资金，派出11名农林、畜牧、财经专业的教师分别赴美国加州理工大学波莫那、加州州立大学富乐敦分校进行为期2—3个月的专业研修。所有研修人员均如期完成学业。11月10日，学院举办研修汇报会，200余名专兼职教师参会并对汇报人测评打分。

【4个市工程技术研究中心获批】 9月26日，市科技局下发《关于认定2014年徐州市工程技术研究中心的通知》，学院申报的徐州市绿色植保工程技术研究中心、物制药工程技术研究中心、物联网工程技术研究中心和微电子扬声器工程技术研究中心获得批准。

【省职业教育语文数字化教学资源库建设项目通过验收】 年内，由学院承担的"省职业教育语文数字化教学资源库建设项目"通过省教育厅验收。项目经历顶层设计、团队组建、调查论证、明确目标、资源建设、中期检查、推广应用、评价反馈、完善更新等过程，完成数字化资源705个，9100M。部分成果已在全国职业院校信息化教学成果网上展示,初步建成人才培养、课程建设、教材开发、评价机制等方面资源共享和相互交流的平台。

【加快数字化校园建设步伐】 年内,学校加快数字化校园建设。完成数字化校园管理平台、学生管理系统、教务管理系统、汇文图书管理系统采购安装,建成数据中心机房,升级校园一卡通系统,新增40多套多媒体教学设备,建成各部门网站,完成校园网主光纤、办公网络和学生宿舍网络铺设,调整网络拓扑结构,新增上网行为管理等设备。

【承办省农职院校后勤工作研讨会】 12月7日,学院承办省农业职业院校后勤工作研讨会。全省7所农职院校后勤工作分管领导和负责人参加会议。院长蒋留生介绍学院发展概况和进一步提升办学水平、特别是加强后勤工作的思路,省农委科教处副处长杜永林讲话。

【举行"山崎奖学金"签字及颁奖仪式】 12月18日,学院举行"山崎奖学金"签字及颁奖仪式。院长蒋留生、日本山崎株式会社社长山崎宽治、中日合资企业徐州山崎农产品技术研发有限公司总经理曹修春等出席仪式。山崎宽治为学院农林工程系10名获奖学生每人颁发2000元的奖学金和亲笔签名的荣誉证书。

【学院第一届工会委员会成立】 2月23日,市教育工会批复同意徐州生物工程职业技术学院工会代表大会选举产生的第一届工会委员会、经费审查委员会。尹红丽任第一届工会委员会主席,史先振任第一届工会经费审查委员会主任。

【加强农民培训和教材课件开发】 年内,学院举办农民培训12期,积极开发培训教材课件,无偿发放给农民。举办农技推广骨干人才培训班7期,为徐州县(市、区)培训农技推广人才490人。举办农民创业培训班5期,为睢宁、沛县培训科技致富带头人500余人。受训学员满意率95%以上。在全省农民培训课件和教材评比中,学院开发的4个培训课件荣获一等奖3项、二等奖1项,在全省农牧院校中名列第二。

【获省"挂县强农富民工程挂县突出单位"称号】 年内,学院被省农委、省教育厅和省科技厅联合表彰为"江苏省挂县强农富民工程挂县突出单位"。学院连续5年获该项表彰。动物工程系、农林工程系10位专业教师,分别入驻丰县顺河、常店、赵庄、王沟四镇五村,睢宁县王集、庆安、梁集、魏集四镇,进行技术帮扶,发展一村一品。

【结对帮扶慰问】 12月23日,院党委书记谢建林带领相关系部负责人到学院扶贫村——邳州市新河镇梨园村开展经济薄弱村结对帮扶慰问。学院向该村捐赠15万元帮扶资金,考察邳州市部分农业龙头企业和生产基地,派出1名中层干部到该村挂职扶贫。

【学生到韩国全北科学大学交流学习】 年内,学院派出14名学生作为交换生到韩国全北科学大学进行为期3个月的交流学习。学院与韩国全北科学大学签订互派交换生协议,课程管理试行学分互换。此前,学院与该校通过教师互访、学生夏令营互访等形式进行交流。

(撰稿:段素峰　审稿:蒋留生)

九州职业技术学院

董事长 张建委
副董事长 曹竟成 顾明亮
院长 解京选
常务副院长 陈万平
副院长 朱 涛 冯新平(女)
党委书记 姜同凯
党委副书记、纪委书记 俞亚芹(女)

【概况】 2014年,九州职业技术学院占地15.8公顷,校舍建筑面积15万平方米,拥有可容纳6000名学生规模的教室、实验室、图书馆、学术报告厅、食堂、学生公寓、运动场、文体馆等设施,累计投资近3亿元,教学仪器设备总值3245.87万元。学院建有78个校内实验实训室,紧密型校外实习实训基地49个,实验实训室建筑面积3.1万平方米。图书馆图书24.96万册。

学院设有汽车与机电工程系、土木工程系、经济与管理系3个系和公共基础课部,专业设置以工科为主,兼顾文、法、经、管共5个门类、25个高职专业。学院有省级特色专业2个、院级特色专业3个、省重点建设专业群1个、院重点建设专业群2个、省级重点实训基地建设点1个,省级精品课程1门、省级精品教材1部。

2014年,学院在校生近4000人,生源以江苏为主,同时面向山东、河南、安徽、甘肃等省招生。2014年毕业1500人,毕业生初次就业率为97.6%。

学院有专、兼职教师253人,其中,校内专任教师114人,校内兼课教师28人,校外兼职教师64人,校外兼课教师47人。具有高级专业技术职称教师占31.58%,专任青年教师硕士及以上学位占40.35%,双师型教师占70.18%

2014年,学院获得省级以上技能大赛团体奖6项,省市单项奖26项。先后获得省教工委“最佳党日活动”奖、省教育厅第七届“校园廉洁文化活动周”廉洁文化活动创新项目优秀奖、省高校大学生资助成效微电影创作大赛优秀组织奖,获省高校先进基层党组织、市教育系统先进基层党组织、省大中专学生志愿者暑期文化科技卫生“三下乡”社会实践优秀团队、全国高等学校英语应用能力考试江苏省优秀考点称号,获省学生资助绩效评价良好等级、省第十八届运动会高校组乒乓球比赛团体第五名、徐州市共青团工作绩效考核一等奖等。多名教职工分别获得省市优秀共产党员、优秀党务工作者、徐州市五一劳动奖章和徐州市师德先进个人等荣誉和称号。

【与南通三建集团等13家企业签订合作协议】 2014年,学院与江苏南通三建集团有限公司、江苏云意电气股份有限公司等13家企业签订校企合作协议。进一步推进校企合作办学、合作育人、合作就业、合作发展。

【省教育厅就业工作检查组到院检查】 4月24日,省教育厅就业工作检查组一行4人到学院检查指导学生就业工作。检查组肯定学院在就业工作方面取得的成效,并提出意见和建议。

【获省高职院校首届工程造价技能大赛三等奖】 4月25—27日,学院组队参加江苏省教育厅举办的全省高等职业院校首届工程造价技能大赛,荣获大赛三等奖。

【获得教育部单独招生资格】 4月29日,教育部高校学生司下发文件(教学司【2014】5号),同意学院2014年试点单独招生。单独招生试点专业为机电一体化专业技术、建筑工程技术、电气自动化，共计180名招生计划，招生面向山西、江苏、河南、河北4个省份。

【校友马亭华入围第六届鲁迅文学奖】 5月16日，学院2003届法律专业毕业生马亭华的诗集《苏北记》入围第六届鲁迅文学奖名单。入围名单在中国作家协会官网公示，徐州市有黑马等3位作家的作品入围。黑马即马亭华的笔名。

【创建大学生创业园】 6月起，学院创建九州职业技术学院大学生创业园区。创业园建筑面积4000余平方米，已初具规模，可入驻50家企业。

【3学生获省电子设计大赛二等奖】8月12—15日，在2014年江苏省电子设计大赛上，汽车与机电工程系毛浩浩、魏磊、徐大壮3位学生以参赛项目《简易风洞控制系统》获得二等奖。

【与徐州重一工程机械设备有限公司签署联合办学协议】 9月11日，学院与徐州重一工程机械设备有限公司签署联合办学协议。在老年服务、社区服务和康复治疗等方面共同培养人才。

【承办省第十八届运动会拳击、柔道竞赛】 7月10—16日，江苏省第十八届运动会青少年部拳击比赛在学院文体活动中心举行，9月19—25日，柔道比赛在学院举行。学院选派107名志愿者参与省运会志愿服务，8月选派1086名同学参加开幕式并担任合唱演员。

【网络报道学院办学特色】 9月28日、29日，江苏教育网、教育信息网相继登载《九州职业技术学院推进职业教育改革提升人才培养质量》，报道学院“突出现代职业教育特点，培养高素质技能型人才”的职业教育改革发展思路和做法。2014年12月8日，江苏教育网登载《九州职业技术学院开展“专家进课堂”活动》。

【举行大型“双选会”】 9月26日，学院在文体活动中心举行大型“双选会”。江苏淮海车辆制造有限公司、上海大众联合发展有限公司、上海婵之云有限公司等近百家省内外企业，为学院毕业生提供营销经理、机械工程师、电气技术员等近千个工作岗位。与企业签订就业意向书的学生达300多人。

【举行“格瑞特学院”揭牌仪式】 10月17日，学院与山东格瑞特监理咨询有限公司合作的“格瑞特学院”揭牌仪式暨“格瑞特班”开班仪式在学院举行。副院长冯新平和格瑞特公司副总经理王青共同为“格瑞特学院”揭牌。

【举行邢凯雕像落成仪式】 11月7日，学院全体教职员工和学生代表在主楼东广场举行学院创始、创办人邢凯雕像落成仪式。邢凯夫人邢淑坤女士及其亲属应邀出席仪式。

【接受高职高专人才培养工作评估】 11月9—12日，江苏省评估院专家组一行7人对学院人才培养工作进行评估。通过实地考察校内外学生实习实训基地、听课、专业剖析、查阅原始资料、与学院领导和师生深度访谈、对企业和学生进行满意度调查、专家集中评议等环节，深入考察学院人才培养工作情况。专家组充分肯定学院办学成绩，指出四个方面存在的问题，详细分析原因，提出解决问题的建议。

【接受省教育厅课程建设现场考核】 12月

2—3日，省高校公共体育课程考核组对学院公共体育课程建设进行全面考核评估。专家组听取汇报，召开学生和教师座谈会，分组体质健康测试，考察体育场馆设施器材，查阅资料，充分肯定学院在加强公共体育课程建设上取得的成绩。

【省教育厅专家组到校调研】 12月11日，江苏省教育厅组织专家组一行7人，对学院公共卫生管理工作进行调研。调研组专家在肯定成绩的同时，对人员配置、资料留存、工作细化等提出建议和意见。

【获第六届市高校话剧比赛第一名】 12月，在“四海剧绎，缘续东隅”第六届徐州市高校话剧比赛中，学院大学生艺术团选送的作品《爱》，以92.70分的高分荣登榜首，获得比赛第一名。《爱》取自学院学生自编、自导、自演的原创舞台剧《三生石上》第二幕。赛后，多位演职人员及该剧指导老师接受电视台记者的采访。

【召开董事会年会】 12月，学院先后召开四届六次、五届一次、五届二次董事会。会议同意由张建委担任学院董事长，曹竟成、顾明亮担任副董事长，徐州市教育局局长张德超任监事会主席，铜山区副区长房浩任监事会副主席，解京选担任学院院长，陈万平担任学院常务副院长，冯新平、朱涛担任副院长。

【举办淮海经济区职业院校招生就业论坛】 12月30日，学院成功举办2014年淮海经济区职业院校招生就业论坛。北京、江苏、浙江、河南、安徽等省市的教育局、招生办公室领导和学校教师等200余人参加论坛。《人民日报》、新闻网、徐州报业集团、《扬子晚报》《现代快报》《都市晨报》、江苏卫视、徐州电视台等十多家媒体记者现场采访、报道。徐州市教育局、安徽省萧县招生办公室、九州职业技术学院等单位先后大会交流发言。

（编辑：湛晓蕾　审核：陈万平）

（责任编辑　钱立群）

县（市）区教育

华山初级中学

华山初中创建于1990年，办学25年，有800多名学生考入四星级高中，是江苏省陶行知研究会实验学校、省德育先进学校、市模范学校，被誉为大沙河畔的一颗明珠。2014年，学校有26个教学班，1028名学生，151名专任教师。“办现代化学校，育新世纪人才”是学校一贯的办学宗旨。

副县长张斌(右一)到学校视察

美术兴趣小组活动

学生舞蹈队在训练

校长薛志刚在课堂上

教师广场舞

教职工篮球赛

摄影：胡少华

金陵初级中学

金陵初级中学建于1968年,是农村偏远学校,同时也是一所文化底蕴深厚、教学一流、科研成果丰硕的首批合格农村初中。2014年,有12个教学班,517名学生。专任教师56人,其中,中高级教师41人,本科学历教师47人。学校坚持“以学生、教师和学校的共同协调发展为本”,以“培养适应未来社会发展的素质全面的现代人”为宗旨,多次荣获县教学质量综合评估先进单位、教师综合素质全员培训先进单位、新课程改革先进单位等称号。

副县长张斌(右六)教育局长孙光华(右四)到学校视察

唱出心中对母亲的爱

九校联谊互动听课

美妙的音乐课

学校新貌

“感动校园,展现自我”讲故事比赛

摄影:王新闻

顺河镇中心校

顺河镇中心校下辖6所定点小学、2个教学点、2所公办幼儿园,教职工175人。学校坚持“夯实品学基础,着眼终生发展”的办学理念,严抓教学常规管理,优化课堂教学,强化教育科研,教育教学质量不断提升。先后被评为江苏省科技教育先进学校、徐州市平安校园、徐州市学前教育先进集体。2013、2014连续两年被评为县先进单位。

国家级教育均衡县验收

校长孙敦保(中)在听课

特级教师送课下乡

七彩童年——顺河镇幼儿园庆六一活动

安全教育从娃娃抓起

摄影:张忠伟

宋楼镇中心学校

宋楼镇中心校地处两汉文化发祥地，文化底蕴深厚。中心校辖8所定点小学、2所公办中心幼儿园、18所村级幼儿园。学校积极推进“学讲计划”，实施课程改革，一批教师向学者型、专家型转变，学校先后获市希望工程“特殊贡献奖”、省青少年科技竞赛先进集体称号、省中小学诗歌竞赛优秀组织奖、全国语文规范化知识大赛优秀组织奖，多次评为县综合考核先进单位。

省青联委员走进宋楼杨楼小学开展“走基层、送温暖”活动

宋楼中心小学“2014小记者梨园行”活动

幼儿教师教具大赛评比

县教育局局长孙光华（右三）与镇村领导到学校调研

镇中心校校长顾中昊（右一）到杨楼小学检查工作

杨楼小学经典诗词诵读比赛

宋楼中心小学庆六一文艺汇演

摄影：王立敏

赵庄镇中心校

坐落在汉皇故里的丰县赵庄镇中心校，下辖8个定点小学，有75个教学班，242名教职工，近3000名学生。学校以科学的管理、优良的质量受到社会各界赞誉。中心校先后成功承办“徐州市农村小学网络资源在教学中的应用”现场会等大型活动。2014年4月，中心小学代表县高分通过国家教育基本均衡县验收，被评为2014年度县先进集体。学校将乘势而上，铸就一支师德高尚、教学一流的教师队伍，谱写赵庄镇和谐教育的新篇章。

中心校校长 宋在杰

一笔一画飘墨香

模范职工之家

庆“六一”文艺汇演

课堂回归生活，教师走近学生

运动会精彩瞬间

自古英雄出少年——中心小学武术表演

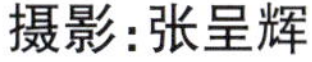
摄影：张呈辉

丰县特殊教育中心

2014年4月，丰县特殊教育中心(原丰县聋哑学校)顺利搬迁至位于丰县南苑路东延伸段的新校区。新校区集学前康复教育、九年义务教育、职业技术教育为一体，为综合性特殊教育中心，缓解了残障儿童接受学前教育和高中阶段教育两大现实问题，提升丰县特殊教育发展水平和办学质量。学校秉持“明德至善，人仁礼乐”的校风，教师遵从“学问思辨，有容乃大”的教风，为特殊儿童创造“健康、快乐、生活”的成长环境。

市特殊教育专家到校指导工作

省教育厅副厅长丁晓昌(右二)调研现代化创建工作

听障儿童的现代化、小班化课堂

多媒体教学让孩子们学习更快乐

校长刘永君与国外同行学术交流

快乐的校园生活

摄影：魏崇增

丰县创新外国语学校(小学部)

——“双语呈强，科艺见长”的特色学校

丰县创新外国语学校是一所现代化民办学校。2014年，小学部有70个教学班，3000余名学生。专任教师169名，本科学历达90%。小学部坚持走特色办学之路：营造书香校园，让读书成为学生的一种生活方式；营造民乐校园，让民族器乐浸润学生的心灵；营造双语校园，为学生英语口语学习与表达创设良好环境。

韩国音乐教育家李钟根(中)到学校访问交流

中陶会授予学校民族艺术教育基地

第六届“舞动的音符”器乐比赛

利用网络同步参加大洋彼岸的马克肯尼小学举办的校园国际日活动

承办丰县数学“学讲方式”展示课

七重奏乐团获第四届国际陶笛大赛特别奖

摄影：胡国强

沛县教育局

沛县教育局以办人民满意的教育为目标,以教育教学质量为核心,求真务实,改革创新,全县教育事业呈现出健康、快速发展的良好局面:鼎新办学体制,积极探索义务教育阶段“集团化”办学模式,持续推进教育均衡发展;深化教学改革,积极推进“学讲计划”,各学段教育教学质量再攀高峰。2012年被省政府授予教育现代化建设先进县称号,2014年2月,被国务院教育督导委员会评定为全国义务教育发展基本均衡县。

省教育厅厅长沈健(右二)到沛县视察

少先队入队仪式

武润校园

省委秘书长樊金龙(右三)视导

中国科学院大学——沛县生源基地研讨会

慈善助学

特色课堂

“学讲计划”推进会

摄影:宋壮志

沛县第二中学

沛县二中有52个教学班，2440名学生。教职工300人，其中，研究生学历14人，特级教师1人，省市县名优教师68人。学校秉承“诚信、求真、博学、行知”的校训，弘扬“求实、和谐、尚美、创新”的校风，践行“德志并立，其命维新”的办学理念，坚持“学有特长、教有个性、校有特色”的教育目标，先后被授予江苏省中小学党建工作先进集体、平安校园、国学教育课程基地，徐州市先进集体、模范学校等荣誉称号。2014年11月通过省四星级普通高中验收。

县委书记李晓雷（右三）、副县长贺伟（左一）视察学校

充满生机的课改课堂

县长吴卫东（前排左）到学校调研

“与文明同行”校园文化展演

”雨虹“志愿者协会敬老院慰问

摄影：朱　磊

张寨中学

张寨中学创办于1956年，江苏省三星级高中。2014年，有36个教学班，学生1528人，教职工216人。学校秉承传统，开拓进取，先后荣获中国西部教育顾问单位、江苏省业余体育训练先进集体、江苏省招飞先进单位、徐州市教育系统党建工作先进集体、徐州市德育工作先进单位、徐州市百佳校园、徐州市文明单位、徐州市模范中学等称号。

美丽的校园

县委书记李晓雷（前排中）到校视察

校长 孟庆雷

跑操比赛冠军

阅览课

摄影：戚　辉

沛县中等专业学校

沛县中等专业学校融高等教育、中等职业教育和各类社会培训于一体。有教职工443人，其中，专任教师403人，“双师型”教师298人，省特级教师1人。有中职全日制班85个，学生4136人。校园环境优雅，设施完备，功能齐全。学校被评为首批国家级重点中等职业学校，江苏省四星级中等职业学校、“高水平现代化职业学校”立项学校、文明单位、职业教育先进单位等。

县长吴卫东(中)到校指导工作

国家职业技能鉴定站揭牌仪式

合作办学签约仪式

反腐倡廉警示教育活动

献血志愿者

摄影：张建路

省级课题开题会

第九届“青春杯”才艺大赛

沛县体育中学——国家级高水平体育后备人才培训基地

沛县体育中学是一所12年一贯制的公办体育特色学校。在校学生近1300人，开设田径、足球、武术、散打、跆拳道、技巧、蹦床、篮球、网球等训练项目，是国家级高水平体育后备人才基地、首批江苏省五星级业余体校。先后为国家培养输送5000余名运动员，包括冬奥会冠军韩晓鹏、江苏省首位武术世界冠军张凯等20位世界冠军，156位全国冠军，300余名学生升入高等本科院校深造。学校先后荣获全国业余体育训练先进集体、群众体育先进集体，江苏省体育工作先进学校等称号。

2014年6月，国家体育总局局长刘鹏（左）视察体育中学并题词

2014年9月，江苏省教育厅厅长沈健（右）视察体育中学

2014年5月，体育中学培养输送的部分世界冠军回母校看望恩师

中国奥委会市场开发部主任王明晏（左）向体育中学赠送冠军龙服

美丽的学校

摄影：张玉龙

大屯矿区中小学管理中心

大屯矿区教育创始于1974年，2006年由中煤能源大屯公司移交属地管理，成立徐州市大屯矿区中小学管理中心。该中心辖6所学校，其中，高中1所，初中1所，小学4所。有教职工611人，学生4613人。管理中心立足于“素质+特长”的办学宗旨，大力改革教育教学，提高内涵。多所学校被授予全国书法教育示范学校、省科技特色学校等称号，矿区教育呈现出前所未有的蓬勃生机和特色魅力。

矿区教育工作会议

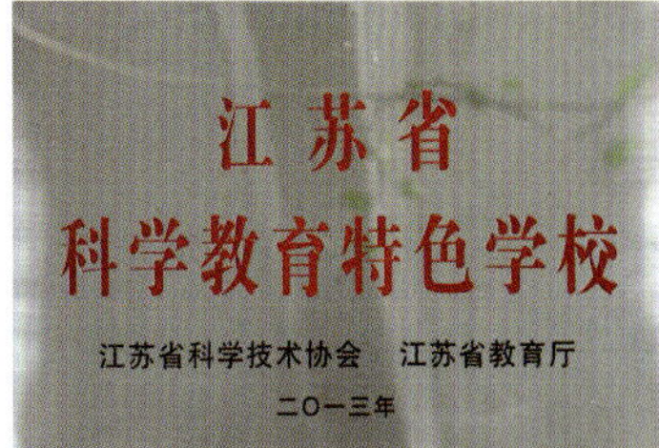

青春舞动　激情四射
——矿区第二中学参加全国啦啦操大赛

黑色的金子
——大屯矿区第三小学科普知识宣传活动现场

为国争光展风采——大屯矿区第一小学代表队在国际机器人大赛中获奖

尽情挥洒——大屯矿区第二小学腰鼓队精彩表演

摄影:李　敏

杨屯中学

杨屯中学始建于1958年。2014年，有学生916人，教职工133人，中小学高级教师40人，省特级教师1人，市县级名优骨干教师13人。学校以德育为首，教学为中心，先后荣获江苏省平安校园、徐州市和谐校园、徐州市创先争优先进集体、徐州市义务教育控辍工作先进单位、徐州市工人先锋号等称号。教学质量连续多年位居全县第一方阵。

承办沛县省市级中小学教学研究课题开题论证会

徐州市课程建设项目学校“校校行”现场会

强健体魄、磨练意志——励志远足拉练活动

沛县“学讲计划”校校行现场会

元旦联欢会

摄影：王德强

张寨镇中心校

张寨镇中心校下辖12所定点小学，2所幼儿园。有139个教学班，学生5809人，教职工357人。学校践行“精神文明的校园，培养人才的学园，发展个性的乐园，陶冶情操的花园”的办学理念，全面提升办学水平和教学质量，先后获全国义务教育均衡县创建单位，江苏省平安校园，江苏省书法等级考试先进单位，徐州市德育教育基地，沛县教育工作先进单位等100多项荣誉称号。

教育局局长贺磊(左一)、镇党委书记辛松(中)到校指导工作

庄严的升旗仪式

书法兴趣小组

六一乐开怀

欢快的腰鼓表演

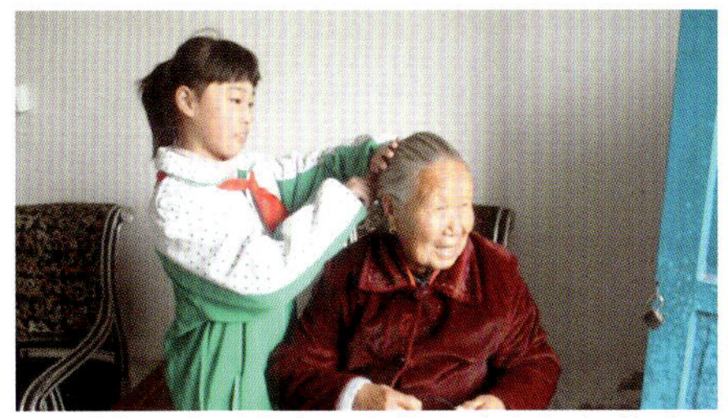
“爱心服务队”队员为敬老院老奶奶梳头

为家园添一抹新绿——植树活动

为灾区捐款

摄影：张　华

安国镇中心校

安国镇中心校下辖8所定点小学，3个教学点，2所公办幼儿园。2014年，有117个教学班，5399名在校学生。教职工299人，其中20多人先后获得市、县优秀教师、优秀班主任等称号。学校以科学发展观为指导，按照“以人为本、德育为先、教学为主、全面发展”的工作思路，努力构建和谐校园、平安校园、育人乐园。积极推进“学讲计划”，深化课堂教学改革，以扎实工作赢得良好的社会信誉。

校长秦淑国

省诗词协会领导到中心小学检查工作

书法协会领导为张集小学题字

张集小学书法教育特色学校授牌仪式

中心小学的诗教活动

强健体魄——武术操练

“学讲方式”“翻转”传统课堂

摄影：张守金

睢宁中等专业学校

睢宁中等专业学校为江苏省四星级中等职业学校、省高水平示范性中等职业学校，融中等职业教育、开放大学远程教育、教师进修培训、社区各类培训为一体的多功能职业学校。有机电、建筑、服装、财会、计算机、电梯维修、汽车维修、学前教育、电工电子9个实训基地，17个专业，其中，建筑、机电专业为省级品牌专业，服装、计算机专业为市级品牌专业。近三年为高校输送本专科学生1000多人，为社会培养技能型人才近5000人。

校园电视台

元旦汇演 展示风采

电梯安装与维修保养实训室

校足球队——绿茵场上的健儿

校园风光——荷韵

摄影：陈计威　诸小龙　余　义

睢宁第二中学

睢宁第二中学是睢宁最大的公办初中。连续多年获得县素质教育成果一等奖和县先进教育集体等荣誉称号。学校有一流的师资队伍，其中，高级教师76人，省市级先进工作者7人，市级学科带头人4人，市级优质课获奖13人。学校以先进的教育理念推动课程改革，每周至少一次学生社团研修，丰富了教育意蕴，创造了睢宁素质教育品牌。

校园艺术节之教师风采

校园艺术节之学生"明星"

心理健康宣讲活动

外教也来参加我们的剧团活动

"远离毒品"签名活动

摄影：贾保柱

睢宁县第二中学　文明城市创建专栏
WENMINGCHENGSHICHUANGJIANZHUANLAN

争创文明城市　共建和谐家园

文明城市是一张亮丽的城市名片，代表着每一个市民的文明形象。让城市更文明、让生活更美好，是我们共同的向往和追求。创建文明城市，人人有责，家家受益。让我们携起手来，齐心协力，用自己的一言一行，浇灌出绚丽多彩的文明之花，用实际行动为创建文明城市做出自己的努力，共同建设我们更加文明、美好的家园！

新时期睢宁精神

守法守信
向善向上
敢想敢为
创先创优

中国梦的基本内涵

实现中华民族伟大复兴，是近代以来中国人民最伟大的梦想，我们称之为"中国梦"，基本内涵是实现国家富强、民族振兴、人民幸福。

爱国守法　明礼诚信　团结友善　勤俭自强　敬业奉献

文明公民教育

苏塘中学

苏塘中学创建于1971年，办学40余载，底蕴丰厚，特色办学成果显著。有16个教学班级，459名学生。学校名师辈出，有9位高级教师，40多位中学一级教师，涌现出一批徐州教育系统的劳动模范、优秀教师、师德先进个人及睢宁县拔尖人才。

充满朝气的语文组全体教师

心理健康团体活动

“最美笑容”征集活动

阳光体育活动

“学讲计划”展示课

关爱老人，从我做起

摄影：池云珠

睢宁实验小学

睢宁实小为江苏省三星级实验小学，被誉为“儿童画之乡一颗璀璨的明珠”。秉承以“爱”为核心的教育理念，追求至真、至善、至美的教育境界，实施规范化、精细化、科学化的管理，先后被授予江苏省先进科研单位、江苏省美术教育先进集体、江苏省和谐校园等荣誉称号。

让每一面墙壁都能发挥育人作用

开展特色活动，促进全面发展

载歌载舞欢迎 外国友人

举行青年教师教学设计比赛

母亲节感恩教育活动

快乐六一游园活动

儿童画艺术长廊彰显学校特色教育

摄影：顾士余

城西小学

城西小学原为实小二部，1982年独立办学，有30个教学班级，2200名学生。学校坚持“夯实品学基础，着眼终生发展”的办学理念，立足“营造书香校园，书写诗意童年”的办学思路，瞄准“办优、办强、办精、办出特色”的办学目标，严格规范办学行为，扎实推进素质教育。先后获得江苏省平安校园、徐州市文明单位、徐州市课改先进单位等称号。被命名为中国教育学会生活作文课题研究基地。

快乐学习——深受学生喜爱的数学活动课

与经典同行——营造书香校园

校园歌曲合唱比赛——唱出和谐新城西

校本培训

浓郁的教科研氛围——教师论文结集

摄影：王　坤

睢宁第二小学——特色办学，成果显著

县第二小学积极开发校本课程，形成以写字（书法）和珠心算为主的办学特色。学校被徐州市教育局授予“书法教育特色学校”称号，被江苏省珠心算协会、省教育厅批准为全县唯一一所开展珠心算教学实验的试点学校。先后有多名学生在各级竞赛中获奖。

特色教育——书法社团活动

在教科研中成长——珠心算课堂研讨

打铁先得自身硬——教师毛笔字练习

特色教育——珠心算训练

书法长匾

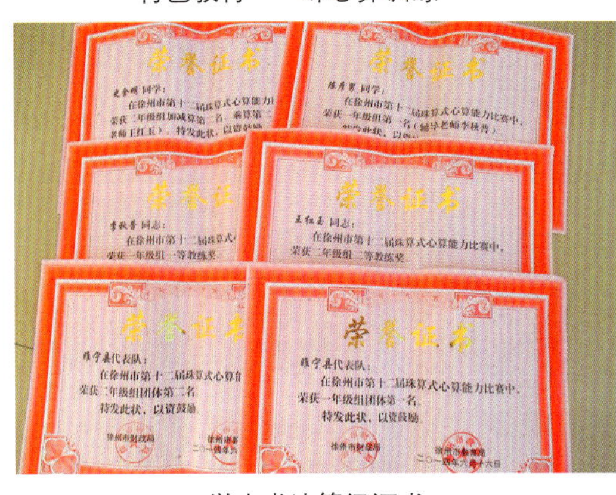

学生书法等级证书

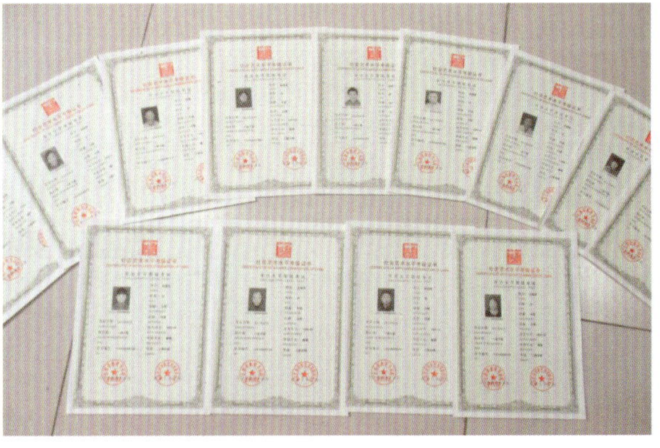

学生珠心算获奖证书

摄影：彭　军　张甫强

睢城小学

睢城小学建于1930年,省三星级实验小学。设有60个教学班,学生3600余人。学校坚持“管理科学化、育人素质化、办学特色化”办学目标,全面实施素质教育,坚持内涵发展,赢得广泛赞誉。先后被评为江苏省优秀家长学校、江苏省平安校园、徐州市文明单位、徐州市优秀教师群体、徐州市德育先进集体等。

副省长曹卫星(左二)到学校调研儿童画教育

国家教育督导团、教育部“减负万里行”督导组到学校督导检查

学生参加“创新作文”比赛获奖

“感动2014,相约2015”元旦联欢会

“学讲”理念下的课堂充满活力

参加全县武术操比赛获得一等奖

摄影:曹家绯

凌城镇中心小学

凌城镇中心小学下辖8所定点小学、3所公办幼儿园，其中，省三星级实验小学1所，省、市优质园各1所。在校学生5643人，137个教学班，教职工240人。学校秉承“以人为本，德育为先，全面发展”办学理念，形成管理规范，质量优异，特色鲜明的办学品牌。被评为省精神文明建设单位、先进教工之家，市模范学校、德育先进学校、创先争优单位等。

校园全景

教育部专家到校视察

英语教学研讨沙龙

素质教育见成果——文艺汇演

“勿忘国耻，圆梦中华”演讲比赛

儿童画伴我成长

摄影：赵章红

铁富高级中学

邳州市铁富高级中学创办于1956年，是新中国成立后邳县首批创办的四所中学之一，2005年创成省三星级高中。有教学班28个，在校学生1280人，在职教职工223人（其中中小学高级教师96人）。学校以“坚持三个面向，办人民满意的优质高中”为宗旨，全面推行师生一体的“大导师制”，教育教学质量稳步提升。先后荣获省现代教育技术实验学校等20余项省市级称号。

校长 张希营

高三“百日誓师”大会

赴衡水十三中“取经”

辅导美术生

冲刺——校运动会掠影

较量——欢乐大课间.

摄影：樊继席

机关幼儿园

机关幼儿园2014年有14个班,在园幼儿660人,教职工56人。幼儿园坚持以“爱泽情润,美质乐心”为宗旨,秉承“爱满天下”教育理念,充分挖掘民俗文化,以丰富多彩的活动为载体,实施爱的教育,保教质量不断提升,形成“爱”“美”“乐”为特质的办园特色。先后荣获省星级示范性幼儿园等20余项省市级称号。

园长 庄静

“青蓝工程”拜师仪式

参加慈善义演 与邳州市委书记王强(中)合影

获邳州市童谣艺术节优秀组织奖

“小手拉小手,爱心齐飞翔”爱心募捐

小小中国娃 浓浓端午情

银杏园中乐趣多

摄影:庄 静

新桥中学

新桥中学2014年有13个教学班，学生522人，教职工66人。学校坚持“为学生终身发展奠基”，以质量求生存，以创新求发展，以书法创特色，努力打造校风纯正、教风严谨、学风浓厚的氛围。先后荣获全国艺术教育特色学校、省书法教育先进单位、徐州市德育先进校、邳州市教学工作先进单位等称号。

搭平台——学习“学讲计划”真内涵

引进来——校长马全超（中）与教师畅谈教改新思维

走出去——探索课堂教学新模式

动起来——积极推进阳光体育运动

写好字——书法兴趣小组在临摹书法

清明祭扫活动

省特级教师谭龙飞在指导学生探究学习

摄影：张继成

岱山中学

岱山中学创办于1973年。2014年，有教学班18个，在校学生732人，在职教职工78人，其中中小学高级教师16人。学校重视科研兴校，深入推进“学讲计划”，着力打造高效课堂，中考成绩数年位居邳州市前列，是省课改实验基地和徐州市有效课堂实验学校。先后荣获邳州市教学工作先进单位等称号。

校长王建随堂听课

教师节，镇领导到校慰问教师

清明节祭扫李超时烈士墓

学校召开表彰先进教师大会

多媒体教学进课堂

运动会开幕式

摄影：陈　曦

经济开发区中心小学

经济开发区中心小学辖8所小学，3所公办幼儿园，有教学班118个，在校学生7768人，在职教职工311人。2014年，学校投资4000余万元，实施校安工程和学前教育提升工程，全面优化办学条件。深入推进课程改革，倾力打造高效课堂，教育质量得到全面提高。先后获邳州市教育系统先进集体、教学工作先进单位等称号。

中心小学校长吴德亚(右一)陪同市、局领导检查校安工程建设

爱心企业结对帮扶仪式

美丽的戴圩中心园

中心小学教学研讨活动

快乐的六一

合唱比赛

幼儿教师专题培训

摄影：戴志海

土山镇中心小学

土山镇中心小学2014年有完小6所,教学点1个,公办幼儿园2所,在校学生3474人,在园幼儿261人。教职工216人,其中专任教师205人。学校秉承"上善若水,厚德载物"办学理念,着力打造浓厚的"书香校园"文化氛围,培养"知书达理、团结友爱、心存感恩"的一代新人。荣获邳州市教学工作先进单位、师德建设先进集体等称号。

"学讲方式"研讨课

中心小学校长石键(前排中)主持教学经验交流会

社会助学

师生一日捐

集体备课成常态

快乐六一

摄影:韩召同

燕子埠镇中心小学

燕子埠镇中心小学辖4所定点小学、2个教学点和1所中心幼儿园，在校学生2507人，在园幼儿1057人。教职工135人，其中，中小学高级教师2人，一级教师86人，徐州市级优秀教师1人。图书馆藏书3.75万册，全年教育经费投入200万元。荣获邳州市教学工作先进单位等称号。

校长刘士忠（前中）召开领导班子会议

开展教研活动 提升教师素质

法制教育进课堂

广播操比赛

送教到校

童心飞扬

摄影：徐存强

钟吾中学

钟吾中学以"创建省内知名品牌初中"为发展目标，以"更新理念、整合方法、形成特色"为主旨，积极探索"减负增效"途径。学校"以少教多学为核心的小组合作下的目标教学法模式探究"取得初步成绩，进一步结合徐州市教育局提出的"学讲"行动计划，深入开展高效课堂研究，成效显著。

人民教育家陶行知先生塑像矗立校园中

新沂教育局副局长王兆友调研"学讲"课堂

小组合作学习

校手球健儿在省十八届运动会上

学校女子护旗队

到光荣院看望抗日、抗美援朝老功臣

第二届爱心义卖活动

摄影：王志华

新沂市教师进修学校

教师进修学校按照“一主两翼”的发展思路，不断改进教师培训工作，拓宽办学渠道，提升培训层次，提高办学水平。2014年承办“省市合作”“名师送培”等5项省级培训和2项徐州市级培训，市级以上培训2000余人次。与华东师范大学开放教育学院联合办学，华师在籍学员1250名。荣获江苏省示范教师进修学校、华师大开放教育学院优秀校外学习中心、徐州市继续教育工作先进单位等称号。

校长 徐洪

省教育厅师资处副处长金剑（右）指导培训工作

新沂市市长王成长（左三）到校调研

“教育硕士培养计划”洽谈

“引智”培训班外教授课

“省市合作”小学数学教师培训

“省市合作”中小学体育教师培训

省“名师送培”示范课

幼师技能班结业典礼

摄影：刘圣军

新沂市第一中学——2014年，教学质量新突破

第一中学创办于1949年，是江苏省首批重点中学，省四星级普通高中。2014年，教师培养取得优异成绩，2名教师评为省特级教师，2名教师评为徐州市名师，5名教师评为徐州市青年骨干教师，多名教师获得省市综合表彰。高考再创佳绩，高一、高二年级各项统考成绩均居徐州大市前列，学校荣获徐州市四星级高中教学质量突破奖和徐州市教育系统先进集体称号。

18岁成人礼

青少年模拟法庭

载歌载舞庆元旦

歌唱祖国　放飞梦想

徐州市四星级高中教学质量
突破奖
徐州市教育局
二〇一四年十二月

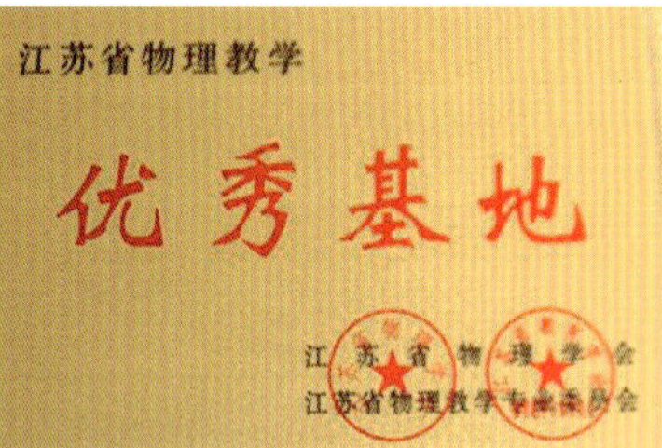

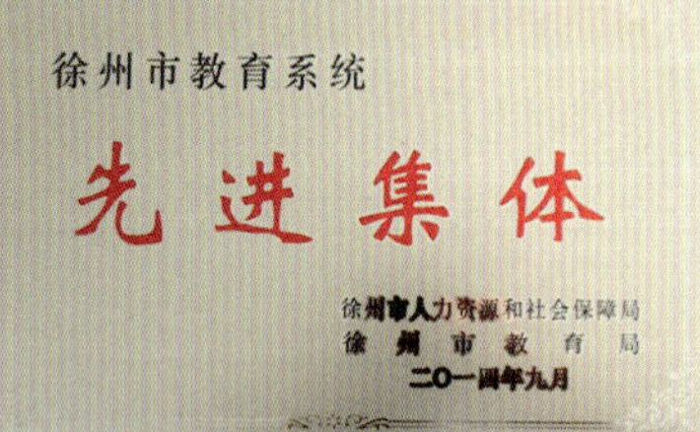

摄影:苏艳玲

新沂市第三中学

新沂三中2009年通过省三星级普通高中复评。2014年，有教学班49个，在校生2830人，教职工300余人。学校以“高质量、有特色、四星级”为目标，“育文雅学子、做儒雅教师、创优雅校园”，大力推进“学讲”工程，形成“文化+艺体”的办学特色，积极打造“特色德育”“优雅课堂”“三雅文化”及特色毽球运动。

校长　薄品安

省级毽球项目培训基地授牌仪式

校本教研

教职工太极扇表演

纪念五四大合唱比赛

新校规划图

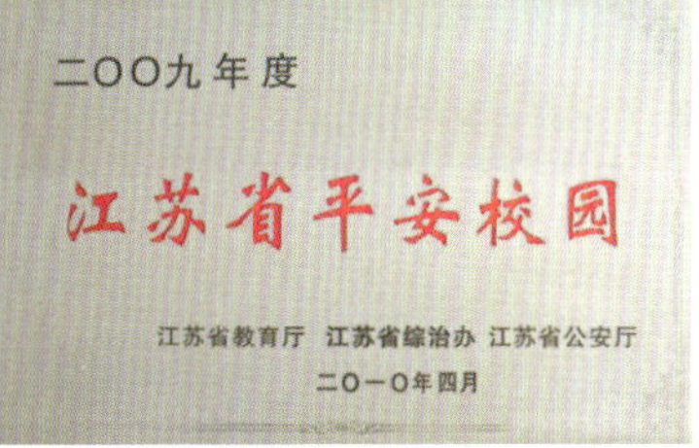

江苏省平安校园

摄影:韩春雷

马陵山中学

马陵山中学座落在国家4A级风景名胜马陵山东麓。有32个教学班，学生1108人，教职工192人。学校坚持“为学生成长奠基，为教师发展铺路”办学理念，以“育文明有为学生，办特色精品学校”为目标，形成“学生人人有特长，学校班班有特色”的长效机制。先后被授予江苏省现代化示范初中、农科教结合示范学校、教科研先进单位，徐州市德育先进学校等称号。

校长 党支部书记 邹以标

2月27日，徐州市政府主任督导曹孟军（右一）到校视导

新沂教育局局长柳松（左二）到校指导工作

庄严的升旗仪式

清明节祭扫活动

美丽的校园

“和合”文化广场

摄影:盛培海 陆启科

小湖中学

小湖中学始建于1970年,校园面积约70亩。学校认真践行"学讲计划",积极开展师生"学讲"培训,构建"学讲下的生态课堂",打磨"学讲"细节,重视"学讲"反思,校际交流频繁,教育教学质量提升迅速。"体验式英语教学"是学校办学的突出特色。在徐州市有一定影响。

徐州市课程建设现场会

徐州市教研室及《徐州教育 科研》杂志社领导调"巡课"

新沂市"省现代化学校"创建现场会

"学讲" 生态课堂

体育艺术节

阳光体育活动

摄影:于 建

新安镇城关小学

城关小学始建于1948年。学校坚持走“质量立校,科研兴校,特色促校,全面育人”的发展之路,先后被评为全国读书育人特色学校,江苏省实验小学、平安校园,徐州市德育先进校、优秀教师群体、课改先进单位等,连续4次被评为徐州市模范学校。《新教育周刊》《扬子晚报》《徐州日报》《彭城晚报》等媒体曾专题报道学校“三寓一改”、心理健康教育特色办学经验。

校长 任云婷

新沂市市委书记赵立群(右一)到学校调研

新沂市市长王成长(左二)到学校慰问

一曲《女人花》,尽显女教师春风般柔美的一面

心理剧在江苏电视台汇报表演

经典诵读

世界地球日宣传活动

义卖活动

红领巾寻访马陵古道活动

摄影:陈 迪 韩召金

北沟中心小学——书法特色学校

北沟小学坐落在风景秀丽的沭河东畔，有42个教学班，2210名学生，教职工76人。学校以“端、恒、勤”为校训，秉承“端端正正写字，踏踏实实做人”办学理念，打造书法特色，走内涵发展之路，形成“崇文、尚德、务实、求新”校风。先后被命名为全国艺术教育先进单位、中国书法特色学校、江苏省写字特色先进校、江苏省平安校园等。

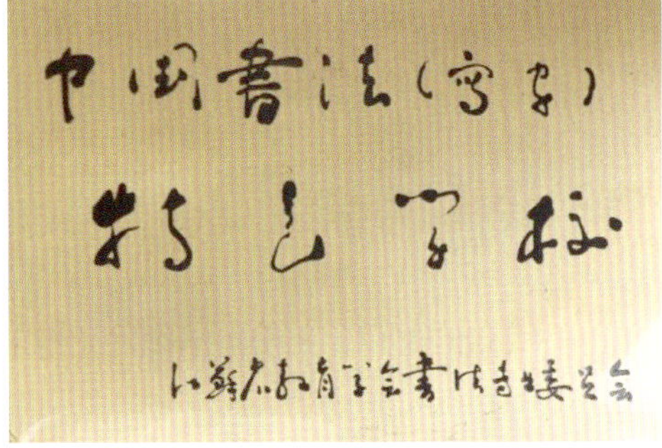

学校被命名为中国书法特色学校

教育局局长柳松(中)到校督察现代化创建工作

徐州市副市长李燕到校视察

春节义务送春联

省级书法现场会

书法碑廊

校训:端 恒 勤

摄影:张苏北

新安第三幼儿园

第三幼儿园于2012年原址重建，2014年初创建成江苏省优质幼儿园。幼儿园以“让每一天每一个孩子都健康快乐成长”为宗旨，以“幼儿水粉画”为特色，依托资源优势，发扬创新精神，不断引领幼儿园发展壮大。10月，为徐州市学前教育工作推进会提供观摩现场，受到与会专家高度评价。

徐州市学前教育推进现场会

丰富多彩美工室

“我画我家”绘画活动

我做小小建造师

孩子们最爱的户外游戏

“春天，我来了”

多彩校园

摄影：司　莉

铜山区教育局

2014年，铜山区教育局以教育现代化建设为引领，以机制体制改革为重点，以依法治教为保障，围绕促进公平和提高质量两大任务，不断改进工作作风，教育事业跨越发展，师资队伍素质明显提高，依法治教管理水平实现新突破。获得全国义务教育发展基本均衡区、全国体育课程改革示范区、全国啦啦操实验区、市学前教育先进集体称号和市高考贡献奖。

阳光铜小 放飞梦想

市委书记曹新平（右二）到铜山指导工作

铜山教育局局长吴亮在第八届科技文化艺术节现场

铜山教育局召开党的群众路线教育实践活动动员大会

加快推进校安工程建设——铜山实小教学楼

铜山区举办第十届教师读书峰会

张集实小“猜灯谜”主题阅读活动

棠张高中广播操方阵

摄影：刘会会

大许中学

大许中学1998年通过省重点中学验收，2003年转为江苏省三星级中学。现代化的教学设施，优美的校园环境，为学生全面发展提供一流硬件。学校师资雄厚，有教师202人，中高级教师150人。领导班子坚强有力，办学目标明确，教育思想先进，办学绩效显著。学校积极推进“学讲计划”，着力提升学生基本素养，高考连续多年超额完成市区下达的本科上线指标。

市教育局副局长李运生（左二）到校指导工作

坚强有力的领导班子（中　校长李玉新）

刘红艳老师的公开课

课本剧《陪读老妈》获区文化艺术节一等奖

告别母校——高三毕业典礼

摄影：贺　明

铜山新区实验小学

新区实验小学坐落在徐州市高新区风景秀丽的楚河岸边，占地3公顷，有30个教学班，学生1650人，教职工81人。学校秉承全面发展、培养特长的办学理念，办学内涵与水平不断飞跃，先后荣获江苏省依法治校示范校、科技教育特色校、平安校园、创建绿色学校先进单位和全国啦啦操示范校等称号。

校长 郝安军

充满活力的教师群体

推进“学讲计划”

传统文化 浸润心田——柳琴戏进校园

建队65周年主题队会

走近科学

阳光体育活动现场

摄影：魏 晶

郑集实验小学

郑集实验小学始建于1903年，1982年被省教育厅命名为江苏省实验小学。2014年，学校有班级50个，学生3560名，专职教师136名。先后荣获国家级体育传统项目学校、全国少先队红旗大队，江苏省德育先进学校、和谐校园、平安校园、健康促进学校银奖、书法水平等级证书考试优秀学校、电化教学先进学校、教育科研先进集体等称号。

校长 韩飞

爱岗敬业的教师群体

快乐篮球 梦想腾飞

省优秀班主任李香执教市级写字公开课

贺郑集小学百岁之喜

百年母校历沧桑，树蕙滋兰赋锦章。广育英才雄艺苑，频传美誉耀吾乡。弦歌不辍亲风雅，德泽绵延溢远方。喜看门墙逢盛世，春沙曲水拔新篁。

公元二〇一二年岁在壬辰严冬马奉信诗并书

徐州国画院院长
马奉信为母校题词

自主合作 快乐课堂

全国少工委授予学校的大队旗

市模范班主任刘慧执教
“学讲计划”公开课

摄影：李　建

张集镇小学中心校

张集镇小学辖15所小学，7所省、市级优质幼儿园。学校坚持以“立足规范谋发展、特色兴校创品牌”为指导思想，以文化治校为基石，以“写一手好字，读满腹文章”为突破口，先后被授予国家级语言文字示范校，江苏省安全文明先进单位、绿色学校、写字教育先进单位、苏教版小语教材实验基地，徐州市模范学校、“十佳”文化校园、课改先进集体、教育科研先进集体、读书先进集体等称号。

省妇联组织联络部长苗宁到校视察儿童快乐家园

省写字教学与观摩研讨会现场

儿童文学作家王巨成（左二）参观书法展厅

国学讲座

第八届科技艺术节

小作家和大作家（儿童文学作家王巨成）在一起

2014年省市合作农村小学数学教师培训

摄影：贺　卫

茅村实验小学

茅村实验小学创办于1917年,办学历史悠久,文化底蕴丰厚。2014年,有34个教学班,1987名学生,80名教职工。学校以"开展大阅读教育,打造书香校园"为目标,进行"挖掘教材资源,开展阅读活动,丰富文化积累"专题研究,让全校师生读起来,"经典之声"响起来!荣获江苏省文明学校、绿色学校、健康促进(铜牌)学校,徐州市文明单位、书香校园等称号。

"我为诗歌狂"——经典诵读活动

"诗词进校园"成果展

摄影:杨　贺

校长　张雷

苏教版小学语文国标版副主编、著名艺术家张广才教授为学校题词

我爱阅读

师生同台演出

黄集镇小学中心校

黄集镇小学中心校下辖7所小学、2所公办幼儿园。在校小学生2941人，幼儿537人，教职工201人。学校秉承国学传统，构建特色文化，以“明明德，至至善”的核心价值理念为学校文化的着眼点，致力发展学生“内敛、责任、荣誉、幸福”的精神内涵。2014年，荣获江苏省平安校园、优质幼儿园、绿色学校、特色文化工程建设项目学校等称号。

校长 党支部书记 乔治国

承办铜山区第九届读书峰会会场

文言小故事竹简墙

阳光冬季长跑

面塑展室一角

文化广场

摄影：常 猛

柳泉镇小学中心校

柳泉镇小学中心校位于风景优美的微山湖畔,下辖5所小学,2所公办幼儿园。学校教师队伍优秀,有省优秀教育工作者1人,市优秀教育工作者、名教师7人,区级名教师、学科带头人、教学能手5人。2014年获市级优质课、基本功比赛一等奖8人,二等奖4人。教育成果显著,2所小学获评省教育现代化学校,2所幼儿园获评省优质幼儿园,1所村小获评市实验小学。

校长 张建刚

铜山区区委书记毕于瑞(?)到柳泉镇中心幼儿园视察

柳泉镇"学讲计划"课堂教学现场

柳泉镇"花样跑操"比赛获区一等奖

柳泉镇实验小学女教师广场舞获区特等奖

柳泉中心幼儿园"美育"课堂

摄影:付立东

刘集镇王套小学

王套小学是一所村小，18年如一日致力于珠心算特色教育，以“快乐创新、情智相长”为理念，普及和提高相结合，有效构建珠心算教育体系，成为徐州市第一个珠心算特色教育基地。学校连续十年囊括徐州市珠心算能力比赛冠军，多次代表徐州市参加省、国家、世界级大赛，拔得头筹。王帅帅、谢文娣、彭雨晴3位小选手在第四届世界珠心算能力比赛中获一等奖。

原校长　孟庆华——刘集珠心算的开拓者

邓峰老师和王帅帅同学在世界珠心算比赛中获奖

王帅帅、谢文娣、彭雨晴3位小选手在第四届世界珠心算能力比赛中获得一等奖

王套小学代表队连续10年囊括徐州市珠心算能力比赛冠军

珠心算课堂上，学生专心致志做题

珠心结合，情智相长——认真听讲的小学生

国家珠心算著名教练王卫达与邓峰在测试场合影

摄影：邓　峰

徐州市第七中学——教学相长，活力四射

第七中学建于1945年，于2009年晋升为省四星级高中。学校建有体育馆、演播中心、录播一体化教室、数字化实验室、煤化工实验室、太阳能光伏电站等现代化设施。2014年，有学生2175人，专任教师170人，其中，研究生学历21人，在读研究生16人，特级教师3人，高级教师64人。学校秉承“热爱生活 珍惜生命”的绿色教育理念，形成“温暖别人，不事张扬，无私奉献，奋发有为”的校园“乌金文化”，以一流的办学业绩赢得社会赞誉。

助推青年教师成长之观摩录像课

推进“学讲计划”之学生“讲”出来

推进“学讲计划” 之课堂讨论

助推青年教师成长之研讨会

摄影：刘　强

“阳光体育”之 广播操

校园文化艺术节

与北京第二外国语学院合作办学

江苏师范大学附属实验学校

JIANGSU NORMAL UNIVERSITY AFFILIATED EXPERIMENTAL SCHOOL

师大附属实验学校于2014年9月完成十五年一贯制建设,分设幼儿园、小学、初中、普通高中和国际项目部。学校确立"小班化、精品化、现代化、国际化"办学模式,以"创新的教育 成就卓越的你"为办学宗旨,培养具有"开阔的国际视野、创新的思维激情、鲜明的个性特长、自主的交往能力、博雅的素养品质"的创新型人才。拥有一批来自全国各地的骨干教师、学科带头人、名特优教师。

市委书记曹新平(前排右三)到校调研

美国纽约州立大学New Paltz分校 Bruce Sillner(前排左二)一行到校访问

苏州大学教授、博士生导师朱永新(前排左二)到校指导

国际部外教与学生交流

获2014年"中国汉字听写大会"江苏站第二名

亚洲足球先生范志毅应邀担任学校足球队名誉教练

自主合作课堂

摄影:吴登运

英才中学

贾汪英才中学是一所全日制公办初中，以优质的教学质量、鲜明的办学特色、浓厚的校园文化氛围享誉淮海经济区。学校有专职教师218人，其中，中学高级教师93人，国家、省、市级优秀教育工作者28人，市、区级名优骨干教师56余人，形成一支教育理念先进、师德师风高尚、教学手段高超、教学成绩优异的教师队伍。学校先后荣获江苏省最具影响力初中、模范学校、文明单位、平安校园和全国示范校园文学社等称号。

党总支书记 校长 李明海

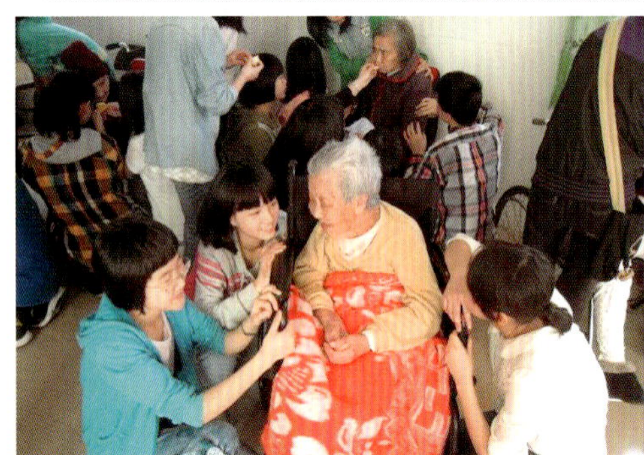
志愿者与孤寡老人一起过重阳节

“学讲计划”颠覆传统课堂

护绿小队

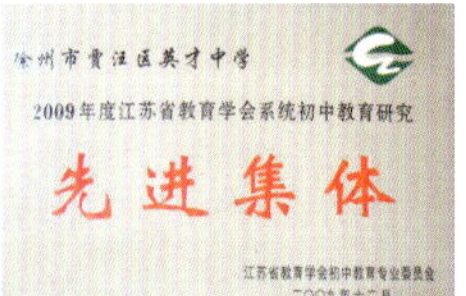

学校荣誉

春色满园好读书

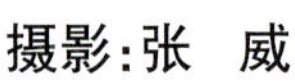
摄影：张　威

贾汪实验小学——课题引领 科研兴校 质量强校

2014年，贾汪实验小学以推进“学讲计划”为契机，引导教师开展系统理论学习，变“基于教的学”为“基于学的教”，注重教学反思，提升教学的宽度、厚度、深度和温度。学校承担贾汪区唯一一项徐州市“学讲”课题，并获市级课题中期评审一等奖，6位教师参加区“学讲”评优课均获一等奖，学校在全区质量监测中获总分第一名。

承办贾汪区中小学科学技术学会成立大会

推进“学讲计划”突出思维开发和能力培养

专家组走进学生社团活动

传统文化进校园

书声琅琅

该校省特级教师陈为强为教师开设讲座

摄影：吴成柱

汴塘镇中心小学

汴塘镇中心小学始建于1977年，在多年的素质教育实践中，突出传统文化特色教育，用经典润泽童年，让智慧点亮生命。学校以推进“新教育实验”和打造“学讲课堂”为突破口，不断提升教育教学质量。先后获徐州市实验小学、市优秀平安校园、区教育系统先进集体、区新课程改革先进单位、区科普特色学校、区书法教育特色学校等称号。

团结奋进的领导班子

好习惯养成竞赛表彰

五(2)班学生在区英语公开课上小组合作学习

传统体育活动——踢毽子

张芹老师的课外阅读指导展示课

静品书香

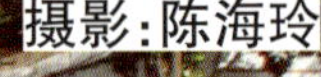
摄影：陈海玲

贾汪区中心幼儿园一部——变废为宝，亲子活动创意无限

中心幼儿园一部建成于2014年2月，11月通过省优质幼儿园验收。幼儿园秉承“以人为本，师生、家长共同成长、和谐发展”的理念，注重环境创设与课程建设的有机整合，体现生态自然和变废为宝的特色。幼儿园亲子活动成为常态，亲子体育器械制作大赛、草帽创意大赛、环境时装创意大赛、废旧材料玩具制作大赛等，丰富幼儿学习、生活、游戏内容，潜移默化培养了幼儿的创新思维和环保意识。

园长和教师进行课题研讨

亲子时装创意大赛

多彩的区角游戏

创意无限的自制体育器械

摄影：郑瑞刚

荡一荡爸爸自制的秋千

亲子建构PK赛

自制体育器械，幼儿兴趣无穷

团结幼儿园

团结幼儿园2013年11月验收为省优质幼儿园。温馨的环境、丰富的游戏区、科学的生活指导带给幼儿健康快乐的生活。54名教职工，专任教师26人，本科学历8人，其余均为本科在读。经“成长规划”、“师徒结对”、“定向培训”等方式，教师专业大大提升，参加省幼教资源评比及区基本功大赛分获一、二等奖。幼儿园被评为市学前教育先进集体、市游戏化课程基地、区师德先进集体。

迎接省学前教育示范区验收

我和老师下棋

我们的“迷宫迂回战”

我们都爱玩沙子

穿衣服我最快

我们一起滚铁环

我给爷爷奶奶唱支歌

摄影：刘瑞华

青山泉镇中心幼儿园

青山泉镇中心幼儿园2006年通过省示范幼儿园评估验收。2014年9月迁入新园，共18个班级，500余名幼儿。新园投入资金约800万元，占地0.67公顷，建筑面积6948平米，设施设备齐全，实现了教育现代化。幼儿园以“为每个幼儿提供均等的发展空间”为理念，“健、悦、慧、美”为培养目标，形成鲜明办园特色。曾获中国少年儿童美术大赛最佳组织奖、区艺术节团体一等奖。

园长与孩子同台演出

庆六一“赛龙舟”

快乐堆雪人

充满活力的教师

运动会显身手

摄影：苏 梅　盛在付

徐州三中云龙实验学校

2014年6月，徐州市第三中学托管原第二十九中学和第三十中学，合并成立徐州三中云龙实验学校。学校借助“教育共同体”优质资源的示范、带动作用，为发展注入新鲜血液。实施“六化”模式，凸显以人为本；完善“六个规范”，实现优质高效；推行“六项制度”，管理精细科学，激发内生动力，加快推进云龙区初中教育精品化进程。

云龙实验学校揭牌仪式

市人大代表团视察学校

“学讲”课堂

女子足球队在省十八届运动会获一等奖

阳光跑操

军训小憩

摄影:徐　维

徐州市青年路小学——探讨E学习环境下的课改之路

电化教育是青年路小学的品牌特色。学校以国家级课题——"E学习环境下学生学习方式的创新研究"为依托,积极构建新技术支撑下的"学讲"生长课堂,并在数字化平台建设、教学模式探索、学习资源丰富、教师素养提升等方面寻求突破,取得初步成效,走出一条独具特色的数字化教改之路。

校长陈红艳作教学成果汇报

省教育厅领导视察E课堂

学习平板的使用方法

探索E学习教学模式

参加数字化学习成果交流

网络资源平台建设培训

课改核心团队外出培训

摄影:杜 峰

徐师一附小

徐师一附小秉承“打下宽厚生长点，练就做人基本功”的办学理念，并以此为学校核心价值观，落实党的十八大提出的“把立德树人作为教育的根本任务”，全力打造“三雅”校园——优雅的校园、儒雅的教师、文雅的学生，为儿童美丽人生奠基。2014年，学校荣获省健康促进校、市节水型学校、市优秀少先队集体等称号。

承办市小学数学“学讲计划”教学研讨活动

一附小教育集团师徒结对仪式

举办“童雅之声”合唱艺术节

学生使用表决器实现当堂检测的即时反馈

十岁成长仪式

承办省心理教育专业委员会2014学术年会

摄影：吴晓楠

徐州市解放路小学——“小先生制”助推“学讲”改革

解放路小学将“小先生制”引入“学讲”改革，制定两大教育目标：培养全员小先生，全体小主人。推行“小先生制”分四步：指导认清“小先生”身份；帮助确定“小先生”职责；教给“小先生”学习方法；打造具有“小先生”特色的学讲文化。“小先生”职责：“自学小先生”提前自学；“督学小先生”督促互助；“讲学小先生”展示成果；“问学小先生”以问促学；“查学小先生”检查组员；“省学小先生”当堂归纳。“六个小先生争章”活动助推“学讲”改革。

进行“小先生制”的探讨

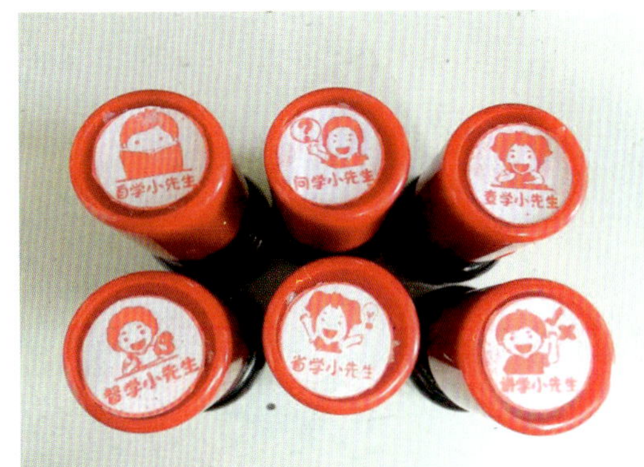

小先生印章

小组自评

大组互评

教师在市评优活动中展示“学讲”课

”学讲“课堂剪影

摄影:张　琨

云兴小学——构建教育集团化发展新格局

2014年，云兴小学实现教育集团化发展，筹建华润新校、接管土山寺薄弱校。全体云兴人围绕“为生命着色，为幸福奠基”的教育目标，实施“以学定教，因能启智”的云兴“学讲计划”，共享优质校园文化、制度管理一体化、优秀师资交流常态化、教学研究互助化，建立德育活动共享机制、特色发展互补机制、考核评价机制等，协同推进多片校区优质均衡发展。

校园艺术节暨校徽、校歌、校报首发式

“万花筒”课程建设获省一等奖

《“十好教育”在云兴》获第十一届中国中小学校园影视金奖

远程可视化教研开启数字校园新模式

云兴速滑少年亮相省十八届运动会开幕式

教师团体拓展训练

摄影:赵　莉

云龙区教育实验幼儿园——课程游戏化 童年更快乐

教育实验幼儿园2014年成功申报省幼儿园课程游戏化建设项目，“幼儿园阳光课程游戏化的研究”立项为市“十二五”规划课题。将游戏活动作为教育手段，将游戏精神渗透到幼儿一日生活的每个环节，教师引导幼儿自主选择游戏主题、材料及伙伴进行游戏，增进幼儿相互交往与合作，促进身心和谐发展。

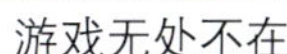

游戏无处不在

彭城美食 徐州味道

让宝宝亲近自然

快乐阳光的青年教师

拓展运动 强健体魄

电视台舞蹈大赛获得一等奖

阳光小舞台 表演随我心

摄影:黄婉娟

于永正语文教学研究所

于永正语文教学研究所于2014年3月21日经省教育厅批准成立，所址设立于大马路小学。研究所主要梳理、提炼、总结、发扬著名特级教师于永正的教育思想。其研究成果《于永正“言语交际”式小学语文教学探索与实践》获国家级教学成果一等奖，鼓楼区成为2014年度全市唯一获此殊荣的县(市、区)。

举办于永正语文教学研究所揭牌仪式

省教科院副院长杨九俊(右四)、市教育局副局长李运生(左四)到所指导

市教育局局长张德超(右)、省教育科学规划领导小组主任彭钢(左)为于永正语文教学研究所揭牌

研究所聘请著名教育心理学家皮连生(右)为顾问

于永正老师和大马路小学的学生在一起

于永正老师(左二)到研究所与老师们交流

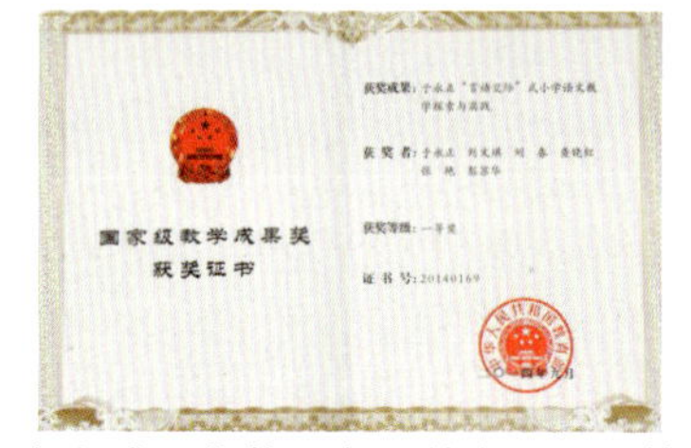
国家级教学成果奖
获奖证书

研究所成果荣获国家级教学成果一等奖

摄影:赵洪波

鼓楼小学——科技教育硕果累累

鼓楼小学是江苏省科学教育特色学校，有600余名学生在市级以上科技竞赛中获奖，“机器人俱乐部”“小发明小制作”等是学校科技教育品牌。年内，在江苏省25届青少年科技创新大赛中，4名学生获一等奖，在徐州市首届“科技创新市长奖”评选中1人获“市长奖”（全市3人）。学校先后荣获江苏省“青少年发明家摇篮”、十佳科技教育先进学校称号。

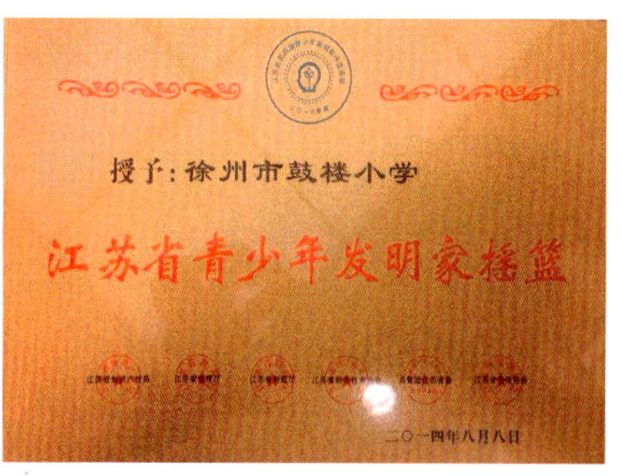

省科协领导参观学校科技活动

获省25届创新大赛一等奖

机器人俱乐部

我探究我快乐

摄影：邵　雷

中山外国语实验学校

中山外国语实验学校建于1912年，2014年有学生1263人，教师76人。学校以“快乐教育”为理念，构建“会学乐讲”快乐课堂教学基本模式，围棋等第二课堂活动形成教育鲜明特色。学校先后获得江苏省三星级实验学校、全国围棋教学研究基地、全国外语实验学校等称号。

校长 曹红梅

团结向上的领导班子

结对合作 优势互补

快乐圣诞节

与外教在一起

快乐英语艺术节

摄影：陈雯颖　李明升　陈　娟

八里中心小学

八里中心小学建于1990年,占地1.7公顷,建筑面积5151平方米。有19个教学班级,在校学生843人,教师48人。学校以"构建大美教育 奠基幸福人生"为办学理念,立足徐州汉画艺术,提高学生艺术修养,形成鲜明特色。获得全国艺术教育特色先进单位、省模范学校等称号。

校长 袁国丽

以孔子及"六艺"为内容的汉文化墙

版画社团同学创作的汉画作品

主题队会

校园文化艺术节

合作探究

自主课堂

中国梦 我的梦

摄影:郑 军 白家勇

祥和小学——国学教育剪影

祥和小学秉承“祥以至善 和而不同”的校训，实施“祥和”教育，打造“祥和”文化，创设“四雅”、“论语墙”等校园十景，开展“四项”教育（经典诗文、艺术文化、传统节日、文明礼仪教育），形成独特的国学教育校本课程体系，教育学生至善、文雅、达理。

开笔礼

诵读经典

艺术展示——火红中国结

习练太极拳

琵琶小社团的精彩演奏

传统节日冬至活动

国学校园景观

摄影:赵逸祥

玉潭实验学校

玉潭实验学校为省义务教育现代化学校，有孤山本部和李屯教学点两个校区，共有班级39个，学生1900人，教职工111人。学校秉持“励志、好学、尊师、崇德”发展理念，形成《弟子规》德育、书法篆刻等特色品牌，被授予全国规范书写大赛优秀组织奖、省健康教育促进校等多项荣誉。

区委书记王维峰（左二）、区委副书记平向阳（右二）到校视察

副区长朱文凤（左二）与文教体局局长刘永光（左一）、局党委书记权运太（左三）等到校指导工作

校长李令军向全市（县、区）校长作学校发展报告

德育阵地——少先队室

学校的“唐拳”参加2015徐州电视台少儿春晚演出

经典诵读《弟子规》表演

摄影：拾莉娜

下淀中心幼儿园

下淀中心幼儿园创建于1984年，占地0.37公顷，建筑面积2211平米，有7个班级，幼儿256名，教职工33名。幼儿园坚持"'悦读'陪伴儿童终生"的办园理念，以绘本阅读和个性游戏为办园特色，先后荣获徐州市学前教育先进集体等称号。

副区长朱文凤(左一)到园指导工作

学《指南》专题研讨

年轻的教师队伍

绘本剧《彩虹花》在电视台演出

"快乐如歌"庆六一汇演

公开课展示

游戏活动教育面向全区展示

摄影:车远侠

徐州市少华街小学

少华街小学建于1907年，百年育人，为国家输送数以万计的优秀人才，成为全国知名精品学校。先后获得全国乒乓球重点单位、全国青少年群体工作先进学校、全国校园文化先进学校、中国艺术特色学校、全国科研先进单位、省三星级实验小学、省模范小学、省现代教育技术示范学校等数百项荣誉称号，被誉为“科研的基地，示范的窗口，人才的摇篮，成长的乐园”。

徐州市名校长　蒋洁

刘珍老师获全国“向阳杯”教学大赛一等奖

校友尤浩获体操世界冠军

教育部国培班校长在听课

乒乓世界冠军许昕回母校

少华乒乓健将奋力拼搏

34届“向阳杯”开场歌舞《少华向阳》

摄影:张　红

徐州市求是小学

求是小学秉持“办创造教育，享幸福人生”的宗旨，建设“诗香本草”特色文化，推进“精彩每一天”主题教育，促进学生个性发展，培养学生创造能力。学校具有丰厚的文化底蕴，优秀的师资队伍，鲜明的办学特色，优异的教学质量，良好的社会声誉。先后荣获全国消防安全教育示范校，省实验小学、模范学校、绿色学校、科技教育特色学校等称号。

.校长朱霄“创卫”宣传致辞

求是讲堂——江苏师大、市、区教育局专家参加课题论证会

校合唱团在泉山区艺术节获嘉奖

廿四节气古诗词师生共读

“创造教育艺术节”礼仪社团展示

摄影:杨明森

徐州市湖滨中心小学

湖滨中心小学有27个教学班，1365名学生，专任教师73人。学校把“让生命得到尊重，使学生可持续发展”作为办学理念，秉承“厚德、博学、雅行、竞进”的校风，实施规范管理、人文管理、健康管理，使教师、学生、学校健康和谐可持续发展。先后获得全国ESD可持续发展项目实验学校、全国图书管理先进单位、省文明学校、省科技教育特色学校、省平安校园、省红十字模范学校、市实验小学、市中华经典诗文诵读实验基地等荣誉称号。

校长陈万云在第八届读书节讲话

能文能“舞”的青年教师

泉山区“学讲”现场会会场

文明规范的放学路队

摄影:徐　辉

徐州市淮海西路中心小学

淮西小学创建于1912年，百年老校，一以贯之推行“知识传授+能力建设+人格养成”三位一体的教育理念。开设特色课程教学：游泳课—强身健体，培养生存技能；科技课—动脑动手，培养创新能力；书法课—心静气和，培养认真的学习习惯；外教课—训练口语，培养学习英语的兴趣；绘本课—边说边画，培养语言表达能力和想象能力；数学思维训练课—拓展思维，培养思维的深度和广度。学校正朝着“办有灵魂的学校，育有底气的学生，做有品位的老师，当负责任的家长”教育理想迈进。

校长崔明琳

校长与获跳水冠军的学生

特色课程——书法教学

特色课程——绘本教学

特色课程——游泳训练

温馨的午睡休息室

摄影:文志强　孙　然

徐州市永安街小学

永安街小学创建于1977年,以“营造书香校园”为特色,先后在演讲、经典诵读方面成为苏北教育一颗璀璨的明珠。学校拥有400多平方米风雨操场,现代化教育设施,业务精湛的教师队伍。秉承“为中华之崛起而读书”的校训,形成“文明、和谐、活泼、健美”的校风。11月顺利通过市平安校园、法制校园、优秀关工委等验收,正大步向着“高质量、重内涵、有特色”的精品学校迈进。

精干的巾帼团队——中队辅导员们

锐意进取的领导班子(中左 校长 涂翠华)

弘扬传统文化——青石桌上清水习字

读书、快乐、成长——在校训的引导下

学习彭城“好人”,弘扬传统美德
——参观彭园英烈雕塑

经典美文浸心田

学讲现场会课堂展示

摄影:金云钟　张　喆

徐州市姚庄小学

姚庄小学位于连接新老城区的三环南路南侧。学校凝聚“求真、至善、尚美、笃行”的校园精神，推进课堂教学改革，实施“快乐互助”教学策略，让学生做成长的主人，为学生的健康快乐成长助力。学校先后被评为江苏省群众体育先进学校、徐州市基础教育课程改革工作先进单位、徐州市实验小学、徐州市读书活动先进学校、徐州市优秀科技小学。

校长

姚庄学校

一丝不苟的教学研讨

区”学讲“课堂竞赛

亦师亦友 快乐成长

少先队活动——牢记国耻

艺术节上教师风采

摄影:宗大义

徐州市汇文学校

汇文学校是九年一贯制学校。有29个教学班,1053名学生。95名专任教师,区级及以上骨干教师29名,高级职称占13%。学校秉承"以人为本"的教育理念,恪守"汇智博文"的校训,办学特色鲜明,素质教育督导考核获区A级先进学校称号,先后被评为江苏省文明学校,徐州市德育先进学校、科学教育特色学校、课改先进学校、艺术特色学校。

陶行知先生塑像落成典礼

自主高效的"学讲"课堂

摄影:王 卉 李 峰

创卫志愿者在行动

学生在校园实践基地活动

校园艺术节剪影

开发区高级中学

开发区高级中学有30个教学班，所有设施设备均按照国家一类标准配备。2013年通过省三星级普通中学验收。学校推行“四自”—— 自知、自律、自主、自信教育理念，实行学生自治管理委员会制度，丰富多彩的社团活动、德育六段式班会课成为办学特色。2014年，学校制定“一三五发展规划目标”：一年建成三个课程实验班，三年建成三个教育中心，五年全面提升学校综合办学水平和社会影响力。

校长　牛树超

第一届学生自治管理委员会学生校长竞选

国际合作办学签约仪式

特色德育——六段式自主班会课

全体教师到河北挥公中学取经

一年一度的校田径运动会

摄影:李智梅

西朱中学

西朱中学秉承"为学校可持续发展创造条件,为学生终生发展奠定基础"的教育理念,以"崇文尚德"为校训,形成"求真知、育真人"的校风,"爱教、善教"的教风和"勤学、博学"的学风,不断深化"教学案"与"学讲计划"有效融合的教学改革。民俗体育成为"一校一品"创建工程特色品牌。学校先后获得省平安校园、市课程改革先进单位、市绿色校园等称号。

校长 高发亮

集思广益 深化课改

武术操比赛获市一等奖

小组合作 自主探究

元旦文艺汇演

摄影:眘金海

徐州黄山外国语学校

黄山外国语学校是一所全日制、寄宿制民办初中，徐州经济技术开发区教育局主管，2003年建校。学校内抓质量，外树形象，成为联合国教科文组织中国可持续发展实验学校、全国外语实验学校、中国轮滑运动示范学校、省民办教育先进单位。在校学生连续三届获得全国、省、市美德少年称号。2014年，国家四星级、一类重点高中上线率为56.7%，连续8年四星级重点高中上线率超过50%。

联合国教科文组织
中国可持续发展实验学校

“1+1高效助学”教学模式启动仪式

学生参加德艺双馨比赛

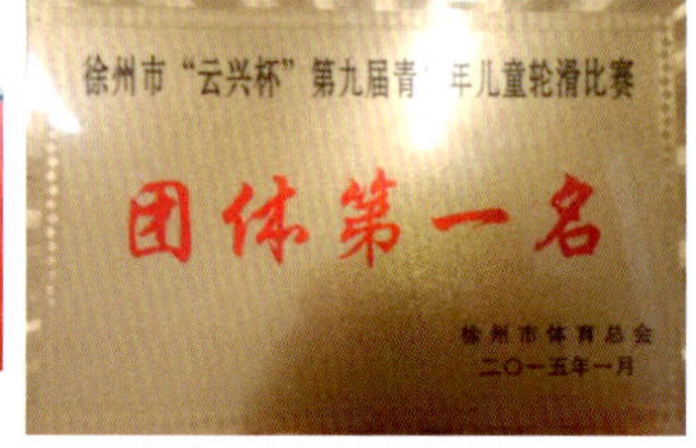

获市第九届轮滑比赛第一名

应急演练

年度教育人物——“徐州好人”李桂树和学生在一起

开发区运动会黄外的舞狮表演

摄影:刘　利

徐庄镇小学中心校

徐庄镇小学中心校下辖8所小学、3个教学点，在校学生6311人，教职工235人。学校坚持“一切为了学生的成功，一切为了教师的成长，一切为了学校的发展”办学理念，重视素质教育，狠抓常规管理，精心打造美丽校园。先后获得全国文明礼仪教育实验基地、省平安校园、市实验小学、市依法治校示范校等称号。

校长、党支部书记　王永锋

阅读——教师成长的基石

科技文化艺术节

千人诵读经典

名师送教到徐庄

摄影:马修彦

开发区第一幼儿园

开发区第一幼儿园是区直属公办园。2014年9月,新创办西贺二期第一分园,设大、中、小12个班,在园幼儿340名。教职工50人,其中,区学科带头人1名,区教坛新秀2名,本科学历11人,大专学历14人。年内,获省平安校园、市绿色校园等称号,自创舞蹈《十一点半》获市春晚"我最喜爱的春晚节目"一等奖。

绘本故事 滋养心灵

家长学校揭牌仪式

"蒲公英之家"读书节开幕式

快乐数学 启迪智慧

书香溢校园

摄影:闫 环

局　　长　孙光华
党委书记　方　侠（—1月）　谢　辉（1月—）
党委副书记　辛　丽（女）
副局长　王厚果　李若强　李成凯　王　磊
纪委书记　王　鹏
工会主席　徐德龙
党委委员　王　刚　丁运超

【概况】　2014年，丰县有各级各类学校150所（含民办学校，不含幼儿园），其中，公办高级中学8所、职业学校1所、初级中学27所、定点小学108所、特殊教育学校1所，民办中小学5所。全县各级各类学校在校学生（含民办学校，不含幼儿园）129456人，其中，高中18073人（含民办1963人），初中26458（含民办6293人），小学78147人（含民办6158人），特教学校在校生210人，中等职业学校在校生6568人。全县有幼儿园72所，在园幼儿44957人。义务教育阶段入学率100%，初中巩固率99.67%，高中阶段入学率97.11%，学前三年幼儿入园率95.48%。全县有教职工13719人，其中专任教师11502人。教师学历合格率高中97.88%、初中99.6%、小学99.85%、幼儿园92.56%。全县有省特级教师9人，徐州市名教师3人、学科带头人24人、青年优秀骨干教师30人、青年名教师6人。

2014年，全县有省三星级以上普通高中6所，省示范初中9所，省实验小学3所，市实验小学21所，省优质幼儿园56所、市优质幼儿园16所，四星级中等职业学校1所，省、国家重点职业技术学校1所。全年教育政府投入12.03217亿元。

【通过义务教育发展基本均衡县评估】　5月23日，国家教育督导检查组反馈意见，丰县通过国家规定的义务教育发展基本均衡县评估。4月16—17日，教育部督导组对丰县创建全国义务教育发展基本均衡县工作进行评估。国家督学曹全路、温清等评估组一行4人听取创建工作汇报，查阅台帐资料，访谈人大代表、政协委员、部分校长、教师、家长，随机抽查实验小学、丰县初中等学校。从学校基本办学要求、县级政府推进义务教育均衡工作和满意度调查等方面，作了认真分析和综合评议。

【调研教育现代化创建工作】 6月23—24日，省教育厅副厅长丁晓昌一行到丰县专题调研区域教育基本现代化建设工作。调研组分别到丰县特教中心、县实验幼儿园、县教育局网络中心等处，详细了解学校办学条件改善、师资队伍优化、校园特色文化建设、教育现代化的创建进展和存在困难等情况，并根据教育现代化实施情况提出针对性的指导意见。全县教育现代化创建工作对照教育现代化16项指标，投入1.1亿元资金用于设施设备、信息化建设以及校园美化工程。

【观看电影《渠立强》】 4月21日，县教育局全体工作人员集中观看党的群众路线教育影片《渠立强》。影片真实生动地再现了丰县农委土肥站站长渠立强24年如一日，扎根基层、爱岗敬业，任劳任怨、无私奉献，在罹患肾癌双肾摘除后，依然与时间赛跑，奔走在田间地头，指导丰县农业开发和科学种田的感人事迹。

【运动场地塑胶化建设推进会】 11月7日，县政府召开中小学运动场地塑胶化工程建设现场推进会。副县长张斌、省塑胶办李剑春教授，县政府办、教育局、财政局等单位负责人，以及省塑胶办、监理单位、施工单位负责人和施工技术员参加会议。与会人员实地察看了华山初级中学和特教中心两所学校塑胶跑道面层施工现场，李剑春向与会人员详细介绍工程施工规范和质量管控要求，对黑胶粒摊铺的厚度、平整度进行现场测量。张斌就加快工程进度，材料供应与检测验收等方面提出具体要求。2014年，全县开工建设20片塑胶化运动场地。

【开学检查】 2月17日，全县各学校春季开学第一天，县教育局全体成员组成12个检查组，分赴各乡镇所有中小学、幼儿园检查开学工作。检查开学准备工作，进行推门听课，各检查组累计听课130节次。该开学检查淡化量化评估，突出调研和工作指导。

【首批责任督学挂牌上岗】 4月10日，丰县首批“责任督学”受聘挂牌上岗。县教育局在全县启动中小学“责任督学”挂牌督导工作。责任督学对各校贯彻党的教育方针、规范办学行为、推进素质教育、执行省市规定等进行督导，对各校管理和教育教学进行指导，受理核实各校相关举报投诉并报告政府教育督导部门，同时提出意见建议并督促学校限期整改。各学校面向社会悬挂印有姓名、联系方式、督导内容的责任督学公示牌。

【省优质园验收】 10月，丰县8所幼儿园接受省优质幼儿园评估验收。专家组先后深入县开发区海子崖社区幼儿园等8所幼儿园，查看卫生安全、安保措施等基本情况，实地检查教育教学情况，对基础资料进行认真检查和评估。全年全县按照省优质园标准新改建幼儿园26所，16所验收省优质园，22所验收市优质幼儿园。

【小学生绘画作品获奖】 12月，“2014年徐州市中美青少年艺术作品交流展”丰县小学生绘画作品获奖。县实验小学刘之睿的《威武不能屈》、东关小学唐宇轩的《林间嬉戏》、创新外国语学校阚欣宇的《小鹿》等绘画作品获一等奖,实验小学袁丁的《希望之家》获二等奖。获奖作品全部获得赴美交流展出资格。

【举行“花瓣雨·梨花小天使”评选】 5月1日,县第十五届梨花节“花瓣雨·梨花小天使”评选总决赛在刘邦广场举行。活动由县教育局、广播电视台、团县委联合主办。“梨花小天使”评选历时36天,经过海选、复赛、半决赛,有18位选手进入总决赛。经过激烈角逐,张青璇、李奕霖等小朋友分别获得金牌小天使、天使之星、人气小天使、活力小天使、可爱小天使、创意小天使、潜力小天使等称号。县实验小学、人民路小学、示范幼儿园、机关二幼等单位获优秀组织奖。

【开展“雷锋精神薪火相传”活动】 3月,全县开展“雷锋精神薪火相传”系列活动。开展以“学雷锋、做好事、寻榜样”为主要内容的主题团、队日活动,围绕“学业辅导、自护教育、爱心捐赠”等内容开展“学习雷锋、奉献爱心”志愿服务活动,开展“雷锋榜样进校园”“小手拉大手,共创文明凤城”道德实践活动。全县中小学校积极探索,建立活动长效机制,掀起学雷锋热潮。

【开展“烈士纪念日”活动】 9—10月,县教育局在全县教育系统开展首个“烈士纪念日”系列活动。举行烈士事迹报告会,聘请本地老党员、老干部、老军人、校外辅导员等宣讲范子侠、李贞乾等烈士事迹。举行“缅怀革命先烈,弘扬民族精神”征文比赛。 开展以“缅怀革命先烈”为主题的黑板报、手抄报评比,举办“缅怀革命先烈”主题班队会。

【啦啦操联赛获佳绩】 11月9日,全国啦啦操联赛城市挑战赛(徐州站)暨“城市啦啦之星”争霸赛(徐州站)丰县小学代表队获佳绩。在徐州幼儿师范高等专科学校,全市32支代表队进行激烈角逐,人民路小学代表队获小学组花球比赛第一名,爵士、街舞、花球综合评比团体第二名;东关小学“凤舞蓝天”啦啦操队获小学乙组花球比赛第一名,爵士、街舞、花球综合评比团体第三名。

【举行首届小学生毽球比赛】 11月12—13日,县第一届小学生毽球比赛在县初级中学篮球馆举行。全县35支毽球队参加比赛。比赛第一阶段采取分组淘汰制,第二阶段采取单循环制。经过两天的激烈角逐,东关小学男子代表队和女子代表队双获冠军,顺河中心小学男子代表队和女子代表队双获亚军,宋楼中心小学男子代表队和实验小学女子代表队分获季军。

【开展国家公祭日活动】 12月,县教育局开展“南京大屠杀死难者国家公祭日”虚拟捐砖活动。12月13日,为第一个“南京大屠杀死难者国家公祭日”,全县广大师生以加砖、献花、点烛和寄语等方式,表达对南京大屠杀死难者和所有在日本帝国主义侵华战争期间惨遭日本侵略者杀戮的死难者深切悼念。

【推进“学讲计划”】 1月10日,全县召开推进“学讲计划”动员大会暨培训会。县教育局领导作动员讲话,提出具体实施要求。市教育局基教处刘勇老师作专题培训报告,从教学设计、教学环节、教学行为、操作原则和规范等方面作具体翔实的指导。

【开展全国助残日活动】 5月17日,县“关心帮助残疾人,实现美好中国梦”第24次“全国助残日”活动在县特殊教育中心举行。县委副书记、县长郭学习出席活动，副县长张斌发表讲话。与会人员参观县特殊教育中心明启楼、学生公寓、培智部多感官训练室、学前康复教室、水疗室等现代化设施，社会各界、爱心企业进行现场捐赠，全校师生与参会人员一起观看了由特教中心师生表演的节目。

【暑期“学讲”培训】 8月，县教育局开展“学讲计划”暑期培训系列活动。培训以“深化学讲课改，提高教学质量”为中心，分5个大型会场，24个学段学科，由全体教研员和精选的一线骨干教师分别就近百个“学讲”专题开设讲座，为理论指导、“学讲”解读、经验总结、问题探究、现状分析、调研报告、方法介绍等。这种自助式培训，接地气近实际，深受与会老师的欢迎。

【集中开展师德师风宣讲活动】 10月12日，丰县教育局集中开展师德师风建设宣讲活动。县教育局局长孙光华、党委书记谢辉、副书记辛丽等班子成员分别到自己联系的乡镇学校进行师德师风建设集中宣讲活动。从履职尽责、关心教师的角度阐述开展全县师德师风建设集中宣讲活动的重要意义，通报近期县内外违反师德师风规定的典型案例，带领大家共同学习教育部及省、市、县教育主管部门下发的相关师德师风建设的一系列文件，并结合实际工作中的各种表现进行详细的解读。

【2名教师被评为“感动徐州教育人物”】 9月，丰县2名教师被评为“感动徐州教育人物”。为弘扬广大教育工作者无私奉献、教书育人的良好师德，充分展示新时期徐州教育系统的良好形象，市教育局评选第二届“感动徐州教育人物”。经逐级推荐申报，评委会评审，最终在全市范围内确定了10名教师为第二届“感动徐州教育人物”。丰县大沙河二坝小学教师王春梅、顺河初级中学教师杜海峰被评为第二届“感动徐州教育人物”。

【为名特优教师发放政府津贴】 10月，丰县为277名名特优教师、校长发放政府特殊津贴107.28万元。丰县人民政府制定《丰县享受县政府特殊津贴人员评选办法(试行)》，县教育局完善了名特优教师考核测评方案，对省特级教师，市、县名教师、名校长，市、县青年名教师，市、县学科带头人、青年优秀骨干教师等，分别按照每月200~1000元的标准发放政府特殊津贴。

【公开选任校长】 7—8月，全县公开选任中心校校长、副校长。经过公开报名、资格审查、组织考核、公开答辩和考察任用等程序，在全县小学范围内，公开选拔中心校校长后备人选4名，中心校副校长后备人选3名。根据考察情况及实际需求，经教育局研究后确定上任人选。上任人选试用期一年，试用期满后，经考核能胜任工作的，按有关规定办理正式任用手续。

【夜间安全督察】 10月15日晚，县教育局开展校园安全夜间突击督察。教育局全体领导班子成员带领股室人员分9个组，按照排定学校不打招呼进行督察。督察内容主要包括门卫值班人员在岗情况，安保器材配备情况，校长、带班领导、教师值班在岗情况，学生宿舍管理情况等。共督察56所中小学校，对发现的问题详细反馈至被督察学校并督促及时整改。

【启动学生午餐配送工程】 9月初，丰县启动中小学生午餐配送工程。前期，县教育局、药监局联合开展调研，并考察徐州市区学生配餐情况,经县政府批准,决定由汉中福禧企业管理有限公司为配送午餐试点企业,欢口镇、师寨镇及凤城镇部分小学进行午餐试点配送。

【走进政风行风热线】 8月22日,县教育局局长孙光华与局全体领导班子成员走进丰县政风行风热线直播间。共接到热线电话20多个,内容涉及教师绩效工资发放、学生资助、校园安全、教育收费、休学转学等问题,孙光华及相关领导进行当场解答,认真对待群众的投诉。

【"滴水·筑梦"捐赠】 10月26日,省属企业"滴水·筑梦"扶贫助学工程丰县捐赠仪式在县教育局四楼会议室举行。全县共有20名品学兼优的高一贫困学子接受捐助,每人每年2000元,直至完成三年高中阶段学业。全年社会各界捐资助学165.18万元,资助学生1620人;发放各类助学金1531万元,资助学生2.7万余人;完成大学生生源地助学贷款5789人,发放贷款金额3947.47万元。

(撰稿:宋红军 审稿:孙光华)

【县教研室组织全县巡课活动】 12月16日,县教研室组织全县巡课活动。县教研室全体教研员及各中心校业务校长等40余人,对全县高中、初中、中心小学及局直各学校、各民办学校共54所学校进行全面巡课,巡课节数2037节。县教研室对所有数据和巡查情况作细致整合,认真分析总结,纠正问题,推广经验,为下一阶段的课改提供指导依据。

(撰稿:杜殿鸿 审稿:王纯旭)

【改善学校办学条件】 年内,县政府投入资金7036.4826万元改善学校办学条件。为全县各初中、定点小学配备电脑4803台、多媒体投影设备559套、教育城域网数据中心1个、学校网络中心44个及实验、劳技、科技、音乐、美术、体育、舞蹈等功能室器材设备746套、图书10万册。全县所有公办义务段学校微机室、艺体室、实验室等仪器设备配置均达到省二类标准,改善了办学条件。

(撰稿:孙 立 审稿:于丰华)

【多媒体互动教学系统投入使用】 2014年,丰县教育局"同步课堂"多媒体互动教学系统投入使用。投资242万多元,建成包括控制中心和44个中小学"同步课堂"教室。"同步课堂"教学系统通过一体化无缝集成于丰县教育信息化总平台,提供统一用户认证、统一数据管理。

(撰稿:李 波 审稿:马德全)

【县中专接受省实训基地建设视导】 12月29日,县中等专业学校果蔬花卉生产技术实训基地接受省级专项视导。专家组通过听取汇报、查看现场、翻阅材料、交流反馈等形式对基地建设进行全面评估,对学校实训基地建设工作给予充分肯定,要求基地要在专业建设和社会培训中发挥更大的作用,进一步发挥经济效益。

(撰稿:董晓帆 审稿:孙东风)

【丰县中学省课程基地项目建设研讨】 10月30日,徐州市高中省级课程基地项目建设学校专题研讨会在丰县中学召开。会议围绕"实施校本课程如何凸显参与、互动、体验、探究的特点"这一主题,观摩了丰县中学张春燕老师的"食品包装"课和陈敦宪老师的葡萄酒制作活动,参观了丰县中学地域文化展室、果品加工实验室、生态环境监测室、科学教育数字化探究实验室、标本制作室、生态展示室、"舌尖上的丰县"录播教室和文化长廊等校本课程基地。各与会学校分别介绍课程基地建设经验和成果。

(撰稿:邢长印 审稿:岳喜民)

【民族中学晋升省四星级普通高中】 3月17日，省教育厅发文公布2013年普通高中星级评估的结果，正式批准丰县民族中学通过省四星级高中评估。学校自2011年起，着手进行四星级高中创建筹备工作，成立创建领导小组，制定工作方案，组织人员先后到丰县中学、睢宁中学、南京六和中学等四星级高中参观学习，组织人员整理相关资料，筹建风雨操场等，各项工作进展顺利。

（撰稿：刘运涛　审稿：谢丽光）

【宋楼中学通过省节水型学校验收】 11月19日，宋楼中学接受江苏省节水型学校考评并通过验收。省节水型学校考评验收小组对宋楼中学的创建工作进行现场考察，查看工作台账，并听取学校汇报，同意该校通过验收。宋楼中学成为丰县第一所江苏省节水型学校。

（撰稿：张仁忠　审稿：刘　飞）

【华山中学接受市科教学校验收】 12月26日，市青少年科学教育特色学校验收组一行到华山中学检查验收。验收组专家听取校长王居春科学教育工作汇报，查阅资料，参观科技荣誉室、制作室，观看编程机器人、航模操控，并与科技辅导员胡绪峰、戴文甲等老师进行交流。验收组对华山中学开展科学教育工作给予高度评价。

（撰稿：黄海丰　审稿：王居春）

【欢中举行校友会资助毕业生仪式】 9月5日，欢口中学举行校友会资助母校贫困毕业生仪式。该校从2014年优秀毕业生中筛选出4名考上大学却无力承担学费的学生，每人领到校友会资助的5000元助学金。帮助他们圆了期待已久的大学梦。

（撰稿：孔凡秀　审稿：师以尚）

【县教研室到顺河中学视导】 10月28日，县教研室到顺河中学进行"学讲课堂教学模式"视导。视导采用听、查、看等形式，对学校的教学常规管理、教师的教学及学生的学习等情况进行全面检查和督导。教研员听课3节，课后与授课教师进行交流。视导期间，教研员仔细查看学校教学常规管理、巡课记录、教师备课听课、学生作业等。教研员分别和三个年级主任进行座谈，了解学讲课堂模式进行中存在的问题，及时将视导情况向学校反馈。

（撰稿：仇志刚　审稿：刘本俊）

【王沟中学强化国学文化】 9月起，王沟中学将祖国传统文化纳入课程计划。学校以优秀的古典经文培养学生的古典文化底蕴和优雅情怀，每日就餐前学生们朗诵中华经典后有序地进入餐厅，在"恭敬""安静""干净"的礼仪牌引导下有条不紊地分餐，在学生主持人的带领下恭敬地温习饮食之德，诵经典、齐诵感恩词，安安静静地就餐。

（撰稿：杨志东　审稿：李　浩）

【梁寨中学通过市"A"级食堂验收】 3月18日，梁寨中学通过市"A"级食堂验收。学校参照徐州市"A"级食堂标准进行充分准备，强化食品安全责任意识，实施科学化监管措施，做到合理配制资源。经市"A"级食堂验收组评审，学校顺利通过验收。

（撰稿：李延峰　审稿：孙厚琪）

【县初级中学举办青年教师演讲比赛】 12月18日，县初级中学举行"身边正能量·最美的感动"青年教师演讲比赛。8位青年教师讲述了身边同事的感人事迹。有刚刚走上工作岗位的年轻教师，也有在教育战线上奋斗一辈子的老教师，这些最真实的身边事、身边人，让全体教职员工真切感受到来自身边的正能量。

（撰稿：陈延庆　审稿：王　平）

【实验中学承办市“城乡大课堂”活动】 9月21日，市“城乡大课堂”活动在县实验中学举行。实验中学三个年级同时开放“学讲课堂”，全市40名优秀教师执教“学讲示范课”，100余名老师、专家参与听课评课活动。与会老师、专家交流了该校“教学导入—任务导学—对话碰撞—成果展示—能力验证”的学讲模式。

（撰稿：王昌军　审稿：刘德俭）

【刘王楼初中开展课堂“号脉”活动】 12月，刘王楼初中开展课堂“号脉”活动。教干采取“天天听课、推门听课、听后评课”的方法，对全校三个年级的课改情况进行抽样调查，针对教学中存在的问题，及时和教师座谈，帮助教师分析学情、备课、教法、检测等方面的问题。

（撰稿：赵地光　审稿：马　路）

【孙楼初中召开励志报告会】 5月20日，孙楼初中邀请国家心理咨询师王刚到校作励志成长报告。全校师生参加了报告会。“年轻真好”“相信自己”“学会感恩”“追求快乐”这些响亮的口号成了报告的主题词，也成了青少年成长的指南针。

（撰稿：孙建强　审稿：司　彬）

【宋楼初中强化文明养成教育】 10月，宋楼初级中学多种形式强化文明养成教育。学校以行为养成教育作为德育工作的核心，深入开展生命教育。以班级为单位探讨学生的思想动态，从社会公德、文明礼貌等方面养成文明行为习惯。

（撰稿：周复磊　审稿：李德学）

【李寨初中举行校园文化节汇演】 12月30日，李寨初中举行校园文化节汇演。演出节目精彩纷呈，台上台下其乐融融。同学们用歌声、舞蹈、笑声、活力表达了对学校的美好祝愿。多姿多彩的节目，充分展现该校学生的多才多艺和积极向上的精神风貌。汇演在全体演员《相亲相爱一家人》大合唱中结束。

（撰稿：孙建恩　审稿：张业永）

【梁寨初中开展重温入党誓词活动】 12月22日，梁寨初中党支部开展“重温入党誓词，践行群众路线”教育活动。全体党员在党旗下庄严宣誓，重温入党誓词。校长赵家强带领党员们回顾党的光辉历史，要求每个党员坚定理想信念，爱岗敬业，发挥先锋模范作用。

（撰稿：闫玉亭　审稿：赵家强）

【黄楼初中发放希望工程助学金】 11月18日，黄楼初中举行希望工程助学金发放仪式。卡特彼勒公司对该校13名品学兼优的学生进行捐助，每人1000元。校长生新文代表黄楼初中向资助者——卡特彼勒公司致以诚挚的敬意。受助学生代表郭亚宁感谢社会各界对贫困学子的关怀，表示刻苦学习，不断进步，将来学有所成，报答社会。

（撰稿：邹　恒　审稿：生新文）

【范楼初中举行女生专题讲座】 5月6日，范楼初级中学举行以“静待花开”为主题的青春期女生专题讲座。德育处主任用幽默风趣的语言，贴近生活的案例，从认识并正确对待自己身体变化、学会调节控制自己的情绪、把握自尊的尺度、优雅大方地和异性交往、提高自我保护意识五个方面为学生作了详细的讲解。

（撰稿：王翠萍　审稿：王传新）

【金陵初中接受教育均衡验收】 4月17日，金陵初中代表丰县顺利通过义务教育发展基本均衡县验收。国家教育均衡督导评估组对金陵初中的教学设施与装备、教师队伍建设和教育教学质量等诸多方面进行实地全面评估，一致认为，金陵初中的办学条件已达到义务教育发展基本均衡标准。

（撰稿：邓　凯　审稿：汪　峰）

【京庄初中师三分老师接受采访】 10月28日，县电视台《有情有义丰县人》栏目组到京庄初中采访师三分老师。师三分老师扎根丰县最偏远的农村初中，所带班级曾在教学质量抽测中获全县第一名，多年摸索的教学改革经验与市"学讲计划"不谋而合，成为徐州市课改带头人。《有情有义丰县人》栏目组对师三分老师班级管理、教学、生活等方面进行了为期一天的专门采访。

（撰稿：王　振　审稿：王玉亮）

【华山初中塑胶跑道投入使用】 12月27日，华山初中6道300米塑胶跑道通过验收，投入使用。该工程7月20日开工建设，占地面积9165平方米，场地内建有足球、羽毛球、排球、实心球等场地。该工程建成使用，让师生告别了土操场。

（撰稿：李广帅　审稿：薛志刚）

【县长郭学习到史店中学调研】 11月1日，县长郭学习到华山镇史店中学调研工作。郭学习一行先认真听取该校负责人的工作汇报，详细了解学校教育教学情况。又实地调研学校周边环境，并就县委县政府拟在经济开发区建设一所四星级中学作了细致的前期考察。

（撰稿：王厚华　审稿：程真启）

【套楼初中食堂开工建设】 8月10日，套楼初中食堂开工建设。该项工程总建筑面积1386平方米。新食堂的建设，将大大改善学校的办学条件。

（撰稿：郭　靖　审稿：李昌国）

【师寨初中举行交响诗会】 9月30日，师寨初中举行国庆《天耀中华》交响诗会。全校1100余名师生及200多位家长共同聆听了师生联袂打造的爱国主义教育诗篇。交响诗会在《第一交响乐序曲》中拉开序幕。《放飞中国梦》《风，从海面吹过》《黄河颂》《在十月的地平线上》等一首首配乐诗朗诵，或欢快简明、或激情高昂、或深情洋溢，表达了师生对伟大祖国的赞美之情。师生在诗会上还共同演唱了《红旗颂》《我的祖国》等爱国歌曲。

（撰稿：张忠良　审稿：付　伟）

【东渡初中英语课程项目建设接受检查】 11月28日，东渡初中英语课程项目建设接受市教育局检查。东渡初中英语课程项目是省薄弱初中质量提升工程课程建设项目，检查人员查看该校英语课程建设成果及课堂教学，听取校长蔡可华项目建设情况汇报。市教育局基教处检查人员肯定了东渡初中在质量提升工程建设方面取得的成效，针对检查中发现的薄弱环节提出建设性意见和建议。

（撰稿：孙松 审稿：蔡可华）

【欢口初中举行朗诵比赛】 9月30日，欢口初中举行"抒爱国情、圆中国梦"朗诵比赛。经过初赛的16位选手代表各自班级参加了比赛。精彩的朗诵博得全场观众的掌声。

（撰稿：邵长民 审稿：尹军）

【育英中学开展三校教研交流活动】 10月19日，无锡阳山中学、徐州市第二十四中学骨干教师齐聚育英初中开展新课程背景下课堂教学研讨交流活动。县教研室李荣广等90余位教师到校指导，育英初中语文骨干教师参加活动。活动围绕九年级语文，三校6位教师进行课堂教学展示交流。

（撰稿：董书军　审稿：陈光远）

【顺河初中推行“助学计划”】 9月起，顺河初中推行“助学计划”。学校根据每个学生的相对薄弱科目，建立个人相应的培优、促中、补差成长档案，分别召开家长会，与教师广泛交流，认真组织辅导，实施有针对性的培优、促中、补差工作，取得明显的效果。

(撰稿：巩 振 审稿：孙俊臣)

【首羡初中开设学生阅读课】 9月起，首羡初级中学开设阅读课。学校每周开设2节阅读课，开放阅览室和图书室。各班阅读课做到有计划、有内容、有记录、有展示、有检查。旨在营造校园读书氛围，培养学生读书习惯。

(撰稿：李 翔 满洪强 审稿：张佩林)

【和集初中举行演讲比赛】 12月30日，和集初中举行“心怀感恩 诚信做人”演讲比赛。演讲中参赛选手讲述了一个个诚信感恩的故事，全体师生为之动容，激起强烈共鸣。同学们纷纷表示，将心怀感恩，诚信做人。

(撰稿：张化雨 审稿：蒋 林)

【赵庄初中获得省平安校园称号】 5月，赵庄初中获得江苏省平安校园称号。赵庄初中高度重视平安校园创建，加大经费投入，全力提升学校人防、技防、设施防能力，对照《省创建考核验收细则》，健全完善安全制度，严格落实安全措施，努力提升学校安全工作水平。

(作者：韩世强 审稿：李成锋)

【单楼初中举行课题开题仪式】 5月16日，单楼初中举行“学讲方式”县级课题开题仪式。校长张兴作开题讲话，要求全体教师积极探究“学讲方式”，杨国杰、陈艳平两位教师宣读开题报告，学校领导希望全体教师抓住契机，争做科研型教师，扎实推进“学讲计划”。

(撰稿：曹冒海 审稿：张 兴)

【张五楼初中举行纪念“9·18”晚会】 9月18日，张五楼初中举办纪念“9·18”事变八十三周年国防教育晚会。活动以“勿忘国耻，振兴中华”为主题，通过合唱、小品、舞蹈、独唱等丰富多样的节目表演，重温历史，缅怀先烈。

(撰稿：张智超 审稿：孟凡修)

【常店初中举行青年教师专业成长总结表彰会】 12月10日，常店初中举行促进青年教师专业成长系列活动总结表彰会。学校把青年教师的专业成长作为学校发展评价目标之一，举办了学科阶段性学业测试卷评选、优质课评选以及学科专业知识测试、教学基本功大赛等一系列活动，35周岁以下的青年教师全体参与。经过认真细致地综合评比，评先表彰。

(撰稿：王荣强 审稿：齐英民)

【马楼初中教工乒乓球赛获佳绩】 11月，马楼初中在全县教职工“好家名品城杯”乒乓球比赛中获佳绩。该校教职工代表队获得初中女子组团体第一名及初中男子组团体第三名。

(撰稿：李世玮 审稿：刘 力)

【凤城中心校携手共建和谐家园】 12月，凤城中心校各校携手共建和谐家园。中心校所属各学校以社会主义核心价值观为主题，以培育文明道德新风尚为目标，以创建省级文明城市为契机，利用黑板报、宣传栏、广播站、国旗下的讲话和悬挂标语口号等形式，积极开展社会主义核心价值观教育，通过“做文明人、讲文明话，做文明事”和“八礼、四仪”主题教育活动，积极开展和谐家园建设。

(撰稿：王华苹 审稿：杨学艳)

【孙楼中心校举行“学讲计划”现场会】 12月4日，孙楼镇中心校“学讲计划”推进暨教学常规管理现场会在张梨园小学召开。张梨园小学围绕“学讲计划”展示了教师备课、课堂教学、学生作业等。张梨园小学校长刘坤忠作“学讲计划”工作汇报，中心校校长王为权对中心校教学常规管理检查反馈并提出下一步工作要求。

（撰稿：吕夫兵　审稿：王为权）

【宋楼中心校举行国家公祭日纪念活动】 12月，宋楼镇中心校各定点小学组织开展国家公祭日主题纪念活动。许口小学、田楼小学等举行“勿忘国耻、圆梦中华”主题班会活动；宋楼中心小学、杨楼小学等开展国家公祭日“师生虚拟城墙捐砖”活动，表达“勿忘国耻、圆梦中华”的志愿以及对南京大屠杀死难者的深切悼念。

（撰稿：杨秋芬　审稿：于　泳）

【王春梅获全国模范教师称号】 8月29日，大沙河镇二坝小学王春梅老师获全国模范教师称号。王春梅1999年师范毕业后，便申请到全县最偏僻的小学任教。十五年如一日，担任班主任工作，用良心和爱心滋润幼小的心灵，赢得学生、老师、家长和社会的好评。

（撰稿：熊美额　审稿：陈尚玉）

【梁寨镇高水平农科教结合富民示范基地接受省评估】 12月5日，梁寨镇高水平农科教结合富民示范基地接受省级评估验收。该基地占地3.3公顷，建筑面积4600多平方米。建有标准羊舍60间、现代化养羊车间、羊业科技超市、培训教学中心、实验室等，下设“万只湖羊生态养殖基地”和“徐州市牧草良种繁育基地”。省考核验收组专家查看现场、台账，听取汇报、召开座谈会后给予较高评价。

（撰稿：肖东军　审稿：刘　昕）

【范楼中心校举行教职工乒乓球赛】 12月29日，范楼镇中心校举行“庆元旦迎新年”教职工乒乓球比赛。比赛共有13支代表队39名教职工参加。王传杰、刘贺、孙永中分获男子组前三名，邢艳、靳辉、贺峰分获女子组前三名。马庄小学、京庄小学、金陵小学获团体奖。

（撰稿：徐家勇　审稿：许正丰）

【华山中心校召开迎国检现场会】 4月9日，华山镇“创均衡迎国检”观摩交流现场会在华星小学召开。华山镇积极参与义务教育发展基本均衡县创建活动，迎接国家评估验收，华星小学介绍了精细化的管理措施，特色校园文化建设，档案资料整理等经验。中心校对全体人员进行迎检培训。

（撰稿：杜中华　审稿：蒋海明）

【师寨镇中心小学召开校“少代会”】 10月10日，师寨镇中心小学召开校“少代会”。校长魏骅对辅导员及少先队员代表发表以“弘扬传统 放飞梦想”为主题的讲话。通过重温入队仪式、讲述少年英雄故事、提案答复、大队委竞选等环节，增强少先队员的光荣感和使命感。

（撰稿：张丽丽　审稿：魏骅）

【“爱心救助乡镇行”活动在欢口镇举行】 5月22日，市关工委、市红十字会、县关工委联合在欢口中心小学举行“爱心救助乡镇行”捐助活动。欢口镇100名受助学生及家长、中心小学1000余名师生参加活动。县关工委主任洪信来主持会议，县委常委张玮对“爱心救助乡镇行”捐助活动表示欢迎及感谢，赞扬捐助的单位和个人。受助的100名学生，每人领取600元的捐助款。

（撰稿：高海燕　审稿：史志福）

【市教育学会到顺河中心小学送教】 10月

12日，市教育学会组织4位省特级教师赴顺河镇中心小学开展“名师送教下乡”活动。4位专家围绕“学讲背景下高效课堂的构建”这一主题，精心展示了4节示范课，课后又作专题讲座。与会教师与名师们就课堂教学改革及推进“学讲计划”活动中的困惑和问题进行交流。

（撰稿：巩尊峰　审稿：孙敦保）

【首羡中心小学微课开发获佳绩】 12月，徐州市“领航杯”教育软件微课比赛，首羡中心小学微课开发获佳绩。3月起，首羡镇中心小学开展微课制作活动，教师们精心进行设计，认真准备。校长黄桥的课件《雾凇》获一等奖，张晓艳、刘恒玉的课件和微课分别获三等奖。

（撰稿：赵同强　审稿：徐兆东）

【汉皇小学塑胶运动场通过验收】 12月，赵庄镇汉皇小学塑胶运动场地通过省塑胶办专家验收。验收组查看操场外观，现场测量运动场地、塑胶厚度、平整度、粘合度，观测人造草坪和标识线等技术指标，认为该校塑胶运动场地符合有关建设标准，验收合格。

（撰稿：赵德芹　审稿：齐敦君）

【王沟镇乡土课程选送省课程评选】 12月，王沟镇社区教育中心开发的乡土课程“麦秆工艺画的制作”被县教育局选送参加省第四批社区教育优秀乡土课程评选。麦秆画是以精致麦秆为原料，通过药水浸泡、熏蒸、漂洗、熨烫、除芯、切片等加工处理，运用拼贴、镂刻镶嵌等制作技法，按照平面浮雕、立体构图造型制作而成。麦秆画是我国已失传的隋朝宫廷工艺品，王沟镇艺术家刘尊龙根据有关资料，潜心钻研，古老的民间工艺重放异彩。

（撰稿：黄启林　审稿：王　磊）

【常店镇中心校开展“学讲”研讨课】 5月22日，常店镇开展“学讲计划”研讨课活动。活动通过语文、数学及综合科“学讲方式”课堂观摩，课后点评，与会人员研讨交流等形式，推进“学讲计划”，对学生自主学习的过程和教师的以学定教、因材施教给予肯定。同时指出课堂教学中存在的问题，并提出改进建议。

（撰稿：刘以坤　审稿：王　峰）

【实验小学女篮获省运动会冠军】 9月中旬，县实验小学女子篮球队参加省第十八届运动会甲、乙、丙三个年龄组别的比赛均获得冠军。该校女子篮球队于2012—2014年连续3年获得省青少年篮球锦标赛和省小学生篮球比赛冠军，成为全省顶尖的小学女子篮球队。

（撰稿：张立群　审稿：李　钊）

【人民路小学校园电视节目获国家级金奖】 12月19—21日，县人民路小学校园电视节目获国家级金奖。第十一届中国校园电视节在浙江杭州举行，人民路小学以校园专题片《独轮车少年》展现人民路小学独轮车益智体育运动，反映师生积极向上的精神风貌，喜获金奖。人民路小学积极参与中央电教馆组织的校园电视评选活动，连续多年获奖。

（撰稿：庄厚轩　审稿：李长周）

【县特教中心顺利搬迁】 4月8日，县聋哑学校顺利搬迁新校区，并更名为丰县特殊教育中心。县特教中心新校区于2012年9月开工建设，2014年4月竣工，位于丰县南苑路东延伸段，占地2.3公顷，建筑面积8100平方米，总投资约5000余万元。可容纳18个班级，234名特殊学生。新校区建设，解决了残疾儿童接受学前教育和高中阶段教育两大现实问题，提升了全县特殊教育发展水平和办学质量。

（撰稿：刘成礼　审稿：刘永君）

【示范幼儿园开展“小手拉大手”活动】 3月，示范幼儿园组织开展“小手拉大手，文明一起走”共建美好丰县系列活动。利用国旗下讲话加强对幼儿的文明教育。召开家长会，号召家长带头整治家居环境，自觉保持校园及城乡环境的整洁。向家长发放“小手拉大手，文明一起走”共建美好丰县倡议书，倡议家长在活动中起模范带头作用，做幼儿的榜样，自觉改变日常生活中不文明和不卫生习惯。

（撰稿：渠春华　审稿：石淑萍）

【机关二幼承办市游戏观摩活动】 11月14日，全市环境创设与户外自主游戏及区域游戏观摩活动在县机关二幼（实验幼儿园）举行。全市近千名教师参加活动。与会者首先观摩了各班开展的户外自主游戏活动。户外活动场地有泥土地、水井、水渠、沙坑、稻草房等，废旧轮胎、塑料管子、竹子、木板、稻草、玉米芯等现有的本土自然资源变成了孩子们手中好玩的器械。随后，大家又深入班级参观教室环境创设和幼儿活动情况，精美又各具特色的环境布置、丰富新颖的区域游戏给与会者留下深刻印象。

（撰稿：胡　香　审稿：王绍侠）

【创新外国语中学举办首届英语文化节】 5月6日，创新外国语学校中学部举办首届英语文化节暨教学成果展示会。校长滕义英汇报了学校教育教学情况以及取得的成绩。全体与会人员观看由学生自编自演的英语文艺汇演。学生和家长同台领取校长特别奖。与会家长在小导游的带领下参观学校十年办学成果展和英语教学成果展。

（撰稿：李荣森　审稿：滕义英）

【外国语小学获国际陶笛大赛特别奖】 11月7日，外国语小学七重奏乐团获第四届国际陶笛大赛特别奖。国际陶笛联合会成立大会在韩国洪城召开，内地、韩国、意大利、日本、中国香港和中国台湾等国家和地区的33支代表队，参加了第四届国际陶笛大赛。该校七重奏乐团的演奏音准把握精确，节奏起伏鲜明，配合默契自然，国际陶笛总联盟评委予以高度赞赏。

（撰稿：周　辉　审稿：蒋显敬）

【广宇初中开展主题班会示范课】 年内，丰县广宇初中开展主题班会示范课活动。广宇初中坚持以“主题班会”作为德育改革的重点，成立主题班会集体备课小组，小组内选出一名代表，上示范研讨公开课。德育处组织讨论、点评，形成意见，进一步修改完善教案，形成示范教案，供其他班主任借鉴，做成符合本班实际的班会课教案、课件，这一做法已成为广宇初中德育亮点。

（撰稿：崔炳光　审稿：邵宗明）

【修远双语学校千人粉笔画】 12月10日，修远双语学校小学部举办现场千人粉笔画活动。千余名学生在水泥地面上用彩色粉笔绘制儿童画，场面宏大壮观，得到家长、领导的好评，并被《彭城晚报》报道。

（撰稿：徐　徐　审稿：张　杰）

丰县2014年各级各类学校基本情况表

表11　　　　单位：个、人

校名	班级数	毕业生数	招生数	在校生数	教职工数		学校领导			
					计	专任教师	校长	副校长	书记	副书记
常店中心校	68	253	578	2363	238	229	王　峰	刘以坤		
大沙河中心校	95	347	762	3719	220	212	袁吉春	孙宗伟		
范楼中心校	136	454	1079	5437	267	267	许正丰	刘庆端	胡广新	丁允良
凤城中心校	151	780	1361	6380	321	315	杨学艳	史友伟		闫召满
华山中心校	149	579	1428	5825	293	285	蒋海明	王贤松		
欢口中心校	173	850	1293	7120	324	324	史志福	张　超		
梁寨中心校	88	300	774	3482	177	173	刘　昕	李新喜		
师寨中心校	115	525	992	4599	290	267	刘鸿飞	陈　刚	刘鸿飞	
首羡中心校	146	641	1343	5945	258	251	徐兆东	赵同强		
顺河中心校	92	383	725	3663	163	163	孙敦宝	巩尊峰		
宋楼中心校	135	496	1225	5251	270	267	顾中昊	于　泳		
孙楼中心校	75	181	638	2748	199	187	王为权	曹成伟		董善良
王沟中心校	113	481	813	3905	387	363	王　磊	徐继彬		
赵庄中心校	106	445	742	3370	224	217	宋在杰	曹兴彬		
实验小学	92	692	910	4589	120	120	李　钊	杜中华　齐步辉 徐　萍　张立群 丁运勇	杜中华	李　钊
人民路小学	73	428	846	3593	131	123	李长周	张　智　李先会 仇传剑　贡志刚(助理)	张　智	李长周 宋红军
张五楼初中	7	128	53	174	80	68	孟凡修	常依民		
师寨初中	21	289	283	732	107	102	付　伟	周　博　王　勇 刘　旭	付　伟	
东渡初中	16	164	184	497	101	69	蔡可华	赵海峰　司增贺 章会领	蔡可华	

续表11-1

校名	班级数	毕业生数	招生数	在校生数	教职工数		学校领导			
					计	专任教师	校长	副校长	书记	副书记
欢口初中	29	409	370	1229	135	110	尹　军	李先召　杨德东 常艳荣		
育英初中	34	623	430	1595	160	148	陈光远	陈东军　张　峰 刘永晨		
常店初中	10	127	90	310	74	68	齐英民	杨承勇　李　勇 王瑞文		
马楼初中	9	175	46	186	101	97	刘　力	刘景鹏　史经臣 孙建林	刘　力	
顺河初中	18	322	258	842	95	78	孙俊臣	岳冬泳　徐厚坤 刘　鑫	孙俊臣	
首羡初中	14	222	221	530	93	93	张佩林	王伟岭 毕先计 朱 坤(助理)	张佩林	
和集初中	11	177	109	341	86	79	蒋　林	张孝恩　袁志强	蒋　林	
赵庄初中	16	136	179	482	140	89	李成峰 郭绍利	赵　国　毛　进 段素勇		郭绍利
单楼初中	17	181	135	408	113	107	张　兴	齐　峰　齐行业		
王沟初中	16	254	94	371	109	97	李 浩 (主持)	蒋尊祥　董厚永	李含乐	李　浩
孙楼初中	7	114	32	166	86	67	司　彬	李友明　孙建强	司　彬	
宋楼初中	33	510	416	1498	174	167	李德学	周建奎　刘金华 孙春雷		
刘王楼初中	9	88	105	251	87	62	马　路	刘永胜	马　路	
李寨初中	22	410	237	847	122	107	张业永	许汝光　岳跃远 孙维龙		张业永
梁寨初中	13	286	191	580	89	79	赵家强	刘召成　陈　敬	赵家强	
黄楼初中	10	175	91	328	65	63	生新文	高中文　李福生 王福光	生新文	
范楼初中	11	133	126	328	77	59	王传新	吴保庭　李德华 李　松		
金陵初中	13	123	147	341	56	51	汪 峰 (主持)	陈庆运 邓 凯 石 峰(助理)		
京庄初中	12	143	136	400	55	47	王玉亮	王　振	王玉亮	
华山初中	26	319	306	849	193	176	薛志刚	尹洪标　郭兆民 屈　峰	薛志刚	
套楼初中	11	125	73	238	74	62	李昌国	王以朋　郭　靖 王以东	董月廷	

续表11-2

校名	班级数	毕业生数	招生数	在校生数	教职工数		学校领导			
					计	专任教师	校长	副校长	书记	副书记
史店初中	9	120	120	332	80	77	程真启	赵　海　渠英伟	董宜民	
实验中学	48	540	931	2371	185	168	刘德俭	张永亮　师以波 况世恩　董顺利	张永亮	
丰县初中	82	1104	1230	3939	269	241	王平	王高峰　史玉芹		
赵庄中学	0	96	0	0	0	0				
丰县中学	66	1192	828	2683	340	283	岳喜民	张际存　江远忠 赵海峰　刘向奎	岳喜民	张际存
民族中学	48	880	622	1975	301	267	谢丽光	孙宗涛　司元山 董正堂　丁继华		
欢口中学	36	887	610	1922	201	176	李景民	师以尚　董志峰	于牧华	
顺河中学	38	854	425	1733	231	202	刘本俊 （主持）	张化林		
梁寨中学	27	547	219	923	135	127	孙厚旗 （主持	刘　峰	孙厚旗	朱效学
华山中学	44	936	656	2040	263	255	王居春	崔卫兵　袁保平 丁运涛　戴宪锋	王居春	崔卫兵
宋楼中学	44	868	661	1992	209	196	刘　飞	张　松　张仁忠		张世金
王沟中学	24	290	205	770	122	120	李　浩 （主持）	蒋尊祥　董厚永	李含乐	
群益中学	25	491	356	1196	38	32	丁维祥			
智慧树学校	8	37	116	187	34	20	李　光			
群元双语学校	7	80	27	238	24	18	胡世发			
创新外国语学校	130	1481	1422	5731	376	343	蒋显敬 （小学部） 滕义英 （初中部）			
业余体校	0	0	0	0	18	16	刘秀光			
修远双语学校	88	1272	1155	4228	255	243	陆晓明			
广宇中英文学校	114	1589	1430	4906	314	304	邵宗明			
示范幼儿园	26	360	356	1023	86	54	石淑萍	刘景云　刘秀清	石淑萍	

续表11-3

校名	班级数	毕业生数	招生数	在校生数	教职工数		学校领导			
					计	专任教师	校长	副校长	书记	副书记
机关二幼	80	924	950	2974	277	170	王绍侠	孙　洁　胡　香	王绍侠	
职教中心	85	2119	1923	6568	396	243	田兆瑞	丁维扶　于吉东 王俊岭　王成名		
特殊教育中心	16	21	37	210	35	33	刘永君	周　莹	韩正涛	刘永君

（郭先锋　蒋宜贤）

沛县

局　长　贺　磊（女）
书　记　朱思瑞
副书记　王云峰
副局长　李　伟　姚本超（—10月）
　　　　吴修坤（—10月）　肖祖部　王书勤
工会主席　沈怀田
党委委员　阎垒武　石常贤

【概况】　2014年，沛县有各级各类学校169所（含民办学校，不含幼儿园），其中，初中32所，普通高中8所，九年一贯制学校8所（其中十二年一贯制2所），小学118所（不含教学点24所），特教学校1所，中等职业学校2所。全县中小学在校学生127799人（含民办学校），其中，高中14448人，初中20497人，小学87068人，特教学校在校生136人，中等职业学校在校生5650人。全县有幼儿园51所（其中民办幼儿园10所），在园幼儿54444人。义务教育阶段入学率100%，初中巩固率99.8%，高中阶段入学率96%，学前三年幼儿入园率93.8%。全县有教职工9969人，其中专任教师8170人。教师学历合格率高中、初中、小学、幼儿园均100%。全县有省特级教师14人，省、市名师名校长13人，人民教育家后备人才培养对象1人。

2014年，全县有省三星级以上普通高中6所，三星级以上中等职业学校2所，义务教育阶段中小学已全部建成教育现代化标准学校。全县有省级优质幼儿园30所，市级优质幼儿园18所，优质率84%，合格园达标率100%。年内，顺利通过全国义务教育基本均衡县国家级督导验收。全年投入教育经费12亿元。

【省教育厅厅长沈健到沛县视导】　9月19日，省教育厅厅长沈健视导沛县教育工作。县委书记李晓雷代表县委、县政府进行工作汇报，副县长贺伟、教育局局长贺磊、教育局党委书记朱思瑞、教育局科室负责人、县直中小学校长等30余人参加了座谈会。会后，沈健一行视导徐州保安职业学校、正阳小学、体育中学、沛县中学、沛县第二中学，对沛县特色教育，特别是艺体教育寄予厚望，并鼓励沛县教育凸显武术人才优势，扩大其影响力和知名度。市教育局局长张德超、市政府教育督导团主任督学曹孟军陪同视导。

【国家体育总局局长刘鹏视察体育中学】 6月6日，国家体育总局局长刘鹏、江苏省体育局局长殷宝林视察沛县体育中学。徐州市副市长李燕，沛县县委书记李晓雷、县委常委宣传部长王子华、副县长贺伟等陪同视导。刘鹏参观学校荣誉窗、世界冠军榜、展示室、武术训练室、散打训练室、蹦床技巧馆，并观看学校训练汇报展示，与运动员们亲切合影留念。刘鹏高度赞扬体育中学几代师生为中国体育事业作出的贡献。

【市政府教育督导团督导沛县教育工作】 5月21日，市政府教育督导团到沛县督导教育工作。督导团听取副县长贺伟代表县政府进行的工作汇报，访谈教育局局长贺磊、财政局副局长高福军，查阅教育、财政资料，查看张寨镇、魏庙镇、栖山镇、朱寨镇、鹿楼镇和城区13所中小学。督导组对沛县教育工作给予高度评价。

【县委书记现场办公解办学难题】 4月22日，县委书记李晓雷到汉城国际学校现场办公协调解决办学难题。李晓雷率组织部长吴以广、副县长贺伟、教育局局长贺磊及相关部委办局负责人，与教职工代表进行座谈，了解学校发展情况，协调解决有关办学困难。李晓雷要求，汉城国际学校要面向未来，坚定信心，高位规划，大力提升教育教学水平。

【加快教师队伍建设】 年内，教育局多措并举加快师资队伍建设。全年国家、省、市、县级共培训教师15687人次，各学段“学讲计划”县级专题培训5433人次。深入实施“名师工程”“青蓝工程”，培养市名校长1人、名师9人、市学科带头人8人、骨干教师12人，46名教师获国家、省、市优秀教师或优秀教育工作者称号。沛县中学刘晓兵、曙光小学盖鸾英、沛县中等专业学校张建路3人被评为江苏省第十三批特级教师。县体育中学张振华老师的《传统文化课程资源建设——“沛县封侯虎”（布老虎）校本课程开发与实践》和县实验小学朱桂金老师的《基于“小人书”图画读物的小学阅读教学实践》研究成果，均获国家级教学成果奖二等奖。招聘新教师117人，研究生学历占11.2%。

【学生资助工作获评省优】 5月，沛县学生资助工作获得全省资助管理绩效评价优秀等次。沛县教育局深入实施为民办实事工程，开展贫困大学生、特困家庭子女助学，残疾学生教育专项补贴，孤贫中小学生帮扶救助，中职学生免除学费4项工程，总计投入资金5207万元，综合绩效评价位居全省区县第三。

【开展责任督学挂牌督导工作】 4月，沛县全面开展责任督学挂牌督导工作。根据国务院教育督导委员会和省政府教育督导委员会部署，全县聘任责任督学52人，签订督学责任书，落实督学培训。184所中小学已全部挂上责任督学牌，各责任督学对学校进行定期督导。

【教育局探索“集团化办学”】 年内，教育局积极探索“集团化办学”。为进一步加快基础教育均衡化、优质化进程，实现名校资源效益最大化，教育局以名校为龙头，多种形式组建“教育共同体”，输入名校品牌、办学理念，以城带乡，以强扶弱，多层次支援，全方位帮扶。“集团化办学”主要体现为三个一体化：人员一体化、制度一体化、教育教学管理一体化。主要形式有：城区集团（汉源中学是沛初中的“新城校区”),城乡集团(鹿湾中学是第五中学的“鹿湾校区”、马元小学是实验小学的“马元校区”),农村学校集团(王店中学是栖山中学的“王店校区”)。各集团运转效果良好,成效显著。

【全县教学质量实现大幅提升】 2014年,沛县高考取得良好成绩,教学质量实现大幅提升。全县高考文化类二本上线1019人,比2013年增加90人,增幅全市第二位;本科上线率提升3%,增幅全市第三位。沛县中学学生贾成君以总分408分、选修双A+的优异成绩,进入全省前列,被录取清华大学。全县中考总分均分居全市第二位、五县二区第一位,比2013年提升1个位次。

【教育局关工委受省市表彰】 2014年,沛县教育局关心下一代工作委员会连获省、市级表彰。沛县教育局关工委被中共江苏省委教育工作委员会、江苏省教育厅授予“中国梦”主题教育优秀组织奖,被市关工委授予“五好五有”基层关工委优秀组织奖、家庭教育工作创新一等奖、关工委工作常态化建设巩固提高奖。

【大力推进校园安全创建工作】 年内,沛县教育系统大力推进校园安全创建工作。2014年全县创建市优秀平安校园15所,依法治校示范校4所,进一步净化校园环境,营造稳定和谐校园安全氛围。

【加大投入,改善办学条件】 2014年,沛县加大资金投入,努力改善办学条件。全年投入资金约2亿元,完成校舍建设10.5万平方米,中小学办学条件进一步优化。12月18日,省审计厅厅长褚宗明一行,对实施情况进行全面督导督察,给予沛县校安工程建设高度评价。

【德育工作途径不断拓宽】 2014年,教育局强化德育实效,不断拓展德育工作途径。注重学生行为规范的养成教育,围绕社会主义核心价值观体系建设,开展“中国梦”主题教育、“三爱”教育、“立本”教育,使学生的养成教育与学校的教育教学活动相结合,与师德建设、家庭教育、社会教育相结合,形成“四位一体”的德育教育网络。建设国家级、省级乡村少年宫4所,61名学生在省、市才艺大赛和征文活动中获一、二、三等奖,22名学生被评为“江苏四好少年”,沛县初级中学、第三中学、张寨中学获江苏省第十三届中小学健康教育知识竞赛活动优秀组织奖,第二中学被评为全省学生军训工作先进集体。

【中小学运动场塑胶化工程启动】 2014年,沛县农村中小学运动场地塑胶化建设工程进展顺利。年内,有20所农村中小学纳入全省中小学运动场地塑胶化建设工程,包括栖山镇中心小学等8所乡镇中心小学、张庄中学等11所镇初中,1所县直初中。建设场地面积计14.5万平方米,工程概算金额约4154.6万元,基础部分已完成。

【创建工作成效显著】 2014年,全县中小学各类创建工作成效显著。沛县第二中学四星级高中创建,以高分通过省专家组的评定。4所幼儿园通过省、市优质幼儿园验收。验收通过市级绿色学校6所、市级节水型学校3所、市级科学教育特色学校2所。沛县二中的国学课程基地被批准为江苏省高中课程基地建设工程。

【张庄镇社区教育中心通过省级验收】 10月29日,江苏省社区教育中心评估小组对沛县张庄镇社区教育中心创建省级社区教育中心进行评估验收,创建工作获得专家一致好评。张庄镇社区教育中心成为沛县继龙固镇社区教育中心后第二所省级社区教育中心。

（撰稿：赵鸿雁　王　利
审稿：贺　磊　朱思瑞）

【沛县中学开展国内外教育交流】　6月，沛县中学与美国、韩国分别进行教育交流活动。6月23日，美国麦道尔大学校长Dr.Norman Muir、中美校联盟潘安迪教授、清华大学继续教育学院国际教育培训中心巩为为、郑智超、闫家宁等在沛县中学与学生就未来发展前景进行交流活动。6月30日，韩国梨花女子大学人文学院院长李在敦教授、江苏师范大学语言科学学院院长王仁发一行到沛县中学参观，并与沛中师生就高中教育的推进、大学发展、女性人才培养等进行交流。

【沛县中学与中科院大学共建生源基地】　12月28日，中国科学院大学副校长吴岳良、科研处处长乔从丰、计算机与控制学院执行院长黄庆明、博士生导师燕敦验一行4人在副县长贺伟、马林，教育局局长贺磊的陪同下到沛县中学开展沛县生源选拔基地建设交流对接活动。吴岳良作了题为《精彩的物理世界，从微观到宏观》的专题讲座，中国科学院大学召开招生说明报告会，举行共建生源选拔基地座谈会。

（撰稿：闫成功　审稿：郭世明）

【二中成功申报省国学课程基地】　6月，沛县二中"江苏省国学课程基地"申报成功。沛县二中是徐州市唯一一所普通高中国学课程基地，自2011年起，通过打造国学校园文化环境、拓展国学校本教材开发渠道、开展国学课题研究等活动全面展开国学课程基地建设。"江苏省国学课程基地"成为学校特色发展的重要标志。

【二中接受四星级高中现场评估】　11月24—26日，沛县第二中学接受江苏省教育评估院专家组四星级普通高中现场评估。专家组通过查阅资料、随堂听课、问卷调查、查看学生自主发展展示、观摩教师教育论坛等形式对该校的办学条件、教育教学工作、规范管理、制度执行、队伍建设、管理水平、素质教育和办学绩效等方面进行全方位、多角度、深层次的调查与分析。专家组对该校创建四星级高中的现场考察情况给予充分肯定。

（撰稿：姜三月　审稿：纪认振）

【湖西中学承办沛县、苏州语文教学研讨会】　12月19日，"沛县、苏州同题异构"语文教学专题研讨会在沛县湖西中学举行。会议由沛县教育局教研室和苏州市相城区教研室联合主办，沛县湖西中学、安国中学承办。苏州市相城区教研室、沛县教育局教研室共推出6位名师现场授课，苏州市特级教师沈庆九作"理趣语文"的专题报告。苏州相城区、山东滕州五中、丰县范楼中学以及全县38所中学的名优教师、骨干教师共200余人参加研讨会。

（撰稿：王玉华　审稿：王　飞）

【张寨中学开展安全教育活动】　12月，张寨中学开展安全教育主题月活动。学校通过安全教育，增强学生的安全意识和自我防护能力；通过齐抓共管，营造全校安全工作的氛围；通过建立安全责任制和责任追究制，完善各项安全管理制度；通过密切家校联系、与社会综合治理部门配合，切实保障师生安全，维护学校教育教学秩序。

（撰稿：戚　辉　审稿：孟庆雷）

【歌风中学承办高中"学讲"推进会】　11月17日，歌风中学承办沛县高中"学讲方式"推进会。歌风中学16位老师上公开课，为研讨"学讲方式"提供案例。沛县所有高中校长、各科教研组长、备课组长近300人,参加“学讲方式”推进会。

【沛县、如皋联合开展教研活动】 12月7日,如皋教研室与沛县教研室在歌风中学开展联合教研活动。在听课基础上,两地教研员共同评课,围绕“学讲方式”,两地教研员分别讲述推进建议。全县有近200名教师参加教研活动。

(撰稿:张家强 审稿:刘国银)

【沛县初中举行“青蓝工程”结对仪式】 11月5日,沛县初级中学举行“青蓝工程——师徒结对”仪式。会议对“青蓝工程”工作的开展提出具体要求,“青蓝”双方签订结对帮扶互助合作协议书。指导教师代表和青年教师代表分别表态发言。校长朱信平在会上鼓励青年教师要虚心向骨干教师学习,尽快提高自己的业务水平,并对青年教师提出目标:多思考、多请教、多听课、多看书,形成自己的教学风格,成为有思想、有特色的优秀教师。

(撰稿:刘培峰 审稿:朱信平)

【沛县五中科技特色教育成绩显著】 年内,沛县第五中学科技特色教育成绩显著。作为“十二五”期间首批省级科学教育特色学校,五中多渠道、多层次开展科学活动,形成特色教育,成绩优异。在徐州市第十届青少年科技竞赛系列活动中获得优异成绩,马明同学获得青少年科技创新大赛一等奖并取得参加省级比赛的资格,陈梓俊同学获得电子技师认定活动一等奖,许玉言等9位同学获得二等奖,朱振祥等8位同学获得三等奖。沛县第五中学被评为优秀组织单位。

(撰稿:薛 莉 审稿:刘裕来)

【实验小学与扬子四小联合举行英语教学观摩活动】 10月20日,沛县实验小学与南京化工园区扬子四小在沛县实小联合举行英语教学观摩活动。扬子四小的胡玉霞、黄铁红、赵冬梅老师上了3节观摩研讨课,南京化工园区教师发展中心教研员黄斌作《“学讲计划”与新教材教学》的专题讲座。沛县教育局教研室教研员、沛县实验小学全体英语教师、部分乡镇英语教师80余人参加活动。

【沛县实验小学马元校区开学上课】 12月1日,沛县实验小学教育集团马元校区正式开学上课,有学生196人。学校投资24万余元为新校区添置校园广播系统、校园网络系统、校园监控系统、教室用触屏一体机、教师用笔记本电脑、学生桌凳、教师办公桌椅等硬件设施。该校区建设是县委、县政府、县教育局充分放大名校优势、利用优质教育资源、推进教育优质均衡发展的一大举措。

(撰稿:刘念泉 审稿:李志建)

【歌风小学庆祝少先队建队65周年】 10月13日,歌风小学少先队大队集会,庆祝中国少年先锋队建队65周年。在中国少年先锋队建队日到来之际,歌风小学少先队大队举行庄严的入队仪式,930名新同学加入中国少年先锋队。教育局党委书记朱思瑞、团县委书记张敏、教育局副局长李伟等领导,全县小学大队辅导员、中小学校长、德育主任及歌风小学师生、家长代表2000多人参加活动。

(撰稿:孙玉薇 审稿:贾理平)

【市“名师行·送课下县”活动在正阳小学举行】 12月25—26日,徐州市“名师行·送课下县”(小学)活动在正阳小学举行。市政府主任督学曹孟军,县教育局局长贺磊、副局长李伟、培训部领导、教研室负责人,全县各小学骨干教师600余人参加。市区杨晶、刘杰、张茜、赵远、冷子、刘松6位老师展示精彩的

"学讲"课。市教研室刘春和徐高师陈萍分别作《问题驱动式学习活动》和《教师实践性知识视域下的专业发展》的报告。

（撰稿：姜　淮　审稿：姚恺）

【体育中学国家、省各项赛事创佳绩】 年内，沛县体育中学参加省、全国赛事获佳绩。在江苏省第十八届运动会技巧比赛中，技巧队运动员马兆坤、成恒星奋勇拼搏，发挥出色，赢得男双金牌，马腾、张新珠勇夺混双银牌，陈家贺、李家兴、李长恒、李浩然获男子四人第五名。在散打比赛中，运动员谷亢获得金牌，唐文龙获得银牌，郝大林获得第五名。5月19—22日，全国技巧锦标赛在沛县体育馆举行，沛县体育中学共选派62名技巧运动员参赛，取得了青年组5级5个大集体第一名和青年组4级男双13个单项第一名的优异成绩。该比赛是国家体育总局年度计划赛事，也是国内目前级别最高的技巧大赛。9月9日，沛县体育中学被人社部、教育部联合表彰为全国教育系统先进集体。

【奥运健儿公益服务大行动走进体育中学】 11月18日，由中国奥委会市场开发部、中国篮球协会、沛县人民政府联合主办的奥运健儿公益服务大行动——2014篮球进校园活动走进沛县体育中学。奥运健儿公益服务大行动是中国奥委会的系列公益活动，组织现役或退役的奥运冠军及优秀运动员，深入群众开展各种形式的公益服务活动。2006年都灵冬奥会男子自由式滑雪空中技巧冠军韩晓鹏及2012年伦敦奥运会女子击剑团体冠军李娜、孙玉洁、许安琪参加活动。中国奥委会市场开发部秘书处主任王明晏向县体育中学赠送仁川亚运会中国代表团龙服；中国奥委会合作企业安踏体育用品公司、舒华股份有限公司分别向体育中学等学校捐赠100万元和10万元的运动装备及器材。奥运健儿以及著名篮球运动员胡卫东、著名篮球教练马亮和学生互动交流，"零距离"接触。

（撰稿：张玉龙　审稿：赵米青）

【教师进修学校创新培训模式，提升培训层次】 年内，沛县教师进修学校多措并举创新培训模式，提高培训层次。组织1400名中小学教师参加"国培计划"——示范性远程培训项目网络研修与校本研修整合培训，组织610名教师参加省学科专题远程培训，组织小学数学、中小学校长两次"省市合作"培训，邀请全国中小学教师继续教育网、《中国教师报》中国特色品牌学校共同体、苏州市相城区、市名师团等专家到沛县送培送教。为推进"学讲计划"，组织县内名师专家送培送教到镇到校。邀请6位外籍教师对全县180名中小学英语教师进行为期两周的"引智"培训，对100名中小学教师进行英特尔未来教育核心课程培训，对125名新教师岗前培训。年内，邀请江苏教育行政干部培训中心常务副主任严华银、国家督学成尚荣、江苏省行政干部培训中心副主任程振响教授等省内外30余位名师名家到沛县讲学授课，全年完成各级各类培训近3万人次。

（撰稿：袁龙强　审核：潘家磊）

【三河尖中学多措并举开展教师培训工作】 年内，三河尖中学多措并举开展教师培训工作。三河尖中学坚持"走出去，请进来"教师培训模式，校本培训与外校委托培训相结合，长期培训与短期培训相结合，校际交流与参观学习相结合，全校教师人均参训超过36学时。

（撰稿：巩绪中　审稿：徐　勇）

【张双楼矿校通过义务教育现代化建设验收】 1月14日，张双楼矿校通过徐州市义务教育学校现代化建设验收。验收组采用查阅学校档案资料、现场查看、走访座谈的方式，对学校办学理念、办学条件、队伍建设、规范办学、素质教育等方面进行评估，各项评估均已达到《徐州市义务教育现代化学校评估细则》标准。

（撰稿：陈经华　审稿：李沛华）

【中等专业学校教学成绩显著】 2014年，沛县中等专业学校教学成绩显著。省对口单招高考艺术类本科上线14人，孟梦获艺术设计全省第一名，为徐州市对口高考状元。徐州市职业学校技能大赛，21人次获得一等奖，38人获二等奖，46人获三等奖。江苏省技能大赛中，获得二等奖3人，三等奖6人。光华创业精神大奖徐州地区复赛暨全市职业学校学生商业计划书大赛，吕康鹏、徐畅均获二等奖。

【中等专业学校师资队伍建设成果突出】 年内，沛县中等专业学校重视师资队伍建设，成果突出。全年64人参加国家、省、市级培训，投入经费50余万元。张建路被评为省特级教师、市名教师。全校承担国家、省、市级研究课题13项，发表、获奖论文50篇，在徐州市公共基础课优质课评比中，魏新、王丹获一等奖，张碧获三等奖。

【中等专业学校推进专业和实训基地建设】 年内，沛县中等专业学校大力推进专业和实训基地建设。计算机应用专业被省教育厅认定为省级品牌专业，获得社会支持经费500万元，美术设计与制作专业成为徐州市职业学校品牌专业，省级服装制作与营销专业技能型紧缺人才培训基地，通过省级评估验收，电子技术应用实训基地被任命为市职业学校高水平示范性实训基地。

（撰稿：张建路　审稿：王云峰）

【省、市公安局领导视导保安职业技术学校】 1月14日，省、市公安局领导视导徐州保安职业技术学校培训情况。省治安总队科长徐松、市治安支队政委秦建、科长周锋到徐州保安职业技术学校视导新警察上岗培训工作，查看基础设施和相关资料，听取校长阎垒武的汇报，对学校办学条件表示认可。

【徐州天骄特卫进驻保安学校】 4月1日，徐州天骄特卫进驻保安学校。徐州天骄特卫与徐州保安职业技术学校达成联合办学协议并进入学校办公上课，推动该校保安专业建设向高层次发展。

（撰稿：燕　俊　审稿：阎垒武）

【特教中心学前康复部通过市残联验收】 3月，沛县特教中心学前康复部通过市残联评审验收。沛县残联、沛县教育局决定在沛县特殊教育中心成立听障儿童学前语言康复部，全县0～6岁听障儿童全部集中在特教中心康复部进行语言康复训练，提高康复训练效果。康复部共有4个教学班，14名教师，在训听力障碍儿童47人。

（撰稿：张承福　审稿：张长军）

【大屯中学开展“英特尔”未来教育培训】 8月21—26日，沛县大屯中学和徐州高等师范学校共同承办“英特尔”未来教育培训。该培训借助电子书和网上课程平台，集中面授和远程网络学习相结合的培训模式，以信息化环境下的教学设计与实施为主要内容，指导教师在教学中有效使用现代教育技术，促进教学模式的转变。全校50余人参加学习，并顺利结业。

【大屯中学实施“学讲计划”】 4月，大屯中学积极实施“学讲计划”，推进教学改革。学校本着“行政推动，重点实验，科学推广”的行动策略和“点、线、面”的推进路径，实施“学讲计划”，改善课堂教学生态，学生学习更加主动、有趣、活泼，教学活动更有目的性、针对性、实效性，教师的教和学生的学更加有成效、更具教育和生活的意义。

（撰稿：郝　彦　审稿：赵家峰）

【三中开展“家风助我成长”征文活动】　年内，沛县三中开展“家风助我成长”主题征文活动。活动收到400多篇稿件，形式多样，题材涉及尊老爱幼、诚实守信、勤勉进取、自立自强等社会主义核心价值观。征文评选出一等奖10名，二等奖20名，三等奖30名。

（撰稿：齐俊秀　审稿：常　海）

【河口中学用爱心点燃生命的希望】　5月30日，沛县河口中学师生用爱心点燃生命的希望。河口中学六年级(2)班学生陈甜甜家庭生活十分贫困，母亲患有严重的精神疾病，生活不能自理。陈甜甜又查出患有重病，急需治疗。原本十分困难的家庭，犹如雪上加霜，极其艰难。学校向师生发出“献出一份爱心、温暖一个家庭”的倡议。全体师生纷纷伸出援助之手，捐款3000多元，缓解燃眉之急。

（撰稿：李　妍　审稿：郭红心）

【郝寨中学受到县政府表彰】　7月24日，大屯镇郝寨中学教育教学工作成绩突出，受到县政府表彰。大屯镇郝寨中学是首批农村现代化示范初中，全体教职工狠抓内部管理，向课堂要质量，全面推行课堂教学改革，教育教学工作跃入农村中学先进行列。

（撰稿：程延超　审稿：程相跃）

【朱寨中学升级校园监控系统】　12月，朱寨中学校园网络监控系统升级工作全面完成。11月28日开始，学校升级优化监控系统，总计投入1.6万元，安装6套监控设备及电脑若干台，实现对校园重要功能室和重点区域的全覆盖。监控系统与互联网相连接，可以通过网络即时了解学校安全动态。

（撰稿：陈祖庆　审稿：周广泉）

【五段中学举办文化节】　4月18日，沛县五段中学举办第一届校园文化节。文化节内容包括校园歌曲、校歌《放飞梦想》合唱比赛、学生才艺展示、学生朗诵校歌、教师演唱校歌，全校270人参加。

【五段中学开展全员写字活动】　11月，五段中学以“汉字传承文化，书写美好人生”为主题，开展全员写字活动。学校下发《五段中学书法教育活动实施计划》，要求每科室、每班级一块小黑板，一天一展示，全体教职工和学生都投身到写字活动中，促进师生养成写好字的习惯。

（撰稿：贺　迪　审稿：李　沛）

【鹿楼中学校本教材编写完成】　4月，鹿楼中学校本教材《我家乡的抗日故事》编写完成。《我家乡的抗日故事》全书分成四篇，即《滔天罪行篇》《军民抗日篇》《英雄儿女篇》《缅怀励志篇》。教材得到日军侵略幸存者、死难者家属、英烈子女、党史部门、全体师生的关注和帮助。学校已完成论证、校对、编印等工作。

（撰稿：张　伟　审稿：郝敬军）

【安国中学承办“沛县·苏州”语文教学研讨会】　12月19日，安国中学承办“沛县·苏州”语文教学研讨会。研讨会由沛县教育局教研室和苏州市相城区教研室联合主办，安国中学和湖西中学联合承办。全县各初、高中备课组长及山东省藤县、江苏省丰县部分骨干教师300余人与会。

（撰稿：梅亚东　审稿：卢世国）

【朱王庄中学新教学楼投入使用】 5月9日，安国镇朱王庄中学新建教学楼竣工投入使用。县政府投资440余万元，拆除危旧教学楼，在原址新建教学楼，建筑面积2000余平方米，19间教室，17间办公室，1间多媒体教室，每间教室配备现代化多媒体设备。学校办学条件得到有效改善。

（撰稿：姚立栋　审稿：吴庆华）

【栖山中学通过科技教育特色校验收】 1月6日，栖山中学顺利通过市科技教育特色学校验收。徐州市科技教育特色学校验收组对栖山中学科技教育特色学校建设工作进行现场验收，通过听取汇报、听课评课、查看资料、实地考察、召开师生代表座谈会等形式了解学校办学特色、组织管理、课程建设、师资队伍、办学条件等情况。对照市特色学校检查验收评估细则进行严格评审，并反馈意见。

（撰稿：曹　朋　审稿：孟　永）

【崔寨中学参加徐州三中实验学校教育论坛】 年内，崔寨中学到徐州三中实验学校参加教育论坛。崔寨中学组织14位骨干教师到徐州三中实验学校交流“学讲方式”，汲取“学讲”经验，推动“学讲”实践，强化教学改革。

（撰稿：席德鹏　审稿：张　永）

【沛城镇中心小学开展国家公祭日活动】 11月19—21日，沛城镇中心小学利用信息技术课开展“国家公祭日——虚拟城墙捐砖”活动。学生在老师的引领下，登陆“众志成城，为了永不忘却的国家记忆”的网络页面，进行加砖、献花、点烛、寄语等相关操作，表达“勿忘国耻，圆梦中华”的志愿。

（撰稿：黄　梅　审稿：吕永立）

【青墩寺小学入选“中国百年老校”】 6月，张寨镇青墩寺小学选入“中国百年老校”。张寨镇青墩寺小学是沛县第一个中共党支部的诞生地，创办于1905年，素有“江南燕子矶，江北青墩寺”的美誉，年内被教育部列入“中国百年老校”。

（撰稿：张　华　审稿：鹿海先）

【胡寨镇中心校创建平安校园】 年内，胡寨镇中心校积极构筑安全防线，创建平安校园。学校健全组织网络，层层签订责任状，加强学校安全基本设施管理，对重点部位、重要设施设备、重点关注群体，建立值班、巡查、重点帮扶体系，强化全员参与意识。

【胡寨镇中心小学开展特色社团活动】 年内，胡寨镇中心小学开展“一校一特色，一生一特长”特色社团活动。学校积极开展各类社团活动，打造精品特色社团，有刀术、太极扇、腰鼓、舞蹈、戏曲演唱、经典诵读、书法、英语角等各项社团(兴趣小组)活动特色项目。活动做到定时间、定地点、定人员、定内容，有组织、有检查，有序开展。

（撰稿：高绪平　审稿：张　锋）

【魏庙镇中心小学科技体育竞赛夺冠】 12月6日，魏庙镇中心小学参加徐州市青少年科技体育项目竞赛夺得团体冠军。在徐州市鼓楼生态园小学举办的徐州市青少年科技体育项目竞赛活动中，全市中小学700余名选手参赛，该校学生参加航空航天、航海与车航模型几个大项十多个单项的激烈角逐，获小学组综合团体第一名。

（撰稿：王红岩　审稿：孟庆刚）

【五段中心小学承办“学讲计划镇镇行”活动】 11月27日，五段中心小学承办沛县“学讲计划镇镇行”活动。活动内容为分组巡课、课堂观摩、工作汇报、教师代表发言、领导总结讲话。全县各镇中心校校长及骨干教师计150余人参加活动。

【国家公祭读本走进俞庄小学课堂】 12月9日，南京大屠杀死难者国家公祭读本（小学版）《血火记忆》走进五段镇俞庄小学五年级学生的课堂。该读本分为浴血守城、灾难降临、人性光辉、正义审判、珍视和平、国家公祭6个章节，重点选编10个人物故事，通过故事的形式向孩子展示历史。

（撰稿：蒋　刚　审稿：吴继立）

【张庄镇中心小学剪纸艺术进课堂】 年内，沛县张庄镇中心小学积极推进民间剪纸艺术进课堂。学校把剪纸列入学生的必修课，制订切实可行的教学计划，取得骄人成绩。学生作品《十五的月亮》《八仙过海》等在国际比赛中获得银奖。9月，被县教育局评为特色建设先进学校。

【刘艳入选"江苏好青年"百人榜】 10月，沛县张庄镇中心小学刘艳老师入选2014江苏好青年百人榜。刘艳老师身患癌症，却始终没有离开讲台，年内，她通过努力获得市级优秀论文3篇、县级优秀论文8篇、教学成绩全镇一等奖。在省文明办、共青团江苏省委、省青年联合会组织的江苏好青年评选活动中入选。

（撰稿：赵玉峰　审稿：吕振宇）

【花园小学承办武术现场会】 5月23日，大屯镇花园小学承办"活力沛县"武术进校园现场会。花园小学是青少年武术教育基地，以武术特色教育推进学校教育全面发展取得显著成绩。县委常委王子华、县教育局主要领导及全县中小学校百余人参加现场会。

（撰稿：丁晓晴　审稿：张永军）

【河口镇中心小学体育特色教学再创佳绩】 2014年，学校体育特色教学再创佳绩。学校以足球、科技航模为体育特色教学。足球有校队，各班有班队，课外活动及节假日开展活动。7月，在徐州市校园足球比赛中男女队分获第三名。10月30日，在徐州市鼓楼生态园小学举行的徐州市青少年科技体育比赛中，学校代表队获小学组团体二等奖，并获8项单项团体奖，学生个人单项奖达70多人次。其中遥控汽车及电动遥控飞机、电动线操纵飞机及火箭放飞均获单项一等奖。

【吕楼小学新教学楼开工建设】 7月18日，沛县河口镇吕楼小学校新教学楼开工建设。上级部门投资520万元，对旧楼进行拆除重建，预计新楼2015年5月投入使用。

（撰稿：丁艳华　审稿：童吉文）

【市教育学会到张集小学考察】 12月18日，徐州市教育学会书法教育专业委员会的4位专家到张集小学考察。张集小学注重学生的写字书法教学，年内，师生的书法作品不断在省、市、县获奖。考察组对张集小学书法教学工作给予肯定。

（撰稿：张守全　审稿：秦淑国）

【安国镇中心小学搭建"学讲"平台，打造高效课堂】 年内，安国镇中心小学搭建"学讲"平台，打造高效课堂。学校落实徐州市教育局关于实施《"学进去 讲出来教学方式"行动计划》，坚持"走进课堂，聚焦课堂，改革课堂"，通过各级培训、科研引领、巡课督察、集体备课、教学观摩、研讨交流、参加比赛等多种方式，扎实推进"学讲方式"。

（撰稿：邵永峰　审稿：秦淑国）

【周庄小学阳光体育显特色】 2014年，沛县敬安镇周庄小学开展"呼啦圈"阳光体育活动，彰显学校特色。呼啦圈活动以其丰富的内容、多样的形式受到全校学生的喜爱，丰富学生的校园生活，提高学生参加体育运动的积极性。学校以“呼啦圈”阳光体育活动推动学校特色发展。

（撰稿：赵　静　审稿：王　玫）

【县师生才艺大赛在鹿楼镇中心小学举行】 12月15日，沛县中小学师生才艺大赛在鹿楼镇中心小学举行。鹿小师生精心编排的竖笛合奏《捉泥鳅》、动感热烈的舞蹈《小苹果》《快乐牛仔》、歌曲《美丽的草原我的家》《说句心里话》《月牙泉》等获得好评。县教育局领导参加活动。

【鹿楼小学举办儿童画现场会】 4月10日，鹿楼小学举办儿童画特色现场会。鹿小学生现场作画，全县各小学的校长及中层干部参加观摩活动。

（撰稿：潘君梅　审稿：邵　华）

【王子华观看汉城国际学校升旗仪式】 5月23日，县委常委、宣传部长王子华到汉城国际学校观看升旗仪式。汉城国际学举行升旗仪式和武术操现场表演，大力推动学校德育工作。教育局局长贺磊及全县中小学校长、德育主任130余人参加活动。

（撰稿：季传民　审稿：葛志坚）

沛县2014年各级各类学校基本情况表

表12　　单位：个、人

校名	班级数	在校生数	毕业生数	招生数	教职工数		学校领导			
					计	专任教师	校长	副校长	书记	副书记
沛县中学	79	4521	1710	1170	432	391	于进泉	李令军 司成立 高　彬	贺　磊	卜令春
沛县二中	56	2570	1051	694	265	231	纪认振	郁光友 刘长虹 张守权	纪认振	
张寨中学	36	1528	632	387	216	162	孟庆雷	董恒哲	孟庆雷	
湖西中学	36	1807	803	476	183	152	王　飞	李合江 姜新凌	王　飞	李合江
沛县中等专业学校	85	4136	1358	1164	443	403	王云峰	闫洪卫 邵宪永 王夫占	王云峰	
保安职业技术学校	18	747	328	190	138	135	贺　磊	阎垒武 闫云侠 牛　彪 袁兴泰	阎垒武	闫云侠
歌风中学	41	1995	479	443	167	138	刘国银	夏　平 潘建国	朱思瑞（兼）	刘国银
沛县初级中学	60	3339	1081	1150	237	213	朱信平	董桂礼	朱信平	
沛县五中	60	3160	1123	1080	234	220	刘裕来	魏　垂 闫昭信 王　静	刘裕来	
体育中学	34	1261	420	416	139	120	赵米青	张振华 单衍果	冯德慧	赵米青

续表12-1

校名	班级数	在校生数	毕业生数	招生数	教职工数		学校领导			
					计	专任教师	校长	副校长	书记	副书记
实验小学	55	3586	497	566	638	130	李志建	吕美荣 谢兴东	李志建	
歌风小学	69	4800	5800	1000	180	170	贾理平	吴德灵 张　帆 蔡承强 殷惠萍	贾理平	
正阳小学	53	3390	368	756	109	99	姚　恺	张　勇 刘　艳 谢兴东	姚　恺	
曙光小学	40	2260	236		118	108	董继荣	盖鸾英 谢凤莲 徐思龙		
树人小学	27	1644	122	404	78	68	吴明位	朱伟丽 刘　艳 苏晓东 高立勇	吴明位	朱伟丽
特殊教育中心	15	110	12	8	56	14	张长军	张承福 王　敏 袁兴卫	张长军	
教师进修学校					42	30	潘家磊	刘广文 周素萍 赵后金		袁龙强
张双楼矿校	27	1036	89	246	100	94	李沛华	袁　品 周脉栋 赵连义		
三河尖矿校	29	1102	52	198	77	74	徐　勇	郑秀强 巩绪中		
汉源中学	46	2101	140	460	151	144	朱信平	马培建 高　岭	赵后义	
龙固中学	28	1400	140	380	169	141	张基辉	孙念斌 张　峰 闫显厚 闫兴朗	张基辉	孙念斌
杨屯中学	19	919	307	236	133	116	张宜兴	吕高军 姜永玉		
大屯中学	14	584	57	149	114	114	赵家峰	刘昭生 李亚军	赵家峰	王教玲
郝寨中学	26	1130	220	520	126	121		程相跃(主持) 李鸿卫 李　强 朱天颂 边道燕		
沛县三中	32	2030	619	702	229	197	常　海	郑枫叶		
鹿湾中学	6	71	30	19	40	32	刘裕来	郝敬军(主持)		
湖农中学	7	209	29	57	49	39		张晓明(主持)		
胡寨中学	12	286	144	75	101	99	王梦舟	郭　博		
魏庙中学	14	572	112	107	101	93	胡廷彬	陈庆亮 黄厚敢	胡廷彬	
五段中学	17	606	100	254	140	115		李　沛(主持) 姜广亮 戚厚伟		
张庄中学	24	804	352	246	115	106	黄厚义	朱兴军 吴宝民 周　健		

续表 12-2

校名	班级数	在校生数	毕业生数	招生数	教职工数		学校领导			
					计	专任教师	校长	副校长	书记	副书记
崔寨中学	10	380	80	140	75	55		任　力(主持) 张　永　吴喜文		
张寨镇中学	13	635	140	240	102	89	龚　礼	杨碧华　童修标		
唐楼中学	20	699	362	136	94	83		郭保富(主持) 郭元春		
敬安中学	16	930	102	206	91	70		于　涛　宗秀行		
河口中学	11	427	100	137	68	52		郭红心(主持) 郝敬德		
孟庄中学	9	267	85	98	64	39		张庆国(主持) 张保举		
栖山中学	11	556	95	126	84	68		孟　勇(主持) 刘西华　刘继沛		
王店中学	11	260	118	90	61	59		孟　勇(主持) 王建勋		
鹿楼中学	9	430	78	136	74	59		魏　宏　张　伟		
鸳楼中学	32	1312	139	132	104	98	吴登先	王永让　董良华 张永健	吴登先	
朱寨中学	7	168	74	46	92	66		周广泉(主持) 王家忍		
闫集中学	7	145	239	151	96	72	陈振杰	马立雷　郑培栋		
安国中学	11	351	168	230	86	74		卢世国(主持)		
朱王庄中学	12	435	48	95	53	42	吴庆华	霍久洋		
龙固镇中心小学	88	2794	378	740	239	231	吴子庚			
杨屯镇中心小学	74	2723	186	849	239	220	康良亚			
大屯镇中心小学	114	4116	378	1310	438	420	张永军			
城镇中心小学	157	7312	590	1691	427	378	吕永立			
胡寨镇中心小学	85	3012	425	729	227	215	张　锋			
魏庙镇中心小学	74	3653	283	981	188	185	孟庆刚			
五段镇中心小学	69	2745	297	671	183	173	吴继立			
张庄镇中心小学	143	6174	706	1386	367	340	吕振宇			

续表 12-3

校名	班级数	在校生数	毕业生数	招生数	教职工数		学校领导			
					计	专任教师	校长	副校长	书记	副书记
张寨镇中心小学	123	5090	394	1414	369	346	鹿海先			
敬安镇中心小学	85	3700	436	856	241	227	王　玫			
河口镇中心小学	95	3540	352	741	214	152	童吉文			
栖山镇中心小学	106	4529	624	922	244	232	王　灿			
鹿楼镇中心小学	103	4083	333	1103	279	277	邵　华			
朱寨镇中心小学	90	2900	300	800	293	293	张家驷			
安国镇中心小学	119	5077	405	1255	298	278	秦淑国			
新华中学（民办）	38	2412	8076	847	149	119	郝心祥	程松箴 司群山 刘建华	杨烈武	
汉城国际学校（民办）	84	4586	1455	1450	357	232	葛志坚	张红辉 吴宪民 刘　钢	陈殿泉	季传民

（赵鸿雁）

局　长　彭　燕（女）（6月—）
党委副书记　刘培云　卢建设　陈令军（6月—）
副局长　陈令军　张绍宇　张东亚
戴新历（—11月）　傅月莉（女）
靳晓滨　王雪梅（女）
纪委书记　房海洋
党委委员　王艳军
局长助理　杜宏伟

【概况】　2014年，睢宁县有各级各类学校188所（含民办学校，不含幼儿园），其中，初中31所，普通高中10所，九年一贯制学校2所，小学142所，特教学校1所，中等职业学校2所。民办学校13所。全县各级各类学校在校学生145369人，高中26974人，初中30284人，小学81743人，特教学校在校生116人，中等职业学校在校生6252人。全县有幼儿园53所（其中民办幼儿园26所），在园幼儿56522人。义务教育阶段入学率100%，初中巩固率99.64%，高中阶段入学率96%，学前三年幼儿入园率97.2%。全县有教职工11812人，其中专任教师10770人。教师学历合格率高中98.1%、初中99.2%、小学100%、幼儿园92.6%。全县有省特级教师11人，市名教师3人，青年名教师4人，人民教育家后备人才培养对象2人。

2014年，全县有省三星级以上普通高中10所，省示范初中6所，省实验小学3所，省、市优质幼儿园50所。年内，获市企事业单位内部安全保卫工作集体三等功。全年投入教育经费14.1亿元。

【举办教育论坛】　12月20日、27日，睢宁县分别举行2期校长论坛。4位校长作汇报发言，多位校长作交流发言。全县各中小学校长、副校长、幼儿园园长、局机关全体人员共800余人次参与论坛交流。睢宁教育论坛设校长论坛、名师论坛、班主任论坛、家长论坛等子论坛。师生在论坛上沟通、交流、分享，起到相互学习、相互激励、相互启发的作用。

【开展“制度建设年”活动】　7月，县教育局开展“制度建设年”活动。制定完善出勤制度、请销假制度、领导干部外出报告制度、用车制度、印章管理使用制度、档案管理制度、物品采购制度、财务管理制度、卫生制度、政务信息上报及对外宣传制度等。同时采取多种形式加强制度的学习和宣传，完善制度落实的机制和措施，加强对制度贯彻落实情况的监督和检查。

【县领导走访慰问教育工作者】 9月9日，县委、县政府举行庆祝第30个教师节走访慰问座谈活动。县四套班子领导分别到县机关幼儿园、特教中心、中等专业学校、睢宁中学、官山中学、李集中学、李集小学等学校看望慰问教育工作者。县领导与教师们亲切交谈，并致以节日的祝贺。专程看望特级教师李训哲、退休老教师邱宗池。在睢宁中学、李集中学召开教师座谈会。

【选聘21名中小学校长】 8月，县教育局根据《中共睢宁县委关于实行中小学校长聘任制的意见》要求，面向全县公开选聘中小学校长。通过适岗评价、履职能力测试、现场答辩、组织考察，选聘9名初中校长、12名小学校长，1名高中校长，实行直聘。

【举办教干教师“业务大讲堂”】 9月，县教育局建立教干教师定期培训制度，举办“业务大讲堂”。先后邀请各地专家授课讲学，内容涉及教育教学管理、教师队伍建设、师德培训、礼仪知识培训、教学质量监控、电子白板使用培训、课程管理及学校文化建设方面的创新和发展等，全县中小学教干、教师参加培训。

【召开教学质量分析会】 9—11月，县教育局教研室分阶段分层次举行3场高考质量分析会、1场民办学校质量分析会。分管领导带领教研室人员深入包片的每一所学校现场召开质量分析会，与教师面对面，分学科深入探讨，教研员针对各学科情况认真会诊把脉，耐心解答老师们提出的疑惑。

【教研员深入课堂“问诊把脉”】 秋季学期，教研员扎根基层，深入学校，听常态课，就改革课堂教学模式、“学讲计划”落实、创建高效课堂进行专题调研。针对如何提高教师的专业素养、提高教师驾驭课堂的能力、把握教材的重难点、让教学更有效等方面与执教老师面对面交流，解答教师在思想上、理念上遇到的困惑，引发教师对教学质量的关心和教学责任的重视。

【应急疏散演练实现每月一练】 9月，县教育局完善各类应急预案，开展应急疏散演练活动。县教育局要求全县各学校、幼儿园有计划、有目的制定应急疏散演练活动实施方案，每月至少开展一次应急疏散演练活动，将活动实施方案、图片资料、总结等报送局安监科，教育局组织相关人员对学校的应急疏散演练活动进行检查，并对演练情况每月通报一次。

【出台接送学生车辆违法行为有奖举报制度】 11月21日，县教育局联合县公安局下发《关于对接送学生车辆违法行为有奖举报的通告》，对举报方式和举报范围（十种违法行为）作了详细阐释。对举报并查实的，给予1000～3000元不等的奖励。

【开展校园安全巡查】 9月开始，局主要负责人、分管负责人和相关科室负责人每月不定期深入学校进行夜间校园安全工作巡查。巡查重点包括门卫管理、值班情况、学生宿舍管理、应急照明等安全疏散设施和校园安全管理的其他方面。每次巡查后对各校情况进行通报，对巡查发现的问题明确要求学校限期整改。

【深入推进“学讲计划”】 2014年，县教育局积极推进徐州市教育局行政推行的“学讲计划”。组织开展形式多样的“学讲方式”教育教学研讨，分别进行高三、初三和小学六年级毕业班全体教师“学讲计划”合格课堂教学评估全员听课活动，组织2轮“全县中小学‘学讲计划’推进巡课活动”。组织中小学校长、骨干教师、学科教研员等60人次，分赴新沂、贾汪、云龙区、铜山区等地，参加徐州市“学讲计划县县行”活动。

【举行教师“三字一话”基本功比赛】 9月29日，县教育局举行全县中小学教师“三字一话”技能大赛。县总工会负责人参加开幕式，县教育局负责人致开幕词。全县共57名选手参赛，选手们激烈角逐，评委们公开、公平、公正评审，评出各项比赛的一、二、三等奖共11人。

【举办学生装设计大赛】 11月，县教育局在全县中小学举办学生装作品设计大赛。大赛面向全县中小学师生征集设计图稿，参赛内容为中小学生夏装、春秋装，设计款式为运动装、制服等。共收到136幅设计作品，包括制服、运动服、夏装3个类别。经过专家评选，有36幅作品进入投票环节，最终确定学生装样式。

【创建“四心学校食堂”】 下半年，县教育局在全县中小学开展“四心学校食堂”示范单位创建活动。要求学校食堂做到“学校尽心、学生舒心、家长安心、政府放心”，保障广大师生饮食安全和身体健康。10月10日，举行创建“四心学校食堂”现场观摩会，全县校长实地参观睢城镇中心小学、睢城镇中心幼儿园、实验小学幼儿园、宁海外国语学校等学校食堂，并召开专题会议，听取部分学校经验介绍。12月底，由县教育局和食品药品监督管理局对申报学校食堂进行综合评审。

【加强党风廉政建设】 年内，县教育局积极创新教育载体，在系统内开设“廉政大讲堂”。先后邀请市纪委、县纪委领导和办案人员以及县财政局的业务负责人给全县中小学校长、机关全体人员及其配偶作廉政纪律教育、财政纪律专题讲座，营造风清气正的教育环境。

【接受教育部农村义务教育基本办学条件督察】 9月17日，睢宁县接受教育部督导组对农村义务教育基本办学条件督察。督导组随机抽查部分学校，对农村义务教育阶段学校是否存在D级危房、学生食宿条件、安全隐患排查、计算机网络教室配备、公用经费划拨、课程开设等11个方面进行详细的检查，并听取县政府关于睢宁县农村义务教育基本办学条件情况的汇报。

【建立校园安全生产管理网络】 3月、9月，县教育局分别召开全县中小学、幼儿园安全管理专题会议，与各校签定责任状，实行安全生产一岗双责、一票否决和责任追究制。开展开学安全工作检查、校园安全专项整治、特种设备专项整治、校车专项整治、校园周边专项整治、消防安全专项整治、食品安全专项整治共20余次，下发隐患整改通知书23份。

【召开学生资助工作新闻发布会】 8月1日县教育局在县广播电视台举办学生资助工作

新闻发布会,向社会发布学生资助政策及近三年工作开展情况和生源地助学贷款工作情况,并现场回答记者和群众关心的问题。

【推进文明城市创建工作】 2014年,县教育局结合创建文明城市活动,深化学校德育工作,着眼于细微处,开展形式多样的实践活动。如演讲比赛、征文比赛、手抄报比赛、知识竞赛等青少年喜闻乐见的教育活动,形成健康文明的校园风尚。精心组织"小手拉大手,营造文明家庭"活动,以学校辐射带动家庭、社区,共同提高文明素质,全面提升社会文明程度。

【首次通过网络直播课堂教学活动】 3月28日,县教育局电教馆首次通过网络直播形式开展的课堂教学活动在县职工子弟小学网络课堂录播教室进行。全县8位小学语文教师分别展示精心准备的阅读课,近千位教师通过徐州教育网"彭城直播课堂"参与听课。

【合作办园】 12月11日,双沟镇幸福里幼儿园与徐州幼师幼教集团举行合作办园签约仪式,加盟徐州幼师幼教集团。徐州幼儿师范高等专科学校校长张祥华,睢宁县委副书记、代县长贾兴民出席仪式。

【安装电子白板】 11月底,县教育局投入2700万元购置1500套交互式电子白板系统全部安装完毕,教育信息化进程取得突破性进展,校园网络建设步入"班班通"时代。同时,组织专家多次对所有教师进行使用培训,学校也根据情况对教师进行培训并要求教师使用电子白板授课。

【举办校长培训班】 8月28—29日,县教育局召开中小学校长教育管理业务培训会。全县各中小学校(园)长,局机关全体人员200余人参加培训。培训会邀请市、县专家教授进行现场授课。专家们采用大量鲜活的事例,结合自身学校管理的特点,从校长的角色、主要任务、工作重点、工作策略、财务管理等方面进行细致、实用的培训。

【宋晓楼获全国优秀教师称号】 9月,庆祝第三十个教师节暨全国教育系统先进集体和先进个人表彰大会在京召开。宋晓楼获得全国优秀教师称号。

【优化常规管理】 2014年,县教育局围绕"强化学校管理,规范教师行为,促进学生发展,提升教育质量"目标,经过广泛征求局班子成员和各校(园)的意见,重新编制下发《睢宁县中小学常规管理一日流程》和《睢宁县幼儿园保教活动一日常规》。学校常规管理得到进一步优化。

【预防未成年人犯罪警示教育基地开放】 2—3月,睢宁预防未成年人犯罪警示教育基地向全县中小学生开放,3000多名学生由学校分期分批有序组织参观。学生们通过参观警示教育图片展、听取法律知识讲解和观看教育影片,了解未成年人成长过程中面临的涉毒、涉黄、参赌、打架斗殴及参与盗窃、抢劫、抢夺等违法犯罪活动的诱惑和风险,激发了学生们学法、守法的自觉意识。

【深入开展党的群众路线教育实践活动】 年

内，局党委研究部署党的群众路线教育实践活动的具体细节，细化实施方案，结合教育系统工作实际情况组织开展形式多样、富有成效的工作，顺利完成教育实践活动学习教育、听取意见——查摆问题、开展批评——整改落实、建章立制三个环节的各项任务。

【全面实行中小学校责任督学挂牌督导】 4月8日，县责任督学挂牌督导仪式启动。副县长吕亚凯出席活动并向10位责任督学代表颁发聘书。10月24日，组织全县责任督学培训会，认真开展挂牌督导工作。

【加强课程基地建设】 2014年，县教育局鼓励各校依据校情、师情、学情充分挖潜，加快课程基地建设。睢宁中学的“体验式英语课程基地”、官山中学的“感悟书香语文课程基地”、特教中心的“特殊教育发展工程”、古邳中学的“下邳文化综合学习课程基地”等项目已顺利通过省答辩，省教育厅分别拨付100万元、30万元、60万元、80万元建设专项经费。睢宁中学的“数学课程基地”建设项目已被确认为市级课程基地。

【做好合并班级、教师竞争上岗工作】 县教育局在召开座谈会，广泛征求意见后制订《试点学校局部竞聘实施方案》，在7所公办初中（城西中学、高作初中、龙集中学、刘圩中学、沙集中学、官山中学、王林中学）和1所职业高级中学按照“科学分班、按需设置、竞争上岗、稳步推进”的原则，实行局部竞聘。

【推进校安工程建设】 2014年，全县顺利推进校安工程建设。拆除危旧校舍30187平方米，新建及改建校舍39039平方米，完成教师公租房5934平方米。

【建设实小分校】 年内，县教育局扩建实小分校（原睢城镇汤刘小学和仝场小学），缓解城区就学压力。建成后实验小学与各分校内部一律实行“五统一”，即师资统一调配，招生统一组织，业务统一管理，财务统一核算，考核统一标准。分校预计2015年秋季学期投入使用。

【实施农村中小学运动场地塑胶化工程】 年内，县教育局投资3800万元建设21片农村中小学塑胶运动场地。5月，完成设计，7月28日完成招投标工作，9月，全面开工，11月底，21片场地基础工程均通过验收。年底有10片场地竣工交付使用。

【举办国际儿童画大赛】 5月9日，由南京青奥组委主办，南京青奥组委文化教育部和江苏省睢宁县人民政府共同承办的“牵手青奥，拥抱未来”——南京青奥会国际青少年绘画大赛颁奖仪式暨获奖作品展在石头城公园内举行。大赛共收到16个国家和地区青少年、儿童美术作品7000余件，特邀11位专家学者评审，共评选出获奖作品1200幅。

【提升美术教师素养】 年内，教育局多次组织美术教师活动，提升美术教师素养，拓宽教学视野。8月，组织30位美术教师赴淮安金湖、山东沂蒙山写生一周。举办庆祝教师节师生作品展。10月，组织20名教师赴贾汪写生。

【积极创建绿色校园】 年内,县教育局指导相关学校倡导低碳环保绿色行为理念,完善绿色校园创建目标。积极开展"资源节约型、环境友好型"校园建设。至年底,有14所学校通过省级绿色学校验收,40所学校通过市级验收。凌城中学的商则杰、浦棠中学的刘彭被评为2014年徐州市绿色学校创建先进个人。

(撰稿:朱玉洁 审稿:彭 燕)

【睢宁高级中学建成江苏省体验式英语课程基地】 10月,睢宁高级中学体验式英语课程基地建成并投入使用。基地核心场馆是英语语言环境体验中心,包含教师发展中心、孔子学堂、国际交流中心、体验中心等。通过创设英语模拟体验环境,使学生身临其境,多层面直接或间接体验、想象,享受英语文化美、语言美,锻炼学生英语听、说、读、写能力,有效提升学生的英语综合应用素质与能力。

(撰稿:史 勇 审稿:徐金平)

【繁星文学社举办校园十佳写手大赛】 12月,睢宁中学南校繁星文学社举办"校园十佳写手"大赛。经过海选、初评和决赛,最终有10位同学获得校园十佳写手称号。《繁星》是全国中学九十九佳文学社刊。《语文报》《中学生阅读》《语文世界》《同学》等诸多报刊一再推出专刊评价繁星文学社及其作品。

(撰稿:陈 娟 审稿:沈启志)

【睢宁中等专业学校推进校园建设】 年内,睢宁中等专业学校积极推进校园建设,改善办学条件。先后建设标准篮球场,铺设塑胶跑道,全面整修宿舍和教室以及校内道路。新添置服装实训、建筑实训、机电数控车床等设备。新增计算机机房6个、电脑近百台,添置钢琴10架。新改造校园电视台,高标准配备教室多媒体设备。顺利通过省建筑专业实训基地验收,服装专业市级品牌专业验收。

(撰稿:付 梅 审稿:胡居春)

【田家炳中学推行"学讲计划"】 2014年,学校本着"领导先行、典型引路、全员跟进"的原则,强力推行"学讲计划",确保"学讲计划"人人实施,个个过关。学校通过开设观摩课、评优课、探究课、研讨课,摸索实施"学讲计划"的有效途径。通过课改专项基金、绩效分配、年终评优、职称申报等手段,对优秀课改教师给予表彰奖励,一大批教师快速融入课堂教学课改的行列。

(撰稿:朱 挺 审稿:王 磊)

【李集中学家校合力促教育】 11月21日,李集中学召开高一年级学生家长会,家校合力促学校教育发展。家长会分两阶段举行,第一阶段由班主任向家长汇报学生在校的学习生活情况。第二阶段在主会场进行,分别为学生跑操展示、表彰与颁奖、校长致辞、学生代表发言、家长代表发言、教师代表发言、年级主任发言、班主任宣誓、学生宣誓。家长会进一步加强学校与家庭、教师与家长之间的密切联系,增进家长对学校工作的了解与支持。

(撰稿:李 锋 审稿:姚献章)

【王集中学64届老校友回母校】 6月6日,王集中学1964届高三(1)班33位老校友怀着对母校深深地眷恋之情,阔别50年后再回母校相聚。聚会的老校友中年龄最长的75岁,最小的68岁,分别来自北京、上海、广州、深圳和省内多个城市。该班同学有3位分别考取北京大学、清华大学,5位考取南京大学,大部分都是大学本科毕业,并在各自领域、行业均有所成就。

(撰稿:刘道俊 审稿:李言军)

【魏集中学引领教师专业化发展】 年内，学校采取多种措施引领教师专业化发展。扎实有效地开展3个方面的工作，即组织论文评选，教师的学期教育教学总结以论文形式上交，学校组织评选；第一学期对全体教师进行“学讲方式”课堂教学评估，开展评优课、示范课系列活动；学期末学校组织学期优秀教案评比。

（撰稿：王存楼　审稿：卓培芳）

【双沟中学推进“学讲计划”实施】 9月，学校通过健全组织机构、完善教学管理制度形成保障机制，通过舆论宣传营造课改氛围，强力推进“学讲计划”实施。学校以“导学案”为抓手，组织全校教师互相听课，领导推门听课，开展教研组评课活动。逐步形成以学生小组活动为主要形式，以学生展示为主，以教师点拨引导为补充，师生、生生间双向互动的高效课堂教学模式。

（撰稿：武洪宇　审稿：卓士学）

【凌城中学通过省三星级普通高中验收】 3月6日，凌城中学顺利通过省三星级普通高中验收。省教育评估院专家组通过听、看、查、问、评、议方式，分别查阅申报资料，参加升旗仪式、教师论坛活动，随机听课15节，访谈10余位教师和学生。专家组就检查评估情况进行反馈，对学校的办学条件给予充分肯定。

（撰稿：李　响　审稿：张肯宗）

【古邳中学成功申报“下邳文化综合学习”课程基地】 5月，古邳中学开展下邳文化综合学习课程基地申报工作，6月通过省厅答辩，成为江苏省唯一一家农村普通高中省级课程基地。学校以弘扬下邳文化、推进高中内涵发展、创新人才培养模式为目的，积极挖掘各类教科研资源，全力推动课程基地建设。

（撰稿：丁建东　审稿：刘　明）

【县职业高级中学举行技能大赛】 5月7日，县职业高级中学举行技能大赛活动。活动设形体礼仪、钳工操作、汽车专业、电工电子、护理专业、电工技术、程序设计7个类别。231名学生参赛，132名学生获奖，其中，一等奖32人、二等奖47人、三等奖53人。

（撰稿：许　豹　审稿：张　娟）

【县二中成立教师专业成长共同体】 11月26日，县第二中学教师专业成长共同体成立。教师成长共同体是为了促进教师互相学习氛围的形成，充分发挥优秀教师的传、帮、带作用，促进骨干教师形成教学特色，帮助年轻教师快速、健康成长。成立仪式上，董杰、吴静老师作表态发言，教科室主任宣读教师专业成长共同体研修方案和考核办法。

（撰稿：贯保柱　审稿：杜斌成）

【南门中学举办第十一届校园文化艺术节】 10月31日—11月1日，南门中学举办第十一届校园文化艺术节。艺术节以“梦想—我参与、我快乐、我健康、我成长”为主题，由四大板块组成，即张扬个性·放飞心情（文艺演出），流金岁月·瑰丽经典（大合唱比赛），韵律之美·舞动青春（广播操比赛），点燃激情·超越自我（秋季田径运动会）。

（撰稿：李　莹　审稿：刘忠华）

【城西中学积极开展文明城市创建活动】 11月，城西中学积极开展文明城市创建活动。学校通过网站宣传、教职工大会、悬挂条幅、对外张贴公益宣传展板，各班级通过主题班会、黑板报、手抄报、儿童画、知识竞赛、主题征文等形式，将社会主义核心价值观、“八礼四仪”、文明创建100问细化、落实，全校文明礼仪之风蔚然形成。在创建系列活动中，评选出校园十大文明标兵。

（撰稿：熊建强　审核：王永明）

【高作初级中学启动读书周活动】 3月26日，高作初级中学启动第一届读书周活动。活动充分利用校图书室、阅览室、班级图书角的功能，结合县教育局颁发的《中学生校园读书推荐书目》和网上读书资源，按年级定读书规划，确定必读书目，每天下午给出读书讨论时间20分钟，以班级小组为单位留给学生汇报时间。学校规定每学期的二、五、八、十二、十五、十八周为学期读书周。

（撰稿：沙兴武　审稿：张云飞）

【沙集中学成立课堂教学改革小组】 9月16日，学校成立课堂教学改革小组。重点围绕“走近学生，激发学生学习兴趣”这一主题，结合“学讲方式”推进要求，将每月的第四周作为学科组赛课周，在全校范围内开展教研组长示范、教师人人过关、人人谈体会活动，有效促进课堂教学质量的提升。

（撰稿：王　义　审稿：程德江）

【凌南中学举行叠被子比赛活动】 10月15日，凌南中学举行“点滴习惯 成就未来”叠被子比赛活动。全体师生欢聚校篮球场，在一次次的掌声和欢呼声中，选手们把自己的技能与习惯尽可能的展示出来。活动设一、二、三等奖，三(1)班获得最佳习惯养成班称号。

（撰稿：袁跃启　审稿：孙　平）

【凌北中学与无锡新安中学结对交流】 12月5日，学校确定与无锡市新安中学未来三年的支教交流方案。在未来的三年时间里，新安中学将结合学校实际情况有针对性安排专家到学校指导工作，交流的重点放在课堂教学改革、教师教学业务指导、教育教学质量提升办法、校园文化建设等方面，学校将有计划安排部分教师赴新安中学学习。

（撰稿：徐　平　审稿：徐　平）

【邱集中学开展名著阅读活动】 9月，邱集中学开展名著阅读活动。学校要求每位学生每学期至少阅读一本名著。为确保把名著阅读活动落到实处，学校要求语文教师对学生进行相应的阅读方法指导，让学生在兴趣中阅读，在阅读中感悟，在感悟中提升。各班级不定期举行读书交流活动，让学生以讲故事、做演讲、表演剧等形式把自己对原著的理解和体会灵活的展现出来。

（撰稿：魏　宁　审稿：邹　达）

【王林中学开展电子白板应用比赛】 12月28日，王林中学开展教师电子白板使用基本功大赛活动。学校要求党员干部带头学习，争先掌握电子白板使用技术。校长室要求四类人群电子白板使用百分之百过关，即党员教师百分之百过关、教干百分之百过关、骨干教师百分之百过关、青年教师百分之百过关。

（撰稿：徐　浩　审核：刘荣章）

【官山中学承办市课程建设“校校行”现场会】 12月18日，学校举办市初中课程建设项目学校“校校行”官山中学现场会。市教育局基教处刘勇带领市、县(市、区)12家项目建设学校的校长及部分领导，检阅学校乡土文化展示墙、小荷书法室、山风文学社等项目建设情况，验收项目建设阶段性成果，给予较高的评价。

（撰稿：王卫星　审稿：魏哲伟）

【黄圩中学与无锡刘潭实验学校开展教学研讨活动】 12月12日，学校邀请无锡刘潭实验学校两位骨干教师到校开展活动。两位教师分别开设一节数学课和心理活动课，作“班集体建设的实践”和“班主任沟通艺术”讲座，学校全体教师参加教学研讨活动。为加强两校之间的合作，充分利用优秀学校教育资源，无锡刘潭实验学校将黄圩中学列为支援单位。

（撰稿：黄振球　审稿：吴荣永）

【"雪莲花"助学联合会到李集二中开展助学活动】　11月22日，苏州"雪莲花"助学联合会成员一行5人带着书包、棉衣等价值近万元的学习生活用品，到李集二中开展爱心助学活动。助学联合会成员在学校德育处领导的陪同下，到李集镇柳圩、王铺等村走访困难学生，把捐助送到学生的手中。

（撰稿：李　奎　审稿：徐　寒）

【桃园中学袁世界被评为"2014最美乡村教师"】　年内，桃园中学语文教师袁世界被评选为"感动江苏教育人物——2014最美乡村教师"。9月9日，袁世界出席江苏省庆祝第三十个教师节暨先进集体先进个人表彰大会，受到省委书记罗志军、省长李学勇和省教育厅厅长沈健接见。

（撰写：王万青　审稿：王万青）

【朱集中学师生开展爱心捐款活动】　11月，朱集中学师生积极响应校团委的倡议，为患白血病的九(2)班刘珍同学捐献爱心。全校600多名师生共捐款11000多元，及时缓解刘珍治疗期间费用的压力，爱心活动给刘珍增强了战胜病魔的勇气和信心。

（撰稿：王如梅　审稿：袁　辉）

【王集二中开展校际"学讲"赛课活动】　12月14日，学校与苏塘中学、官山中学、张圩中学联合开展语、数、外三科教师赛课活动。赛课采用同课异构形式进行，每位老师将"学讲计划"的课程理念渗透到教学环节中，教学方法呈现多样化，让学生实现学进去、讲出来。观摩教学的老师们分教研组进行评课议课，给执教老师提出宝贵意见。

（撰稿：余　贺　审稿：王健全）

【苏塘中学筹建学生"心育"中心】　12月23日，学校投资15余万元的心理咨询室——"心育"中心建设完成。学校抽调3位兼职心理学教师，在班主任配合下，为598位学生建立"心理成长"档案，收集调查问卷1027份，筛查出问题87例。

（撰稿：池云珠　审稿：宋晓楼）

【岚山中学开展"我最喜爱的教师"评选活动】　12月25日，岚山中学组织全体学生开展"我最喜爱的教师"评选活动。评选活动以调查问卷形式，让各班级学生从本班的任课教师中选出自己最喜爱的教师，并注明喜爱的理由。在最喜爱教师的评选过程中，从调查问卷的发放，到唱票、监票、计票，学生代表全程参与，充分体现公开、公正、公平及学生主体参评的原则，最终评选出"我最喜爱的老师"14人。

（撰稿：洪本光　审稿：沈　鹏）

【高集中学开展"做党和人民满意的好老师"活动】　11—12月，学校开展"做党和人民满意的好老师"主题活动。学校通过组织学习、"五查五比"、座谈反思、师德承诺、教师宣誓、师德征文、师德演讲比赛、优秀教师事迹报告会等形式引领广大教师争做党和人民满意的好老师，进一步探究完善师德建设长效机制。

（撰稿：梁龙浩　审稿：孙存广）

【双沟二中开发"暖教育"校本课程】　9月10日，在教师节表彰大会上，全体教师一致通过"暖教育"校本课程。校长室制订校本课程实施方案，倡导教师记述发生在身边的教育故事，评选2014年校园最温暖的故事和校园最温暖的一句话。通过"暖教育"课程的开发和应用，师生关系更融洽，教育教学效果更加突出。

（撰稿：董　金　审稿：朱　辉）

【姚集中学承办县初中英语研讨课】 12月5日，全县初中英语“学讲计划”模式下同课异构研讨课在姚集中学举行。活动践行“学讲方式”的教学模式，营造浓厚的英语教研氛围，引发与会老师的诸多思考与感悟，为英语教学研究和英语教师成长搭建了平台。全县各中学英语教研组长和七、八年级备课组长100余人参加活动。

（撰稿：戴建设 审稿：闫 刚）

【下邳中学建立劳动教育实践基地】 3月2—13日，下邳中学对闲置土地进行重新整理，邀请专家对土壤进行分析，建立突出土壤优势的劳动教育实践基地——银杏种植园。校团委把土地划分到班级，插上标牌，平整地畦，将学校统一采购的1万棵银杏苗，分配到各班，在专家指导和班主任带领下分班种植，分组养护，责任到人。学校制订《下邳中学银杏种植园管理和考核办法》，定期评比，表彰先进班组。

（撰稿：周计祥 审稿：沈尖兵）

【张圩中学多措并举关爱留守儿童】 9月，张圩中学结合实际，创新工作思路，多措并举关爱留守儿童。学校开展“结对帮扶”活动，校长、中层教干和班主任与留守儿童一一结对。每月学校为当月留守儿童过集体生日。通过网络资源，为留守儿童开辟亲情视频聊天，建立微信平台，让孩子们和父母零距离沟通。

（撰稿：周清阳 审稿：宋利国）

【浦棠中学举行法制报告会】 12月16日，浦棠中学举行以“珍惜自由，远离犯罪”为主题的法制教育报告会。报告会上，县公安局4位警官采用以案说法的形式，通过发生在同学们身边真实鲜活的案例介绍青少年犯罪的主要原因及严重后果，让同学们了解到青少年违法犯罪的危害性，为学生上了一堂生动法制教育课。

（撰稿：庄金成 审稿：李 磊）

【梁集中学开展德育系列主题活动】 9—12月，梁集中学开展德育主题系列活动。活动以“珍爱生命，健康成长”为主题，每月举行一次紧急安全疏散演练，班班召开主题班会，政教处开展心理健康讲座，总务处组织安全隐患大检查。同时，学校联系司法局与县交巡警魏集中队，为全校师生分别开设一次法制讲座及交通安全教育课。

（撰稿：朱子东 审稿：袁 江）

【刘圩中学开展主题教育活动】 11月中下旬，刘圩中学开展“中国梦·我的追求”理想教育活动。活动以组织主题报告会、全体学生写听后感、各班级精心组织主题班会、教务处组织征文比赛、校团委组织主题演讲比赛等形式有序展开。

（撰稿：徐 刚 审稿：徐 刚）

【庆安中学举行诗词诵读比赛】 9月29日，庆安中学举行“红色经典诗词诵读比赛”活动。活动传承民族的先进文化，激发学生的爱国热情，以丰富多彩的形式提高学生的文化素质和诵读水平。比赛分甲、乙、丙三组，全校16个班级全员参与，学生热情高涨。七(1)班、八(2)班、九(2)班等9个班级获优秀奖。

（撰稿：李 甫 审稿：吕玉栋）

【龙集中学开展环境保护主题教育】 年内，学校因地制宜开展环境保护主题教育活动。学校利用学校池塘，组织学生开展动物放生和喂养活动。组织师生定期创作池塘环保基地、环保文化墙。学生用废弃塑料制品做花盆、栽种花草，创建教室小花园。

（撰稿：王万全 审稿：胡正文）

【睢城小学与市鼓楼小学举行校际联谊活动】 5月、10月、11月，睢城小学与徐州市鼓楼小学举行3次校际联谊活动。学校派出两批共26位教师赴鼓楼小学，观摩学习鼓楼小学各项管理、教科研活动、“学讲”推进工作，采用入班听课、跟岗实践等多种学习形式。鼓楼小学派13名教师到睢城小学观摩儿童画教学。

（撰稿：王　巍　审稿：王跃全）

【睢城镇中心幼儿园开展“三兴”行动】 9月，睢城镇中心幼儿园以“践行节约，励学尚德”为目标，积极开展“三兴”行动。“三兴”行动即节约兴园，多举措践行节约，切实增强师生节约意识，持续开展“光盘”行动，对幼儿进行节约教育；学习兴教，激励全园教师自我学习，同伴互助，交流切磋，使教师在学习活动中共同进步、共同发展；立德兴学，多层面培育师德，全力打造德才兼备教师团队。

（撰稿：邵　芹　审稿：王跃全）

【高作镇中心小学“红色教育”形成特色】 9月30日，高作镇中心小学在校园内举行“传承红色精神，追寻中国梦”讲故事等系列活动。学校依托校园内睢宁第一届县委成立旧址这一徐州市中小学生德育基地，举行爱国主义系列教育活动。红色教育形成学校的办学特色，红色精神影响一届又一届学生。

（撰稿：朱恒强　审稿：史桂香）

【沙集镇中心小学举行优质课观摩评比活动】 12月23—26日，学校举行“学讲计划”优质课观摩评比活动，为全体教师搭建欣赏、模仿、借鉴、研究的平台。各定点小学在学校初赛选拔的基础上推选出语文、数学、英语、科学4科共32名教师参加镇级评比。

（撰稿：时　雷　审稿：田礼明）

【凌城镇中心小学关注留守儿童健康成长】 11月21日，凌城镇中心小学邀请江苏新闻广播FM95.7主持人走进校园，为全镇留守儿童上了一堂“圆梦公开课”。主持人用声情并茂的讲述、精彩生动的视频短片，向孩子们解读“八礼四仪”、《三字经》等中华传统礼仪和文化知识。通过传递正能量，帮助留守儿童树立良好的学习生活习惯，培养积极向上的阳光心态。

（撰稿：赵章红　审稿：戴　辉）

【邱集小学组织学生观看《南京大屠杀》影片】 12月11日，在南京大屠杀死难者国家公祭日前夕，邱集小学组织学生观看《南京大屠杀》影片。学生在观看过程中倍受感染，影片让学生了解历史，铭记中国人民反抗日本帝国主义侵略的艰苦卓绝的斗争，缅怀先烈，继承遗志，为实现中华民族的伟大复兴而努力学习。

（撰稿：薛龙生　审稿：王万平）

【团中央领导赴大余小学调研】 12月18日，共青团中央志愿者工作部综合协调处副处长查干巴依尔在团县委书记李慧陪同下赴大余小学调研。查干巴依尔一行参观大余小学标本室等环境教育阵地，听取大余小学校长的汇报，对大余小学长期坚持开展环境教育活动以及办学成果给予高度评价，并给大余小学题写“保护母亲河、保护大自然”作为勉励。

（撰稿：滕广玉　审稿：王万平）

【官山镇中心小学举行演讲比赛】 12月8日，官山镇中心小学举行“勿忘国耻、圆梦中华”主题教育演讲比赛活动。比赛中，选手们结合所学的历史知识，缅怀民族志士们的丰功伟绩，表达对日本侵略者的愤慨和谴责。演讲赢得台下同学和老师的阵阵掌声。

（撰稿：高　健　审稿：陆　博）

【李集镇中心小学举行老教师退休仪式】 9月10日，李集镇中心小学为年内退休的8名老教师举行退休仪式。老教师代表在讲话中回忆工作中的美好时光，在岗教师表达向老教师学习、献身教育事业的决心，中心校领导对即将离开教学一线的老教师表达感谢和敬佩之情，向老教师颁发了证书和纪念品。

（撰稿：赵善学　审稿：曹艳常）

【桃园中心小学建设书香校园】 11月3—5日，学校分年级举行讲故事比赛、美文诵读比赛、诗歌朗诵比赛、阅读手抄报比赛、读书演讲比赛和命题作文比赛。年内，学校确立以“朗诵课外诗文”为平台，通过各种有益的读书活动，加强学生的道德修养和文化底蕴，培养学生“好读书、读好书”的良好习惯，打造书香校园特色发展之路。

（撰稿：王继善　审稿：仝　斌）

【苏果幼儿园通过省优质园验收】 11月18日，王集镇苏果幼儿园顺利通过江苏省优质幼儿园评估验收。该园于6月11日接受江苏省教育评估专家组现场评估。评估组专家们通过听取汇报、察看现场、技能测试、随机访谈、问卷调查、查阅台账资料等，对该园的保教队伍、办园条件、安全卫生、保教水平、绩效管理等进行细致、严格地检查评估。

（撰稿：王范彩　审稿：刘西平）

【王集小学组织开展国家公祭日主题活动】 12月13日，王集小学学生们佩戴红领巾、手捧寄托哀思的白纸花，神情庄重地在操场上列队组成“12·13”图案，开展国家公祭日主题活动。主题活动在庄严肃穆的气氛中进行，全体师生向南京大屠杀死难者默哀3分钟，辅导员老师介绍南京大屠杀的史实资料，由师生代表分别发言，最后集体庄严宣誓。

（撰稿：王范彩　审稿：刘西平）

【岚山镇中心小学召开青年教师座谈会】 10月31日，岚山镇中心小学召开全镇青年教师座谈会。座谈会上，全体青年教师交流各自专业化成长的规划与奋斗目标。中心小学校长对青年教师专业化成长提出希望和要求，并向全体青年教师每人赠送一本教育科研书。该镇决定从2015年起，每年评选一批优秀青年骨干教师，并为优秀青年骨干教师每人免费订阅一份教育杂志。

（撰稿：邢　灿　审稿：王　浩）

【双沟中心园被评为市游戏化课程示范基地】 8月14日，双沟镇中心幼儿园被评为徐州市游戏化课程示范基地。中心园将民俗文化、游戏与幼儿园课程相融合，开发和实施“传统民俗文化教育游戏化课程”。12月3日，睢宁县幼儿园课程游戏化建设现场观摩活动在中心园举行。

（撰稿：李秋菊　审稿：鲁　明）

【姚集镇中心小学强化校园安全网络建设】 年底，中心小学完成镇所辖11所小学、2所幼儿园安全监控整改工作。安全整改活动投入安保专项资金计23万余元，新安装摄像头86个，更换铜芯动力电缆主线4800米，为全镇小学、幼儿园各项工作的开展提供安全保障。

（撰稿：邵　磊　审稿：曹　砺）

【古邳镇中心小学易址重建】 2月初，古邳镇中心小学新校址破土动工，新校舍开工建设。新校址占地面积近2.7公顷，总建筑面积4900平方米，投入资金近1000万元。学校建成后，古邳镇中心小学的办学条件将得到彻底改善，古邳镇的孩子将享有和城区孩子一样的优质教育资源。

（撰稿：陈　峰　审稿：贾汉坤）

【魏集镇中心小学举行新教师入职宣誓仪式】 9月2日，镇中心小学举行新教师入职宣誓仪式。全镇教干、教师及部分学生参加活动，中心校校长对新教师提出希望和要求。新教师代表及老教师代表分别发言，全体新教师面向国旗，郑重宣誓，立志当一名光荣的人民教师。

（撰稿：陈新景　审稿：许　波）

【庆安镇中心小学开展责任教育主题活动】 2月，镇中心小学以校园文化为抓手，以“责任教育”为主线，开展责任教育主题系列活动。活动包括“我的班级我做主”“我为妈妈洗脚”等，强化教师对教育事业负责、对教育行为负责、对每一位学生健康成长与终身发展负责的自觉意识；教育学生对他人、对集体、对社会负责。

（王　超）

【实验小学成立名师工作室】 12月3日，学校14个名师工作室正式挂牌成立。14个名师工作室包括2个特级教师工作室和12个学科研究工作室，涵盖语文、数学、外语、科学、美术、心理健康、家庭教育各个学科。工作室的主持人均是学校学科带头人，确定将教学研讨、教学沙龙、讲课评课、示范课、公开课、讲座等作为名师工作室开展活动的主要形式。

（撰稿：王少平　审稿：杜义超）

【城西小学强化校本培训】 学年初，学校从校情、教情和学情出发，为教师量身制订切实可行的校本培训计划，并依据计划扎实推进。校本培训计划内容包括：师德师风、心理健康教育、教育教学理论储备提升、现代教育技能、教育科研专业、提高教师综合素养、小作文辅导技巧等培训。各种类型的校本培训有序进行，不断丰厚教师的知识储备，提高教育教学能力，全面提升师资队伍的综合水平。

（撰稿：孙存香　审稿：郑宇尘）

【县二小“金钥匙”智力竞技对抗赛再创佳绩】 4月11—13日，县二小代表队在江苏省第八届“金钥匙·‘校园之间’”智力竞技对抗赛中，获团体一等奖，3名学生获得个人一等奖。学校立足课堂，积极开展科普教育，通过小发明、小制作、小论文等活动，培养学生创新精神和实践能力，不断提高学生的科学素养。比赛由江苏省教育厅、江苏省科技厅举办。学校第三次在该赛事中获奖。

（撰稿：周　雨　审稿：袁　苏）

【职工子弟小学通过市节水型学校验收】 12月11日，学校顺利通过市节水型学校验收。学校在“涵养化育，自然天成”办学理念引领下，把节水工作作为培养学生责任意识的重要抓手之一，平时利用校园网、校园广播、宣传栏、LED显示屏等，大力宣传节约用水的重要意义，开展主题班会活动、节水知识竞赛、“我的节水小窍门”征文比赛、制作节水知识手抄报等系列活动，让学生在活动中受到节水教育，增强节水意识。

（撰稿：周　伟　审稿：梁金虎）

【特教中心召开消防知识普及专题讲座】 10月10日，县特教中心邀请教官胡青龙为师生举行消防知识普及专题讲座。讲座以观看视频、听宣讲、相互交流等形式展开，全校师生共同参与。

（撰稿：王书芬　审稿：卢志永）

【机关幼儿园开展文明创建活动】 11月14—23日，幼儿园开展“小手拉大手 共建文明城”活动。活动通过“‘讲文明’故事大王比赛”“‘小手绘文明’儿童画比赛”，举办班级家园联系栏、橱窗、宣传展板、LED电子屏等，宣传文明创建知识，动员孩子带动自己的父母投入到创建文明城市、争做文明人活动中，用孩子们的小手拉起家长的大手，共同克服生活陋习，养成文明好习惯，共建文明城。

（撰稿：梁晓艳　审稿：周淑玲）

【少体校运动队参加省运会创佳绩】　4—5月，少体校自行车队代表徐州市参加省十八届运动会取得优异成绩。运动员们获得9枚金牌、6枚银牌、4枚铜牌和总分256分的成绩，金牌数、奖牌数和总分均居全省该项目第一。女子手球队代表徐州市在省运会上获得第三名。

（撰稿：王道乐　审稿：祁秀敏）

睢宁县2014年各级各类学校基本情况表

表13　　　　单位：个、人

校名	班级数	在校生数	毕业生数	招生数	教职工数		学校领导			
					计	专任教师	校长	副校长	书记	副书记
睢宁中学	137	6778	2557	2090	655	613	刘培云	李本松（南校区校长） 沙兴新（北校区校长） 王万军（睢中附中校长）	刘培云	
睢宁中等专业学校	75	3357	869	1146	322	238	胡居春	朱贵华　袁庆群 周明东　夏安邦	胡居春	
田家炳中学	36	1832	615	648	168	154	王　磊	朱　挺　王大鹏 魏　辉	王　磊	
李集中学	54	2650	1192	849	222	191	姚现章	王凤席　王献章 田　胜	姚现章	
王集中学	43	2260	870	717	251	238	李言军	刘宜光　娄培华	李言军	
魏集中学	20	618	261	168	132	108	卓培芳	曹广忠　李全军	卓培芳	
双沟中学	30	1274	452	367	169	139	卓士学	李　克　岑　伟 陈　亮　王　伟	卓士学	
凌城中学	34	1428	718	408	162	157	张甫宗	李正坤　朱　成 王　剑　滕绍顶 单　飞　吴兰波	张甫宗	
古邳中学	40	1576	591	358	129	117	刘　明	陈　超	刘　明	
职业高级中学	15	680	269	227	71	67	胡居春	张　娟　王　永 徐　瑞		
县二中	60	2555	1288	876	259	237	杜斌成	丁　梅　杜叔良 杜海峰	杜斌成	
南门中学	24	876	289	537	129	121	刘忠华	沈　刚　李　莹	刘忠华	
城西中学	9	324	127	162	99	74	张　举	王永明　黄朝阳 王　坤　许培松	张　举	
高作初中	6	304	180	157	134	111	张云飞	沙兴武　白　杨 陈宜楼	张云飞	

续表13-1

校名	班级数	在校生数	毕业生数	招生数	教职工数		学校领导			
					计	专任教师	校长	副校长	书记	副书记
沙集中学	9	289	175	70	103	83	程德江	王庆科　李　宁	程德江	
凌南中学	7	210	56	71	31	31	孙　平		孙　平	
凌北中学	21	712	401	134	121	116	徐　平	蒋　磊　王建如	徐　平	
邱集中学	8	215	164	49	77	58	甄方园	邹　达	甄方园	
王林中学	16	416	226	104	139	133	刘荣章	刘维胜　刘赛一 梁　永　魏　勇 徐　亮	刘荣章	
官山中学	12	315	207	83	122	96	魏哲伟	彭成科　宋　健 彭跃龙　张　波	魏哲伟	
黄圩中学	6	179	112	61	63	53	吴荣永	黄振球　席　玮 尤大猛	吴荣永	
李集二中	24	1102	435	308	108	104	徐　寒	陈仪东　李化举 张　涛　王　泉	徐　寒	
桃园中学	11	313	268	37	107	96	王万青	周光席　路　长 顾士刚	王万青	
朱集中学	14	381	289	97	110	102	袁　辉	薛成强　周保元 王如梅　魏义武	袁　辉	
王集二中	18	412	313	115	126	117	李　明	张胜利　徐齐辉 韩　永　杨树胜	李　明	
苏塘中学	14	362	221	116	71	67	宋晓楼	赵荣军　吴修建 张荣春　宋　明	宋晓楼	
岚山中学	9	323	145	82	52	41	沈　鹏	崔　强　洪本光	沈　鹏	
高集中学	14	383	229	92	115	102	孙存广	梁龙浩　李　川 王道平　徐　永	孙存广	
双沟二中	13	408	165	126	72	52	朱　辉	董　金　张道席	朱　辉	
姚集中学	18	625	367	180	98	96	闫　刚	戴建设　卢彦飞	闫　刚	
张圩中学	7	283	171	21	47	39	宋利国	周东升	宋利国	
下邳中学	11	430	178	74	60	50	戚拥军	周计祥　李发庭	戚拥军	
浦棠中学	12	448	234	106	78	73	李　磊	宋　卓　韩　旭 胡　坤　魏　伦	李　磊	
梁集中学	14	575	327	123	115	99	袁　江	邢守孝　张　伟 张　威	袁　江	
刘圩中学	8	192	97	38	87	61	徐　刚	刘　楠　赵　磊 杨旭威　丁　泽 袁　曦		

续表13-2

校名	班级数	在校生数	毕业生数	招生数	教职工数		学校领导			
					计	专任教师	校长	副校长	书记	副书记
庆安中学	18	669	392	130	112	90	吕玉栋	林崇胜 赵 琪 许 铮	吕玉栋	
龙集中学	5	93	78	20	56	43	胡正文	王万金 张 剑		
睢城镇中心小学	187	7169	1025	1585	545	537	王跃全	崔茂盛 何 飞 王 芹 许光彩	王跃全	
高作镇中心小学	69	2173	215	522	218	203	史桂香	朱恒强 朱锋良 花 威 岳喜军 刘少军	史桂香	
沙集镇中心小学	69	2675	267	687	163	161	田礼明	王 波 杨国强 杨 柳 蒋国良 刘 江	田礼明	
凌城镇中心小学	99	3743	477	908	183	183	戴 辉	吴耀端 李 明 李 勇 刘 刚 花永忠 司范省 赵章红 吴中利	戴 辉	
邱集镇中心小学	123	5406	537	1022	293	293	王万平	陈茂金 朱友章 张 凯 胡 云 薛龙生 周法制 滕广玉 项元彬	王万平	
官山镇中心小学	89	3096	745	411	242	242	陆 博	王 岩 张 军 高 健 杜春艳 朱 岩	陆 博	
李集镇中心小学	82	3342	348	724	166	166	曹艳常	赵善学 岳 喜 沈金玲 蔡永之 王 洲 吴 平 魏 群	曹艳常	
桃园镇中心小学	112	4338	411	1059	259	259	仝 斌	袁 杰 殷庆席 刘益臻 赵春席 王继善 蔡光耀	仝 斌	
王集镇中心小学	125	5074	481	1149	268	267	刘西平	李传敏 田 东 刘 磊 王范彩 田晓琼 魏新民	刘西平	
岚山镇中心小学	129	4953	479	1065	249	249	王 浩	邢 灿 余宗平 荣 刚 肖 辉 申光生 邢儒民 戴四川	王 浩	
双沟镇中心小学	126	5017	320	1039	243	243	鲁 明	房庆飞 白广平 王 超 王 春 周 彬 沈 建 武 永	鲁 明	
姚集镇中心小学	126	4203	373	1012	232	231	曹 砺	邵 磊 王行远 王敦民 杜 莹 冯 勇 孙荣强 刘滋昂	曹 砺	
古邳镇中心小学	104	3823	404	913	216	210	贾汉坤	陈 峰 李本成 刘晓东 徐 建 周 蒙 吴成刚 沈士哲	贾汉坤	

续表13-3

校名	班级数	在校生数	毕业生数	招生数	教职工数		学校领导			
					计	专任教师	校长	副校长	书记	副书记
魏集镇中心小学	90	2609	398	486	223	223	许　波	陈新景　姜海波 魏朝阳　刘培峰 邱晓光　陈广阔 卞　辉　仝亚飞	许　波	
梁集镇中心小学	103	2746	394	523	202	202	卢修凤	王冬梅　李增年 韦荣强　鲍海洋 曹　庆　梁浩升 许瑞丰	卢修凤	
庆安镇中心小学	85	2603	294	598	263	259	王　超	朱　宝　彭跃全 邢　雷　武　松 张合齐　赵　侠 周　前	王　超	
实验小学	100	6351	1177	1220	318	315	杜义超	朱友爱　李　伟 苏　军　朱友宏	杜义超	
第二小学	42	2030	305	370	99	97	袁　苏	沈　威　彭　军 梁　莉　任树松 陈绵吉　卓秋波	袁　苏	
城西小学	42	2215	296	288	119	109	郑宇尘	戴　炜　晏祥海 张　蕊　孙存香 鲍雪梅　孙　晓	郑宇尘	
职工子弟小学	40	1806	213	327	87	87	凌　云	许　平　梁金虎 胡居胜　付　曙	付　曙	
特殊教育中心	15	116	19	13	57	41	王思军	卢志永　王　芳	王思军	
机关幼儿园	15	525	205	150	54	46	周淑玲	丁　军　张　莹	周淑玲	
少年儿童业余体育学校	6	112	58	31	35	31	祁秀敏	陈　永　蔡裕刚 刘一胜	祁秀敏	
新世纪中学	114	6078	1987	1700	446	370	李　杰		候　永	
文华中学	65	3880	1432	1258	290	247	张明华		高明军	
宁海外国语学校	116	7078	1676	2038	361	302	孟根荣		李长青	
树人初级中学	42	2042	779	600	158	136	苏学斯		王绪建	
树人高级中学	30	1589	606	534	112	94	刘　涛		尤逢群	
菁华学校	113	5472	1839	1663	375	323	顾开胜		顾开胜	
睢中附属学校	77	4298	1283	1283	230	202	王万军		王万军	
戚姬中学	2	40	13	22	10	6	刘宗亮		刘宗亮	
北方英汉双语学校	19	840	82	186	64	44	石　峰		石启忠	

续表13-4

校名	班级数	在校生数	毕业生数	招生数	教职工数		学校领导			
					计	专任教师	校长	副校长	书记	副书记
兴浦学校	7	247	110	114	33	28	许静群			
敬一中学	18	864	372	299	65	53	陈志辉		张道成	
汇文中学	22	515	47	257	82	55	刘　忠		李全君	
亚东中等专业学校	16	437	234	127	28	18	李定坤		刘玉明	

（朱玉洁）

局　　长　沙之品
党委书记　张延青（—11月）
副局长　杜　欣（2月—）　李　波（11月—）　李新永（11月—）郝金春　周　卫　张俊中（—2月）
党委委员、纪委书记　吴宝军（2月—）
党委委员　许贞宗　王希部（—2月）
党委委员、教育工会主席　宋　勇（—2月）

【概况】　2014年，邳州市有各类学校（含民办，不含幼儿园）252所，其中，初中38所，高中5所，完中6所，九年一贯制学校1所，小学191所，特教学校2所，中等职业学校2所，民办中学5所，民办小学2所。在校学生248404人，其中，高中24150人，初中44514人，小学165322人，特教学校在校学生342人，中等职业学校在校学生14076人（含成人7148人）。全市有幼儿园83所（其中民办幼儿园39所），在园幼儿59323人。义务教育阶段入学率100%，初中巩固率99.3%，高中阶段入学率97.2%，学前三年幼儿入园率92.1%。全市有教职工18045人，其中专任教师15837人。教师学历合格率高中、初中、小学、幼儿园均100%。全市有省特级教师27人（其中在岗12人），有徐州市名教师19人、名校长5人、青年名教师31人、学科带头人68人、青年优秀骨干教师87人。

2014年，全市有省三星级以上普通高中8所，省示范初中6所，省实验小学7所，省、市优质幼儿园39所，省、市模范学校1所，省、国家重点职业技术学校2所，省特殊教育现代化示范学校1所。全年撤并学校2所，新建学校4所。年内，获全国义务教育质量监测优秀组织奖、徐州市教育系统先进单位、徐州市创建绿色学校活动优秀组织单位称号。全年投入教育经费23.0733亿元。

【召开创建省教育现代化市现场会】　2月3日，市教育局在戴庄中学召开创建省教育现代化市现场会。局督察组成员、中小学校长及部分副校长参观了学校的环境改造、校园文化建设、创建台账资料及各功能室配备情况，听取戴庄中学创建工作经验介绍。各镇（街道）中心小学校长就前阶段创建工作和打算作简要汇报。局长沙之品对全市创建工作进行全面部署。

【完成计算机公开招标采购】 1月22日，市政府采购中心顺利完成创建教育现代化市计算机公开招标采购。采购项目包含学生用机6700台、教师用机2026台、图书馆及电教室用机286台，招标预算金额2800万元，中标金额2497.409万元，节约率10.8%。采购活动的评委全部从省级专家库异地专家中抽取，并邀请市检察院、财政局等相关单位负责人现场监督，以保证招标公开、公平和公正。全国8家销售商报名，最终4家参加投标。

【举办体育骨干教师培训班】 2月22—23日，市教育局在明德实验学校举办体育骨干教师培训班。培训重点是武术操和陈式太极拳，全市87所中小学226位骨干教师，在7位教练员的指导下，圆满完成了武术操《旭日东升》第一套（小学）、《英雄少年》第一套（中学）以及陈式太极拳一、二、三段的培训任务。

【接受全国义务教育发展基本均衡市评估】 2月25—26日，省督导组到邳州开展全国义务教育发展基本均衡市现场评估。省督导组听取邳州市创建工作汇报，查阅相关材料，并作实地察看和问卷调查。省督导组认为，邳州在保障教育优先发展、促进义务教育均衡发展等方面所采取的举措扎实有效，对邳州加大教育经费投入、改善办学条件等方面的工作给予好评，并提出了意见和建议。市领导陈静、张东风、张祥荣等参加活动。

【106名责任督学挂牌上岗】 4月15日，全市106名责任督学挂牌持证上岗。责任督学采取随机听课、查阅资料、座谈走访、问卷调查等方式，对学校进行随机督导，准确掌握学校的办学现状、发展动态及存在的问题，为学校发展问诊把脉，帮助学校出谋划策，指导学校破解难题。

【举行"劳模精神进校园"报告会】 4月25日，市总工会、文明办、教育局在明德实验学校举行"劳模精神进校园"报告会。邢楼镇耿庄小学教师郁雪群和燕子埠中学教师王闻分别作报告，局长沙之品主持并讲话。沙之品要求各校积极开展"学习劳模，做育人楷模"主题活动，切实转变工作作风，提高育人水平，努力办好人民满意的教育。

【举办文明礼仪养成教育现场会】 4月30日，市文明办、教育局在福州路小学举办全市文明礼仪养成教育现场会。与会人员参观学校文明礼仪养成教育成果展示，并观看文艺节目《礼仪之春》。教育局副局长郝金春总结文明礼仪养成教育开展情况，部署下一步工作。宣传部副部长陈青对文明礼仪养成教育工作提出明确要求。福州路小学作经验介绍，运河中学、机关幼儿园作表态发言。

【4名教师在省基本功大赛中获奖】 1月2日，2013年江苏省基础教育青年教师教学基本功大赛邳州4名教师获奖。运师附小于富民、新城幼儿园刘莹霜获二等奖，运河中学孙大伟、王海军获三等奖。大赛由省教育厅组织，内容包括粉笔字、即兴演讲、教学设计与课件制作、课堂教学四项通用技能和专业技能。

【举办陶继新学术报告会】 6月28日，市教育局在明德实验学校举办陶继新学术报告会。陶继新为山东教育出版社编审、原总编辑，现任《创新教育》执行主编。他从思想引领教育行动、文化成为发展源泉等6个方面分析讲解一些校长的成功事例。局长沙之品主持并讲话，要求校长要投入精力研究教育教学规律，加快转型，早日成为专家型校长。

【中央媒体报道郁雪群、郭庆事迹】 7月，《人民日报》《光明日报》报道郁雪群、郭庆两位教师先进事迹。7月14日，《光明日报》以《在无声世界的大门前，静候铁树开花——记江苏省邳州市特殊教育中心教师郭庆》为题报道郭庆在语言康复部教哑童说话的事迹。7月15日，《人民日报》以《一位乡村教师与“9朵向日葵”》为题报道邢楼镇耿庄小学郁雪群不断拓展读书点的内涵和外延，探索出“基地+团队+活动”三位一体的关爱留守儿童新模式。

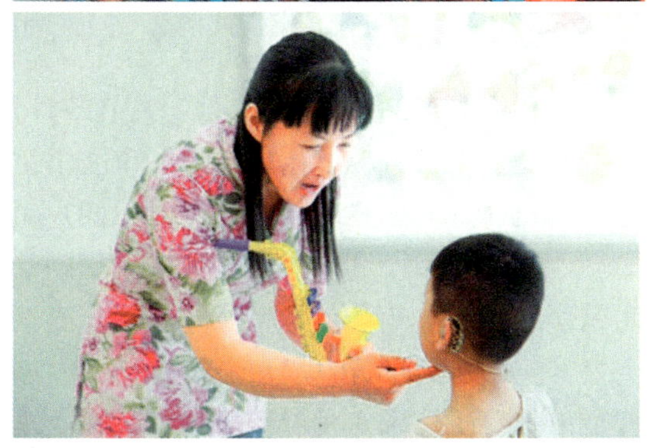

【王强调研学前教育提升工程】 8月2日，邳州市市委书记王强到新城、锦江路、公园路等幼儿园施工现场调研学前教育提升工程。学前教育提升工程是市“十大民生工程”之一，城区新建6所幼儿园，切实解决“入园难”“入园贵”问题。王强走进幼儿园，实地查看教室等基础设施配备情况，要求放大优势资源，做好师资配备，力争早日投入使用，惠及邳州百姓。

【福州路小学被命名为“中国雷锋小学”】 8月1日，福州路小学在全国军民第十四次学雷锋交流现场会上被命名为“中国雷锋小学”。福州路小学一直坚持开展“日行一善”、小小志愿者、文明小博客、经典诵读等学雷锋主题教育活动，充分运用校园文化建设、校报、红领巾广播站等平台，将学雷锋活动常态化，使雷锋精神渗透到学生的日常行为之中。学校有40余名学生被授予江苏省文明少年称号。学校为全省第一所“雷锋小学”。

【举办暑期小学校长教干培训班】 8月17—18日，市教育局在向阳小学举办暑期首期小学校长教干培训班。培训为期两天，参训的378名小学校长教干先后观看专题片，听取无锡市北塘区教育局副局长许昌良所作的《教学领导力提升与优质学校建设》专题报告和实验小学、占城中心小学、八义集镇果满山小学等校的工作交流，参加闭卷理论测试。

【举行贫困大学生救助仪式】 8月26日，“梦想的翅膀”2014邳州市贫困大学生救助仪式在市会议中心举行。市委书记王强和市长陈静等市领导参加救助仪式，王强讲话，并与陈静分别为2014年考入高校的贫困大学生代表和在校就读的贫困大学生代表发放救助金。仪式分为“隐形的翅膀”“腾飞的翅膀”和“梦想的翅膀”三个篇章，涉及亟待救助、正在救助、已经救助的贫困大学生群体，通过救助案例专题片和温情节目，展示救助给贫困大学生们带来的机遇和命运的转变。

【4名教师获全国优秀教师称号】 8月，郁雪群、刘中宝、丁震、宋飞4位教师获全国优秀教师称号。郁雪群曾获全国特别关注乡村教师等称号，刘中宝曾获徐州市五一劳动奖章，丁震曾获邳州市学生最喜爱的老师等称号，宋飞曾获得江苏省基础教育教学成果一等奖、江苏省“教海探航”杰出水手奖等。

【举行庆祝第30个教师节大会】 9月6日，市委市政府在会议中心隆重举行庆祝第30个教师节表彰大会。市委书记王强讲话，市长陈静主持大会。王强代表市四套班子向在教育战线上的广大教育工作者和离退休老教师，致以节日的问候，并对邳州教育发展作了回顾和展望，勉励教师们奋勇争先，创造邳州教育的新辉煌。省特级教师郭德才，全国优秀教师郁雪群，省特级教师周有利分别作典型发言。李继忠、张克、孙跃先、孙强、卫道光、胡汉军等市领导出席大会。

【王强陈静看望慰问教育工作者】 9月9日，市委书记王强、市长陈静等市四套班子领导看望慰问广大教师和教育工作者。他们到运河中学、特教中心、官湖中心幼儿园、官湖镇周家小学、邳城镇汤家小学以及部分退休教师家中，看望慰问教职员工，并向全市广大教师和教育工作者致以节日的问候和敬意。市领导李继忠、张东风、胡汉军、张祥荣参加活动。

【举行荣盛实验小学交接仪式】 9月10日，荣盛实验小学交接仪式在学校新建成的校园广场举行。学校位于阿尔卡迪亚小区，由荣盛房地产发展股份有限公司投资6000万元建成。校长王保春从企业负责人手中接过校园“钥匙”，学校被正式纳入市教育局直属公办学校管理。依托明德实验小学筹办荣盛实验小学，引进明德实验小学优秀师资，采取以名校办新校的举措，促进市教育优质均衡发展。市领导吕金城、沈莉，局领导沙之品、郝金春参加活动。

【徐州市推普周活动在邳州启动】 9月16日，第十七届全国推广普通话宣传周徐州市启动仪式在实验小学举行。活动的主题是：说好普通话，圆梦你我他。邳州以学校为基础，以党政机关为龙头，以新闻媒体为榜样，以公共服务行业为窗口，大力普及普通话，促进语言文字的规范化，将普通话作为提高市民素质、提高城市文明形象的重要途径。副市长张祥荣、徐州市教育局副局长李运生、市教育局局长沙之品参加活动。

【2名教师获“江苏书法奖”】 9月，明德实验小学教师提俊丰、曹元伟获“江苏书法奖”，佟士委、许风贺两位教师作品入展。“江苏书法奖”是经江苏省委宣传部批准，由江苏省文学艺术界联合会、江苏省书法家协会主办的与中国书法“兰亭奖”相衔接的江苏书法最高奖项。大赛历经2个多月征稿，共收到投稿作品1100多件。评审委员会通过对参评作品、现场创作、文化测评、以往专业成果等方面进行综合评定，最终评出“江苏书法奖”10名，提名奖10名和84件入展作品。

【市委开展教育专题调研活动】 9月23日，市委开展全市教育专题调研活动。市委书记王强、市长陈静一行到荣盛实验小学、四户镇小学、奚仲路小学、邹庄中学、赵墩镇彭湖幼儿园、新世纪学校等处实地调研。召开座谈会上，与会人员听取市教育工作情况汇报，围绕全市教育工作未来发展积极建言献策。李继忠、俞启弘、孙跃先、张东风、胡汉军、宋彭、沙荣侠、张祥荣、郑春伟、史云贵等市领导参加调研。

【召开食堂管理及营养餐配送工作会】 9月29日，全市学校食堂管理及营养餐配送工作会议在市教育局召开。副市长张祥荣出席会议并讲话，她指出，学生营养餐工作是民心工程、健康工程，要切实加强和规范，将好事办好，实事办实。市教育局局长沙之品主持会议并作动员部署，市食品药品监督管理局局长刘建河作专题讲话。各镇（街道）分管同志、全市中小学校长、部分直属学校校（园）长参加了会议。

【鲁良老师获“亚洲声乐”银奖】 8月，在韩国首尔举办的亚洲声乐大赛中，邳州中专音乐教师鲁良获银奖。鲁良凭借良好的素质和水准，以一首《骏马奔腾保边疆》夺得声乐大赛民族唱法银奖。鲁良自小喜欢音乐，曾花费10年时间，在南京、北京等地，师从金铁霖、吴雁泽等音乐界名家学习声乐，打下坚实的声乐基本功。大赛共有20多个国家和地区的1000多名选手参赛。

【车辐中专获全国技能大赛金奖】 6月13日，车辐中专中餐烹饪专业学生喻鹏程获全国职业院校烹饪专业技能大赛金奖。全国职业院校烹饪专业技能大赛在扬州商务高等专业学校举行，中职组烹饪比赛项目分为中餐热菜、中餐面点、冷拼与雕刻，经过理论考试、基本功、指定项目和自选项目4个环节，对选手的综合素质进行全面的考察。喻鹏程从400名选手中脱颖而出，获金奖，并保送扬州大学攻读本科。辅导老师丁震获全国职业学校技能大赛优秀指导教师奖。

【召开创建全国文明城市动员大会】 10月26日，市教育局召开创建全国文明城市动员大会。会议指出，教育系统必须自觉担当起“主力军”和“排头兵”任务，树立教育系统的良好形象，当好文明形象的“大使”。局长沙之品、副局长郝金春出席会议并分别讲话。全市中小学校长、直属幼儿园园长、局创建办全体工作人员参加会议。

【召开群众路线教育实践活动总结大会】 10月28日，市教育局召开党的群众路线教育实践活动总结大会。局党委书记张延青作总结报告。张允庆代表督导组对教育局教育实践活动的做法和成效给予肯定。局长沙之品就贯彻落实会议精神做强调部署。局直属学校、幼儿园党组织负责人，局机关全体人员，教研室和招办负责人参加会议。

【接受徐州市节水型学校验收】 10月28日，邳州5所学校接受徐州市节水型学校验收。由徐州市水务局、邳州市水务局和市教育局等单位组成的节水型学校评估验收小组，对向阳小学、奚仲路小学、福州路小学、港上镇卢庄小学和戴庄中学创建徐州市节水型学校工作进行现场评估验收。专家组查看各校的管网排布、节水设施建设和节水宣传栏，就校园水质量平衡情况进行检查。座谈会上，专家组听取学校从组织管理、制度建设、宣传教育、节水投入等方面作节水创建工作情况汇报，查阅学校的创建工作档案资料，对各校创建节水型学校工作给予充分肯定。

【2名教师在省书法优质课评比中获奖】 10月25日，邳州市2位教师在省书法优质课评比中获奖。江苏省第十二届中小学书法教学优质课观摩评比活动在宜兴市东域小学举行，港上镇中心小学教师禚效锋和八义集镇车站小学教师郭保平分别获一、二等奖。

【杨湘宁到邳州调研职业教育】 10月28日，省教育厅副厅长杨湘宁到邳州调研职业教育。杨湘宁视察了邳州中专和车辐中专的农机具维修、服装、烹饪、现代农艺、美容美发等专业实训基地，现场观摩烹饪专业师生技能教学场景，详细了解学校实训教学、专业设置、教育教学改革以及招生就业等情况，观看学校管乐、舞蹈、武术等社团活动。他充分肯定两校所取得的成绩，并对学校提出希望。徐州市教育局副局长李清，邳州市副市长张祥荣，市教育局局长沙之品、书记张延青、副局长郝金春等陪同。

【参加国家义务教育质量监测】 11月27日，邳州有8所中学、12所小学部分师生参加国家义务教育质量监测。当日，市各监测点所有工作人员严格遵照测试现场操作程序及要求实施测试工作，省政府教育督导委员会巡视员耿正国、姚杰，在教育局副局长李新永的陪同下逐一到各个监测点巡视督察，并听取有关义务教育质量工作的介绍。监测对象为2014—2015学年度五年级、九年级学生，监测内容为数学、体育与健康。上个学年度的四年级、八年级班主任及数学、体育任课教师和校长参与问卷调查。12月底，市教育局获教育部基础教育质量监测中心颁发的优秀组织奖。

【"美德江苏校园行"采访组走进邳州】 11月17日，"美德江苏校园行"采访组走进邳州 。江苏教育报刊总社开展"美德江苏校园行"大型教育新闻采访行动，徐州采访组总编辑曹连观一行7人在徐州市教育局党委委员徐保卫、邳州市教育局局长沙之品和党委委员许贞宗的陪同下，分成两队，分别采访了邳州市校安工程建设和特教工作。

【举行新教师岗初培训班开班典礼】 11月29日，2014年入编新教师岗初培训班开班典礼在邳州中专举行。培训为期2天。培训课程以基本教学技能为重点，主要安排教师职业道德教育、课堂观摩与"学讲计划"讲座、模范教师事迹报告会、电子白板使用及课件的制作与辅导等培训内容。

【中央媒体聚焦"向日葵行动"】 11月24日，省妇联组织由《人民日报》、新华社等中央八大主流媒体记者组成的采访团到邳州专题采访"向日葵行动"。"向日葵行动" 是邳州市妇联依托儿童读书点，破解因家庭教育缺位、精神文化贫瘠等带来的一系列农村留守儿童健康成长难题方面所做出的努力，是关注留守儿童教育的有益尝试。采访团到邢楼镇向日葵读书点，详细了解邳州市妇联开展关爱留守儿童的经验和做法，对于国内探索此类课题起到示范带动作用。副市长张祥荣参加活动。

【6位学生作品中美交流展获奖】 12月9日，邳州6位同学剪纸作品在2014年徐州市中美青少年艺术作品交流展获奖。新城中学的冯治皓和运河中学的丁政方获一等奖，英华实验小学的戴雪源、李政宇获二等奖，新城中学的韩婷、徐响获三等奖。活动由徐州市教育局、徐州市外事办公室联合举办，以"美好世界、美好生活"为主题，旨在引导广大青少年积极践行社会主义核心价值观，继承、弘扬和传播中华优秀传统文化，加强与世界青少年的文化交流。

【省校安办到邳州督导校安工程】 12月17日，省校安办督察组在省审计厅副厅长褚宗明带领下到邳州督导中小学校舍安全工程建设。督导组一行实地察看荣盛实验小学、燕子埠镇中心小学及中学等校舍建设情况，听取市中小学校安工程情况汇报。督导组认为，邳州优先保证教育投入，校安工程取得显著成效，希望加快在建工程进度，做好已竣工项目的验收工作，加强工程质量监督，提早谋划2015年校安工程，齐心协力，实施好这一教育民生工程。市委常委宣传部长张东风参加活动。

(撰稿:沈庆保　杲绍祜　审稿:杜　欣)

【运河中学欢送清华、北大学子】 8月14日,运河中学举行欢送2014年北大、清华新生座谈会。副市长张祥荣与北大新生田超,清华大学新生顾欣宇、邹逸宁及学校领导、2014届高三年级分管领导、家长代表亲切座谈,向以优异成绩考入北大、清华的三位学生送上诚挚的祝福。凤凰传媒有限公司(新华书店)总经理刘付凡参加欢送座谈会并向3位清华、北大新生送上助学金。3位学子表示感谢母校3年的培育,感谢市委市政府及社会各届的关心和帮助,努力学习,积极实践,力争在各自的学科领域中有所作为,报答母校,为社会做出应有的贡献。

【运河中学特邀东南大学机器人团队开展科普活动】 5月23日,运河中学邀请东南大学智能机器人团队到校开展科普活动。东南大学智能机器人团队进行了智能机器人展演,东南大学自动化系党委副书记、副院长、博士生导师金立左教授为广大学子作"机器人的视觉"科普讲座,让学生近距离感受到科学的魅力。

(撰稿:刘振武　审稿:陈　青)

【明德实验学校被命名为省英语课程基地】 6月29日,明德实验学校被江苏省教育厅命名为江苏省高中英语课程基地。学校拥有名师引领的高素质英语教学团队,开发了富有地方特色的英语活动课程,积极开展普通高中课程基地项目建设。5月9日,学校申报材料通过徐州市项目初评答辩;6月11日,学校参加省教育厅组织的现场答辩,项目得到与会专家的好评。

(撰稿:石　杰　审稿:李宏飞)

【邳州一中举办第二届校园文化艺术节】 10月18日—11月20日,邳州一中举办第二届校园文化艺术节。艺术节以"绽放青春,拥抱梦想"为主题,有7大板块:艺术节开幕式(庆祝建国65周年合唱比赛)、经典诗文诵读比赛、学科知识竞赛、校园十佳歌手比赛、汉字听写比赛、艺术作品展、艺术节闭幕式。艺术节的举办丰富了学生的校园文化生活,进一步营造浓郁的校园文化艺术氛围。

(撰稿:刘建平　审稿:刘传超)

【邳州二中学生自主举办田径运动会】 10月23日,邳州二中举办第三十七届秋季田径运动会。学校运动会首次由学生自主组织举办,裁判员由学生担当,学校只负责引导协调。运动会体现了广大同学的使命感、责任感及一丝不苟的工作态度,并获得圆满成功。

(撰稿:冯文汇　审稿:张士超)

【邳州四中省级课题获立项】 11月26日,邳州四中省级课题《价值重塑——提升薄弱学校办学质量的实践研究》获立项。该课题系江苏省教育科学"十二五"规划课题,针对薄弱学校的师资、生源、经费来源、学校管理及办学质量,进行实践研究,探索提升质量的途径。课题主持人刘传超、杨胜利。

(撰稿:刘　振　审稿:陈　良)

【新城中学成立教学督导室】 8月31日,新城中学成立教学督导室。教学督导室直属校长室领导,协助教务处全面推行课改工作,负责"学讲计划"的落实和推进,定期和不定期巡课并及时反馈,表扬先进,对工作不力者督促整改。

(撰稿:满　倩　审稿:王新建)

【官湖高中9位教师市基本功大赛获奖】 3月1日,官湖高中9位教师在市青年教师基本功大赛中获奖。市教育局在明德实验学校举行青年教师基本功大赛，官湖高中王登旭、戴磊、王伟、关颖、马丽5位教师获一等奖，薛万娟、丁静静2位教师获二等奖，李芳、杨猛2位教师获三等奖。大赛有力促进教师积极主动提高自身的整体素质。

（撰稿：孙光波　审稿：黄继勇）

【铁富高中举办学生辩论赛】　3月26日，铁富高中举办学生辩论赛。辩论赛由高二年级组、校团委主办，语文教研组承办，王文明、乔思柔、沈硕等分别获得一、二、三等奖。现场辩论异常激烈，赢得师生的热烈掌声。学校领导、课改组全体师生和部分家长观看了比赛。

（撰稿：赵艳梅　审核：张希营）

【土山高中2位老师获省、市奖】　2月25日，土山高中两位老师参加省市优质课赛获奖。曹丽莉参加徐州市优质课评比获一等奖，省优质课评比获二等奖；张小芬参加邳州市教师基本功大赛获一等奖。学校通过培训、开课、赛课、论文评选等学习、交流活动，促进一批名优教师迅速成长。

（撰稿：陈　东　审稿：刘成国）

【八义集高中加强安保工作】　年内，八义集高中不断加强安保工作。学校把安全工作放在重要位置，陆续投资10余万元，安装红外监控、摄像、报警设备，校园周边、大门、内外道路、走廊及重要场所等全部处于监控之下。不断完善规章制度，加强安保队伍，组织学生安全演练，提高师生防范意识和应变处置能力。

（撰稿：王　猛　审稿：胡　颢）

【陈楼中学开展儒家文化进校园活动】　4月5日—5月5日，陈楼中学开展儒家文化进校园活动。校园内每一幢教学楼，每一间教室都进行儒家文化的包装，在墙壁、过道、走廊上张贴孔子、孟子等先贤的画像及生平简介的牌匾，布置了《论语》等儒家典籍中有关学习的名句、处世的箴言、育德的书画、儒家的故事和富有人文气息的标语。

（撰稿：杜护启　审稿：胡　颢）

【宿羊山高中加强常规检查】　年内，宿羊山高中加强常规检查。学校重视做好“教学五认真”等常规检查工作，采取定期检查与随机抽查相结合的形式，对任课教师的教案、作业、听课情况等方面进行检查，评出等级，并记录在案，作为年终教师考核的依据。学校通过“教学五认真”检查，不断夯实教师业务基础。

（撰稿：邹　峰　审稿：谢高峰）

【车辐中专刘阿雪获省校服设计大赛银奖】　9月12日，车辐中专刘阿雪获江苏省“大唐杯”服装院校校服设计大赛银奖。江苏省“大唐杯”服装院校校服设计大赛由江苏国际服装节组委会办公室、江苏省教育厅主办，江苏省服装协会、江苏省服装设计师协会、江苏纺织工程学会承办，江苏大唐纺织科技有限公司特别协办。设金奖1名，银奖2名，铜奖3名。

（撰稿：臧启华　审稿：林凯军）

【运师附小获市现代教学技能一等奖】　7月，运师附小获徐州市青年教师现代教学技能大赛团体一等奖。大赛由徐州市教育局主办，市直属学校、高职校、中职校及民办学校共76个代表队参加。运师附小由宋飞、于富民、郭金娟3位老师组成小学语文教研团队参赛，获得小学语文组团体一等奖。

（撰稿：高福亮　审稿：刘立新）

【实验小学获省科普示范校称号】　4月，实验小学获江苏省防震减灾科普示范校称号。学校广泛开展防震减灾知识宣传教育活动,切实增强师生及周边市民的防震减灾意识,更多了解掌握应急避震知识。经过江苏省地震局、江苏省教育厅、江苏省科协等部门的多重验收,实验小学正式被评为江苏省防震减灾科普示范学校。

(撰稿:张长岭　审稿:陈立芳)

【明德实验小学被命名为“兰亭小学”】 5月11日,明德实验小学被中国书法家协会命名为“兰亭小学”。中国书协组联部副主任段军宣读《关于命名明德实验小学为兰亭小学的决定》,中国书协党组成员、副秘书长张陆一为学校授牌,中国文联书法艺术中心主任刘恒等讲话,对明德实验小学坚持以书法特色促发展,积极营造学习书法的浓厚氛围以及书法教学取得的显著成果予以充分肯定。中国书协李木教、吴行、李啸、杨西湖及徐州市书协、邳州市领导参加仪式。

(撰稿:孔庆旭　审稿:王保春)

【运平路小学举办“思维导图”培训活动】 1月8日,运平路小学组织全体教师开展“思维导图”培训活动。活动中,陈通老师作了题为《思维导图——教与学的好帮手》的专题报告。陈通简要介绍了什么叫“思维导图”,就思维导图制作软件Xmind的安装、基本功能、使用方法进行详细介绍和指导。

(撰稿:刘　辉　审稿:杜互东)

【中科院院士龙乐豪到福州路小学指导工作】 5月18日,导弹火箭专家、中国运载火箭技术研究院副院长、长征三号火箭总设计师与总指挥、中科院院士龙乐豪到福州路小学科技馆参观,并指导工作。学校小科普志愿者向龙乐豪介绍了各种科普展品,龙乐豪在科技体验馆和5D动感影院体验后,对学校科技特色教育工作取得的成绩给予充分肯定,同时提出建设性的意见和建议。

(撰稿:翟运胜　审稿:韩召龙)

【英华实小承办省级课程项目现场会】 9月4日,英华实小承办徐州市省级课程建设项目现场会。徐州市教育局基教处刘勇等一行,观看徐州市地方特色课程项目建设相关单位的视频简介并听取校长孙卫胜的工作汇报,共同研讨、交流经验。刘勇提出下一步的工作要求和具体的任务。徐州市各县(市、区)特色课程项目建设学校的60多位代表参与活动。

(撰稿:李修昂　审稿:孙卫胜)

【机关园成为学前教育游戏化课程基地】 8月11日,机关幼儿园通过评估,成为徐州市学前教育游戏化课程示范基地。机关幼儿园在游戏化课程实践中不断深化教育教学改革,深入游戏化课程建设,逐渐形成具有园本特色的游戏化园本课程。该园依托课程示范基地建设,积极开展1+n优质示范工程,带动1所民办幼儿园、1所乡村幼儿园、1所社区幼儿园共同发展。

(撰稿:刘欢欢　审稿:庄　静)

【明珠实验幼儿园承办开放交流活动】 年内,明珠实验幼儿园先后承办两项开放交流活动。4月18日,明珠幼儿园承办市教育局主办的“《指南》背景下幼儿园体育活动研究”。9月23日,承办徐州市陶研会“城乡大课堂”现场会。两项开放活动展示了教学活动、晨间活动和园本教研活动。全市幼儿园教师300多人参加活动。

(撰稿:庄　慧　审稿:温传英)

【新城幼儿园接受省教育厅验收】 4月9日,新城幼儿园接受省区域教育现代化评估验收。副厅长洪流带领专家组对幼儿园的创建工作进行现场察看，并和老师们进行亲切交流，与小朋友们合影留念。洪流鼓励新城幼儿园以教育现代化创建工作为契机，争取更快发展。

（撰稿：李长梅　审稿：李　侠）

【青年路幼儿园开展防诱拐安全演练】 3月25日，青年路幼儿园开展“防诱拐”安全演练活动。演练中，多数小朋友识出“骗子”，但仍有部分小朋友被“坏人”用“谎言”、玩具以及零食等“骗走”。这次“防诱拐”安全演练活动，对教师、家长和幼儿都是一次特殊的经历，起到警示作用。

（撰稿：马　敏　审稿：蔡　莉）

【运河幼儿园开展家园同乐活动】 3月7日，运河幼儿园开展“家园同乐”主题活动。活动以班级为单位进行，家长与幼儿一起动手制作营养美味的点心，培养幼儿的生活能力与动手能力，使幼儿感受到劳动的快乐。各班教师根据《指南》要求及各班幼儿的年龄特点编排幼儿节目，家长、孩子、老师欢聚一堂。

（撰稿：徐月侠　审稿：闫继玲）

【名誉校长张可昭回邳州中专指导工作】 3月27日和10月27日，名誉校长张可昭回邳州中专指导工作。邳州中专名誉校长、欧洲科学院院士、华裔美国计算机科学家张可昭察看了学校的校园环境、实训基地、技能大赛比赛现场、学生宿舍和食堂，并向全校师生作了《从中美职业教育的发展来看未来的趋势》专题讲座。张可昭对学校的发展寄予厚望。

（撰稿：姚　峰　审稿：张传喜）

【华山路小学开展主题教育活动】 12月23日，华山路小学举行“勿忘国耻，圆梦中华”主题教育活动。活动在庄严的升国旗仪式后，校长温岚作“勿忘国耻，圆梦中华”主题演讲，她沉重地向学生们讲述南京大屠杀中日本侵略者对中国人民所犯下的滔天罪行，让学生了解灾难深重的中华民族受欺侮遭掠杀的悲惨屈辱的历史。温岚带领全体师生在国旗下庄严宣誓：牢记历史、珍爱和平、勿忘国耻、圆梦中华。

（撰稿：汪恩明　审稿：温　岚）

【李口小学干部带头上好“学讲”课】 9月8—26日，李口小学干部带头上好“学讲”课。学校开展“学讲方式”下的教学研究，教干发挥带头引领示范作用，孙魁、倪荣英、刘朝晖、王建文、陈甜分别在数学、语文、体育等学科教学做了有益探索。全体任课教师积极参加听课评课，提出在实施“学讲计划”教学中的疑难点和建议，形成良好的研讨氛围。

（撰稿：彭　雷　审稿：娄海清）

【索家小学学生获电脑制作比赛二等奖】 11月，索家小学学生颜灿获徐州市电脑制作比赛二等奖。学校按照《徐州市第十五届中小学电脑制作活动的通知》要求，积极组织学生参加以“心理健康教育”“安全伴我行”为主题的电脑制作活动。五（1）班颜灿制作的“安全伴我行”电子小报获徐州市二等奖。

（撰稿：苗二亮　审稿：魏云飞）

【奚仲路小学召开拒绝有偿家教专题会】 9月8日，奚仲路小学召开“拒绝有偿家教”专题会议。校长李峰带领全体教职工认真学习市教育局《关于加强师德师风建设、禁止有偿家教的通知》文件，要求全体教师认清形势，自觉规范从教行为，拒绝有偿家教，切实做到教书育人、为人师表，努力争做学生喜爱、人民满意的教师。全体教师在《奚仲路小学拒绝有偿家教承诺书》上郑重签字。

（撰稿：王军凤　审稿：李　峰）

【向阳小学红领巾记者团寻访最美邳州人】 5月23日，向阳小学红领巾小记者团寻访“最美邳州人”韩召鹏。韩召鹏是坚持12年无偿献血的道德模范。小记者们通过报道向全社会宣传韩召鹏12年义务献血、无私奉献的精神，动员更多的人加入义务献血的行列。

（撰稿：张妍妍　审稿：朱　颖）

【特教中心邀请省聋康专家作专题讲座】 6月2—3日，特教中心邀请省聋康专家为康复部教师做聋儿康复的专题讲座。专家以先进的康复理念和聋儿康复的实践经验，给老师们做详细的辅导，强调听觉口语发音的重要性及当前主流聋儿康复模式—AVT教学。省聋康专家做示范教学，展示如何进行聋儿康复的个训及AVT教学。

（撰稿：苗家宇　审稿：李　薇）

【王杰中学开展同课异构交流活动】 5月22日，王杰中学邀请徐州市王杰中学校长许庆华一行12人到校开展同课异构交流活动。徐州市王杰中学5名教师上示范课，作经验介绍，两校进行评课研讨和“学讲计划”教学模式经验交流。活动结束后，两校教师前往王杰烈士陵园举行祭奠活动。

（撰稿：彭　飞　审稿：季延奎）

【红旗中学获关心下一代工作特等奖】 10月26日，红旗中学获邳州市关心下一代工作特等奖。学校关心下一代活动组织有序、推陈出新，形式丰富多彩，取得良好的教育效果。开展为孤儿和家庭贫困学生免费赠阅报刊活动，订阅率达到90%。学校有效引导、帮助学生养成良好的读书习惯。

（撰稿：刘新宇　审稿：刘　炜）

【铁富中学推行教师“绩效考核捆绑”制度】 9月，铁富中学全面推行教师“绩效考核捆绑”制度。制度要求，对同年级、同学科的教师绩效实行整体考核，要求教师只有在同年级同学科成绩进入学校指定的名次，教师个人才能得到相应的奖励。加强教师的团队意识，促进教育教学成绩整体提升。

（撰稿：周　翔　审稿：刘春雷）

【连防中学11位教师市微课比赛获奖】 3月10日，连防中学11位教师参加徐州市微课比赛获奖。学校积极组织教师参加各种赛事，开阔视野，增长才干。参赛教师戴晓梅、杨劲、惠永3人获一等奖，黄敏敏、栗春侠、张宁、武富、闫怀红5人获二等奖，马红月、李琼、吴大伟3人获三等奖。

（撰稿：武　富　审核：汤相普）

【官湖初中实行教学业务“周周清”制度】 年内，官湖初中实行教学业务“周周清”制度。每周五教务处组织教研组长、备课组长对教师一周的业务进行检查，下周一对检查结果进行反馈，对出现的问题及时整改到位。活动的开展促进教师对“教学五认真”的落实，提高教师的业务素养和课堂教学效果。

（撰稿：李广伟　审稿：刘　志）

【白埠中学召开总结表彰大会】 3月3日，白埠中学召开第二批“做五好、争五星”总结表彰暨“双创”工作推进会，校长王继然讲话，副校长刘清国主持会议。王继然回顾学校开展“做五好、争五星”主题教育活动情况，对本学期该项活动作出部署，对全体师生提出更高的希望和要求。教务处和政教处负责人分别就学习和常规管理方面向全体学生提出具体要求。会议表彰“着装之星”“做操之星”“上课之星”“写字之星”“打扫之星”共300人次。

（撰稿：刘清国　审稿：王继然）

【邳城中学志愿者参加文明创建活动】 12

月5日，邳城中学组织学生志愿者参加全国文明城市创建活动。80余名学生志愿者，手拿扫帚、铁铲和垃圾袋等工具，到学校门前的主街道清理垃圾、铲除杂草、清理小广告、打扫周边环境，用实际行动为邳州市创建全国文明城市做贡献。

（撰稿：王　超　审稿：王云帆）

【洳口中学表彰美德少年】　10月13日，洳口中学表彰上半年评选出的美德少年。年内，学校扎实开展品德教育活动，涌现出许多品德高尚、素质优良的学生。上半年学校评选出10名 美德少年。

（撰稿：马　超　审稿：滕　跃）

【岔河中学开展学生评教活动】　1月7日，岔河中学开展学生评教活动。各班的学生代表从教师师德、学生思想政治工作、组织教学、授课水平、讲解能力、作业布置与辅导等多方面，对各学科老师打分评价。学校要求所有参评学生要态度认真，本着公平公正的原则参与活动。学校将学生评教的分数作为年终考核和绩效工资发放的重要依据。

（撰稿：宋伯虎　审稿：郭泾宗）

【邢楼中学开展主题教育活动】　10月27日，邢楼中学开展“爱惜粮食、节约粮食”主题教育活动。团支部向全体学生发出爱粮节粮的倡议，倡导“文明就餐、节约粮食”，提出吃多少盛多少、不剩饭菜、不挑食等。学生们表示，要从自身做起，养成勤俭节约的良好道德风尚。

（撰稿：李宗科　审稿：王克华）

【碾庄中学举办社团成果展示活动】　5月21日，碾庄中学举办社团成果展示活动。音乐、舞蹈、武术、太极扇、篮球、广场舞等社团和教师舞蹈队参加展示。学校组建了24个社团，教师人人带社团，学生人人进社团，全校2000余名师生全部参加活动。学生社团活动成为学校第二课堂的重要组成部分，是学生发挥自身主观能动性进行实践活动的基地。

（撰稿：夏逢逢　审稿：王新建）

【岱山中学党员教师重温入党誓言】　4月5日，岱山中学党支部组织党员教师赴碾庄烈士陵园、王杰烈士纪念馆重温入党誓言。在烈士墓前，党员教师们举起右拳，郑重宣誓。活动中，全体党员找差距、比贡献、省自身，进一步认识党员应当发挥先锋模范作用，为人师表，廉洁奉公，不计名利，乐于奉献，无愧于时代，无愧己任。

（撰稿：陈　曦　审稿：王　建）

【议堂中学成立课堂合作学习小组】　3月24日，议堂中学各班级成立课堂合作学习小组。合作学习采用班级授课与小组活动相结合的教学组织形式。组建学习小组按照“组内异质”“组间同质”的要求，使不同类型的学生产生良性互动，呈现出团结互助、竞相争先的态势。

（撰稿：陆　磊　审稿：陈立新）

【占城中学开展“每师一课”活动】　3—4月，占城中学开展“每师一课”活动。校领导要求每位教师开课前认真准备，精心设计，力争上出最高水平。同一教研组教师全员听课，全组人员及时评课，按照课堂教学评价表量化积分。程增贤、刘洋、佟飞、戴克凤、李华丽、张华轩、魏青梅、胡方凯、沈海舰、余大伟等教师获好评。

（撰稿：佟　飞　审稿：车振军）

【陆井中学举办课件制作大赛】　9月17日，陆井中学举办教师课件制作比赛。活动历时2周，收到参赛作品12件，经过评比，魏海哲、王绍飞、汪辉、孟中、曹兴辉、王行贵6位教师作品获奖。活动旨在促进教师现代化教学技能的提升。

（撰稿：王绍飞　审稿：曹兴辉）

【新河中学研讨“学讲计划”】　9月1日，新河中学利用周前会研讨“学讲计划”与学校“两基三能”特色教学的结合。与会人员进行深入研究和热烈讨论，一致认为：这两者都旨在培养学生的良好学习习惯，提高课堂教学效率，增强学生学习的自觉性和自信心，能够完美结合。教导处制订切实可行的计划，落实“学讲计划”与“两基三能”的融合。

（撰稿：庄　鑫　审稿：石　峰）

【新集中学开展校园环境整治活动】　4月15日，新集中学开展校园环境整治活动。学校以整洁校园环境为抓手，加强卫生行为规范教育，整治校园公共卫生和教室卫生，努力做到不随地吐痰、不乱扔垃圾、清除卫生死角、搞好食堂卫生。学校还充分利用橱窗、广播、黑板报及班队会进行广泛的宣传。学校组建校园环境整治小组，加强督察力度，对在校园内吃零食、随地吐痰、乱扔垃圾等不文明行为登记曝光。通过活动，学生养成良好的卫生习惯，增强环保意识。

（撰稿：蒋学尚　审稿：周之树）

【八路中学李海年当选感动徐州教育人物】　8月，八路中学教师李海年当选徐州市第二届感动徐州教育人物。退伍军人李海年转业后投身教育事业，创设“快乐学习法”和“半军事化”管理模式，在三尺讲台上奉献自己的青春年华和聪明才智。

（撰稿：华旭光　审稿：丁其驹）

【土山初中通过国家级教育均衡发展验收】　4月16日，土山初中顺利通过国家义务教育城乡均衡发展评估验收。国家验收组从学校的办学条件、资源配置等全方位严格评估考核，学校以硬件管理精细化、教育管理现代化、文化景观内涵化，优质资源共享、师生和谐合作等方面的突出表现，赢得验收组的高度评价。

（撰稿：宋　乐　审稿：魏贤东）

【薛集中学启动创新教育宣传月活动】　9月1日，薛集中学启动新一轮创新教育宣传月活动。学校把每年的9月定为创新教育宣传月，出台《打造幸福课堂，秀我个性风采》教研活动实施方案，设立校园文明监督岗，各班级创建独具特色的自我管理模式。创新教育宣传月活动推动学校教育的个性化发展。

（撰稿：卢鸿儒　审稿：王　辉）

【四户中学评选“校园之星”】　10月13日，四户中学在全校学生中开展评选“校园之星”活动。学校努力探索贴近学生实际、行之有效的德育工作新途径、新方法，发掘学生的闪光点，关注学生的点滴进步，让更多的学生发现自己的优点、找到成长中的自信，促进学生健康、全面发展。评选产生第一届“校园之星”：七年级组汪佳斌 、八年级组陆新月 、九年级组张秋月 。

（撰稿：赵宜球　审稿：李　森）

【戴庄中学承办省初中课程项目建设现场会】　11月14日，戴庄中学承办江苏省初中课程项目建设徐州市现场会。与会人员听取课程项目建设工作汇报、与课程项目建设教师进行交流、参观教学实验基地、查阅有关资料。徐州市教育局基教处刘勇一行参加现场会，对学校的课程项目建设情况给予充分肯定，希望学校进一步扩充专用教室，进一步挖掘课程文化的深度，加大带动其他学科教师共研共修的力度，将课程项目做得更加扎实、丰满。

（撰稿：王克伟　审稿：韩永玲）

【邹庄中学进行青春期安全教育】 6月2日，邹庄中学为全体女生举办一场别开生面的青春期安全教育活动。活动以学生观看视频讲座为主，主要从“青春期心理、生理特点”“如何增强自我保护意识”“校内外安全防范措施”等方面进行讲解宣传。女生们对青春期心理及生理变化有了更高的认识，安全防范意识得到进一步提高，为自身健康成长奠定基础。活动由孟凡婷老师主持。

（撰稿：孟凡华 审稿：宋端凯）

【赵墩中学全面推行级组负责制】 3月6日，赵墩中学召开会议决定全面推行级组负责制。级组负责制是将学校整体管理和年级组管理相结合，落实分层管理，分工负责，责任到人，以强化级组责任的自主性、积极性、有效性，进一步明确梁化州、曹成、郑彦中三位年级组长的职责。

（撰稿：陈前卫 审稿：李敬迎）

【滩上中学接受企业捐款】 6月，滩上中学接受企业捐款。一家建筑公司滩上籍董事长顾平先生再次向滩上中学捐款66000元。顾平先生致富不忘家乡，设立顾平慈善奖学金，并坚持每年捐款66000元，帮助滩上中学贫困生解决生活上的困难。同时，给予孙艳坤等数十名学生高中三年的学费及生活费，以解决他们的后顾之忧。顾平先生的善举受到了社会各界和师生的一致好评。

（撰稿：沙吉伟 审稿：王绪林）

【港上中学积极推进“学讲”教学模式】 9月，港上中学积极推进“学讲”教学模式。学校开展“学讲方式”公开课活动，教干带头开课，学科教师参与听课评课，学科老师上“学讲”汇报课。通过开课的实践、探究、总结，初步形成“学讲”教学模式。

（撰稿：冯 维 审稿：娄培权）

【八义集初中12位教师市微课大赛获奖】 12月13日，八义集初中任玲等12位教师参加市第一届微课大赛获奖。微课比赛活动推动广大教师积极参与研究课堂教学，改革课堂教学，促进教师专业成长。

（撰稿：张卫华 审稿：杨宜敢）

【新桥中学举行优质课评选活动】 9月15日，新桥中学举行以“学讲计划”为主题的优质课评选活动。9个学科26名教师参加优质课评选活动，152人次参加听课评课。参赛教师通过自主学习、小组讨论、交流展示、质疑拓展、反思总结等教学环节，引导学生全员参与、全程参与、全身心投入小组合作学习，充分体现“学讲”要求。张学芳、娄培超、翟艳荣、董琳娜等教师获得优质课一等奖，吴作杰、马建军、李明静等教师获得优质课二等奖。

（撰稿：周 强 审稿：马全超）

【宿羊山初中成立心理咨询室】 10月16日，宿羊山初中成立心理咨询室。宿羊山初中在大力推进教学改革的同时，倡导素质教育，帮助学生认识自我、发展潜能、学习解决问题和提升人际沟通能力。心理咨询室帮助学生适应、改善及解决在学校、家庭或成长方面的问题，以利学生身心的健康成长。

（撰稿：潘 锋 审稿：宋 翔）

【徐楼中学举行“高效课堂”竞赛活动】 10月12日，徐楼中学举行“高效课堂”竞赛活动。活动突出学生的课堂主体地位，强化“学讲”“高效课堂”教学模式。年龄45岁以下教师全部参赛，历时5周48节课，刘利、韩洪文、陈凤玲、刘娟等15名教师获奖。

（撰稿：王加强 审稿：张 胜）

【车辐山中学开展主题教研活动】 9月，学校创造性开展“一课两讲、两课一评”主题教研活动。每个备课组由两名教师讲授同一内容，本教研组教师进行集体备课，全员参与听课。上课后安排充足时间，全体教师准备详细评课稿、集中评课，任课教师认真进行教后总结。

(撰稿:张　超　审稿:吴玉强)

【燕子埠中学积极构建高效课堂】 10月10日，燕子埠中学构建高效课堂活动拉开帷幕。活动以集体备课和听评课为抓手，做到人人开课，人人评课，人人反思，人人发言。围绕“什么是高效课堂”“构建高效课堂的实施措施有哪些”“鉴定高效课堂的标准是什么”等问题，开展讨论探究。在探究中，老师们进一步明确高效课堂的标准、思路、方法、措施，有效地提升课堂教学的效果。通过“明确目标、优化训练、错题点拨”等措施，提升学生自主学习的效率。

(撰稿:王化标　审稿:周迎生)

【两地王杰小学开展联谊共建活动】 12月24日，运河街道王杰小学与徐州市云龙区王杰小学开展联谊共建活动。运河街道王杰小学领导和骨干教师到云龙区王杰小学，观摩“十好教育”活动，参观校园环境、教育教学及素质教育成果。双方围绕课程改革、师资发展等议题广泛交流、分享管理经验。

(撰稿:孙　颖　审稿:吕　杰)

【开发区中心小学诵读经典展演比赛】 12月15日，经济开发区中心小学举行“诵读经典”展演比赛。孩子们用唱、演、诵等形式诠释经典，伴随着古典音乐，同学们满怀激情表演着《百家姓》《弟子规》《千字文》等优秀篇章，赢得全场热烈的掌声。戴小乔等5位同学获得一等奖。董福豪等10位同学获得二等奖。

(撰稿:王丙强　审稿:吴德亚)

【铁富中心小学开展新教师培训】 10月14日、16日，铁富中心小学开展新教师“学讲计划”培训。培训由4位骨干教师上“学讲”示范课，充分体现学生自主学习、小组合作学习的教学组织形式。听课后，新教师参与评课、互动交流活动。全镇26位新上岗教师参加培训。

(撰稿:马庆光　审稿:鹿丙奇)

【陈楼大顾小学举行阅读节暨朗诵会】 5月23日，大顾小学举行第二届阅读节暨“唱响童年·让世界听到我的声音”朗诵会。阅读节以“与美文对话、与经典同行、与文明相伴”为主题，朗诵内容有《弟子规》、古诗和《城门城门几丈高》《橡皮筋》等情景剧、童谣、儿歌游戏，形式上有双语诵读、对唱、师生和亲子生态阅读。

(撰稿:窦　争　审稿:于慎华)

【官湖中心小学承办学陶师陶现场会】 11月18日，邳州市官湖镇中心小学承办徐州市学陶师陶“养成教育”现场会。参会人员观看官湖中心小学学陶师陶研陶成果展和学生的武术操、韵律操表演，观摩3位省特级教师展示课，翻阅学校养成教育方面的管理档案、教师集体备课、学生作业和行知手抄报、养成教育漫画等，观看师生汇报演出。徐州市陶研会会长张广焕作大会总结，他要求广大教育工作者要进一步提高对养成教育重要性的认识，学习陶行知，开展创新型的养成教育。徐州市陶行知研究会各县(市)、区小学单位会员300余人参加研讨会。

(撰稿:刘廷合　审稿:翟李春)

【邳城中心小学开展网上祭英烈活动】 4月，邳城中心小学开展网上祭英烈活动。同学们通过登陆中国文明网或链接网站，向先烈鞠躬、献花、留言，表达对先烈的哀思和缅怀，感恩和敬仰。活动旨在让同学们重温历史，警醒现实。珍惜今天和平、安定幸福的生活。

（撰稿：万振友　审稿人：果绍俊）

【岔河镇政府新年为教师“送礼”】 1月28日，岔河镇政府为全镇教师送去新年“礼物”——《对有效教学的再思考》主题报告会。报告由江苏师范大学文学院魏本亚教授主讲，魏本亚以鲜活的案例、精辟的论述、深刻的感悟，为老师们指点迷津、答疑解惑。新年到来之际，教师们得到教育专家的培训，感到这是最好的礼物！”

（撰稿：杜学吉　审稿：程寒然）

【邢楼中心幼儿园课题研究成绩显著】 12月，邢楼中心幼儿园课题研究成绩显著。邢楼镇中心幼儿园有3项课题结题。园长孙守彦主持的省级课题《利用废旧物品有效整合幼儿教育资源的应用研究》、徐州市级课题《废旧材料在幼儿活动中的应用研究》以及个人的徐州市级课题《废旧材料在美术教学活动中的应用研究》均结题。教师们坚持收集废旧材料，分类、消毒，制作各种器械，用于布置楼道大厅、自然角、主题墙饰等，打造出超市、医院、乡村一条街、蔬菜水果乐园等经典区角，取得较好成效。

（撰稿：黄立国　审稿：尹春雷）

【碾庄中心小学儿童画获国家奖】 6月1日，碾庄镇中心小学儿童画在第四届“星火杯”全国儿童美术书法摄影大赛中获奖。大赛由《辅导员》杂志社和“星火杯”全国少年儿童书画委员会联合举办。碾庄镇中心小学李欣等3名学生获得钻石奖，徐璇、徐克悦等27人获金奖，王雪晴、陈笑宇等13名同学获得银奖，王镜淇、倪晨等10名同学获得铜奖，辅导老师杜会吉获全国儿童画教育辅导一等奖，学校获得团体金奖。

（撰稿：吴　洋　审稿：耿　聃）

【议堂中心小学启动读书主题活动】 9月，议堂镇中心小学启动“人人读好一本书”读书主题活动。活动要求每位教师每学期读“好”一本教育研究书：读完，读懂，读透，学期结束每人上交一篇1500字以上的读后感。为配合读书活动的有效进行，学校购买了300多本相关图书，并对教师的读后感进行评选奖励。中心小学崔强等12位教师获得一等奖，议堂小学杨敏等20位教师获得二等奖。

（撰稿：庄思省　审稿：卢占明）

【占城中心小学举行课本剧表演赛】 12月11日，占城镇中心小学在树人报告厅举行第二届“橡树杯”小学生创编课本剧表演赛。全镇7所小学16支参赛队，表演《时事造私明》《珍贵的教科书》《九色鹿》《负荆请罪》等16个课本剧。大赛评出《公仪休拒收礼物》等10个优秀剧目奖，其中《滥竽充数》等5个剧目评为最佳编剧奖，授予庄笛等21名学生优秀表演奖，授予娄义等10位教师优秀指导教师奖，陆井小学、许集小学、占城小学3个单位被评为优秀组织奖。

（撰稿：王　超　审稿：曹　伟）

【新河中心小学邀请开发区教师上示范课】 5月14日，新河镇中心小学邀请徐州市开发区实验小学到校上“学讲”示范课。开发区实验小学老师展示3节“学讲”课，课后进行互动交流活动，就学生的自主学习、小组合作学习等热点问题进行讨论。开发区实验小学主任刘艳就“学讲”课堂做专题讲座，对“学讲”理论进行阐述，介绍学校实施“学讲”课堂的具体做法，听课教师受益匪浅。

（撰稿：王自俭　审稿：赵成军）

【八路张圩小学微电影《野芦花》引发社会关注】 12月8日，微电影《野芦花》引发社会对留守儿童的关注。《野芦花》由八路镇张圩小学教师徐辉自编自导、学校师生自演。影片反映当前社会背景下农村孩子的生活和心理现状。播放后引起社会各界极大关注与思考，给予影片较高的评价，一周内累计点击率达到10万人次。

（撰稿：李　君　审稿：赵武之）

【土山中心小学举行“青蓝工程”启动仪式】 2月20日，土山镇中心小学举行教师“青蓝工程”启动仪式。教科室主任朱恩东宣读师徒职责及结对名单，教导主任李焦和教师尹佩佩分别作为师傅和徒弟代表发言。中心小学校长石建要求结对的师徒要切实做到教学相长，同时希望徒弟们能在师傅“传、帮、带”过程中做到“青出于蓝而胜于蓝”。

（撰稿：韩召同　审稿：石　建）

【市领导到四户镇调研教育工作】 9月23日，市委书记王强、市长陈静带领市四套班子领导及相关部门负责人到四户镇调研教育工作。王强一行先后调研了董塘教学点、中心小学，询问学校的基本状况，查看各科室的设施设备，观摩教师课堂教学，并与部分教师亲切交谈，充分肯定四户镇的教育工作成绩。

（撰稿：聂绪伯　王华业　审稿：周中余）

【戴庄中心小学进行教干培训】 年内，戴庄镇中心小学开展一系列教干培训活动。全镇业务主任全员参加培训，以一日教学常规为抓手，检查“教学五认真”实施情况、剖析问题，全员发言。4月，组织教干到铁富、车辐山等镇参观学习，开展外出培训。6月12日，开展校本培训，校干分别就如何抓教研、提质量进行交流，相互启迪，相互借鉴，提升教干业务水平和管理能力。

（撰稿：滕兴君　审稿：冯宪铎）

【邹庄中心小学以常态录像课推进有效教学】 9月22日，邹庄镇中心小学开展以常态录像课推进有效教学的教学研究活动。常态录像课，以备课、录课、观课、自评、他评为基本流程，通过再备、再录、再观、再评等几个环节，促进教师课堂教学水平不断提升，进而锤炼教学基本功，减少无效教学元素，提高教学的有效性。

（撰稿：赵　昂　审稿：胡　伟）

【滩上小学《跑竹马》获省金奖】 11月，滩上小学代表徐州市参加的《邳州跑竹马》项目获江苏省“五星工程奖”表演艺术类作品金奖。由江苏省文化厅主办，江苏省文化馆、无锡市文化广电新闻出版局承办的第十一届江苏省“五星工程奖”表演艺术类作品现场决赛在无锡举行，滩上小学将《邳州跑竹马》这一国家级非物质文化遗产项目引进课堂。该项目获江苏省教育厅特色课程建设基地省级专项资金扶持。“五星工程奖”是省群众文艺的政府最高奖，每两年举办一届。

（撰稿：李长征　审稿：魏建超）

【港上中心幼儿园亲子绘画庆六一】 5月29日，港上镇中心幼儿园举行亲子绘画庆六一活动。邀请家长和孩子一起作百米画卷，80多名宝宝和家长一同拿起画笔，在画卷上描绘出各式各样活泼可爱的图画。经过近半小时的共同努力，或画、或涂、或染，顺利绘制出百米画卷。活动给幼儿一个展风姿、献才艺的机会。

（撰稿人：冯遵纪　审稿人：赵　丰）

【炮车街道希望读书社在红卫小学建立】 10月6日，炮车街道首个希望读书社在红卫小学建立。邳州市妇联、关工委、街道办事处等部门领导到场参观祝贺，学校为读书社购置电脑4台、图书600册和桌椅40套，并对环境进行精心布置,努力营造网络通畅、环境温馨的良好氛围,坚持周六、周日对学生开放,受到家长和学生的一致好评。

(撰稿:刘尧才　审稿:马夫胜)

【八义集中心小学郭保平省优质课获奖】 10月26日,八义集车站小学郭保平获省书法优质课二等奖。八义集车站小学坚持开展"弘扬书法艺术,打造特色学校"活动,学校设置书法课程,开辟了书法园地,设立书法活动室,通过书法课、书法讲座、作品展示、书法竞赛、书法考级等方式提高师生书写水平,形成学校书法特色。郭保平参加江苏省第十二届书法优质课评比获奖。

(撰稿:张　磊　审稿:汪玉学)

【宿羊山中心小学举行诗歌朗诵比赛】 10月17日,宿羊山中心小学举行"歌颂祖国"诗歌朗诵比赛活动。活动要求参赛班级全员参与,着装统一,展现少年儿童良好的精神面貌。六(1)班、五(3)班、四(2)班获一等奖,三(1)班、二(4)班、一(5)班获二等奖,六(2)班等4个班级获三等奖。

(撰稿:黄　杰　审稿:张作礼)

【车辐山中心小学开展"临代"教师系统培训】 10月5日,车辐山中心小学用两个月的时间开展临时代课教师系统培训。学校针对临时代课教师课堂教学粗放、缺乏个性引导等方面的问题,聘请特级教师或县级骨干教师利用每周四下午2个半小时的时间进行教学理论学习和课堂教学观摩。通过学习培训,临时代课教师的教育教学水平有显著提高。

(撰稿:王光远　审稿:刘念强)

【燕子埠燕南小学接受省教育现代化现场验收】 4月9日,燕子埠燕南小学接受省教育现代化现场验收。省验收组通过考察基础设施、办学条件、问卷调查等形式,对学校创建工作进行评估验收。年内,学校投入100余万元,改造校园环境,添置教学电脑白板一套,学生用计算机30台,幼儿园大型玩具一套。教学条件明显改善。

(撰稿:徐存强　审稿:刘士忠)

【东方学校践行"平等教育"】 年内,东方学校积极践行"平等教育"。9月1日,校长闫怀林代表学校在开学典礼上承诺,坚持平等对待每一位学生、家长和教师,让每一名学生在"平等教育"中享受成功。学校坚持分层教学,关爱每一名学生,不让一名学生掉队。

(撰稿:姚夫永　审稿:闫怀林)

邳州市2014年各级各类学校基本情况表

表14　　　　单位：个、人

校名	班级数	在校生数	毕业生数	招生数	教职工数		学校领导			
					计	专任教师	校长	副校长	书记	副书记
江苏省运河中学	217	13593	4599	1200	927	877	户振球（—8） 陈　青（8—）	杨景洪　杨公伟 陆秀光　赵建华 耿德伦	陈　青	
第二中学	59	3196	610	650	281	233	张士超	许贯中　魏广哲 张满仓　冯文汇	魏中华	
第四中学	42	2120	591	600	320	215	刘传超（—11） 陈　良（11—）	赵邦友　蒋其琪 周　腾　谭利龙		
新城中学	53	3477	1159	1116	198	176	李新永（—11） 王新建（11—）	贾传贵　石德团 耿德席　刘　峰 吴荣娟	刘海林	
明德中学	92	5054	1548	1746	343	339	李宏飞	刘广军　李　永 王浩行　张汉学 薛　雷	刘广军	
邳州中专	90	4503	1750	1300	270	236	张传喜	殷召猛　顾冠峰 周海燕　李　皎	张传喜	
特教中心	20	253	7	67	52	39	李　薇	刘桂侠　庄　雷	周　辉	
运河师范附小	66	4373	826	711	218	198	刘立新	苑晓坤	刘立新	
实验小学	62	4889	830	730	270	252	陈立芳		陈立芳	
运平路小学	44	3193	154	672	167	158	杜互东	庄文猛　刘小永	杨景刚	
英华实验小学	40	2210	186	546	96	92	孙卫胜	郁增修	孙卫胜	
福州路小学	33	2238	152	590	86	74	韩召龙		韩召龙	
明德小学	68	4200	460	600	210	208	王保春		王保春	张辉
李口小学	43	3386	563	510	133	133	娄海清	范如平　李全胜 王万峰	娄海清	韩洪坤
向阳小学	37	2379	140	698	112	112	朱　颖	王　峰　刘尧峰 刘振发　吴海威	朱　颖	
奚仲路小学	18	1100	110	240	36	36	李　峰	周　芹		
华山路小学	22	1249	56	501	34	34	温　岚	徐　云	温　岚	
索家小学	17	761	55	220	36	36	魏云飞		魏云飞	
机关幼儿园	14	660	200	160	56	42	庄　静	冯　雯　张　燕	庄　静	
明珠幼儿园	23	1300	500	300	91	56	温传英	顾绍艳　韦飞艳	温传英	

续表14-1

校名	班级数	在校生数	毕业生数	招生数	教职工数		学校领导			
					计	专任教师	校长	副校长	书记	副书记
新城幼儿园	12	632	245	120	55	32	李　侠	李长梅　薛　惠	李　侠	
运河幼儿园	10	463	150	90	41	20	闫继玲	徐月侠		
青年路幼儿园	12	471	226	120	29	24	蔡　莉	周晓丛		
车辐中专	68	2340	881	695	121	110	林凯军	袁成峰　彭　川		
宿羊山高中	40	2130	672	759	256	197	谢高峰	张青松　吴昌飞 邹　峰　高福周	谢高峰	王其营
官湖高中	39	2050	640	700	332	223	黄继勇	张　普　李　飞 孙　伟　张　永	黄继勇	孙光波
铁富高中	28	1280	650	680	223	180	张希营	刘默强　王继磊 袁召波		
八义集高中	21	1624	461	354	161	139	王　韧 （—8月） 胡　颢 （11—）	李　辉　曹兆锦 王新年　汤庆飞	周玉龙	
土山高中	30	1005	430	320	118	93	刘成国	吴　刚　王登标	刘成国	
邳州一中	79	4500	1485	1488	543	380	李　波 （—11月） 刘传超 （11月—）	王大全　王道峰 陈　辉　郭　攀 刘发吉		
邳城中学	16	618	120	280	118	101	李　涛 （—11月） 王云帆 （—11月）	王云帆（—11月）		
八路中学	12	606	110	120	126	86	丁其驹	杲先旺　华旭光	丁其驹	
红旗中学	34	1802	425	505	136	122	刘　炜	刘新宇	刘　炜	
铁富中学	30	1069	325	400	149	139	刘春雷	王继强	刘春雷	
港上中学	23	1068	364	366	107	95	娄培权	杨柏柱　曹恩华	娄培权	
邢楼中学	20	1582	647	441	86	73	王克华			
碾庄中学	30	1800	610	600	130	120	王新建		王新建	
王杰中学	12	417	113	97	67	59	季延奎	井广喜	季延奎	井广喜
陈楼中学	21	795	270	236	163	126	胡　颢		胡　颢	
官湖初中	38	2300	602	863	231	215	刘　志	马　跃		

续表 14-2

校名	班级数	在校生数	毕业生数	招生数	教职工数		学校领导			
					计	专任教师	校长	副校长	书记	副书记
白埠中学	15	428	157	204	94	80	王继然	刘清国	王继然	
泇口中学	5	234	38	36	36	24		滕　跃		
赵墩中学	14	484	132	190	137	115	李敬迎	薛　韬　赵　亮	李敬迎	
滩上中学	18	928	290	180	95	70	王绪林	刘家松	王绪林	
岱山中学	18	732	282	231	78	56	王　建	刘金龙	王　建	
宿羊山初中	20	989	295	327	88	83	宋　翔	高洪波	宋　翔	
徐楼中学	22	975	298	350	80	64	张　胜	王加强	张　胜	王加强
八义集初中	8	381	118	102	113	83	杨宜敢	宋平国		
新桥中学	13	522	136	166	66	53	马全超	吴振江	马全超	
议堂中学	18	669	213	198	116	105	陈立新	陆　磊	陈立新	
土山初中	10	364	92	66	70	46	魏贤东	李修兵	魏贤东	李修兵
薛集中学	16	558	135	132	67	51	王　辉	王　瑾	王　辉	
占城中学	19	620	166	137	77	73	车振军	张海峰	车振军	
陆井中学	6	124	49	32	22	19	曹兴辉		曹兴辉	
新河中学	20	996	313	252	65	52	石　峰	袁大鹏　董　坤	石　峰	
新集中学	14	491	134	167	74	62	周之树	张益中 赵　明	周之树	
连防初中	18	722	236	258	76	62	汤相普	韩洪波　马　钰 李　成	汤相普	
邹庄中学	20	1170	310	430	88	72	宋端凯	朱洪平　胡争科	宋端凯	
岔河中学	24	810	258	281	106	102	郭泾宗	吴鹤林	郭泾宗	吴鹤林
四户中学	23	1126	316	312	85	81	李　森	王玉生　陈士永	李　森	
戴庄中学	24	1209	330	345	79	75	韩永玲	谭海龙　王克伟	韩永玲	
车辐山中学	25	1483	428	458	103	86	吴玉强	衡思全　李　永	吴玉强	
燕子埠中学	12	698	176	237	67	48	周迎生		周迎生	
东方学校	20	1321	1321	1321	65	48	闫怀林	高修惠	徐振新	徐学金

邳州市2014年乡镇小学、幼儿基本情况表

表15　　　　　　　　　　　　　　　　　　　　　　单位：个、人

单位	小学					幼教	教职工数		学校、园领导				
	学校数	班级数	学生数	毕业生数	招生数	学生数	总数	专任教师	中心小学校长	中心小学常务副校长	中心小学教科室主任	中心园长	支部书记
运河中心小学	6	117	5091	620	925	328	268	238	吕杰 魏建超(—11月)	董会平 吕修华	王克强 彭松林	娄艳	王克强 魏建超(—11月)
八路中心小学	6	57	2295	226	510	1304	135	125	赵武之	蒋学峰	韩召亚	韩琳	赵武之
开发区中心小学	8	118	7768	585	1681	1800	311	272	吴德亚	胡森 王丙强	张长林	朱玲 刘志恒	吴德亚
港上中心小学	8	127	6780	573	1572	2560	219	192	赵丰	冯超	冯遵纪	胡月梅	赵丰
八义集中心小学	14	143	5615	586	1125	2751	302	291	汪玉学	王海燕	翟新伟	姜磊 张瑞	汪玉学
四户中心小学	9	93	5069	522	1098	1913	182	174	周中余	徐平礼	李佩	白姣	周中余
炮车中心小学	6	73	3796	429	948	685	215	198	马夫胜	陆浩	刘尧才	李梅	马夫胜
陈楼中心小学	8	103	5167	412	1120	1764	252	240	于慎华	汤欣	尚修明	于秀兰	于慎华
官湖中心小学	12	224	14911	1208	3129	6139	454	454	翟李春	陈学建 周中才	李刚 刘廷合	张艳梅 蒋庆梅	翟李春
邳城中心小学	9	145	7104	607	1408	2747	249	227	杲绍俊	闫自永 周伟	万振友 石荣国	陈颖 刘中华	杲绍俊
赵墩中心小学	11	159	6758	506	1489	3089	366	326	崔传松(—11) 魏建超(11—)	曹耀萍 张华	曹传沛	张玲 蒋桂叶	曹传沛(—11) 魏建超(11—)
碾庄中心小学	16	147	7807	828	1855	3361	341	325	耿聃	吴洋 靳贺信	耿焱 刘遵喜	李莉	姚君彦
宿羊山中心小学	9	129	7447	768	1652	2840	272	271	张作礼	季延东	侯宜伟	靳永春 张凤	张作礼
议堂中心小学	9	61	2512	230	626	329	204	176	卢占明	周升	庄思省	高海玲	卢占明
土山中心小学	7	73	3474	382	774	1602	216	205	石健	陈涛	朱恩东	黄颖	石健
占城中心小学	7	63	2834	237	316	410	179	156	曹伟	沈东凡	王超	王娟	曹伟

续表15-1

单位	小学					幼教	教职工数		学校、园领导				
	学校数	班级数	学生数	毕业生数	招生数	学生数	总数	专任教师	中心小学校长	中心小学常务副校长	中心小学教科室主任	中心园长	支部书记
新河中心小学	8	86	3794	687	1526	2236	208	201	赵成军	程　立	罗怀玉	程明芳	赵成军
铁富中心小学	18	189	10878	884	2202	1420	381	339	鹿丙奇	孙庆永	马庆光	冯　君 包志梅	鹿丙奇
邹庄中心小学	9	87	3890	491	816	460	180	168	胡　伟	高　飞 （—9） 刘明春 （9—）	赵　昂 张可辉	赵雪梅	胡　伟
岔河中心小学	6	72	3653	297	800	1725	158	153	程寒然	邹园园	徐兆成	戴伊平	程寒然
戴庄中心小学	8	92	4862	353	968	2004	203	186	冯宪铎	曹　冬	宋　超	辛芝梅	冯宪铎
车辐山中心小学	8	87	4965	503	1204	2708	189	187	刘念强	曹传民	王光远	陈　琳	刘念强
邢楼中心小学	12	105	5416	462	1193	700	214	201	尹春雷	胡艳秋	黄立国	孙守彦	尹春雷
燕子埠中心小学	6	50	2507	244	587	1057	135	117	刘士忠	李奎彦	王会久	张　平	刘士忠

（沈庆保）

新沂

局长、党委书记 柳　松
副局长、党委委员 徐　洪（兼进修学校校长）
刘　亮　王兆友　周士堡
党委副书记 宋振海
副局长 陈长兵（兼电大校长）
工会主席、党委委员 许先胜
纪委书记、党委委员 郑强松
党委委员、市教育督导团办副主任 房树仲

【概况】 2014年，新沂市有各级各类学校135所（含民办学校，不含幼儿园），其中，初中25所，高中5所，完中4所，九年一贯制学校2所，小学97所，特教学校1所，中等职业学校1所。各级各类学校中，民办学校2所。全市学校在校学生136432人（含民办学校，不含幼儿园），其中，高中11866人，初中20181人，小学100926人，特教学校在校生266人，中等职业学校在校生3193人。全市有幼儿园43所（其中民办园16所），在园幼儿56220人。义务教育阶段入学率100％，初中巩固率99.82%，高中阶段入学率96.60%，学前三年幼儿入园率97.11%。全市有教职工9250人，其中专任教师8642人。教师学历合格率高中（研究生）3.5％、初中（本科生）80％、小学（专科）86.8%、幼儿园（专科）95.6％。全市有省特级教师10人，省、市名师、名校长46人。

2014年，全市有省三星级以上普通高中4所，省示范初中13所，省实验小学16所，省优质幼儿园27所，省、市模范学校1所，省、国家重点职业技术学校1所，省特殊教育现代化示范学校1所。全年撤并学校1所。年内，中考继续位列徐州第一方阵，高考取得历史性突破。承办了徐州市学前教育现场会，通过了国家及省义务教育发展基本均衡县验收。

【新沂高中网上录取十年】 2014年，新沂高中网上录取工作改革已经整十年。自2005年开始，新沂招办大胆对传统的高中录取工作进行改革，率先在全省实行网络同步志愿录取模式，成绩公布后考生网上填报志愿并同步录取，计算机现场生成新生学籍并打印发放录取通知书，取得良好效果。

（撰稿：闫长宇　审稿：刘　亮）

【新沂招办建立微信公众号平台】　2014年，新沂市招办建立全省首家县级招办微信公众号服务平台（ID：新沂招考网），支持招考资讯模糊查询及微站浏览、成绩查询、开考计划、留言反馈、智能回复、信息推送等系列服务。至12月31日，关注人数达3273人。

（撰稿：尹　超　审稿：刘　亮）

【开展"三爱一践行"主题教育活动】　2014年，新沂市教育局联合市关工委、文明办在全市开展"爱学习、爱劳动、爱祖国、践行中国梦"主题教育活动。先后举办"三爱"书签制作大赛、"践行核心价值观，老少共筑中国梦"主题征文以及少儿书画比赛等各种活动，取得了良好教育效果，一些典型做法和人物事迹先后在《中国火炬》、中国经济网、江苏文明网等媒体刊载。在全市"三爱一践行"主题教育活动中涌现出15个先进集体和495名先进个人。

（撰稿：刘　健　审稿：赵　敏）

【教育局关工委网正式开通】　7月25日，新沂市教育系统关心下一代工作委员会工作网页正式开通。该网页设计了"政策文件""领导讲话""工作动态""五老风采""扶困助学""通知通告"等栏目。建立教育局关工委QQ群，关工委工作互动交流跃上新平台。

（撰稿：刘　健　审稿：赵　敏）

【招聘新教师】　2014年，新沂市面向社会公开招聘中小学教师37名。在市政府领导下，招聘工作由人社、教育、监察等部门共同参与。招聘小学教师29人，研究生学历中学教师8人。

【推进教师交流，均衡资源配置】　2014年，教育局大力推进教师交流，均衡资源配置工作。城区实施义务教育学校教师交流试点，确定钟吾中学等4所初中72人、新安小学等7所小学81人参与交流。教师交流将以6年为一周期，原则上每年不低于符合条件人员16%参与流动。

【新增名优教师】　2014年，新沂教育系统新增名优教师39人。其中，有33人被评为徐州市名优教师（名师3人、青年名师2人、学科带头人14人、青年骨干教师14人），2人被评为徐州市名校长，4人被评为江苏省特级教师。

（撰稿：张永生　审稿：宋振海）

【多措并举推进"学讲方式"】　2014年，全市中小学以落实"学讲计划"为目标，多措并举推进"学讲方式"。全年中小学各学科共举行市级培训、研讨、观摩活动48场次，参与教师1.2万人次。11月，面向徐州地区举办推进"学讲方式"打造高效课堂现场会，新安小学、钟吾中学、小湖中学提供4节观摩课。徐州市教育局、市教研室，各县（市、区）教育局、教研室分管领导、教研员，新沂市各中小学教干、骨干教师300人参加活动。12月，举行全市中小学推进"学讲"优质课评比活动。

【开展暑期教师全员培训】　8月21—27日，市教育局开展暑期教干、教师全员培训工作。21—22日，全市中小学校长、业务副校长、教导主任、教育局科室主要负责人、教研室全体人员参加学校管理、课堂教学改革、廉政建设等方面的培训，480人参加培训。23—27日，中小学分学科举行新教材实施、新课改推进、新中高考改革等方面20科次的培训，全市5000名教师参加培训。27日，3180名中学教师参加暑期培训考核。

（撰稿：臧艳东　审稿：陆保明）

【创建优秀青少年维权岗】 2014年，教育局德育办创建优秀青少年维权岗。根据青少年学生身心健康发展的特点，在教育实践中探索出一套奖、惩、教结合，贯穿法、理、情过程的工作模式。动员社会各方面力量，共同关注并参与未成年人思想道德建设工作，营造有利于青少年健康成长的良好社会环境。2014年，德育办获徐州市优秀青少年维权岗、江苏省优秀青少年维权岗称号。

（撰稿：宋春民 审稿：房树仲）

【教师进修学校承办省市合作培训】 5月22—25日，新沂市教师进修学校组织承办2014年省教育厅“省市合作”小学数学教师培训。培训以“吃透新课标，推进‘学讲计划’，打造有效课堂”为主题，理论与实践相结合，讲座观摩与实践研讨相结合，采取“观摩诊断——交流反思——专题讲座——总结提高”的培训模式，江苏省教育科学研究院基础教育研究所主任孙向阳，江苏省特级教师吴汝萍，徐州市教研室小学数学教研员等批专家、学者开设专题讲座，新沂200名小学数学一线教师参加培训。

（撰稿：刘圣军 审稿：徐 洪）

【徐州市大型德育报告会在新沂举行】 9月21—22日，由新沂市教师进修学校承办的徐州市市级培训项目——“今天可以这样做教师”大型德育报告会在新沂举行。活动邀请3位全国知名的教育专家魏书生、高金英、隗金枝作专题报告。徐州各县（市）及直属学校的900余名中小学校管理人员、班主任和骨干教师参加报告会。

（撰稿：刘圣军 审稿：徐 洪）

【中专校电子商务产业园开园】 10月29日，新沂中等专业学校电子商务产业园开园。省教育厅副厅长杨湘宁、省商务厅电商处处长朱卫东，市领导赵立群、王成长等出席开园仪式。电子商务产业园坐落在新沂中等专业学校实训基地内，总建筑面积2.8万平方米，首期使用面积4000平方米，可容纳30家个体网店和电商企业入驻办公。该园是专业公益性电商服务平台，是集专业教学、学生实习实训、产品生产与销售、青年网上创业、网货仓储服务于一体的综合性实习实训基地，是“十二五”期间省市教育部门重点支持的中等职业教育基础能力建设项目。

（撰稿：仲其龙 审稿：徐洪熙）

【新沂三中成立读书会】 9月，新沂三中成立读书会。新沂三中建立教职工专业阅读制度，鼓励全体教职工开展读书活动，读书会活动由校教科室牵头，推荐学科专业书目，倡议教职工每天利用课余一小时，围绕专业选择书籍，加强阅读。

（撰稿：韩春雷 审稿：薄品安）

【新沂三中美术教育成绩突出】 2014年，新沂三中美术教育成绩突出。2015届高考美术专业成绩过关人数131人，过关率达90%。学校重视文化、艺体两手抓，高一开设美术欣赏课，发现苗子，培养兴趣；高二成立美术兴趣小组，开展专业素质养成教育；高三开设美术高考辅导，提升专业发展。做到计划落实、管理严格、检测全面，学情分析定位到人，三年跟踪管理具体，美术班高考专业成绩达到历史新高。

（撰稿：韩春雷 审稿：薄品安）

【新沂二中举办“我的教育叙事”论坛】 9月，新沂二中举办“我的教育叙事”德育论坛。20余位教师参与论坛交流活动。德育论坛交流活动使教育者的教育教学能力进一步提升，班级管理工作更加规范、科学。

（撰稿：何全考 审稿：史孝栋）

【钟吾中学承办“‘学讲计划’县县行”现场会】 11月28日，钟吾中学承办徐州市“推进‘学讲计划’县县行”——新沂现场会。徐州市教育局副局长李运生、教研室主任何振国，各县教育局、教研室及全市所有初中学校、部分小学的领导、教师共320人全程参与现场会活动。活动分为巡课、听课、交流、反馈四个环节，4名教师分别开设示范课，突出“学进去、讲出来”课堂教学模式。

【钟吾中学举行爱心义卖活动】 12月22日，钟吾中学在校园广场举行第二届爱心义卖活动。义卖活动让学生们感觉特别有意义，大家既伸出援手，为困难的同学奉献一份爱心，又“淘”到自己称心如意的物品。全校的爱心义卖款近万元全部用于资助特困生。

（撰稿：徐　静　审稿：许先宝）

【高级中学赴海头高级中学学习】 10月17日，新沂市高级中学组织高一、高二年级全体教师赴江苏省海头高级中学学习。学校对学习进行周密部署，制定详细的学习计划，向每位教师下发《外出学习档案》，要求每位教师结合工作中存在的疑问、困惑和思考，参加听课学习。

（撰稿：叶大伟　审稿：丁金华）

【高级中学举行红歌大赛】 10月27—29日，新沂市高级中学隆重举行“爱党爱国”红歌大赛。全校有16支代表队进入决赛，以雄壮嘹亮的歌声讴歌伟大的党，祝福伟大的祖国。

（撰稿：叶大伟　审稿：丁金华）

【新沂四中开展主题文化教育活动】 9月，新沂四中开展主题文化教育活动。学校提出以“梅、兰、竹、菊”为主题文化教育活动。学校每一面墙壁、每一条走廊、每一间教室都彰显着主题文化的特色。校园内处处可见文明礼仪宣言、著名爱国人士的立志诗词、历代学者、伟人的先进事迹，突显主题文化的核心内容。

（撰稿：周瑞奇　审稿：徐言军）

【第五中学开展“百日家访”活动】 2014年，第五中学党员干部进行“百日家访”活动。五中党员干部下村入户，走访施教区内学生家庭，党员干部带去有关宣传资料、调查问卷，了解群众对教育的诉求，化解家校教育误区，收到很好的效果。

（撰稿：沈中良　审稿：仲维生）

【六中举行师生“结对”仪式】 9月10日，新沂六中举行师生“结对”仪式。“小组合作学习”是“学讲计划”倡导的最重要的学习方式之一，为保证小组合作学习收到预期的实效，学校精心选拔科任教师与学习小组结对子，指导学生“学进去，讲出来”。

（撰稿：张　萍　审稿：闫　刚）

【六中开展课间特色操活动】 年内，新沂六中开展课间特色操活动。每天课间操后，做一套十六步韵律操，以歌曲《童年》为伴奏音乐，4分钟优美欢快、节奏鲜明、动感强烈的韵律操，使同学们得到愉悦的心理体验。

（撰稿：何大超　审稿：闫　刚）

【六中承办“学讲方式”高效课堂研讨活动】 12月4日，新沂六中承办新沂东片“学讲方式”高效课堂研讨活动。校长带头开设1节七年级历史示范课，生动有趣的“学讲”课堂深受教研室领导和听课教师们的好评。

（撰稿：张　萍　审稿：闫　刚）

【实验学校以“三听课”促“学讲课堂”】 2014年，实验学校以“三听课”促进“学讲课堂”。分学科听课——发现学科“学讲课堂”教学问题，完善实施方案；分年级听课，旨在打通学科界限，融通思路，优化“学讲课堂”教学模式；分层次听课——更好地掌握“学讲课堂”教学动态，带动课堂教学整体水平的提高。

（撰稿：谭长存　审稿：周树飞）

【实验学校创办“名优教师讲坛”】 9月，实验学校创办“名优教师讲坛”。学校立足实际，发挥名优教师优势。讲坛每周一讲，时长为10—15分钟。有的畅谈教书育人经验，有的分享课堂教学感悟，有的解读百味人生智慧。形式有教师讲解，有互动讨论。

（撰稿：谭长存　审稿：周树飞）

【八中省文明礼仪大赛获奖】 8月7日，第八中学在江苏省未成年人文明礼仪风采大赛中获奖。3月，学校按照省文明委《关于在全省开展未成年人文明礼仪养成教育的意见》精神，开展“八礼四仪”主题教育活动，引导学生学礼仪、知礼仪、行礼仪。学校在江苏省未成年人文明礼仪风采大赛中获文明礼仪风尚团队奖，情景剧《文明班车》获初中组三等奖。

（撰稿：陈秀桓　审稿：张长新）

【八一实验学校安全文化建设显特色】 年内，新沂市八一实验学校注重安全文化建设，彰显特色。八一实验学校把传统安全教育的强制性，转变为安全文化的人文关怀，形成学校安全文化管理的“六化”特色，即安全管理制度化，安全教育内容化，安全形式多样化，安全组织网络化，自护自救演练化，教育效果行为化。学校被评为江苏省平安校园。

（撰稿：扈向礼　审稿：陆其浩）

【八一实验学校举行30年教龄教师颁奖仪式】 12月8日，八一实验学校举行30年教龄教师颁奖仪式。校长为14位老教师颁发30年教龄奖章、荣誉证书及纪念品，勉励学校全体教师向老教师们学习，忠诚于教育事业，立足教育岗位，为教育发展做出更大贡献。

（撰稿：扈向礼　审稿：陆其浩）

【第十中学举行"学讲计划"赛课活动】 11月，十中举办“学讲计划”赛课活动。教师们积极参与，评出教学优秀教师。

（撰稿：王建民　审稿：周普让）

【瓦窑中学启动感恩教育活动】 2014年，瓦窑中学启动“让感恩走进心灵 让生命绽放华彩”为主题的感恩教育系列活动。通过征文、演讲、辩论等丰富多彩的形式，让学生知道生命的意义在于奉献，常怀感恩之心、常立感恩之德、常行感恩之举。

（撰稿：陈明勇　审稿：季景华）

【阿湖中学开展教师读书沙龙活动】 10月15日，阿湖中学成立教师读书会，开展教师读书沙龙活动。9月，学校发出通知，鼓励教师参与读书活动，召开教师读书活动动员会，11月5日，举行第一次读书沙龙活动，分享读书心得。

（撰稿：米云雁　审稿：张　军）

【阿湖中学开展“品、行、学”主题教育活动】 9月，阿湖中学在学生中全面开展“品、行、学”主题教育实践活动。要求每位学生会背“品、行、学”三字格，自觉践行三字格。召开主题班会，展开大反思、大讨论。组织“品、行、学”三字格主题演讲比赛和“践行三字格”签名活动。

（撰稿：米云雁　审稿：张　军）

【窑湾中学教师省评优课获奖】 10月23日，新沂市窑湾中学教师余荣兴获江苏省初中物理优质课评比二等奖。余荣兴于2013年12月获得徐州市初中物理优质课一等奖第一名,被推荐参加10月在苏州市举办的江苏省初中物理优质课评比暨观摩活动。

(撰稿:张维坤　审稿:葛明永)

【草桥中学“江苏省语文课程项目建设”立项】 7月20日,草桥中学“江苏省语文课程项目建设”(简称“项目”)正式立项。该学校为新沂市唯一一家获得省学科支持的学校。“项目”立项后,国家、江苏省、徐州市、新沂市在资金、学术和政策上给予很大的支持。

(撰稿:张满居　审稿:陈晓慧)

【踢球山中学旧貌换新颜】 9月1日,踢球山中学新建综合楼投入使用,学校“旧貌换新颜”。政府投入巨资对该校进行整体改造,修建近2500平方米的综合楼和多功能报告厅,又规划建设近3800平方米的教学楼。同时,与之相配套的地面硬化、校园绿化、墙壁美化等附属工程均完成。

(撰稿:郝新社　审稿:高捍东)

【高流中学举行水火箭制作与发射比赛活动】 12月23日,新沂市高流中学在学校操场举行水火箭制作与发射比赛。比赛内容包括水火箭作品展示、发射和测量发射距离。经评委们打分,评出一、二、三等奖以及最佳创意奖。活动旨在培养学生物理学习兴趣。

(撰稿:胡　芳　审稿:何振华)

【李冬冬老师勇救落水儿童】 10月16日,高流中学教师李冬冬在下班途中勇救落水儿童。10月22日,高流镇村民将一面“人民教师品德高,挺身勇救落水童”的锦旗送到学校,向李冬冬表示感谢。11月6日,《新沂市报》“践行社会主义核心价值观”栏目对李冬冬救人事迹进行专题报道。

(撰稿:胡　芳　审稿:何振华)

【合沟中学朱悠悠获省书签制作特等奖】 3月,合沟中学学生朱悠悠获得省中小学生“三爱”(爱学习、爱劳动、爱祖国)书签制作大赛特等奖。大赛由省关工委、省《关心下一代周报》联合举办,全校收到作品800余幅,经过层层筛选,推荐20余幅参加省赛。八(3)班学生朱悠悠获特等奖。

(撰稿:陈都亚　审稿:高印行)

【合沟中学教学楼加固工程竣工】 8月,合沟中学教学楼加固工程竣工。该工程由省、市财政投资310.588万元,于2013年4月开工建设,建筑面积4400平方米,根据国家《建筑抗震鉴定标准》对原建筑物的梁体、墙体实施钢筋锚固和混凝土浇筑加固,并对教学楼的配套设施进行改造、更新。教学楼如期投入使用。

(撰稿:陈都亚　审稿:高印行)

【武安初中对口支教芦墩中学】 12月18日,高邮市武安初中到芦墩中学开展对口支教活动。新沂市芦墩中学与高邮市武安初中结成对口支教学校。武安初中老师上九年级语文和七年级数学2节课,两校老师围绕数学教学进行深入交流。

(撰稿:王　曾　审稿:晁太祥)

【新店中学开展文明学生教育活动】 2014年,新店中学开展做文明学生主题教育活动。学校先后开展倡议签名、印发《告家长一封信》、各班级召开主题班会、出一期主题黑板报、举办常规知识竞赛、组织演讲比赛、开展征文评比、自办手抄报评比、文明礼仪标兵评选等系列活动。

(撰稿:佟士平　审稿:赵庆雷)

【堰头中学举办家长开放日活动】 12月5

日，堰头中学举办家长开放日活动。学生家长走进校园、班级，参观学校教育教学环境，了解教学情况。有关班主任、科任教师积极与家长进行交流沟通，让家长了解学生，了解学校，并倾听家长建议。

（撰稿：伏　杰　审稿：何立柱）

【港头中学评选教坛新秀】　3月11—14日，港头中学评选教坛新秀。围绕徐州市“学讲方式”行动计划要求，对14名参赛选手进行教学测评，推荐参选新沂市“教坛新秀”人选。

（撰稿：孙继领　审稿：周士航）

【王楼中学完成食堂改造】　2014年，王楼中学完成学校食堂改造。改造包括陈旧落后厨具设备的更换、操作间的整改、储物间置物架的置办、水路电路整修等项目，改造后的食堂，在安全保障、就餐条件等方面有较大提高。

（撰稿：王　宁　审稿：桂　彬）

【整修宿北第一党支部纪念碑】　2014年，王楼中学整修宿北第一党支部纪念碑。1928年10月，中共宿北第一党支部在窑湾镇闫溜村成立。1998年12月，地方党委在王楼中学校园内建立宿北第一党支部纪念碑。学校整修宿北第一党支部纪念碑，旨在彰显校园红色文化，营造育人氛围，弘扬光荣传统。

（撰稿：王　宁　审稿：桂　彬）

【马陵山中学食堂达省A级标准】　2014年，马陵山中学食堂改善基础设施，达到学校食堂省A级标准。马陵山中学新建食堂面积达3060平方米，可同时容纳1200名师生就餐，餐厅于12月26日正式投入运营。该食堂设有粗、精加工，烹饪，配餐等20多个功能间，各项建设均达省A级标准，改善了师生的就餐条件。

（撰稿：盛培海　审稿：邹以标）

【启明中学坚持班主任“四深入”制度】　9月起，启明中学坚持班主任“四深入”制度。即深入班级、走进学生，与学生思想零距离；深入宿舍，全面了解学生学习、生活、心理状态；深入餐厅，积极听取并及时反馈学生的意见建议；深入学生生活，坚持每周与学生谈话、与家长对话，以利学生的健康成长。

（撰稿：徐东杰　审稿：邹其坤）

【城岗中学成立“玻爱”基金会】　8月1日，城岗中学联合当地玻璃工业园区民营企业家与社区热心人士，成立“玻爱”教育基金会。选举产生组织机构，募集助教资金近5万元。

（撰稿：王新响　审稿：胡小宁）

【高流初中探索小初教育衔接】　9月1日，高流初中启动小初教育衔接探索，近400名小学生，“提前”升入高流初中。高流初中精心选择8位优秀班主任和18位学科骨干教师，按照小学教育教学管理要求，开足开齐义务教育阶段规定的六年级课程，小学生们在中学环境下完成小学教学任务，为2015年的“小升初”做好充分的心理准备。

（撰稿：孙　鲁　审稿：李月武）

【高塘中学搬迁新校区】　8月28日，高塘中学开始全面搬迁。9月1日，搬迁顺利完成，师生在新校区开始新学期的学习。

（撰稿：王孔云　审稿：侍孝敬）

【棋盘初中打造校园“诚”文化】　2014年，棋盘初中着力打造以“诚”为主题的校园文化。围绕“以诚为根”，构建校园墙壁文化，先后建成校训“诚”字墙、师生誓言墙和十德修身墙；举办以“诚”为主题的黑板报、诵读评比活动，加强对学生的“诚”文化教育。

（撰稿：唐　飞　审稿：张志诚）

【棋盘中学举办优质课竞赛】 11月24—27日,棋盘中学举办教师优质课竞赛活动。15名参赛教师分为文理科两组,评委现场依据《徐州市学讲计划课堂教学评价标准》打分,评出一、二等奖并给予表彰。获一等奖的3位教师参加市级赛课。

(撰稿:胡丰产　审稿:刘东升)

【邵店中学开展阳光体育运动】 2014年,邵店中学坚持开展阳光体育运动。各班级依据本班级学生的特点,选择自己最喜欢的运动项目,培养学生良好的体育卫生习惯,教会学生健身的本领。学校还要求教师参与学生的活动中去,提高学生体育运动的热情。

(撰稿:王明文　审稿:吕恩伯)

【唐店中学探索“六环”教学模式】 2014年,唐店中学探索“六环”教学模式。学校以教研组为计划实施主体,通过各年级备课组具体组织,经过两个学期的摸索研究,初步形成“(情境创设)自主先学—合作助学—展示互学—拓展导学—反思悟学—检测促学”“六环”教学模式。

(撰稿:王文艺　审稿:陈学军)

【黑埠中学践行《弟子规》】 2014年,黑埠中学积极引导学生践行《弟子规》。《弟子规》突出了在家、出外、待人、接物的基本礼仪规范,可操作性强,适合学生身心发展特点,学生易于接受。黑埠中学坚持养成教育的基本规律,突出“践行”在德育中的重要作用。

(撰稿:沈昕泽　审稿:吴成勇)

【新安小学校园改造工程竣工】 8月30日,新安小学校园改造升级工程竣工。新安小学校园改造升级工程包括操场改建、操场周边木栈道铺设、校园雕塑建设等,该工程由上海市飞扬设计院设计,总投入120万元。

(撰稿:王夫龙　审稿:孙先锋)

【新安小学新星青少年体育俱乐部成立】 6月27日,新安小学新星青少年体育俱乐部挂牌成立。新星青少年体育俱乐部由新沂市民政局注册、新沂市文广新体局主管,依托新安小学体育设施和师资力量开展活动。该俱乐部开设的主要活动有篮球、乒乓球、中国象棋、围棋等项目。

(撰稿:王夫龙　审稿:孙先锋)

【春华小学举行读书表彰活动】 10月14日,春华小学举行“红领巾相约中国梦”读书表彰活动。学校组织学生开展课本剧表演、诗文朗诵、作文竞赛、讲故事等丰富多彩的活动,并对表现优秀的班级和学生分别进行奖励。

(撰稿:夏　斌　审稿:刘朝明)

【“童诗文化”彰显华沂小学办学特色】 2014年,华沂小学以“童诗”为抓手,彰显办学特色。学校开辟童诗文化墙和童诗长廊,每面墙壁,每个廊柱都悬挂或张贴着童诗名家及该校师生的童诗作品,文化氛围浓厚。校园文化由单调乏味变为丰富多彩。

(撰稿:朱　永　审稿:吴　潜)

【周嘴中心小学通过市科技示范校验收】 12月23日,经徐州市科技局、徐州市教育局全面检查,周嘴中心小学通过徐州市“科技示范校”验收。草桥镇周嘴中心小学把科技教育纳入学校整体教育规划之中,开展形式多样、寓教于乐的科技教育和科普活动,把科技教育落实到各项活动中。举办科技节活动,编写科技校本教材,建立科技教育工作室和活动基地。

(撰稿:朱　永　审稿:吴潜)

【郇楼小学彰显乒乓特色】 2014年,合沟镇郇楼小学坚持“用国球精神育人,以乒乓特色立校”,彰显乒乓特色。学校创设浓厚的乒乓文化氛围,编排乒乓球韵律操,连续举办4届乒乓球文化艺术节，成立乒乓球兴趣小组，让更多学生爱上国球。学校乒乓球代表队连续参加新沂市6届乒乓球赛事，3次获男子团体冠军、2次男子团体亚军、1次男子团体季军，连续4次获女子个人亚军。

（撰稿：孙安远　审稿：张学武）

【新华小学举行小初衔接教学研讨活动】　11月，新华小学举行小学初中衔接四科教学研讨活动。新华小学六年级组提供语文、数学各2节，英语、科学各1节教学研讨课。从教学内容、教学方法、学习方法、教学评价和情感培养等方面就如何做好衔接进行研讨。阿湖中学、唐店中学有关教师参加活动。

（撰稿：郭广辉　审稿：孙国庆）

【新华小学参加“三校教研共同体”第三届活动】　12月5日，新华小学和昆山开发区实验小学、南京中华附小组成的教研共同体第三届教学研讨活动在南京中华附小举行。新华小学部分教干和骨干教师参加活动。

（撰稿：郭广辉　审稿：孙国庆）

【时集镇小学召开现代化创建现场会】　12月30日，时集小学召开全镇现代化创建工作流动现场会。参会人员查看了8所学校的外部环境、基础建设、设施设备、学校管理、档案资料、校园文化、特色项目等，在西洪小学召开校长座谈会，校长们为教育现代化建言献策。

（撰稿：高　岩　审稿：高维迎）

【港头镇中心小学举行“学讲”理论培训】　5月23日，港头镇中心小学举行“学讲”理论培训。学校邀请徐州市“学讲计划”宣讲团为港头镇中心小学教师进行理论培训，为学校实施“学讲计划”提供理论支持。

（撰稿：袁海波　审稿：徐士宝）

【窑湾小学开展综合实践活动】　4月22日，窑湾小学依托古镇资源开展综合实践活动。窑湾小学组织学生到古镇赵信隆酱园店开展考察实践活动，通过调查、访谈、操作等一系列活动，对甜油的历史、制作用具、制作过程、甜油的味道、功效等方面都有深刻了解，学生对家乡特产有了进一步认识。

【窑湾镇小学开展交通安全教育】　6月，窑湾镇小学多措并举开展交通安全教育活动。组织学生观看交通安全系列教育图片，邀请窑湾镇派出所警官到校举行交通安全教育讲座，开展交通安全手抄报比赛活动，发放《致广大学生家长一封信》，家校及时沟通，全面加强交通安全监管，形成自觉维护交通安全，遵守交通法规的局面。

【窑湾镇中心园开展制作教玩具评比活动】　4月20日，窑湾镇中心园开展教师自制教玩具评比活动。参赛教师充分利用废旧物品材料，精心制作一件件构思巧妙、造型新颖的教玩具，体现一物多玩的功能，展现该镇幼儿园教师心灵手巧的风采。

（撰稿：李先锐　审稿：孔令平）

【小湖小学校本教材投入使用】　2月，小湖小学编制《综合材料画》校本教材，纳入学校校本课程投入使用。小湖小学从编制校本教材入手，精心设置教学内容，使活动有本可依。

（撰稿：佟士龙　审稿：孙守玉）

【瓦窑中心小学综合楼竣工投入使用】　8月20日，瓦窑中心小学综合楼竣工，9月1日投入使用。该楼属于校安工程，新楼建筑面积3379平方米，投资488.2765万元，共计有31

间标准教室和1个多功能大教室,改善了学校办学条件。

(撰稿:孙 娟 审稿:房树旭)

【瓦窑镇双庙小学设立“天衡圆梦助学基金”】 5月28日,“天衡圆梦助学基金”在双庙小学设立。徐州天衡会计师事务所到双庙小学进行捐资助学活动,投入5万元设立“天衡圆梦助学基金”,主要资助双庙小学品学兼优的贫困生。

(撰稿:吴建设 审稿:房树旭)

【瓦窑镇中心幼儿园搬入新园】 8月12日,瓦窑镇中心幼儿园搬入新园。新园址位于瓦窑镇招商街,处在镇政府和瓦窑镇新世纪小学区域。新园占地面积0.72公顷,建筑面积2760平方米,绿化面积1630平方米,幼儿园户外活动场地2840平方米,拥有9个教学班,可容纳320名幼儿。

(撰稿:张 扬 审稿:魏红艳)

【黑埠小学举行省级课题开题仪式】 3月18日,黑埠小学举行省级重点读书课题《农村小学师生快乐阅读的途径和方法研究》开题仪式。徐州市教科所、新沂教育局的专家领导参加开题仪式,为课题的研究提出切实可行的意见和建议。

(撰稿:王洪艳 审稿:张晓东)

【徐工集团为岭东小学捐赠课桌椅】 8月20日,徐工集团工会到阿湖镇岭东小学,代表徐工集团为岭东小学捐赠新课桌椅200套,价值2万余元。岭东小学是徐工集团结对帮扶单位,徐工集团曾多次赠送学习用品、体育用品。

(撰稿:任太正 审稿:张晓东)

【机关园营造环境课程】 2014年,机关幼儿园精心营造环境课程。机关园确立营造环境课程,大班组以家乡为主题:窑湾风情、我爱马陵山等;中班组以民俗文化为主题:民间纸艺、国粹脸谱、布艺、青花瓷等;小班组以生活教育为主题:甜蜜糖果屋、美丽的花园、童话城堡、我的幸福一家等。让环境与教育目标有机结合,幼儿在与环境交互中得到身心和谐发展。

(撰稿:张 婧 审稿:王雪梅)

【副市长李燕视察北沟第一幼儿园】 11月6日,徐州市副市长李燕、徐州市教育局局长张德超等领导视察北沟第一幼儿园。徐州市领导听取北沟一幼关于幼儿园发展概况、办园特色的汇报,实地察看幼儿园的设施设备、日常管理、教育教学、卫生保健等。副市长李燕对北沟一幼的硬件设施、教育管理给予高度的评价,并对一幼今后的发展提出指导性建议。

(撰稿:张苏北 审稿:乔汉泉)

【桥口小学教学楼一期工程竣工】 12月,新沂市北沟桥口小学教学楼一期工程全面竣工。教学楼于4月20日正式动工,建筑面积6100平方米,可容纳32个教学班,配有微机室、图书室、阅览室、舞蹈室等功能教室,总投入1200余万元,将于2015年正式投入使用。

(撰稿:张苏北 审稿:乔汉泉)

【沟埃小学营造绿色校园】 2014年,高流镇沟埃小学积极营造绿色校园。学校开辟碧草园、百草园、百花园、千木林等绿化园地5块,植树育苗1200多株,校园绿化面积达55%以上。引导学生保护绿色生态,培养绿色意识,享受绿色生活。

(撰稿:胡道山 审稿:孙敬酋)

【高流小学日记教学显成效】 2014年,高流镇中心小学日记教学显成效。学校重视日记教学对学生读写能力的促进作用,定期举办日记活动交流会、日记教学现场会,持续开展“日记伴我成长”“心语的世界”“金牌日记展评”等系列活动,日记教学特色和教学成效日益彰显。学校先后被评为徐州市青少年文学基地,江苏省教育学会日记特色教学课题研究先进单位。

(撰稿:胡道山　审稿:孙敬酋)

【邵店小学开展感恩教育系列活动】 2014年,邵店小学启动感恩教育系列活动。学校开展感谢父母赐予我们生命,呵护我们成长;感谢同学给予我们帮助,相助我们前行;感谢老师传授我们知识,教会我们做人;感谢大自然给了我们生存的空间,让我们自由地呼吸等活动。让感恩理念植根学生心田。

(撰稿:朱善春　审稿:周辉)

【联合小学开发传统游戏】 2014年,联合小学开发传统游戏,让学生享受阳光体育。传统游戏有滚铁环、打陀螺、编花篮、老鹰捉小鸡、翻花绳等20余种,学校编印校本教材《传统游戏》,利用体育课和课间等时段开展活动,先后举办传统游戏比赛,游戏活动剪影展览。游戏活动成了学生们课间活动的首选,深受孩子们的喜爱。

(撰稿:韩　浩　审稿:鲍善锋)

【邵店中心园营造乡土情】 年内,邵店中心幼儿园就地取材营造乡土情。幼儿园充分开发和利用身边的黄沙、板栗、稻草、草绳、蒲扇、草帽、玉米皮、石头、野草等自然资源,营造乡土气息浓郁的教育环境,潜移默化地影响孩子们的审美情趣。

(撰稿:高　平　审稿:李洪萍)

【朱圩小学携手“杏林”开展助学活动】 6月17日,朱圩小学携手“杏林”开展助学活动。新沂市“杏林”基金会是由一部分社会爱心人士自发组成的民间慈善组织,朱圩小学是其首家合作单位。爱心助学活动旨在“支持师生阅读,资助贫困学生,奖励学优少年”。2014年,基金会为朱圩小学捐赠4000多元精美图书,为学优少年提供2000多元奖学金,为贫困学生提供4000多元助学金。

(撰稿:叶敬江　审稿:彭三虎)

【唐店2所小学获省平安校园称号】 5月,唐店街道办唐店小学、马场小学顺利通过验收,获江苏省平安校园称号。唐店中心小学高度重视平安校园建设,创新安全管理举措,构建管理网络,开展法治和安全教育,强化应急能力培训,加大安全专项投入,完善人防技防设施防,落实责任制度,筑牢校园安全防线,近年无一起校园安全事故发生。

(撰稿:闫仕祥　审稿:胡松年)

【唐店中心幼儿园通过省优质园验收】 12月,省教育厅正式批准唐店中心幼儿园为省优质幼儿园。5月13日,幼儿园接受省评估院专家考察,评估院专家查看基础设施、办园条件,观摩晨检和早操,随堂听课,参观游戏活动,问卷调查、家长访谈、查阅资料,对幼儿园的教育教学、保教队伍、卫生保健、后勤安全等方面进行全方位的检查评估,对唐店中心幼儿园的成绩表示肯定,对办园理念和水平给予高度评价。

(撰稿:闫仕祥　审稿:胡松年)

【唐店中心小学举行“小组合作学习”研讨活动】 10月20日,唐店中心小学举行“小组合作学习”专题课堂教学研讨活动。各小学校长、教务主任及部分语文骨干教师40余人参加活动。与会老师观摩2节“小组合作学习”语文研讨课，并进行互动式评课，语文教研员作“小组合作学习”专题培训。

（撰稿：闫仕祥　审稿：胡松年）

【马陵山小学教师梯队建设结硕果】　年内，马陵山小学教师梯队建设结硕果。1人被评为省特级教师，5人被评为县级以上名师、名校长。学校把“做一名智慧的老师”作为教师培训的指导思想，确立“重点培养、梯队推进、整体提高”的教师发展策略。通过讲坛交流、“青蓝工程”、建立教师业务档案袋的途径，对骨干教师进行全方位培养。

（撰稿：李先军　审稿：吕宣杰）

【陈楼小学践行“生活教育”】　年内，马陵山镇陈楼小学开展践行陶行知“生活教育”思想的活动。该校将陶行知“生活教育”思想融入劳动实践活动中，利用学校空余土地，建立劳动实践园、大棚蔬菜园、草坪园艺和兔子养殖场，学生亲自动手，学习种植、养殖，在生活中学习科学文化知识，提高实践能力。

（撰稿：李先军　审稿：吕宣杰）

【新安三幼举办徐州市学前教育现场会】　10月24日，新安第三幼儿园举办徐州市学前教育现场推进会。200多位专家和幼教同行参加，对该园的室外游戏及儿童水粉画特色活动给予高度的评价和赞赏。

（撰稿：孙春梅　审稿：王　军）

【新安城西小学实施“生态教学”研究】　2014年，新安城西小学实施“生态教学”研究。该校注重发挥学生的主体作用，重视课堂内每一个学生的需求、欲望、意识和个性发展，青年教师王明莉在省苏派教育研究中心举办的江苏省首届生态教学研讨课中获二等奖。

（撰稿：杨　梅　审稿：李　江）

【新安城东小学教学楼加固竣工】　9月，新安城东小学西教学楼维修加固竣工并投入使用。学校900多名师生告别危旧教室，搬进宽敞明亮的新教室，学校办学条件得到较大改善。

（撰稿：卓　然　审稿：王荣江）

【新安一幼晨间自选式区域活动】　2014年，新安第一幼儿园探索晨间活动模式——幼儿晨间区域自选活动。活动将全园分为几个主要的活动区：钻爬区、投掷区、球区、平衡区、跑跳区、自由创意区等。活动形式是大中小班的幼儿在晨间锻炼时间打破班级和年龄段的界限，自由选择活动区域和器材。自选式晨间活动深受孩子们喜爱。

（撰稿：叶惠东　审稿：王　坤）

【新安一幼通过徐州市绿色校园验收】　11月27日，新安市第一幼儿园通过徐州市绿色校园验收。徐州市环境宣传教育中心、徐州市教育局和新沂市环保局、教育局组成的徐州市绿色学校验收组，对新安第一幼儿园进行绿色校园现场考核验收。实地查看幼儿园环境，听取幼儿园创建介绍，查看台账资料，观摩师生活动，创建工作得到验收组认可。

（撰稿：叶惠东　审稿：王　坤）

【棋盘镇中心小学举办“学讲论坛”】　12月26日，棋盘镇中心小学举办“学讲论坛”。徐州市陶研会3位专家和全镇青年教师参加活动。教师们围绕“一个点.一件事.一节课”，以叙事的形式，讲述自己在“学讲计划”实践活动中的做法、收获和困惑，并就大家共同关注的问题提出自己的观点。

（撰稿：王建举　审稿：孙圣先）

【特教中心改善办学条件】　2014年，新沂市特教中心加大投入，改善办学条件，提高教学质量。学校先后投资100余万元铺设塑胶跑道、安装路灯、新建文化长廊,并增添一体机、电脑等现代化教学设备。改善办学条件,教学质量得到提高,在全国聋人对口单招考试中,7名学生被南京市特殊教育职业技术学院录取。

(撰稿:陈素芬　审稿:李士超)

新沂市2014年各级各类学校基本情况表

表16　　　　单位:个、人

校名	班级数	在校生数	毕业生数	招生数	教职工数		学校领导			
					计	专任教师	校长	副校长	书记	副书记
钟吾中学	68	3844	1089	1247	245	214	许先宝	马光善　阮祥德 刘普洲	许先宝	
教师进修校	57	3628	1998	2085	48	36	徐　洪	张　标　栗玉宝	徐　洪	陆　晔
职教中心	60	3193	923	1056	297	192	徐洪熙	陈长兵　张同军 陈德昌　徐艳秋	徐洪熙	
第一中学	60	2480	840	800	348	288	郭振京	党建久　蔡墩传 张统卫　姚　松 张　莉	郭振京	党建久
第二中学	29	1528	302	531	110	88	史孝栋	陈兆武		
第三中学	49	2830	850	700	285	272	薄品安	陆化江　郝珠山 李学勇　杨家斌 王建东	薄品安	陆化江
第四中学	22	812	356	212	194	165	徐言军	江美萍　陈晓东 程春叶	徐言军	
第五中学	18	345	140	94	142	131	仲维生	段彩安　马敬义	沈中良	
第六中学	18	577	140	126	162	120	闫　刚	张广州　李增报 何大超	闫　刚	
第八中学	12	436	168	136	107	72	张长新	石启胜　王　勇	张长新	
第十中学	23	837	268	275	135	101	周普让	纪传舒　戴风暴 王建民　王九军	周普让	
实验学校	67	4238	331	1450	135	135	周树飞	姚　蒙　尹　刚	孙守江	
八一学校	21	701	92	166	111	89	陆其浩	扈向礼　田传银 孙　浩	陆其浩	
高级中学	45	1856	726	600	216	189	丁金华	徐　惠　晏良江 马贤坤	杨顺成	
棋盘中学(高中)	14	445	180	200	94	85	刘东升		刘东升	
王楼中学	27	969	320	350	181	176	桂　彬	王明刚		王明刚
瓦窑中学(高中)	28	1154	425	455	216	168	滕　清	黄绍谦　季景华 王　珂	滕　清	季景华
瓦窑中学(初中)	10	510	187	200	51	47	滕　清	黄绍谦　季景华 王　珂	滕　清	季景华

续表16-1

校名	班级数	在校生数	毕业生数	招生数	教职工数		学校领导			
					计	专任教师	校长	副校长	书记	副书记
高流中学（高中）	20	708	242	203	116	107	何振华	徐延华	何振华	徐延华
高流中学（初中）	19	835	301	306	148	136	李月武	王建斌　刘以波 张春鹏	李月武	张春鹏
唐店中学	24	1100	260	306	154	122	陈学军	高行平　王延刚 黄　梅	陈学军	
邵店中学	16	650	162	163	97	75	吕恩伯	冷　风	曹银虎	
时集中学	14	548	192	169	105	69	张　磊	曹　军	张　磊	曹　军
高塘中学	16	656	173	182	96	67	侍孝敬	韩从学　吴　晨 尹加金　尹福建	邹以标	
合沟中学	30	1270	314	343	125	101	高印行	孙继军　陈都亚 王　峰　高云合		
小湖中学	9	330	74	81	55	45	高行军	戈　威　张　立 吴学智	葛明永	
踢球中学	8	269	60	54	54	37	高捍东	马广学　郝茂翠	高捍东	
阿湖中学	10	361	98	87	76	45	张　军	胡连军	张　军	
黑埠中学	10	460	98	263	68	57	吴成勇	沈昕泽　薛　松	吴成勇	
草桥中学	12	440	124	157	110	86	陈晓慧	巩绪坤　李峰云 张　城	陈晓慧	
窑湾中学	11	464	193	131	67	60	葛明永	韩光金　刘全明 张洪亮	葛明永	
堰头中学	12	388	130	126	81	62	何立柱	王元永　张　健	何立柱	
卢墩中学	3	43	20	15	27	26	晁太祥	赵　跃	晁太祥	
新店中学	10	431	171	139	89	70	赵庆雷	张　涛　杨征亚	赵庆雷	
城岗中学	7	285	110	90	45	39	胡小宁	夏仲军		
马陵山中学	30	1289	359	302	192	142	邹以标	张军战　陈晓柱	邹以标	
港头中学	18	856	151	207	136	98	周士航	王远树　任　伟 戴嘉庆　葛冬子	周士航	
棋盘初中	16	687	193	220	90	59	张志诚	葛　坤　胡长芝	张志诚	
启明中学	30	1462	466	2666	98	76	邹其坤	朱　登	邹其坤	李良善
新安小学	60	4350	586	849	187	179	孙先锋	赵寿诚　李新红 叶守迎	孙先锋	赵寿诚
新华小学	53	4013	471	916	148	148	孙国庆	王其华　张培华 陈国宪　郭广辉	孙国庆	

续表16-2

校名	班级数	在校生数	毕业生数	招生数	教职工数		学校领导			
					计	专任教师	校长	副校长	书记	副书记
春华小学	53	3930	317	891	121	117	刘朝明	卢海兵 池春华 王长远 马　敏	刘朝明	卢海兵
特教中心	18	176	25	30	74	56	李士超	高志强 陆启军 徐春喜	李士超	
新安中心小学	220	9164	674	2355	482	470	王　军	李　江	王　军	
棋盘中心小学	163	6697	398	1418	294	290	孙圣先	孙敬龙	孙圣先	
港头中心小学	108	4999	236	1071	182	168	徐士宝	孟　远	徐士宝	
合沟中心小学	95	5248	408	1035	211	209	张学武	陈汉坡	张学武	
瓦窑中心小学	67	3702	197	869	154	150	房树旭	房建国	房树旭	
窑湾中心小学	127	5173	303	1111	227	219	孔令平	张　亮	孔令平	
唐店中心小学	101	5012	281	1027	218	216	胡松年	陈　伟	胡松年	
邵店中心小学	66	2691	171	586	162	161	周　辉	叶书权	周　辉	
时集中心小学	116	6607	381	1236	256	255	高维迎	陆　波	高维迎	
北沟中心小学	110	5877	357	1337	252	251	乔汉泉	蔡伟争	乔汉泉	
高流中心小学	119	5642	359	1061	204	195	孙敬酉	张兴山	孙敬酉	梁　勇
双塘中心小学	82	4106	308	853	157	156	臧其科	何书峰	臧其科	
马陵山中心小学	85	4399	408	289	209	202	吕宣杰	陆敬平	吕宣杰	陆敬平
阿湖中心小学	155	6497	312	1359	244	244	张晓东	陈　赛	张晓东	王夫平
新店中心小学	75	3632	280	965	195	190	孙守玉	孟建国	孙守玉	
草桥周嘴中心小学	122	5165	345	1161	233	229	吴　潜	黄金新	吴　潜	
机关幼儿园	20	876	295	296	47	40	王雪梅	张　为 王　凯 吴晓琴	王雪梅	（张　玲）
妇联幼儿园	8	268	112	156	32	16	张　玲	徐海芳		
新安第一幼儿园	18	800	210	200	76	36	王　坤		王　坤	

（张　玲）

局长、党委副书记 吴 亮
党委书记 孙 震
副局长、党委委员 徐善之
党委副书记 徐文婷(女)
副局长、党委委员 何勇
副局长、党委委员 卜宪锋
副局长、党委委员 蔡冬梅(女)
副局长、党委委员 孙景启
副局长、党委委员 孙晓红(女)
工会主席、党委委员 鲍成彩

【概况】 2014年,铜山区有各级各类学校(含民办、不含幼儿园)171所,其中,初中32所、普通高中6所、小学130所、中等职业学校2所、进修学校1所。各级各类学校中,民办中学4所,民办小学1所。全区中小学在校学生157956人,其中,高中14651人、初中26545人、小学100924人、中等职业学校在校生15836人。义务教育阶段入学率100%,初中巩固率达99.6%,高中阶段入学率为98.2%,学前三年幼儿入园率为97.3%。全区有教职工13340人,其中专任教师11111人。教师学历合格率高中100%,初中100%,小学100%,幼儿园81%。全区有省特级教师13人,省、市名师名校长51人。

2014年,全区有省三星级以上普通高中6所,省示范初中22所,省实验小学11所,省、市优质幼儿园88所,省、市模范学校22所,省、国家重点职业技术学校2所。年内,获全国义务教育发展基本均衡区,全国体育课程改革示范区,全国啦啦操试验区,市学前教育先进集体称号。全年投入教育经费15.18亿元。

【党的群众路线教育实践活动取得实效】 2014年,铜山区教育局深入开展以“为民、务实、清廉”为主要内容的党的群众路线教育实践活动。“四风”得到有力整治,门难进、脸难看、事难办等问题得到显著改善。群众反映强烈的教育乱收费、有偿家教、体罚学生等突出问题得到有效解决。局机关压缩会议、精简文件,减少重复检查评比、迎来送往活动，全面清理超标办公用房，压缩“三公”经费，坚决整治“吃空饷”现象。完善转作风提效能的各项制度，强化对不良作风的刚性约束，按规矩办事、按规矩用权意识显著增强。

【学前教育快速发展】 年内，铜山区学前教育快速发展。全年新建、改扩建公办园8所，新建民办园4所，全区共有幼儿园95所，教学点198个，实现每1.3万人口1所幼儿园的目标。全区公办园69所，占73%。28所幼儿园接受省优质园验收，10所幼儿园接受市优质园验收，省优质园达到62所，占65%；市优质园26所。保教质量和办园水平快速提升。

【义务教育更趋优质均衡】 2014年，铜山区义务教育优质均衡发展。区教育局制定《徐州市铜山区义务教育学校规范管理基本要求》，20所学校接受省现代化学校评估。铜山实小等8所学校建设自动录播教室，三堡中心中学等5所学校建设数字化教室，全面改造升级各学校网络接入升级设备和软件平台建设。积极开展中小学艺术教育、小学特色文化建设和薄弱初中课程建设工程。创建1所省节水型学校、2所省课程基地学校、2所市科技特色学校。

【普通高中多样特色发展】 年内，铜山区普通高中呈现多样特色发展。实施文化教育和艺术教育“两翼齐飞”的战略，多样化特色办学，实现学生全面发展、教师专业发展和学校特色发展的目标。艺术教学中关注学生特长的挖掘，多搭台、广搭台，让学生都能学有所长、学有所成。文化教育中注重分层施教，依据学情，强化提高。积极探索普职融通办学模式，努力提供多样化、个性化教育平台。

【职业教育内涵发展】 年内，铜山区积极推进职业教育内涵发展。省级职业教育创新发展实验区创建工作有序推进。张集中专国家中等职业教育改革发展示范学校建设工作按节点完成进度，通过国家中期评估验收。张集中专“汽车运用与维修专业”被评为省级品牌专业。全区1637人获得中级工证书，501人获得高级工证书。

【做好扶困助学工作】 年内，铜山区继续做好扶困助学工作。全区累计资助各级各类学校学生73129人次，共发放资助金4850.4375万元。办理大学生助学贷款2943人，贷款金额1780万元。大学生学费补偿266.9万元，大学生在区农村基层单位就业390人。2014年获徐州市资助工作先进单位称号，被省教育厅评定为“优秀”等次。

【提升教学质量】 2014年，铜山区多措并举提升中小学教学质量。举办高效课堂改革推进会，落实“学讲计划”，召开各学段教学质量分析会，开展教学视导、常规评估、质量监测，强化校长“抓教学、提质量”责任制，教学质量稳步攀升。全区高考二本以上上线人数达2550人，上线率31.64%，比去年高出3.64个百分点。

【体、艺教育结硕果】 年内，体、艺教育结硕果。铜山区被评为全国体育课程改革实验区、全国啦啦操实验区。承办徐州市小学生“棠张中学杯”排球赛。郑集中小学女篮获省十八届运动会篮球项目冠军，棠张中学女排获省十八届运动会排球项目第三名，大彭实验小学、大彭中心中学、张集中等专业学校获市武术操比赛二等奖。

【强化名优教师培养】 年内，铜山区强化名优教师培养。组织8900名专任教师参加各级各类培训，187人次校干参加高级研修班培训。加快名优教师培养，5人被评为省第十三批特级教师，86人评为市级名优教师，3人评为区名校长，46人评为区学科带头人，11人评为区青年名教师，82人评为区青年优秀骨干教师。

【省第七届中小学诗歌竞赛获佳绩】 年内，铜山区参加省教育厅组织的第七届中小学诗歌竞赛获佳绩。大许实验小学刘语萱等6名学生获一等奖，49名学生获二等奖，100名学生获三等奖，大许实小董会慧等7名教师获得优秀辅导教师奖，郑集镇中心中学、铜北润杰中学两校获得优秀组织奖。

【承办徐州市教师读书现场会】 4月29日，区教育局承办徐州市教师读书现场会，会议主题为“向阅读致敬”。现场会分1个主会场和8个分会场讲述教师的读书故事，开展评选优秀教师读书集体和十佳书香教师、经典吟诵、成长公开课、名家讲坛等活动，直接参与活动的教师达1500余人次。《江苏教育报》《徐州日报》《铜山要闻》、徐州电视台、铜山电视台等新闻媒体记者全程参加活动。安徽省萧县教育局应邀派23名教师参加观摩活动。

【教师个人课题研究成果丰硕】 2014年，铜山区教师个人课题研究成果丰硕。立项市、区级中小学教师个人课题343项，市、区级学前教育专项课题16项。市级个人课题结题100项，区级个人课题结题270项。

【校园安保工程提档升级】 年内，铜山区校园安保工程提档升级。为全区中小学校累计添置报警主机248个、摄像机1300个、门禁系统63套、钢叉582个、盾牌873个、橡皮棍582个，维修、新增监控探头1860个，安装红外对射2088对，安全防范能力显著提升。全年投资247万元。

【加快推进学校建设工程】 年内，铜山区加快推进学校建设工程。校安工程17栋中小学教学楼、9栋幼儿园教学楼全部开工。设施设备改善工程，添置课桌凳2.17万套、仪器柜400个、图书架400个。“班班通”工程，添置多媒体500套、师生用计算机2300台。

【出台系列管理文件】 年内，区教育局出台系列管理文件。出台的文件有《教育局中层干部选聘管理意见》《高职中中层干部选聘管理意见》《各类学校中层干部考核指导意见》《关于加强高考备考工作的指导意见》《关于加强中考备考工作的指导意见》《进一步加强师德师风建设的意见》《禁止在职教职工从事有偿补课的通知》《铜山区中小学校科学发展综合评估方案》《铜山区中小学绩效工资考核改革工作指导意见》等。

【干部竞聘上岗】 年内，区教育局干部公开竞聘上岗。通过公开竞聘，选拔7名中小学校长、10名局机关中层干部上岗。区教育局纪委对该项工作进行全程监督。

【举行课堂教学改革推进活动】 10月，区教育局举行“学进去 讲出来”教学方式推进活动。全区中小学每学科分别设3～4个活动点。活动采用公开教学与讲座、研讨相结合的方式进行。52位市级以上骨干教师执教研讨课，所有教研员主持评课，全区6000多名中小学教师参加活动。

【区委书记到学校调研】 11月12日，区委书记毕于瑞到学校进行调研。毕于瑞带领发改委、财政局、人保局、编办、规划局、督察室、高新区等部门领导走进校园，实地查看枫林小学、凤凰山小学、邓庄中学学校选址及建设情况，了解郑集高中城区校区教育现代化装备情况、清华中学校园规划情况，召集校长、教师代表座谈，了解学校发展问题。

【首届中学生阅读展示活动获佳绩】 10月25日，徐州市首届“中学生阅读展示活动”铜山区获佳绩。市教研室举办“中学生阅读展示活动”，全市近800名学生参加，铜山区获一等奖5名，二等奖8名，三等奖2名。

【“读写工程”推进会】 3月16日，区教育局在张集镇实验小学召开“读写工程”推进会。会议出台《铜山区加强中小学写字和课外阅读的指导意见》，成立中小学写字、阅读教学领导小组。各学校以教研组或备课组为单位，成立读书指导小组，形成课外阅读管理网络。并设计举办读书故事会、佳作欣赏会、人物评论会、读书笔记展评等活动。

【责任督学挂牌督导工作会议】 3月，区教育督导团办公室召开中小学责任督学挂牌督导工作会议。督导团办公室制定《铜山区中小学校责任督学挂牌督导工作方案》，划分24个督导责任区，聘请50名责任督学，制作督学信息公示牌，并在校门口显著位置予以公示。责任督学主要对学校依法依规办学进行督导；对学校管理和教育教学工作进行指导；受理、核实相关举报和投诉；向教育督导部门报告督察情况，并向政府有关部门提出意见。

【举办第八届科技文化艺术节】 5月21—28日，区教育局举办第八届科技文化艺术节。科技文化艺术节的主题是“七彩校园 放飞梦想”，项目分为科技制作、艺术表演、艺术作品三大类。内容涉及书法、绘画、科技等10多项。艺术节在清华中学、茅村实小、伊庄实小、柳新实小、张集实小、何桥实小6个片区开展，小学、初中艺术表演类节目736个，软硬笔书法作品5800件，儿童画、素描作品1068幅，科技制作463件，参与师生48360人。

【公开择优招聘部分教师】 5—6月，区教育局公开择优招聘部分教师。教育局、人事局共同成立招聘工作领导小组，坚持公平、公正、公开，经过笔试、面试、政审、体检、公示等环节，招聘98名小学教师和12名中职教师。

（撰稿：张春恩　审稿：吴　亮）

【郑集高中实施全员德育导师制】 9月10日起，郑集镇高级中学实施全员德育导师制。学校充分整合德育资源，动员全体教师参与德育工作，积极探索德育工作管理新模式，形成着眼全体、关注全面、既管又导、整体推进的学生德育工作新局面。

（撰稿：鹿　飞　审稿：吴　亮）

【郑集高中承办市高中数学研讨会】 12月25—26日，郑集高级中学承办徐州市高中数学“学讲计划”推进研讨会。会议通报全市高中数学学科推进“学讲计划”的情况，交流各重点中学深化课改、践行“学讲方式”等工作和经验，提出推进过程中的问题及解决问题的设想。郑集中学的朱祥祥、杜修远、曹爱丽、张响4名青年教师分别开设展示课，市教育局副局长李运生观摩教学。

（撰稿：鹿　飞　审稿：吴　亮）

【郑集中学与韩国国立交通大学签订交流合作协议】 11月28日，郑集中学城区校区与韩国国立交通大学签订对口交流合作协议。两校同意开展联合办学，由郑集中学城区校区开设“3+4韩国交通大学直通班”，韩国交通大学将优先录取直通班优秀毕业生。

（撰稿：杨　峰　审稿：孙　震）

【铜山中学获全国啦啦操挑战赛第一名】 11月，铜山中学获全国啦啦操城市挑战赛团体第一名。由国家体育总局体操运动管理中心等部门联合主办的全国啦啦操城市挑战赛暨“城市啦啦之星”争霸赛（徐州站）于11月8—

9日在徐州幼儿师范高等专科学校举行。铜山中学“魅力青春”“火力青春”两支啦啦队参加3个单项比赛,均获得本组第一名,并获团体第一名。

(撰稿:耿国防　审稿:丁再远)

【省生物学科名师研讨会在铜山中学召开】 12月18—19日,省生物学科名师研讨会在铜山中学召开。全省中学生物教育界的领导、专家及各大市教研员和部分骨干教师共160多人参加活动。研讨会交流全省中学生物学科课堂教学改革经验,促进名师和青年教师共同成长。

(撰稿:李盛典　审稿:丁再远)

【大许中学构建高效课堂】 年内,大许中学围绕“学讲计划”积极构建高效课堂。学校创立“导学、检测、合作、达标”四环节教学模式。校干带头课改,营造“学讲”氛围,落实高效课堂教学验收制度。

(撰稿:张　勇　审稿:李玉新)

【铜山中专市技能大赛获优异成绩】 10月29日,铜山中专在市技能大赛中获优异成绩。徐州市举办职业学校技能大赛,铜山中等专业学校71名师生参赛,在7大类16个项目的比赛中,共获得16个一等奖,14个二等奖,24个三等奖。

(撰稿:高　露　审核:闫怀春)

【铜山中专女子三门球省赛夺冠】 11月21日,铜山中等专业学校女子三门球队在省“海门中专杯”第三届职业学校三门球比赛中获冠军。比赛由省教育厅、省体育局主办,省学生体育协会职业学校工作委员会承办,全省共15支球队参赛。

(撰稿:高　露　审核:闫怀春)

【铜山中专校园剧获省级特等奖】 12月6日,铜山中专校园心理剧获省级特等奖。铜山中等专业学校选送的校园心理剧《美丽无痕》,在“2014年江苏省中小学校园心理剧”优秀剧目征集评选活动中,获特等奖。12月20日,剧组师生应邀到南京参加特等奖剧目汇报演出。

(撰稿:高　露　审核:闫怀春)

【茅村中学整治校容校貌】 8—11月,茅村中学投入资金250余万元整治校容校貌。改建学校大门,新铺校内道路,新建篮球场4片、排球场3片、羽毛球场4片,新添篮球架8个,新栽校内道路行道树18棵、草坪500平方米,教学设施得到改善,校容校貌焕然一新。

(撰稿:张邦瑞　审稿:王廷权)

【棠张中学获省健康促进学校金奖】 11月26日,棠张中学获江苏省健康促进学校金奖。检查组通过观看视频、访谈师生、查阅资料、实地考察等方式综合评估,认定该校各项指标均达到省健康促进学校金牌学校的标准。该校是徐州市第一家获此殊荣的高级中学。

(撰稿:孙永平　审稿:薛振利)

【夹河中学学生成立自主管理委员会】 9月,夹河中学学生自主管理委员会成立。在学校政教处的指导下,每年级成立分会,根据年级部的安排,学生自管会每天对本年级各班起床、出操、午休情况以及各时间段的卫生、纪律等方面进行检查,认真填写“班级日常量化考核检查表”,当天公示检查结果,并进行周公布和月汇总,力争让每一位学生成为自我成长的主人。

(撰稿:郭云宾　审稿:王广帅)

【教师进修学校启动教师继续教育学时认定工作】 12月,区教师进修学校启动教师继续教育学时认定工作。成立继续教育学时认定工作机构，制定《铜山区教师继续教育学时认定和登记实施细则》和《铜山区教育局中小学校本培训管理办法》，指导各单位建立学校继续教育档案和教师个人继续教育档案。

（撰稿：李晓虎　审核：孟宪刚）

【张集中专承办市职业学校技能大赛】　11月1日，张集中专承办市职业学校技能大赛。承办了蔬菜嫁接、家禽解剖与镜检、种子质量检测3个农业类项目，全市6所职业学校的44名选手参赛。张集中专师生12人获得一等奖，8人取得参加省技能大赛参赛资格。

（撰稿：李为勋　审稿：王慕启）

【伊庄镇中心中学参加省薄弱初中质量提升工程答辩】　6月11日，伊庄镇中心中学参加江苏省薄弱初中质量提升工程答辩。铜山区教育局党委书记孙震对项目建设作表态发言，帮扶学校清华中学介绍帮扶思路，伊庄镇中心中学常务副校长张海军汇报工程建设思路、建设内容和预期效果。质量提升工程将对伊庄中学提升教育教学质量起到重要推动作用。

（撰稿：张海军　审稿：董列民）

【沿湖学校教学质量评估获奖】　年内，沿湖学校小学部获区教学质量评估二等奖。该校刘慧老师获得历史学科一等奖，张秀老师获得物理学科二等奖，杜萍老师获政治学科三等奖。

（撰稿：邵惠勇　审稿：王全成）

【书法成为利国镇中心中学教师必修课】　2014年，书法成为利国镇中心中学教师必修课。学校“练字育人”活动坚持多年，开学时每位教师都会领到墨汁、毛笔、字帖、习字本。写一手好字成为每位教师的必修课。

（撰稿：杜文斌　审稿：李　勇）

【吴桥中学改善办学条件】　10月，吴桥中学多方筹措资金努力改善办学条件。投入资金21万元更换教学楼窗、整修教师办公室、粉刷墙壁、整理线路、贴地板砖、更换办公桌、添置一套会议桌椅等。

（撰稿：马四清　审稿：张海朋）

【魏集中学承办区中学生排球赛】　12月7日，魏集中学承办区中学生“徐州金属溶剂厂杯”排球赛。全区47支球队经过一天的比赛，郑集分校、棠张中学分别获得高中组男、女队冠军，清华中学、棠张中心中学分别获初中组男、女队冠军，魏集中学男、女排球队均获第三名。

（撰稿：李志刚　审稿：张明义）

【区“学讲计划”推进会在郑集中心中学召开】　5月13日，区教育局在郑集中心中学举办初中课堂教学改革“学讲计划”推进会。全区各初中校长、副校长、教务主任等100多人参加会议。与会人员听了郑集镇中心中学15位教师观摩课，该校校长黄玉岷、杨屯中学校长周继文分别作课改经验介绍，区教育局局长局长吴亮作总结讲话。

（撰稿：韩方芹　审稿：黄玉岷）

【“省级薄弱初中课程建设项目推进会”在张集中心中学召开】　12月11日，徐州市“省级薄弱初中课程建设项目推进会”在张集镇中心中学召开。活动分为现场参观、工作汇报、交流座谈3部分。全市各县（市、区）教育局基教科科长、项目学校校长及项目负责人共100余人参加活动。

（撰稿：贺广军　审稿：张启喜）

【太山中学“四操”比赛获佳绩】　大许镇太山中学获得铜山区中小学第九套广播操比赛一等奖、特色操比赛一等奖、眼睛保健操比赛一等奖、武术操比赛二等奖。

（撰稿：张文超　审稿：张林涛）

【棠张中心中学加入国家体育联盟实验校】 12月18日，棠张镇中心中学被中国基础教育质量监测协同创新中心批准为“国家体育联盟实验学校”。

（撰稿：夏大尚　审稿：滕道忠）

【杨屯中学探索“学讲五步”教学模式】 年内，杨屯中学探索“学讲五步”课堂教学模式。学校通过讲座、赛课、走出去、请进来、校际交流、学科研讨等校本培训学习，不断深化课改，实施自主、合作、探究学习，探索“学讲五步”课堂教学模式。

（撰稿：李伦勇　审稿：周计文）

【清华中学成立青年教师发展中心】 11月，清华中学成立青年教师发展中心。23人报名成为发展中心成员。24日召开发展中心教师第一次会议，教科室主任王林喜宣布发展中心实施方案，交流自身成长心得，对青年教师提出厚望。青年教师各自选择成长导师，同时上交三年成长规划。

（撰写：经志芹　审稿：宋成伟）

【茅村中心中学首届文化艺术节落幕】 5月9日，历时3天的茅村镇中心中学首届文化艺术节落幕。文化艺术节以“追逐青春梦想，展我艺术才华”为主题，包括文化知识竞赛、专题讲座、才艺舞台展示、体育运动会等。内容丰富多彩，师生热情高涨，参与面广。

（撰稿：吴庆芳　审稿：张　坤）

【马坡中心中学举行法治报告会】 12月16日，马坡中学举行法治报告会。马坡镇司法所助理作题为《养成良好习惯，做个遵纪守法的好学生》的报告，从好习惯成就好人生、不携带管制刀具、不以大欺小、遇事要宽容、禁止出入不健康的娱乐场所5个方面对全体师生进行教育。

（撰稿：王　锋　审稿：李　强）

【刘集中心中学在省“金钥匙”竞赛中获佳绩】 12月，刘集镇中心中学在全国中小学生（江苏地区）第二十六届“金钥匙”科技竞赛中再获佳绩。韩晓萱获省个人决赛特等奖，訾宇航、王翰获一等奖，另有12名学生分获省市二、三等奖。马海建老师被评为省优秀青少年科技辅导员，孙丽老师被评为徐州赛区优秀辅导员。

（撰稿：蔡正洪　审稿：王　岭）

【汉王中学召开“关心教育的好家长”座谈会】 12月12日，汉王中学召开“关心教育的好家长”座谈会。20位家长与学校校干、班主任进行交流，校长刘峰向家长们汇报学校发展情况，针对学校未来五年的发展规划向家长们征求意见。家长们参观音乐室、美术室、师生阅览室、心理咨询室等。学校向家长们颁发了“关心教育的好家长”荣誉证书。

（撰稿：杨　平　审稿：刘　峰）

【区领导到房村镇中心中学慰问教师】 9月9日，区长刘广民到房村镇中心中学走访慰问全体教师。刘广民及区教育局、房村镇党委、政府领导，倾听一线教师的心声，送去教师节的祝贺和亲切的慰问，鼓励教师立足岗位、勇于创新，为铜山的教育事业再创佳绩。

（撰稿：马伏刚　审稿：刘　强）

【单集中心中学课程基地建设与学讲计划融合推进】 年内，单集中心中学课程基地建设与“学讲计划”融合推进。单集中学在语文课程基地建设的基础上，把课程建设的五环节教学模式（自主学习、合作研讨、成果展示、质疑问难、拓展迁移)与“学讲计划”的六个环节紧密融合。每周开展一次心得交流会,每人上两节研讨课,教研组推荐两人举行校级示范课,有效实施“学讲计划”。

(撰稿:孙景东　审稿:路　军)

【大许中心中学获区德育工作先进学校称号】 12月,大许镇中心中学获铜山区德育工作先进学校称号。学校始终把德育工作放在首位,坚持育人为本,开展“学雷锋做一个有道德的人”征文、网上签名祭奠英烈、为镇敬老院送温暖等活动。校园内环境整洁、师生举止文明。

(撰稿:邵　峰　审稿:陈　刚)

【大彭中心中学搬迁新校区】 10月8日,大彭镇中心中学搬迁新校区。因郑徐客运专线建设,大彭镇中心中学搬迁,高铁办按照《江苏省义务教育学校现代化办学标准》,为该校建设新校,学校占地5.5公顷、建筑面积20253平方米,各类功能室设备齐全。学校搬迁既为国家建设让步,又改善了办学条件。

(撰稿:刘永刚　审稿:高　翔)

【柳泉中学审定新“三风一训”】 12月,柳泉中学审定新“三风一训”。经学校审议,确立校园“水”文化主题及新“三风一训”。校训为“水”(上善若水,厚德载物),校风为“和”(和美,和顺,惠风和畅;和谐,和睦,和衷共济),教风为“真”(千教万教教人求真,千学万学学做真人),学风为“勤”(好好学习,天天向上)。

(撰稿:刘　婕　审稿:秦　峰)

【柳新中心中学柳絮文学社获佳绩】 12月,柳新中心中学柳絮文学社获佳绩。在“苏教国际杯”江苏省第十四届中学生作文大赛(初中组)中,柳新镇中心中学柳絮文学社洪婉茹作文获省一等奖,路丹作文获得徐州市主题征文比赛一等奖。

(撰稿:李　静　审稿:杨　枫)

【行知实小成功创建“江苏省平安校园”】 5月,铜山区行知实验小学成功创建“江苏省平安校园”。为做好创建工作,该校先后投入近20万元专项资金,在各个关键部位安装摄像头,所有的围墙安装电子围栏,进一步更新完善校园监控与警报系统,做到24小时不间断无死角监控。

(撰稿:邢　轩　审稿:李　兵)

【苏、浙、沪三地网络结对学校聚首实小】 10月30日,上海高桥镇小学、浙江绍兴北海小学教育集团、江苏铜山区实验小学三地网络结对联盟学校再次聚首铜山实验小学。三校相聚开展德育主题研讨活动,观看铜山实验小学德育工作剪影视频,展示3节别具特色的“我们可爱的家乡”主题班队会。各校交流电子版的10名优秀班主任简介、30名优秀学生简介、组建QQ群、建立联谊卡,建立三校内各层面开展网络互动交流。举行班主任经验交流、学校德育工作介绍和领导交换联谊手册等活动。

(撰稿:李　娟　审稿:杜庆峰)

【新区实验小学庆祝少先队建队65周年】 10月13日,铜山新区实验小学庆祝少先队建队65周年。学校举行“童心向党 祖国发展我成长——社会主义核心价值观记心中”暨新队员入队仪式、庆祝少先队建队65周年活动。活动包括红色四旗传递、新队员佩戴光荣的红领巾,在队旗下宣誓。活动引导儿童立志向、有梦想、爱学习、爱劳动、爱祖国,社会主义核心价值观铭记心中,强化广大少先队员的光荣感、使命感、责任感。

(撰稿:魏　晶　审稿:郝安军)

【凤凰山分园竣工并交付使用】 11月,铜山区实验幼儿园凤凰山分园竣工并交付使用。该园位于铜山区凤凰山安置小区内,占地面积0.38公顷,建筑面积2600平方米,前期投资400多万元。铜山实幼走向集团化发展之路。

(撰稿:朱 薇 审稿:张 莉)

【铜山实幼省级课程游戏化建设项目通过验收】 11月,铜山区实验幼儿园通过省级课程游戏化建设项目验收。为贯彻《指南》,实施幼儿园课程游戏化建设,该园从环境布置、区域游戏构建、课程设置等方面进行改革创新,让游戏深入幼儿生活,促进幼儿健康发展。

(撰稿:朱 薇 审稿:张 莉)

【汉王实验小学推行“思维导图”】 2014年,汉王实验小学大力推行“思维导图”。汉王实验小学结合学校“十二五”规划课题《思维导图在小学生学习中的应用指导研究》,在师生中推广教师利用思维导图板书、做笔记、指导学生学习,学生利用思维导图对所学知识进行课前预习、整理复习。该校“思维导图”研究成果被“徐州中小学教师信息技术应用能力提升培训网络课程”收录为课程之一。“思维导图”的应用与推广助推“学讲计划”的实施。

(撰稿:谢 如 审稿:王 建)

【汉王中心园举行幼儿自理能力大赛】 10月16日,汉王镇中心幼儿园举行首届幼儿自理能力大赛。活动遵循《幼儿健康指南》原则和内容,通过小班的剥鸡蛋、中班的整理衣服、大班的穿脱衣服活动,促进幼儿动手意识和自我服务能力的提升。

(撰稿:李 艳 审稿:王 建)

【伊庄实小名师工作室带动教师成长】 2014年,伊庄实小名师工作室带动教师成长。该校以“学讲计划”为指导,以“开展活动”为基础平台,在名师带动下,10位教师获区教学基本功竞赛一等奖,9位教师被评为铜山区先进教学个人,4位教师课题获得市级立项,2位教师课题获得区级立项。27人次的论文在省、市、县获奖,2位老师分别获铜山区优秀教研组长称号。丁银玲被受聘为铜山区教育局兼职教研员,路伟被评为铜山区优秀教学管理干部。

(撰稿:卢兴群 审稿:陈海港)

【伊庄实小打造传统校园文化】 2014年,伊庄实验小学着力打造传统校园文化。学校投入100万元进行文化广场绿化、亮化、美化,铺设主干道,改造校墙。确定以弘扬传统文化为主题,以“诵经典”和“尚书艺”为两条主线,打造“书香、墨香”校园。设计“仁、义、礼、智、信、温、良、恭、俭、让”专栏、“四书五经”专栏、历代名家名帖书法作品专栏、汉文化专栏和阳光运动专栏5大板块。走廊楼梯均有经典名句,或以书法展示,或以国画为底配图,处处与学生对话,处处突出传统和谐儒雅的“人境互动”,让学生时刻感受到修身的人文氛围。

(撰稿:卢兴群 审稿:陈海港)

【柳新2所公办幼儿园落成开园】 9月,柳新镇李庄、魏庄公办幼儿园落成开园。两园园区占地面积0.57公顷,建筑面积3753平方米,总投资540万元,可容纳540名幼儿。幼儿园按照省优质幼儿园标准配齐现代化教室、活动室、舞蹈房,空调、电视机、消毒柜、大型游乐设施等,特色鲜明,功能完善,品质高雅,有力推动全镇学前教育健康、和谐、可持续发展。

(撰稿:段世才 审稿:崔伟堂)

【三堡幼儿园签约学前教育实践基地】 12月，三堡中心幼儿园与徐州高等师范学校学前教育系签约教育实践基地。三堡中心幼儿园为省级示范性实验幼儿园，与幼高师签约学前教育实践基地，发挥教学与科研优势，为培养和引领年轻幼儿教师及幼儿专业学生成长发挥作用。签约期限为3年。

（撰稿：秦　玲　审稿：张万清）

【黄集实验小学乡村少年宫活动丰富多彩】 7月，黄集实验小学乡村少年宫活动丰富多彩。少年宫设有少年数学院、少年科学院、社会科学院、心理剧社、青青草文学社（记者团）、故事社、课本剧社、英语口语社、七彩面塑社、二胡社、书法社、水墨画社、合唱团、舞蹈社、儿童画社、铜管乐团、跆拳道社等20余个社团，每周定时活动，既培养学生的兴趣爱好，又提升学生自主创新的能力。学校少年宫是省文明办组织的中央专项彩票公益金支持乡村学校少年宫建设项目。

（撰稿：耿亚东　审稿：乔治国）

【西王小学开展环保专项活动】 2014年，刘集镇西王小学深入开展“通过学生，影响家庭，辐射乡村”的环保专项活动。组织学生对学校周边的垃圾进行清理，打扫社区街道，进行环保宣传，浇花种草，道路整理，铲雪护路等，将环保教育与环保活动紧密联系在一起。活动评选出“环保小标兵”40余名、“美丽环保家庭户”60多户，撰写环保小论文100余篇。

（撰稿：李　静　审稿：赵玉朋）

【马坡镇中心小学举办语文素养大赛】 12月12日，马坡镇中心小学举行五、六年级语文素养大赛。活动历时2周，学校组织专人设计比赛试题。试题源于课文，又高于课文，旨在激发学生的阅读写作兴趣，学会表达，深入落实阅读工程，丰富学生积累，丰厚其文化底蕴。活动由班级选拔优秀选手参加学校比赛。

（撰稿：袁廷顺　审稿：董维阳）

【区“向日葵关爱行动”在何桥小学举行】 5月30日，铜山区“向日葵关爱行动”启动仪式在何桥镇中心小学举行。区组织部部长孙建、区妇联主席张彩玲、区教育局局长吴亮、何桥镇党委书记吴恒辉及各镇妇联主席参加活动。30名社会各界的爱心妈妈代表为该镇孤残留守儿童带来节日的慰问和礼物。

（撰稿：朱孝芝　审稿：刘　军）

【大许4所幼儿园通过省优质园验收】 5月13日，大许镇4所幼儿园通过省优质园验收。大许镇西探幼儿园（公办）、歆琪幼儿园（民办），启星幼儿园（民办）、小神童幼儿园（民办）分两批次分别接受省优质园验收。4所幼儿园先后投入500余万元用于增添设施，改扩建活动室、功能室，添置课桌凳、玩具、图书，进行校园文化环境创设。为期一年的省优质园创建工作得到省评估院专家们高度评价，全部高分通过验收。

（撰稿：卢道伟　审稿：李　锋）

【大彭实验小学网站获省网站评比一等奖】 11月，大彭实验小学校园网站经过专家评审，获省中小学优秀校园网站评比小学组一等奖。大彭实小校园网站管理机制完善，网络覆盖系统全面。信息建设、数字管理、开发及应用促进学校教育信息化建设的健康发展，丰富了校园文化的内涵。

（撰稿：刘　伟　审核：马礼民）

【程庄小学开展国家公祭日活动】 12月12日，程庄小学开展“南京大屠杀死难者国家公祭日”主题日活动。程庄小学“国家公祭日”

主题活动通过纪录片放映、知识问答、横幅签名、展板讲解等多个形式全面展开,孩子们在班主任的带领下有序参与各项活动。

(撰稿:胡 贺 审稿:马礼民)

【跃进小学参加"书香铜山"活动】 1月5日,跃进小学参加省"全民阅读手拉手·春风行动"徐州行暨"书香铜山"活动。活动在铜山区棠张镇跃进村举行,省、市、区等有关领导出席活动。省阅读惠民服务团为铜山区农家书屋、农民工子女、贫困家庭学生送来电脑、书包、书籍等礼物。

(撰稿:苗红梅 审稿:王修刚)

【张集实验小学举办"迎新年"读书猜谜会】 12月31日,张集实验小学举办首届"迎新年"读书猜谜会。活动于11月拉开帷幕,以年级组为单位,由各年级的语文教师指定书籍范围,出谜题,做谜面,粘贴在大红灯笼上,挂满校园的树枝上,学生们看谜面,猜谜底,享受"读书猜谜"的乐趣。

(撰稿:贺 卫 审稿:刘吉永)

【武苏允入选国安足球俱乐部】 9月8日,永清学校武苏允正式入选北京国安足球俱乐部。武苏允是该校足球队中综合水平较高的学生,该学生学习成绩优异,训练认真刻苦。被北京国安足球俱乐部选中,并提出对其重点培育。9月8日,离开母校前往北京国安足球俱乐部朝阳体育运动学校进行训练学习,成为俱乐部球员。

(撰稿:范小曼 审稿:刘吉永)

【褚宗明到茅村小学督导校安工程建设】 12月18日,江苏省审计厅副厅长褚宗明一行到铜山区茅村小学检查校舍安全工程建设情况。褚宗明对校安工作建设情况提出要求,要进一步落实长效机制、落实有关责任,要按省有关文件要求,规范化、制度化,做好新一轮校安工程建设。

(撰稿:杨 贺 审稿:李道云)

【茅村实验小学承办省市合作项目数学跟岗实践会】 11月17—18日,茅村实验小学承办省市合作项目数学跟岗实践会。省市合作项目铜山区小学数学骨干教师培训跟岗实践展示活动,体现理念导向、实践引领、典型带动、经验互享,为教师专业化发展,提高数学教育教学水平提供案例。

(撰稿:杨 贺 审稿:李道云)

【柳泉实验小学被评为省现代化学校】 2014年,铜山区柳泉实验小学被评为省现代化学校。该校致力于从优秀的中华传统文化中提炼出经典诵读、古典名著、中外现代名著、诗歌等作为校特色课程;致力于用传统文化的精华丰富校园精神生活,陶冶师生的情操,促进师生和谐发展;致力于打造学校三个亮点工程:书香濡染心灵工程,艺术怡情益智工程,礼仪修身立人工程。学校现代化水平得到全面提升。

(撰稿:付立东 审稿:张建刚)

【利国镇小学多措并举培养新教师】 2014年,利国镇小学多措并举培养新教师。利国镇小学中心校培训新教师目标定位为"一年合格,二年胜任,三年成熟",通过"压担子""结对子"、示范课、展示课、基本功竞赛等途径,不断提高新教师把握学科教学的能力和水平,充分实现自我价值,早日成长为教坛新秀。

(撰稿:马厚海 审稿:樊孔亮)

【房村实小"古诗韵律操"被评为"省大课间活动资源"】 8月,房村实小"古诗韵律操"被评为"省大课间活动资源"。"古诗韵律操"是房村镇实验小学结合小学生年龄特点和古诗内容，自主创编一套以形体动作来表现诗魂的体育校本教材，分为7个篇节，即童趣篇、写景篇、状物篇、劳动篇、友谊篇、爱国篇、惜时篇。学生在音乐的配奏下边吟诵诗句边做操，寓学于乐，有效促进学生的身心健康。江苏省体育教学指导委员会、江苏省学生体质健康促进研究中心确认“古诗韵律操”为“江苏省中小学优质大课间体育活动资源”，并被录用于《江苏省中小学大课间体育活动的设计与实施》。

（撰稿：刘正权　审稿：朱殿波）

【郭集小学举行十岁成长礼】　12月24日，房村镇郭集小学举行十岁成长礼仪活动。四年级组的老师和家长以“与爱共同成长”为主题举行“成长——感恩”成长礼仪活动，通过孩子们朗诵、歌唱、亲子联欢，营造成长、感恩氛围，促进学生身心和谐发展。

（撰稿：刘正权　审稿：朱殿波）

【单集实小被评为书法特色学校】　5月16日，单集实小被评为区书法特色学校。单集实小重视学生的写字教学，把写字教学作为教学工作重点之一。采用请进来、走出去等方式对教师进行培训。定期举办作业展览、书法比赛、评选写字标兵等系列活动，学生的写字水平明显提高。300多名学生参加江苏省2014年书法等级考试，取得优异成绩。

（撰稿：占景才　审稿：王庆春）

【郑集实小开展百名优秀毕业生评比活动】　2月，铜山区郑集实验小学开展百名优秀毕业生评比活动。活动是该校针对六年级学生教育管理的一项新举措，通过评选，鼓励即将毕业的学生好好学习、健康生活，全面发展，为母校做力所能及的贡献。

（撰稿：李　建　审稿：韩　烨）

铜山区2014年各级各类学校基本情况表

表17　　单位：个、人

校名	班级数	在校生数	毕业生数	招生数	教职工数		学校领导			
					计	专任教师	校长	副校长	书记	副书记
郑集高级中学	50	2620	900	700	281	232	吴　亮	邢长军 孙兆安 陈宝学 吴书亮	吴　亮	孙兆安
郑集高级中学城区校区	43	2319	825	786	191	183	孙　震	武长宽 王永强 侯庆宇 时效锋	王永强	侯庆宇
棠张中学	52	2318	867	719	256	212	薛振利	吴　巍 张忠坡 王先廷	薛振利	
夹河中学	48	2039	905	478	207	174	王广帅	端祥福 付化冰 张学礼	王广帅	端祥福
大许中学	46	2137	881	639	218	202	李玉新	周广密 李中福 张本锋 郭春喜	李玉新	周广密
茅村中学	30	1310	430	267	181	167	王廷权	杨绪新 支乾松 时　敬 孟庆国	王廷权	杨绪新
铜山中学	50	2396	762	627	294	219	丁再远	李志良 耿广建 闫怀平 刘宏伟	姚焕成	李志良

续表 17-1

校名	班级数	在校生数	毕业生数	招生数	教职工数		学校领导			
					计	专任教师	校长	副校长	书记	副书记
张集中等专业学校	69	2571	942	704	212	198	王慕启	姚桂东 张黎明 杨作林 韩琳琳	王慕启	张黎明
铜山中等专业学校	109	3937	1378	1300	289	230	闫怀春	滕道明 时淑敏 孟振中 丁向阳 倪彩菊	滕道明	
教师进修学校					41	34	孟宪刚	石大军 赵保东	孟宪刚	石大军
铜山区清华中学	63	3683	1171	1273	303	292	宋成伟	张继军 李宝山 吴继林 经志芹	孙景启	
何桥镇中心中学	21	548	192	197	125	110	杜文超	刘春亮 曹 磊 袁龙猛 李 翔	杜文超	
马坡镇中心中学	15	426	172	144	144	134	李 强	魏先泰 赵阶峰 秦允常	李 强	
黄集镇中心中学	16	580	209	163	167	151	李炳春	张 彬 孟祥虎	李炳春	
郑集镇中心中学	38	1795	371	752	216	201	黄玉岷	韩方芹 朱海军 郭凤祥	黄玉岷	张明国
柳新镇中心中学	54	1531	517	541	348	264	杨 枫	雍世武 何 龙 张茂永 单增义 闫文生 周 建 江庆柱	杨 枫	雍世武
沿湖学校	22	942	41	171	114	93	王全成	常 萍 满井永	王全成	孙继科
刘集镇中心中学	30	1044	256	368	249	223	王 岭	倪巧华 李洪春 张敬平 王 振 丁云峰 石 岩	王 岭	李洪春 张敬平
大彭镇中心中学	50	1448	287	381	262	241	高 翔	李仁兴 陈昌龙 王永强 王启东 冯如远 刘太良 刘世岗	高 翔	王启东
汉王镇中心中学	14	545	167	241	141	91	刘 峰	周桂生 张德旭 黄 华	刘 峰	
三堡镇中心中学	20	734	318	194	115	78	刘宏亚	杨 凯 周 强 王玉柱	刘宏亚	20
棠张镇中心中学	30	1100	404	333	174	114	滕道忠	陈思远 薛 艳 沙英俊 沙丙华	滕道忠	沙丙华
张集镇中心中学	24	910	206	208	155	115	张启喜	朱 军 余光锦 刘正果 郑诗林	张启喜	李 超
张集镇魏集中学	14	441	145	89	75	50	张明义	肖长举 姚焕普	张明义	
房村镇中心中学	26	755	221	226	181	146	刘 强	唐 建 殷召敏 薛宇刚 张其新	刘 强	马伏刚
房村镇郭集中学	17	424	151	129	82	76	刘永明	孟庆龙 王玉海 薛红永 王成良	刘永明	王会顶

续表17-2

校名	班级数	在校生数	毕业生数	招生数	教职工数		学校领导			
					计	专任教师	校长	副校长	书记	副书记
伊庄镇中心中学	11	387	151	167	84	63	董列民	张海军 权太东 丁海科	董列民	张海军
伊庄镇吕梁学校	19	801	38	138	58	53	周明生	周进春	周明生	赵 松
单集镇中心中学	14	620	310	196	98	66	路 军	单昌安 宋开泉 孟昭亚 孙景东	路 军	潘 峰
单集镇吴桥中学	9	238	85	64	45	44	张海朋	周继强	张海朋	
大许镇中心中学	25	906	286	337	175	131	陈 刚	刘学章 张立冉 张 飞 张家征	陈 刚	沈振祥 马文元
大许镇太山中学	12	570	213	197	93	67	张林涛	谢广亮 张文超 张 强	张林涛	谢广亮
茅村镇中心中学	30	1189	187	272	211	183	张 坤	张廷春	张 坤	
柳泉镇中心中学	20	845	183	260	130	82	秦 峰	杨永利	秦 峰	武善勇
利国镇中心中学	20	846	228	259	174	74	李 勇	杨 军	李 勇	孙明锋
拾屯教育中心校 杨西小学	17	702	43	142	36	35	周计文	李玉良	周计文	李伦勇
拾屯教育中心校 武屯小学	14	519	21	100	24	24		孙从良		李 刚
拾屯教育中心校 中学	6	181	51	67	57	54		李伦勇		孙从良
铜山街道办事处小学中心校	128	6296	649	1400	262	255	李 兵			
何桥镇小学中心校	65	2717	322	670	158	155	刘 军			
马坡镇小学中心校	66	2803	213	702	171	168	董维阳			
黄集镇小学中心校	74	2919	356	725	201	196	乔治国		乔治国	
郑集镇小学中心校	94	4817	481	1089	205	193	韩 烨		韩 烨	
柳新镇小学中心校	100	4868	530	1904	238	213	崔伟堂		杨元杰	
刘集镇小学中心校	96	4597	425	1109	251	241	赵玉朋			
大彭镇小学中心校	99	4823	357	1127	205	201	马礼民		马礼民	
汉王镇小学中心校	67	2799	285	663	143	142	王 建		王 建	苏建国
三堡街道办事处小学中心校	46	2373	220	576	111	104	张万清		张万清	
棠张镇小学中心校	87	4022	446	1059	193	183	王修刚			

续表17-3

校名	班级数	在校生数	毕业生数	招生数	教职工数		学校领导			
					计	专任教师	校长	副校长	书记	副书记
张集镇小学中心校	148	6668	449	1612	291	284	刘吉永			
房村镇小学中心校	120	5465	387	1280	246	233	朱殿波		朱殿波	
伊庄镇小学中心校	52	2437	194	555	113	112	陈海港		陈海港	
单集镇小学中心校	102	4638	367	999	204	199	王庆春		王庆春	
大许镇小学中心校	140	7322	633	1566	277	271	李　锋		李　锋	张邦飞
新区街道办事处小学中心校	63	3175	343	811	111	110	李　磊		刘建民	李　磊
茅村镇小学中心校	120	5793	458	1385	245	239	李道云			
柳泉镇小学中心校	88	4515	371	1024	171	167	张建刚		张建刚	
利国镇小学中心校	113	5671	401	1395	240	235	樊孔亮	董龙涛	王晓慧	
铜山区实验幼儿园	29	1000	354	296	119	64	张　莉	焦　杰		

（张春恩）

贾汪

局长、党委副书记 姚焕永
党委书记、副局长 周 毅
党委副书记、副局长 丁淑萍（女）
党委副书记、纪委书记 刘金山
副局长 鹿守合 单海峰 朱 涛 刘继华
工会主席 师厚宏
副主任科员 朱 平

【概况】 2014年，贾汪区有各级各类学校67所（含民办学校，不含幼儿园），其中，初中12所，高中3所，九年一贯制学校1所，十五年一贯制学校1所，小学47所（包含4所办学点），特教学校1所，中等职业学校1所，民办中学1所。全区中小学在校学生50667人，其中，高中6203人，初中9584人，小学33571人，特教学校在校生108人，中等职业学校在校生1201人。全区有幼儿园51所（其中民办幼儿园10所），在园幼儿19259人。义务教育阶段入学率100%，初中巩固率99.8%，高中阶段入学率96.4%，学前三年幼儿入园率96%。全区有在编教职工4564人，其中专任教师4298人。教师学历合格率高中100%、初中100%、小学100%、幼儿园100%。全区有省特级教师6人，省市名师2人、名校长3人、青年名教师1人，学科带头人9人、青年骨干教师18人。

2014年，全区有省三星级以上普通高中3所，省示范初中6所，省实验小学6所，省优质幼儿园38所、市优质幼儿园10所，省、市模范学校6所，省重点职业技术学校1所。全年撤并学校1所，新建学校2所，新建学校项目8个，新建幼儿园10所。年内，获江苏省教育宣传工作先进单位、全省教育系统信息工作先进单位、市教育宣传工作先进单位、2012—2014年度贾汪区文明行业称号。全年投入教育经费6.8亿元。

【开展结对帮扶贫困户活动】 1月中旬，贾汪区教育系统开展结对帮扶贫困户活动。活动要求区教育局机关、在编在岗教师一对一（科级干部一对二）和全区农村建档立卡贫困户、重残户和孤儿结成帮扶对子，并于1月25

日前,个人出资为帮扶家庭送去慰问金或米、面、油等节日礼品,全年帮扶资金不少于300元。活动实施以来,全区教职员工先后与3671户贫困家庭结对帮扶并走访慰问。

【20名责任督学挂牌上岗】 3月12日,贾汪区20名督学在接受就职培训后挂牌上岗。20名督学从区教育局职能科室科长、副科长中挑选,全区共设立7个督学责任区,每位督学负责3~4所学校的挂牌督导工作。督导每月不少于1次,每次不少于1个工作日。分常规督导和重点督导,常规督导包括随机听课、查阅资料、座谈走访、问卷调查、校园巡视、点评反馈、列席有关会议等;重点督导包括对指定中小学校在办学过程中面临的热点、难点和群众反映强烈的问题,集中时间和精力所开展的专项督导等。

【教育信息宣传工作获省奖】 4月底,2013年度教育信息宣传工作获省三项奖励。贾汪区教育局被评为2013年度江苏省教育宣传工作先进单位、2013年度全省教育信息工作先进单位,李龙获2013年度全省教育系统信息工作先进个人称号。

【接受省星级高中复审】 5月13—15日,徐州七中和建平中学分别接受江苏省四星级和三星级普通高中复审现场考察。考察组一行5人,由无锡市第一中学原书记胡平任组长,考察程序包括听取专题汇报、提问答疑、实地察看、查阅资料、个别访谈、随堂听课、专项剖析、问卷调查。专家组认为,两校对整改的相关意见落实到位,学校设施优良,办学理念先进,措施扎实,成效显著。希望进一步提炼办学特色,加强师资队伍建设,促进学校可持续发展。

【区长李淑侠调研教育工作】 5月23日,区长李淑侠调研教育工作。李淑侠实地查看徐州七中、师大附校、团结小学、玉龙湾幼儿园的学校建设、办学条件等,听取区教育局局长姚焕永工作汇报,与教育局班子成员进行座谈。李淑侠要求教育系统强化作风建设,提升教育形象;通过项目化的实施,推进教育重点工程;把提高教育教学质量作为生命线,加强名优教师培养,狠抓教科研工作;创新教育体制,争取实现师大附校与徐州七中的资源共享、优势互补;各相关部门继续关心支持教育,实现更高水平的教育现代化。

【省学前教育示范区创建推进会】 5月28日,贾汪区召开省学前教育改革发展示范区创建工作推进会。会议介绍全省学前教育改革发展示范区创建工作的整体进程,明确推进示范区创建工作任务要求,对各教育中心校、幼儿园以及局相关科室的重点工作排出推进时序。区教育局局长姚焕永强调,要认真学习贯彻国家和省相关会议及政策文件精神,狠抓工作落实,把握住建设的指向在于扩大资源和提升质量、落实的指向在于督察评估和考核、发展的指向在于提升示范区创建水平,创建中尤其要关注扩大优质资源、公办教师编制占比、财政安排生均公用经费等重要指标。

【完成省农村中小学塑胶化工程】 6—7月,贾汪区农村中小学运动场地塑胶化工程竣工,并接受省塑胶办专家组的验收。2013年,贾汪区实施农村中小学塑胶化运动场地20片,总面积129149.9平方米,其中,塑胶面积70596.6平方米,人造草坪面积51553.3平方米,硅PU面积7000平方米,投入资金约3200万元。2014年,贾汪区自筹资金300万元建设塔山中学、大吴中学、耿集中学3片运动场地2.4万平方米。18片场地达到优良等级,4片场地接近优良等级(另有1片于2013年竣工通过验收),工程达到江苏省启动农村中小学塑胶化运动场地建设工程以来的最高水平。

【徐翠梅当选“最美乡村教师”】 8月26日，紫庄中学教师徐翠梅当选感动江苏教育人物——2014“最美乡村教师”。作为15个留守少年的“妈妈”，徐翠梅利用节假日走访留守家庭130余次，为留守少年捐款捐物万余元，她独立编写校本教材《留守儿童心理健康读本》，设立心理咨询室，举办家长学校，提供亲情陪伴和生活指导。在徐翠梅的带领下，全校教职工义务做起留守少年“代理家长”，惠及留守少年2000余人。

【公开招聘70名教职员上岗】 9月1日，贾汪区公开招聘的70名教职员上岗。贾汪区公开招聘，通过网上报名、资格初审、笔试、说课、现场答辩（专业加试），共录取小学教师48人，初中教师16人，高中教师4人，财会岗位1人，文秘岗位1人。68名教师和2名管理人员经过培训走上工作岗位。

【区领导慰问一线教师】 9月5日，区领导在教师节前夕慰问一线教师。区长李淑侠到汴塘镇新集幼儿园、新集中学为一线教师送去节日的问候。细致了解校园环境、办学条件、师生就餐、校园安全等情况，与教师代表亲切交谈，向广大教师致以节日的问候。要求各镇、各单位切实加强校园安全检查和周边治安秩序整治，把好食品安全关。学校要集中精力抓课改、抓教研、抓素质教育、抓师资队伍建设，不断提升教育教学质量。李淑侠代表区委、区政府向两校分别送去慰问金用于校园建设。9月10日，副区长陈贻龙到师大附校慰问。

【徐翠梅事迹搬上舞台】 9月10日，以徐翠梅事迹为原型的情景剧《生日快乐》，在徐州市庆祝第三十个教师节表彰大会上演出。长期关爱留守少年的紫庄中学教师徐翠梅，于8月底当选“感动江苏教育人物——2014最美乡村教师”。为将其事迹更直观传递给他人，贾汪区教育局少年宫和紫庄中学共同创作了情景剧《生日快乐》，并搬上庆祝教师节文艺演出“责任师魂”的舞台，徐翠梅在剧中原型出演。

【获市平安校园创建先进单位】 9月11日，贾汪区教育局获评市2013年度平安校园创建先进单位。9月11日，全市中小学幼儿园开学安全暨平安校园创建工作会议表彰2013年度平安校园创建先进单位，贾汪中学、西大吴小学、江庄中心小学3所学校获评省级平安校园，建平中学、瓦庄小学、特教中心等9所学校获评市级平安校园，大吴中心校魏松等4人获评2013年度徐州市教育系统安全维稳工作先进个人。

【高中教学暨“学讲”推进会召开】 10月16日，贾汪区高中教学现场会暨“学讲计划”推进会在徐州七中召开。高中各学科教研员及各高中校长、分管校长、年级主任、备课组长和部分教师总计80余人参加活动。与会人员分学科进行听课、评课，就推进“学讲计划”、提高课堂实效深入交流。区教育局副局长刘继华要求各高中要以有效课堂为抓手，推进课堂教学改革。

【召开教育实践活动总结会】 10月27日，贾汪区教育局召开党的群众路线教育实践活动总结大会。区教育局局长姚焕永总结教育实践活动开展情况，即学习教育贯穿始终，增强了党员干部的党性观念和宗旨意识；问题导向贯穿始终，整治“四风”顽疾和群众反映强烈的问题；整风精神贯穿始终，弘扬批评和自我批评的优良传统；群众满意贯穿始终，密切党群干群关系；"两促进"贯穿始终，汇聚推动教育事业发展的正能量。同时对各学校支部（总支）提出"六个从严"要求：从严落实治党责任，从严开展党内政治生活，从严教育管理干部，从严加强作风建设，从严打牢基层基础，从严执行党的纪律。区委第三督导组组长周刘生出席会议并讲话，要求继续深化学习教育，深入推进教育实践活动；继续抓好整改，进一步提升为民服务的水平和能力；继续完善作风建设的长效机制，认真落实为民、利民、惠民各项政策。

【省优质幼儿园现场评估】 10月27—30日，省教育评估院验收组一行6人，对贾汪区中心园一部、新华路园、大泉龙门园、紫庄彭庄园、紫庄临运园、工业园白集园、大吴东段庄园7所幼儿园进行省优质园现场评估验收。通过实地查看设施设备、查阅保教保育资料、考核一日活动安排、随机访谈幼儿等方式，对各幼儿园的办园条件、保教队伍、保教水平、安全卫生、管理绩效5个方面进行细致评估。

【举行第二届校歌大赛】 10月28日，贾汪区中小学第二届校歌大赛在区青少年活动中心举行。大赛的主题是"校歌满校园·快乐伴成长"，有18支代表队、1100余名学生参赛。评出中学组和小学组一等奖各1个，二等奖各3个，三等奖各6个，优秀组织奖各1个。

【启动新教育实验区建设】 10月31日，以苏州大学教授、博士生导师朱永新为首的新教育团队核心成员，应邀到贾汪作题为《过一种幸福完整的教育生活》新教育实验报告，贾汪全面启动新教育实验区建设。新教育实验将通过专家报告、实地考察、理论学习、专题研讨、组建骨干团队、组织课题研究、开展网上交流等活动，推进创建工作。17所学校参加首批新教育实验，推出营造书香校园、缔造完美教室、构筑理想课堂、实施家校共育、创建特色学校等实验项目。

【区骨干教师高级研修班开班】 11月6日，贾汪区第三批青年骨干教师高级研修班在区教师发展中心开班。经个人申报、学校推荐、区教师发展中心严格审核，共选出179位学员，其中，高中37人，初中56人，小学和幼儿园86人，年龄均在35岁以下。研修班结合"学讲计划"，着力开展以"教育理论——教学现场——学讲典型"为主题的培训，使青年骨干教师获得专业提升。

【召开平安校园建设工作会议】 11月21日，贾汪区召开平安校园建设工作会议。区校园及周边治安综合治理领导小组成员单位负责人、全区中小学校长（幼儿园园长）参加会议。副区长陈贻龙要求，各镇、办事处、园区管委会要按照"属地管理"的原则，加强对属地学校、幼儿园的管理，做好校园周边环境整治；要突出抓好学校内部安全管理、食品卫生安全、消防安全、交通安全、校舍安全及集体活动安全；落实安全责任机制、沟通协调机制、责任追究机制，形成齐抓共管的工作合力；要进一步加大投入、强化措施，加快构建条块结合、全面覆盖的安全管理保障体系。

会上，区教育局局长姚焕永汇报学校平安校园建设工作情况，区公安分局、徐州七中、师大附校、大吴中心校分别作交流发言。

【举行辅导员知识竞赛】 11月27日，贾汪区首届少先队辅导员知识竞赛在师大附校举行。18位选手从预赛笔试中胜出，组成6支参赛队进行决赛。通过风采展示、必答题、抢答题和风险题4个环节的角逐，师大附校代表队夺冠。

【15校通过省现代化学校验收】 12月29—30日，汴塘中心小学、耿集瓦房小学等8所学校通过省义务教育现代化学校验收评估，全年先后有15所学校通过验收。评估组通过听取汇报、进班听课、查阅创建资料、实地察看办学条件、组织师生及学生家长进行问卷调查等方式，对15所学校的办学理念与办学行为、学校人才与队伍建设、素质教育与学生发展、硬件设施与条件保障、学校管理与办学特色5方面的工作进行检查评估。该区已有33所中小学通过省义务教育现代化学校评估验收，比例达55%。

【教育部体卫艺司司长王登峰到师大附校调研】 6月20日，教育部体育卫生与艺术教育司司长王登峰到江苏师范大学附属实验学校调研，江苏师范大学校长任平、副校长方忠、黄军伟等陪同。王登峰实地察看学校的多功能报告厅、艺体综合楼、图文中心，深入课堂了解学校教育教学情况，听取校长周慰关于学校“十五年一贯制创新人才培养”的办学思路，以及艺术、体育和心理健康教育实践的汇报。王登峰指出，学校要以“十五年一贯制”创新人才培养为抓手，以圣贤教育为基础，设置更多的校本课程，通过走班制等手段，让学生能够全面发展，争取成为中国基础教育的模板。

（撰稿：李　龙　审稿：刘金山）

【徐州七中召开青年教师成长研讨会】 2月12日，徐州七中召开青年教师专业成长研讨会。校长朱靖、副校长常林、李文星从研究学生、研究教学、促进个人成长等方面与青年教师交流，会上宣读了《徐州七中青年教师专业发展实施方案和细则》，成立专家教师指导机构和青年教师研修班，确立以校本教材实践为载体、以校本教研和校本培训一体化为重点的培养模式，采取走出去、请进来等措施，加快青年教师的专业成长。

（撰稿：刘　强　审稿：朱　靖）

【贾汪中学运动员省运会夺7金】 9月26日，第十八届省运会落幕，贾汪中学运动员代表徐州市在竞走和中长跑项目中夺得7枚金牌。贾汪中学共有23名运动员参赛，拉毛获青年组女子10000米和20000米竞走冠军，张习文获少年甲组男子20000米竞走冠军，崔琳琳获少年甲组女子5000米和10000米冠军，宋金婷获青年组女子5000米冠军，张阳阳获少年乙组男子1500米冠军。贾汪中学2013年从市体育局引入建设了国家级“青少年竞走训练基地”，坚持“体教结合”“强强联合”的特色办学理念，在训运动员有100多人。

（撰稿：马志强　审稿：魏哲奎）

【建平中学开展班级文化建设评比】 4月18日，建平中学开展班级文化建设评比活动。以班级文化建设带动学生发展，各班精心设计、布置，制定富有特色的班风、班训、班主任寄语，展出"英语角""给未来的我""纸鹤载梦""每周一星""我爱我家"等特色板块，学校依据评比方案和评比细则对获奖班级和学生进行表彰。

（撰稿：陈宜锋 审稿：仝 永）

【贾汪中专数控实训基地通过省验收】 3月5日，省教育厅、财政厅联合下发《关于公布2013年职业学校实训基地视导结果的通知》，认定徐州贾汪中等专业学校数控实训基地通过省验收。该校数控实训基地于2010年启动实施，按照实训场景和企业实景相吻合、实训要求和企业要求相一致的目标要求，新建1500平方米实训车间，购进26台数控设备，其中，加工中心3台，数控铣床1台，数控车床22台，并更新升级原有数控设备。学校以实训基地为核心，推动相关专业及专业群建设。

（撰稿：刘 芳 审稿：郭夫忠）

【师大附校获汉字听写大会江苏站第二名】 3月29—30日，师大附校获2014"中国汉字听写大会"江苏站第二名。江苏站比赛在南京师范大学仙林校区举行，由曹启迪、张鼎志、朱芷箬、厉宇凡、夏欣雨、张廷梅6位选手组成徐州市代表队，从小组赛C组5支代表队中胜出，与镇江市江南中学、连云港市新海实验中学初中部、南京市第29中学初中部晋级总决赛。经过5轮必答题、2轮抢答题角逐，师大附校代表队以总分280分的成绩获全省第二名。

（撰稿：吴登运 审稿：薛 刚）

【英才中学教师结对子】 12月16日，英才中学召开"青蓝工程"结对子大会。20名中老年教师和20名青年教师结成师徒对子。老教师把结对子证书递给青年教师，青年教师送给老教师一只茶杯表示感谢，老教师和青年教师代表分别发言。校长李明海对结对教师提出具体要求，希望"青蓝工程"为学校发展注入新的动力。

（撰稿：陈 浩 审稿：苏振堂）

【青山泉中学接受市科技教育特色学校验收】 12月，市教育局基教处赵锡安一行到青山泉中学验收市级科技教育特色学校创建工作。验收组先后察看通用技术室、科技活动室等，了解学校在教育教学中渗透科技教育的情况，听取校长孙更生创建工作汇报，查阅相关资料，认为青山泉中学各类科技教育活动制度化、常规化，将科普知识融入日常教育中，寓教于乐，学生参与率高。

（撰稿：时信任 审稿：胡 辉）

【大吴中学编写礼仪校本教材】 3月，大吴中学编写完成《"八礼四仪"文明礼仪养成教育校本教材》。该教材分为3个章节13课，涉及仪表、餐饮、言谈、待人、行走、观赏、游览、仪式等方面养成教育的内容。编撰者针对初中生的年龄特点和学校自身优势，以学生喜闻乐见的诗歌、童谣、漫画等形式介绍"八礼四仪"，贴近学生生活。

（撰稿：王兆飞 审稿：吴 瑞）

【求知中学举办感恩教育报告会】 11月21日，求知中学举办感恩教育报告会。报告团孙云老师从"感恩困惑"与"践行感恩"两方面，用生动的语言、鲜活的事例，诠释"感恩"的含义，激发学生感念师长和父母恩情的潜在意识。在家长和学生的互动环节中，母子间深情的呼喊，父子间真情的告白，让孩子的心灵受到震撼与洗礼。1600多名师生、家长参加活动。

（撰稿：蒋兴凡 审稿：王桂忠）

【紫庄中学举办兴趣小组成果展】 12月25—26日，紫庄中学举行兴趣小组活动成果展示。活动遵循“以学生为主、全面发展”的理念，为学生的特长提供展示平台，13个兴趣小组、236名学生的作品向全校师生展示，有硬笔书法、绘画、电子琴、写作、篮球、乒乓球、羽毛球、十字绣、象棋、围棋、生物标本制作、网页制作、动漫设计等87个项目和作品。

（撰稿：刘慎田　审稿：杨守才）

【塔山中学食堂操作间建成使用】 12月18日，塔山中学食堂新操作间建成投入使用。工程投入35万元，建筑面积235平方米，历时近4个月，改善了师生就餐条件。

（撰稿：丁作栋　审稿：张芝祥）

【耿集中学校干赴南京参加培训】 12月24日，耿集中学组织学校中层以上干部赴南京参加“调频56号教室，共筑教育梦——全美最佳教师雷夫的教育艺术”培训会。雷夫老师从学生的角度阐释“道德发展六阶段”理论，并带来拍摄的短片，与大家分享发生在56号教室里的许多真实的故事。返校后，副校长戚大庆借鉴雷夫教育思想，就创新班级管理方式问题向全体教师作汇报。

（撰稿：段云海　审稿：耿庆银）

【汴塘中心中学举行学生写字比赛】 10月25日，汴塘中心中学举行学生写字比赛。学校开设多个书法兴趣小组，100名学生参赛，评出一等奖5名，二等奖10名，三等奖20名。

（撰稿：王兴龙　审稿：陈体新）

【新集中学改建学生餐厅】 5月7日，新集中学学生餐厅改建开工。经过前期准备，历时17天，5月24日建成并投入使用。改建餐厅在原有的规模上扩建76平方米，采用全新钢架结构，配备全新的不锈钢洗刷池，外墙使用保温材料，改善了学生就餐条件。

（撰稿：王　冲　审稿：李克杰）

【工业园学校开展爱心暖冬行动】 11月19日，徐州工业园学校大队部、阳光行动服务中心和阳光志愿者共同开展“爱心暖冬、关爱孤寡老人”行动。走进工业园敬老院内，少先队员们为老人打扫卫生，把筹集的礼品献给老人，并为老人们表演精彩的节目。学校旨在倡导学生从身边的小事做起，关爱孤寡老人，奉献爱心。

（撰稿：吴边疆　审稿：王廷彦）

【江庄中学举行“学讲”论坛总结】 12月29日，江庄中学举行“学讲论坛”总结活动。“学讲论坛”于9月10日启动，每两周一个主题，一个主讲人，主要内容为“学讲”活动推行中的经验、重难点及困惑，由学校的市、区级骨干教师主讲。总结活动表彰表现突出的教师。

（撰稿：郑　强　审稿：徐立民）

【实验小学成立科协】 12月11日，实验小学科学技术协会成立。同日，区“中小学科学技术协会”举行成立大会，实验小学成为贾汪首批成立科协的学校之一。成立仪式上，区委常委陈健要求学校科协按照章程开展好活动，培养教师及学生的科技创新能力。实验小学科协代表发言，表示要以“培养兴趣、探究科学、体验乐趣”为主题，开展科技活动评比和科普知识竞赛，提升学生的科技素养。

（撰稿：王　涛　审稿：褚召东）

【特教中心接受市现代化学校验收】 11月10日，区特教中心接受市现代化学校验收。市教育局基教处对区特教中心的现代化建设情况进行评估验收，验收组通过查阅过程资料、听课、查看校园环境和各专用教室的设施设备、问卷调查等形式，全面评估学校创建工作。评估组希望学校进一步完善自闭症康复训练器材设施设备的配置，加强职业教育，为智障儿童适应社会、自食其力打好基础。

（张林松）

【新新小学成立“小画鼠绘本创作室”】 3月，新新小学成立“小画鼠少儿绘本创作室”。创作室打破传统少儿美术教育理念，注重观察和实践，引导孩子用自己的视角观察世界，用画笔描绘生活。美术教师谢琳任辅导教师。

（撰稿：罗　璇　审稿：薛玉祥）

【青山泉中心小学国家级课题获立项】 10月，青山泉中心小学申报的“信息技术与教育教学深度融合典型案例”课题，经教育部教育信息中心专家审核，批准立项。青山泉中心小学的子课题名称为《信息化支持下教师培训、教研方式改进研究》，由校长杨玉慧主持，课题组成员共5人，通过完整的课例研究，把教育教学紧密融合在一起，提升学校的信息技术与科研水平。学校被授予中国教育发展战略学会教育信息化专业委员会理事单位。

（撰稿：杜长贵　审稿：杨玉慧）

【建平实小特色文化建设项目获省立项】 6月26日，建平实验小学申报的“晓乐·明礼·尚美——器乐特色文化建设”被省教育厅确立为2014年小学特色文化建设项目。自4月起，建平实验小学着手申报工作，从申报书、计划书的填写，到答辩现场书面材料、PPT演示文稿设计做了精心设计和论证。5月9日，通过徐州市现场答辩，6月10日，参加“江苏省小学特色文化建设项目”答辩会，校长鹿国才作学校“乐·礼”文化建设的项目介绍，区教育局从制度管理、资金投入、后勤保障方面作出承诺。专家们给予肯定，并对后期工作提出可行性建议。

（撰稿：王彩侠　审稿：鹿国才）

【紫庄中心校开展“学讲”专项检查】 12月15—23日，紫庄镇教育中心校对全镇7所小学的“学讲计划”实施情况进行专项检查。检查分为3组，听课组、档案组、巡课组。全镇7位教导主任参与听课，认真剖析语文和数学的“学讲”课堂，档案组按照“学讲”考核细则逐条查阅，巡课组随机进班听课，侧重于教师对“学讲”精神的领会和执行情况，每个班级听课时间不等。听课结束，检查小组对上课教师的“学讲”课堂教学情况作反馈，并对上课教师的备课、作业等业务打分。

（撰稿：贾　莉　审稿：曹金明）

【大李庄小学市珠心算比赛获佳绩】 7月16日，徐州市第十二届珠心算比赛，塔山镇大李庄小学获佳绩。比赛由徐州市财政局主办，全市共有41支代表队123名选手参赛，大李庄小学选派4支代表队参赛，其中幼儿组获团体第一名，一、二、三年级代表队均获团体第二名。10人次获个人单项奖，其中幼儿组的李梦龙以870分夺冠。

（撰稿：张　龙　审稿：李爱胜）

【耿集柳元小学建成投入使用】 8月31日，耿集办事处柳元小学竣工投入使用。柳元小学于2011年8月动工建设，历时3年。学校占地1.73公顷，建筑面积5400平方米，投入1500余万元。办学规模为三轨，可容纳900名学生，撤并后的王庄小学和郑庄小学全体师生并入柳元小学。

（撰稿：赵士胜　审稿：赵　浩）

【许阳小学入选全国百所快乐希望小学】 2月27日，汴塘镇许阳小学入选百所“东芝杯·快乐希望小学”。“东芝杯·快乐希望小学”评选活动是中国青少年发展基金会与东芝（中国）有限公司联合举办，于2013年10月启动。经各省级青少年发展基金会推荐和评选委员会评审，许阳小学凭借形式多样、富有特色的书法小组活动从全国18335所快乐希望小学中入选全国100所“东芝杯·快乐希望小学”，是江苏省唯一入选的学校。

（撰稿：阚春英　审稿：王训波）

【大泉2所公办幼儿园建成使用】 2—4月，大泉龙门幼儿园和大李庄幼儿园2所公办农村幼儿园相继建成使用。龙门幼儿园是按照省优质园的标准新建园，总投资350万元，占地0.35公顷，建筑面积2400平方米，设有8个教学班。满足了龙门、才沃、闫村、独湖4个行政村的学前儿童就近入园需求。大李庄幼儿园是在原址改建园，总投资250余万元。占地0.13公顷，校舍面积726平方米，按省优质幼儿园标准设置图书室、美工室、科学发现室等专用教室。

（撰稿：陈　冲　审稿：张　腾）

【江庄镇3所小学获区文明单位称号】 12月30日，江庄镇中心小学、高村小学、大路小学获贾汪区文明单位称号。12月30日，区文明委下发《关于命名表彰2012-2014年度贾汪区文明行业、文明单位、文明镇、文明村、文明社区的决定》，三校以文明单位创建为契机，深化教育教学改革，提升教学质量，赢得该项荣誉。

（撰稿：刘福华　审稿：朱信智）

贾汪区2014年各级各类学校基本情况表

表18　　单位：个、人

校名	班级数	在校生数	毕业生数	招生数	教职工数 计	教职工数 专任教师	学校领导 校长	学校领导 副校长	学校领导 书记	学校领导 副书记
徐州七中	42	2070	822	665	217	177	朱　靖	常　林 贾传喜 李文星	朱　靖	
贾汪中学	46	2254	883	710	237	192	魏哲奎	周永健 张士文 宋兆杰(8月—)	魏哲奎	
建平中学	32	1696	577	402	139	124	程　颢	时振琢 仝　永	程　颢	
贾汪中专	11	1201	1212	285	123	93	郭夫忠	王玉华 盛　君 薛　波	郭夫忠	王法中
江苏师范大学附属实验学校	62	2242	74	1013	200	177	周　慰	李　丹	马　飙	李　丹
英才中学	43	1968	600	546	202	190	李振营(—8月) 李明海(8月—)	王胜永 吕春侠 宋兆杰(—8月) 杨洪涛(8月—) 鹿华伟(8月—)	李振营(—8月) 李明海(8月—)	
青山泉中学	18	683	297	240	102	96	孙更生	陈公京 时超齐 胡　辉	陈公京	
大吴中学	20	691	495	165	108	98	吴　瑞	王龙海 李照明	李照明	张　宁
求知中学	12	631	0	210	73	63	王桂忠	吴　明 魏德民	王桂忠	李亚敏

续表18-1

校名	班级数	在校生数	毕业生数	招生数	教职工数		学校领导			
					计	专任教师	校长	副校长	书记	副书记
紫庄中学	9	412	300	152	52	42	杨守才	朱士记 高立学	杨守才	
贾庄中学	11	493	248	120	70	59	鹿守奎	马　涛 贺广君	高本安	
塔山中学	12	517	300	152	53	44	张芝祥	王　峰 胡明华	张芝祥	
耿集中学	18	882	300	293	77	75	耿庆银	刘汉忠 李　杰 戚大庆	刘汉忠	耿庆银
汴塘中心中学	10	368	246	110	50	41	陈体新	高长志 周　浩 肖　磊	彭清坤	
新集中学	10	360	146	114	57	47	李克杰	黄桂立	李克杰	黄桂立
工业园学校	50	1655	231	207	115	95	王廷彦	刘兴刚 王计龙（—8月）	王廷彦	
陶圣中学	14	646	238	170	70	58	姚　建	骆文岭	薛　梅	于　娜
江庄中学	11	372	200	102	47	35	徐立民	林茂飞	徐立民	
贾汪实验小学	38	2144	352	409	136	131	褚召东	吴庆祝 刘长永	褚召东	吴庆祝
特教中心	6	108	20	11	29	29	张林松	高春民	高春民	张林松
城区中心校	178	6987	1154	2079	351	340	薛玉祥	赵　辉 魏垂建	薛玉祥	
青山泉中心校	141	5293	1141	1533	274	261	韩圣芳	朱　伟（—8月）	韩圣芳	杨玉慧
大吴中心校	217	8246	1887	1592	428	416	朱　平	赵学元 吴兴斌	朱　平	
紫庄中心校	165	6076	1235	1485	261	249	曹金明	王广启 乔德国	曹金明	
塔山中心校	90	3538	733	888	181	168	马书峰	张帮迎（—8月） 王　永	马书峰	
耿集中心校	122	4882	1162	1098	219	199	赵　浩	赵士胜 孙茂永	赵士胜	
汴塘中心校	158	5963	1270	1314	272	255	苏明忠（—4月）	王训波（主持工作4月—） 刘　飞		
大泉中心校	130	4506	959	1080	232	220	张　腾	郑春礼	张　腾	
江庄中心校	84	3032	676	658	179	171	朱信智	田　枚	朱信智	

（李　龙）

局长、党委书记 王　艳（女）
党委副书记、纪委书记 张绪营
党委委员、督导室主任、副局长 曹　璟（女）
党委委员、副局长 李刚强（—9月）　闫井会
党委委员、教育工会主席 陈　勇
副主任科员 杜红雷　周玉强

【概况】 2014年，云龙区有各级各类学校19所（不含幼儿园），其中，初级中学2所，九年一贯制学校1所，小学15所，特殊教育学校1所。全区中小学在校学生29345人，其中，初中1508人，小学27782人，特教学校在校生55人。全区有幼儿园42所（其中民办幼儿园26所），在园幼儿9728人。义务教育阶段入学率100%，初中巩固率100%，学前三年幼儿入园率99.2%。全区有教职工1666人，其中专任教师1558人。教师学历合格率初中、小学、幼儿园均为100%。全区有省特级教师6人，省、市名师名校长62人。

2014年，全区有省实验小学8所，省义务教育现代化学校16所，省、市优质幼儿园42所，省特殊教育现代化示范学校1所。年内，获江苏省第六次全国体育场地普查先进集体、江苏省巾帼建功先进集体、徐州市五一劳动奖等称号。全年投入教育经费2.97亿元。

【罗志军与少先队员共度六一】 5月30日，江苏省委书记罗志军到解放路小学与少先队员共度六一儿童节。罗志军在解放路小学参加了传承中国风，争当好少年——江苏省暨徐州市少先队庆六一主题活动。罗志军勉励队员从小养成好品德，当好合格接班人。团省委书记万闻华、徐州市委书记曹新平、副市长李燕等陪同活动。

【曹卫星调研教育现代化工作】 4月1日，江苏省副省长曹卫星到云龙区调研教育现代化建设工作。曹卫星一行先后调研潘塘中学、惠民教育幼儿园、青年路小学新城区分校，参观学校的基础设施、校园文化建设和功能教室，了解各校的教育教学情况。

【区委书记韩冬梅调研学校建设】 12月5日，云龙区区委书记韩冬梅专题调研新城区小学规划建设。韩冬梅先后到小韩小学、青年路小学新城区分校、惠民二小、塘坊小学、两山口小学，调研学校规划设计方案、建设进度、施教区内生源等情况，了解亟需解决的困难和问题。

【区人大视察教育现代化工作】 11月12日，云龙区人大视察云龙区全面推进教育现代化工作。区人大副主任边大庆一行14人实地察看三中云龙实验学校、云兴小学土山寺校区、翠屏教育幼儿园、解放路小学下河头校区，召开座谈会。区文教体局局长王艳作全面推进教育现代化工作汇报。

【区政协视察省均衡区创建】 11月19日，云龙区政协视察云龙区省义务教育优质均衡发展示范区创建工作。区政协主席张明生一行15人实地察看徐师一附小、青年路小学、公园巷小学、绿地小学、云兴小学土山寺校区、翠屏教育幼儿园，参观学校的基础设施、校园文化建设和功能教室，了解各校的教育教学情况。

【开展群众路线教育实践活动】 3月18日—10月30日，云龙区文教体局开展党的群众路线教育实践活动。云龙区文教体局按照区委统一部署，全面完成党的群众路线教育实践活动的工作任务。班子成员召开座谈会10次、谈心谈话200余人次，发放调查问卷3万份，聘请20位监督员，对群众反映的43条问题进行整改，建立完善8项制度。

【成立徐州三中云龙实验学校】 6月27日，徐州三中云龙实验学校在原徐州市二十九中学揭牌成立。由徐州三中托管第二十九中学、第三十中学，成立三中云龙实验学校。托管学校对被托管学校的人、财、物、事实行全方位管理，统一课程、统一教研、统一教育教学管理、统一考试测试，统一管理标准。

【成立小学教育集团】 8月12日，云龙区文教体局成立5个小学教育集团。云龙区以优质学校领衔，成立了青年路小学教育集团、公园巷小学教育集团、徐师一附小教育集团、云兴小学教育集团、解放路小学教育集团，将李庄、下河头和土山寺3个涉农分校分别交由公园巷小学、解放路小学和云兴小学一体化管理。

【责任督学挂牌督导】 2月25日，云龙区召开责任督学挂牌督导工作暨挂牌仪式大会。云龙区副区长康宁出席会议并讲话，文教体局班子成员、科室负责人及中小学校长、副校长、教导主任、教师代表和家长代表参加会议。会上与聘任的7位责任督学签订《责任督学责任书》，颁发《督学证》和各中小学校责任督学公示牌。

【洪雨露工作室揭牌】 3月31日，云龙区文教体局举行“上海市特级校长特级教师洪雨露工作室”揭牌仪式。洪雨露和云龙区区委副书记杨道君共同为工作室揭牌。“洪雨露工作室”由云龙区文教体局和上海市洪雨露名校长培养基地合作成立，公开选拔的16名优秀校干成为工作室首批学员，赴上海进行2周跟岗实训，接受洪雨露的培训指导。

【召开现代学校制度建设推进会】 12月17日,云龙区文教体局召开现代学校制度建设工作推进现场会。局班子全体成员、各科室负责人、各校校长参观各校现代学校制度建设展板,观摩公园巷小学的"家长进课堂"展示活动和"现代学校制度可视剧"。公园巷小学、徐师一附小、民富园小学作大会交流发言。

【完成年度校安工程任务】 年内,云龙区文教体局全面完成8925平方米的校舍安全工程任务。全年投资1300万元,加固云龙区教育实验幼儿园校舍2栋,拆除、新建云兴小学综合楼。

【青年路绿地商务城分校投入使用】 2月17日,徐州市青年路小学绿地商务城分校投入使用。青年路小学绿地商务城分校位于新城区绿地商务城小区内,占地面积2公顷,建筑面积10944平方米,设计规模为4轨24个教学班。

【开展网络全员培训】 2月,云龙区文教体局开展教师全员网络培训。云龙区文教体局启用区级网络培训平台,利用寒假开展课堂教学改革、信息技术教育、教师素养提升等10余个省、市、区级教育教学专题网络培训,充实教师假期学习生活,不受时间和地域限制,随时接受培训。

【实施中小学综合督导评估】 年内,云龙区政府教育督导室和云龙区文教体局联合实施中小学综合督导评估工作。综合督导评估工作通过网上评估、随机督导、责任督学评价,对区属中小学在办学条件、常规管理、队伍建设、办学绩效等方面进行全面评估,形成一校一例的督导报告。

【加快公办园建设进度】 年内,云龙区累计投入2300余万元加快公办幼儿园建设。2月17日,完成潘塘教育、孙店教育、翠屏教育3所公办幼儿园的续建工程并顺利开园。6月底,店子幼儿园顺利开园。对云龙区教育实验幼儿园进行改扩建及加固。

【获省课程游戏化建设项目】 12月10日,云龙区2所幼儿园获省2014年幼儿园课程游戏化建设项目。全省共遴选出课程游戏化建设项目50个,云龙区翠屏教育幼儿园、云龙区教育实验幼儿园名列其中,并获得40万元的项目经费。

【2校获省十八运足球比赛冠军】 9月,云龙区2所学校获省第十八届运动会青少年部足球比赛冠军。云龙区津浦西路小学、第二十九中学代表徐州市参加江苏省第十八届运动会足球比赛,分别获青少年部足球比赛男子丙组、女子乙组冠军。

【11人获市教师节表彰】 9月7日,云龙区11人在徐州市庆祝教师节暨表彰大会上受表彰。青年路小学王小倩被评为全国模范教师,解放路小学陈红艳被评为省优秀教育工作者,公园巷小学秦喜凤等9人被评为徐州市优秀教育工作者,民富园小学被评为市教育系统先进集体。

【启动岗位设置管理工作】 10月,云龙区文教体局全面启动事业单位岗位设置工作。全局26家单位1632名教职工全部参与岗位设置,顺利完成在编1564名和编外16名教师的职称过渡工作。

【启动名师队伍建设工程】 年内,云龙区文教体局启动名师队伍建设工程。刘婷和张忠艳被评选为"市首批名师工作室"主持人,陈红艳和王凤云被命名为徐州市第八批名校长,朱信豹和黄晓迪被命名为市青年名教师,于冬梅、吕岩、郑晓薇被命名为市学科带头人,陈红娟被命名为青年优秀骨干教师。

【开通学校安全教育平台】 年内,云龙区文教体局组织区属各中小学幼儿园开通学校安全教育平台。全区共有808名教师、798个班级、28147名学生开通安全教育平台账号,利用安全教育网络信息平台的丰富资源,开展安全教学活动,布置安全寒暑假作业,向孩子传授安全知识。

【承办市“学讲行动”现场会】 12月5日,云龙区文教体局承办徐州市“学讲行动”推进县县行现场会。省教育厅基教处处长马斌、省教研室主任鞠文灿、省电教馆馆长尤学贵、省联合职业技术学院徐晓梅、市教育局局长张德超、副局长李运生等领导和专家,以及全市教育系统400余人出席会议。6位教师上“学讲”研讨课,课后专家和老师们进行深入研讨。云龙区文教体局、青年路小学、徐师一附小、云兴小学作“学讲”报告,李运生作总结讲话。

【召开庆祝教师节大会】 9月9日,云龙区召开庆祝第30个教师节暨表彰大会。区委书记韩冬梅出席会议并讲话。区委副书记、区长方正华主持会议。区政协主席张明生、区委副书记王晓松、区人大副主任汪永恩、副区长康宁、区政协副主席孙雅琴出席大会。会上表彰教育工作先进单位10家,优秀教育工作者27名,尊师重教先进单位16家,尊师重教先进个人15名,十佳师德先进标兵10名,师德先进个人24名,优秀班主任22名。会上还举行了校歌演唱会。

【承办全市教育信息化推进会】 4月19日,云龙区文教体局承办“徐州市教育信息化工作推进会”和“江苏省电教馆长会”。云龙区文教体局采用18个展厅展示全区教育信息化发展现状,介绍了“网络备课”“数字化学习”“教师培训平台”“网络视频教研”“微信平台的教育应用”等多项创新研究成果。

【承办省信息技术基本功比赛】 11月22日,云龙区文教体局承办江苏省青年教师信息技术学科基本功比赛。比赛分专业知识与操作技能、粉笔字、即兴演讲、教学课件设计和课堂教学5个环节。26名参赛选手来自全省13个大市,云龙区民富园小学李常伟代表徐州市参加比赛获得一等奖。

【参加全国智慧教育展】 12月1日,云龙区文教体局参加“中国国际智慧教育展览会”。由教育部和工信部指导、中国教育学会主办的“中国国际智慧教育展览会”在北京国家会议中心召开,该展览会是中国首个专注于教育信息化的专业展会。云龙区文教体局受邀在大会上展示智能办公系统、网络备课系统、自主学习评测平台、网络视频教研平台、网络图书管理、网络督导系统等多个业务系统,分享信息化建设心得。

【开展食堂管理审计调查】 12月,云龙区文教体局开展中小学、幼儿园食堂管理专项审计调查。通过调查,对学校食堂管理中存在的问题和薄弱环节提出针对性的意见和建议,完善食堂管理制度,要求学校管好、用好伙食资金,提高食堂管理水平,切实维护广大师生权益。

(选稿:乔　雷　审稿:王　艳)

【市人大视察三中云龙实验学校】 12月10日,徐州市人大代表团到徐州三中云龙实验学校视察工作。市人大主任刘忠达听取学校汇报,对学校办学理念和取得的变化给予肯定,勉励学校领导和老师要切实办好群众家门口的学校。

(撰稿:徐　维　审稿:胡学文)

【潘塘中学开办教师讲堂】 10月,潘塘中学开办教师讲堂。在推进现代学校管理制度建设中,潘塘中学采纳教工代表的建议,把每周集体会议时间改为校本培训,让普通老师走上讲坛,宣讲自己的教育故事和教学观,共同分享和成长。

(撰稿:贾祥梅　审稿:李　鹏)

【新城实验学校设置开放图书架】 9月初,新城实验学校在教学楼大厅设置"开放式图书架"。学校积极打造书香校园,变革传统的借阅模式,以"开放式书架"提高学生的自我管理能力,提高图书的利用率。

(撰稿:张　影　审稿:段学良)

【青年路小学举办国家级课题汇报会】 12月5日,青年路小学举办国家级课题"E学习环境下学生学习方式的创新研究"阶段性成果汇报会。省教育厅基教处处长马斌、省教研室主任鞠文灿、省电教馆馆长尤学贵、省联合职业技术学院处长徐晓梅、市教育局局长张德超等领导专家,以及全市教育同行300余人出席会议。汇报会以"信息技术支撑下教与学方式的转变的探索研究"为主题,深入推动学校数字化学习试点研究。

(撰稿:张忠艳　审稿:陈红艳)

【公园巷小学师生自编自导节目庆六一】 5月30日,公园巷小学举行师生自编自导节目欢庆六一文艺汇演。学生全员参与、展现自我,情景剧、拉丁舞、山东快书、诗朗诵、小合唱等27个精彩节目,把历时一个多月的"多彩校园 放飞梦想"校园艺术节推向高潮。活动吸引了省运会吉祥物"彭彭""淮淮"走进公园巷小学活动现场与孩子们共庆六一。

(撰稿:张春华　审稿:郭爱英)

【徐师一附小协办华东小语活动】 5月26—27日,徐师一附小协办第四届华东六省一市小学语文教学研讨活动。活动在徐州市淮海堂举行,华东地区的1200多名名优骨干教师观摩活动。徐师一附小14个班级的学生走上舞台,展示了语文素养。

(撰稿:刘德梅　审稿:叶　斌)

【解放路小学接受"创卫"验收】 11月25—26日,解放路小学接受国家卫生城市创建检查验收。病媒生物防治组和健康教育组一行参观健康教育展板,观看阳光体育活动及社团活动,听取学校关于健康教育工作的专题汇报,对学校开展的相关工作给予充分肯定。

(撰稿:王　静　审稿:朱晓梅)

【云兴小学全面打造土山寺校区】 年内,云兴小学接管土山寺校区后,确立"文化立校,根植融合,联动提升"的改造提升思路。积极筹措资金,改善办学条件,提升校园文化,选派本部14名优秀骨干教师到土山寺校区任教,推进学校文化、校园环境、师资队伍、课程实施深度融合。

(撰稿:赵　莉　审稿:刘　婷)

【民富园小学承办市科技大赛评审会议】 10月21日,民富园小学承办徐州市第十届青少年科技创新大赛评审会议。市教育局、市科协、市发明学会等单位的专家和评委10余人对300余件科技小发明、科技小论文、科技幻想画进行评审，共评选出一等奖25件、二等奖60件、三等奖120件。民富园小学有20件获奖。

（撰稿：权启明　审稿：陈桂云）

【黄山小学承办区数字化现场会】　11月28日，黄山中心小学承办云龙区第二届“一对一数字化教学”研讨活动现场会。中央电教馆副馆长王晓芜、上海市嘉定实验小学校长花洁、徐州市教育局副局长李运生、市电教馆馆长周岩和区文教体局、各校校长、教师代表200余人出席会议。黄山中心小学两个一年级iPad班分别向听课领导和老师汇报了语文课和英语课。

（撰稿：原　媛　审稿：王保健）

【津浦西路小学设立“学讲常态奖”】　9月，津浦西路小学设立“学讲课堂常态奖”。学校根据平时巡课及教师的“学讲”公开课、“学讲”论文获奖发表情况，对教师践行“学讲”予以检查、评价，对课改过程中积极、主动把“学讲”课堂常态化的教师予以嘉奖。

（撰稿：乞晓煜　审稿：王　锦）

【和平桥小学建设流动儿童家园】　年内，和平桥中心小学推进流动儿童快乐家园建设。学校以“关爱流动儿童”作为改进作风建设的突破口，实施“三进”（走进家庭、走进课堂、走进心灵）关爱活动，开展“晒感恩家书”“红领巾与白发齐飘扬”“七彩阳光兴趣小组”等活动。

（撰稿：吕　岩　审稿：陈书强）

【汉桥小学举办校园艺术节】　5月30日，汉桥小学举办以“在阳光下成长”为主题的校园艺术节系列活动。活动包含文艺汇演暨校歌大赛和现场绘画大赛，在校园分成绘画作品展示区、书法作品展示区、手工作品展示区及特色展示区4个区域，展示学生优秀作品。由学生评选出获奖作品。

（撰稿：张　瑜　审稿：王永秋）

【王杰小学举办养成教育现场会】　12月23日，王杰小学举办养成教育现场会。活动从课堂教学、经典诵读、特色活动、艺术展演等方面展示学校养成教育成果。云龙区文教体局有关人员、各校校长、联谊共建学校校长到会观摩。

（撰稿：刘昕鑫　审稿：孟　敏）

【绿地小学民族团结教育进校园】　年内，绿地小学开展民族团结教育进校园活动。学校创设民族教育文化氛围，丰富民族教育系列活动，开设民族教育课程，设置民族教育专题活动室和阅览室，编辑《56个民族知识读本》校本教材，把民族知识、民族艺术、民族教育引入课堂教学、社团活动、主题班会。

（撰稿：李欢欢　审稿：高　勇）

【潘塘中心小学开展每课一展活动】　年内，潘塘中心小学开展“小组每课一展”“学讲”活动。学校将活动归纳为《“小组每课一展”活动三字经》：“小组展，每课前，一两分，时间短。课内展，课外练，课内外，紧相连。或预习，或拓展，相互学，小组间。说诵算，演展炫，形式多，内容全。你展示，我评判，哪组棒，比比看。”

（撰稿：吴　萍　审稿：陈思明）

【塘坊小学开展法制宣传】　12月4日，塘坊小学开展法制宣传活动。学校以全国第一个宪法宣传日为契机，开展以“深入学习宣传宪法，大力弘扬法治精神”为主题的系列活动。校园内悬挂宣传横幅，组织开展签名和法律知识竞赛活动，要求各班级办好一期主题板报，开展一次宪法宣讲主题班队会。

（撰稿：范学东　审稿：康进才）

【两山口小学举行消防演练】 2月20日，两山口小学和消防支队联合开展火灾现场安全疏散与消防逃生演练活动。学生们在教师组织下，用湿毛巾捂住口鼻，弯腰沿着预定路线有序撤离。消防队员向师生讲解火场逃生与自救的技巧等消防知识。师生在消防队员的指导下进行灭火训练。

（撰稿：王新光　审稿：石　杰）

【特教中心获特教专项资金支持】 6月5日，云龙区特殊教育中心获省80万元、中央50万元的特教发展工程专项资金支持。学校顺利通过省特殊教育发展工程答辩，利用专项资金，建起多感官训练室，增添学前、职前部分训练器材和电教设备。

（撰稿：蔡　朋　审稿：盛淑琴）

【实幼开展包饺子亲子活动】 12月30日，云龙区教育实验幼儿园开展"包饺子庆元旦"亲子活动。活动中，家长们分组合作包饺子，小朋友们也参与进来，帮助爸爸妈妈把饺子放在盘子里，活动后品尝自己亲手包的饺子。

（撰稿：黄婉娟　审稿：王凤云）

云龙区2014年各级各类学校基本情况表

表19　　单位：个、人

校名	班级数	在校生数	毕业生数	招生数	教职工数		学校领导			
					计	专任教师	校长	副校长	书记	副书记
三中云龙实验学校（二十九中、三十中合并）	17	623	194	286	69	58	胡学文	王绍峰 孔令明 陈士刚 方　强		
潘塘中学	20	669	181	199	61	52	孟宪文（—8月）李　鹏（8月—）	韩启明 魏天兵	孟宪文	
新城实验学校	24	782	113	232	67	60	潘　伟（—8月）段学良（8月—）	曹　锋 曹玉林	潘　伟（—8月）段学良（8月—）	靖广清
青年路小学	89	4234	356	905	223	215	李刚强（—9月）陈红艳（9月—）	宋　梅 王济红 王光辉 申晓辉 张忠艳	李刚强（—8月）陈红艳（9月—）	宋　梅
公园巷小学	47	2053	421	347	114	109	郭爱英	程　午 张春华 卓　宁 张继红	郭爱英	
徐师一附小	42	1892	353	368	102	99	叶　斌	辛跃武 张红霞	叶　斌	
解放路小学	61	2724	421	433	145	139	陈红艳（—9月）朱晓梅（9月—）	罗吉波 张毅蕾	陈红艳（—9月）朱晓梅（9月—）	谢红如
云兴小学	63	2902	364	660	154	146	刘　婷	赵　莉 郑晓薇 王效胜	刘　婷	
民富园小学	51	2402	395	461	127	118	陈桂云	张保勇 李正山 李常伟	陈桂云	张保勇

续表19-1

校名	班级数	在校生数	毕业生数	招生数	教职工数		学校领导			
					计	专任教师	校长	副校长	书记	副书记
黄山中心小学	59	2827	432	573	149	141	王保健	董昌民 孙孝惠 黄　利	王保健	
津浦西路小学	12	460	82	76	30	25	郭秋兰（—8月）王　锦（8月—）	邓正兰	郭秋兰（—8月）王　锦（8月—）	
和平桥中心小学	17	695	92	126	41	34	邢传备（—8月）陈书强（8月—）	吕　岩	邢传备（—8月）陈书强（8月—）	
汉桥小学	18	831	130	145	45	43	王永秋	唐红莲 杨国霞	王永秋	
王杰小学	24	1080	178	190	58	55	朱晓梅（—9月）	孟　敏（主持）刘淑艳 于冬梅	朱晓梅（—9月）	孟　敏（9月—）
绿地小学	36	1674		401	89	84	高　勇	权继平 赵红光	高　勇	
潘塘中心小学	57	2717	278	682	143	136	杨　波（—11月）	陈　思（主持）刘红梅 李永君 王建忠 曹秀茹	杨 波（—11月）	陈思明
两山口小学	6	138	17	29	16	14	李　鹏（—8月）石　杰（8月—）		王新光	
塘坊小学	14	586	59	138	33	30	康进才	张朝廷	范学东	
云龙区特殊教育中心	6	55	12	7	15	14	盛淑琴		盛淑琴	
云龙区教育实验幼儿园	9	272	80	64	35	21	王凤云	黄婉娟 付袁明 邢传峰	王凤云	
云龙区幼儿园	7	193	75	53	31	18	靖如春（—8月）周　泓（8月—）			

（乔　雷）

鼓楼

局长、党委副书记 刘永光
党委书记 权运太
政府教育督导团主任督学、纪委书记 李 文
党委副书记、副局长 张 文
党委委员、副局长 刘文琪
党委委员、副局长 赵智红

【概况】 2014年，鼓楼区有各级各类学校22所（不含民办学校、幼儿园），其中，中学4所（初中3所，高中1所），九年一贯制学校1所，小学16所，特教学校1所。幼儿园28所。全区中小学在校学生27088人，其中，高中1000人，初中2597人，小学23378人，特教学生113人。在园幼儿7006人。义务教育阶段入学率100%，初中巩固率100%，学前三年幼儿入园率100%。各类学校中，民办幼儿园20所。

全区在职教职工1766人，其中专任教师1714人。教师学历合格率高中、初中、小学、幼儿园均100%。全区有省特级教师8人，省、市名师名校长13人。

2014年，全区有三星级以上普通高中1所，省示范初中1所，省现代化学校20所，省、市优质幼儿园28所，省、市模范学校3所，省特殊教育现代化示范学校1所。全年投入教育经费3.55亿元。

【开展第二批群众路线教育实践活动】 2—9月，鼓楼区教育系统组织开展第二批党的群众路线教育实践活动。组织学习教育，广泛收集意见建议，边学边改，查摆“四风”方面的突出问题以及关系群众切身利益等问题，共征求到各类意见117条，其中重点问题36条，并提出整改落实、建章立制的思路和措施。至9月底，共整改完成31条，长期坚持5条。

【推进教育综合改革】 6月起，鼓楼区着力推进教育综合改革。在充分调研、深入分析校情、教情、学情的基础上，确立“着眼长远、兼顾当前、循序推进、深化改革”的工作思路，确定将办学体制、师资队伍均衡配置、课堂教学、招生等为改革重点内容，相续制订《鼓楼区中小学（幼儿园）校干及教师交流工作指导意见》等5个政策性文件。成立四大教育集团，校际帮扶实现办学体制突破，"学讲"课改实现全覆盖，校干教师流动达到历年人数最多，招生改革初步降低择校热。

【成立四大教育集团】 8月初，鼓楼区成立民主、鼓楼、大马、中山四大教育集团，扩大优质教育资源覆盖面。集团内各校由集团校委会统一管理，学校法人、校名和所属的隶属关系不变，原则上人、财、物各自独立，集团内各校之间实行管理互通、校干交流、师资共享、研训联动、质量同进、文化共建、项目合作、捆绑考核八大行动，使各类资源得到最大化、最优化的整合。

【接受"两参一改"评议】 9月21日，鼓楼区教育系统接受全区"两参一改"评议。由鼓楼区纪委、区作风办牵头，由市、区人大代表、政协委员、行风评议员、服务对象共30余人组成的"两参一改"评议组，通过督察学校、听取汇报、现场提问、问卷调查、集中评议等环节的考察，鼓楼教育系统群众满意率达92%。

【承办全市"学讲计划"县县行启动仪式】 10月14日，全市"学讲计划"县县行启动仪式在鼓楼区举行。活动包括全市"学讲计划"推进情况解说、专家讲座、学校巡视、现场观摩、嘉宾点评、县（市、区）教育（文教体）局局长座谈会等。省教育厅副厅长朱卫国、副市长李燕、市教育局局长张德超、市政府教育督导团主任督学曹孟军、区委书记王维峰、市教育局副局长李运生等400余人参加会议。

【于永正小学语文研究所课题获国家教学成果奖】 10月26日，于永正小学语文研究所教研课题《于永正"言语交际式"小学语文教学与探索》荣获国家教学成果一等奖。该研究课题主要系统研究于永正语文教学思想，总结提炼其教育教学成果，突出小学语文课堂教学特色。该课题是于永正教学研究所成立后荣获的第一个国家级奖项，鼓楼区是年内苏北地区唯一获此殊荣的县（市、区）。

【3所小区配套学校列入市重点建设工程】 11月初，3所小区配套学校列入2015年市重点建设工程，鼓楼区学校建设迎来高峰期。鼓楼区安居三四期、五六期配套学校响山北路小学列入市政府2015年重点工程项目，另有万科城片区配套小学、阎窝片区配套学校建设正在推进，按照计划，3所学校均于2017年前交付使用。这是鼓楼教育史上学校建设最集中、数量最多、建设标准（均按省现代化学校标准建设）最高的阶段。

【5所民办园接受省优质园评估】 11月17—21日，鼓楼区5所民办幼儿园接受省优质幼儿园现场评估。经过听取汇报、现场检查、游戏点评、问卷调查、档案查看等环节，5所幼儿园现代化的办园条件、规范的管理、敬业的师资队伍得到评估组认可，评估组对鼓楼区开展的"公办带民办"的创建模式给予较高评价。

【举办第三届校长论坛】 12月22日，鼓楼区第三届"邮政杯"校长论坛在鼓楼区教师发展中心举行。校长论坛的主题是"基于全科理念下的'学讲计划'推进策略思考"，经过主题论文评选，有8所学校校长的优秀论文进行交流，市"学讲办"、市教研室等专家对他们的发言进行点评。全区中小学、幼儿园校长、园长、书记、中层校干150余人参加论坛活动。

【九里中学移交市直属管理】 12月底，九里中学移交市教育局直属管理。经过九里中学初中移交三十八中、高中人员筛查、资产核算、档案审核等多轮工作，九里中学正式移交市教育局直属管理。

【师资培训扎实开展】 年内，鼓楼区认真落实年度师资培训计划，积极参加国家、省、市组织的各类培训活动。以区教师发展中心为平台，充分发挥区教育专家委员会作用，先后组织新课程、学科教师基本功、幼儿园新教师、业务校长等培训活动。全年有5000余人次接受市级以上各类培训，其中出国培训2人、省级以上培训162人。

（撰稿：曹　健　审稿：刘永光）

【二十四中学开展诚信主题教育活动】 年内，二十四中学深入开展诚信主题教育活动，培养学生人文精神。学校围绕"诚实做人，诚信做事"的校训，开展诚信名言警句、古今诚信故事、班级诚信格言等征集活动，组织书法、手抄报、征文比赛、辩论会等活动让学生感受诚信教育，打造"诚信课堂、诚信考场"，开展"诚信标兵"评选、编写诚信校本教材等，营造诚信教育氛围。通过坚持不懈的努力，诚信教育正逐步成为学校的品牌。

【二十四中学组织开展"少年模拟法庭"】 2月起，二十四中学依托"少年模拟法庭"开展法制教育宣传活动。学校与鼓楼法院合作，在学校法制副校长的帮助下，组织学生参观法院、旁听少年法庭审判、开展"少年模拟法庭"等系列活动，让学生们真正感受到法律审判的庄严、严肃，提高法治意识和自我保护能力。学校"少年模拟法庭"被评选为市级平安校园建设优秀成果奖。

（撰稿：沐来银　审稿：孙成军）

【二十六中学开展"十项常规"德育活动】 3月起，二十六中学积极开展"十项常规"活动，推动学校德育工作。学校以学生在校一日时间为节点、围绕"情商教育"的办学理念，从上下学、课堂、就餐、作业、尊敬老师、同学相处等10个方面，结合学校管理百分考核，制订具体的规章制度，成立专门的检查组，对各班学生落实情况进行检查，形成"全员、全程、全方位"育人的德育新模式。

【二十六中学成立"大诚小爱"义卖站】 3月5日，二十六中学在"八礼四仪"活动启动仪式上成立"大诚小爱"义卖站。校团委组织"阳光"志愿者设立义卖站，动员学生自发将闲置的学习用品带到学校，利用每周五下午在义卖站开展义卖活动。"大诚小爱"义卖站常年开设，由学生会自主管理，所得收入用于捐助需要帮助的人。活动在江苏省文明委对徐州市未成年人教育抽测考核中获得好评。

（撰稿：刘　起　审稿：王彦飞）

【三十八中学突出班级文化建设】 年内，三十八中学把班级文化建设作为校园文化建设的亮点着力打造。学校班级文化建设以"团结·生命·励志"为主题，突出班级文化个性特色。各班级有的以名人画像和名人名言为基调，有的以学生绘画书法作品为基调，有的以"学讲"新理念为基调，有的以学生明星、阳光少年事迹为基调等，辅以公告栏、新闻栏、手抄报栏、书法栏、才艺展示栏、新书天地栏等特色栏目。班级文化建设美化教室，培养学生动手动脑的能力，强化校园文化的教育功能、凝聚功能和激励功能。

（撰稿：彭素芹　审稿：黄维桢）

【"学讲计划"校校行活动在九里山实验学校启动】 10月31日，鼓楼区初中"学讲计划"校校行活动在九里山实验学校启动。九里山实验学校教师分别执教七、八年级的语文、外语4节"学讲方式"研讨课，专家学者对研讨活动进行点评并提出改进意见。区教研员、相关学校教师40余人参加活动。

(撰稿:拾　岩　审稿:杜文建)

【民主路小学举行十岁成长仪式】 5月12日,民主路小学举行“今天我十岁”成长仪式。仪式分为成长宣言、风采展示、礼敬师长、温馨祝福、誓言明志、成长见证、点亮梦想8个环节,通过学生成长中的点滴感悟和收获、家长们的情感分享和老师们的深深祝福,表达十岁生日的喜悦与意义。市文明办、团市委、市教育局相关领导和500余名学生及家长参加活动。

【民主路小学举办首届童话节】 12月31日,民主路小学举办首届童话节。学生们放下沉重的书包,妆扮成各种童话角色,走进传说中的“童话世界”。通过看一看我最喜爱的童话影片、讲一讲我最爱的童话故事、扮一扮我心中的童话角色3个环节,让孩子们全方位的体验童话意蕴,画童话造型、学童话歌曲、讲英语童话故事等,孩子们在各个学科找到属于自己的童话世界。

(撰稿:马　媛　任　焱　审稿:赵智红)

【鼓楼小学“绘本教学”通过省级课题论证】 11月,鼓楼小学“绘本资源开发与小学语言阅读教学设计研究”顺利通过省级重点资助课题论证。该课题主要是优化绘本阅读教学过程,提高学生阅读兴趣和阅读能力,使得绘本阅读成为课内阅读教学的有益补充。学生的阅读能力得到提高。

【鼓楼小学情景剧获省、市大奖】 7月,鼓楼小学《我们都是好孩子》文明礼仪情景剧获省、市大奖。学校结合“八礼四仪”活动,组织编排《我们都是好孩子》情景剧,该剧的导演、编剧、演员、舞美、灯光设计主要是学生承担,自编自演。6月初,在徐州市文明礼仪大赛中获得一等奖,7月20日,参演江苏省未成年人风采展示大赛颁奖晚会。

(撰稿:张　茜　高　波　审稿:周　娅)

【大马路小学开学送学生礼物】 9月1日,大马路小学给全校2400多名学生每人送去一份新学期礼物——《学生生命成长指导手册》。“让生命在教育中诗意地栖居”是《学生生命成长指导手册》最核心的表达,内容以学生的生命发展为起点和归宿,尊重并满足不同学生生命成长的需要,点化、润泽生命,把生命发展的主动权还给学生,给学生主动探索、自主支配的空间,促进学生创造性地发展。

(撰稿:吴　蕾　王银娣　审稿:张　艳)

【中山外国语学校开展“万圣节”活动】 10月31日,中山外国语实验学校开展万圣节文化主题活动。万圣节主题活动分为两部分,第一阶段由外籍教师带来精彩的“万圣主题课”,学生们通过查阅资料了解节日文化。第二阶段学生在晚间每人点起自制的南瓜灯,穿着不一样的服饰装扮自己,高唱着“Trick or treat”英文歌曲,在老师的带领下走出校园、走家串户,玩起要糖的游戏。万圣节活动点燃孩子和家长们的热情,激发学生快乐学英语的兴趣,让学生在真实的语境中进一步了解西方传统文化。

(撰稿:唐媛媛　陈　娟　审稿:曹红梅)

【八里小学建成“六艺”文化墙】 6月26日,八里小学“六艺”文化墙建成,为学校校园文化增添一景。该文化墙以汉画为主色调,围绕“礼、乐、射、御、书、数”六艺绘画成篇,以传统教育思想启迪教师的教育智慧,营造校园传统文化氛围,彰显汉文化传承教育的办学特色。

【八里小学“八礼四仪”进课堂】 2月起，八里小学以“八礼四仪”进课堂活动开展礼仪教育。学校将“八礼四仪”内容纳入少先队活动课程，邀请社区大学生村官授课，引导未成年人从小学礼仪、知礼仪、行礼仪，通过文明礼仪养成教育，融入“爱、善、诚、勤、俭、美”的理念和价值取向，促进学生养成良好的品格和行为习惯。

（撰稿：郑　军　赵　亚　审稿：袁国丽）

【星源小学构建微信平台设立“翻转课堂”】 9月，星源小学构建微信平台，学校网站全面改版，设立“翻转课堂”。为推进“学讲计划”实施，构建现代化立体教育平台，学校网站全面改版，特别新增“翻转课堂”版块。老师们把制作的微课实录及时上传，学生根据年级、学科找到自学所需要的微课，实现自主学习。学校还开设微信公众号，及时把各类新闻发布到微信平台上，家长、老师、学生都能及时、准确了解学校的各类信息、新闻、通知。

【星源小学“七彩星舞蹈社团”亮相徐州少儿春晚】 12月29日，星源小学“七彩星舞蹈社团”应邀参加徐州电视台少儿春晚演出。舞蹈社团的作品《天天》应邀参加徐州少儿春晚录制。作品围绕“环保”主题，以儿童的视角，表现儿童对美好环境的向往，用舞蹈的形式向全社会发出环保呼吁，立意新颖，表演精彩，受到社会各界高度肯定。

（撰稿：满田田　审稿：郑　虹）

【东华小学稳步推进“学讲计划”】 9月初，东华小学全面开展课堂“学讲”课改。学校制订周密的“学讲”研讨课计划，28位教师全员参与，每周开设3节不同学科的“学讲”研讨课，骨干教师进行两轮展示，并组织“东华读书论坛”，逐步理清“学讲”理念下课堂教学结构的变革内涵，促进“学讲”课改全面落实。

（撰稿：邹　凯　审稿：张志刚）

【兴北小学成立教师“小草论坛”】 5月26日，兴北小学成立教师“小草论坛”。论坛先后进行“我与新课标”“学讲计划大家谈”“小组合作学习策略探究”等系列专题研讨，还举行教师同读一本书——“读书的风景最美”读书分享会，教师在学习实践中开拓新思路，创造新模式，探索出独具特色的“学讲”课堂。

（撰稿：万　勇　审稿：陈　芳）

【下淀小学每天一节写字小课】 3月起，下淀小学将写字教学纳入学校教学工作的重点并强化落实，一至六年级认真落实好每天一节写字小课。学校以“写好字，做堂堂正正的中国人”为理念，不断加强学生写字的指导，培养学生养成“提笔即是练字时”的良好习惯，同时结合语文教学中的写字指导，从笔画笔顺、规范端正等方面严格要求。各科教师做学生的表率，给学生做示范，促进学生良好的书写态度和习惯的养成。

（撰稿：闫　续　审稿：孙　敏）

【王场小学软式垒球训练成绩显著】 12月，王场小学获得鼓楼区第二届软式垒球锦标赛小学组冠军。王场小学软式垒球训练队成立于年初，由体育教师牵头开展培训工作，队员主要来自中、高年级，坚持每周训练3次，常抓不懈。软垒训练已成为展示学校体育运动风采的一块招牌，凸显学校以人为本、重视强身健体的育人理念。

（撰稿：陆　巍　审稿：于冬梅）

【祥和小学打造“祥和课堂”】 2月起，祥和小学着力打造“祥和课堂”，践行“学讲”课改。“祥和课堂”以“国学与教育”学校特色与“学讲计划”推进相结合，以构建和谐师生关系为基础，突出抓好尝试预习、提出问题、交流质疑、总结提炼、教会别人5个环节，突出学生尝试做、教师指导学的“学讲”课改精神。

（撰稿：张　倩　审稿：赵芳侠）

【生态园小学樊思秒获宋庆龄奖学金】　5月11日，由教育部、中国福利会、中国宋庆龄基金会共同设立开展的第十一届“宋庆龄奖学金”获奖名单揭晓，生态园小学六年级学生樊思秒榜上有名。樊思秒品德优良，助人为乐，学习成绩优异，名列年级前茅，能力出众，多才多艺。第十一届“宋庆龄奖学金”评选活动2013年11月启动，经学校推荐、公示，省、市教育行政部门审核、上报，宋庆龄奖学金评审委员会审查、公示，最终樊思秒以突出的成绩被评为第十一届宋庆龄奖学金获得者。

【生态园小学获市科技竞赛综合团体第一名】　10月12日，生态园小学获市第十届青少年科技竞赛系列活动综合团体第一名。由徐州市科学技术协会、市文明办、市教育局、市科学技术局联合举办的第十届青少年科技系列竞赛，生态园小学在科技模型竞赛中获七巧科技、火箭装助推滑翔机、遥控直升机、四驱车、遥控车等7个单项团体一等奖，获综合团体第一名及优秀组织奖。

（撰稿：宋　娜　审稿：刘起化）

【煤港路小学教学楼重建工程确定】　6月15日，煤港路小学教学楼重建工程通过规划。煤港路小学2栋教学楼建于六七十年代，年久失修，存在安全隐患，不能满足学校发展的需求。根据现代化办学的需要，在原址上规划建设1栋新教学楼。新教学楼建成后，煤港路小学将具备6轨办学能力，满足辖区学生上学需求，预计新教学楼将于2016年建成投入使用。

（撰稿：夏红刚　审稿：李芙蓉）

【民主实验学校第三届数学文化节开幕】　12月26日，民主实验学校第三届数学文化节拉开序幕。数学文化节以“成就每一个学生的不同精彩”为基本理念，设置“与数学名师对话”“数学探秘寻宝”“数学游园”等活动内容，采用轻松、愉悦的故事欣赏、猜谜语、拍球游戏等方式，让学生了解有趣的数学家故事、数学趣题、数学史料，滋养孩子的天性。

（撰稿：董佩佩　审稿：杜亚平）

【闫窝小学赴丰县开展支教活动】　6月2—3日，阎窝小学赴丰县二坝小学开展支教活动。《小稻秧脱险记》等课堂教学，所采用的“学讲”教育理念，新颖的教学设计，灵活多样的教学方法，自然活泼的课堂气氛受到二坝小学师生的好评。

（撰稿：于清涛　审稿：李　伟）

【兴东实验学校获省“健康促进学校”奖牌】2014年，兴东实验学校被江苏省教育厅、卫生厅授予江苏省“健康促进学校”（金牌）称号。学校牢固树立健康第一、生命至上的理念，围绕“江苏省健康促进学校”创建标准，全面落实《学校卫生工作条例》和《学校体育工作条例》，扎实有效开展创建工作，努力培养具有健康身体、健全人格和健美心灵的一代新人。

（撰稿：车炼红　唐忠阳　审稿：黄宏珍）

【鼓楼区师德主题教育活动在玉潭实验学校启动】　5月5日，鼓楼区“爱就在你身边”师德主题教育活动暨“爱心爸妈”关爱留守儿童活动启动仪式在玉潭实验学校举行。区文教体局局长刘永光、局党委书记权运太共同为“七彩梦 飞起来”主题教育徽标揭牌，20名党员、教师代表向留守儿童赠送特殊礼物——爱心交流本，大型城市公益微电影《鼓楼；生日》剧组拍摄了整个活动过程。

【玉潭实验学校承接徐州工程学院专题培训】 11月12日，玉潭实验学校圆满完成徐州工程学院“校园特色”校长专题培训承办任务。在课题培训会上，校长李令军以“厚积气华、博雅玉潭”为题，围绕学校办学特色，就办学理念、校园文化建设、教师素质提升、学生可持续发展等内容作专题报告。参加培训的校长们参观校园环境、专用教室，观摩写字教学、社团活动等，博雅的玉潭给120多位校长留下深刻的印象。

（撰稿：拾莉娜　李玉梅　审稿：李令军）

【牌楼培智学校推进“融合教育”】 9月起，牌楼培智学校积极推进融合教育，老师带领学生走进社区学习生活技能。学校吸取先进学校经验，围绕“能生存、会生活”的办学理念，深入推进“融合教育”课程的发展。在学校统筹安排下，分管教师制订“融合教育”计划及实施方案。学生在学校领导及老师的带领下走进社区、餐馆、超市、菜场，融入社会，学习生活本领。经过多次实践，学生们了解了相关的购物流程，不少学生能购买自己需要的东西。

（撰稿：吴振宇　审稿：周明侠）

【实验幼儿园举办全市示范观摩活动】 11月14日，实验幼儿园面向全市举办“幼儿园环境创设”及“幼儿区域游戏活动”观摩活动。实验幼儿园结合课题研究，将主题式综合活动课程与区域游戏、体育游戏、生活环节等相结合，积极创设游戏化的学习和生活环境，引导幼儿在“玩中学”，逐步改变以往“教师教、幼儿学”的传统模式。幼儿园被确立为徐州市幼儿园课程示范基地。参加观摩活动的教师近300人。

（撰稿：孙　磊　审稿：郭　婷）

【朱庄幼儿园举行幼儿自理能力大比拼】 12月29—30日，朱庄幼儿园举行“自理能力”大比拼活动。根据幼儿的年龄特点和发展水平，小、中、大班各年龄段设立不同项目：穿鞋子、穿衣服、叠被子，拍球、抛接毽子和跳绳等。比赛中，小朋友们身手不凡，动作灵活迅速，场上不时爆发出孩子们加油的呐喊声和欢笑声，表现出很高的热情。通过活动检验，展现了孩子们的自理能力及体育锻炼技能，增强了自信心。

（撰稿：刘　静　审稿：李玉侠）

【下淀幼儿园成功申报省课程游戏化项目建设园】 10月12日，下淀幼儿园以全省第一名的成绩成功申报江苏省幼儿园课程游戏化项目建设园。幼儿园坚持以“一日”游戏课程为导向，实施游戏化课程。各班级结合主题活动和一日生活，开展符合幼儿个性发展差异的游戏。游戏注重材料、参与方式、成果呈现、环境创设及教师指导的个性化，关注幼儿发展的多元本质，让幼儿在愉悦的心理体验中获得积极主动的发展。

（撰稿：车远侠　审稿：孔　苒）

鼓楼区2014年各级各类学校基本情况表

表20

单位：个、人

校名	班级数	在校生数	毕业生数	招生数	教职工数		学校领导			
					计	专任教师	校长	副校长	书记	副书记
二十四中	12	358	123	106	71	65	孙成军	师忠雷		周　伟
二十六中	25	982	246	371	134	121	王彦飞	相裕周　李　东	姜夕伟	
民主路小学	60	2953	401	522	146	146	赵智红	梁玉华　李　萍 裴心莲　任　焱 刘　彤	张学营	
鼓楼小学	62	3111	377	523	140	140	周　娅	王晓红　王兆梅 刘雪红　张　婷	肖素萍	
大马路小学	50	2475	374	441	126	126	刘文琪	吴　蕾　蒋　杰 黄春娟　杨　晶	孙荣平	
中山外语学校	30	1263	203	219	76	76	曹红梅	王　霞　唐媛媛 陈　娟	杨晓红	
星源小学	36	1660	252	319	77	77	张　艳	陈锦营　王　莹 赵小艳	秦　强	
兴北小学	13	523	77	99	42	40	陈　芳	张宗彦　张　勇 彭　莉	王　晶	
下淀小学	16	645	85	126	34	34	孙　敏	孟淑凤　孙昌明 孟桂芹	赵际平	
王场小学	18	779	122	161	37	37	于冬梅	汪桂荣　于桂斌 陆　巍	蒋福长	
祥和小学	24	1126	136	255	41	41	赵芳侠	王曼丽　周　亚 张　倩	马家纯	
东华小学	12	454	92	98	36	36	张志刚	周　伟　高慧娟 徐　玮　邹　凯	刘红艳	
煤港路小学	21	871	79	207	34	34	李芙蓉	袁　勇　夏红刚	朱冰娟	
八里中心小学（含阎窝分校）	25	1033	141	225	32	32	袁国丽（李伟）	许永慧　马夫玲 宋　蓓　郑　军 宗　新	刘金伟	
大马路小学生态园分校	40	1945	177	441	89	89	刘启化	徐　真　王　勇 郑苏楠	夏雪梅	
民主实验学校	19	726	37	235	32	32	杜亚平	刘　冰　吴蒙蒙 乔　晶　石　岩	张保卫	
兴东实验学校	22	889	113	171	37	35	黄宏珍	车炼红　李敬瑾 唐忠阳	陈　艳	
牌楼培智学校	9	113	11	10	25	24	周明侠	张延珍　张宜刚	林春丽	
实验幼儿园	10	355	214	90	20	20	郭　婷	张　晶　孙　磊		
朱庄幼儿园	11	376	136	120	18	17	李玉侠	刘　静	史诚明	
下淀幼儿园	7	240	95	90	14	14	孔　苒	车远侠		
九里中学	24	1000	635	355	255	235	黄　俊	闫振华　刘其鹏 薛振志　纪晓马	李海港	马建民
三十八中学	24	963	129	214	116	110	黄维桢	王秀敏　惠正义 吴继峰　孟　杰	王大明	
九里山实验学校	26	1404	99	365	62	58	孙从旭	戚丽丽	杜文建	
玉潭实验学校	38	1815	139	403	72	75	李令军	杨曙光　侯　平 陈　亚	张洪卫	

（曹　健）

泉山区

局长 王　建
党委书记 胡晓燕
区政府教育督导室副主任 杨友明　陈　湘
党委副书记、纪委书记 张广建
副局长 程晓燕　周少华　郑旭言　傅惠文
教育工会主席 常　雨
监察室主任 张　军

【概况】 2014年，泉山区有各级各类公办学校28所（不含幼儿园），其中，小学24所，九年一贯制学校2所，初中学校1所，特教学校1所。全区中小学在校学生30147人，其中，小学生29341人，初中生680人，特教学生126人。全区注册幼儿园52所，公办幼儿园20所，其中局直属10所；民办幼儿园32所。在园幼儿13604人，学前三年幼儿入园率99.6%。义务教育阶段入学率100%，初中巩固率100%。

全区中小学、幼儿园在编教职工1757人，其中专任教师1729。中小学幼儿园教师学历合格率100%，其中，幼儿园高一级学历占比98.8%，小学高一级学历占比93.5%，中学高一级学历占比92.5%。全区全国优秀教师1人，省特级教师8人，市名校长8人，市级名优骨干教师36人。2014年，全区学校全部通过省义务教育现代化学校验收。省优质幼儿园45所，市优质幼儿园6所，科学教育特色学校新增省级8所，节水型学校新增市级3所，新增市级绿色学校1所。2014年泉山区财政教育经费投入33703万元。5月，通过省政府对责任督学挂牌督导工作的专项检查。在全省教育现代化建设监测中，获得总评89.05分，居苏北前列，基本达到教育现代化示范区建设标准。

【推进品牌学校建设】 年内，文教体局制定《泉山区品牌学校评估细则》，推进品牌学校建设。文教体局加大对品牌学校的硬件投入，努力改善办学条件，实行项目化管理，发挥品牌学校辐射影响力。星光、少华街、光荣、求是、西苑一小、西苑二小6所学校通过第一阶段的督导考核。

【推进师德师风建设】 年内，文教体局以“为人师表，清廉从教”为核心推进师德师风建设。全局先后开展师德师风演讲比赛、知识考试和调查问卷、先进事迹展板宣传和 现场会等系列活动。近百人次分别被评为省、市、区劳动模范、先进工作者、师德文明职工、家教先进个人，10家单位获得省、市、区先进集体称号。星光小学教代会作为民主管理先进典型，面向全市进行展示。

【开展群众路线教育实践活动】 年内，文教体局务实开展党的群众路线教育实践活动。局党委根据省、市、区委统一部署，组织“答三问、强五心”大讨论、“群众点题我整改”等活动。紧扣为民务实清廉主题，聚焦“四风”深挖细究查问题，以整风精神开展批评和自我批评，活动出成效。2个基层党支部的专题组织生活会分别得到区活动办、省委督导组领导的好评。

【开展常规管理“校校通”活动】 2014年，文教体局开展常规管理“校校行”活动实施学校规范管理。对所属学校按照《管理考核细则》，规范办学行为，坚持常态化的督导检查，深化素质教育。

【落实“健康惠民计划”】 年内，文教体局积极落实“健康惠民计划”，开展全民健身活动。文教体局先后举办社区秧歌、健身舞等9大赛事和20余次群众性健身活动，组织开展区政府机关工作人员“工间操”培训，承办“健康惠民”泉山区首届全民健身运动会等大型活动，月月有活动，季季有赛事、全民参与，局面良好。

【卫生城创建工作】 年内，文教体局积极开展卫生城创建工作。围绕创卫目标任务，全区各校积极整理创卫资料，开展“一个学生带动一个家庭，一个学校推动一个社区”“我为创卫添光彩，争做最美教师和学生”网吧综合治理等创卫专题活动。

【实施平安校园工程】 年内，文教体局多措并举实施平安校园工程。与各学校、幼儿园签订安全工作管理和食品安全责任书，开展学校周边环境安全、食堂饮食卫生、安全用电等专项检查，加强校园人防、物防、技防建设。投入资金600余万元对20余所学校、幼儿园进行全面维修，完成新建教学楼3栋、加固教学楼5721平方米、改危3713平方米的校舍安全工程。3所学校被评为市级平安校园，区局被评为市级平安校园创建先进单位。

（李　涛　李世明）

【少华街小学承担国培班校长实践活动】 10月13日，少华街小学承担教育部国培班校长实践活动。少华街小学作为教育部“中小学校长培训项目实践基地”再次承担国培班校长实践活动，校长蒋洁向来自广西、云南的6位小学校长介绍学校的办学理念、特色建设、教学管理、教师专业发展、校长领导力提升等办学经验。参训校长积极参与学校日常教育教学管理工作，进行体验式培训。

（撰稿：张　红　审稿：蒋　洁）

【求是小学教师发展中心成绩显著】 年内，求是小学青年教师发展中心成绩显著。求是小学青年教师发展中心创新教师培养模式，在凤凰网开设“共读帖”，对教育经典共读共思共写。承办市、区“学讲”培训会、举行“微课”大赛、英语学科“随机点课”、“乐高4C”教育理念等专题活动，为青年教师拓展视野、锻炼成长搭建平台。培育市、区青年骨干教师、学科带头人、区名师10余人。

（撰稿：孙卫东　审稿：朱　霄）

【星光小学获江苏省文明单位称号】 1月20日，星光小学获江苏省文明单位称号。学校立足教学改革与创新，坚持常抓不懈，成为江苏省小学数学教材实验基地。深化民主管理，承办徐州市普教系统教代会现场会。加强校园文化建设，获2013中国校园媒体建设百佳示范校称号。学校呈现良好发展态势。

（撰稿：李 丽 审稿：乔文雯）

【光荣巷小学开展清明祭扫亲子活动】 4月2日，光荣巷小学开展清明祭扫亲子活动。亲子祭扫活动是学校组织的“文明祭扫志愿者”、家长与孩子共同参与的祭扫活动，150名文明祭扫志愿者参加。在淮海烈士纪念塔前，少先队员们重温入队誓词，家长志愿者把所见所闻通过视频、图片、文字等记录下来。祭扫后家长和孩子一起完成视频制作，一起走进教室宣讲、交流活动体会。

（撰稿：宋 娟 审稿：吴高峰）

【永安街小学创办《家校互动月报》】 9月起，永安街小学创办《家校互动月报》。创办月报旨在将学校每个月的教育教学、师德师风、学生在校活动情况等信息及时传递给每一位家长，通过月报“家长寄语”栏征求家长对学校、老师建议和意见。月报成为家校沟通的有效渠道。

（撰稿：黄 茜 审稿：涂翠华）

【西苑小学智能“学讲”巡课系统全区推广】 年内，西苑小学开发的智能“学讲”巡课系统在全区推广使用。按照市教育局“学讲计划”巡课要求，学校结合数字化校园管理和教育信息技术与教学管理深度融合，开发智能巡课系统，有效规范教师教学行为，提高质量监控的效果，得到市电教馆的认可，在全区推广。

（撰稿：张 霞 审稿：胡新龙）

【风化街小学举行首届硬笔书法考级】 10月24日，风化街小学举行首届“风化”硬笔书法考级活动。风化街小学为省级传统书法特色学校，将书法纳入校本课程。学校作为全国书画考级定点单位将定期开展书法考级活动。

（撰稿：杨 静 郭永真 审稿：董建华）

【市“学讲”现场会在火花学校举行】 3月31日，市中小学“学讲计划”首次现场推进会在火花学校举行。火花学校提供的主会场是全校30个班级同时开课，第二会场是王盈盈、韩冬梅老师分别执教小学数学和中学语文课。活动体现了学生“学进去，讲出来”的学讲教学特征。市教育局副局长李运生讲话，强调“学讲计划”重在“以教为中心”到“以学为中心”的转变。省教研室主任鞠文灿对学校课改工作给予高度评价。五县（市）六区教育部门约600多人参加活动。

（撰稿：张 伟 审稿：吴学政）

【科学课“学讲”推进会在西苑二小举行】 6月4日，徐州市小学科学课“学讲计划”第四次现场推进会在西苑二小举行。西苑二小沈宁、胡艳、曹乐3位老师执教展示课，既重思维表达，又重实践操作。省中小学教研室教研员卢新祁进行评课。《科学大众》杂志社主任葛景璐、市教研室与泉山区文教体局领导，以及各区县教师近300人参加活动。

（撰稿：胡 艳 审稿：张启云）

【姚庄小学承办区“学讲”现场会】 5月20日，泉山区“学讲”现场会在姚庄学校举行。丁志娟、陈荣芳两位青年教师运用“快乐互助”教学模式进行课堂教学。市教育局基教处刘勇、区政府督导室副主任陈湘、丰县实小、科技中学以及区各学校领导、老师百余人参加活动。

（撰稿：潘 培 审稿：刘金珠）

【城北中学“学讲方式”新举措】 年内,城北中学积极推行适合本校的“学讲方式”新举措。学校确定“学讲方式”课骨干教师,上好示范课,引领教师积极尝试“学讲”教学模式。组织学生进行围坐探讨学习,营造“学讲”氛围。

(撰稿:于跃进 审稿:韩彦西)

【矿山路小学以课题推进“学讲计划”】 年内,矿山路小学以课题研究引领“学讲计划”实施。学校申报5项“学讲”专项课题和4项市级个人课题,围绕“学讲计划”,立足于课堂教学调研,以领悟学讲内涵、实验组先行,专业探讨“三步走”的办法,推进“学讲计划”实施。

(撰稿:神 思 审稿:乔永智)

【段庄一小以教研引领“学讲”】 5月8日,段庄一小以课例教学研究,引领“学讲计划”实施。学校以省级课题《基于学习过程促进教学改善的小学语文课例研究》为引领,副校长谢慧芳和教导主任朱黎分别提供2节课例,展示“学讲计划”进展情况。区教研室朱卫红、省级课题组10名教师进行指导、研讨交流。

(撰稿:朱 黎 审稿:王 雷)

【淮西小学特色课程建设】 9月,淮西小学进一步确立“加强特色课程建设、深入实施素质教育”的办学理念。坚持“科研兴校、质量立校、特色强校”的办学思路,增加数学思维、绘本阅读、书法、游泳、科技等特色课程建设,特色课程精细化,有序推进素质教育。

(撰稿:魏 蓓 审稿:崔明琳)

【湖滨小学迎接省级调研】 5月30日,湖滨小学迎接省文明礼仪养成教育活动督导组调研视察。督导组听取学校有关“八礼四仪”教育工作汇报,观看3个班级的主题队会和课本剧,参观校园文化橱窗,查阅学生手抄报和绘画作品,对学校取得的成绩给予充分肯定。市、区文明办与市、区教育部门及媒体记者随同参加调研活动。

(撰稿:颜 拓 审稿:陈万云)

【段庄二小开展“责任教育”活动】 年内,段庄二小集中开展“责任教育”活动。学校通过课堂、校园专刊、国旗下讲话等形式,把责任教育渗透在教育教学各个环节。各年级通过主题班队会,让学生牢记“责任在我心中”,铭记对自己、对家庭、对集体、对社会应承担的责任,做负责任的人。省教育电视台进行专题报道。

(撰稿:伏 晓 审稿:满瑞敏)

【奎山小学110周年校庆】 10月18日,奎山小学举行110周年校庆。奎山小学从清末1904年开办私塾,到民国学堂、到新中国成立后中心小学,走过110年历程。1947年,苗永序、苏绍宾等人成立首届校友会。110周年校庆活动由第二届校友会主办,各界校友欢聚一堂,祝愿母校再展宏图。

(撰稿:葛友莹 审稿:乔振银)

【奎园小学通过特色学校验收】 12月18日,奎园小学通过徐州市科学教育特色学校验收。奎园小学扎实开展科学教育特色系列活动,参加“校园科技节”、纸飞机与纸船比赛、市少年科学幻想绘画比赛、仿生机器人创意大赛获得多项大奖,参加第五届淮海经济区机器人大赛,获得28个一、二、三等奖。

(撰稿:于文涛 审稿:汪宜平)

【汇文学校师生迁入新校舍】 12月,汇文学校全体师生迁进新校舍。泉山区委区政府高度重视义务教育学校均衡发展,自2012年,投资2000多万元在原校址重新规划，新建3幢教学楼，新校舍建筑面积9600平方米，有47间教室，按照省教育现代化学校I类标准，配齐多功能报告厅、各类实验室等教育教学设施，校园实现无线网全覆盖，极大改善学校办学条件。

（撰稿：焦　阳　审稿：冯现奇）

【太山小学家校合作诵经典】　年内，太山小学在全校范围内开展家校合作《论语》诵读活动。学校通过师生共读、亲子共读，开展系列活动：9月，经典诵读队会；10月，成立国学经典诵读班；11月，师生诵读、书写比赛；12月，召开家长代表会，发放传统经典诵读储蓄卡，开展《论语》考级等活动，将主题活动推向高潮。

（撰稿：黄　艳　审稿：冯文武）

【史庄小学"爱家乡、爱社区"教育活动】　10月，史庄小学结合徐州西部淮海新城开发建设，开展"爱家乡、爱社区"主题教育活动。学校召开宣传启动仪式，组织参观考察活动，开展"畅想我的美丽新家园"绘画比赛、演讲比赛、摄影比赛、文艺汇演、校园开放日活动等，让学生见证家乡巨大变化，树立"建设美好家园，改善人居环境，争做文明市民"的意识。

（撰稿：解朝峰　审稿：胡光芹）

【王新庄小学新建教学楼投入使用】　9月，王新庄小学新建教学楼投入使用。王新庄小学新教学楼投资近600万元、建筑面积3000平方米。区文教体局拨款100多万元，高标准配备现代化的多媒体视听等教学设备、监控视频和智能化巡更系统。年底通过教育现代化验收。

（撰稿：邵明伟　审稿：殷冬冬）

【张小楼小学为学生提供免费午餐】　2014年，张小楼小学为张小楼社区学生提供免费午餐。张小楼小学施教区的庞庄街道张小楼社区二、六、七、八组，因地处煤矿塌陷区，1200户社区居民进行搬迁，新村距离学校10多里路，给孩子上学带来诸多困难。为解决学生中午就餐和交通安全问题，学校与社区党委研究协商，每年出资20余万元，免费为166名学生供应午餐，免除了家长的后顾之忧，获得社会好评。

（撰稿：常　君　审稿：张　强）

【苏山小学参加市、区十佳少先队员评选】　9月28日，苏山小学何俊熹、李国萱、陈程雯、王佳怡参加"徐州市十佳、优秀少先队员"的竞选活动。他们在竞选演讲中《队章》和时政知识烂熟于心。经过评选，陈程雯被评为市优秀少先队员，王佳怡被评为区十佳少先队员，何俊熹、李国萱被评为区优秀少先队员。

（撰稿：朱　红　审稿：魏新梅）

【明诚小学获市科技特色学校称号】　3月24日，明诚小学获徐州市科技特色学校称号。明诚小学注重科技知识的普及、提高和学科教学渗透，利用校园广播和校园网络，开展"科技教育月"活动，倡导走近低碳生活，彰显科技教育特色。

（撰稿：殷　杰　审稿：孟召华）

【教工幼儿园劳模工作室成果显著】　年内，教工幼儿园劳模工作室成果显著。张晴劳模工作室围绕师资队伍建设，完善园本教研体系，构建业务负责人、骨干教师、年轻教师和省市级、区级、园级"三层三级"教研体系，以"专家导航、理论提升，案例聚焦、理念更新，观摩分析、质量提升"改进教研。培养市学科带头人、教学能手和市区先进教育工作者4名，15人次获市、区级微课大赛一、二等奖，50人次获省市论文评比一、二等奖。

（撰稿：房　萍　审稿：张　晴）

【机关幼儿园开展“牵手绘本”实践活动】 年内,机关幼儿园积极开展“牵手绘本”实践活动。幼儿园以“绘本特色课程园本研究方案”为基础,通过“展示绘本教育内容、交流具体实施策略、研讨绘本实施办法”,举办教学展示、绘本故事、绘本剧比赛等活动,提升绘本教学实践水平。

(撰稿:金 玫 审稿:刘 颖)

【星光幼儿园“点面结合”式培训】 2014年,星光实验幼儿园点面结合培训,提高幼儿园保教水平。幼儿园多次选派教师参加浙江大学校(园)长高级研修班、全国幼儿园教师高级研修班,常州、安吉名师精品观摩会,国培计划远程培训、幼儿园课程建设研修班等培训,参培人员再以点带面举行反馈式内训,提高幼儿园保教水平。

(撰稿:陈洪波 审稿:陈 巧)

【星光二幼开放教学活动】 10月23日、31日,星光第二实验幼儿园面向全市开放教学活动。活动以“开心游戏,快乐成长”为主题,展示区域游戏和传统文化游戏特色课程研究成果。各县(市)、区幼儿园教师近700人参加开放活动。

(撰稿:张光辉 审稿:张 莉)

【奎山幼儿园改善基础设施建设】 7月,奎山幼儿园积极改进基础设施建设。奎山幼儿园根据省优质园验收标准,在局支持下,利用暑假对幼儿活动室和盥洗间进行改造整修,新增多功能教室、科学发现室、美工室、图书室,添置活动器械,更换人造草坪,优化教学环境。

(撰稿:王 月 审稿:邱 琳)

【苏山幼儿园改善幼儿游戏环境】 10月,苏山幼儿园积极落实《指南》精神,改善幼儿游戏环境。苏山幼儿园以“游戏为基本活动”要求,合理规划建设幼儿户外游戏区和班级游戏区环境。利用周边环境资源,收集各类竹木土石等材料,自制竹梯、木铲等器械,调动幼儿参与积极性,努力体现“让自由的游戏点亮孩子的生命”的教育理念。

(撰稿:王 微 审稿:蒋晓雯)

【特教中心通过市义务教育现代化验收评估】 12月9日,泉山特教中心通过徐州市义务教育现代化学校验收。评审组听取校长李冀湘工作汇报,深入课堂听课,检查校容校貌、教学设施、功能室等办学条件,查看档案材料和教师问卷,对学校各项工作给予充分的肯定,尤其是对以学生为本的“融合教育”给予高度评价。

(撰稿:张丽斌 审稿:李冀湘)

泉山区2014年各级各类学校基本情况表

表21 单位：个、人

校名	班级数	在校生数	毕业生数	招生数	教职工数		学校领导			
					计	专任教师	校长	副校长	书记	副书记
少华街小学	37	1834	313	302	100	100	蒋　洁	韩　兵 王　利 茆守明 李冀晖 吴媛媛	蒋　洁	韩　兵
求是小学	45	2154	281	425	108	102	朱　霄	刘　涛 孙海鹰 赵　月	田永军	陈春萍
星光小学	65	3141	428	627	133	133	乔文雯	晁家奎 吴　湘 曹可凡	滕晓颂	吴　湘
光荣巷小学	49	2254	341	449	119	119	吴高峰	樊迎春 朱　勇	倪　萍	
风化街中心小学	16	556	102	93	41	40	董建华	刘雅平 赵吕莉	苑永辉	
永安街小学	14	508	68	111	41	41	涂翠华	张浩然 徐艳秋	王怀平	
湖北路小学										保留
段庄第一小学	17	675	105	110	45	42	王　雷	谢慧芳 沈志明 张　薇	吴敬圣	
淮海西路中心小学	36	1374	239	315	81	81	崔明琳	孟淑君 韦晓东 蒋建中	李　晶	郭蕴玉
西苑小学	38	1950	300	371	109	80	胡新龙	叶咏梅 张　霞 刘　静 谢　磊	李学勤	潘艳玲
西苑第二小学	34	1729	207	342	93	93	张启云	彭　皓 吴　珂 古松萍	蒋厚平	
湖滨中心小学	27	1366	200	280	73	73	陈万云	颜　拓 徐　辉 沈　宁	周　易	袁　兵
段庄第二小学	28	1267	182	205	76	66	满瑞敏	陈　慧 王芙蓉 韩　磊	郝祥彦	
矿山路小学	34	1322	145	306	57	56	乔永志	张　敏 赵祥君	阎兆斌	龚春旭 张艳红
奎山中心小学	26	1003	125	192	42	41	乔振银	张　颖	周兴伟	
奎园小学	21	964	142	204	50	49	汪宜平	张甫军 于文涛		张甫军
姚庄小学	25	938	56	256	39	39	刘金珠		高洪波	
泰山小学	18	698	80	138	37	37	冯文武	王　海 夏德洋 张　艳	陈红光	
汇文九年制学校	29（23+6）	1046（875+171）	123 95+28	336（249+87）	95（67+28）	95	冯现奇	祁锦山	朱　艳	

续表21-1

校名	班级数	在校生数	毕业生数	招生数	教职工数		学校领导			
					计	专任教师	校长	副校长	书记	副书记
火花九年制学校	22+12	1286（927+359）	101+99	209+120	61+49	60+49	吴学政	刘银松 周廷达	周　琳	
明诚小学	18	637	78	153	76	72	孟昭华	杨　彪	赵　安	
史庄小学	18	691	43	150	46	46	胡光芹	刘文亮	郑帮民	刘文亮
苏山小学	31	1228	133	241	80	80	魏新梅	郑慧娴 张　静	完永湘	
王新庄小学	19	731	51	195	35	35	殷冬冬	李　建 周贤梅	罗传明	
张小楼小学	7	245	18	82	20	20	张　强	周广庆	张　强	
城北中学	6	142	49	75	58	47	韩彦西	王玉琪 阎承强	王兴仁	
机关幼儿园	6	180	64	60	29	12	刘　颖		彭传香	
教工幼儿园	8	272	110	102	43	23	张　晴	房　萍	张　晴	
奎山幼儿园	6	160	67	46	27	12	邱　琳	张秋云	邱　琳	
星光幼儿园	16	474	162	131	73	37	陈　巧	甘宜芬	陈洪波	
星光第二幼儿园	12	317	46	100	49	32	张　莉			
火花幼儿园										保留
苏山幼儿园	6	180	70	70	28	20	蒋晓雯	刘会珍		
泉山区特教中心	10	126	5	10	22	22	李冀湘		葛桂琴	
黄河新村小学									保留	

（李世明）

教育局局长 韦 敏(女)
副局长 王根华 王 伟
局长助理 尚爱勇
教育工会主席 郭 冰

【概况】 2014年,徐州经济技术开发区各级各类学校22所(含民办学校,不含幼儿园),其中,初中7所,高中1所,九年一贯制学校1所,小学12所,中等职业学校1所。各级各类学校中,民办中学1所。全区中小学在校学生35832人(含民办学校),其中,高中1207人,初中8762人,小学25353人,中等职业学校在校学生510人。全区有幼儿园28所(其中民办幼儿园16所),在园幼儿7355人。义务教育阶段入学率100%,初中巩固率100%,高中阶段入学率99.8%,学前三年幼儿入园率98.1%。全区有教职工3226人,其中专任教师2561人。教师学历合格率100%,全区有省级特级教师2人,省、市名师、名校长5人。

2014年,全区有省三星级以上高中1所,省示范初中5所,省实验小学2所,省、市优质幼儿园21所,省、市模范学校2所,省、国家重点职业技术学校1所。年内,获国家、省、市2项荣誉称号。全年投入教育经费5.7亿元。

(杨浩然)

【幼教事业新发展】 2014年,开发区幼儿教育事业有了新的发展。6月,徐州经济技术开发区上山幼儿园、东贺幼儿园、桥南头幼儿园、银座绿城幼儿园4所幼儿园被评为江苏省优质幼儿园;7月,大黄山实验幼儿园被评为徐州市课程游戏化示范幼儿园;8月,开发区被评为学前教育先进单位。10月27—29日,开发区童蒙养正幼儿园、育星幼儿园、夏庄幼儿园迎来江苏省优质幼儿园现场评估验收。11月11日,开发区一幼、大黄山实验幼儿园被评为江苏省幼儿园课程游戏化建设项目基地。12月21日,开发区学前教育安置小区幼儿园被中国教育新闻网报道。

(撰稿:马玉荣 审稿:王根华)

【教师基本功大赛获市局表彰】 5月9日,开发区教育局获省首届青年教师基本功大赛徐州赛区优秀组织奖，大庙中学获徐州市青年教师培养先进单位称号。

【金桥网校正式开播】 7月7日，徐州开发区金桥网络在线课程正式开播。金桥网络学校由徐州经济技术开发区社区教育中心举办，旨在通过现代化的信息技术手段，以名师共享，资源分享的网络面对面方式，实现教育均衡。学生可以登录网络学校直播平台，实时参与全区优秀教师推出的精彩课程，并与全区学生实现在线互动、沟通，远程提问与解答。

【举行汉字听写大会】 3月28日，徐州经济技术开发区小学组汉字听写大会在区现代技术教育中心举行。7支代表队参加活动，经过5轮激烈角逐，荆山小学代表队获一等奖，侯集实验小学代表队、城东实验小学代表队获二等奖。

【举办课改发展论坛】 8月25—26日，开发区课堂教学改革发展论坛在开发区实验学校举行。华东师范大学基础教育改革与发展研究所所长杨小薇、上海复旦大学高等教育研究所教育哲学研究中心副主任徐冬青、上海市市东中学校长金辉以及徐州市教育局副局长李运生在会上作报告。全区近3000名教职员工分别在主会场（实验学校）及25个分会场听取专家报告。

【启动“新生态教育”特色学校品牌建设】 11月22日，开发区教育局在开发区高级中学举行“新生态教育”特色学校品牌建设培训启动仪式。区教育局局长韦敏出席会议并讲话，中国教育学会课程研究中心主任、育中方略高效课堂首席专家陈立博士致辞并作专题讲座。全区各中小学校长、业务领导、部分骨干教师近600人参加会议。开发区高级中学、大庙中学、侯集实验小学教师整体接受全国高效课堂培训基地培训，打造“新生态教育”特色学校。

【第二届全国现代课堂博览会在开发区举行】 12月29日，为期2天的第二届全国现代课堂博览会在徐州经济技术开发区举行。大会吸引全国22个省、自治区，41个市，84个区县，320余所学校的1200余名教育工作者参与，得到基础教育众多专家学者的广泛关注。

【省“师陶杯”科研论文评选获奖】 11月，开发区在省“师陶杯”教育科研论文评选活动中获奖。2014年，开发区有40位教师在省“师陶杯”论文大赛中获奖，是2013年（4位获奖）获奖人数的10倍。李庄小学杨波和李娜两位老师撰写的论文《“教学做合一”思想的当代语文教学价值》《浅谈农村小学低年级写话中的“方言窜入”》获一等奖 。

（撰稿：王震君　审稿：王根华）

【启动责任督学挂牌督导工作 】 2月，开发区全面启动责任督学挂牌督导工作。责任督学挂牌督导工作做到4个到位：组织到位，选聘了22位责任督学；保障到位，管委会划拨了保障经费30万元；培训到位，22位责任督学经培训后统一挂牌上岗；督导到位，22位责任督学深入学校落实督学责任。

（撰稿：张云亮　审稿：王根华）

【开发区高级中学举行十八岁成人仪式】 4月26日，开发区高中举行18岁成人仪式。学校为300多名跨入18岁青春大门的高三学生举行成人仪式，16位家长代表为学生代表佩戴十八岁成人徽章，并互相交换信件。各级领导为18岁学生代表颁发宪法，激励学子在学业上再创新高，开启人生美好旅途。300多名学生和家长在条幅上签名，表示要牢记自己的承诺，担起公民的职责。徐州市教育局德育研究室、开发区教育局等领导及300多位家长出席活动。

【开高第一届学生自主委员会成立】 12月8日，开发区高级中学第一届学生自主管理委员会成立。开发区高中推动学生自我管理、自我服务、自我教育，发挥学生自主意识，经过层层竞聘，选出4位学生校长，学生自主管理委员会宣告成立。学生自主管理委员会有向学校提出意见和建议的权利，有经过学校同意、独立开展活动的权利，有依据学校相关规定对学生的奖励及处罚提出意见的权利，有申请一定活动经费的权利。

（撰稿：李智梅　审稿：牛树超）

【市职业学校课堂观摩研讨会在工业学校召开】 12月18日，市职业学校课堂观摩研讨会在工业学校召开。全市中等职业学校的业务校长、教科室主任和部分学科教师150多人参加活动 。与会领导和教师观摩工业学校语文、数学、英语、机电、电子、计算机、体育7个学科（专业）19节“一、三、六”高效课堂，参观学校课改记事展板。

【工业学校参加市技能大赛获奖】 2014年，开发区工业学校参加徐州市职业学校技能大赛获奖。秦雪老师获液压与气动系统装调与维护项目一等奖，时强老师、陈厚田老师分获数控车工和普通车工项目二等奖，7名师生代表徐州市参加2015年江苏省职业学校技能大赛。

（撰稿 李　新　审稿：刘道清）

【开发区实验学校获省群体活动奖】 9月20日，开发区实验学校获江苏省群众体育先进集体称号并获奖牌。校长王伟代表学校参加表彰会并接受江苏省群众体育先进集体奖牌。

【实验学校举行长江教育结对小组活动】 10月，长三角网络结对交流活动----长江教育结对小组的第三次线下活动在开发区实验学校举行。上海长江二中、浙江临安锦城一中、安徽濉溪城关中学的40余位老师，到实验学校进行业务指导和交流。4所学校分别就各自学校教学改革的尝试和收获向兄弟学校介绍，相互学习兄弟学校先进的办学理念和方法，为共同发展出谋划策。

【实验学校获“武术进校园”比赛一等奖】 5月16日，开发区实验学校代表开发区参加徐州市中小学首届“武术进校园”比赛，以总分第一的成绩排列小学组一等奖之首。全市38支代表队参加大市级比赛。

（撰稿：周楷博　审稿：王　伟）

【开发区中学获青少年科技教育先进学校称号】 11月，开发区中学在第26届“国际科学与和平周”全国中小学生（江苏地区）金钥匙科技竞赛中，成绩优异，被竞赛组委会评选为青少年科技教育先进学校。

【开发区中学省第四届阳光体育节获佳绩】 11月，开发区中学运动员在“江苏省第四届阳光体育节”上取得可喜成绩。开发区中学代表徐州市参赛，在全省13个大市中名列第六名。

（撰稿：汪静华　审稿：谭　永）

【大庙中学“三课”同展】 12月29日，开发区大庙中学举行“三课”同展活动。第二届全国现代课堂徐州经济开发区博览会初中组赛课、徐州市区“学讲计划”交流展示课、徐州大庙中学“五学三讲”达标考评课，向全国各地近800名教育同仁开放所有班级的所有课堂，展示课活动是大庙中学进行教育教学交流的有效平台。

【大庙中学举行省重点课题开题论证会】 5月29日,江苏省重点课题“研制教具,创新机制,全面落实初中化学实验”开题论证会在大庙中学举行。省教研室初中化学教研员倪娟博士、省教研室课题管理中心主任朱纷、江苏师大教科院院长段作章及市教研室老师一行7人到大庙中学参加课题开题论证会。

(撰搞:墨晨晨　审稿:刘厚安)

【大黄山中学东扩运动场工程开工】 11月10日,大黄山中学东扩运动场工程开工建设。新运动场占地2公顷,将建造环形400米塑胶跑道、体育看台、篮球场和足球场等。项目总投资300多万元,预计2015年4月投入使用。

(撰稿:蒋立信　审稿:解树生)

【大黄山中学承办区课堂教学研讨活动】 11月4日,大黄山中学承办开发区“‘学讲方式’课堂教学环节设计的有效性暨达标评估”专题研讨活动。全区8所中学的120位教师及区教研室主任、各学科教研员参加活动。

(撰稿:蒋立信　审稿:解树生)

【黄山外国语学院获省“美德少年孵化基地”称号】 2014年,黄山外国语学校获得“江苏省美德少年孵化基地”称号。黄山外国语学校通过1张卡——道德储蓄卡,2项作业——大休活动调查表和学生成长日记,“孵化”出3届美德少年。尹越、岳珂、郑昊冉分获徐州市第一~三届美德少年、江苏省第一、第二届十大美德标兵称号。学校成为全市乃至全省唯一获此称号的学校。

【黄山外国语学院独创“1+1”高效助学模式】 2014年,黄山外国语学校独创“1+1”高效助学模式,积极探索高效课堂的新思路,取得实效。“1+1”的含义有五层,即学生的学习过程1+1 :完全自学阶段(学进去)+合作交流阶段(讲出来),合作学习1+1:伙伴式学习一帮一,自主课堂1+1:自学+说课,合作交流1+1:展示交流+自我检测,学习情感1+1:成功学习体验+巅峰学习体验。

(撰稿:刘　利　审稿:王宝玉)

【西朱中学开展“同课异构”赛课活动】 自10月起,西朱中学开展“学讲方式”下的“同课异构”赛课活动。比赛以备课组为单位,以全员参与、集体备课、同题异构、即时点评的形式开展。至12月中旬,学校54位教师全部参赛完毕,并按学科从中评选出一批优秀的“学讲 ”课改先进教师。活动进一步推进学校“学讲方式”与“教学案”有效融合的课堂教学改革。

【西朱中学被评为区民俗体育特色学校】 1月8日,西朱中学被开发区教育局授予民俗体育特色学校称号。学校将阳光体育活动与民俗体育活动相结合,将传统体育项目推铁环、踢键子、打陀螺、跳竹竿舞等活动植入课堂,充实体育课堂教学的内容,激发学生体育锻炼的兴趣 。

(撰稿:昝金海　审稿:高发亮)

【徐庄中学开展感恩教育】 5月7日,徐庄中学开展以“常怀感恩心,铭刻感恩情”为主题的感恩教育活动。全校师生家长聆听一场感人至深的演讲。活动唤醒学生的知恩、感恩、报恩的意识,使他们懂得生命的意义、爱的真谛、拥有的幸福和付出的可贵,为父母和孩子、老师和学生搭建了沟通的桥梁。

(撰稿:周兴良　审稿:张兆行)

【毛庄中学举行诗歌朗诵比赛】 10月10日,毛庄中学举行“魅力中华情”诗歌朗诵比赛。朗诵以弘扬爱国主义精神、歌颂建国65周年辉煌成就、吟咏祖国秀美山川为主题,内容健康、积极向上,充分展示当代中学生的精神风貌。

(撰稿:马　艳　审稿:詹怀盈)

【省教育厅领导视察侯小】 10月14日，省教育厅副厅长朱卫国、省基教处副处长徐泰来、省教研室主任鞠文灿一行视察侯集实验小学特色文化创建活动。朱卫国一行参观学校诗词文化长廊、松石印社、泥塑活动室等，对侯小篆刻特色教学取得的成绩给予肯定。市教育局局长张德超、区教育局局长韦敏陪同视察。

【市小学劳技学科研讨会在侯集实验小学举行】 3月25日，徐州市小学劳技学科“学讲计划”研讨会在侯集实验小学举行。徐州市各县（市、区）小学劳技教研员、劳技教师200余人参加活动。活动结合课例向老师们诠释“学讲计划”带给教师的新理念、新思路、新模式，有效指导全市劳技教师将“学讲”理念付诸教学实践中，全面提升劳技教学的实效性。市教育局副局长李运生、教研室主任何振国及区教育局相关领导出席研讨会。

（撰稿：姚桂伟　审核：刘晓慧）

【开发区实验小学社团活动】 2014年，开发区实验小学提升社团活动质量呈现良好态势。全校开设体育、文艺、书画、器乐、手工制作、文学6类社团、21个项目、计69个班团，两个校区3129名学生人人选项参与活动。社团活动采取“交叉走班”和“平行走班”并行的组织方式，每一位学生都能在固定的时间走进自己喜爱的兴趣课堂。

（撰稿：孟　静　审稿：孟宪君）

【开发区实验小学确定“学讲计划”攻坚年】 年内，开发区实验小学确定2014年为推行“学讲计划”攻坚年，开展形式多样的教科研活动。切实推广高效预习策略训练，重点制订《小组合作学习的分组原则、方法与管理》文件。先后承担“区‘学讲计划’推进公开课活动”“区2×2高效课堂活动”“杨春燕名师工作室区级探讨互动”等活动。

（撰稿：刘　艳　审稿：孟宪君）

【区专题研讨会在大黄山实小举行】 4月15日，开发区小学“责任教育”专题研讨会在大黄山实验小学举行。与会人员观摩李冬梅老师的“责任教育”班队课，翻阅学校开学以来的德育活动资料。开发区各小学分管德育领导和德育骨干100多人参会。

（撰稿：李传海　审稿：孙庆太）

【大黄山实小新校基础建设竣工】 11月，大黄山实验小学新校基础建设竣工。校区占地3.3公顷，按照8轨48个教学班设计，建筑面积12279平方米，包括教学、办公、专用教室、配套用房，配有300米环形跑道、体育看台，总投资2800多万元，预计2015年3月投入使用。

（撰稿：佟光路　审稿：孙庆太）

【刘湾小学培训注重“学进去，讲出来”】 2014年，刘湾小学教师培训注重“学进去，讲出来”。3月18日，校长孙西娟带领校骨干教师到无锡市南长区南湖小学学习，返回后请外出学习培训的老师对全校教师进行反馈式培训。外培教师分别就南湖小学学习所得：从“测导延学”的教学范式到长文短教的建议，从南湖小学的课堂片段仿写到该校的写字特色进行反馈，一人外培，全校受益，体现教师培训“学进去，讲出来”的理念。

（撰稿：王　宏　审稿：孙西娟）

【后姚小学接受省级教育现代化学校验收】 5月5日，省级教育现代化学校验收组到后姚小学，进行评估验收。验收组专家听取学校创建工作汇报，随机入班听课，考察学校的办学条件和特色建设，查阅创建档案，并召集部分教师、学生、学生家长进行问卷访谈等，全面评估后姚小学创建省级教育现代化学校工作。

【后姚小学通过市节水学校验收】 10月21

日，后姚小学通过徐州市教育局、徐州市节水办、徐州市财政局等多家单位联合成立的验收组验收，被评为徐州市节水学校。验收组在肯定学校现有创建成果的同时，也对学校下一步创建省节水学校提出建议。

（撰稿：刘　飞　审稿：蒋　波）

【省教育厅领导视察后姚小学】　10月14日，省教育厅副厅长朱卫国到后姚小学，视察学校“生态田园”课程建设。朱卫国一行察看了学校的“生态实践园”，对学校将劳动实践与学科课程紧密结合，引导小学生在劳动中学习生态知识，开展探究学习的做法表示赞赏。徐州市教育局局长张德超、开发区教育局局长韦敏等陪同视察。

（撰稿：刘　飞　审稿：蒋　波）

【荆山小学学生食堂建成启用】　9月，荆山小学新建成的600多平方米的学生食堂投入使用。学生食堂为两层餐厅式食堂，政府投资100万元，从6月初动工到9月底落成。学生食堂的建成使用解决了师生们中午就餐难的问题。

（撰稿：周厚勇　审稿：黄书彬）

【李庄小学接受省教育现代化示范校验收】5月6日，省教育现代化验收组对徐州经济技术开发区李庄小学进行江苏省教育现代化示范校验收。验收组认为学校创建定位明确，办学思路清晰，艺术特色鲜明，设施设备齐全，注重师资队伍建设，精细化管理到位。

（撰稿：张　强　审稿：李华山）

【李庄小学省“师陶杯”论文评选获奖】　11月9日，李庄小学有15位教师在省“师陶杯”论文评选中获奖。其中杨波和李娜获一等奖。

（撰稿：李允允　审稿：李华山）

【大湖小学通过省现代化学校验收】　5月20日，大湖小学通过江苏省教育现代化学校验收。学校办学条件得到全面提升，新增科学探究室、美术室、音乐室等。学校图书数量人均40本，总书量达到1.7万册。学校共投入2万元对校园进行改造，彰显两汉文化特色。

【大湖小学通过区“一校一品”验收】　1月8日，大湖小学通过开发区教育局“一校一品”验收。现场开展百米长卷绘制活动，学生按照班级和组别进行创意性汉画创作，绘制两汉文化图片。

（撰稿：唐二伟　审稿：姚　远）

【李井小学新建教学楼投入使用】　5月，李井小学新建教学楼投入使用。新建教学楼共3层12间教室，1500平方米，每间教室配备相应的现代化教学设施设备。教学条件得到进一步优化。

（撰稿 王孟露　审稿：朱　斌）

【城东实小举行市级课题结题鉴定会】　3月14日，城东实小举行市第九期教研课题结题鉴定会。城东实小邀请市教研室仲新元、王建军、疏嘉3位老师，对开发区申报的6项徐州市第九期教研课题进行结题鉴定。

【城东实小让学生“零距离”接受法制教育】6月4日，城东实验小学的20名少先队员在徐州经技技术开发区人民法院的精心安排下，在法院接受“零距离”法制教育。在刑庭，法官和法警通过现场模拟审判，让孩子们知道庭审的过程，感受庭审的氛围。孩子们模拟法庭上的各种角色，提出问题。

（撰稿：伏　浩　审稿：陆建豪）

【新兴小学每月安全演练】　2014年，新兴小学每月举行1次安全演练。新兴小学为打造平安校园，定期开展消防、防震、防踩踏等安全演练。制定安全应急预案和演练计划，每月定期举行1次安全演练，利用班会课、课间操时间对学生进行安全防范知识教育。

（撰稿：王志田　审稿：王继田）

续表22-1

校名	班级数	在校生数	毕业生数	招生数	教职工数		学校领导			
					计	专任教师	校长	副校长	书记	副书记
大黄山实验幼儿园	12	305	110	59	48	24	杨恩元	王　琳	杨恩元	
大庙镇中心幼儿园	18	558	340	178	65	36	胡媛媛	张伟丽	胡媛媛	
开发区第一幼儿园	11	319	136	138	50	23	单秀丽	闫　环	单秀丽	
开发区第二幼儿园	8	243	120	93	33	16	田素萍			
蟠桃花园中心园	9	290	113	90	36	18	孙振东			
后坝幼儿园	11	307	137	93	40	23	李　敏		李　敏	
东环幼儿园	17	527	153	85	76	36	李化芝		李化芝	

（李智梅）

（责任编辑　付　国）

荣誉录

先进集体

全国教育系统先进集体
沛县体育中学

江苏省学校先进基层党组织
徐州高级中学党委
江苏省郑集高级中学党委
徐州市火花学校党支部

徐州市教育系统先进集体
江苏省丰县华山中学
丰县宋楼中心小学
沛县初级中学
沛县歌风中学
徐州市铜山区大许中学
徐州市铜山区三堡中心中学
江苏省睢宁高级中学
睢宁县特殊教育中心
邳州市教育局
江苏省运河中学
邳州市红旗中学
新沂市第一中学
新沂市邵店中心小学
徐州市民富园小学
徐州市大马路小学校
徐州市奎山中心小学
贾汪区紫庄镇贾庄初级中学
贾汪区建平实验小学
徐州市荆山小学
徐州高级中学
徐州市第十三中学
徐州市王杰中学
徐州市科技中学
公园巷幼儿园
徐州幼儿师范高等专科学校学前教育系
江苏省徐州财经高等职业技术学校信息技术系

徐州市师资队伍建设工作先进集体
丰县教育局人事股
沛县教师进修学校
徐州市铜山区教师进修学校
睢宁县教育局人事科
邳州市教育局
新沂市教育局
贾汪区教育局
徐州市云龙区文化教育体育局
徐州市泉山区文化教育体育局人事科
徐州市鼓楼小学校
徐州经济技术开发区李庄小学
徐州高等师范学校
运河高等师范学校
徐州幼儿师范高等专科学校培训处
徐州工程学院教科院师训干训中心
徐州市教育局师资处

徐州市教育系统先进基层党组织
丰县民族中学党总支
丰县宋楼镇宋楼初级中学党支部
丰县师寨镇东渡希望初级中学党支部
沛县第二中学党支部
沛县正阳小学党支部

沛县第五中学党支部
睢宁县睢城镇徐州市田家炳中学党支部
睢宁县邱集镇邱集中学党支部
睢宁县城西小学党支部
邳州市四户镇中心小学党支部
邳州市碾庄中学党支部
邳州市中等专业学校党委
新沂市马陵山中学党支部
新沂市邵店中心小学党支部
新沂市春华小学党支部
徐州市大马路小学党支部
鼓楼生态园小学党支部
徐州市解放路小学党支部
徐州市王杰小学党支部
徐州市求是小学党支部
徐州市明诚小学党支部
贾汪区大泉教育中心校党总支
贾汪区城区教育中心校党总支
江苏省郑集高级中学城区校区党支部
铜山区铜山中学党总支
铜山区中等专业学校党支部
徐州经济技术开发区实验学校党支部
徐州市第二实验幼儿园党支部
徐州市第三十一中学党总支
徐州市西苑中学党支部
徐州工程学院经济学院党委
徐州工程学院机电工程学院教工第一党支部
徐州幼儿师范高等专科学校幼教集团党支部
徐州生物工程职业技术学院信息工程党支部
九州职业技术学院土木工程系党总支
徐州开放大学建筑工程与艺术设计系党支部
江苏省徐州财经高等职业技术学校信息技术系党支部
江苏省徐州经贸高等职业学校商贸系党支部
江苏省徐州机电工程高等职业学校党委
徐州机电高级技工学校党委

先进个人

全国模范教师

王春梅　丰县大沙河镇二坝小学
王小倩　徐州市青年路小学
陈为强　徐州市贾汪区实验小学
刘　杰　徐州市大马路小学校
王　刚　徐州市铜山区夹河中学

全国优秀教师

宋　倩　丰县梁寨镇中心小学
张运桥　徐州经济技术开发区高级中学
李寒凝　沛县实验小学
刘中宝　江苏省邳州市宿羊山高级中学
宋　飞　江苏省运河高等师范学校附属小学
宋晓楼　睢宁县双沟二中
杜厚娴　新沂草桥镇周嘴小学
郁雪群　邳州市邢楼镇耿庄小学
丁　震　邳州市车辐中等专业学校

全国优秀教育工作者

李运生　徐州市教育局

全国中小学优秀班主任

刘　杰　徐州市大马路小学校
王春梅　丰县大沙河镇二坝小学
王　刚　江苏省徐州市铜山区夹河中学

全国中小学优秀德育课教师

王小倩　徐州市青年路小学

江苏省优秀教育工作者

刘素梅　江苏省徐州医药高等职业学校
殷成亮　江苏省徐州市第三十六中学
孙巧玲　徐州市求是小学
李　梅　睢宁县凌城镇中心小学
陈红艳　徐州市解放路小学

毛立功　丰县初级中学
陈崇飞　丰县华山中学
李仁华　丰县民族中学
王宗信　徐州市中国矿业大学附属中学
魏全星　江苏省徐州一中
赵良厅　徐州市第五中学
苗　颖　江苏省沛县中学
董桂礼　沛县初级中学
程言彪　大屯矿区第二中学
谢桂芳　邳州市碾庄中学
朱向明　邳州市经济开发区中心小学
郭　庆　邳州市特殊教育中心
王　建　徐州市泉山区文化教育体育局
刘丽霞　江苏师范大学附属实验学校
许大雨　贾汪区江庄中学
王林喜　徐州市铜山区清华中学
李世伟　徐州市铜山区魏集中学
沙迎迎　徐州市铜山区柳泉镇小学
梁会成　徐州市铜山区单集镇中心中学
欧阳书琴　睢宁县官山镇中心小学
姚　静　睢宁县姚集中学
夏　丽　江苏省睢宁县城西小学
刘媛媛　江苏省徐州市中山外国语实验学校
沈国才　江苏省徐州机电工程高等职业学校
张功忠　徐州高级中学
洪永清　徐州市侯集高级中学
宋媛媛　江苏模特艺术学校
苗苏莉　徐州高等师范学校
赵　伟　徐州市第三中学
王新才　新沂市钟吾中学
苗庆硕　新沂市第一中学
晁　远　新沂市棋盘镇中心小学
陆　玲　新沂市马陵山镇中心小学
相　辉　新沂市新安小学
孙丽平　新沂市马陵山中学

江苏省学校优秀共产党员

姚　松　新沂市第一中学
宋平国　邳州市八义集初级中学
徐玉露　睢宁县魏集镇中心小学
段春侠　徐州市民主路小学

江苏省学校优秀党务工作者

张佩林　丰县首羡镇逸夫中学
陈桂云　徐州市民富园小学
李志建　沛县实验小学

江苏省学校优秀共产党员标兵

柏　琦　徐州市第一中学

江苏省第十三批特级教师

单增义　徐州市铜山区柳新镇中心中学
郭兆峰　徐州市第八中学
王宗信　中国矿业大学附属中学
牛星惠　丰县师寨镇师寨初级中学
王海燕　徐州市西苑中学
吴小凡　徐州市科技中学
宋崇玉　徐州市第三十三中学
谭龙飞　邳州市八义集镇新桥中学
郑　权　徐州市特殊教育学校
冯　利　徐州高级中学
张增光　徐州市开发区中学
甄方园　睢宁县邱集中学
戴申卫　徐州市教育教学研究室
李广水　江苏省郑集高级中学
郭春喜　徐州市铜山区大许中学
陈　峰　新沂市第一中学
刘晓兵　江苏省沛县中学
曹广忠　睢宁县魏集中学
张同洋　新沂市第一中学
胡晓虹　徐州市第一中学
刘雪红　徐州市鼓楼小学校
王兴林　徐州市铜山区大彭镇小学中心校
赵　远　徐州市贾汪区实验小学
谭长存　新沂市实验学校
靳　颖　睢宁县实验小学

鲁　明　睢宁县特殊教育中心
吴音昊　徐州市大马路小学校
王　晨　徐州市光荣巷小学校
刘　春　徐州市教育教学研究室
陆　玲　新沂市马陵山镇中心小学
盖鸾英　沛县曙光小学
刘治富　徐州市铜山区柳新镇苏家小学
张建路　江苏省沛县中等专业学校

第二届感动徐州教育人物

徐　敏　徐州市第一中学
李海年　邳州市八路中学
王　莹　新沂市阿湖中学
王春梅　丰县大沙河镇二坝小学
杨思军　沛县体育中学
金　路　睢宁县实验小学
杨雪松　贾汪区新集中学
杜海峰　丰县顺河初级中学
沈　军　徐州市青年路小学
体育组　铜山区教育局教研室

感动徐州教育人物提名奖

许亚慧　徐州高级中学
孙守彦　邳州市邢楼中心园
王　超　铜山区利国镇中心中学
白　云　睢宁县双沟镇白庄小学
乔振红　徐州市黄山中心小学
范德豹　铜山区郑集实验小学
张海峰　徐州市侯集高级中学
陶亚男　徐州市大黄山实验小学
刘晓兵　江苏省沛县中学
王新侠　江苏省贾汪中学

徐州市教育系统优秀教育工作者

江远忠　江苏省丰县中学
刘喜梅　丰县王沟镇赵庄小学
马　辉　江苏省丰县中学
范海凤　丰县民族中学
李长福　江苏省丰县华山中学
李红芬　丰县欢口中学
孙　涛　江苏省丰县梁寨中学
刘于村　丰县欢口镇育英初级中学
李广帅　丰县华山镇华山初级中学
王晓慧　丰县华山镇史店初级中学
陈延庆　丰县初级中学
赵尊海　丰县欢口镇欢口初级中学
魏训词　丰县师寨镇师寨初级中学
王　慧　丰县梁寨镇黄楼初级中学
史志亚　江苏省丰县实验初级中学
李高峰　丰县梁寨镇梁寨初级中学
巩　振　丰县顺河镇顺河初级中学
裴存立　江苏省丰县实验小学
潘德顺　丰县人民路小学
于　凤　丰县凤城镇杨庄小学
孟文文　丰县宋楼中心小学
李喜文　丰县大沙河镇李寨中心小学
毛桂丽　丰县孙楼镇中心学校
邓星龙　丰县欢口镇创新小学
师凤丽　丰县首羡镇中心学校
胡海燕　丰县梁寨镇赵楼小学
张承秀　丰县顺河镇王寨小学
史淑丽　丰县常店镇中心小学
王　磊　丰县教育局
丁慧敏　丰县赵庄镇赵庄小学
张　敏　丰县特殊教育中心
朱显艳　江苏省丰县中等专业学校
渠春华　江苏省丰县机关幼儿园
王忠佩　丰县创新外国语学校
孙春雷　丰县宋楼镇宋楼初级中学
李　金　丰县范楼镇京庄初级中学
王贤松　丰县华山镇中心学校
刘鸿飞　丰县师寨镇中心学校
刘　芳　丰县教育局教研室
朱思瑞　沛县教育局
潘加磊　沛县湖西中学
张宜兴　沛县杨屯中学

董继荣　沛县曙光小学
康思梅　沛县正阳小学
颜　娟　沛县树人小学
李　超　沛县实验小学
赵　莹　沛县沛城镇中心小学
张红侠　沛县敬安镇中心小学
黄继文　沛县栖山中心小学
孟　丽　沛县胡寨镇中心幼儿园
白　洁　沛县五段镇中心幼儿园
赵　敏　沛县歌风小学
黎素梅　沛县龙固镇中心小学
踪　红　沛县张庄镇田楼小学
梁厚全　沛县河口镇封皇庄小学
武喜莲　沛县西安庄小学
殷延登　沛县第五中学
王　敏　沛县张寨镇唐楼中学
刘学红　沛县五段中学
于　伟　沛县初级中学
高　玲　沛县鹿楼镇鸳楼中学
唐迎春　沛县大屯镇郝寨中学
李　超　沛县栖山中学
刘文丰　沛县体育中学
李慧敏　沛县河口中学
徐兴燕　沛县杨屯中学
李兴雷　江苏省沛县中学
李　红　沛县第二中学
刘　芳　江苏省沛县中等专业学校
徐　沛　沛县歌风中学
卢世国　沛县湖西中学
韩　坤　沛县张寨中学
盖鸾英　沛县曙光小学
常　海　沛县第三中学
闫云侠　徐州保安职业技术学校
刘国银　沛县歌风中学
孙自见　沛县教育局教研室
李振民　沛县教育局教研室
江同营　大屯矿区第二中学
常林彬　大屯矿区第一中学

张忠坡　徐州市铜山区棠张中学
刘吉永　徐州市铜山区张集镇小学
徐　斌　徐州市铜山区夹河中学
蒋　明　徐州市铜山区茅村中学
姚　凯　徐州市铜山中学
李明学　江苏省徐州市张集中等专业学校
宗　勇　江苏省郑集高级中学
李海彬　徐州市铜山区棠张中学
高清清　徐州市铜山区刘集镇中心中学
张　欣　徐州市铜山区大许镇中心中学
闫世林　徐州市铜山区太山中学
刘长号　徐州市铜山区茅村镇中心中学
郭金美　徐州市铜山区柳泉镇中心中学
董海军　徐州市铜山区伊庄镇中心中学
王雪玲　徐州市铜山区清华中学
徐继刚　徐州市铜山区房村镇中心中学
闫　群　徐州市铜山区黄集镇中心中学
王朝侠　徐州市铜山区何桥镇中心中学
吴彩凤　徐州市铜山区汉王镇中心中学
王来东　徐州市铜山区柳新镇中心中学
黄玉岷　徐州市铜山区郑集镇中心中学
刘　秀　徐州市铜山区刘集实验学校
梁雪娥　徐州市铜山区大彭镇东风小学
袁廷顺　徐州市铜山区马坡镇小学中心校
朱爱玲　徐州市铜山区实验小学
刘艳梅　徐州市铜山区实验小学
王广阔　徐州市铜山区新区实验小学
杨　伟　徐州市铜山区郑集实验小学
李　红　铜山区大彭实验小学
胡　鹏　徐州市铜山区黄集实验小学
刘　晴　徐州市铜山区柳新镇苏家小学
姜　维　徐州市铜山区黄集实验小学
蒋　迎　徐州市铜山区张集实验小学
李道云　徐州市铜山区茅村实验小学
许小刚　徐州市铜山区张集实验小学
王　玲　徐州市铜山区实验幼儿园
张剑秋　徐州市铜山区教育局
刘　洁　徐州市铜山区教育局教研室

潘述昌　江苏省睢宁高级中学南校
刘　斌　江苏省睢宁高级中学北校
邢家胜　睢宁县第二小学
袁　苏　睢宁县实验小学
王凤席　睢宁县李集中学
马　宁　睢宁县睢城镇中心小学
云　肖　睢宁县凌城中学
王少平　睢宁县实验小学
张　军　江苏省睢宁高级中学北校
吕秀丽　睢宁县城西小学
冷　永　睢宁县庆安中学
赵　波　睢宁县李集中学
张玉武　睢宁县梁集中学
薛　莉　睢宁县实验小学
周艳秋　睢宁县双沟镇中心小学
吴超华　睢宁县梁集镇中心小学
李松叶　睢宁县邱集镇中心小学
张　亮　睢宁县龙集中学
樊功尉　徐州市田家炳中学
高　红　睢宁菁华学校
纪良玲　睢宁县高作镇中心小学
仝　言　睢宁县特殊教育中心
李晓娟　睢宁县沙集镇中心小学
袁保倩　睢宁县中等专业学校
许　柏　睢宁县桃园镇中心小学
邱　侠　睢宁县高集中学
李晓飞　睢宁县古邳镇中心小学
孙艳红　睢宁县王集第二中学
池云珠　睢宁县苏塘中学
周清阳　睢宁县张圩中学
韦雅娣　睢宁县魏集镇中心小学
顾　雷　睢宁县李集镇中心小学
杜　雷　睢宁县浦棠中学
孙　薇　睢宁县睢城镇中心小学
董　金　睢宁县双沟第二中学
李　莹　睢宁县南门中学
凌　云　睢宁县职工子弟小学
魏义武　睢宁县朱集中学
王　玫　睢宁县第二中学
杜彬峰　睢宁县中小学教学研究室
洪本光　睢宁县岚山中学
刘　雪　睢宁县庆安镇中心小学
邵拥军　睢宁县王集镇中心小学
张　波　江苏省睢宁高级中学南校
魏丽娟　睢宁县岚山镇中心小学
纪传智　睢宁县魏集中学
王晓力　邳州市运平路小学
曹兴辉　邳州市占城镇陆井中学
陈　阳　江苏省运河中学
朱本明　邳州市第二中学
岳　侠　邳州市机关幼儿园
周　静　邳州市明珠实验幼儿园
石荣侠　邳州市新城幼儿园
翟新伟　邳州市八义集中心小学
许行步　邳州市陈楼镇中心小学
李　涛　邳州市戴圩镇中心小学
赵文彩　邳州市戴庄镇中心小学
刘开通　邳州市港上镇中心小学
顾欣欣　邳州市官湖镇中心小学
汤　敏　邳州市华山路小学
陈大锋　邳州市明德实验小学
李　莉　邳州市碾庄镇中心小学
张　宁　邳州市炮车镇中心小学
惠祥东　邳州市邳城镇中心小学
陈立芳　邳州市实验小学
李　佩　邳州市四户镇中心小学
章　欣　邳州市铁富镇中心小学
孙井法　邳州市八义集中学
孙　韬　邳州市向阳小学
罗怀宗　邳州市新河镇中心小学
朱新炜　邳州市邢楼镇中心小学
张宗明　邳州市燕子埠镇中心小学
朱荣武　邳州市英华实验小学
赵　丽　邳州市占城镇中心小学
郭泾宗　邳州市岔河初级中学
张　华　邳州市车辐山中学

朱俊富　邳州市戴庄中学
梁媛媛　邳州市官湖镇初级中学
李春秋　邳州市连防中心中学
徐　栋　邳州市碾庄中学
伏　伟　邳州市新河中学
程增委　邳州市新集中学
徐　静　邳州市邢楼中学
刘　娟　邳州市徐楼中学
曹久雷　邳州市燕子埠镇中心初级中学
曹大京　邳州市议堂中学
毛建祥　邳州市赵墩镇滩上中学
张艳丽　邳州市赵墩中学
孟祥辉　邳州市邹庄中学
王海军　江苏省运河中学
赵瑞华　江苏省运河中学
张汉学　明德实验学校
刘丰华　邳州市第二中学
宋　波　邳州市第四中学
房树满　邳州市炮车中学
刘　策　邳州市宿羊山高级中学
周生义　邳州市新城中学
闫　慧　江苏省邳州中等专业学校
谭运明　邳州市教育局
聂艳军　邳州市教育局教学研究室
王　军　新沂市新安镇中心小学
孙　丽　新沂市高流镇中心小学
张赛清　新沂市新安小学
陈海玲　新沂市合沟镇中心小学
高媛媛　新沂市特殊教育中心学校
薛　松　新沂市黑埠中学
任敬华　新沂市第六中学
张　莉　新沂市第一中学
张敬梅　新沂市邵店中学
吴　敏　新沂市新安镇城关小学
张红梅　新沂市棋盘镇中心小学
狄海宁　新沂市港头中学
谢冬梅　新沂市港头镇中心小学
晁　娜　新沂市窑湾镇王楼小学
王玮玮　新沂市第八中学
乔　平　新沂市实验学校
包同立　新沂市瓦窑中学
黄建国　新沂市北沟镇中心小学
余荣兴　新沂市窑湾中学
李洪玲　新沂市邵店镇叶海小学
丁新梅　新沂市马陵山镇中心小学
葛春雷　新沂市新店中学
陈　亮　新沂市高塘中学
查林森　新沂市王楼中学
王雪梅　新沂市机关幼儿园
周其山　新沂市双塘镇中心小学
侯培建　新沂市第三中学
沈小伍　新沂市高级中学
孙华山　新沂市钟吾中学
田友志　新沂市城岗中学
李　娟　新沂市草桥中学
刘文良　新沂市教研室
张会华　新沂市第四中学
孟　敏　徐州市云龙区文化教育体育局教研室
张　娟　徐州市潘塘中心小学
宋　梅　徐州市青年路小学校
秦喜凤　徐州市公园巷小学校
刘德梅　江苏省徐州市师范学校第一附属小学
雷惠敏　徐州市解放路小学
陈晓宁　徐州市云兴小学
申雪冰　徐州市潘塘中心小学
张　影　徐州市新城实验学校
范　敏　徐州市民主路小学校
吴音昊　徐州市大马路小学校
孙　敏　徐州市下淀小学
张　茜　徐州市鼓楼小学校
拾景玉　徐州市民主路小学校
张晓舟　徐州市八里中心小学
王　旭　徐州市九里中学
马　欣　徐州市第二十四中学
张　浩　徐州市鼓楼生态园小学
张启云　徐州市西苑第二小学

于文涛　徐州市奎园小学
张　敏　徐州市光荣巷小学校
族艳慧　徐州市少华街小学校
李冀湘　徐州市泉山区特殊教育中心
吴学政　徐州市火花学校
范　凯　徐州市西苑第二小学附属幼儿园
张连强　徐州市汇文学校
朱　霄　徐州市求是小学
张　影　徐州市王新庄小学
袁晓慧　徐州市湖滨中心小学
孟小红　徐州市星光小学
丁志娟　徐州市姚庄小学
乔秀艳　贾汪区大吴中心小学
宋学飞　江苏省贾汪中学
任明升　徐州市贾汪区青山泉镇求实小学
李　永　徐州市第七中学
王　娟　徐州市贾汪区建平中学
陈君辉　江苏省贾汪中等专业学校
孟庆功　贾汪区诚贤中学
王维维　江苏师范大学附属实验学校
程井俭　徐州市贾汪实验中学
历坤靖　徐州市贾汪区新新小学校
张　芳　徐州市贾汪区青山泉中学
李保军　徐州市贾汪区塔山中学
付昌州　徐州市贾汪区耿集中学
王秀梅　徐州市贾汪区汴塘镇新集学校
李克侠　徐州市贾汪区江庄中学
杨晓晓　徐州市贾汪区紫庄中学
马志响　贾汪区紫庄镇新吴窑小学
李　英　徐州市贾汪区塔山镇中心幼儿园
王兆丰　徐州经济技术开发区实验学校
孙庆太　徐州市大黄山实验小学
孙　阳　徐州市开发区实验小学
梁　璐　徐州市西朱小学
吴美鋆　徐州经济技术开发区李庄小学
王茵平　徐州经济技术开发区实验学校
吴启虎　徐州市大黄山中学
周　康　徐州经济技术开发区高级中学
李坚庚　徐州经济技术开发区高级中学
王卫刚　徐州市第二中学
张家群　徐州市第八中学
蔡晓梅　徐州市第十三中学
袁　剑　徐州市王杰中学
顾　涛　江苏省徐州市中等专业学校
张　锋　徐州市第二十二中学
张　静　徐州市科技中学
李德前　西苑中学
沈　瑜　徐州市第三十一中学
陈昌山　徐州市第三十三中学
张以民　徐州市第三十七中学
汤　秋　运河高等师范学校
李维斯　徐州市特殊教育学校
李红蕾　徐州市公园巷幼儿园
王　莉　徐州市机关第一幼儿园
王志升　徐州市教育局
崔　瑛　徐州市教育局

市属高校、高职校(5名)

王　宁　徐州幼儿师范高等专科学校
邱　芬　江苏省徐州财经高等职业技术学校
胡淑红　江苏省徐州财经高等职业技术学校
庞天丙　江苏省徐州经贸高等职业学校
孙后丽　江苏省徐州医药高等职业学校

徐州市师资队伍建设工作先进个人

郭先锋　丰县
穆　颖　丰县
朱思瑞　沛县
叶淑灵　沛县
高明金　铜山区
孟宪刚　铜山区
彭　晖　睢宁县
杨　永　睢宁县
沙之品　邳州市
王海青　邳州市
徐　洪　新沂市
刘鹤林　新沂市

耿庆华　贾汪区
闫广州　贾汪区
王建光　云龙区
刘　梅　云龙区
王士平　泉山区
吴清芝　泉山区
牛　洁　泉山区
于冬梅　鼓楼区
郑　虹　鼓楼区
戴美美　徐州经济技术开发区
张茂杰　徐州高等师范学校
李　雁　徐州高等师范学校
丁彦华　运河高等师范学校
张继忠　运河高等师范学校
李　慧　徐州幼儿师范高等专科学校
马　衍　徐州工程学院
崔　瑛　徐州市教育局
王　静　徐州市教育局

徐州市教育系统优秀共产党员

汪　峰　丰县范楼镇金陵初级中学
杜海峰　丰县顺河初级中学
段世丛　丰县赵庄镇赵庄中心小学
韩正涛　丰县聋哑学校
刘喜梅　丰县王沟镇赵庄小学
杨　苹　丰县大沙河镇中心幼儿园
马　路　丰县宋楼镇刘王楼初级中学
于吉东　丰县中等专业学校
戚　辉　沛县张寨中学
汪雪迪　沛县歌风小学
朱建华　沛县歌风中学
解庆锋　沛县杨屯镇中学
杨文英　沛县沛城镇中心校
王　灿　沛县栖山镇中心校
何光俭　沛县杨屯中心小学
董继荣　沛县曙光小学
曹　砺　睢宁县高作镇中心小学
王道平　睢宁县高集中学
朱　涛　睢宁高级中学南校
程金凤　睢宁县实验小学
彭思武　睢宁县李集中学
周正震　睢宁县职业教育中心
张　力　邳州市碾庄镇中心小学
沈春昕　邳州市福州路小学
李春宝　邳州市红旗中学
王邦山　邳州市议堂中学
闫长泉　邳州市新城中学
张大永　邳州市连防中心中学
张凤云　邳州市官湖镇初级中学
庄　慧　邳州市明珠实验幼儿园
段宝敏　新沂市新安小学
李　江　新沂市新安镇中心小学
徐雪梅　新沂市新华小学
孙大为　新沂市草桥中学
李明忠　新沂市瓦窑中学
陆化亮　新沂市第三中学
张　萍　新沂市第六中学
夏红刚　徐州市煤港路小学
马艳春　徐州市第二十六中学
肖素萍　徐州市鼓楼小学
满田田　徐州市星源小学
李海港　徐州市九里中学
邢传备　徐州市和平桥小学
郭爱英　徐州市公园巷小学
陈书强　徐州市黄山中心小学
高　勇　徐州市绿地小学
宋　梅　徐州市青年路小学
张　红　徐州市少华街小学
丁远婷　泉山区文化教育体育局
侯全新　徐州市星光小学
张　敏　徐州市光荣巷小学
蒋晓雯　徐州市苏山小学
李文星　徐州市第七中学
宋学飞　贾汪区贾汪中学
郑长明　贾汪区教育局
闫　贺　贾汪区江庄镇中心小学

宋政民　贾汪区耿集中学
陈保生　江苏省郑集高级中学
安　恒　铜山区夹河中学
姜礼顺　江苏省郑集高级中学城区校区
阚　稳　铜山区教育局
张钦斌　铜山区教师进修学校
石冰冰　铜山区教育局教研室
支乾松　铜山区茅村中学
张本锋　铜山区大许中学
张云亮　徐州经济技术开发区教育局
孙庆太　徐州市大黄山实验小学
侯迎迎　徐州经济技术开发区李庄小学
谢凤艳　徐州市第一中学
武　梅　徐州市第三十六中学
王　敏　徐州市第五中学
段　波　徐州市王杰中学
许荣良　运河高等师范学校
王传喜　徐州市第三中学
周　宁　徐州市第十三中学
宋媛媛　江苏模特艺术学校
徐　静　徐州市第三十七中学
李之刚　徐州市特殊教育学校
徐　志　徐州市教育局
李　乐　徐州市教育局
秦菊芬　徐州市公园巷幼儿园
滕德文　徐州市东苑中学
张兴嘉　徐州市科技中学
张选良　徐州高级中学
宋崇玉　徐州市第三十三中学
孟　莉　徐州市第十中学
范道昇　徐州市第三十二中学
佟晓君　徐州市第三十四中学
张典兵　徐州工程学院
潘　冬　徐州工程学院
刘　伟　徐州幼儿师范高等专科学校
胡长效　徐州生物工程职业技术学院
王晓伟　九州职业技术学院
王思亮　徐州开放大学
于　磊　江苏省徐州财经高等职业技术学校
杨家印　江苏省徐州经贸高等职业学校
付　园　江苏省徐州机电工程高等职业学校
谷玉琳　徐州市体育运动学校
田　甜　徐州能源工业学校
谭　强　徐州机电高级技工学校

徐州市教育系统优秀党务工作者

高念红　丰县中学
李家敏　丰县教育局
史志福　丰县顺河镇中心学校
潘加磊　沛县湖西中学
姚　恺　徐州市沛县正阳小学
阎磊武　徐州保安职业技术学校
汪振学　睢宁县教育局教育支部
周淑玲　睢宁县机关幼儿园
仝　斌　睢宁县第二小学
孙卫胜　邳州市英华实验小学
王士科　江苏省运河中学
冯现东　邳州市港上镇中心小学
戈　威　新沂市小湖中学
张志诚　新沂市棋盘初级中学
杜文建　徐州市九里山实验学校
陈　艳　徐州市兴东实验学校
刘　婷　徐州市云兴小学
叶　斌　徐州师范学校第一附属小学
周兴伟　徐州市奎山中心小学
蒋厚平　徐州市西苑第二小学
佟廷珍　贾汪区教育局
吴庆祝　贾汪区实验小学
邢长君　江苏省郑集高级中学
房孝永　铜山区棠张中学
张黎明　铜山区张集中等专业学校
张传侠　徐州市开发区实验小学
吴启虎　徐州市大黄山中学
李益群　徐州市第二中学
杨　明　徐州市第八中学
柏发瑞　徐州市第一中学实验学校

周维德　徐州工程学院
李　浩　徐州工程学院
吴雪梅　徐州幼儿师范高等专科学校
胡　忍　徐州生物工程职业技术学院
魏　华　九州职业技术学院
陶　琦　江苏省徐州财经高等职业技术学校
金伟超　江苏省徐州经贸高等职业学校
王　莉　江苏省徐州医药高等职业学校
魏玉明　江苏省徐州机电工程高等职业学校
李　冰　徐州市体育运动学校
缪希伟　徐州机电高级技工学校
杨　彬　徐州能源工业学校

徐州市第八批名校长(园长)

赵良厅　徐州市第五中学
犁　红　徐州市第一实验幼儿园
颜　艳　徐州市第二实验幼儿园
李　钊　丰县实验小学
李志建　沛县实验小学
孙国庆　新沂市新华小学
闫　刚　新沂市第六中学
陈红艳　徐州市青年路小学
王凤云　云龙区教育实验幼儿园

徐州市第八批名教师

张颖震　徐州市第一中学
丁永刚　徐州市第一中学
于　欣　徐州市第三十一中学
郑　茜　徐州市第三十四中学
胡献钊　徐州市侯集高级中学
牛星惠　丰县师寨镇师寨初级中学
朱广科　丰县初级中学
李建芝　丰县教育局学前办
刘晓兵　江苏省沛县中学
李文举　沛县教研室
董继荣　沛县曙光小学
卢世国　沛县湖西中学
王忠民　沛县正阳小学
刘常虹　沛县第二中学
张建路　沛县中等专业学校
张忠坡　铜山区棠张中学
刘　洁　铜山区教育局教研室
单增义　铜山区柳新镇中心中学
曹广忠　睢宁县魏集中学
刘　斌　江苏省睢宁高级中学
曹兴辉　邳州市占城镇陆井中学
李晓奎　邳州市教育局教研室
宋　飞　江苏省运河高等师范学校附属小学
相　辉　新沂市新安小学
王保强　新沂市第一中学
陈　峰　新沂市第一中学
赵　远　贾汪区实验小学
范　敏　徐州市民主路小学
吴继阁　开发区教育局教研室
祁凤虎　徐州市开发区中学

徐州市第十批青年名教师

林　岩　徐州市第一中学
倪科技　徐州市第一中学
徐　敏　徐州市第一中学
赵　鹏　徐州市第一中学
胡玉涛　徐州第二中学
吕理慧　徐州市第二十二中学
王　玲　徐州市公园巷幼儿园
阎　会　中国矿业大学附属中学
范　杰　徐州高等师范学校
王　畅　运河高等师范学校
耿秀梅　丰县中学
谢丽成　沛县实验小学
苗　颖　江苏省沛县中学
孙　永　江苏省徐州市张集中等专业学校
王广阔　铜山区新区实验小学
朱爱玲　铜山区实验小学
尹成兰　铜山区吕梁学校
张　军　睢宁高级中学北校
张　燕　邳州市实验小学

宋　晖　江苏省运河高等师范学校附属小学
张　颖　江苏省运河高等师范学校附属小学
臧松刚　新沂市实验学校
徐雪梅　新沂市新华小学
朱信豹　徐州市公园巷小学
黄晓迪　徐州师范学校第一附属小学
张　艳　泉山区徐州市太山小学
车远侠　徐州市下淀中心幼儿园
孙小路　徐州经济技术开发区教研室
佟　萍　徐州经济技术开发区工业学校

徐州市第十批学科带头人

赵　娟　徐州市第一中学
仲春来　徐州市第一中学
王　昉　徐州市第一中学
王　雪　徐州市第一中学
霍伟东　徐州市第二中学
徐崇伟　徐州市第三中学
谢　丹　徐州高级中学
靳慧娴　徐州市第八中学
周　宁　徐州市第十三中学
万　众　徐州市王杰中学
王永臻　徐州市第三十六中学
朱　玲　徐州市侯集高级中学
李　妍　徐州市公园巷幼儿园
夏兆阳　中国矿业大学附属中学
刘　戎　中国矿业大学附属小学
朱玉茜　徐州市第一实验幼儿园
朱淑益　徐州市第二实验幼儿园
伏建彬　徐州高等师范学校
汤　秋　运河高等师范学校
徐剑媚　徐州幼儿高等专科学校附属幼儿园
马德宇　丰县中学
王洪奎　丰县中学
丁运永　丰县实验小学
崔炳光　丰县广宇学校
刘　芳　丰县教研室
单世乾　丰县教研室
渠春华　丰县示范幼儿园
史志亚　丰县实验初级中学
王绍侠　丰县机关第二幼儿园
邱　艳　丰县赵庄初级中学
惠大超　丰县民族中学
范海凤　丰县民族中学
蒋　煊　丰县人民路小学
陈永锋　沛县中学
刘洪华　沛县中学
徐　敏　沛县杨屯镇中心小学
闵令芝　沛县初级中学
徐　慧　沛县第三中学
袁兰芝　沛县实验小学
胡春梅　沛县实验幼儿园
薛　莉　沛县第五中学
吴书亮　江苏省郑集高级中学
丁向阳　江苏省铜山中等专业学校
马培忠　江苏省徐州市张集中等专业学校
黄桂红　铜山区大彭镇中心中学
雍世伟　铜山区郑集镇中心中学
武其芳　铜山区清华中学
孙广富　铜山区大彭实验小学
刘　琪　铜山区张集实验小学
李　敏　铜山新区实验小学
韩　飞　铜山区郑集实验小学
张玉侠　铜山区棠张镇实验小学
李世良　铜山区大彭镇东风小学
刘艳梅　铜山区实验小学
王　莹　铜山区郑集实验小学
王　玲　铜山区实验幼儿园
张　旋　睢宁县凌城中学
宋晓楼　睢宁县双沟二中
冷　永　睢宁县庆安中学
卢爱侠　睢宁县城西小学
刘秀丽　睢宁县职工子弟小学
李　梅　睢宁县凌城新李小学
宁海侠　睢宁县实验小学
周晓礼　睢宁县实验小学

马　宁　睢宁县睢城镇中心小学
张春梅　睢宁县睢城镇中心小学
郭红彩　睢宁高级中学
高　敏　睢宁高级中学
张志永　睢宁高级中学
张玉武　睢宁县梁集中学
宋　波　邳州市第四中学
龚　源　江苏省运河中学
陆永胜　邳州市铁富镇中心小学
赵瑞华　江苏省运河中学
郭　庆　邳州市特殊教育中心
张汉学　邳州市明德实验学校
郑　杰　邳州市教研室
王　颖　邳州英华实验小学
宋平贵　江苏省车辐中等专业学校
李铁军　邳州市实验小学
黄金豆　新沂教师进修校
吴晓琴　新沂市机关幼儿园
魏　峰　新沂市春华小学
高　峰　新沂市第八中学
刘召生　新沂市第十中学
王其华　新沂市新华小学
乔秀艳　贾汪区大吴中心小学
李　永　贾汪区徐州七中
孟宪明　贾汪区大吴中心小学
张　芹　贾汪区汴塘镇中心小学
于冬梅　云龙区徐州市公园巷小学
吕　岩　云龙区徐州市汉桥小学
郑晓薇　云龙区徐州市云兴小学
族艳慧　泉山区徐州市少华街小学
孙巧玲　泉山区徐州市求是小学
房　萍　泉山区教工幼儿园
刘　薇　鼓楼区徐州市民主路小学
张晓舟　鼓楼区徐州市八里中心小学
王新明　鼓楼区徐州市鼓楼小学

徐州市第十批青年优秀骨干教师

杨　慧　徐州市第一中学
张培强　徐州市第一中学
罗文波　徐州高级中学
曹　蕾　徐州高级中学
李　强　徐州高级中学
刘　宁　徐州高级中学
秦　璐　徐州市第五中学
梁　微　徐州市第五中学
周桂莲　徐州市第五中学
孟　慧　徐州市第十三中学
丁雪燕　徐州市科技中学
徐丹丹　徐州市科技中学
许晓丽　徐州市第三十一中学
王　澍　徐州市第三十五中学
侯　颖　徐州市侯集高级中学
靳　超　徐州市侯集高级中学
刘松明　江苏模特艺术学校
刘晓玲　徐州高等师范学校
孔繁晶　徐州高等师范学校
程俊花　徐州高等师范学校
孙琳琳　江苏省丰县中学
吕业平　江苏省丰县中学
邵明立　江苏省丰县中学
赵静玲　江苏省丰县中学
陈延庆　丰县初级中学
尹洪厂　丰县套楼初级中学
申海良　丰县华山初中
刘丽娟　丰县宋楼中学
孔秀莹　沛县第五中学
田慧颖　江苏省沛县中学
尚　兴　江苏省沛县中学
吴爱华　江苏省沛县中学
尹海峰　江苏省沛县中学
王　彬　江苏省沛县中学
唐　萍　沛县大屯镇安庄小学
刘庆艳　沛县第五中学
马艳秋　沛县正阳小学
张　静　沛县第三中学
杨春梅　沛县大屯镇郝寨中学

孔　菁　沛县第五中学
刘英锋　江苏省郑集高级中学
刘　闯　铜山区棠张中学
宋明山　铜山区大许中学
邱　燕　江苏省徐州市张集中等专业学校
李　燕　江苏省徐州市张集中等专业学校
贺维学　铜山区清华中学
朱　浩　铜山区何桥镇中心中学
孟元桥　铜山区单集镇中心中学
王　振　铜山区刘集镇中心中学
吴　芳　铜山区大彭实验小学
刘　慧　铜山区郑集实验小学
梁雪娥　铜山区大彭镇东风小学
史桂香　睢宁县城西小学
蒋　云　睢宁县特殊教育中心
全　言　睢宁县特殊教育中心
朱　垚　睢宁县实验小学
鲍　娟　江苏省睢宁高级中学
李艳梅　睢宁县睢城镇中心小学
黄　芳　睢宁县睢城镇南门小学
卓　杰　睢宁县李集中学
杜荣凤　江苏省运河中学
靳　娜　江苏省运河中学
仲　峰　邳州市新城中学
周晓梅　邳州市八义集中心小学
汪金花　江苏省运河中学
戴子艳　江苏省运河中学
吕作文　江苏省运河中学
张　磊　江苏省运河中学
苗庆硕　新沂市第一中学
张　莉　新沂市第一中学
杜厚娴　新沂市草桥镇周嘴小学
张　超　新沂实验学校
朱克娥　新沂市邵店镇中心小学
段宝敏　新沂市新安小学
尚海英　新沂市第一中学
孙　凯　新沂棋盘初级中学
杨　宁　新沂市钟吾中学
李　宁　新沂市第一中学
马　维　新沂市第一中学
侯培建　新沂市第三中学
袁　方　新沂市实验学校
晁丰成　新沂市高级中学
韩莉莉　江苏师范大学附属实验学校
张　翼　贾汪区徐州七中
许大雨　贾汪区江庄中学
赵世国　贾汪区徐州市大吴中学
段　静　江苏师范大学附属实验学校
阚加保　贾汪区汴塘镇马头小学
贾新菊　贾汪区中等专业学校
陈红娟　云龙区徐州市云兴小学
杨　静　徐州市少华街小学
李丽娟　徐州市西苑二小
吴　峰　徐州市九里山实验学校
拾景玉　鼓楼区徐州市民主路小学
王银娣　鼓楼区徐州市大马路小学
程学蕾　徐州市第二十六中学
高　波　徐州市鼓楼区徐州市鼓楼小学
张　茜　鼓楼区徐州市鼓楼小学
孙　猛　徐州市侯集实验小学
郭小娟　铜山区徐庄镇中心中学

（责任编辑　严国年）

年度教育人物

全国模范教师

丰县大沙河镇二坝小学　王春梅

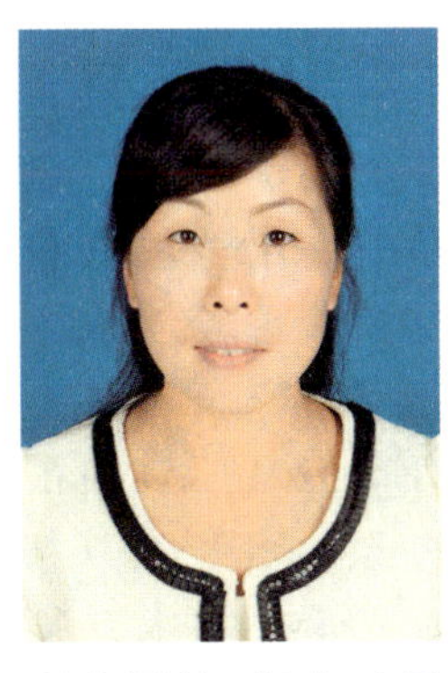

王春梅，女，大学本科学历，丰县大沙河镇二坝小学教师，小学高级教师。王春梅1999年毕业后，十五年如一日，一直在农村偏远小学任教，扎根于挚爱的教育事业。她默默奉献，辛勤工作，执着追求，为实现中国梦，把自己最美好的青春时光，无私奉献给党的教育事业，奉献给每一个学生，成为一名“魂为学生所牵，梦为学生所绕”的教师。她无愧于家长们最诚挚的评价：我的孩子有福气，遇到了王老师！倾自己所有，爱生如爱子！不是母亲胜过母亲！正是这份执着，2010年她被评为丰县优秀班主任，2006年、2010年被评为丰县“学生最喜爱的教师”，2006～2013年被评为丰县优秀教育工作者，2013年被评为丰县农村学校学科优秀带头人，2014年被评为全国中小学优秀班主任。她是学生心中最可亲可敬的好老师，是教育战线上一颗璀璨的明星，是“最美乡村教师”。

全国模范教师

徐州市青年路小学　王小倩

王小倩，女，民进成员，大学本科学历，徐州市青年路小学教师，小学高级教师。王小倩是江苏省思想品德教育特级教师，市思想品德学科带头人，市思想品德学科教研中心组组长，市思想品德学科兼职教研员，市首批德育专家培养对象。王小倩热爱、忠诚党的教育事业，是一位有智慧的老师，也是一位对教育事业充满激情、有执着追求的老师。多次在省、市、区思品课赛课中获一等奖，开设思品展示课、作学术讲座共计100余节，用她亲身的工作经历，生动的教育事例讲述做学生思想工作的种种体会、经验和先进的教育理念。在省、市核心刊物发表德育论文、随笔10余篇。独立撰写了由江苏省教育厅组织，江苏少儿出版社出版的家庭教育用书《家长必读——五年级》。2014年被评为全国中小学优秀德育课教师。

全国模范教师

贾汪区实验小学　陈为强

陈为强，男，中共党员，大学本科学历，徐州市贾汪区实验小学数学教师，中学高级教师，省特级教师。陈为强始终扎根教学一线，凭着一颗诚心、恒心和扎实的教学基本功、独到的教学功力，在教育教学科研方面取得突出成绩，得到学生的信任、爱戴和社会的赞誉。他拒绝南方一些名校开出的丰厚条件邀请，连续两年到偏远地区开展支教活动，指导7名青年教师成长。他在教学中提升理论，在科研中努力打拼，在教科研中收获智慧，收获丰硕成果：2012年9月被评为江苏省第十二批特级教师（江苏省人民政府），2013年8月被选为江苏省“333工程”第三层次培养对象（江苏人才工作领导小组），2009年9月被评为徐州市优秀教育工作者（市人事局、教育局），2014年1月被评为徐州市第六期拔尖人才（市人才工作领导小组）。

全国模范教师

铜山区夹河中学　王　刚

王刚，男，大学本科学历，徐州市铜山区夹河中学教师，中学高级教师，江苏省特级教师。王刚23年坚守乡村学校一线教书育人。多数学期他的课时量超过全校人均课时量，下班时间照常工作，以爱心管理班级，热心捐助贫困生，25次献血达5000毫升。指导郭春喜老师成为省特级教师，高考成绩屡超同类学校，指导学生数十人参加各类竞赛获奖。义务开设50余次讲座和公开课，在地区推行自创的“三级学生活动”理念和模式，主编和参编各级各类教材，应用自创的“学案型”教材编写模式，在全国第一次提出“多媒体地图”“黑板学案”“高考能力考纲”等概念和模式，影响较大。多年的辛勤耕耘，获得丰硕的成果和荣誉，王刚被评为2012年江苏省特级教师（省政府），2009年徐州教育系统优秀教育工作者（徐州教育局和徐州人事局），2014年徐州市拔尖人才（徐州人才办），2004年徐州市青年优秀骨干教师（徐州教育局），获2011年徐州优质课一等奖（徐州教研室），2012年徐州市课题一等奖（徐州教科所），2009年江苏教育学院教学成果一等奖（江苏教育学院），2012年全国优秀指导教师一等奖和全国优秀科技辅导员（中国地理学会），2014年被评为全国中小学优秀班主任。

全国模范教师

大马路小学　刘　杰

刘杰，女，中共党员，大学本科学历，徐州市大马路小学语文教师，中学高级教师。刘杰工作22年一直从事小学语文教学工作，担任班主任，痴迷教育教学工作，师德高尚、爱生敬业，受到学生和家长的爱戴。她在国家、省、市级刊物上发表论文80余篇，在省、市范围开设公开课和专题讲座60余次。她在教育科研工作中表现突出，先后参加主持国家、省、市级课题研究，2013年，获江苏省教育厅颁发的教学成果二等奖。个人先后被评为江苏省特级教师、江苏省教育系统先进工作者、徐州市拔尖人才、徐州市教育科研先进个人，所带班级被评为江苏省优秀少先队集体，开设的名师工作室被评为“徐州市创新名师工作室”，个人网站“秋雨桐”建于2011年，发表博文2000余篇，浏览量50万人次。2014年被评为全国中小学优秀班主任。

全国优秀教师

邳州市邢楼镇耿庄小学　郁雪群

郁雪群，女，大学本科学历，邳州市邢楼镇耿庄小学教师，中小学一级教师。“薄田里也要耕耘出一地希望”，14年，郁雪群扎根苏北最偏远落后的邳州市邢楼镇，倾情甘做360多名留守儿童的“代理家长”。“向日葵”，开放在苏北那贫瘠的土地上，“读书点”，打造留守儿童的“精神家园”。历时9年在7个自然村创建9个学生家庭读书室（“向日葵读书点”）。周末假日，逐个读书点开展阅读活动；创新“向日葵”读书点活动模式，组建课题研究组和志愿服务队。“奖金”变“基金”，郁雪群将“全国特别关注最美乡村教师”5万元奖金和江苏省新闻出版局奖励的“新闻出版感动人物”2万元奖金全部投入到“向日葵读书点基金”。先后被评为徐州十佳师德模范、感动徐州教育人物、徐州十杰青年、江苏省三八红旗手、江苏省阅读推广使者、最美江苏教育人提名、中国好人、全国特别关注最美乡村教师。

全国优秀教师

江苏省车辐中等专业学校　丁　震

丁震，男，大学本科学历，江苏省车辐中等专业学校教师，高级讲师。丁震情系农村职业教育，22年扎根素有“邳州大西北”之称的车辐中等专业学校，潜心做一名业精技湛的专业教师。只因这份痴情与坚守，多次拒绝调出、改行的机会——他坚信农村职业教育会迎来蓬勃发展的春天。专注学生技能水平的提升，努力培养技精艺湛的学生。在省、市技能大赛中，他指导的学生多次获奖，2014年辅导学生获国赛一等奖，并被保送扬州大学，他个人获得国赛优秀指导教师奖。近年来，在职业学校对口单招中，他教的学生30多人被本科院校录取。走特色兴校之路，积极打造品牌专业，他主导的烹饪专业创建成江苏省品牌专业。个人被徐州市旅游专业中心教研组聘为中心组成员，多次被评为邳州市教学工作先进个人，获邳州市学生最喜爱的老师称号。

全国优秀教师

丰县梁寨镇中心小学　宋　倩

宋倩，女，大学本科学历，丰县梁寨镇中心小学教师，小学一级教师。宋倩自参加工作以来，一直扎根农村教育，为改变丰县农村旧的课堂教学模式，主动要求到丰县最边远的农村周楼小学支教。在偏僻的乡村小学，宋倩艰难的推行课程改革，落实“学讲计划”课改方案，摸索出整套新教学方法：导学自学—个人探究—小组合作—交流反馈—当堂训练。她注重把学习的主动权还给学生，有效的引导学生进行自主学习和合作学习，充分体现了“学讲计划”所倡导的让学生“学进去、讲出来”的理念，她任教的班考试成绩满分率97%。为在全县推广教改经验，宋倩多次开设县优质课、公开课，她的教学模式迅速在全镇推广，全镇小学考试成绩大辐提高。

全国优秀教师

经济技术开发区高级中学　张运桥

张运桥，男，1976年9月出生，中共党员，硕士研究生学历，徐州经济技术开发区高级中学教师，中学英语高级教师。张运桥有强烈的责任心和事业心，有严谨的工作态度和敢为人先的创新意识，有吃苦在前、享乐在后的奉献精神，是学生和教师心目中爱岗敬业、敢想敢为的楷模。多次被评为优秀班主任、"十佳爱生模范"，2011年，所带班级被评为徐州经济技术开发区先进班集体。并获得2005年徐州市铜山县英语学科优质课一等奖，被评为徐州经济技术开发区先进教育工作者，徐州经济技术开发区优秀备课组长，年终考核多次被评为"优秀"。在《重庆工学院学报》《长春师范学院学报》《教育教学论坛》《外语艺术教育研究》《中学教学参考》《中学文科》等省级以上刊物发表论文20余篇。

全国优秀教师

沛县实验小学　李寒凝

李寒凝，女，1969年10月出生，中共党员，大学本科学历，沛县实验小学音乐教师，小学高级教师。李寒凝从教25年，一直工作在教学第一线，她注重发挥音乐课的特殊功能，培养学生欣赏音乐的能力，激发学生热爱生活、热爱人类、创造美、创造世界的思想情感。她关心热爱每一位学生，善于运用赏识教育，以德育人，言传身教，她善于在音乐教学中通过情境的创设来不断拓展新知，创新教育教学模式，运用各种教学方法和手段，鼓励学生在欣赏中发现、在发现中探究，在探究中创新，为学生构建一个自主学习、探究问题的平台，为开启学生的创造性思维、培养创新实践能力架桥铺路。她善于创设激情而灵动的课堂，引导学生在愉悦的环境中学习知识、掌握技能，设计丰富多彩的文体活动，发展学生的音乐特长。她用自己的言行和师德影响着一批又一批学生。被评为江苏省科技教育先进个人、徐州市优秀教育工作者。

全国优秀教师

邳州市宿羊山高级中学　刘中宝

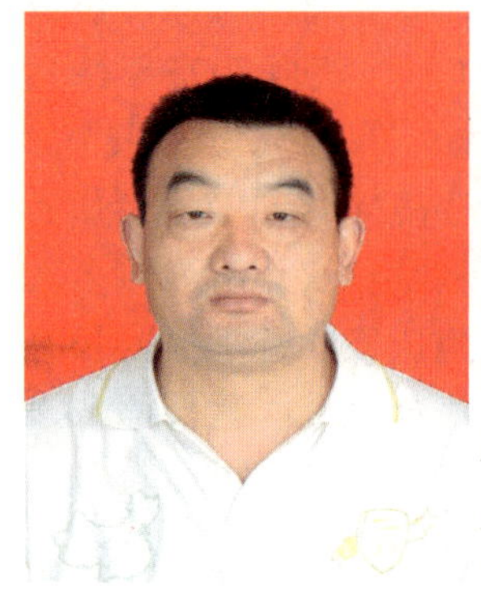

刘中宝，男，中共党员，大学本科学历，邳州市宿羊山高级中学高三年级主任，中学高级教师。2000年8月，刘中宝从徐州师范大学毕业后，放弃到大城市发展的机会，怀揣着对教育事业的满腔热情，来到邳州西北的宿羊山高中，回到母校教学育人，在乡村学校扎下了根。其间先后担任8年班主任，6年高三政治教师，6年年级主任，5年备课组长。他始终认为教育是个双向的过程，在传授知识，教会学生做人道理的同时，学生的青春活力也让自己从中受到感染，提升精神境界。他的教育教学工作做出突出成绩：所带的班级被评为徐州市文明班级，年终考评多次“优秀”，多次被评为教学工作先进个人，2011年，被评为徐州市“十佳师德模范”并授予徐州市五一劳动奖章，2013年，被评为邳州市青年优秀骨干教师。

全国优秀教师

运河高等师范学校附属小学　宋　飞

宋飞，女，大学本科学历，江苏省运河高等师范学校附属小学语文教师，中学高级教师。宋飞17年始终植根于城乡语文教学、班级管理第一线，践行“教孩子一天，想孩子一生”的教育理念，探寻“让教育成就每一个、适应每一个”的教育理想。教学研究，“教海探航”之路锻铸出“今古贯通、言意共生”的语文教学主张。课堂教学，从赛课到讲座的孵化磨砺成“灵动深刻、厚重温婉”的语文教学风格。课题实验，从“精艺”到“省道”的淬炼催生了江苏省基础教育教学成果一等奖的获得，以及省“十二五”规划重点课题提前结题。“道艺融通”的专业成长路径，成就并成熟了她“立足传统，中学为体、西学为用”的语文本体之道。

全国优秀教师

睢宁县双沟二中　宋晓楼

宋晓楼，男，中共党员，大学本科学历，睢宁县双沟二中教师，中学高级教师。宋晓楼1997年8月参加工作，一直坚守在偏远的农村初级中学（睢宁县双沟二中，原孟圩中学）教学一线，工作任劳任怨、乐于奉献，即使在身患重病还没有完全康复的情况下，也依然坚守着自己的教育阵地，舍不得离开自己的讲台。工作17年，他担任8年班主任工作，在班级管理中取得了突出的成绩，深受学生和家长的爱戴。因为工作出色、教育教学成绩显著，2009～2012年连续4年年度考核“优秀”，多次受到上级主管部门的表彰和奖励。

全国优秀教师

新沂草桥镇周嘴小学　杜厚娴

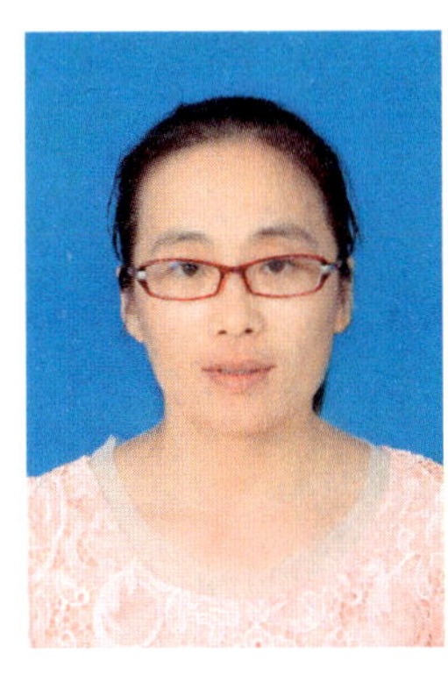

杜厚娴，女，大学本科学历，新沂草桥镇周嘴小学教师，小学高级教师。杜厚娴从教以来，一直在农村小学默默的奉献，担任中、高年级班主任18年，她是一位深受学生喜爱、同行敬佩的老师，她的教学成绩一直排名在全镇甚至全县的前列。2013年，参加徐州市优质课比赛获一等奖。2009年，被评为新沂市学科带头人。2013年，被评为徐州市先进工作者。她辅导的学生参加竞赛，多次获省、市级奖励，2013年，辅导学生参加数学竞赛获省级一等奖，辅导学生参加绘画竞赛，获徐州市二等奖，她本人被评为徐州市优秀科技辅导员。2012年，被评为新沂市优秀少先队辅导员。她教学经验丰富，有多篇论文在省、市级刊物上发表。

全国优秀教育工作者

徐州市教育局副局长　李运生

李运生，男，中共党员，大学本科学历，中学高级教师职称，徐州市教育局副局长。李运生对教育管理工作十分投入执着，付出满腔热情，分管工作走在全省前列。为促进教育均衡发展，他走遍边远乡村学校，徐州市各县(市)、区全部通过国检验收。在推动学前教育改革发展方面，他力推《三年行动计划》实施，徐州市4个区在苏北率先通过省学前示范区验收。在统筹督察实施校安工程方面，他克服困难，狠抓落实，全市三年投入资金近50亿元，建设改建校舍374万平方米，处于全省前列。他积极推进教学改革和教育信息化，制定和实施《学讲计划》，省厅召开现场会推广徐州市信息化与教学深度融合经验。李运生多次获省市级表彰：2008年被评为市优秀共产党员(市委教工委)，2007年被评为市优秀教育工作者(市人事、教育局)，1998年被评为省先进工作者(省教育学会)，1994年被评为省教科研先进工作者(省教育厅)，1993年获省教科研成果三等奖(省教委)，1994年获市哲学社会科学优秀成果一等奖(市政府)。

(责任编辑　严国年)

附:徐州市教育局2014年重要文件目录

序号	文件编号	标题	成文日期
1	徐教财[2014]2号	市教育局关于做好2014年基础教育内部审计工作的通知	20140408
2	徐教财[2014]16号	关于印发《徐州市教育局直属学校公用经费管理办法》的通知	20140807
3	徐教财[2014]17号	徐州市基础教育系统建设工程项目审计实施办法	20140811
4	徐教人[2014]13号	关于评选表彰徐州市教育系统先进集体和优秀教育工作者的通知	20140620
5	徐教人[2014]14号	关于做好全国教育系统先进集体和全国模范教师全国教育系统先进工作者评选推荐工作的通知	20140620
6	徐教人[2014]20号	关于印发徐州市教育局财政供养人员“吃空饷”专项清理工作实施方案的通知	20140801
7	徐教信[2014]2号	关于印发《徐州市教育网络视频会议系统技术管理办法(暂行)》的通知	20140318
8	徐教信[2014]3号	关于举办2014年徐州市“领航杯”信息技术应用技能大赛的通知	20140401
9	徐教信[2014]5号	关于举办“领航杯”徐州市第十三届学生英语口语电视比赛暨“秀我风采”中小学生英语口语风采秀活动的通知	20140404
10	徐教信[2014]6号	关于组织申报2014年全市教育信息化发展专项研究课题的通知	20140416
11	徐教信[2014]8号	关于组织“参加信息技术与教育教学深度融合典型案例研究“课题申报工作的通知	20140414
12	徐教信[2014]10号	关于开展2014年度全市教育门户网站绩效考核活动的通知	20140504
13	徐教信[2014]11号	关于做好2014年秋季学期义务教育阶段学生用免费语音教材(磁带、光盘)配发工作的通知	20140508
14	徐教机党[2014]1号	徐州市教育局机关党委2014年工作要点	20140325
15	徐教机党[2014]2号	徐州市教育局2014年作风建设实施意见	20140509
16	徐教机党[2014]3号	关于推荐徐州市市级机关和教育系统先进基层党组织、优秀共产党员、优秀党务工作者候选人的通知	20140611

17	徐教职称[2014]30号	关于张轩等38位同志具备高校教师中级专业技术职务任职资格的通知	20141119
18	徐教职称[2014]31号	关于单以勋等51位同志具备中小学教师一级专业技术职务任职资格的通知	20141119
19	徐教职称[2014]32号	关于王桂杰等4位同志具备中等职业学校教师中级专业技术职务任职资格的通知	20141119
20	徐教职称[2014]34号	关于庄焕等二十四位同志具备高校教师初级专业技术职务任职资格的通知	20141208
21	徐教职称[2014]37号	关于申艳平同志具备中等职业学校教师中级专业技术资格的通知	20141216
22	徐教职称[2014]38号	关于荆亮等八位同志具备中小学教师一级专业技术资格的通知	20141216
23	徐教职称[2014]39号	关于刘海丽等二十二位同志具备高校教师中级专业技术资格的通知	20141216
24	徐教职称[2014]40号	关于解武等12位同志具备中职校教师高级讲师专业技术任职资格的通知	20141220
25	徐教职称[2014]41号	关于林岩等43位同志具备中小学、幼儿园教师高级专业技术资格的通知	20141224
26	徐教体[2014]2号	关于下发《徐州市教育局大气重污染应急预案》的通知	20140121
27	徐教体[2014]5号	关于做好徐州市国家卫生城市创建工作的通知	20140217
28	徐教体[2014]10号	2014年徐州市区普通高中体育艺术特长生招生报名的通知	20140504
29	徐教体[2014]16号	关于转发《省教育厅关于加快推进学校艺术教育发展的若干意见》的通知	20140827
30	徐教体[2014]17号	关于对全市中小学校学生体质健康状况进行监测的通知	20140902
31	徐教体[2014]24号	关于举办徐州市第五届中小学生艺术展演活动的通知	20141223
32	徐教体[2014]25号	关于局直属学校体育设施向社会开放的实施意见	20141225
33	徐教纪[2014]1号	关于开展节俭过节情况专项督查的通知	20140117
34	徐教纪[2014]5号	关于开展“养成两个习惯、践行群众路线”警示教育活动月活动方案	20140430
35	徐教基[2014]3号	关于进一步规范幼儿园保教工作的意见	20140218

36	徐教基[2014]4号	关于印发《徐州市优质幼儿园评估细则》的通知	20140218
37	徐教基[2014]7号	关于同意徐州市云龙培智学校更名为徐州市云龙区特殊教育中心的批复	20140224
38	徐教基[2014]13号	关于做好我市学生能力国际评价PISA2015试测工作的通知	20140304
39	徐教基[2014]14号	转发《省教育厅转发省文明委〈关于在全省开展未成年人文明礼仪养成教育的意见〉的通知》的通知	20140304
40	徐教基[2014]25号	关于开展义务教育阶段学校“减负万里行第2季”活动的通知	20140430
41	徐教基[2014]28号	关于成立徐州市万科城民主小学的批复	20140519
42	徐教基[2014]30号	关于开展徐州市中小学心理健康教育特色学校创建工作的实施方案	20140520
43	徐教基[2014]35号	徐州市2014年市区初中学校招生工作实施意见	20140603
44	徐教基[2014]39号	关于调整2014年普通高中择校生计划的通知	20140606
45	徐教基[2014]50号	关于公布徐州市2014年上半年市优质幼儿园验收结果的通知	20140715
46	徐教基[2014]53号	关于公布学前教育、特殊教育先进集体和先进工作者评选结果的通知	20140901
47	徐教基[2014]54号	关于表彰第五届“学生最喜爱的教师”的决定	20140901
48	徐教基[2014]67号	关于同意“徐州市西苑第二小学”更名为“徐州市科技实验小学”的批复	20141224
49	徐教复[2014]9号	关于同意筹办“徐州爱登堡国际学校”的批复	20140403
50	徐教团[2014]3号	徐州市教育局团委二O一四年度工作意见	20140226
51	徐教团[2014]5号	关于表彰二O一三年度共青团组织先进集体和先进个人的决定	20140425
52	徐教工[2014]1号	关于做好2014年春节期间开展送温暖活动的通知	20140109
53	徐教[2014]1号	关于同意成立登记徐州市中小学德育研究会的批复	20140116
54	徐教[2014]2号	关于同意筹备成立“徐州高级中学教育事业发展促进会”的批复	20140116

55	徐教[2014]38号	关于同意丰县聋哑学校更名为丰县特殊教育中心的通知	20140620
56	徐教[2014]61号	关于市少年儿童业余体校增设小学部的批复	20140909
57	徐教[2014]71号	关于同意成立徐州经济开发区特殊教育中心学校的批复	20141224
58	徐教规[2014]1号	徐州市2014年高中阶段学校招生工作意见	20140429
59	徐教规[2014]2号	徐州市区2014年高中阶段学校招生实施办法	20140429
60	徐教规[2014]3号	徐州市2014年义务教育阶段学校招生工作意见	20140507
61	徐教规[2014]4号	徐州市教育局关于印发《中小学在职教师有偿补课行为处理办法》的通知	20140626
62	徐委教[2014]1号	关于调整领导成员分工的通知	20140117
63	徐委教[2014]9号	关于表彰全市教育系统先进基层党组织优秀共产党员和优秀党务工作者的决定	20140630
64	徐委教[2014]11号	关于表彰2014年度徐州市“十佳师德模范”、“师德先进个人”、“师德建设先进集体”的决定	20140902
65	徐委教[2014]15号	市委教育工委市教育局关于认真学习贯彻党的十八届四中全会精神的通知	20141231
66	徐教党[2014]1号	关于调整领导成员分工的通知	20140117
67	徐教党[2014]13号	关于表彰全市教育系统先进基层党组织优秀共产党员和优秀党务工作者的决定	20140630
68	徐教党[2014]18号	关于落实党风廉政建设主体责任和监督责任的实施意见（试行）	20141113
69	徐教党[2014]21号	关于印发《2014年党风廉政建设责任目标分解意见》的通知	20140526
70	徐教党[2014]22号	徐州市教育局党委关于中央巡视组、省委反馈意见整改工作实施方案	20140526
71	徐教党[2014]23号	关于市党风廉政责任制、两个习惯作风建设考核反馈意见整改工作实施方案	20141230
72	徐教发[2014]6号	关于下达2014年徐州市高中阶段教育招生计划的通知	20140624
73	徐教发[2014]11号	关于加强学校建筑工地及校舍安全管理的通知	20141231

74	徐教办[2014]1号	关于印发《徐州市教育局办公自动化(OA)系统管理办法》的通知	20140108
75	徐教办[2014]9号	关于印发徐州市教育局政府信息公开实施办法等制度的通知	20140227
76	徐教办[2014]10号	关于在教育系统落实“起立迎送”服务规范的通知	20140408
77	徐教办[2014]18号	关于徐州文化艺术学校纳入市教育局管理的通知	20140522
78	徐教办[2014]20号	关于进一步推进学生营养餐社会配送工作的通知	20140626
79	徐教办[2014]21号	关于贯彻落实教育部等五部门关于2014年规范教育收费治理教育乱收费工作的实施意见的通知	20140627
80	徐教办[2014]28号	关于进一步做好冬季中小学生配餐工作的通知	20141202
81	徐教办[2014]31号	关于印发《校训、校徽、校歌及校本文化读本评选要求》的通知	20141210
82	徐政教督办[2014]1号	关于开展县级政府教育工作督导的通知	20140504
83	徐教监[2014]4号	关于严禁中小学寒假期间违规补课的通知	20140117
84	徐教监[2014]9号	2014年全市教育系统纪检监察工作要点	20140326
85	徐教监[2014]15号	关于开展“小金库”自查自纠活动的通知	20140822
86	徐教助[2014]3号	关于切实做好家庭经济困难学生入学资助工作的通知	20140826
87	徐教教研[2014]7号	关于参加首届江苏省基础教育教育青年教师基本功大赛获奖的表彰决定	20140508
88	徐教教研[2014]8号	关于举办全市基础教育青年教师教学基本功大赛的通知	20140508
89	徐教教研[2014]10号	关于对市区各普通高中、初中教师进行业务能力测试的通知	20140627
90	徐教教研[2014]13号	关于举办徐州市“学讲计划”推进“县县行”活动启动仪式的通知	20141010
91	徐教师[2014]1号	关于进一步加强师德师风建设的意见	20140122
92	徐教师[2014]5号	关于开展徐州市第八批名教师、名校长和第十批青年名教师、学科带头人、青年优秀骨干教师评选工作的通知	20140413

93	徐教师[2014]6号	关于贯彻落实教育部《中小学教师违反职业道德行为处理办法》的通知	20140414
94	徐教师[2014]7号	关于开展2014-2015年度“千校万师支援农村教育工程”的通知	20140414
95	徐教师[2014]20号	关于认真做好第三批“江苏人民教育家培养工程”培养对象推荐评选工作的通知	20140921
96	徐教师[2014]24号	关于命名徐州市第八批名校长名教师和第十批青年名教师、学科带头人、青年优秀骨干教师等的决定	20141030
97	徐教群组[2014]1号	市教育局党的群众路线教育实践活动学习教育、听取意见环节实施办法	20140303
98	徐教群组[2014]2号	关于建立市教育局党委领导班子党的群众路线教育实践活动联系点的通知	20140303
99	徐教群组[2014]4号	关于党的群众路线教育实践活动开门听取意见及调研督导的通知	20140303
100	徐教群组[2014]5号	徐州市教育局党的群众路线教育实践活动宣传方案	20140311
101	徐教群组[2014]6号	徐州市教育局机关党的群众路线教育实践活动学习计划	20140311
102	徐教群组[2014]7号	徐州市教育局直属学校党的群众路线教育实践活动学习计划(指导意见)	20140311
103	徐教群组[2014]18号	关于印发《市教育局党的群众路线教育实践活动查摆问题、开展批评环节实施办法》的通知	20140612
104	徐教群组[2014]20号	关于印发市教育局基层党组织教育实践活动专题组织生活会工作方案的通知	20140718
105	徐教群组[2014]23号	关于印发《市教育局党的群众路线教育实践活动整改落实、建章立制环节实施方案》的通知	20140922
106	徐教法[2014]2号	关于做好教育现代化建设监测工作的通知	20140409
107	徐教宣[2014]7号	关于组织实施师风弘扬工程的通知	20140623
108	徐教宣[2014]10号	关于第二届“感动徐州教育人物”评选结果的通知	20140902
109	徐教宣[2014]11号	关于印发《徐州市教育宣传工作先进单位、先进个人、优秀通讯员评选表彰办法》的通知	20140915
110	徐教宣[2014]12号	关于“我心中的好老师”主题征文评选结果的通知	20140921
111	徐教宣[2014]13号	关于组织开展“做党和人民满意的好老师”主题活动的通知	20141030

112	徐政教督[2014]2号	关于公布2012-2013年度局直属学校综合督导考核结果的通知	20140325
113	徐政教督[2014]4号	关于开展2013-2014年度直属学校目标管理综合督导考核的通知	20140928
114	徐教安全[2014]8号	关于确保当前学校安全稳定的通知	20140305
115	徐教安全[2014]12号	关于开展防灾减灾主题教育活动的通知	20140507
116	徐教安全[2014]13号	关于进一步加强暑期学校安全工作的通知	20140603
117	徐教职研[2014]7号	关于公布2014年徐州市中等职业学校优质课评选活动专业课教师获奖名单的通知	20140521
118	徐教职研[2014]12号	关于表彰2013-2014年徐州市职业学校创新大赛获奖单位和个人的通知	20140917
119	徐教职研[2014]16号	关于公布2014年全市职业学校专业技能课程“两课”评比结果的通知	20141127
120	徐教职研[2014]17号	关于公布2014年徐州市中等专业学校基础学科教师优质课评选获奖名单的通知	20141127
121	徐教职[2014]3号	关于成立徐州现代农林职业教育集团的批复	20140114
122	徐教职[2014]5号	关于同意筹办“徐州华顿国际学校”的批复	20140224
123	徐教职[2014]6号	关于做好2014年全市职业学校专业设置管理工作的通知	20140304
124	徐教职[2014]7号	关于成立徐州市先进制造职业教育集团的批复	20140305
125	徐教职[2014]8号	关于成立徐州市商贸职业教育集团的批复	20140305
126	徐教职[2014]12号	关于表彰2014年职业学校“三创”优秀学生、优秀学生干部和先进班集体的决定	20140404
127	徐教职[2014]15号	关于公布2014年徐州市职业学校市级品牌专业、特色专业和高水平示范性实训基地认定结果的通知	20140505
129	徐教职[2014]26号	关于公布2014年徐州市首届职业学校班主任基本功大赛获奖名单通知	20141013
130	徐教职[2014]31号	关于公布2014年徐州市职业学校技能大赛获奖名单和优秀指导教师的通知	20141216